财政视角下的社会保障改革与发展

中华人民共和国财政部
社会保障司　编

中国财政经济出版社

图书在版编目（CIP）数据

财政视角下的社会保障改革与发展/中华人民共和国财政部社会保障司编．—北京：中国财政经济出版社，2011.3

ISBN 978 - 7 - 5095 - 2752 - 8

Ⅰ.①财…　Ⅱ.①中…　Ⅲ.①社会保障 - 体制改革 - 研究 - 中国②社会保障 - 发展战略 - 研究 - 中国　Ⅳ.①D632.1

中国版本图书馆 CIP 数据核字（2011）第 021763 号

责任编辑：陈志伟　　　　责任校对：张　凡

封面设计：陈　瑶　　　　版式设计：董生萍

中国财政经济出版社 出版

URL：http：//www.cfeph.cn

E - mail：cfeph @ cfeph.cn

社址：北京市海淀区阜成路甲 28 号　邮政编码：100142

发行处电话：88190406　财经书店电话：64033436

北京财经印刷厂印刷　　各地新华书店经销

787×1092 毫米　16 开　31.75 印张　680 000 字

2011 年 4 月第 1 版　2011 年 4 月北京第 1 次印刷

定价：98.00 元

ISBN 978 - 7 - 5095 - 2752 - 8/F · 2343

（图书出现印装问题，本社负责调换）

本社质量投诉电话：010 - 88190744

编　委　会

序 言

记得有一位诗人曾经说过，“政府的责任是让人民的精神不再痛苦，人民的肉体不再流浪”。健全与完善社会保障制度，是构建社会主义和谐社会的必然要求和重要内容，是贯彻落实科学发展观的本质要求，对有效缓解社会矛盾、协调社会关系、维护社会稳定，扩大国内需求、促进经济可持续发展具有十分重要的意义。过去的6年是中国社会保障改革发展不平凡的6年。经过坚持不懈的努力，我国社会保障体系已初步建立，已成为构建我国社会主义和谐社会的重要基石，成为社会主义市场经济不可或缺的重要支柱。

6年间，财政社会保障支出迅猛增长，社会保障资金监管力度不断加大，社会保险基金预算初步建立；医药卫生体制改革全面推进，新型农村合作医疗、城镇居民基本医疗保险实现全面覆盖，城乡低保制度全面建立，新型农村社会养老保险制度开始试点；面对国际金融危机冲击，国家出台了一系列“促就业”、“保民生”的政策措施；面对突如其来的地震、泥石流等重大自然灾害，及时出台应对措施……以人为本，改善民生，是国家发展的重要目标，也成为公共财政的坚定理念和重要实践。

在辛劳和喜悦交织的背后，熔铸着财政社会保障战线的同志们默默奉献、辛勤耕耘的精神成果。为了将这些精神成果在社会保障制度发展的绵延长河中留下宝贵的印记，我们将2004年以来财政部社会保障司在部内外发表的研究资料、情况反映等研究性文章加以汇集整理，形成了这册《财政视角下的社会保障改革与发展》。总的来看，这些研究成果具有以下几个特点：

一是内容比较丰富。这几年的研究成果，不仅按照综合、就业、养老、医疗卫生、社会救助等不同业务领域进行了划分，而且还依据文章类型细分为思路篇、资金篇、实践篇、借鉴篇等，也从一个侧面体现出财政社会保障工作内容的多样和深广。

二是视野比较开阔。不仅从财政角度去看待观察这些热点问题，而且还吸收借鉴了国内外以及相关学科的前沿理论，既丰富充实了社会保障研究领域，也拓展了财政知识理论，体现出财政社会保障工作者开阔的研究视野。

三是理论联系实际。这些研究性文章，除了具有学术研究价值之外，都是针对社会保障改革和发展中遇到的难点、热点问题，经过广泛调查研究，深入考察分析，提出的具有极强现实意义和前瞻意义的对策建议。因此从某种程度上说，这些文章都是理论与实践互容共生的结晶。

当然，由于本书时间跨度较长，社会和财政经济形势都在不断发展变化，社会保障和财政改革的目标和路径也都在不断调整和完善之中。因此，本书所收文章中的部分数据可能已经过时，个别观点可能还需商榷。但是为了原汁原味地呈现文章的原貌，我们未做大的修改。

实践无止境，创新无穷途。回顾往昔，是为了更好地展望未来。在将这些阶段性的研究成果编辑出版之际，刚刚落幕的党的十七届五中全会从完善基本公共服务、合理调整收入分配、健全社会保障体系、加快医药卫生体制改革等方面，全方位地勾画了“十二五”时期民生工作的宏伟蓝图。我们将根据“十二五”规划的总体部署，坚持解放思想，实事求是，与时俱进，开拓创新，为改革与发展社会保障制度体系，研究与探索财政社会保障工作中的重大理论和现实问题，实现未来的民生新愿景而努力奋斗。

是为序。

财政部副部长

2010 年 11 月

目　录

一、综 合 部 分

（一）思 路 篇

（二）资 金 篇

（三）借 鉴 篇

二、就业部分

三、养老部分

四、医疗卫生部分

（一）思路篇

（二）实践篇

（三）借鉴篇

五、社会救助部分

一、综合部分

（一）思 路 篇

深化社会保障制度改革的基本思路及今后3—5年的工作重点

党的十六届四中全会通过的《中共中央关于加强党的执政能力建设的决定》指出，要“健全社会保险、社会救助、社会福利和慈善事业相衔接的社会保障体系”。制度建设是社会保障体系建设的基础和核心，改革开放以来，我国在建立和完善社会保障制度方面进行了大量探索，取得了明显成效，但仍然存在着诸如各地制度不够统一、各项制度不够协调以及制度运行成本过高、缺乏可持续性等问题。在分析我国社会保障制度建设既有成就和现存问题的基础上，我们就进一步深化社会保障制度改革的总体思路进行了探讨，并提出了今后3—5年的工作重点。当然，这些思路还是初步的、框架性的，其具体实施和操作还有待进一步的研究和论证。

一、我国社会保障事业发展的成就及尚待进一步研究解决的问题

改革开放以来，特别是近10年来，在党中央、国务院的统一部署下，通过有关方面的共同努力，

我国已经初步建立起与社会主义市场经济体制相适应的，以“三条保障线”（下岗职工基本生活保障、失业保险和城市居民最低生活保障）和养老保险、医疗保险、工伤保险为主要内容的城镇社会保障体系，实现了“两个确保”和城市低保的应保尽保，在保障人民基本生活、维护社会稳定、深化国有企业改革和推进经济结构调整等方面发挥了重要作用；农村社会保障事业近年也取得了一定进展，新型农村合作医疗制度和农村医疗救助制度正在积极推进，农村五保供养工作力度进一步加大，一些有条件的地区还探索建立了农村最低生活保障制度。

但是，与完善社会主义市场经济体制和构建社会主义和谐社会的要求相比，在社会保障体系建设和改革方面还有很多问题需要研究和解决：一是农村社会保障工作面临体制、机制、管理水平及现实承受能力等多方面因素制约，总体发展相对缓慢。新型农村合作医疗制度虽然已在全国范围内进行试点并取得了一定进展，但在筹资和管理、保障方式、范围和水平等方面都有待进一步深化和完善，长效机制有待建立。如何按照统筹城乡发展的要求，结合经济社会发展的实际条件和财力状况，逐步推进农村其他社会保障制度建设，还需要进一步研究。二是城镇社会保险制度覆盖面依然较窄。困难企业职工、关闭破产企业离退休人员及灵活就业人员难以被纳入养老保险、医疗保险等社会保险制度。三是在城市化和工业化进程中出现的一些边缘群体，如进城农民工和失地农民等“两不靠”人群的社会保障问题尚无系统的解决办法。四是政府间社会保障事权划分不合理和支出责任不清等问题仍比较突出，下级依赖上级、地方依赖中央的现象比较普遍，理顺中央和地方以及各部门在社会保障领域的分工和职责还有很多工作要做。五是社会保障体系内部各项政策之间及其与相关政策之间缺乏衔接配套。“三条保障线”的待遇标准及其与最低工资标准之间没有合理的差距，下岗、失业、低保等待遇标准的确定和支取与就业政策不衔接，不利于促进就业和再就业。机关事业单位与企业退休人员待遇差距较大，引发了一系列矛盾。六是社会保险基金面临着人口老龄化和经济体制转轨的双重压力，自求平衡机制尚未建立，财政社会保障支出压力大。

二、深化社会保障制度改革的基本思路

深化社会保障制度改革是进一步完善社会主义市场经济体制的重要内容，也是落实科学发展观和构建和谐社会的客观需要。社会保障制度的改革和完善，既要努力确保尽可能多的社会成员能够得到基本生活和基本医疗保障，也要注意与我国现阶段的经济社会发展水平和承受能力相适应，因地制宜、循序渐进，保证制度的长期可持续性。总的来看，今后要按照“责任明确、管理科学、机制合理、制度协调、城乡统筹、地区平衡、水平适当、重点突出”的原则，继续深化社会保障制度改革。

（一）明确政府与市场之间的社会保障责任，通过降低社会保险缴费门槛、

调整统账结合的社会保险制度和强化社会救助，重构城镇社会保障体系，使更多的城镇居民能够享有基本保障

目前，我国五项社会保险缴费率之和相当于工资水平的40%左右，有的地区甚至达到50%，一方面，加重了参保企业的负担，挤压了补充保险和商业保险的发展空间；另一方面，抬高了社会保险的门槛，使大批困难企业职工和其他困难群体被排斥在社会保险制度之外，并相应增大了社会救助制度的压力；大批城镇就业人员缺乏参保积极性也使得制度越来越封闭，造成制度赡养率大大高于我国总人口赡养率，削弱了社会保险基金自求平衡能力。过高的缴费率和待遇水平实际上是政府在社会保障领域职能越位、错位的体现。通过降低社会保险缴费率，使社会保险制度覆盖更多的城镇居民，既可以减轻政府对社会保险基金的补助责任，也可以将更多资金用于社会救助。因此，有必要对推进社会保险制度特别是基本养老保险和基本医疗保险制度的思路做进一步的调整和完善。

1. 关于基本养老保险制度。就基本养老保险制度而言，若按照目前东北三省试点方案的基本思路继续推进会面临以下问题：一是通过财政补助直接做实基本养老保险个人账户在相当长时期内会增加财政补助的压力，在全国推广财政能否承受尚难预测；二是政府既要承担当期基金收支缺口和做实个人账户的补助，还要承担个人账户积累基金的投资运营风险；三是企业、个人的名义缴费率偏高，政府承担的责任偏重，补充保险和个人储蓄性保险发展空间有限，加之操作复杂，增加了基金征缴管理的难度。因此，在不违背十六届三中全会决定要求的前提下，有必要根据需要调整完善企业职工基本养老保险制度的长远改革思路，具体可有两种方案：

一是制度重建方案，即建立以“低进低出”为特点的、新的基本养老保险制度，通过鼓励发展积累制补充养老保险做实个人账户，同时，保留和完善现行企业职工基本养老保险制度，维护离退休人员的既得利益。新制度的总缴费率控制在12%—15%左右，由单位和个人各负担一半；基本养老金与个人缴费情况适当挂钩，平均替代率控制在40%左右。通过降低进入门槛，将尽可能多的各种类型城镇从业人员纳入企业职工基本养老保险制度之内。同时，通过税收优惠鼓励建立补充保险和个人储蓄性保险，采取积累制个人账户模式。另外，要继续完善现行企业职工基本养老保险制度，进一步完善待遇与缴费的挂钩机制，制定相关政策鼓励现行制度参保在职职工选择进入新制度，如允许进入新制度的参保职工将新老制度缴费比例的差额，部分用于建立补充养老保险或个人储蓄性保险，并给予相应的税收优惠，以减轻政府的养老保险隐性负担。

该方案在保证退休人员基本生活的前提下，既有利于尽可能扩大基本养老保险制度的覆盖面，又避免了将政府养老保障责任不必要地放大，减轻了企业基本养老保险负担。当然，由于该方案在短期内降低了养老保险制度的收入，而支出并未相应下降，因此短期内会增加养老保险制度对财政支出的压力，但这是以近期的低成本来避免远期的高成本，有利于以较低的成本应对人口老龄化高峰期的

挑战。

二是若考虑到上述方案对现行制度调整过大，也可通过发展补充保险和个人储蓄性保险做实个人账户方案（简称“多层次联动”方案）。即在维持目前社会统筹支柱并适当降低缴费率的基础上，将基本养老保险个人账户明确为名义个人账户，并从技术上加以完善，使个人账户缴费与个人账户养老金待遇密切挂钩；同时允许原参保企业或个人及新参保企业或个人通过抵扣名义个人账户缴费的方式，退出名义个人账户，建立补充养老保险或个人储蓄性养老保险。该方案充分借鉴了英国、德国、瑞典以及东欧部分转轨国家养老保险制度改革的实践经验，给予企业和个人一定的选择权，企业和个人可自主选择是否做实个人账户，有利于新老制度的平稳过渡，又有利于促进补充保险和个人储蓄性保险的发展，逐步减轻政府的责任和负担。不过，由于基本养老保险缴费率下降有限，对目前尚未参保的城镇从业人员仍缺乏足够的吸引力。

在改革企业养老保险制度的基础上，建立统一的城镇职工基本养老保险制度，实现机关事业单位与企业基本养老保险制度的并轨，实现城镇从业人员基本养老保险待遇的公平统一。要从概念上将目前的公务员退休金明确区分为政府以社会行政管理者身份提供的基本养老金和政府以雇主身份提供的公务员职业年金。公务员通过参加基本养老保险制度享受基本养老金待遇，同时政府通过建立公务员职业年金制度作为补充，保证其总体退休金水平不降低。

2. 关于基本医疗保险制度。从近年来基本医疗保险制度运行情况看，医疗保险个人账户基金降低了医疗保险基金的抗风险能力（据统计，2002 年个人账户基金收入占到医疗保险基金收入的 40%，有的省市达到 50%，比统筹基金规模还大），而且并未在约束职工个人医疗费用开支方面发挥预期作用，只是增加了企业缴费负担和管理成本。医疗保险个人账户是实账，制度调整不涉及转轨成本，相对更加容易。因此，可考虑将目前针对困难企业的“适当降低缴费率，只建立统筹基金不建立个人账户”的政策扩展到今后新参保的全部单位和职工，已参保单位和职工可根据自身情况自主选择是否继续保留基本医疗保险个人账户。在改革基本医疗保险制度、降低基本医疗保险缴费率的同时，可考虑进一步放宽目前对企业补充医疗保险的优惠政策，在 4% 的基础上进一步适当提高企业补充医疗保险缴费进入成本的比例，以鼓励企业补充医疗保险和商业医疗保险的发展。

3. 加快社会救助制度建设，推进社会福利制度改革。在深化养老保险和医疗保险改革的同时，要本着低标准、严管理的原则建立健全以最低生活保障制度和医疗救助制度为主的社会救助体系，切实解决无力参加社会保险以及参保后仍有困难的弱势群体的最基本生活和医疗保障需求。研究制定科学规范的家庭财产收入审核办法，合理确定低保标准和范围，低保标准的调整应主要与消费价格水平的长期变动趋势挂钩，并适当考虑经济和工资增长因素。按照政事分开、机构精简效能的原则，统筹考虑城镇贫困居民的基本生活、基本医疗和住房、教育等救助工作，研究将各项救助业务工作职责归并到一个具体执行机构，统一管理各项社会救助业务和各项社会救助基金，促进各项救助工作的衔接配合。

适应和谐社会的要求，积极支持不以盈利为目的的社会组织的发展，推进政府举办的社会福利事业和单位举办的职业福利的社会化工作。从国际经验来看，不以盈利为目的的社会组织举办的社会慈善事业是政府提供的基本保障和企业（单位）提供的职业福利的重要补充。按老年人、儿童、妇女等各类特殊群体整合政府举办的社会福利项目，并将政府举办的各种福利设施向全社会开放。通过货币化、工资化或转由社会公益事业团体承办等方式，进一步剥离“企业（单位）办社会”职能。适当降低建立社会组织的“门槛”，加大社会捐赠及有关慈善基金投资运作的税收优惠力度，采取“民办公助”的办法鼓励社会组织兴办各项社会福利事业。

（二）以调整和完善社会保险统筹层次为重点和突破口，重新界定各级政府之间的社会保障事权

要按照中央统一领导、充分发挥地方主动性、积极性的原则，以调整和完善社会保险统筹层次为重点和突破口，合理划分中央和地方以及地方各级政府之间的社会保障事权和支出责任。（1）基本养老保险制度应明确实行全国统筹的最终目标并为之积极创造条件。基本养老保险实行全国统筹，有利于平衡各地企业负担水平和便利劳动力的全国流动，创造公平竞争环境。当然，在实现全国统筹以前，应以尽快推进省级统筹作为过渡。（2）医疗保险提高到省级统筹。一方面，医疗保险基金目前基本上是县级或市级统筹，基金规模较小，抗风险能力差，有必要提高统筹层次；另一方面，统筹层次提高也会使其管理和监督链条相应延长，由于医疗保险基金与养老保险相比支出控制更加复杂，监督更加困难，在各地经办机构缺乏硬预算约束的情况下，即使对经办机构实行垂直管理，也无法从根本上避免其受当地政府的影响和为本地区争取更多利益的行为，在医药费报销审核方面把关不严甚至故意“放水”的现象会比较严重。省级统筹可以相对较好地实现以上两方面因素的平衡。而且，如有必要也可考虑在中央一级建立医疗保险风险调剂基金，根据各地人口结构、工资水平、医疗费用等因素进行必要的调控。（3）失业保险基金和工伤保险统筹层次具体可由省级人民政府确定。这是因为失业保险和工伤保险基金支出规模相对较小，即使临时出现风险地方政府也能够应对。（4）最低生活保障、医疗救助、临时社会救济等社会保障事务的具体管理工作仍由县（市）级政府负责。（5）相应调整各级政府的财政支出责任和收入体制。在不同社会保险项目统筹级次确定以后，要明确实行哪一级统筹就应由哪一级政府对社会保险基金的监管和基金收支平衡承担最终责任，同时通过调整和完善财政体制对各级政府履行本级社会保障事权的能力给予保证。对于超出下一级地方政府承受能力的项目，上一级政府通过转移支付予以补助；对优抚安置等属于中央委托地方组织实施的职责，所需资金由中央财政通过专项转

移支付资金予以安排。

（三）以新型农村合作医疗和农村最低生活保障制度为重点推进农村社会保障事业发展

从长远来看，农村社会保障问题的根本解决途径在农业和农村之外，其基本思路应该是：在进一步健全和完善城镇社会保障体系的同时，加快推动城市化，扭转城市化进程明显滞后于工业化进程的局面，使越来越多的农村居民实现身份转变并最终纳入城镇社会保障体系。但是，按照统筹城乡发展的原则推进社会保障制度建设，客观上要求解决农民的基本生活和医疗保障问题，当前社会各界呼声也较高。在此背景下，一方面，我们要充分认识到经济社会条件构成的现实制约，保持清醒的头脑，避免不切实际地确定农村社会保障项目和水平，超出国家和政府的承受能力，将会影响经济和社会的长远发展；另一方面，也要在对农民最迫切的社会保障需求进行准确判断的基础上，在财力承受范围内有重点地对农村社会保障工作给予尽可能的支持。目前，农村居民在社会保障方面最迫切的需求首先是缓解大病风险，即因病致贫和因病返贫问题，此外，部分贫困农民的基本生活保障问题也需要抓紧研究解决办法。

因此，今后相当长一段时期内，农村社会保障工作的重点：一是加快推进新型农村合作医疗制度建设。目前新型农村合作医疗制度实际上是由政府在主导，主要靠政府推动，制度本身与农民之间缺乏良性互动，筹资、管理和监督成本偏高。因此，有必要进一步增加农民对新型农村合作医疗制度设计和运行的参与，加强民主管理和社会监督，切实体现其“合作”特色，在此基础上鼓励农民适当提高缴费水平。在试点工作取得比较成熟经验的基础上，中央和地方财政也应随着财力增强和医疗费用的增长而逐步提高对新型合作医疗的补助标准，中央财政可考虑根据各地农民收入水平、财力状况和地方财政补助努力程度制定差别化补助标准。在加强新型农村合作医疗制度和农村医疗救助制度之间协调的基础上，探索将二者进行整合，以简化农村医疗保障制度设计，降低制度运行成本，提高制度运行效率。具体可考虑将农村合作医疗补助资金和农村医疗救助补助资金合并为农民医疗保障补助资金，统一分配和管理，经民政部门核定确认的贫困农民可凭救助证免费参加合作医疗，报销医疗费时，在起付线、封顶线和报销比例等方面给予适当照顾。二是进一步做好对贫困农民的基本生活保障工作。首先要结合农村税费改革，建立稳定的农村五保供养筹资机制，实现农村五保户由集体供养为主向国家供养为主的转变，做到应保尽保。党的十六届三中全会提出，有条件的地方探索建立农村最低生活保障制度。农村低保工作的开展有利于保障贫困农民（包括贫困老年人）的基本生活，减轻农村养老工作面临的压力。各地可积极探索在对特困户救助、春夏荒和冬令期间口粮救济等制度进行整合的基础上，建立统一的农村最低生活保障制度，并对贫困农民家庭的住房、子女上学等给予必要的临时救济。中央财政可考虑通过专项转移支付，为更多地区探索建立农村最低生活保障制度创造条件，避免地区间农村经济社会发展水平的差距进一步拉大。当然，由于农民收入具有季节性、不稳定性的特点，农村在生活水平、生产方式和社会组织结构等方面也与城市存在差异，农村低保工作的方案设计和具体开展也要因地制宜，探索新思路。

（四）解决失地农民和进城农民工社会保障问题，推进城乡社会保障统筹发展

失地农民和进城农民工是工业化和城市化进程的必然产物，是城乡社会保障一体化进程的主要载体，解决好他们的社会保障问题是推进城乡社会保障统筹发展的关键。目前，国务院已责成劳动和社会保障部、国务院研究室会同有关部门研究失地农民和农民工的社会保障问题。我们意见，“十一五”期间，应区别具体情况，在合理分类的基础上，结合各方面承受能力，妥善制定失地农民和进城农民工的社会保障政策，切实解决他们最迫切、最现实的社会保障需求。

1. 关于失地农民的社会保障。首先应着眼于促进其就业。在实现就业的基础上，以企业职工或灵活就业人员的身份参加城镇社会保险来解决其养老、医疗等方面的保障问题，符合条件的还可按有关规定享受城市医疗救助和最低生活保障等政策。为此，应鼓励失地农民积极参加就业培训，提高劳动技能，努力寻找就业机会。可考虑建立针对失地农民的多层次就业培训体系，对其进行必要的培训，政府可通过向失地农民发放培训券等方式对其参加就业培训所需费用给予一定减免。同时，要在对国有企业下岗失业人员各项再就业扶持政策进行总结评估、调整的基础上，统筹研究将有关扶持政策享受范围延伸到失地农民的可行性，如提供免费职业介绍和必要的培训补贴。

对无劳动能力的失地农民，若领取土地补偿费后生活仍有困难，在城市规划区以内的，可优先考虑将其转为城镇户口，并按规定享受城镇居民最低生活保障制度和城市医疗救助制度。未转为城市户口的，符合条件的可按当地有关规定享受农村特困户救助和农村医疗救助，还可在自愿的基础上参加新型农村合作医疗制度。有条件的地区，也可以探索在整合养老保障、失业保障和最低生活保障等功能的基础上为失地农民建立基本生活保障，通过失地农民个人缴费、集体扶持和政府适当补助的方式建立失地农民基本生活保障基金，在农民失地后逐月向其发放基本生活费，保障其基本生活。

2. 关于进城农民工的社会保障。农民工实质上是城市化进程相对落后于工业化进程的产物，一方面，工业化进程的不断推进造成的城市劳动力短缺吸收了大量农民离开农业到第二、三产业就业；另一方面，相关配套政策与制度的缺失及其他方面的制约因素使进城务工的农民无法转变身份并真正融入城市。对农民工，首先应保障他们获得相当于自己劳动价值的工资收入，并保证及时足额到位。在社会保障方面，首先应该尽快将尽可能多的农民工纳入城镇工伤保险。很多农民工在采矿、建筑等高危行业工作，劳动条件比较恶劣且工作时间较长，是

工伤风险最大的群体之一。解决他们在工作中遭受事故伤害或者患职业病时的医疗救治和经济补偿问题，是一项非常紧迫的任务。要将农民工就地参加工伤保险作为农民工社会保障工作的重点和工伤保险工作的重点，予以大力推进。

对在城市工作的劳动关系相对稳定的农民工，可将其纳入统一的基本医疗保险统筹，不建立个人账户，主要解决其大病风险。缴费率不但应低于当地基本医疗保险缴费率，而且应低于基本医疗保险统筹基金的缴费水平，因为城镇企业和职工向基本医疗保险的缴费包含了享受退休后医疗待遇，而农民工在城镇工作一段时间后大多要回到农村，只需解决当期医疗费用需求即可，而且他们一般正值青壮年，平均医疗费用水平相对较低，总体缴费率原则上应控制在2%—3%左右，避免“劫贫济富”。对少数最终实现身份转变，留在城市的农民工，可改按统筹基金缴费标准参加城镇基本医疗保险并享受相关待遇，并补缴以前的部分医疗保险费。对流动性强、进城时间不固定的农民工，则主要通过参加流出地的新型农村合作医疗来解决医疗保障问题。

对将农民工纳入城镇养老保险制度的工作应在健全配套措施的基础上慎重推进。相对工伤和医疗而言，农民工养老保障需求没有那么迫切，而且他们大多数很难达到领取基本养老金的缴费年限，养老保险关系的衔接和养老金权益的积累都存在问题。参加养老保险的农民工和农民工较多的企业，普遍存在缴费义务和享受养老金权利不对称的问题，将农民工纳入养老保险在很多情况下反而成了缓解城镇养老保险基金缺口的措施。因此，可考虑本着农民工自愿的原则执行流出地农村养老保障政策。参加城镇养老保险目前不必作为农民工社会保障工作的重点，已将农民工纳入城镇养老保险的地区要切实解决好农民工流动时养老保险关系的衔接，对不满缴费年限退出养老保险体系的农民工的养老金权益应给予一定保障。

在做好农民工有关社会保障工作的同时，要按照国务院要求进一步加大对进城农民工的职业技能培训和职业指导，提高他们的就业能力。政府可对农民工培训给予一定的经费补助，困难地区由中央财政给予适当补助。

（五）进一步完善社会保障筹资机制，建立社会保险基金自求平衡机制

无论是健全城镇社会保障体系还是加强农村社会保障工作，都需要以大量的资金支持为后盾。随着社会保障事业的不断发展，社会保障资金需求压力越来越大。在今后一段时期，新型农村合作医疗、农村生活救助和城镇困难群体医疗保障等方面很可能会成为社会保障资金需求新的主要增长点，城镇养老保险制度和促进就业工作对财政资金的需求也将继续保持增长态势。为满足不断增长的社会保障资金需求，各级政府首先要调整财政支出结构，通过深化行政体制改革和事业单位改革控制行政事业经费支出的过快增长，通过政府逐步退出竞争性领域以进一步压缩建设性支出，相应增加社会保障支出比重。中央财政还要通过划拨国有资产、扩大彩票发行等多渠道继续充实全国社会保障基金，在人口老龄化高峰

期可通过发行社会保障特别国债适当平滑财政支出，减轻当期压力。地方财政也可视财力增长情况下建立相应的储备基金。

建立社会保险基金自求平衡机制，增收是基础，节支是关键。在增收方面，一是在完善税务机关征收社会保险费的基础上全面开征社会保障税，明确单独由税务机关全面负责社会保险费（或税）的基数审核和征缴管理等工作。各级财政要按照建立公共财政的要求适时适度安排支出，及时弥补社会保险基金收支缺口。二是适当调整企业和个人缴纳基本养老保险费和基本医疗保险费的分担比例。与世界上很多国家相比，我国社会保险费率不但总体水平偏高，而且企业分担比例过高。建议适当降低企业负担比例，相应提高个人负担比例。这有利于降低企业缴费负担，减轻欠费现象，也有利于把更多的单位和个人纳入社会保险体系。三是改变退休人员参加基本医疗保险不缴费的做法，将基本医疗保险的费基进一步扩大到退休职工，以建立稳定的医疗保险基金来源，应对人口老龄化挑战。

在节支方面，首先要按制度规定认真清理和归并社会保险待遇的项目、范围和标准，严格支出管理，堵塞支出漏洞。二是基本养老金原则上应主要与通货膨胀率挂钩，根据消费价格指数定期进行调整。既确保退休人员基本生活不受物价上涨的影响，也避免工资增长对养老保险基金支出造成过大压力。三是在明确最低退休年龄的基础上建立弹性退休制度，同时建立养老金水平与退休年龄密切挂钩的计发办法，遏制提前退休现象。四是继续深化基本医疗保险、医疗卫生体制和药品生产流通体制改革。建立医疗费用分担机制以及医疗服务和药品市场竞争机制，推进城市医疗服务体制改革，提高医疗服务质量，降低药品价格，控制医疗费用增长，降低医疗保险基金压力。

（六）明确部门职责，理顺社会保障管理体制

社会保障工作涉及财政、劳动保障、民政、税务、卫生等诸多部门，只有明确部门职责，加强相互协调，才能提高工作效率。一是在社会保险工作中，要逐步建立劳动保障主管部门制定政策、税务机关征收社会保障税（费）、财政部门管理社会保障资金、社会保险经办机构负责待遇审核发放的管理机制。二是要加强民政部门与劳动保障部门和卫生部门的协调，做好城市医疗救助制度与城镇职工基本医疗保险制度的衔接与配合，以及农村医疗救助制度与新型农村合作医疗制度之间的衔接与配合，切实发挥制度合力。

三、今后3—5年社会保障制度改革和体系建设的重点

针对社会保障体系存在的突出问题，根据深化社会保障制度改革的基本思路，今后3—5年社会保障制度改革和社会保障体系建设要在提升养老保险统筹层次、强化基层政府对低保工作的责任、推进新型农村合作医疗制度建设和加强农民生活救助工作、做好社会保障和就业等相关政策衔接及加强社会保障资金管

理等方面取得新的突破。

（一）推动养老保险省级统筹

考虑到养老保险制度需在试点的基础上进一步完善，事权与支出责任划分难度较大，需要分步实施。而且，养老保险基金的全国统筹作为最终目标，必须以省级统筹制度的健全和完善为前提。目前全国只有北京、天津、上海、福建、陕西、青海、重庆等少数省份实现了真正意义上的省级统筹，其余省份只是建立了省级调剂金制度。因此，各地应尽快在省内实现统筹项目、缴费比例、待遇标准和征收主体等方面的统一，对社会保险经办机构实行省级垂直管理，为省级统筹搭建好制度平台。目前已经实现市级统筹的省份要抓紧推动这项工作，实行县级统筹的省份不一定逐级过渡，争取“十一五”期间在我国全面建立比较规范的养老保险省级统筹制度。此外，医疗保险提高统筹层次问题在此期间也要着手研究和部署。

（二）择机下放低保支出责任，推动城市医疗救助制度建设

城市低保制度经过几年的努力，已经实现应保尽保，资金需求已相对稳定，而且从国内外实践来看低保事务大都由基层政府承担，支出责任的划分相对容易。为此，建议以即将开展的新一轮财税体制改革为契机，明确低保事务由县（市、区）级政府承担，同时，将中央财政和省、市两级财政安排的低保专项转移支付纳入一般性转移支付或作为基数下划到县级财政，以加大地方政府特别是基层政府的管理和支出责任，促进地方政府在完善制度、规范管理上下功夫。同时，切实做好城市医疗救助试点工作，积极推动城市医疗救助制度建设，通过财政加大投入和多渠道筹集城市医疗救助基金，对困难企业职工和失业人员、低保对象等参加基本医疗保险所需缴费及参保后个人自负医药费给予适当补助，帮助解决这部分群体的基本医疗保障问题。建立与低保制度相衔接的城市住房及贫困学生等救助制度，加强部门协调合作，建立各项社会救助和社会保险制度共享的信息平台，整合和统一设置街道和社区就业和社会保障业务经办机构，降低管理成本，做好各项社会救助之间及其与社会保险之间工作的衔接。

（三）进一步完善新型农村合作医疗资金筹集管理机制和农民生活救助制度

适应农村税费改革，积极探索有效的农民合作医疗缴费征收办法；督促各试点地区切实按照国务院文件要求，实现新型农村合作医疗基金封闭运行，做到银行管钱不管账，经办机构管账不管钱，确保基金安全。将提供医疗服务职能和合作医疗管理职能分开，加强对合作医疗费用报销的审核监督。在调整乡镇卫生院布局、深化乡镇卫生院改革的同时，进一步加强乡镇卫生院建设和农村卫生人才培养。探索在整合农村五保户供养、特困户定期定量救济、春夏荒和冬令期间口粮救济等方面经费的基础上，通过进一步加大投入力度，建立最低生活保障、医

疗救助和临时救济相结合的、更加稳定和有效的农民生活救助制度。坚持政事分离的原则，在整合有关机构和人员的基础上建立统一的乡镇社会保障事务经办机构，全面负责农村的合作医疗、医疗救助、五保供养、临时救济和低保等工作，降低农村社会保障工作成本。

（四）做好各项社会保障政策之间及其与就业政策的衔接，进一步完善和落实积极的就业政策

当前要重点解决以下几个问题：一是最低工资标准和“三条保障线”的待遇标准要依次递减，并拉开档次，避免产生逆向调节。二是低保待遇标准及补差标准应统筹考虑城镇居民从其他社会保障制度所得收入。三是下岗、失业、低保等待遇标准的确定与支取要与积极的就业政策衔接，建立四项政策执行之间的联动机制，以促进下岗失业人员和低保对象尽快再就业。四是在继续按规定落实以就业补助和税费减免为主要内容、面向特定群体、具有治标性质的再就业扶持政策的同时，大力推动制度创新，消除一切不利于市场机制有效运转的政策和制度障碍，通过改善劳动力市场微观运行机制、打破行业垄断、促进人力资本投资和强化经济增长的制度基础，建立起惠及全民的长效就业促进机制。

（五）推进社会福利社会化，促使慈善机构等社会组织发挥更大的作用

在分门别类的基础上逐步盘活国家控制的社会福利存量资源，对其中属于营利性的社会福利服务进行民营化，推进政企分离和政事分离，实现政府退出；对其中具有公共产品特征、针对“三无”对象和孤儿等特困群体的社会福利服务，也要积极引入社会力量，充分发挥慈善机构和其他非营利组织的作用，政府通过财政直接补助或购买服务等方式给予鼓励和支持。通过税收等优惠措施促进集体、村（居）民自治组织、社会团体、个人和外资以多种形式捐助或兴办新的社会福利事业。深化社会福利机构用人用工制度、分配制度和管理制度改革，改进和完善对公立福利机构的财政投入政策，由原来按机构行政管理费用、服务对象的基本生活费用、机构工作人员工资福利费用等分块计算改为按服务对象单位成本核算的项目管理方式，实现从“养人办事”向“办事养人”的转变。

（六）加强社会保障资金管理，推进社会保障预算

一是要逐步理顺社会保障管理体制，明确各部门的职责，加强协调配合。二是积极推行社会保险基金财政集中收付制度，减少周转环节，取消收入过渡户和支出户，提高资金使用的透明度和效益。在实行社会化发放的条件下，要积极探索实施财政集中支付办法，取消经办机构的支出户。未实行税务征收的地区要积极创造条件实行税务征收，取消收入户，直接将征缴收入缴入财政专户。三是以实行税务征收和集中收付为契机，建立起规范的基金收支稽核机制和动态管理系统，夯实缴费基数、人数、受保人数及待遇项目、标准等基础工作，堵塞收支漏

洞。四是积极探索和推动社会保险基金预算管理办法，规范基金的预算、执行、决算等程序，为研究和建立社会保障预算做好基础工作，并选择部分地区开展编制社会保障预算的试点。

（2009 年）

今后一段时期社会保障事业发展的总体思路和政策建议

席卷全球的金融危机对我国实体经济产生了极大冲击，为应对经济增长下滑局面，我国政府实施了确保经济平稳较快发展的一揽子政策措施，以实现“扩大内需、保障民生、促进就业”的政策目标。社会各界已经形成共识，认为加快社会保障事业发展是实现当前“保增长、调结构”，促进经济持续健康增长的关键。在此背景下，我们在充分研究我国社会保障事业发展现状的基础上，提出近期促进社会保障事业发展的总体思路和若干政策建议。

一、我国社会保障事业发展现状与问题

社会保障是推动社会经济协调发展，增进人民福祉的重要载体。我国政府一直高度重视社会保障制度建设，将其视为改善民生、促进公平、调节宏观经济运行、维护社会稳定的重要手段。经过改革开放 30 余年的努力，我国初步建立起了与社会主义市场经济体制相适应，具有中国特色的多层次社会保障体系，在保障人民群众基本生活，维护社会稳定，促进改革开放等方面发挥了十分重要的作用，但与市场化、全球化、信息化及老龄化趋势相比，还不很适应。主要体现在以下几个方面。

（一）制度分割，影响统一劳动力市场的形成和劳动力的合理流动

目前我国城乡之间、不同地区之间、企业与机关事业单位之间社会保障制度不统一，社会保障制度碎片化问题严重，并导致与制度配套的政策衔接不通畅。一方面，造成了不同群体间的政策攀比，引发了一系列社会矛盾；另一方面，也在一定程度上阻碍了劳动力的合理流动。同时，社会保障政策之间及其与就业政策缺乏衔接配套，如失业、低保与最低工资标准之间不衔接，不利于促进就业和再就业。

（二）受缴费率偏高、制度弹性不足等因素影响，各项社会保险制度覆盖面偏窄

我国五项社会保险缴费率之和相当于工资水平的40%左右，个别地区甚至达到50%，超过了世界上大多数国家。如果以实际缴费率进行国际比较，问题更为突出。世界银行2009年测算的实际承受税率（等于税负占商业利润的比率）表明，我国社会保险实际费率在181个国家中排名第一，约为俄罗斯、印度、巴西3国平均水平的2倍，北欧五国的3倍（1990—1993年的经济危机迫使北欧高福利国家纷纷降低社保缴费负担以刺激就业、恢复市场机制），七国集团国家的2.8倍（见图1）。偏高的社会保险费率，一方面，抬高了参保门槛，抑制了城镇就业人员的参保积极性；另一方面，加重了参保企业和职工的负担，限制了家庭可支配收入的增长、挤压了补充保险和商业保险的发展空间。同时，我国社会保险制度与当前灵活就业、非正规部门就业逐渐增多的就业特点还不完全适应，相当一部分城镇就业人员游离于社会保险体系之外。

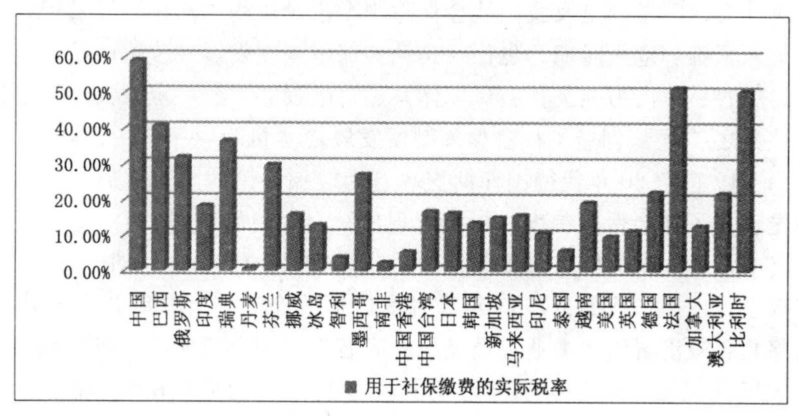

图1　社保缴费负担的国际比较：基于实际税率

数据来源：The World Bank,“Paying Taxes 2009: The Global Picture”, 2009。

（三）社会救助制度有待进一步完善，社会安全网存在隐患

经过多年努力，我国已经建立起了包括城乡低保、城乡医疗救助等制度在内的较为齐全的社会救助制度体系。但是，困难人员申请各项社会救助仍以户籍为重要条件，与目前劳动力流动性不断增强、户籍概念渐趋淡化的趋势不符，特别是流动性强，工作生活状态不稳定的农民工一旦陷入贫困的境地，很难在工作地获得必要的救助。由于农民工主体是青年人（年龄30岁以下的青年人占了农民工总人数的61%），处于思维活跃和体能充沛的阶段，对这一群体的社会救助不足增加了社会的不和谐因素。此外，由于缺乏有效的家庭财产和收入审核机制，影响了社会救助制度的实施效果，“应保尽保、应退尽退”很难有效落实。

（四）资金管理效率有待提高，投资体制亟待突破

由于统筹层次低、社保基金管理分散，既制约了资金管理效率的提高，也阻碍了社保基金投资体制改革实现突破。自1998年起，政府加强了对社会保险基金的监督和管理，全国大部分省份成立了社会保障监督委员会，逐步健全行政监督、专门监督、社会监督、内部控制相结合的监督体系。但是，加强行政监督和审计检查不能替代体制改革，虽然目前社保经办机构已经成为社会保险基金的运营机构，与行政部门管理职能实现了分开，但仍停留在行政体系内部的分开，不是市场经济意义上的分开，既容易产生资金管理的操作风险，也增加了投资体制改革实现突破的难度。社保基金管理体制和投资体制的落后，增加了实现不断累积的社保结余资金保值增值的难度，对我国正在开展的社会保障体制整体深化改革产生了不利影响。

二、当前形势下发展社会保障事业的意义

从对社会保障发展史及我国社会保障制度建设历程的回顾可以发现，经济社会运行陷入困难和危机时期，也往往是社会保障制度发展和改革的机遇期，因为社会各界更容易对大力推进社会保障体系建设凝聚共识。一定意义上可以说，正是经济社会之“危”创造了社会保障制度发展之“机”。

比如，19世纪80年代德国俾斯麦政府为缓和尖锐的阶级矛盾、化解社会危机而率先建立了社会保险制度，标志着现代社会保障制度的产生。20世纪30年代发达资本主义国家的经济大萧条发生后，以美国为代表，发达国家的社会保障制度实现了大发展。比如，1933年5月罗斯福政府颁布《联邦紧急救济法案》，成立联邦紧急救济署，对失业人员及低收入者提供现金或实物救济以确保其基本生活。1935年又出台《社会保障法案》和《公平劳动标准法》，建立养老保险制度，为65岁以上的退休劳动者提供养老金；建立失业保险制度，为失业工人发放失业金；建立社会救济制度，对贫困家庭等给予经济救助；以法律形式规范最高工时和最低工资标准等。到20世纪70年代的经济滞涨之后，发达国家在社会保障制度方面采取的措施更多体现为削减一些社会保障项目、严格社会保障待遇领取资格、适当降低社会保障待遇水平等，即将国家的保障责任向个人适度转移。20世纪90年代后期，我国为应对亚洲金融危机等冲击和经济结构调整的需要，以“两个确保”和“三条保障线”为重点大力推进社会保障体系建设，先后出台或完善了城市居民最低生活保障制度、养老保险制度、失业保险制度、医疗保险制度和下岗职工基本生活保障制度等，并推进了社会保险基金收支两条线管理和提高社会保险统筹层次等工作。因此，在经济面临困难或危机的情况下，只要我们沉着应对、统筹规划，就能够化挑战为机遇、变压力为动力，推动社会保障工作取得新的成就。

在当前国际金融危机对我国经济影响还在持续的背景下，推进社会保障体系

建设还具有重要的现实意义。短期内，由于未来几年我国经济形势仍然面临很多不确定因素，就业压力加大，贫困问题较为突出，需要通过对失业和贫困群体的关注，缓解可能出现的社会矛盾和问题。同时，这些措施还能够增加低收入者收入，从整体上提高我国消费水平，进而起到扩大内需，促进经济复苏的作用。从长远看，推进社会保障体系建设，有助于调节国民收入分配以及居民收入分配，降低居民储蓄倾向以及国民储蓄率，促进经济结构调整，确保我国经济健康发展。

三、未来两年发展社会保障事业的总体思路

由于我国社会保障制度存在制度体系不健全、覆盖面不广和某些项目保障水平不够高等问题，未来两年应当从加快发展、深化改革和加强管理三方面同时着手，实施稳健扩张的社会保障政策。但是，在实施扩张性的社会保障政策时，应把握好以下两点。

（一）政策取向宜以扩大各项社会保障制度覆盖面和建立新项目为主，而非调整社会保障待遇

在某些群体某些方面的社会保障仍然存在制度缺失，以及一些既有制度尚未实现应保尽保目标的情况下，社会保障政策扩张的重点应当是切实加大扩面力度并稳妥推进新的保障项目建设，为那些“体制外”群体搭建起安全网，以促进社会公平，避免他们因为经济不景气而受到更大的冲击。反之，如果将提高“体制内”群体待遇作为社会保障扩张的重点，一方面，由于低增长时期物价水平比较稳定，提高待遇的必要性不大，而且，社会保障待遇上去容易下来难，长此以往必然造成社会保障水平超越经济发展阶段的局面；另一方面，会进一步加大“体制内”群体与“体制外”群体之间的不平等，引发社会矛盾。如确要调整待遇的话，建议出台一次性临时补助措施，而非提高社会保障项目的具体标准。

（二）以缓解失业为政策重点，适度侧重以反贫困、照顾弱势群体为目的的非缴费型福利项目发展

按照历史经验，就业市场的复苏较产出恢复更为困难，经济下滑期间失业问题以及与之伴随的贫困问题会较正常期间更加严重。失业以及贫困问题是对居民生活的直接冲击，具有深远的社会影响。因此，需要政府采取多种措施对困难群体的生活加以扶持。由于低收入者的消费往往是收入约束型，这一措施也可以起到增加居民消费、扩大内需的作用。基于这一考虑，未来两年应将政策重点放在缓解失业及由此产生的贫困等问题上。

四、若干具体政策建议

（一）实施积极劳动力市场政策，缓解就业困难局面

国际经验表明，当经济开始从衰退中复苏并恢复增长时，往往会出现就业改善不明显的情况，即“无就业的复苏”。由于我国正处于工业化、城镇化和现代化过程中，经济波动与经济社会结构的调整相叠加，劳动力市场的周期性失业压力较大，需要政府加强对劳动力市场的干预，实施积极劳动力市场政策。一方面，要适当采取一些针对性强、收效快的政策措施，刺激劳动力市场需求，减轻经济下行带来的就业压力；另一方面，要继续实施有利于提高劳动者技能、改善劳动力市场自身功能的积极劳动力市场政策，降低未来的失业率，为国民经济的可持续发展提供充足的人力资本。目前，我国已经采取了一系列政策措施，在此基础上，还可以进一步加大力度。具体而言：

1. 进一步加大力度，确保落实已有的各项积极劳动力市场政策。近期，我国已经制定出台了减轻企业负担、鼓励大学生面向基层就业、促进农民工就业、实施特别培训计划等一系列政策措施。在继续落实好上述各项政策措施的同时，还应从以下几方面着手，加大工作力度。

一是进一步发挥积极财政政策对就业的促进作用。通过贯彻落实增值税全面转型、提高出口退税等税费减免政策，大力支持劳动密集型产业特别是中小企业和服务业发展，提高企业吸纳就业能力。通过扩大政府投资规模和政府购买公益性岗位，尽可能多地提供就业机会，千方百计增加就业岗位。

二是进一步加强对中小企业的扶持力度，特别是扩大信贷规模等金融领域的支持政策。在为中小企业和个人提供创业扶持方面，仍有很大的政策空间。虽然政府在不断增加投入（例如，2009 年 3 月中央财政下达 10 亿元中小企业信用担保业务补助资金以鼓励此类机构积极开展中小企业贷款担保业务等），但根据银监会的相关数据显示，自 2008 年 10 月底放松贷款规模以来，中小企业和个人受惠并不明显，对他们的贷款增速大大低于大中型企业。

三是扩大就业服务的覆盖面，提高就业服务的效率和质量。一方面，逐步消除就业服务对象的排他性，不仅要服务国有企业和大集体企业下岗失业人员，更要关注包括高校毕业生和失业滞留的农民工等在内的劳动力市场相对弱势群体；另一方面，打造一站式的整合性就业服务系统，实现失业人员在一个就业服务机构除了能了解工作信息外，还能根据自身情况获得包括咨询、求职帮助和其他各类服务在内的综合性、个性化就业服务。此外，制定政策鼓励非政府组织参与就业服务，例如，调动企业和社区的积极性，将就业服务与企业发展和社区服务紧密结合起来，增强就业服务的市场导向。

四是瞄准特殊群体，加大针对农民工和大学毕业生的就业培训。保障资金和人力投入，贯彻落实《关于实施特别职业培训计划的通知》的各项规定，积极推动“百日百万”农民工培训行动计划、百万毕业生见习计划等培训计划，为

失去工作返乡的农民工、新成长劳动力、困难企业职工和城镇失业人员等提供有针对性的、富有成效的就业培训服务。同时，提高培训效率和质量，鼓励各类培训机构与当地企业紧密配合，开展符合劳动力市场要求的就业培训（例如订单培养和在岗培训等）。尤其要注意一些在当前劳动力供给和需求都略显不足，但具有良好市场前景的培训项目，如保姆、针对中小企业的电子商务人才等，政府除加大培训力度之外，还应注重解决供需双方的制度性瓶颈，促进市场发育。

2. 继续加大并使用好与积极劳动力市场政策相关的财政支出。最早采用积极劳动力市场政策的经济合作与发展组织国家如德国、法国、瑞典、丹麦等近年来用于就业相关的财政支出占 GDP 的比重保持在 1% 左右，财政投入较多的积极劳动力市场政策包括在公共部门创造更多的就业岗位、加大对私人部门的就业资助力度等。近年来，尤其是 2008 年美国次贷危机对全球经济的影响加速蔓延以来，我国政府不断加大对就业服务和劳动力培训等方面的财政支持，用于各类就业相关的财政支出占 GDP 的比重也达到了较高水平（据中国社科院统计，约 0.4% 左右）。但是，考虑到我国正处于深化改革阶段，很难在短期内消除结构性失业，而且世界经济尚未走出金融危机造成的增长衰退的阴影，今后一段时间里仍有可能对我国劳动力市场就业形势产生不利影响，因此，需要继续加大与积极劳动力市场政策相关的财政支出。

3. 与经济刺激计划相结合，实施“嵌入式”的积极劳动力市场政策。在国际上，积极劳动力市场政策主要是与社会保障相结合，借助社会保障措施增强劳动力市场的自身功能、提高劳动者的就业积极性。在我国，针对当前的经济形势和劳动力市场面临的挑战，仅与社会保障相结合可能还不够，还要将积极劳动力市场政策嵌入到经济刺激整体计划中去，这要求在设计经济刺激方案时考虑投资方向与积极劳动力市场政策的内在关联，对那些能够更大限度发挥积极劳动力市场政策作用的行业和项目给予适当倾斜。为此，在选择经济刺激计划具体实施项目时，应当将其促进就业功能作为重要考核指标。各级政府的经济刺激计划投入，都可以要求受益方在就业上做出贡献。

4. 实施国内、国外马歇尔计划，多种途径消化过剩产能，缓解周期性失业。“马歇尔计划”是美国在“二战”之后以购买美国产品为条件，对欧洲国家的经济建设援助计划。按照历史学家的分析，“马歇尔计划”一方面有力的帮助了欧洲国家的经济复苏；另一方面也在当时消化了美国的过剩产能。针对当前我国产能过剩、外汇储备过大的现实，多位专家建议我国也应当实施类似于“马歇尔计划”的计划，即以购买我国产品为条件，加大对发展中国家的援助或贷款力度，以消化我国的过剩产能，进而缓解周期性失业。具体而言，对外援助应以低息或无息贷款为主体，援助国的选择应以政局稳定且有较好经济增长前景的发展中国家为宜，尤其可以考虑像金砖四国、越南这样的新兴市场国家。考虑到我国经济发展区域不平衡的特点，还可以借鉴“马歇尔计划”的思路，在国内实施类似计划，如由经济发达省份的省级政府（或实力较强的地市级政府）为主体，发起对不发达省份或地区的无偿援助或无息贷款，帮助其改善生产生活条件，提高其居民收入水平。通过这一举措，一方面，在既有财政分权格局下，可以调动各方面积极性，促进区域经济平衡发展；另一方面，有助于消化沿海地区的过剩产能，发达省份的政府资金也可以从企业增加的税收中得到补偿。从长期来看，由于对不发达省份的援助可以有效提升其经济发展水平，其政府的偿还贷款有所保证。同时，该计划还有助于扩大就业特别是解决贫困地区的就业问题，改善内需。

（二）建立健全救助对象资格审查制度，提高社会救助针对性

如何有效确定社会救助对象，并减少错保、漏保，是世界各国面临的共同难题。尤其在经济衰退时期，对社会救助的需求与政府投入的矛盾将更为突出，有效确定社会救助对象显得尤为重要。目前，国内外通常是采取家计调查的方法，通过调查救助申请者的家庭收入与支出状况，来判断申请者是否符合救助资格。对于欧美发达国家而言，由于绝大部分收支都是通过银行系统进行结算，家计调查比较容易开展，但在我国这样现金结算还非常广泛存在的国家，家计调查做起来则比较难，更何况现在家庭收入来源日益多样化、工作方式也越来越非正规化。

正是由于传统的家计调查方法会遇到个人隐私以及申请者故意隐瞒收入等诸多问题，因此，现在不少国家和地区开始采取代理工具家计调查法。这种方法通过所选取的代理变量的状况，来间接判断申请者的家庭收入状况，其中所选的代理变量包括住房质量、耐用品拥有情况、教育状况、家庭规模与结构以及健康变量等，可以直接观察或进行客观评估的指标，降低了普通家计调查的信息收集难度。通过收集相关指标的信息后进行打分，然后根据既定的权重计算得分，将得分与设定的标准进行对比，进而判断申请人是否符合救助条件。通过这种直接观察的方式获取的信息，由于比申请者提供的信息更为可靠，因而可以更为准确地判断申请者的客观状况，进而提高救助的针对性。哥伦比亚于1994年建立的SISBEN系统（System for Selecting Beneficiaries of Social Spending，SISBEN是其西班牙语简称）就使用了代理家计调查方法。它通过抽样调查获取城乡居民生活状况的真实数据，再利用主成分分析方法等统计模型，估算出一个具有代表性的福利指标，以反映居民的贫困程度，并据此确定哪些人群是社会救助的重点对象。目前，SISBEN系统已经广泛应用于哥伦比亚的各类社会救助和福利事业，包括医疗救助、有条件的现金转移计划、青年劳动力培训、公共部门就业资助和针对老年贫困人群的福利计划等，显著提高了救助对象的瞄准精度，并有效降低了社会救助的运行成本。我国可学习和借鉴上述国际最新经验，结合我国实际情况，综合采用不同的资格审核方法，提高社会救助的瞄准精度。

（三）改进制度设计，提高社保资金的安全性和有效性

1. 借鉴金融危机经验教训，理性看待做实基本养老保险个人账户问题。金融危机后，国际社会开始对过去20年来一些国家开展的以建立基金制养老保险为主要内容的基本养老保障制度改革进行反思。据OECD组织统计，截至2008年底，本轮金融危机已造成全球基金制养老金平均损失20%—25%，养老金与资本市场联系越紧密的国家损失越惨重。由于部分参保人的养老金账户损失惨重，一些国家政府不得不对其进行大量补贴，使基金制养老金的设计初衷之一——降低政府支出责任的目标难以实现。我们认为，应当吸取国外经验教训，理性看待做实基本养老保险个人账户问题。首先，很多国家实行基金制的一个重要原因是提高国民储蓄率，而我国的现实是储蓄过剩。其次，我国的资本市场尚不够完善，如何开展个人账户基金投资，并确保资金的投资安全性和收益率都存在一定问题。

2. 增发特别国债，提高社保结余资金利用效率。建议由中央政府增发特别国债，规定由各地结余的社保资金购买。这种做法的好处：一是提高了社保结余资金的利用效率，在确保安全性的基础上提高了其回报率，有利于参保人；二是这种做法只是将原来闲置的政府资金充分运用起来，实质上并没有增加政府的综合债务水平，在当前特殊形势下提高了政府的可运用财力，增加了政府积极财政政策的政策空间，有利于经济复苏。

增发特别国债的思路还有利于解决基本养老保险个人账户问题。我国基本养老保险个人账户的问题主要是债务责任和回报率没有显性化。因此，可以考虑由担负个人账户支付责任的各级政府增发“名义特别国债”，即国债的购买没有发生资金流动，但参保人按其个人账户的资金量获得了确定利率水平的“名义特别国债”，等到其退休时可以获得“名义特别国债”的还本付息。这种做法实质上是将政府在个人账户上的债务责任以国债的形式明确下来，且个人账户的资金回报率得以明确，既可以增强社会对基本养老保险制度的信心，又通过明确政府债务责任促使其重视问题的解决，有利于应对未来老龄化社会的到来。

3. 整合个人账户与公积金，扩大资金的个人使用范围。我国基本养老保险、基本医疗保险个人账户及住房公积金账户的资金在性质上属于个人强制储蓄，但必须按政府相关规定使用，且没有起到资源整合的效果。我们建议借鉴新加坡中央公积金制度（CPF）的管理模式，将分散于上述社会保障类个人账户或公积金的个人强制储蓄纳入一个统一的公积金账户，在一定条件下，打通其原有使用范围的限制，允许个人在规定范围内自由使用富余资金。例如，允许个人将统一公积金账户里部分来自于基本医疗保险个人账户及住房公积金账户的资金，转换为养老金个人名义账户，即为养老增加储备。

（四）扩大养老保障制度覆盖面

在我国的各项社会保险制度中，以养老保险所占资金最为庞大。从其现状来看，问题也较多，突出表现是制度设计上主要针对正式就业人群，其他人群的制度设计尚不明朗；在筹资方式上采取了社保缴费的方式，且费率较高，导致推进困难；在管理上，统筹层次较低，且制度衔接不合理。从改善国民收入分配格局，启动内需的角度出发，当前迫切需要加快养老保障制度的建设，尽快完成全民覆盖。国际经验表明，依赖于正式就业的缴费型养老保障制度，无法快速完成覆盖全民的目标。在中国这样的国情下更不现实。为此，结合我国社保缴费率过高的现实，初步建议：

1. 加快建设维持基本生存水平的全民“老有所养”保障体系。尽快实现我国城乡居民较低水平，但能维持基本生存的全民“老有所养”，实现历史性跨越。考虑城乡、地区的基本生活水平以及物价的差异，合理确定保障水平，以保障每位老人在所在区域能维持有尊严的基本生活水平。针对当前经济困难局面，可采取一些相机决策措施。不同人群的制度间要做好衔接，包括待遇水平的衔接，同时尽快启动新型农村社会养老保险试点，推进事业单位养老保险改革试点，统筹研究解决城镇无收入老年人及未参保城镇集体企业退休人员的养老保障问题。

2. 增强养老保险制度的灵活性。经济持续下滑，可立即采取阶段性的缓缴、降低社保缴费措施，给企业以缓冲空间，促进扩大就业。同时，在统一的企业职工养老保障制度政策框架下，采取多层次的缴费和待遇水平，强化缴费与待遇联系机制，以适应不同地区、不同人群的参保需要，扩大覆盖面。

3. 支持加强养老服务供给能力建设。据有关方面测算，我国目前养老服务人员的缺口达1000万人。养老服务的供给是大有潜力的增长点，对于解决就业问题意义重大。在逐步建立全民共享养老保障制度的基础上，政府应当出台相关扶持和优惠政策，鼓励民营资本进入养老领域，大力发展养老事业。

（五）以“养老间接税”替代部分社保缴费，对基本养老保险进行系统性改革

在对基本养老保险制度进行微调之外，也可以考虑实施系统性的改革。我们建议，调整基本养老保险筹资模式，大幅降低基本养老保险缴费比例，同时按相同比例提高增值税、营业税、消费税三类间接税的税率（以下统称为间接税），并指定一定比例的三类间接税税收，专项用于覆盖所有城乡居民的基础养老金支出，一步到位建立覆盖全民的基本养老保险制度。保留下来的养老保险缴费，改造成个人账户性质的强制性养老金，形成“国民养老计划”加强制性养老金的双层架构。具体措施如下：

1. 将现有增值税率由基准税率17%提高到20%，再将其中的4个百分点专

门用于基础养老金支出。同时可在测算的基础上，按比例提高营业税、消费税的税率，以避免扭曲市场，并将营业税、消费税税收总额的1/5专项用于国民养老计划。与之同时，为避免营业税税率提高后增加市场扭曲的不良后果，建议尽快实施以增值税替代营业税的增值税扩围改革。

2. 国民养老计划实行全国统筹，用于支付城乡所有65岁以上居民的基础养老金。为避免代际不平等，国民养老计划可设置为一定期限内（50年或75年）的修正现收现付制，即在精算的基础上，确保国民养老计划在该期限内自求平衡。改革初期，由于基金会有所结余，应妥善安排其投资管理。

3. 国民养老计划的养老金水平不宜过高，按目前物价水平计，以平均每人每年3000元为宜，由此养老金工资替代率大致在20%—30%左右。当然，养老金的发放不能搞绝对平均，应考虑城乡、地区的基本生活水平以及物价的差异。考虑我国分税制的现实，建议各地征收的国民养老计划的75%归中央支配，其余25%由各省制定标准发放。为公平起见，如老人在一定年龄之前死亡，应向其亲属发放一定额度的丧葬补贴。

4. 与以上增值税改革相配套，降低基本养老保险缴费率，建议将企业和雇员的总缴费比例（用于养老）控制在13%以内，以减轻企业负担，增加就业。这种缴费依然保持强制性质，但可以设计多档供不同的企业和雇员选择，这部分缴费将全部划入雇员的个人账户，设立企业年金，但实行名义账户制，即政府为每位参保人记账，并在精算基础上决定其每年回报率，在其退休时分年发放给职工。机关事业单位也可相应同步建立职业年金制度。

5. 以国企利润或国企股权收入解决转型成本问题。实施上述改革，不可避免有转型问题。如相对老年人来说，当前年轻人为其未来退休将支付更多的间接税。且当前群体中，已经有一部分人缴纳了社保费用，另外一部分人没有缴纳社保费用。为平衡不同人群的利益，确保既有利益不受损失，应当以国企利润或其股权收入来支付转型成本，一揽子解决转轨问题。同时，对当前立即领取基础养老金的老年人来说，可在精算的基础上，确定由其家庭承担部分补充缴费的义务。

实施上述改革，具有这样几个优点：一是可以最快速度建立覆盖城乡的基本养老保险制度。由于增值税等是强制性征税，且在我国征收效率较高，因此方案的执行阻力不大，可以很快实施。同时，由于增加的增值税专项用于全民养老，且对企业而言是替代了其原来的基本养老保险缴费，不会增加负担，因此能在较大范围内取得政治支持。二是有利于就业。与基本养老保险缴费相比，增值税是针对企业的所有增加值（由劳动和资本创造）征税，相对于劳动和资本的技术选择是中性的，在基本养老保险缴费的时候，企业只要雇人就必须要支付这部分费用；而在以增值税等来替代时，企业是在获取销售收入之后才需要支付这部分税收，因此更为有利于就业。三是增加了政策操作空间。在WTO框架下，国际贸易中增值税作为间接税可以退税，而基本养老保险缴费或税必须计入生产成本。因此，这一改革实质上增加了我国出口退税政策的操作空间，增强了我国产品的国际竞争力。从国际比较来看，即使增值税率提高到20%，在国际上也不算很高。四是有利于调节国民收入分配。从企业角度看，增值税是同时向劳动和资本征税，因此改革的实质是向资本征税，补贴劳动者，有助于调节国民收入分配中劳动收入份额不断下降的局面。从增值税的最终税收归宿看，它是对消费征税，与仅对劳动工薪收入（还是一定限额之内）征收的社保缴费相比，更为公平，有利于缓解我国居民收入分配不均不断扩大的趋势。近年来，国际上一些国家已经在间接税替代社保缴费方面进行了探索，如德国在20世纪90年代进行的社保改革就是提高增值税税率并专项用于养老。近期，法国也在探讨降低社保缴费，提高增值税税率作为替代的改革方案。

（六）启动儿童营养福利计划，保持我国的长久竞争力

国际比较表明，我国少年儿童营养健康状况与其他国家相比还有较大差距。经济竞争乃至国家竞争，从根本上讲是人的竞争。因此，为保持我国的长久竞争力，增强人力资本，结合当前的国内外经济形势，建议加快建立全覆盖的国家少年儿童营养健康福利制度。

1. 通过试行针对家庭的有条件现金转移支付计划，加强对贫困家庭、贫困地区新生婴儿（0—1岁）和留守儿童营养健康的公共福利投入。有条件现金转移支付计划是一种用货币和实物补助来减少贫困和儿童营养不良的政策安排，该政策要求接受补助的贫困家庭承诺参与劳动以及保证下一代的营养健康状况和人力资本投资。要为全国贫困家庭（尤其是中西部农村贫困地区的贫困家庭）提供有条件现金转移支付，帮助其购买孕妇叶酸、婴幼儿奶粉、婴幼儿鱼肝油和钙剂、儿童维生素等有效改善新生婴儿健康状况的营养物品，帮助改善留守儿童的伙食条件。为了保证儿童营养福利计划的实施，各级政府应当至少承担农村地区以及城市困难家庭营养午餐计划的费用。同时，鼓励慈善组织、基金会等社会团体参与该计划。

2. 实施“起跑线福利计划”，加强对学前儿童（1—7岁）营养健康的公共投入。虽然尚未进入生长发育的黄金时期，但这一时期是儿童大脑发育和智力发展的重要阶段，因此要高度重视学前儿童的营养健康问题。“起跑线福利计划”以托儿所和幼儿园为基本单位，通过对营养食品开支（主要是牛奶和水果）的财政补助，保证每位学前儿童每天都能喝上一袋牛奶（或豆浆）和一份水果。

3. 加大财政支持，合理设计制度，尽快建立覆盖全国的“国家校餐计划”。将小学、初中、高中的在校学生纳入国家校餐计划。其中，小学和初中是少年儿童生长发育的黄金时期和关键阶段，应坚持普及原则；高中宜采取自愿原则，由在校学生自愿选择是否加入校餐计划。研究显示，早餐对于少年儿童增强学习兴趣、提高学习效率和成绩具有显著的促进作用，而午餐与少年儿童的营养健康状况密切相关，在教室就餐有助于学生之间加强情感交流，因此校餐计划要包含营

养早餐和营养午餐，就餐形式要以教室集中就餐为主。此外，为了保证校餐计划的实际效果，要针对我国少年儿童的体质特征，并充分考虑城乡差异，由权威专业机构制定校餐计划的具体营养标准。

（七）鼓励非政府组织发展，协助政府给弱势群体提供更多的保障

政府作为公共管理的主体，在社会危机管理中占有不可动摇的地位和作用。然而，世界各国的经验表明，仅凭政府的力量越来越难以独自应对机制复杂、形式多变、影响深远的现代社会危机。在这种情况下，必须积极整合一切能够整合的社会资源，而非政府组织作为一种形式灵活的社会实体，在政府调度社会资源、集中力量应对危机事件时能够发挥重要的辅助和配合作用，提高政府管理社会危机的效率。近年来，国内非政府组织也有了较大发展。如从 2002 年开始，珠江三角洲地区专门为农民工维权的非政府组织大量出现。在当前经济形势下，应当保留一定的政策空间、适当发展符合和谐社会发展要求的非政府组织，保障非政府组织能够获取自身发展必要的资金物质和人力资源，并引导他们积极参与社会保障事业，尤其是弱势群体维权、救灾救济、扶贫开发和就业服务等领域，协助政府更好地为弱势群体提供保障服务。

（2009 年）

我国农村社会保障发展思路研究

党的十六大以来，中央提出了全面建设小康社会和构建社会主义和谐社会的奋斗目标，并强调要按照“五个统筹”的要求，认真贯彻落实全面协调可持续的科学发展观。党的十六届五中全会进一步明确提出，要推进社会主义新农村建设，扩大公共财政覆盖农村的范围，强化政府对农村的公共服务，大力发展农村教育、卫生、社会保障等公共事业。为此，我们就今后 5—10 年我国农村社会保障发展的基本思路进行了初步研究。

一、推进农村社会保障事业发展的基本原则和总体思路

长期以来，由于受体制、机制、管理水平及现实承受能力等多方面因素的制约，我国农村社会保障事业总体来看相对滞后，保障面较窄，保障水平偏低，农村社会保障事业发展的总体现状与中央的要求相比还有较大差距。按照统筹城乡

发展、统筹经济社会发展的要求，加快农村社会保障体系建设，加大农村社会保障投入力度，逐步使广大农村居民的基本生活和基本医疗得到有效保障，让"公共财政的阳光普照农村"，对推动社会公平特别是城乡公平、构建和谐社会和小康社会具有重要意义，也是推进社会主义新农村建设的一项关键内容。因此，我们要将农村社会保障作为当前和今后较长一段时期内农村工作和社会保障工作的重点，给予必要倾斜，予以大力推进。

同时我们也要看到，社会保障特别是社会保险制度是工业化和城市化进程的产物。在我们这样一个农村人口占大多数、城乡二元结构特征明显、人均 GDP 水平较低的发展中国家，农民的社会保障水平不可能很高，保障项目不可能健全，保障范围也不可能一步到位，完全建立城乡一体的社会保障体系更是只能作为远期目标。特别是在经济全球化的背景下，脱离实际的社会保障项目和社会保障水平会给社会和企业造成沉重负担，削弱中国经济的国际竞争力，影响经济的持续快速发展。因此，农村社会保障工作的开展应坚持重点突出、广泛覆盖，项目合理、水平适当，管理规范、操作简便的原则，既要按照统筹城乡发展的要求，进一步加大对农村社会保障事业的投入，扩大农村社会保障覆盖面，促进城乡社会保障事业协调发展；也要充分考虑经济社会承受能力、农村现实状况和其他客观约束条件，以农民最迫切的社会保障需求为重点，针对有限项目以有效途径提供有限水平的保障。

目前，大病风险是农村居民面临的最大风险之一，患大病不仅会给农民带来沉重的医药费用负担，花光一生积蓄甚至负债累累；而且还会严重影响和剥夺农民的劳动能力，减少甚至断绝家庭收入来源，从减收和增支两方面将其推向贫困。据 2003 年国家卫生服务调查，农村贫困户中有 33.4% 是因病致贫和因病返贫，比 1998 年调查的 21.6% 又有明显上升，农村居民应住院而未住院的比例 2003 年仍然高达 30.3%，其中 75.4% 是因为经济困难。此外，7500 多万处于绝对贫困和相对贫困状态的农民的基本生活保障问题也需要抓紧研究解决办法，对进城务工农民而言，解决他们面临的疾病和工伤风险也是非常迫切的。因此，今后 5—10 年农村社会保障应重点做好以下几方面的工作：一是以鼓励组织和管理创新以及完善筹资机制为重点，推动新型农村合作医疗制度建设。二是以完善农村五保供养制度和推进农村最低生活保障制度建设为突破口，建立更加规范和有效的农村生活救助制度。三是以现行制度为依托，妥善解决失地农民和进城务工农民的社会保障问题。四是按照家庭保障同社区保障、国家保障相结合的方针，逐步解决农村居民养老问题。

二、以鼓励组织和管理创新以及完善筹资机制为重点，推动新型农村合作医疗制度建设

（一）新型农村合作医疗试点中存在的问题及原因分析

新型农村合作医疗制度是目前我国农村社会保障制度建设的重点和难点，自

2003 年启动试点以来，在缓解农民因病致贫和因病返贫方面发挥了一定作用。据卫生部统计，截至 2005 年 6 月底，全国已有 641 个县（市、区）开展了试点，累计筹集合作医疗基金 100.61 亿元。参加的农民有 1.63 亿人，共补偿参合农民 1.19 亿人次，补偿资金支出 50.38 亿元。但是，试点过程中也暴露出了一些比较明显的问题，具体表现在以下几方面：

一是筹资机制不够健全，筹资水平及相应的待遇水平偏低，筹资成本过高。合作医疗筹资水平从 2006 年起虽然会有所提高，但总的来看仍然偏低，加之有的试点地区农民较少或统筹层次较低，要实现“既提高抗风险能力又兼顾农民受益面”的目标比较困难。新型农村合作医疗以分散的小农家庭为对象，且缴费基本采用现金形式，也带来了较高的筹资成本。

二是经办机构对合作医疗的定点医疗服务机构监督约束不到位，管理手段落后。有关主管部门既是医疗机构所有者代表，又是医疗服务市场的监管者，还负责合作医疗管理和费用报销等经办职能，三种角色集于一身。若不能对此加以有效协调，新型农村合作医疗很可能会异化为主要是帮助农村基层医疗机构“脱贫”的手段，却无法有效发挥帮助患大病农民减轻医疗费用负担的作用。

三是合作医疗大病统筹为主的目标与农民以家庭为单位自愿参加的原则之间存在矛盾。一方面，以“保大病”为目标的合作医疗对大多数农民吸引力不大，而有积极性参加的往往是身体健康状况较差、得病概率较高的人员，无法保证基金的收支平衡；另一方面，一些地区为吸引农民参加而设置的家庭账户又削弱了合作医疗基金防范大病风险的能力和合作医疗的合作性质，不利于合作医疗长远制度的建设。

此外，农村卫生医疗服务体系建设和医疗服务水平不能很好地满足农民的基本医疗需求、合作医疗基金本身的管理不够健全等问题也需要引起高度关注。

新型农村合作医疗制度发展中存在的问题，与目前制度本身定位不够明确有很大关系。新型农村合作医疗制度首先是一种合作制度，但它同时又兼具社会保险、社会救助甚至商业保险的某些特征。作为一种合作制度，合作医疗应实行自由进入和退出，合作医疗基金属于参加合作医疗的农民集体所有，由参合农民进行民主管理，这有助于维持和增强参合农民对合作医疗的信心，提高农民参加合作医疗的积极性。但实际上，由于新型合作医疗一般实行县级统筹，基金运行已经超出传统乡村社区的范围，使合作特色难以真正体现出来。合作医疗这种实行县级统筹，由政府进行组织、引导以及农民以缴费为前提参加制度并享受医药费减免待遇的做法，实际上具有强烈的社会保险色彩。不过，合作医疗并非强制性的，且个人缴费不与收入挂钩，特别是有的地区还委托给商业保险公司负责具体运营，因此又带有商业保险的特点。此外，由于政府对合作医疗给予了大规模资金补助，且参加合作医疗要以家庭为单位，这又和社会救助制度有相似之处，特别是在农民个人缴费全部或大部进入家庭账户的情况下，合作医疗制度很大程度上已经蜕变为农村医疗救助制度。

合作医疗制度发展面临的问题，也是由小农经济和农村社会的特点所决定的。以单个农民家庭为单位进行生产经营的小农经济，具有组织化程度较低和农民收入不透明等特点，在此基础上建立一种缴费型社会保障制度，组织管理成本将大大高于城镇的缴费型社会保障制度。而且，与社会医疗保险不同，合作医疗缴费与农民收入水平高低无关，同一统筹地区农民的缴费水平是相同的，这种筹资机制实际上是一种累退制，缺乏公平性，使低收入农民缺乏缴费能力，也影响了低收入农民缴费的积极性，在很大程度上制约了农民缴费水平的提高。可以说，多种制度特征集于一身造成的新型农村合作医疗制度本身的复杂性，以及新型农村合作医疗制度运行与小农经济和农村社会的不相适应，是试点面临诸多问题的根源所在。

（二）积极推动合作医疗试点工作的组织创新和管理创新

在新型农村合作医疗试点中，要积极支持和鼓励各地探索和实践适合本地实际的组织模式和管理办法，允许各地大胆尝试各种不违反合作医疗试点基本原则的具体做法，既不要盲目推广，也不宜轻易否定，同时及时做好对新型农村合作医疗试点的评估工作。(1) 经济比较发达、工业化进程较快、农民收入水平较高且贫富差距较小的地区，合作医疗可向社会医疗保险方向发展，随着条件的成熟可逐步与城镇医疗保障制度并轨，也可采取有组织的商业医疗保险的形式。(2) 有些地区（主要是贫困地区）由于农民收入较低，即使合作医疗能够报销部分大病费用，农民对自负部分也缺乏承受能力。因此可考虑开展以解决农民小病、常见病医疗费用为主要内容的合作医疗，同时加强预防保健工作，通过防止小病发展为大病来做好农民健康保障工作。(3) 也可在一些地区探索建立以乡或村为单位，主要由农民进行民主管理的真正意义上的合作医疗，政府不再具体负责合作医疗管理和报销工作，只是提供补助资金和进行指导，并加强资金监管，但是对制度运行和管理出现较大问题的可暂停或停止拨付补助资金。(4) 有的地区也可在整合农村合作医疗和农村医疗救助制度的基础上建立统一的农民医疗保障制度。从国际经验看，医疗救助的具体模式有两种，一种是独立于社会医疗保险制度之外独立运行的美国模式；另一种是通过现有的社会医疗保险制度框架解决医疗救助问题的欧洲大陆模式。我们可以借鉴欧洲国家的做法，在合作医疗制度内解决贫困农民的医疗救助问题，以简化农村医疗保障制度设计，降低制度运行成本，提高制度运行效率。(5) 要进一步理顺合作医疗的管理和运行体制，加强对合作医疗运行的宏观监管。卫生行政部门要切实转变职能，加强对农村医疗服务市场以及合作医疗定点医疗机构的监管。赋予合作医疗经办机构更强的独立性，也可考虑交由或委托城镇医疗保险经办机构负责医疗费用报销（至少要加强两个经办机构之间的合作，以增强对医疗机构的约束力），或委托给商业保险机构负责合作医疗的具体管理和运营，进一步改进和完善合作医疗结算办法。

（三）健全和完善新型农村合作医疗的财政支持政策和筹资政策

为支持和促进新型农村合作医疗的发展，可从以下几方面进一步完善财政支持政策和筹资政策：（1）适时适度提高政府补助标准。提高政府补助标准有利于壮大合作医疗基金规模和医疗费用报销率，增强制度对农民的吸引力和农民缴费积极性，进而也有利于减少农民对提高缴费标准的阻力。建议今后根据经济发展水平和财政实力以及医药价格上涨情况逐步提高财政补助标准和农民个人缴费标准。（2）对有的地区从政府粮食直补资金中统一抵扣农民个人缴费的做法，可允许其继续进行探索。这有利于避免政府与单个农民之间先“发钱”后“收钱”的烦琐工作流程，低成本、高效率地完成向农民筹资的工作。从粮食直补中抵扣原则上应坚持农民自愿原则。（3）要杜绝为吸引农民参加而将全部农民个人缴费纳入家庭账户，这种单纯追求参合率的做法消除了合作医疗的合作特征，不利于合作医疗的制度建设。应将目前对农民个人缴费水平的原则性规定调整为对农民个人向统筹基金缴费水平的原则性规定，在此基础上也可允许农民增加缴费建立家庭账户。（4）在按农村人口数安排合作医疗补助资金的基础上，可考虑将合作医疗补助资金和农村医疗救助补助资金归并为统一的农村医疗保障补助资金，将全部农村居民纳入保障对象，农民自愿缴费。同时，对贫困农民、缴费农民和未缴费农民按由高到低制定不同报销标准。

在加快新型农村合作医疗制度建设的同时，要下大力气推进突发公共卫生事件应急机制、疾病预防控制体系、卫生执法监督体系等公共卫生体系和农村卫生服务体系建设，深化农村卫生机构改革，促进和规范农村医疗服务市场的竞争，完善农村卫生补助政策和公共卫生服务经费保障机制，加强公共卫生专项经费的项目管理，加大对艾滋病、结核病、血吸虫病、乙肝等重大传染病和重点地方病的防治工作力度，最大可能地降低各类重大传染性疾病和地方病对人民群众健康的威胁，从源头上减轻群众的医疗费用负担。

三、以完善农村五保供养、医疗救助制度和推进农村特困群众最低生活保障制度建设为突破口，建立更加规范和有效的农村社会救助制度

（一）我国农村社会救助工作的成就和挑战

目前，在我国大部分农村地区已建立了五保供养、定期定量救济、救灾救济、医疗救助和临时救济等特困群众救助制度，对解决农村特困群众的生活、医疗困难问题发挥了重要作用。在生活救济方面，1994 年，国务院颁布实施了《农村五保供养工作条例》，解决了农村居民中最困难的“三无人员”（无法定扶养义务人、无劳动能力、无生活来源）的基本生活问题。近年来，一些有条件的地区，建立了农村居民最低生活保障制度；尚不具备建立农村低保制度的地区，继续按照“政府救济、社会互助、子女赡养、稳定土地政策”的原则，建立和完善了农村特困户定期定量生活救济制度。据民政部门统计，2004 年全国

共有1371.5万人享受了农村低保或特困生活救济，享受国家救济的五保户供养人数达到328万人。在医疗救助方面，2003年11月，民政部、卫生部、财政部联合下发了《关于实施农村医疗救助的意见》（民发［2003］158号），要求各省、自治区、直辖市在全面推行农村医疗救助制度。截至2004年底，全国已有30个省（自治区、直辖市）和新疆生产建设兵团出台了农村医疗救助制度，1535个县（市）开展了农村医疗救助工作，累计支付医疗救助资金4.43亿元，救助贫困农民640.7万人次。2003—2005年，中央财政每年安排专项彩票公益金3亿元。

由于我国各地经济发展不平衡，农村经济发展又相对落后，农村贫困人口数量较大。从全国农村社会救助工作开展情况看，农村贫困救济和救助工作还存在救助水平偏低、救助范围较窄、救助资金不足、救助管理不规范以及地区发展不平衡等方面的问题。特别是在经济落后的西部地区，临时性救济还占据主导地位，尚不能满足保障贫困农民基本生活的需要。

（二）完善农村五保供养、医疗救助制度和推动农村特困群众最低生活保障制度建设的基本思路

在农村五保供养制度方面，要认真贯彻落实《农村五保供养条例》，结合农村税费改革新形势，实现农村五保户由集体供养为主向政府供养为主的转变。逐步提高五保对象集中供养比例，争取“十一五”期间在全国范围建立起比较规范的、以集中供养为主和分散供养为辅的新型五保供养机制。为此，要加强农村五保供养的基础设施、组织机构和管理服务队伍建设，兴建或改建、扩建一批规模适度、设施齐全、管理规范的敬老院、社会福利院。五保供养的标准要确保五保户的生活不低于当地村民一般生活水平。

在农村医疗救助方面，要进一步规范、完善医疗救助制度。一是制定医疗减免政策，减轻农村贫困群众医疗负担；二是降低医疗救助的起付线，解决农村医疗救助政策虚置问题；三是研究建立特困群众基本医疗保障办法，通过医疗救助制度，为农村特困群众提供基本医疗服务。

在农村特困群众生活救助方面，要根据五中全会要求，积极探索建立农村最低生活保障制度。一是要在逐步扩大试点和总结经验的基础上，适时研究制定《农村最低生活保障条例》，解决农村特困群众的基本生活保障问题。二是要科学合理确定保障线标准。既要保障农村贫困人口的最基本生活，又要防止保障标准过高而形成养懒汉的倾向。保障线标准在起步阶段可低一点（可参照国家贫困线标准），以后随着农村经济的发展、农民生活水平的提高及物价上涨幅度的变化而逐步调整、提高。三是低保制度的具体操作要适合农村生产和农民生活的实际。农村居民以农业生产为主，收入具有不连续、不稳定、不透明的特点，加之农村组织化程度低，农村低保的管理手段要结合农村特点进行创新，既要逐步做到应保尽保，又要防止虚报冒领问题，同时还要尽可能简便操作。考虑到农村

的实际，最低生活保障在实行现金救济的同时，可以较多采取实物救济的方式。

（三）财政支持措施

一是整合和统筹安排五保供养、定期定量救济、临时救济以及扶贫、救灾等资金渠道，建立农村社会救助专项资金，用于农村五保供养、特困群众最低生活保障。二是完善农村医疗救助基金管理，多渠道筹集基金。三是中央财政通过专项转移支付对中西部困难地区给予适当补助，避免地区间农村经济社会发展水平的差距进一步拉大。中央财政补助可本着“奖补结合”、“以奖代补”的原则，调动地方的积极性。

四、以现行社会保障制度为依托，妥善解决失地农民和进城务工农民的社会保障问题，推进城乡社会保障统筹发展

近年来，随着工业化和城市化进程的加速，出现了大批的失地农民和进城务工农民，解决好他们的社会保障问题是推进城乡社会保障统筹发展的关键。应区别具体情况，在合理分类的基础上，结合各方面承受能力，妥善制定失地农民和进城务工农民的社会保障政策，切实解决他们最迫切、最现实的社会保障需求。

（一）关于失地农民的社会保障

失地农民是介于农民和城市居民之间的特殊群体，不同地区的失地农民以及同一地区不同失地农民的生产生活状态都存在较大差别。失地农民社会保障政策既要针对其自身的实际情况，因地制宜，因人而异，也要立足于现有的城镇和农村社会保障制度框架。对有劳动能力的失地农民，首先应着眼于促进其就业。鼓励失地农民积极参加就业培训，提高劳动技能，努力寻找就业机会，在实现就业的基础上，城镇规划区内的可以企业职工或灵活就业人员的身份参加城镇社会保险来解决其养老、医疗等方面的保障问题，符合条件的还可按有关规定享受城市医疗救助和最低生活保障等政策。对无劳动能力的失地农民，若领取土地补偿费后生活仍有困难的，在城市规划区以内的，可优先考虑将其转为非农业户口，并按规定享受城市居民最低生活保障制度和城市医疗救助制度；在城市规划区以外的，可按当地有关规定享受农村最低生活保障制度和农村医疗救助制度。城市规划区以外的失地农民还可在自愿的基础上参加新型农村合作医疗制度。

（二）关于进城务工农民的社会保障

对进城务工农民，首先应保障他们获得相当于自己劳动价值的工资收入，并保证及时足额到位。在社会保障方面，首先应该按照《工伤保险条例》的规定，尽快将尽可能多的进城务工农民纳入城镇工伤保险。很多进城务工农民在采矿、建筑等高危行业工作，劳动条件比较恶劣且工作时间较长，是工伤风险最大的群体之一。解决他们在工作中遭受事故伤害或者患职业病时的医疗救治和经济补偿问题，是一项非常紧迫的任务。而且，与养老保险和医疗保险等相比，工伤保险不涉及权益积累或关系接转等问题，操作也比较简便。因此，要将进城务工农民就地参加工伤保险作为进城务工农民社会保障工作的重点和工伤保险工作的重点，予以大力推进。

对在城市工作的劳动关系相对稳定的进城务工农民，可将其纳入统一的基本医疗保险统筹，不建立个人账户，主要解决其大病风险。缴费率不但应低于当地基本医疗保险缴费率，而且应低于基本医疗保险统筹基金的缴费水平，因为城镇企业和职工向基本医疗保险的缴费包含了享受退休后医疗待遇，而进城务工农民在城镇工作一段时间后大多要回到农村，只需解决当期医疗费用需求即可，而且他们一般正值青壮年，平均医疗费用水平相对较低。总体缴费率原则上应控制在2%—3%左右，避免“劫贫济富”。对少数最终实现身份转变，留在城市的进城务工农民，可改按统筹基金缴费标准参加城镇基本医疗保险并享受相关待遇，并补缴以前的部分医疗保险费。对流动性强、进城时间不固定的进城务工农民，则主要通过参加流出地的新型农村合作医疗来解决医疗保障问题。

对将进城务工农民纳入城镇养老保险制度的工作应在健全配套措施的基础上慎重推进。相对工伤和医疗而言，进城务工农民养老保障需求没有那么迫切，而且他们大多数很难达到领取基本养老金的缴费年限，养老保险关系的衔接和养老金权益的积累都存在问题，参加养老保险的进城务工农民，普遍存在缴费义务和享受养老金权利不对称的问题，将他们纳入养老保险在很多情况下反而成了缓解城镇养老保险基金缺口的措施。因此，可考虑本着进城务工农民自愿的原则执行流出地农村养老保障政策。对在城镇长期稳定就业的，可将其纳入城镇养老保险体系，并切实解决好进城务工农民流动时养老保险关系的衔接，对不满缴费年限退出养老保险体系的进城务工农民的养老金权益应给予一定保障。

在做好进城务工农民有关社会保障工作的同时，要按照国务院要求进一步推动建立城乡统一的劳动力市场和公平竞争的就业制度，加快就业服务体系建设，加大对进城务工农民的职业技能培训和职业指导，提高他们的就业能力，支持和鼓励农村劳动力的有序转移，增强他们的就业质量和就业稳定性。通过促进持续稳定就业，使更多进城务工农民享受到更广泛和更高水平的社会保障。政府可对进城务工农民培训给予一定的经费补助，困难地区由中央财政给予适当补助。

五、按照家庭保障与社区保障、国家保障相结合的方针，逐步解决农村居民养老问题

保障农民老年后的基本生活是农村社会保障工作的一项重要内容。解决我国的农村养老保障问题，要坚持家庭保障与社区保障、国家保障相结合的方针。一方面，各地要通过农村最低生活保障、农村五保供养以及计划生育奖励扶助等多种救助方式，对农村贫困老年人给予必要生活救助；另一方面，要在做好清理规范老农保工作的同时，鼓励有条件的地区积极探索建立农村社会养老保险制度，为条件成熟时在全国范围内建立农村社会养老保险制度摸索经验。

从国际经验看，对农民提供养老保障的具体做法有以下几种：一是非缴费型的普遍保障。为所有达到一定年龄的农村老年人提供同样水平的养老金，如南非、新西兰、毛里求斯等。这一做法无需进行资格审查，操作简便，避免了道德风险。但是由于保障面大且资金主要通过国家财政安排，财政支出压力很大。二是社会救助养老金计划。对贫困的农村老年人给予必要的生活救助，如巴西、阿根廷等。巴西社会救助养老金是社会救助制度最主要的组成部分，2000 年社会救助养老金支出占整个救助支出的 75%。三是缴费性养老保险计划。如德国、突尼斯、马来西亚等。有的国家建立单独的农民养老保险计划，有的纳入统一的全国养老保险制度，在农民缴费的同时一般也都由国家财政给予大量补贴。如德国和奥地利财政补贴占筹资总额的 70%。我国农村居民收入水平还不高，且组织化程度较低，因此我国的农村养老保险制度建设不能走纯粹的缴费型保险之路。同时由于国家财力相对有限，完全实行由国家财政负担的福利型养老金制度也不合理，应结合两者的特点进行制度创新，走出一条中国特色的农村养老保险制度发展模式。

（2005 年）

社会保障对财政及金融稳定的影响

社会保障是国家通过国民收入再分配，对社会成员因年老、疾病、伤残、失业、生育、死亡、灾害等原因而丧失劳动能力或生活遇到障碍时提供的基本生活和医疗保障，因而，从传统意义上的资金运行来说，社会保障表现为明显的财政过程。但近 20 余年来国外社会保障改革的一个显著特征是在社会保险筹资模式从传统的现收现付模式向完全基金积累或部分积累模式转变，其实质是社会保险体系从传统的财政体系中走出来，至少是部分地融入到金融体系中，社会保险资金的筹集与运用，成为整个金融体系的一个独特组成部分。由此，社会保障不仅对一国的财政体系，也对其金融体系的稳定产生重要的影响。

当前，我国社会保障体制正处于转型阶段，一方面，加快建设与经济发展水平相适应的社会保障体系势必增大财政社会保障支出，加大财政支出的压力；另一方面，在社会保险领域引入市场机制，通过发展补充保险、商业保险，缓解国家社会保险责任的过程中，强化了社会保险的金融属性。我们拟就这些问题，初步探讨社会保障与财政及金融稳定之间的关系。

一、我国社会保障体系现状

自20世纪80年代以来，伴随着市场经济改革的深入，我国积极推进了社会保障制度改革，初步建立了以“三条保障线”（下岗职工基本生活保障、失业保险和城市居民最低生活保障）和养老、医疗保险为主要内容的城镇社会保障体系。具体表现在：

——建立与完善“三条保障线”，保障广大城镇贫困群体的基本生活。全面实施国有企业下岗职工基本生活保障和再就业工程，各地普遍在国有企业内部建立了再就业服务中心，并按照“三三制”原则筹集资金（国家、企业和社会各负担1/3），保障国有企业下岗职工基本生活，且部分地区已经完成下岗职工基本生活保障向失业保险的并轨工作；颁布实施《失业保险条例》，建立健全了失业保险制度，将失业保险制度的覆盖范围进一步扩大到全部城镇企业事业单位职工；颁布实施《城市居民最低生活保障条例》，建立城市居民最低生活保障制度，覆盖所有的城镇贫困人群，经费由各级财政负担，家庭人均收入低于当地规定的最低生活保障标准的城市非农业常住居民基本实现了应保尽保。

——按城乡有别、企业先行的原则，建立和完善了适用城镇各类企业职工和个体劳动者，资金来源多渠道、保障方式多层次、社会统筹与个人账户相结合、权利与义务相对应、管理服务社会化的基本养老保险制度，并逐步提高养老保险统筹层次，扩大覆盖面，改差额缴拨为全额缴拨，实行养老金社会化发放，确保了企业离退休人员基本养老金的按时足额发放。

——建立起社会统筹和个人账户相结合的城镇职工基本医疗保险制度，同步推进医疗卫生服务体制和医药流通体制改革，提高服务质量，降低医疗成本，保障了参保职工的基本医疗，控制了医疗费用的不合理增长；一些地区积极开展了工伤保险、女工生育保险制度的试点工作，为因工负伤职工和育龄女职工提供了基本保障，在此基础上，国务院于2003年正式颁布了《工伤保险条例》。

——继续完善原有的社会救济、优抚安置、社会福利等制度。从上述社会保障项目的筹资角度来看，可以分为两类：一类是按福利原则办理的项目，资金由财政直接在经常性预算中列支，社会福利、社会救助、优抚安置都属于这一类；另一类则是按保险原则办理的项目，即社会保险，由单位和个人共同缴费形成各项社会保险基金，与我国现行社会保险制度相配套。目前，主要建立了城镇企业职工基本养老保险基金、城镇职工基本医疗保险基金和失业保险基金。传统上，上述两类社会保障项目均属于财政范畴，但近年来，在人口老龄化及经济体制转轨的双重压力下，对社会保险基金保值增值能力的呼声越来越高。同时，补充保险和商业保险的蓬勃发展，改变了社会保险的固有形态，促使社会保险走出单一的财政范畴，部分融入到金融体系中。

二、社会保障对财政稳定的影响

社会保障支出已经成为我国财政支出的重要内容。一方面，国家财政要经常性地向低保、社会救济、优抚等社会保障项目注资；另一方面，各项社会保险基金入不敷出时，国家财政要负最后平衡的责任。由于低保、社会救济、优抚等社会保障项目的支出规模相对稳定，且在政府预算中列支，因此对财政稳定的影响较小。但是受人口老龄化和经济体制转轨的双重压力，近年来各项社会保险基金特别是基本养老保险基金收支矛盾突出，据2002年财政决算统计，扣除财政补助后，基本养老保险当年收不抵支的省份（含新疆兵团）达到29个，失业保险基金当年收不抵支的省份达到6个，总额达到377亿元，不少地区已经连续几年收不抵支，而且缺口越来越大，财政支付压力日益增加。因此，我们仅着重分析三项社会保险制度对财政稳定的影响。

（一）城镇企业职工基本养老保险

目前我国存在着两种基本养老保险模式，一种是大部分地区实施的按国务院《关于建立统一的企业职工基本养老保险制度的决定》建立的“统账结合”养老保险制度，一种是辽宁省执行的养老保险改革试点方案。两者的区别主要在于个人账户的缴费率由全国方案的11%降至辽宁试点方案的8%，且全部由个人负担，同时社会统筹基金与个人账户资金分账管理，个人账户资金不再补贴社会统筹费用的不足。

从我部与世界银行合作的我国基本养老保险制度隐性债务[①]规模测算结果来看，在现行制度下，如覆盖面不扩大，则当前的养老保险隐性债务约为2001年GDP的141%，其中26%为已退休人员的养老金债务。考虑到该隐性债务是制度覆盖劳动年龄人口不足12%，人口年龄结构还相当年轻，且仅包括企业职工的债务，那么，随着人口结构的逐步老龄化，机关事业单位养老保险制度的实施，我国养老保险隐性债务的规模还有可能进一步扩大。

目前，我国养老金年支出约占GDP的2.2%，但缴费收入仅占GDP的2%，已经形成较大的收支缺口，对财政支出构成了一定的压力。通过对现行制度未来收支流量的分析（图1）来看，在假设经济高增长、死亡率降低、出生率下降、收缴率提高不明显等条件下，随着时间的推移，我国基本养老保险制度收不抵支的局面还将继续恶化。可见，现行养老保险制度并不具有长期内的财务可持续性，对财政支出的压力将进一步加大，进而影响我国财政的稳定。

目前，在辽宁进行的养老保险改革试点，其实质是在现行“空账”模式的

① 从精算意义上来看，养老金制度的债务是所有制度覆盖人口未来得到养老金权利的现值。制度转轨时的债务是旧制度终止时，所有制度覆盖人口在旧制度下已积累得到养老金权利的现值，它隐藏在过去现收现付制度下，被称为隐性债务。

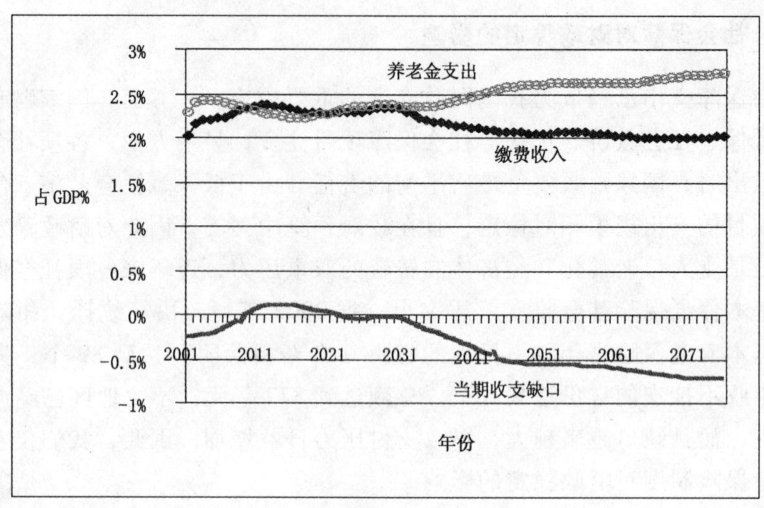

图1　现行制度的现金流量

基础上通过增加财政补助的方式部分做实基本养老保险个人账户，增加基金储备，为将来的养老金支付提前储备一部分资金。但从辽宁试点方案与现行制度收支情况的比较（图2）来看，辽宁试点方案社会统筹账户在2025年后的大约20年间存在有小额现金盈余，这是由于个人账户积累可支付超过10年时间的个人账户养老金，在此期间个人账户养老金仍然可以从基金储存额中支付，但是，一旦个人账户基金储存全部用完，所有的个人账户养老金都不得不完全由社会统筹账户支付时，收支缺口又再度出现，由此可见辽宁试点方案并不比现行制度具有更好的财务可持续性，难以起到预筹资金缓解财政压力的作用，也就是说辽宁试点方案只是延缓了收支缺口扩大的趋势。此外，按辽宁试点方案，在相当长时期内会增加财政补助的压力，如要在全国推广财政很难承受。

可以说，无论现制度，还是辽宁试点方案在长期财务上均不具有可持续性，都可能在长期内影响我国财政体系的稳定。造成上述局面的原因是多方面的，如人口老龄化引起的制度内抚养率大幅上升；制度不统一、统筹级次过低，基金调剂能力较弱；个人账户计发系数不合理，低估参保者退休后的平均余命；提前退休盛行等。但我们认为更深层次的原因在于对基本养老保险定位不清，我国的基本养老保险的替代率始终维持在80%左右，不仅包括了多支柱养老保险体系①中的第一支柱，还包括了本应通过政策激励，由市场组织实施的以个人账户为特征的补充养老保险，即第二支柱，政府责任不断放大，政府同时承担社会统筹和个人账户的收支缺口，不仅增加了政府财政负担，还限制了补充养老保险、个人储蓄性养老保险的发展。在辽宁试点方案下，个人账户仍由政府主导，一方面，政

① 世界银行建议的多支柱的养老保险结构包括：（1）强制税收的、公共管理的、实现再分配的基本养老保险制度；（2）强制储蓄的、个人积累的、私人管理的补充养老保险制度；（3）自愿性养老保险。

府投资本身效率较低；另一方面，在基金的投资渠道仅为政府债券和银行存款的前提下，基金投资增值能力薄弱，而一般认为，预筹基金制的核心在于资金投资运作，只有收益率高于工资增长率时，完全积累才有意义。因此，我们认为在目前阶段做实个人账户并无实际意义。

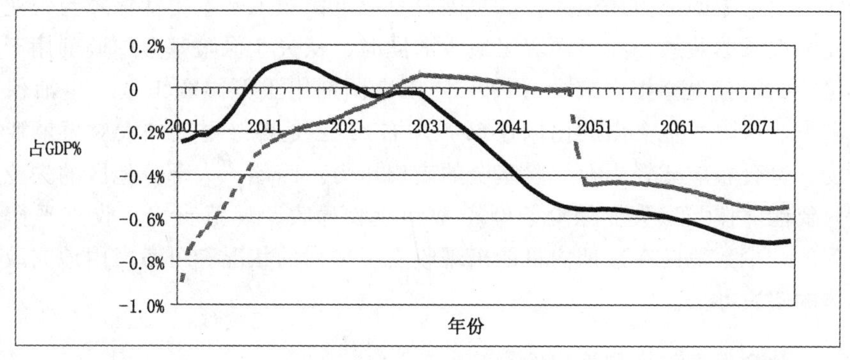

图 2　现行制度（实线）和辽宁试点方案（虚线）当期收支缺口比较①

在我国人口不断老龄化的前提下，基本养老金支出规模的扩张是不可避免的趋势，政府承担的责任越多，财政的负担就越重。要实现我国基本养老保险基金的自我平衡和良性发展，就必须厘清政府与市场的边界，通过发展补充保险和商业保险，压缩基本养老保险的规模，形成政府、企业、个人共同负担养老责任的局面，真正实现社会化养老。

（二）城镇职工基本医疗保险和失业保险

目前，全国各地都在按《国务院关于建立城镇职工基本医疗保险制度的决定》要求积极推进社会统筹与个人账户相结合的城镇基本医疗保险制度改革，建立基本医疗保险基金。按现行政策规定，单位缴费率为 6%，个人缴费率为 2%；单位缴费的 30% 和个人缴费均计入个人账户，其余缴费均计入社会统筹账户；社会统筹基金和个人账户分账核算。同时，全国各地都按照《失业保险条例》积极推进失业保险制度建设。按现行制度规定，单位缴费率为 2%，个人缴费率为 1%。目前医疗保险和失业保险的覆盖面与养老保险相比还有潜力可挖。我们认为，无论是从理论还是国外实践经验来看，医疗保险和失业保险均属于现收现付制的社会保险制度，且其支付的待遇均为当期发生的，不存在延后支付的问题。因此，两项基金主要通过调整自身的收支政策实现自求平衡。当两项基金在运行中出现缺口时，可先由地方财政提供临时补助或借款，次年则可根据情况调整缴费率和待遇支付政策，以获得新的收支平衡。当然，两项基金也面临着统

① 由于禁止个人账户缴费收入挪用于平衡社会统筹亏空，辽宁试点方案的当期收支缺口仅是社会统筹账户的不足额，而现行方案的当期收支缺口则是社会统筹和个人账户两者的亏空。

筹层次过低，存在结构性缺口问题，但总量是有限的，可以通过完善制度逐步加以解决。

另外，由于各地积极推进国有企业下岗职工基本生活保障向失业保险并轨，失业保险基金在今后几年内可能面临着较大的支付压力。但我们初步分析，一是失业保险费征缴的潜力还很大；二是国有企业下岗职工基本生活保障与失业保险存在此消彼长的关系，在下岗职工减少的同时，从失业保险基金中调剂用于基本生活保障的资金也会相应减少（1998 年以来调剂用于下岗职工基本生活保障的支出占失业保险基金支出的比例在 60% 左右）；三是各级财政加大对再就业的支持力度，也会相应减轻失业保险基金的支出压力。因此，大部分地区的失业保险基金只要能够按照《失业保险条例》做到应收尽收，规范支出，收支平衡是能够做到的。少数地区在短期内可能出现收支不平衡的状况，可考虑由地方政府研究具体的解决办法。

三、社会保障对金融稳定的影响

社会保障对金融体系的影响有直接和间接两个方面。直接的影响是社会保险基金进入资本市场运营，其投资行为和策略对一国资本市场的影响；间接的影响是社会保障改变人们的预期，影响其储蓄行为，进而影响货币市场的供给。另外，在社保基金收支缺口不断扩大，且财政无力承担的情况下，也会对金融市场的稳定产生影响。

（一）社会保险基金运用与金融稳定

一般认为，在传统的现收现付制下，因筹资原则是以支定收，没有基金积累，难以进行大规模的投资。但在基金制下，由于形成较大规模的预筹基金，为避免长期内通货膨胀或利率波动的影响及保证未来的待遇给付，要求基金有较高的保值增值能力。从国外的实践经验来看，医疗保险、失业保险因采取现收现付的模式，基金积累规模有限，因而较少进入资本市场运作；养老保险则因采取的模式不同而有所区别，能够在资本市场上运作的主要是基金制下的个人储蓄账户，及以个人账户为特征的补充养老保险、个人储蓄性保险形成的各养老保险基金。

从本质上讲，养老保险是一种劳动补偿的延迟支付，人口老龄化与退休费用的急剧增长，使养老保险制度不得不对安全性、流动性和收益性做出必要的重新调整，这决定了养老保险基金必须进入资本市场。这样，养老保险基金本身所具有的长期协调性、稳定性、规模性，以及追求长期稳定投资回报的特点，对资本市场的制度、结构和效率以及稳定性将产生极其重要而又复杂的影响，如养老保险基金通过资本交易，能够强化价格机制的作用，促使社会资金随价格的波动达到最优配置，提高资金的使用效率，实现产业结构的优化调整；养老保险基金进入资本市场，通过刺激实际债券需求的增加，导致债券供给的增加，从而使更多的企业、银行等为资本市场的高收益所吸引，促进资本市场供给的竞争；完善证券市场发行制度，实现优胜劣汰，建立起客观、科学、高效的资本市场评价机制。养老保险基金的社会保障属性反过来又要求其投资建立在资本市场比较规范、成熟的基础上，从而在养老保险基金与资本市场共同成长、相互促进的过程中，实现社会福利的最大化。

近20多年来，随着部分国家养老保险体制由现收现付制向基金积累制的过渡，以及补充性养老保险、个人储蓄性养老保险的蓬勃发展，养老保险基金在金融市场中的地位和影响逐日上升。如英美两国养老基金与保险公司对上市股票的持有比例约占全部上市股份的50%；丹麦、荷兰、瑞士、英国和美国的私人年金基金的资产，再加上由银行及寿险公司运营的年金基金，总额已超过国民生产总值的一半；养老保险基金的投资渠道除传统的政府债券、企业债券和股票外，还扩展到了房地产、抵押放款、保单贷款、证券投资基金等领域。发达市场经济国家养老保险能够取得如此成就主要归因于政府与市场之间地位与作用的明确划分，政府只按照其经济承受能力提供最基本的生活保障，更高水平的养老保障则由市场提供，政府担负市场监管的责任，由此拓宽了补充性养老保险、个人储蓄性养老保险的发展空间。考察发达市场经济国家养老保险基金管理的经验，可以概括为：允许谨慎的私营公司管理养老基金，对其管而不死；强调信息公开；突破公共证券范围，鼓励投资多样化和海外投资，以减少国别风险压力。不仅发达市场经济国家，即使中低收入国家也从养老基金发展中受益，如智利，由于其国内养老基金的发展使得信息披露及公司经营的合规性得到了显著改善，从而使其债券满足了市场发行的要求，成为20世纪80年代债务危机后拉丁美洲第一个债券被评为“投资等级”的国家。同时，养老基金提供了一项长期的国内融资来源，有效降低了对国外投资的依赖，避免了一些国际投资家投机行为的冲击，正因为此，1994年智利才未经历其他拉美国家那样具有破坏性的“市场回归”。

从我国养老保险的现状来看，各项社会保险基金，特别是养老保险基金的投资效率非常有限。造成这一局面的原因是多方面的，首先是政府与市场责任不清，主要表现在：政府承担的养老保险责任过重，补充养老保险、个人储蓄性养老保险发展空间狭小，难以形成有规模的保险或养老保险基金管理行业；政府主导下的基金投资效率低下；没有有效的保障养老基金的安全运作的市场监督体系。其次是社会统筹与个人账户未分账管理，个人账户没有形成基金积累，更谈不上投资运营。辽宁改革试点试图以财政补助的方式做实个人账户，目前，个人账户已形成了一定的基金积累，但由于未按市场化的方式运作，资金以国债和银行存款为主要投资渠道，投资回报率难以保证。从国外的经验来看，大部分“公营”养老基金资产收益低于“私营”的收益，如新加坡的中央公积金是管理较好的政府主导型社会保险基金中，但由于政府负责投资运营，不可避免地导致投资收益低下，目前也在积极寻求改革方案，如引进市场机制以提高基金收益等。由于养老保险基金的发展缓慢，在某种程度上也影响了资本市场的发展和完善。近年来，我国资本市场发展裹足不前，除制度不完善外，一个重要原因就是市场中散户、短线投机者众多，缺乏一个牢固的投资者基础，尤其是缺乏长期的机构投资者。鉴于养老保险基金的特殊性质及在资本市场稳定发展中的重要作用，如能统筹考虑基本养老保险、补充养老保险、个人储蓄性养老保险的协调发展，改革目前的养老保险资金运用规定，为养老保险资金基金化及养老保险基金进入资本市场采取切实可行的政策，就可以扩大机构投资者基础和改善资本市场的清偿能力，进一步促进资本市场健康发展，进而形成一个平稳的、充满活力的金融体系。

现阶段，在我国资本市场运营的社会保障类资金主要是全国社会保障基金和补充性养老保险基金。全国社会保障基金作为中央社会保障储备基金，至2003年底，全国社会保障基金累计1407亿元，由于对流动性和安全性要求较高，其资金运用以银行存款和国债投资为主，金融债、企业债、股票等证券资产仅占社保基金总资产的1.5%。我国补充性养老保险的形式较为单一，主要是商业保险公司的团体年金，因国家对补充养老保险的定位和政策尚不明确，加之缺乏税收上的优惠，因此，尽管近年来补充养老保险发展较为迅速，但规模仍然有限，其运用方式受到《保险法》和《保险公司管理暂行规定》的严格限制，大部分资产仍以国债和银行协议存款的形式持有。因此，我们认为上述两类资金因其规模及国家相关政策限定等方面的原因，目前对金融市场的影响依然有限。但从长期来看，如果能够明晰政府与市场之间的责任，压缩基本养老保险规模，大力发展补充养老保险和个人储蓄性养老保险，同时辅之以必要的监管体系，那么就有可能形成一个较大的养老保险基金产业，加以适当的政策引导和监督，会对稳定金融体系发挥重要作用。

（二）社会保障完善程度与金融稳定的影响

我国市场经济改革在为人们带来无限机遇的同时，也带来了更多的风险。失业、工伤是工业化过程中特有的产物；工业化、城市化带来的就业方式和生活方式，使人们生活中的不确定性因素和发生贫困的可能性大大增加。同时，随着社会经济水平的提高，人们对抵御风险、降低风险损失、提高生活质量的需求随之上升，迫切要求得到各种风险保障。但我国社会保障体系尚处于起步阶段，各项制度亟需建立与完善，保障范围和程度都还有待提高，如目前的各项社会保险主要局限于国有、集体企业和事业单位，农村居民、城市非正规部门就业人员仍游离于社会保险体系之外；商业保险市场因其产品单一，费率较高，及保险公司对投保人的种种限制而提供的风险保障能力又明显不足，由此造成人们为预防未来风险而储蓄的心理动机强烈。目前，养老及医疗支出已成为居民储蓄的主要原因之一。尤其是近年来，因经济体制转轨而导致的下岗失业增多，进一步强化了这种心理预期。如1996年来，央行连续八次调低利率，但居民存款仍然大幅上升（见表1），已对整个银行体系形成了相当的压力。

表 1　　利率与居民储蓄余额对比表　　单位：10 亿元

时　间	1996 年		1997 年	1998 年			1999 年	2000 年	2001 年	2002 年
	5 月	8 月	10 月	3 月	7 月	12 月	6 月			2 月
1 年期利率	9.18%	7.47%	5.67%	5.22%	4.77%	3.78%	2.25%			1.98%
储蓄余额	6852.5		8495.6	13088.8			15477.9	18302.2	21765.6	25232.2

四、结论和建议

我们分析，在今后相当一个时期内，我国社会保障资金运行仍将以财政过程为主，社会保险基金收支缺口，尤其是基本养老保险基金收支缺口可能形成对财政收支的较大压力；在社会保险基金进入资本市场的政策和措施明确之前，社会保障资金运行不会对金融市场的稳定形成显著的影响。但从长期来看，随着我国社会保障制度改革和资本市场建设的不断深化，如果社会保险基金，尤其是养老保险基金的投资政策得以明确，同时，补充养老保险能够真正成为养老保障体系的支柱之一，那么社会保障资金运行将能够融入金融体系，成为金融体系的一个独特组成部分，并对金融体系产生显著的影响。

鉴于社会保障体系对财政及金融稳定的影响巨大，我们认为要从以下几个方面采取进一步的措施。

(一) 明确政府责任，完善各项社会保险制度

明确划分政府、企业、个人之间的责任，政府的职责就是，根据自身的承受能力提供强制性的基本生活和医疗保障，逐步压缩基本保险规模，制定鼓励补充保险和商业保险、家庭保障和社会互助发展的相关政策，并对其进行监管。重点从以下几个方面着手：(1) 统筹考虑，协调国家基本保险、企业补充保险和个人储蓄性保险共同发展。从长期来看，做实个人账户是实现养老保险社会化的必由之路，但关键在于由谁来做实。从辽宁改革试点情况来看，政府主导下做实个人账户一方面增加了政府财政负担；另一方面因政府投资运营效率较低，起不到应有的保值增值作用。因此，从明确政府与市场间责任的角度出发，我们倾向于将个人账户从基本保险中独立出来，完全由市场来运营，通过市场机制和政策引导逐步做实个人账户。可以借鉴英国等国家的经验，研究通过税收优惠、补充保险或个人储蓄性保险缴费抵扣部分基本养老保险缴费等优惠政策，用较长的时间逐步压缩基本养老保险规模，以发展补充保险和个人储蓄性保险达到做实个人账户的途径。减轻政府和企业的基本养老保险负担；既有利于扩大覆盖面，将其他非公有制企业及其职工纳入基本养老保险体系，又有利于提高参保企业的市场竞争力。(2) 完善失业保险制度。清理与《失业保险条例》相悖的有关行政法规，将事业单位职工纳入失业保险体系中来，扩大覆盖面，逐步将统筹层次提高到省级，增强失业保险基金的抗风险能力。(3) 健全基本医疗保险制度，继续扩大

基本医疗保险的覆盖面。本着自愿的原则，允许参保者根据自身情况选择是否建立基本医疗保险个人账户，相应参加补充医疗保险。根据基金收支状况及时调整支付标准和范围，建立科学、合理的费用控制机制，既要保证基金收支平衡，又不过多地增加患者负担。(4) 加快补充保险、个人储蓄性保险和商业保险的发展。应围绕着建立多层次的社会保障体系，制定税收等方面的优惠政策，鼓励企业为职工建立补充保险，个人参加个人储蓄性保险，大力发展商业保险，培育补充保险和个人储蓄性保险中介机构，努力实现社会保障社会化。

(二) 规范管理，建立社保基金自求平衡机制

从收支两方面着手，实现基金自我平衡和良性发展是缓解与防范财政风险的根本举措：一是完善筹资机制，建立起以社会保障费（税）为主体、以财政补助和其他多渠道筹资为辅助的、稳定可靠的社会保障筹资体系。二是认真清理和归并社会保险待遇的项目、范围和标准，合理确定社会保障项目和支出标准，支出水平要与社会经济的发展水平和基金支付能力相适应。应贯彻“广覆盖，低标准”的原则，尽力将社会保障基金收支缺口控制在国家财政可以承受的范围之内，减缓由此引起的财政风险程度。三是研究建立社会保障资金预算管理，加强基金管理和监督，科学监测社会保障基金收支状况，及时研究制定有针对性的政策。同时，积极拓展基金使用渠道，增强基金保值增值能力，提高资金使用效率，在建立和完善基金投资监管以及确保基金流动性、安全性前提下，放宽基金投资的限制，允许社保基金进入资本市场投资运作，增强资金自我造血功能。

(三) 未雨绸缪，建立和扩大储备基金

目前的全国社会保障基金作为中央社会保障储备基金规模太小，不足以应对未来社会保障支付高峰期的到来。为缓解和防范未来财政支付能力不足，保证全国社会保障基金的调剂能力，应考虑通过多种渠道充实全国社会保障基金规模，除现有国有股转让资金调入等渠道之外，可以考虑发行专项债券、扩大彩票发行等手段筹措资金。同时，在国家政策许可的范围内，逐步拓宽基金运用渠道，提高基金投资回报率，加快基金积累。地方财政也要视财力增长情况下建立相应的储备基金。

(四) 完善资本市场，为社会保险基金特别是养老保险基金的发展和投资运作创造条件

(五) 扩大宣传，稳定群众预期

采取报刊、电视、广播等多种形式，扩大社会保障制度宣传，增强老百姓对社会保障制度的认识与信任感，稳定对未来的预期。

（2004年）

政府间社会保障事权和支出责任划分的理论和国际经验

各国社会保障制度通常是以政府为主导逐步建立并完善的，合理划分各级政府之间的社会保障事权和支出责任是社会保障制度顺利实施的重要保障。我国幅员辽阔，地区差异较大，社会保障制度本身具有多层次性及地区差异性，这使我国明确划分各级政府之间的社会保障事权和支出责任相当困难，已成为当前我国社会保障制度改革面临的一个重要问题。如果不对各级政府的社会保障事权进行有效的划分，广大人民群众的基本生活和医疗需求将难以得到保障，改革、发展和稳定的大局也必然会受到影响。本文拟结合政府间事权和支出责任划分的一般理论和国际经验谈谈初步的认识和看法。

一、政府间事权和支出责任划分的一般理论

所谓事权是指一级政府从事社会经济事务的责任和权利，它规定了各级政府承担社会经济事务的性质和范围，而政府从事社会经济事务需要相应的财政支出作保障，即各级政府事权的界定决定各级政府的支出责任，因此，在各级政府之间合理划分事权极为重要。总的来说，合理划分事权的关键是如何处理好中央政府与地方政府的关系、地方各级政府之间的关系，实质上也就是如何协调集权与分权的关系。只有客观准确地把握住集权与分权这个本质性的矛盾，才能在各级政府之间合理有效地划分事权和支出责任。

（一）分权的理论依据

1. 地方政府在信息方面具有更大的优势。如果整个社会在信息方面是完全的，经济活动又是完全确定的，那么，无论是由中央政府还是地方政府提供公共产品或服务效果都是一样的。但实际上，社会保障制度在具体实施过程中通常是直接与公民个人打交道，有些项目甚至涉及家庭财产的调查，往往地方政府更了解本地居民的具体情况，如果让地方政府承担社会保障责任，则有利于充分发挥地方的信息优势，并使地方可以有效地统筹安排有限的财政资源，既便于控制政府支出，又相对容易做到“应保尽保”。因而，拥有信息优势的地方政府在管理公共事务方面有着更高的效率，分权也就有其必要性。

2. 地方之间的充分竞争有利于社会福利的提高。蒂博特（C·M·Tiebout）

模型表明，人们会选择最适合自己的税收和服务组合的地方居住，这就是所谓的“以脚投票”。假如全体居民都如此自由地迁移，那么，地方之间在公共服务和税收的组合上的相互竞争客观上会最终导致相互模仿，并使整个社会的福利达到最优。同时，偏好相同的人会生活在一个地方，公共服务提供也将因规模效应而使其成本降至最低。当然，产生上述效应的前提之一就是地方要有相当大的自主权，即存在很大程度的分权。

（二）集权的理论依据

1. 集权有利于有效配置全国性或准全国性公共产品。全国性公共产品应由中央政府来组织提供。准全国性公共产品往往是受益范围跨地区的或外溢性的地方性公共产品，如果中央政府不介入的话，则其提供数量可能不足，地区之间不同的外部经济效应问题也不易解决，容易对整个社会的协调发展造成不利影响。一般说来，外溢性大且影响明显的公共产品由中央政府负责提供较为合适。

2. 集权有利于社会经济的稳定和协调发展。保持社会经济稳定和协调发展是中央政府的重要职能。从西方成熟市场经济国家的经验来看，社会保障对政府维护市场经济运行，促使社会稳定起着重要的作用，是政府弥补市场失灵的重要手段。政府的社会保障支出通常在保证社会经济稳定方面起着“自动稳定器”的作用，该作用的充分发挥需要中央政府的介入。

3. 集权有利于解决收入再分配问题。在地区之间以及个人之间的收入再分配政策上，中央政府的统一决策才是最适宜的。社会保障政策是国家的收入再分配政策的重要组成部分，公平分配是其要实现的内在目标。随着社会主义市场经济的逐步完善，劳动力要素在各地区的流动将日趋频繁，如果让地方政府自行决定收入再分配，就社会保障来说，容易导致人们流向社会保障待遇相对较好的地区，造成地方财政难以为继。另一方面，各地社会保障待遇的差别反过来会影响劳动力资源的配置效率。因此，有关收入再分配的重大政策，适宜由中央政府统筹决策。

二、发达市场经济国家社会保障事权和支出责任划分的基本做法

建立社会保障制度的各个国家都十分重视通过合理划分社会保障事权和支出责任，确保社会保障制度顺利实施。这里仅介绍几个典型国家的主要做法。

（一）美国

美国实行联邦、州和地方三级相对独立的财政体制，各级政府的事权划分在联邦宪法中都有明确的规定。

1. 老年、遗属和伤残保险。老年、遗属保险于1935年《社会保障法》颁布后开始实施，由联邦政府负责，对享受条件和标准都有详细、严格的规定。伤残保险于1965年开始实施，由联邦政府负责。

2. 失业保险。失业保险由联邦政府和州政府共同负责，以州政府为主，联邦政府给予适当补助。在达到领取失业保险金规定的期限后仍未找到工作的，一般都要转为社会救济对象。

3. 医疗保险。以私人保险为核心，政府举办的医疗照顾计划和医疗救助计划为补充。为老年人和部分残疾人提供健康保险的医疗照顾计划由联邦政府负责。为贫困人群提供卫生保健服务的医疗救助计划由联邦政府制定总体原则，州政府具体举办，各州自行决定享受人资格、服务类型和支付标准等，联邦政府根据各州与全国人均收入水平的差异对各州进行补助，管理费用由联邦和州分担。

4. 公共卫生。以州和地方政府为主进行管理，在财力分配上，也主要由地方政府负责解决，联邦政府给予一定的补助。

5. 社会救济和社会福利。由联邦政府和州政府共同负责，联邦政府对一些社会救济和社会福利项目作全国性规定，大部分项目由州政府负责具体管理，补助水平取决于各州政府，资金主要由地方政府负责解决，全国统一的项目，联邦政府给予一定的补助。

（二）加拿大

加拿大也是联邦制国家，政府财政由联邦、省和地方三级构成，联邦宪法规定了各级政府的事权划分。作为一个联邦制国家，加拿大在政治上实行高度分权和自治，但加拿大社会保险制度的一个重要特点是全国实行统一的政策。

1. 养老保险。国家法定的养老保险由两部分组成，一是1952年制定的“养老年金计划”。二是根据1965年养老保险法建立的加拿大养老金计划和魁北克养老金计划。除了财政上自成体系的魁北克省外，联邦政府负责管理全国的养老保险，保险费率、具体项目、发放标准及行政管理等各项政策，全国完全统一。

2. 失业保险。与养老保险类似，由联邦政府负责，除魁北克省由于财政独立而单独立法外，全国实行统一政策，包括保险费率、具体项目、发放标准及行政管理等各项政策。

3. 医疗保险。医疗保险属于省政府管理的保险项目，由各省自行制定法规。联邦政府虽不直接经办，但通过财政转移支付制度来保证各省实行全国标准大体一致的医疗保险福利政策。

4. 公共卫生。省和地方政府负责公共卫生。由于各省经济发展水平和资源情况不同，提供卫生的标准和水平存在一定差别，因此，联邦政府给予地方适当的补助，以平衡各地的福利水平。

5. 社会救济和社会福利。社会救济计划的制定和实施由各省负责，在经费方面联邦政府要负责社会救济计划50%的费用，其余的50%由省、地方两级政府分担。对军人及其家属的优抚救济全部由联邦政府提供资金。

（三）英国

英国是中央集权的单一制国家，实行高度中央集权的社会保障制度：中央负责统一制定重大的全国性社会保障政策，具体事务绝大部分由中央政府在各地的派出机构承担，地方政府只是根据自身财力大小提供一些补充性的、地方性的社会服务，中央政府对其中许多项目提供资金支持。

1. 养老保险。社会保障部（现已更名为年金、就业部）通过其中央、区域和地方办事机构，管理年金和收入调查津贴的支付。国家税务局负责征收和记录国民保险费。

2. 失业保险。中央政府集中统一管理，国家税务局管理缴费和记录，年金就业部就业服务机构管理待遇。

3. 医疗卫生服务。与其他发达市场经济国家有着很大的不同，英国医疗卫生领域的事权高度集中，在全国建立统一的国民医疗保险系统。卫生部通过全国统一管理的国民健康服务机构提供医疗卫生服务。健康服务机构包括 14 个区域性卫生局，以及众多的地方卫生机构。

4. 社会救济。英国社会救济制度是以 1948 年国民救济法为基础建立起来的，由专门成立的国民救济署负责执行。

（四）德国

德国政府分为联邦、州和市镇三级，各级政府间财政保持独立自主，事权的划分由相当于宪法的《基本法》确定。社会保障的管理体制表现为国家立法和社会自治管理相结合，各项社会保障政策由联邦政府制定，全国高度统一，但具体管理则表现出分散性和多样化，有的由独立的、按行业划分的全国性社会组织承办，有的则由区域性的社会组织承办。事权明确划分、立法权相对集中、管理权适当分散和控制权相对集中的有机结合是德国经济和财政体制的一个成功经验。

1. 养老保险。由联邦政府立法并制定政策，社会管理。企业管理人员、行政和公共部门一般职员法定养老保险由联邦职员养老保险局管理；产业工人由联邦各州的 23 个养老保险机构负责；铁路、煤炭、海员等行业由单独的行业保险机构管理。统一的基本养老保险要保证地区间的平衡，全国养老保险协会统一调剂结余基金，不足部分由联邦财政兜底。

2. 失业保险。失业保险由联邦政府负责，联邦劳动部是具体事项的承办机构。

3. 医疗保险。联邦卫生部负责制定政策和监督检查，包括参保人员范围、结算办法、服务价格等；各州卫生局负责卫生医疗保健和公共医疗设施建设；具体事务则由分布于全国各地的 600 个医疗保险公司负责管理。

4. 公共卫生。德国的公共卫生由州和市镇提供。

5. 社会救济。抚恤事务由联邦抚恤局负责，社会救济由州和市镇政府负责，主动向被救济者提供救济，并就此采取积极的预防措施。

（五）法国

法国政府分中央、省和地方三级，是中央集权程度较高的单一制国家。社会保障事权划分表现为：

1. 养老保险。由中央政府负责制定统一政策，社会保险基金的筹集、支付和管理等具体业务由四个国家级的独立管理机构及其地区分支机构经办，在政府监管下实行自主管理、自主经营、自成体系。

2. 失业保险。法国政府把“反失业”列为经济政策的首要任务，认为失业是法国面临的最重大的问题，其失业保险相应由中央政府劳动部直接管理。

3. 医疗保险。管理类似于养老保险，一方面，中央政府负责制定统一政策；另一方面，具体业务也是由国家级独立管理机构及其地区分支机构经办。

4. 公共卫生。市镇政府负责管理各地医院，提供公共卫生服务。

5. 社会救济。省级政府负责非现金救助等社会救济，最低生活保障由中央政府确定标准并管理，部分专项救助由有关社会保险经办机构统一管理。中央政府负责提供社会福利补贴等。

（六）澳大利亚

作为联邦制国家，澳大利亚分为联邦、州和地方三级政府。澳大利亚的社会保障事权主要集中在联邦政府，立法由联邦政府和议会负责，各主要社会保障项目所需经费基本都在联邦政府预算中列支。

1. 养老保险。澳大利亚养老保险的事权在中央，由联邦政府负责具体管理，社会保障部通过 20 个区域性和 216 个地区性机构，以及 60 多个较小的办事机构执行具体项目。

2. 失业保险。社会保障部通过 20 个区域性和 216 个地区性办事机构来执行具体项目。就业、教育与培训部地方分支机构及其代理机构接受申请。

3. 医疗保险。联邦政府负责筹资和支付，州政府负责组织卫生服务提供，并从联邦政府得到医院经费。

4. 公共卫生。虽然公共卫生的具体管理工作由地方政府负责，但大部分资金还是由联邦政府给予支持。

5. 社会救济。州及州以下政府主要提供联邦政府无法提供的社区服务工作，如残疾人事务、老年人照顾和儿童护理等。

（七）日本

日本属于单一制中央集权国家，分为中央政府、都道府县和市町村三级政府。在社会保障方面，中央政府负责全面规划和政策制定，管理各种保险基金并进行补贴。都道府县侧重经济服务，负责生活保障、伤残保险等事务，而基层的市町村侧重居民生活服务，负责医疗保险、国民养老金征收。

1. 养老保险。中央政府负责管理，地方政府进行养老金的具体征收工作。

2. 失业保险。中央政府负责管理，各都道府劳动部门的就业保险处和公共职业安定所负责征收费用。

3. 医疗保险。中央政府负责管理、监督，通过地方政府的相应机构执行保险项目。

4. 公共卫生。由中央和地方政府共同负责。

5. 社会救济。由中央和地方政府共同负责。从支出情况上来看，中央政府社会保障支出（包括社会保险、生活保障、社会福利、住房对策、失业对策、保健卫生，抚恤费等），占中央支出约11%（1996年），其中大部分是转移给地方直接支出的。地方支出民生费（社会福利及救灾救济等）、劳动费（失业及就业培训等）、卫生费等，占地方支出近19%（1993年）。

总的来说，可将上述发达市场经济国家社会保障事权划分简单归纳如表1。

表1　　发达市场经济国家社会保障事权划分表

国家	政体	政府级次	养老保险	失业保险	医疗保险	公共卫生	社会救济和社会福利
美国	联邦制	联邦、州和地方	联邦负责	联邦/州，以州为主	联邦制定政策，州举办	州与地方为主，联邦补助	联邦与州共同负责，州具体管理，联邦补助
加拿大	联邦制	联邦、省和地方	联邦负责	联邦负责	省负责，联邦补助	省和地方负责，联邦补助	抚恤由联邦负责，社会福利由各省负责，联邦提供补助
英国	单一制		中央政府制定统一政策，具体事务由中央派出机构执行，地方政府提供补充性社会服务				
德国	联邦制	联邦、州和市镇	联邦制定政策，社会管理	联邦负责	联邦制定政策，地方执行	州和市镇提供	抚恤事务由联邦负责，社会救济由州和市镇负责
法国	单一制	中央、省和市镇	中央制定政策，独立经办机构管理	中央政府负责	中央制定政策，独立经办机构管理	市镇提供	省政府负责社会救济，中央政府制定低保标准，并提供社会福利补贴
澳大利亚	联邦制	联邦、州和地方	事权主要集中在联邦政府，州及地方政府提供社区及卫生服务				
日本	单一制	中央、都道府县、市町村	中央负责管理并补贴				中央地方共同负担，具体事务由市町村政府负责

三、发达市场经济国家政府间社会保障事权和支出责任划分的初步分析

（一）多数国家以法律、制度的形式来规范政府间的事权和支出责任划分

事权是支出责任划分的前提，也是各级政府间财政关系协调的基础，因而在多级政府财政关系中居于重要地位。纵观西方国家各级政府间事权（包括社会保障事权）划分的实践，我们可以发现，各国都充分意识到了事权划分的重要性，并用法律的形式予以规范化、制度化，从而对各级政府有效地行使职责、对政府间财政关系的协调形成了稳定而有效的机制。如德国事权由基本法规范，美国、加拿大均由联邦宪法予以明确等。即使各级政府的事权需要调整，也往往通过法律的程序进行。

（二）充分发挥各级政府的优势，合理划分社会保障事权和支出责任

各国在历史、政体、经济体制、国家规模等方面存在着不同，导致了政府间事权划分也有着一定的差异，但总的来说，政府间事权划分遵循的原则就是，在充分发挥地方政府信息优势与充分发挥中央政府在收入再分配和宏观调控方面的优势之间进行权衡。具体来说，社会保障事权的有效划分要有利于充分调动地方政府的积极性和主动性，凡地方政府能够有效提供并加以管理的公共服务与事务，均交由地方政府承办，中央政府只负责地方政府无力承担或不宜承担的公共服务与事务，尤其是到20世纪末和21世纪初以来，许多国家以新自由主义理论为指导，逐步放权，中央政府承担的责任在逐步缩小，如在养老方面逐步交给市场运作，政府只负责提供最基本保障，并对整个养老保险体系的运作进行宏观管理和监控；在医疗方面，进一步发挥地方政府和市场的作用。

结合集权与分权的理论，我们对“发达市场经济国家社会保障事权划分表”提供的信息进行分析，可以发现一个值得重视的特点，即发达国家大多以养老——医疗——社会救济的顺序依次强化地方政府的责任。就养老保险来说，向离退休人员提供养老金具有很强收入的再分配功能，由中央政府负责养老保险事务既便于落实公平收入分配的目标，客观上又能够进行较为有效的管理。就社会救济来说，尽管向社会贫困人员提供生活救济具有很强的收入再分配功能，但由于在确定享受救济对象的过程中，难以采用较为客观的标准，通常涉及家庭财产调查的具体问题，中央政府在信息上的不完全制约了其在社会救济上承担更大的责任。因此，为了维护社会稳定和保证群众的基本生活，地方政府则负有主要责任。由于社会救济的收入再分配并不局限于狭小的地域范围内，所以中央政府在资金补助上也要承担起一定的责任。因此，我们可以得出如下的结论：各国在划分各级政府的社会保障事权和支出责任时，基本上遵循了在充分发挥中央政府在收入再分配和宏观调控方面的优势以及地方政府在信息方面的优势之间进行权衡的原则。

各国政府通常根据事权与财权相结合的原则来确定各级政府的支出责任，因

此，对各级政府财政支出结构和规模的分析，有助于把握其事权划分。下表根据国际货币基金组织《2002年政府财政统计年鉴》的数据对七个发达市场经济国家的财政社会保障支出结构进行了比较。值得强调的是中央财政在社会保障和福利方面的支出责任较大，约在67%以上，法国、澳大利亚中央支出超过90%；卫生支出则根据不同国家管理体制上的差异而有所不同，其中，加拿大97%以上由地方负担，美国、澳大利亚中央和地方财政负担水平基本相同，而英国则全部由中央财政负担支出责任；在住房和社区服务方面，多数国家由地方财政承担主要责任（见表2）。

表2　　发达市场经济国家中央和地方财政社会保障支出比重分析

国家	年份	社会保障和福利支出（%）		卫生支出（%）		住房和社区服务支出（%）	
		中央	地方	中央	地方	中央	地方
美国	2000	67.82	32.18	56.11	43.89	65.14	34.86
加拿大	2001	69.09	30.91	2.77	97.23	27.55	72.45
英国	1998	79.67	20.33	100	0	58.85	41.15
德国	1996	78.62	21.38	72.44	27.56	7.43	92.57
法国*	1993	91.19	8.81	97.81	2.19	18.28	81.72
澳大利亚	1998	90.28	9.72	51.88	48.12	23.43	76.57

资料来源：国际货币基金组织，《2002年政府财政统计年鉴》。

*囿于资料的有限，法国的地方支出没有包括省级政府的数据，只考虑中央和相当于市镇的地方政府，因此不够全面和准确，仅供参考。

（三）通过完善的纵向转移支付制度来实现公平的收入再分配目标

社会保障制度是收入再分配制度的重要组成部分，其维护社会稳定和公平的功能就是通过收入再分配实现的。从某种意义上说，收入再分配是建立并完善社会保障制度的出发点和归宿。根据上述集权与分权的理论，收入再分配适合由中央政府来解决，这与实践中地方政府在很大程度上具体管理社会保障事务相矛盾。事实上，在社会保障事权划分的问题上，存在着一定的层次性。因在信息方面所具有的优势，地方政府提供社会保障会更有效而且成本更低，这是第一层次。为避免因地区之间财力不同而导致所提供的社会保障服务水平不一，中央政府要从公平的角度来均衡地方政府的社会保障服务能力，使地区差别控制在合理的范围之内，这是第二层次。通过上述两个层次的协调统一，既充分发挥了集权与分权的优势，也保证了社会保障制度的有效运行。

为了实现公平收入再分配的目标，一方面，中央政府要拥有足够的财力；另一方面，由于有些社会保障项目要让缺乏足够财力的地方政府切实负起责任，所以，必须有一套完善的转移支付办法，这是上述两个层次事权划分统一的基础。转移支付一般分为财力性转移支付和专项转移支付两种，前者为无条件的政府间转移支付，是以弥补财政实力薄弱地区的财力缺口，以均衡地区间财力差距，实现地区间基本公共服务能力的均等化为目的；后者则是上级政府为实现特定的宏观政策目标，以及对委托下级政府代理的一些事务进行补偿而设立的专项补助资金，在资金用途、相关项目的实施等方面或多或少提出了较严格的条件要求。就社会保障转移支付来说，大多数国家为实施全国统一的社会保障政策与标准，在实践中除了部分项目直接由中央政府承担外，大都采取专项转移支付的形式，联邦或中央政府对地方的补助往往起着非常重要的作用。比如加拿大，联邦政府虽不直接经办医疗保险，但通过财政的专项转移支付制度来保证各省实行全国标准大体一致的医疗保险福利政策。

四、发达市场经济国家政府间社会保障事权和支出责任划分的做法对我国的启示

我国宪法对各级政府的事权范围虽有规定，但总体来说过于原则，而且在实践中也不断地进行调整。1994 年出台的分税制改革方案以税收法规形式划分了中央与地方政府的事权与财权范围，但由于我国正处于由计划经济向社会主义市场经济体制的转轨过程中，政府的职能范围也处于不断的规范和完善之中，中央和地方的事权划分至今仍在不断调整。具体到社会保障事权的划分，更是缺乏明确的规定和依据，导致中央与地方社会保障职责划分不清，甚至有些地方在某些社会保障项目上出现责任“真空”。1998 年以来，中央反复要求地方各级政府要切实承担起社会保障支出的责任，但是执行的结果始终是中央拿大头，地方拿小头甚至不拿钱，在社会保障事务方面出现了严重的地方依赖中央的倾向，也使一些困难群众的基本生活和医疗难以得到保障，影响了改革发展稳定的大局。与此形成对比的是，发达市场经济国家则往往通过国家立法来有效划分各级政府间的社会保障事权，从而为社会保障制度的顺利实施创造了条件。因此，从国家立法的层次上，明确社会保障事权的划分是一件影响深远且极为重要的基础性工作。

借鉴发达市场经济国家的经验，结合我国实际，我们认为，今后除了加强社会保障事权划分的立法工作外，还应逐步调整并完善我国社会保障事权和支出责任的划分，尽快理顺关系，明确责任，规范体制，增强激励，强化约束，调动中央和地方两个积极性。一方面，要搞清楚地方政府在哪些社会保障事务上具有较大的信息优势，进而充分发挥地方政府的职能作用；另一方面，要明确在中央对地方的补助中，哪些是属于收入再分配的范畴，通过有力的纵向转移支付来实现地区之间的公平，进一步强化中央政府收入再分配的职能。具体来说：

——中央政府在养老保险方面应该承担起更大的责任。一方面，中央政府要从实现其收入再分配职能的角度实施转移支付；另一方面，与其他项目不同的是，养老金待遇给付相对来说有一定的客观标准可依。因此，今后我国应该逐步提高养老保险统筹级次，并以全国统筹、中央政府加强管理作为努力的方向。

——在社会救济和福利、医疗保险、公共卫生服务方面要注重发挥地方政府

的积极性，并让地方切实承担起相应的责任。国际经验表明，在具体落实社会救济和福利、医疗保险、公共卫生服务的责任时，三者之间存在一定的差别。省级政府通常会在医疗保障领域承担起更大的责任，公共卫生则通常由市县级政府具体执行，省级政府给予补助，而社会救济则通常是市县级政府的责任。从目前国际的发展趋势看，基层社区服务在提供社会保障服务和加强社会保障管理方面发挥着越来越重要的作用，而公共卫生、社会救济和福利与社区服务又有着天然的联系。因此，今后我国应重视发挥社区服务的积极作用。

根据以上分析，目前我国社会保障事权划分可以做出如下描述：中央政府主要负责社会保障法律法规和重要政策的制定，在条件成熟时可将基本养老保险基础部分逐步过渡到中央统筹管理；地方政府则具体负责社会保障、就业和卫生医疗服务项目组织实施。从财政角度来说，应重点做好两方面的工作：一是以事权划分为依据确定中央和地方财政的支出责任，支出责任与事权要对应；二是随着经济发展和财政体制的不断完善，提高地方财政的收入能力，使地方政府履行职责有必要的财力保障。至于社会保障支出责任的划分，也应遵循上述基本原则，中央与地方财政分别按事权范围安排有关项目所需支出。在中央与地方财政体制及其他支出责任比较明晰、资金安排有保障的条件下，对于地方社会保障支出超出其承受能力的地方，中央财政通过专项转移支付予以补助。

（2004 年）

政府购买社会工作服务的公共财政政策研究

一、什么是社会工作

（一）社会工作的起源

社会工作起源于 19 世纪的西方国家。当时，失业和贫困问题日益成为突出的社会问题，一些国家相继颁布了疾病、工伤、老年及伤残等社会保险法和社会救助法。在政府加快建立社会保障制度的同时，非政府组织也给予了积极回应，各种慈善组织纷纷成立，并针对不同群体和社会问题开展多元化的服务。二战后，西方经济发达国家政府开始更多地介入社会福利事务，产生现代意义上的福利国家，但高福利使政府背上了沉重的包袱，带来了国家经济发展动力的减退，同时产生了大量的社会问题，因而使得各国政府不得不削减福利项目或降低福利水平，注重引入市场机制，鼓励社会各方面积极参与，并强调个人承担更大的责任。在这期间，非政府组织得到了迅速发展，向社会贫困群体和各种弱势群体提供帮助和服务，弥补政府机构提供服务的空缺和单一性。这些非政府组织在长期的实践中逐步形成和发展了一套专业化的工作方法和理论，很多大学开设了社会工作专业，培养从事社会工作的专业人才。目前在很多国家，社会工作已成为现代职业体系当中的一个重要职业。

（二）社会工作的定义

由于各国社会发展进程不同以及社会运行中遇到的问题不一，也由于各国学者对社会工作学科体系的认识不尽相同，目前国外还没有形成对社会工作定义的统一认识，但在各国社会发展过程中碰到的许多问题却具有很高的趋同性。

英国的社会学家 G. 邓肯·米切尔认为："社会工作一词是指帮助人们满足那些不能仅靠自己去获得发展的需求的各种有组织的方法。19 世纪，这些有组织的方法在英、美两国获得了发展。当时对人们的精神、物质福利的关心主要集中在穷人的经济情况上。后来将这种对改善物质条件的关心扩大到促进精神上和感情上的健康。"

美国《世界社会科学百科全书》1972 年版的观点认为："社会工作的目的是帮助社会上受到损害的个人、家庭、社区和群体，为他们创造条件，恢复和改善其社会功能，使他们免于破产。"社会工作的职能是帮助人们适应社会和改善社会制度。职业社会工作者的任务，一是采取各种措施援助那些由于贫困、疾病、失业、失足等社会、经济或者身体等方面原因而陷入困境的人；二是参与社会福利政策和社会预防方案的制定和咨询。

《中国大百科全书·社会学卷》对"社会工作"条目的解释是："国家和社会解决并预防社会成员因缺乏社会生活适应能力、社会功能失调而产生的社会问题的一项专门事业和一门学科。它的性能是通过社会服务和社会管理，调整社会关系，改善社会制度，推动社会服务，促进社会的稳定发展。"

我国著名社会学家郑杭生教授认为："社会工作是指社会（政府和群众团体）以物质、精神和服务等方式对那些因外部、自身和结构性原因不能依靠自己的力量进入正常状态的社会生活的个人与群体提供帮助，使他们恢复社会生活能力，改善社会互动关系，提高社会质量，从而促进社会的良性运行和协调"。①

综合国内外关于社会工作的定义，我们将社会工作定义为：国家和社会运用个案、小组、社区和行政等专业方法，帮助特定人群发挥自身潜能、协调社会关系，解决和预防社会问题，促进社会和谐的专业工作。

---

① http：//zhidao. baidu. com/question/13261472. html.

（三）社会工作的领域

经过多年的发展和演变，国外社会工作的领域、对象日趋扩大，社会工作制度的功能也日趋完善。就其领域而言，已经从社区、慈善场所扩大到学校、医院、福利机构以及企业、监狱和法院等。就其工作对象而言，已从困难群体、边缘群体扩大到所有需要社会支持和帮助的人群。就其功能而言，已不再仅仅是一种“提着篮子去救穷人”的慈善行为，而是一种专业的社会协调与社会控制手段，运用它可以有效地扶贫帮困，缓解社会矛盾，预防社会犯罪，实现个人与社会的和谐相处，提升社会福利与社会保障水平，维护社会的稳定与进步。

中国社会工作大致可以分为三类：第一类是通常所说的社会公益活动；第二类是由政府部门承担的、服务于困难人群的行政性、非专业性社会工作；第三类是由社会工作专业人士从事的社会工作。当前，我国开展的社会工作主要是第二类。与此相适应，中国的社会工作领域主要涉及社会福利、社会救助、社会慈善、残疾康复、抚恤优待、社区建设、司法矫正、教育、卫生等领域。

二、政府购买社会工作服务的起源和发展

政府购买社会工作服务是一项新事务，国内外没有统一的定义。大致说来，政府购买社会工作服务可以被理解为政府向非政府组织、非政府团体或者其他组织或者个人签订契约、由政府或者相关机构界定社会工作服务的种类或品质，并向特定人群提供社会工作服务的行为。

（一）政府购买社会工作服务产生的背景

政府购买社会服务起源于西方国家。20 世纪 20 年代末期，席卷欧美的经济危机，促使欧美各国开始考虑为广大弱势群体提供社会保障和社会服务问题。在这种背景下，欧美国家通过一系列“社会计划”和社会福利政策去调整利益格局，化解社会冲突，维护社会稳定。实施这些“社会计划”和福利政策，不能仅仅依靠单一的、有限的政府资源和行政权能，也不能单纯依靠非政府、非盈利的社会服务机构，而需要建立一套能有效整合各方资源、实现政府和非政府组织共同治理的制度框架，需要建立一整套有利于非政府组织发育、发展的政策和法律法规，以及在社会分工原则下的政府与非政府之间合作互助的机制。这样，职业化、专业化与社会化的社会工作机制应运而生，作为非政府和非盈利组织最重要载体的社会工作机构迅速发展。而政府与社会工作机构之间则初步形成了以购买形式提供社会服务的合作机制。

到 20 世纪 70 年代，西方发达国家出现了“社会福利病”，政府财政不堪重负，并由此掀起了公共服务市场化的改革浪潮。改革的重要举措是，政府的角色从公共服务的直接提供者变为“授权者”（enabler）、资金提供者，将原来由政

府部门承担的部分职能以合同形式转包给私人或非政府组织承担，从而降低公共服务成本，提高政府工作效率。

（二）政府购买社会工作服务的形式和程序

西方国家社会公共服务的提供有两种形式：一种是政府直接提供公共服务，如国防、外交、行政协调等行政性公共服务。其优点是政府责任明晰，缺点是可能会出现成本高而效率低的情况。另一种是政府间接提供公共服务，即政府根据市场规律，通过购买的方式向社会提供质优价廉的公共服务，如养老、救助、疾病防治等。其优点是效率高，缺点是可能出现购买方、提供方的责任不明晰等问题。

经过多年的发展，西方发达国家以及新兴工业化国家和地区，大多已安排专项预算，通过一定的政府采购程序对私有和非政府组织提供的社会工作服务（包括卫生、就业、社会保障等）进行购买，以提高政府工作效率。西方国家政府在购买社会服务的过程中，首先向社会公布社会福利服务预算，并公布政府购买服务的价格、数量和与服务相关的各项质量指标。其次是采取投标和委托等方式购买社会公共服务的非营利组织和社会服务组织的服务，并对这些组织进行考核和监督。1990 年，英国采取了根据全科医生对目标人群提供免疫服务的覆盖率确定其服务报酬的措施，对目标人群免疫服务覆盖率达到 90% 的全科医生，可以得到 1800 美元的补助，覆盖率在 89% 以下的只能得到 600 美元的补助。此后，实现免疫覆盖率 95% 以上的全科医生比例从原来的 31% 上升至 81% 。澳大利亚联邦家庭与社区服务部、州残疾人士服务部将一些社会福利项目和预算向社会公布，政府制定收费标准、服务质量标准及准入条件，向社会公开竞标，如生活不能自理的残疾人生活照料、送餐等服务，通过招标的方式委托非政府组织承担，对提供服务质量不满意的，不再续签服务合同。美国从事社区服务的非政府组织机构 70% 左右的收入来自政府投入，政府购买社会工作者服务非常普遍，绝大多数的儿童福利社会工作者、婚姻家庭辅导员（咨询员）、老年社会工作者、学校社会工作者都受雇于联邦或州政府机构。

（三）政府购买社会工作服务的条件

从国外政府购买社会工作的实践来看，政府购买社会工作服务须具有以下条件：一是政府与社会的分工合作。其核心是“政社分开”，即政府与非政府组织（含社会工作机构，下同）的职能分离以及事业目标的合作。政府主要负责社会管理与社会服务的政策指引、法律监管，非政府组织则主要承担具体的社会管理和社会服务项目，并接受政府的监督。二是政府安排预算。政府在每个财政年度都有专门的预算，并根据社会管理事务和社会服务需求，通过招标或委托的形式向非政府组织（主要是社会工作机构）购买服务，而非政府组织则通过竞标或者谈判的方式获得这些项目，并在社区、援助机构及其他场所向服务对象提供社会服务。三是社会工作服务不以盈利为目的。政府购买的和社会工作机构提供的服务皆属于非营利性质，其面向困难群体或低收入群体的服务项目一般不收取费用，面向中高档收入人群的服务则可以收取不等的费用（这些收入只能作为营运的成本）。四是专业化、职业化的工作体制。社会工作是一项专业性很强的职业，如同律师、医生一样，社会工作者必须经过大学专业教育或者获得专业资格证书并注册之后方能从业。

三、我国推进政府购买社会工作服务的意义和基本情况

（一）我国开展政府购买社会工作服务的背景和重要意义

政府购买社会工作服务在我国悄然兴起，有着深刻的社会历史背景。首先是社会转型。十一届三中全会之后，中国经济快速增长，目前人均 GDP 已突破了 2000 美元，总体上已进入小康水平。同时，中国也处于社会矛盾凸显期，社会变革、经济利益调整和社会管理方式的改变，带来了一系列的社会矛盾和问题，突出表现在劳动和就业压力大、社会保障体系尚未健全、收入分配不公、教育、卫生和住房等方面。由于直接提供公共服务能力的不足，政府开始认识到公共服务需要全社会的共同努力。就社会工作而言，政府既需要社会工作机构提供社会服务，以弥补政府提供公共服务的不足；也需要社会工作组织协调社会和政府的关系，化解社会矛盾，共筑和谐社会。其次是建立公共服务型政府。20 世纪 80 年代以来，伴随着经济全球化、政治民主化和信息技术革命的迅速发展，世界各国都在推进政府再造和变革，积极建设公共型政府。近年来，我国也在加快完善公共服务体系，强化社会管理和公共服务，因此，需要社会工作机构成为政府的合作伙伴，提供有效率的社会服务。另外是非政府组织和非盈利组织的快速发展。在经济多元化过程中，各种非政府组织、社会工作机构快速发展，在贫困救助、孤残救助、艾滋病救助、慈善捐助、临终关怀、青少年犯罪等方面发挥着日益重要的作用。

开展政府购买社会服务，具有重要意义：

1. 有利于转变政府职能和提高政府服务效率。政府购买社会工作服务打破过去政府包揽一切的做法，引入竞争机制、激励机制、监督机制，由社会工作机构提供养老服务，政府向社会工作机构购买养老服务，对符合政府供养条件的老年人，由政府财政支付费用，这样势必会降低政府提供公共服务的成本，实现从“养人办事”到“办事养人”的转变。当然，政府购买社会工作服务是政府办事方式的转变，并不是政府对应负的责任甩手不管。相反，政府要在监管方面发挥重要作用。

2. 有利于促进社会公益事业的发展。社会工作是社会公益事业的重要组织部分，社会工作的对象主要是社会困难群体和问题群体。如在扶贫济困中，社会工作者因其贴近救助对象，可以实施个性化服务，使得救助效果好、社会影响也好。因此，政府购买社会工作服务，有助于社会工作机构的壮大，扩大

社会公益事业的影响，促进社会公益事业的发展。

3. 有利于促进社会和谐。政府通过购买社会工作服务，与社会工作机构建立伙伴合作关系，可以最大限度地协调社会关系，预防和解决社会问题，恢复和发展社会功能，促进社会和谐。另外，政府购买社会工作服务也打破了资源限制，可以为更多的人群提供公共服务，让更多的人分享改革和发展成果，实现社会公平。

（二）我国开展购买政府购买社会工作服务的基本情况

我国政府对社会工作服务的购买是随着专业社会工作的发展和专业社会工作服务机构的迅速增长而出现的。在专业社会工作快速发展的同时，政府购买社会工作服务的实践也方兴未艾，北京、上海、广州、杭州、无锡等地区通过政府承担、定向委托、合同管理、评估兑现的运作机制，以费随事转、项目发包、公开招标等方式，对民政、医疗卫生、社区矫正、就业培训等领域公共服务的购买进行了有益探索。

1. 主要做法有以下几种。

（1）采购模式。从理论上讲，社会工作服务的购买者和提供者之间是两个相对独立的主体，二者之间是契约关系，而不是上下级或者从属关系。从采购方式来看，社会工作服务的政府购买也应按照政府采购的标准程序进行，即主要采取竞争性招投标方式进行。但受市场发育和管理水平等条件的约束，我国目前社会工作服务买卖双方之间的关系复杂，因而在采购模式上与一般市场经济国家有很大的不同。从试点情况来看，我国政府购买社会工作服务的模式主要分为三类：一是形式性购买，即民办公助；二是非竞争性购买，即公办私营；三是竞争性购买。

第一种模式：以上海新航、阳光、自强社会服务站为代表的形式性购买模式（见专栏1），即社会工作服务的提供方实际上是购买方在职能上的延伸，社会工作服务的提供方不是独立的决策主体，买卖双方不构成契约关系，因而这种购买只能是形式上。这种模式的优点：政府对社会工作服务的管理力度大，在一定程度上解决了政府公共服务提供不足的问题，并有助于培养一批社会志愿者。其缺点：一是政府与被购买社会工作服务的民间组织之间存在着一定的依附关系。由于合同双方不是两个独立决策的主体，而是带有一定的“雇佣”关系，使这种购买模式易流于形式，评估结果形式化，侵害了政府购买社会工作服务的本意。由于新航、阳光、自强等民间组织在资源上完全依靠政府，并在组织发展和管理上受制于政府，使他们可能成为变相的政府机构，从而没有达到重塑政府的目的。二是在政府全力推动下，政府对新航等组织的定向社会工作服务购买，形成了资金上的行政垄断，让其他非营利组织不能得到此部分经费，不利于民间组织的健康发展。三是由于政府可自建民间组织，再向此组织购买服务，很容易导致把政府购买作为一个框，把一些不属于政府职责范围内的服务，政府也用购买的方式向社会提供服务，从而出现盲目购买的趋势。四是可能带来部门利益的膨胀。在缺乏社会监督的情况下，政府通过建立自己能控制的民间组织，以转移政府职能、购买社会工作服务的名义，为国有资产流失提供了合法外衣。

专栏1　上海新航、阳光、自强社会服务站

2003年，为了加强对“失学、失业、失管”社区青少年帮扶，以及预防吸毒犯罪，在上海市政法委牵头下，市矫正办公室、市社区青少年办公室和市禁毒委作为业务主管单位组建了新航、阳光、自强三个民办非企业单位，总站下设各区（县）分站。理事会负责人由相关政府部门负责人担任，总干事人选分别由三个业务主管单位任命。

新航工作站对社区服刑人员和刑满释放解除劳教人员提供帮助和服务、对区县工作站开展工作评估、进行社区矫正理论研究，并在业务范畴内根据委托或者授权承担其他业务。阳光服务站的职责是承担政府指定的社区青少年教育管理和服务工作，同时，对全市青少年社会工作者进行业务指导、管理和调配，支持其参加资格认证、职业培训等。自强服务站的职责是负责预防滥用药物的宣传、教育，社区滥用药物人员的矫治、情况调研及其他相关业务。帮助滥用药物人员回归社会，在服务个人的基础上，使他们的家庭得到帮助和扶持。

上述三家机构的注册资金均由政法委垫付，待服务购买经费到位后还注册款。其资金来源是：市级财政提供总站办公经费每年150万元；市级财政按照上海市的统一标准购买社会工作服务，每个社会工作人员1年4万元；分站与居委会共享工作场所，区县财政按照社会工作的人数提供给区县分站资金，有财力者另提供分站的办公经费。上海市各级财政每年为三个服务站支付的经费大约在6000万元左右。

社会工作服务的买卖双方是：上海市矫正工作办公室，上海市新航社区服务总站；上海市社区青少年事务办公室，上海阳光社区青少年事务中心；上海禁毒委员会办公室，上海自强社会服务总社。19个区县在街道和镇的相应工作站由区（县）政府负责。

监管：总站的评估同业务主管单位结合委托专家或专业评估机构进行，分站的评估由总站进行，分站的社会工作评估由分站自己进行，但要接受总站的抽查。

第二种模式：以上海“罗山市民会馆”为代表的公有私营（非竞争性购买）模式（见专栏2）。这种模式的买卖双方是独立的法人主体，二者也形成契约关系，但社会工作服务的提供主要是委托方式进行的。这种模式的优点是借鉴了市场机制，打破了以往单纯依靠政府投入和补贴的方式，有助于提高社会工作服务效率，降低成本，缺点是缺少竞争和透明，社会工作服务买卖难以监控。而是采取成本核算的方式，利用微利项目收取的费用来填平需要补贴的项目，达到收支平衡的目的但其缺点在于仍然存在政府职责不清等问题。1995 年，上海浦东新区社会发展局兴建了罗山市民休闲中心，为了提高休闲中心管理效率，该局不是依靠街道办事处和居委会等传统的社区管理模式，而是通过协商，委托上海基督教青年会出面管理，并于 1998 年接受政府养老服务的委托。

专栏 2　上海罗山市民会馆

上海浦东新区罗山市民会馆是上海市首家采取公有民营托管方式的社区公共服务机构，它尝试了一种对社会公共财产的新的社会管理机制，由政府推动有经验、有能有为的专业社团在探索中发挥其潜力，走上充分发挥社会公共设施功能的公共服务产业的道路。

罗山市民会馆的公有民营托管模式，其核心是政府与社团协同共建，在协同共建过程中调整和重建国家与社会的关系。目前，会馆（含 50 张床位的老人院一所）开设有四大类近五十个服务项目，包括：生活服务，含老人院、假日托儿、寒暑托班、志愿者家电维修、家政服务、社区食堂、居家护理、生活日用品调剂等等；文化教育，含再就业培训指导、青少年素质教育、老年社区学校、图书阅览租借、军地两用人才培训等等；求助咨询，含市民生活求助热线、建立志愿者工作室、青少年心理健康咨询、社保咨询、生育咨询、医疗保健咨询、110 联动等等；体育娱乐，含健身房、体育比赛、户外健身、家庭运动会、评弹、纳凉晚会、歌咏会、拳操、老年运动会等等。

通过多年实践，会馆在坚持非营利性的原则下，近几年逐步实现了收支平衡。目前，会馆每年运营的资金达到 120 万元，其中 30% 来自浦东社会发展局对 999 热线的拨款；10% 来自社会捐款和项目资助；60% 来自会馆运营收入。会馆的运营摆脱了一般公益性社会服务团体在社会效益与经济效益之间摇摆不定、顾此失彼的窘境，积累了经验。

摘选自：吴建荣、申利民：《在体制创新中奋进的上海罗山市民会馆》，http://www.chinasocialpolicy.org/Page_Show.asp?Page_ID=242。

第三种模式：竞争性购买模式，即合同双方是两个独立决策的主体、有明确的社会工作服务购买目标、有可选择性的竞争市场和公开的竞标程序等四个条件，从而实现政府通过招标的方式达到成本最小化、收益最大化的目的。政府通过竞争性购买的方式提供了多种社会工作服务。北京市海淀区 2005 年成立了公共服务委员会，作为政府购买公共卫生服务的代表，采取了合同外包或招投标等形式，向医疗机构购买卫生服务。上海市已全面启动了居家养老服务计划，将政府财政投入更直接与老年服务效益挂钩，改变过去政府开支侧重于直接兴建兴办机构等购买公共工程行为，转变为依托养老机构提供居家养老服务的直接购买公共服务方式。

同前面两种购买模式相比，竞争性购买模式具有以下优点：一是发挥了民间组织自身优势，提高了社会工作服务的质量。二是有了成本约束机制，提高了服务效率。三是通过公开透明的招标，有效地防止腐败，降低政府采购成本。因此，随着民间社会工作服务机构的壮大，政府以竞争性购买方式提供社会工作服务无疑是社会工作服务提供的基本方向。

（2）资金来源。政府购买社会工作服务的资金来源主要有税收收入或者非税收入。具体来说，一是税收收入。上海浦东、普陀、静安等区专门制定了政府购买社会工作服务的政策或者文件，将政府购买民间组织服务的资金纳入财政预算。二是非税收收入包括行政事业性收费或者彩票公益金收入。上海虹口区四川北路街道每年投入3000多万元，用于购买民间组织在社区文化体育方面的服务。辽宁省民政厅与财政厅建立福彩扶贫专项资金，积极引导农村专业经济协会扶贫帮困。深圳从彩票公益金划出2000万元资助社区社会组织。

（3）支付方式。政府购买社会工作服务主要表现在就业岗位和服务项目的购买上。

一是购买就业岗位。在就业压力增大的情况下，地方政府通过出资购买就业岗位及培训成果的方式，提高本地就业率。上海市从1998年就开始由政府购买就业岗位、购买培训成果和中介服务，截止到2002年仅就业岗位就购买了10万个以上，安置人员就业7万多人。上海黄浦区将退伍军人培训、安置等任务委托给退伍军人职业介绍所，政府提供相应的经费保障或补贴。静安区对录用特困人员的用工单位，政府每月给予200—280元不等的补贴，极大地鼓励了用工单位录用特困人员的积极性。政府购买就业岗位的方式目前在扬州、无锡、广州、昆明等大城市普遍存在。

二是购买服务项目，政府花钱购买社会工作服务项目，这种支付方式在上述地区较为普遍。上海普陀区将300多家民间组织的日常登记、党建工作和婚介机构的监管及家庭收养的评估等职能转移给区、街道、镇民间组织服务中心；该区草杨新村街道社会工作站接受政府委托，拆除70多户（处）违章建筑，无一起群众信访事件发生。江苏南京市鼓楼区通过政府购买养老服务的方式，基本解决了全区独居老人和部分空巢老人日间照料和提供养老系列服务，极大地激发了社会非营利服务组织的积极性，促进了社会养老事业的发展。2002年，经国务院批准，卫生部、国家计委、民政部、财政部等11部委联合下发了《关于加快城市发展社区卫生服务的意见》，提出“引入竞争机制，根据公平、择优的原则，采用公开招标方式，选择具备提供社区卫生服务基本条件、独立承担民事责任的法人或自然人举办社区卫生服务机构，建立精简高效的社区卫生服务运行机制”，加快发展社区卫生服务。北京市海淀区2005年成立了公共服务委员会，作为政府购买公共卫生服务的代表，采取了合同外包和招投标等形式，向医疗机构购买卫生服务。此外，为将政府购买社区卫生服务落到实处，铁岭市确定了18个公共卫生服务项目，实行政府出资购买（见专栏3）。

专栏3　辽宁省铁岭市探索政府购买社区卫生服务的新途径

铁岭是辽宁省经济相对欠发达的地区，城市低收入群体集中，城市居民“看病难、看病贵”问题较为突出。近年来铁岭市政府在不断加大卫生投入力度的同时，着力推进卫生体制和机制创新，通过政府购买社区卫生服务，优化了资源配置，取得了群众、医生、政府“三满意”的效果。

为将政府购买社区卫生服务落到实处，铁岭市确定了18个公共卫生服务项目，实行政府出资购买。铁岭市财政局聘请专业机构对政府购买服务项目进行成本测算，确定服务项目的成本并实行政府采购。财政按每年每人10元的标准安排补助经费，根据社区卫生服务机构为社区居民提供的公共卫生服务项目、数量、质量等相关成本核定政府购买的公共卫生服务补助金额，并把补助标准细化到了每一个服务项目。政府按照人均6元购买社区卫生服务中心提供的10项服务（社区卫生诊断，日常信息管理，预防接种，结核病防治，艾滋病防治，其他常见传染病防治，重点慢性病筛查，妇女保健和计划生育指导，儿童保健，残疾人康复管理）；按照人均4元购买社区卫生服务站提供的8项服务（高血压管理，糖尿病管理，健康档案，卫生知识普及，重点人群健康教育，疫情报告和监测，精神病患者社区管理，老年人保健）。为此，政府已预拨70%的补助共计310万元，剩余30%的补助将根据考核情况拨付。

资料来源：财政部社会保障司《情况反映》，2007年12月第13期。

2. 存在的主要问题。总体而言，我国政府购买社会工作服务还处于初始阶段，人们对社会工作的认识普遍不足，社会工作服务市场发育水平较低，社会工作服务机构对政府的依存度过高，政府购买社会工作服务的监管亟待加强。

（1）对社会工作的认识普遍不足。由于内地社会工作发展起步晚，社会上对社会工作的认识普遍不足。目前，除了民政等少数部门外，社会上以及大多数政府部门不了解社会工作，轻视社会工作机构的作用，没有认识到政府与非政府组织和社会工作机构的合作，是一个国家社会福利制度和政府管理模式的完善，对于社会工作在转变政府职能、改善社会管理、提高社会服务质量等方面的重大意义认识不足。政府大部分部门目前仍习惯于直接提供公共服务，对政府购买社会工作服务的积极性不高。

（2）“全能型”政府模式限制了社会工作服务市场的发展。20世纪50年代至70年代，在计划经济体制下，几乎所有属于社会工作范围内的事情，如公益活动、社会服务、社会福利和社会救助等，从机构设置、资金筹集到具体工作的实施，全部由政府承担下来，政府无所不包的管理模式排除了专业社会工作存在的必要性，导致这一时期社会工作停滞不前。目前，这一状况并没有根本转变，政府部门及其所属事业单位掌握着大部分社会服务领域的资源，不愿意通过政府购买方式，将一些社会服务项目交由社会工作机构去做；另一方面，由于社会工作机构数量少、规模小，难以提供满足不同需求的社会服务。因而，真正意义上的社会工作服务市场目前尚未形成。

（3）政府购买社会工作服务的资金预算不公开。在开展政府购买社会服务较早的西方国家，政府要向社会公布购买服务预算，从事社会公共服务的非政府组织（含社会工作机构）通过招投标取得政府拨款，并按照政府要求提供服务。目前，在我国各级政府部门预算编制中，政府采购资金预算已经单列，但并不向社会公开。因此，社会工作机构对政府社会服务的需求不了解，不利于其竞争政府社会服务项目。

（4）政府购买社会工作服务的监管不足。当前，政府购买社会工作服务存在监管不力的问题，这突出表现在：一方面，社会工作领域回报率的确定、成本的核算、价格的确定、服务质量标准的确定等具有较强的专业性，经营者与消费者之间、经营者与监管者之间存在着信息不对称，造成社会工作者可以通过向监管机构提供有利于自己的虚假信息而使监管者制定有利于自己的政策；另一方面，一些地方政府部门热衷于推行社会工作服务提供的市场化，是因为购买社会工作服务为政府提供了包括特许经营权的审批、服务价格和服务质量监督等方面的权力，很容易在缺乏监管的情况下滋生腐败。

四、推进我国政府购买社会工作的建议

政府购买社会工作服务在我国虽然刚刚起步，但它代表我国提供社会工作服务的基本趋势。当前及今后一段时期，可以按照先易后难、由点到面、稳步推进的思路，开展政府购买社会工作服务的试点。

（一）提高认识，稳步推行试点

转变政府职能和思想观念是推进政府购买社会工作服务、构建服务型政府和社会关系的关键。各级政府部门要转变观念，加快事业单位改革，将原来隶属于自己部门的公益性机构转型为社会工作机构，积极推进政社分离，依靠社会工作机构拓展公共服务领域，更有效率地提供公共服务。随着社会机构的发展壮大，政府各部门都应将一些公益性强、社会需求量大、直接面对困难群体的服务项目逐步转移给社会工作机构，如社区养老、卫生服务、孤残供养、就业帮扶、慈善救助、临终关怀、艾滋病防治、戒毒、司法援助、司法矫正、扶贫等，积极稳妥地推进政府购买社会工作服务的试点工作。

（二）加强机构自身建设，促进社会服务市场发育

要创新组织运行机制，重视社会工作人才的培养，完善内部管理，提升社会工作机构自身能力水平和社会公信力。从市场环境看，要制定社会工作机构评估

标准，通过等级评估建立社会工作机构准入机制。对达到一定等级的社会工作机构，允许其参加政府采购社会工作服务的招投标，政府应向评估等级高的社会工作机构购买服务，确保购买服务的质量。

（三）整合资源，提高采购资金预算透明度

政府应合理安排社会工作服务采购资金，并增强采购资金预算的透明度。根据现行部门预算管理体制，一是由政府各部门根据需求，从每年财政预算安排的用于提供社会服务的专项资金中拿出一部分，用于购买社会工作服务。政府预算经同级人大批准通过后，即可向社会公布政府采购资金预算，以使社会工作机构全面了解政府社会服务需求信息，选择投标项目。二是民政、卫生部门作为非政府组织和社会工作机构管理和社会服务主要提供的部门，可先进行试点，即从民政部门留用的或财政部门集中的彩票公益金中安排一部分，设立政府采购社会服务专项资金，每年向社会公布采购的社会服务项目和资金预算，通过公开招投标，购买社会工作服务。

（四）制定相关管理办法，规范政府购买行为

政府各部门在政府采购中的作用应得以明确体现。具体的社会工作服务的购买应由各相关政府部门（如民政、司法、卫生等部门）负责，财政部门对政府采购负有监管职责。换言之，财政部门应加强对政府购买社会工作服务的监管力度，制定有关管理办法：一是准确界定政府采购社会工作服务的范围和内容。考虑到我国社会工作机构尚处于发育阶段，数量少、规模小，难以提供满足政府多方面需求的社会服务，因此，政府可以先由购买社会工作者岗位做起，即在政府提供社会服务的机构（如学校、医院、社会福利机构等）中，设置由政府买单的社会工作岗位，再逐步过渡到通过招投标方式购买社会服务。二是规定政府购买社会服务的具体采购方式和程序。为促进社会工作的健康发展，要把竞争机制引入招标中，实行多方招标，择优选用；要增加招标的透明度，有关招标的资质条件、时间限制等问题均应公开。三是完善政府采购社会工作服务的合同管理和评价工作。与货物、工程采购相比，政府购买社会服务体现出非实物性、非生产性、不可储存性、不可贸易性、即时性、地域性等特征，需要确定社会工作服务的价格评定标准和质量评估标准，完善合同管理制度，建立事前评定、事中监管、事后评估相结合的综合绩效评价体系。

（2007 年）

加快发展步伐　加大改革力度　着力保障民生　促进社会和谐

——2010年度社会形势分析报告

一、当前社会运行的基本态势及面临的矛盾和问题

2009年以来，面对国际金融危机扩散蔓延、世界经济深度衰退、我国经济受到严重冲击的不利局面，全国各族人民在党中央、国务院领导下，深入贯彻落实科学发展观，克服重重困难，在世界率先实现经济回升向好，社会运行比较平稳，就业和社会保障工作成效显著，改革开放和社会主义现代化建设取得新的重大成就。

（一）经济增长速度明显回升，经济运行仍面临矛盾和风险

2009年，我国国内生产总值（GDP）达335353亿元，比上年增长8.7%，圆满完成年初确定的“保八”目标。从图1提供的2008年和2009年分季度数据看，GDP增长速度在2009年1季度达到谷底后即迅速回升，经济增长呈现比较明确的V型反转。其中2009年1季度GDP同比增长6.2%，2季度增长7.9%，3季度增长9.1%，4季度增长高达10.7%。除GDP增长速度之外，其他一些相关经济指标也都在2009年出现了转折性变化。居民消费价格指数（CPI）全年下降0.7%，但同比涨幅在2009年11月份开始由负转正，当月上涨0.6%，12月份同比上涨1.9%，2010年1—2月同比上涨2.1%。工业品出厂价格指数（PPI）2009年下降5.4%，但12月份由负转正，当月上涨1.7%，2010年1—2月同比上涨4.9%。全年货物进出口总额22072亿美元，比上年下降13.9%，但也在11月份由降转升，12月份增长32.7%。全年农村居民人均纯收入5153元，剔除价格因素，比上年实际增长8.5%，增速比上年提高0.5个百分点；城镇居民人均可支配收入17175元，实际增长9.8%，增速比上年提升1.4个百分点。各方面的数据表明，2009年，中国经济顺利度过了最困难的阶段，呈现出回升向好的发展态势。但是，宏观经济运行中仍然存在一些值得关注的矛盾和风险，突出表现在“两个过剩”：一是产能过剩问题比较突出，并对吸纳更多劳动力就业形成制约；二是流动性过剩问题，带来资产价格上升和通货膨胀风

险，进而影响到困难群体基本生活。此外，在全年 33.5 万亿元的 GDP 中，有 22.5 万亿元来自投资拉动，社会消费品零售只贡献了 12.5 万亿元，且投资拉动主要来自政府主导投资，民间投资增长依然乏力。还有，城镇居民人均可支配收入增长速度仍然超过农村居民人均纯收入增长速度，城乡居民收入差距进一步拉大。这些矛盾和风险都对完善收入分配制度、健全社会保障体系提出了进一步的要求。

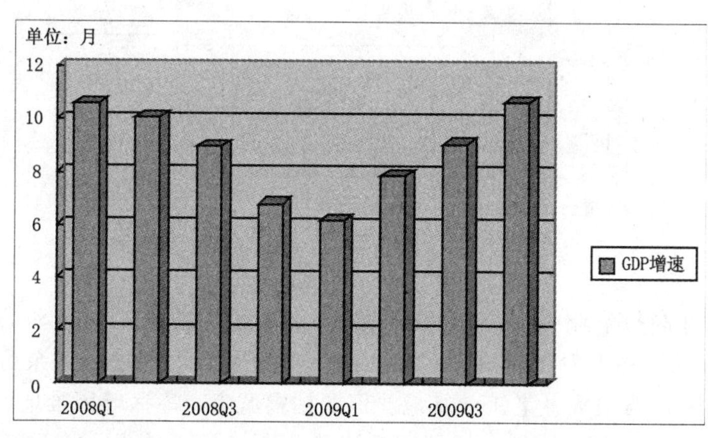

图 1　2008 年和 2009 年 GDP 增长的分季度数据

（二）促进就业成效明显，就业形势喜中有忧

2009 年，通过认真落实更加积极的就业政策，就业再就业工作成效显著，超额完成就业目标。2009 年末全国就业人员 77995 万人，比上年末增加 515 万人，其中城镇就业人员 31120 万人，新增 1102 万人，为全年目标 900 万人的 122%；下岗失业人员再就业 514 万人，为全年目标 500 万人的 103%；就业困难人员就业 164 万人，为全年目标 100 万人的 164%。年末，全国实有城镇登记失业人员 921 万人，城镇登记失业率为 4.3%。高校毕业生就业率为 87%（见图 2）。2009 年，各地认真落实“五缓四减三补贴”政策，1—10 月份，全国共帮助困难企业减轻负担 338.5 亿元，至少惠及企业 162 万户、职工 6100 万人。此外，地震灾区对口就业援助工作继续稳步推进，截至 2009 年末，通过对口支援等多种渠道，灾区共实现有组织劳务输出 67.7 万人，其中省外 48.6 万人；实现本地就业 140 万人，其中公益性岗位安置 22.2 万人。

随着经济形势的好转，企业用工需求呈现增长态势。据人力资源社会保障部 2010 年春节前进行的调查，节后招工企业比例已恢复到金融危机之前的水平并有所上升，用工需求比上年正常用工量净增 15%，平均每个企业计划新招员工 143 人，比上年同期上升 5 个百分点。在用工需求增加的同时，预期平均工资也有明显增加，企业预计用工工资平均上升幅度为 9%。但与此同时，就业总量矛盾和结构性矛盾仍然非常突出，2010 年城镇需要就业的劳动力将超过 2300 万

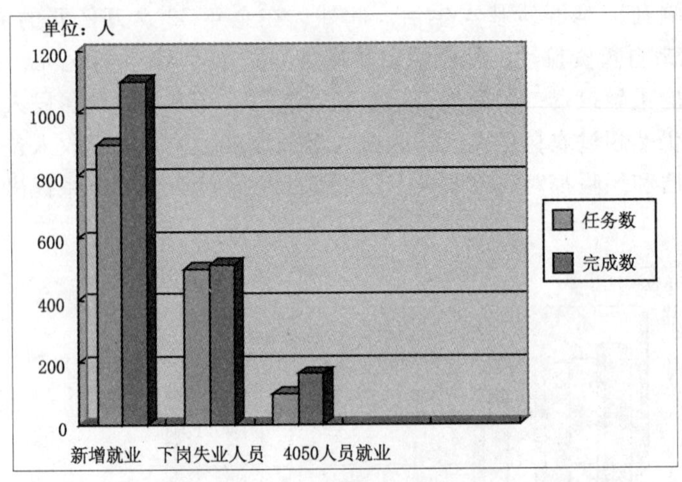

图 2　就业工作目标完成情况

人，其中普通高校毕业生人数达到 631 万人，再创历史新高。劳动力供过于求 1100 万人。从结构上看，新成长劳动力、下岗失业人员、农村富余劳动力等群体就业再就业困难较大，老工业基地、资源枯竭城市、库区等困难地区就业问题十分突出。一些城市因物价水平较高和房价不断上涨，抬升了农民工的生活成本，加之户籍、子女教育等方面的制度障碍难以消除，对农村劳动力转移就业构成了严峻制约。

（三）社会保险制度更加完善，不同群体之间政策协调需要关注

一是新型农村社会养老保险制度试点正式启动。2009 年，在 320 个县开展新型农村社会养老保险试点，中央财政下达补助资金 10. 8 亿元，推动我国社会保障制度建设在统筹城乡方面又迈出了具有历史意义的步伐。二是社会保险基金预算制度正式实施，这是继社会保险基金由业务主管部门自收自支管理到纳入财政专户实行“收支两条线”管理以后，基金管理体制的又一次历史性突破。据统计，2009 年，五项社会保险基金总收入 15975. 2 亿元，同比增长 16. 6%，总支出 12393. 6 亿元，同比增长 24. 9%。实行社会保险基金预算制度，有利于大大增强基金管理的规范性、科学性。三是基本养老保险省级统筹制度全面实施。全国 31 个省份和新疆生产建设兵团全部出台实施养老保险省级统筹文件，如期完成在全国建立养老保险省级统筹制度的目标。四是各项社会保险制度覆盖面进一步扩大，待遇水平稳步提高。2009 年底，城镇参加基本养老保险人数 23498 万人，比上年底增加 1607 万人；参加失业保险的人数 12715 万人，比上年底增加 316 万人；参加城镇基本医疗保险人数 40061 万人，比上年底增加 8239 万人；生育保险参保人数 10860 万人，比上年底增加 1606 万人；工伤保险参保人数 14861 万人，比上年底增加 1074 万人，已将近 100 万“老工伤”职工纳入工伤保险；全国农民工参加基本养老、基本医疗、失业、工伤保险人数分别为 2647

万人、4335万人、1643万人、5580万人，分别比上年底增加231万人、69万人、94万人、638万人。2009年，企业退休人员基本养老月人均水平超过1200元（见图3）。

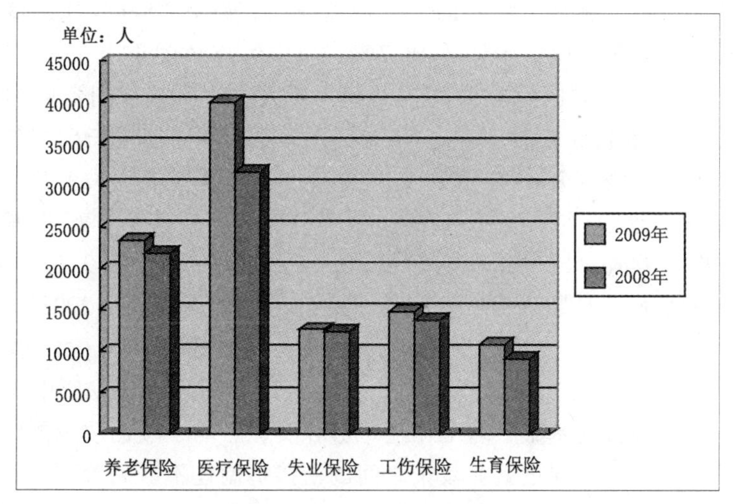

图3　社会保险参保人数

在下一步的社会保险特别是养老保险制度建设中，妥善处理不同群体之间的政策协调和待遇衔接问题需要引起充分关注，以避免引发和激化社会矛盾。比如，新农保试点启动后，非试点地区农民和试点地区农民之间的攀比问题已经显现出来，城镇无稳定收入居民的养老保障问题在新农保试点启动后也更加突出，要求解决企业退休人员与机关事业单位退休人员养老金水平差距问题的呼声近几年来日益高涨，事业单位养老保险改革方案出台后，事业单位职工及社会各界对何时启动公务员养老保险改革也更加关注，等等。这些问题如不能够妥善处理，都可能会对社会稳定产生不利影响。

（四）社会救助和福利事业继续发展，基础工作和长效机制有待加强

一是城乡低保制度作为社会保障的底层安全网，作用得到有效发挥。截至2009年底，全国共有2348万城市居民（1142万户）享受了城市最低生活保障，比上年增加13万人，城市低保对象呈现基本稳定略有增长的态势。平均保障标准为227.8元/（人、月），比上年同期提高22.5元，全年共发放城市最低生活保障资金461亿元，人均补差165元/月。农村最低生活保障制度在全国范围内普遍建立的基础上，保障水平稳步提高。截至2009年底，已有4759万人（2291万户）享受了农村最低生活保障，比上年增加475万人，仍然保持了较快的增长。平均保障标准为101元/（人、月），全年共发放农村最低生活保障资金345.1亿元，人均补差64元/月，比上年同期提高15元。二是农村五保供养制度进一步完善。截至2009年底，共有554万农村“五保”老人享受到了农村五

保救济，比上年增加 11 万人，全年累计支出五保供养资金 91 亿元。农村五保分散供养平均标准为 1843 元/（人、年），比上年提高 219 元，农村五保集中供养平均标准为 2588 元/（人、年），比上年提高 412 元。此外，还有 503 万人次得到了农村临时救济。三是医疗救助工作积极开展。截至 2009 年底，城市医疗救助共救助 417 万人次，比上年降低 18.7%，城市医疗救助支出 35.3 亿元，比上年同期增长 50%；农村医疗救助共救助 688 万人次，民政部门资助参加合作医疗 3690 万人次，农村医疗救助支出 58.6 亿元，比上年同期增长 63.7%。四是福利事业稳步发展。截至 2009 年底，全国共有收养类福利单位 3.9 万个，拥有床位 275.4 万张，比上年同期增长 17%，收养老年人、残疾人、孤儿等各类民政服务对象 208.8 万人，比上年同期增长 10.4%。集中安置 61.9 万残疾人就业，比上年增加 9 万人。五是慈善事业经历了高潮后的相对低谷。2008 年因汶川地震等特殊因素，慈善事业得到突飞猛进发展，仅民政部门接受的捐款即达到 490.7 亿元，接收捐赠衣被 55538 万件。社会救助和福利事业发展中面临的问题主要有：一是社会救助基础管理工作还不够扎实，影响了救助政策的针对性和有效性。二是低保政策与促进就业政策之间的衔接机制还不够完善顺畅，不利于发挥制度合力。三是社会福利社会化进展比较缓慢，促进社会力量举办社会福利事业的政策措施需要进一步健全。四是促进慈善事业发展的长效机制尚待进一步完善。

（五）医药卫生体制改革全面启动，五项重点工作稳步推进

2009 年是医改元年，按照《中共中央国务院关于深化医疗卫生体制改革的意见》、《国务院关于印发医药卫生体制改革近期重点实施方案（2009—2011 年）的通知》的具体要求，医药卫生体制改革全面启动。基本医疗保障制度建设加快推进。2009 年新农合筹资总额达 944 亿元，其中中央和地方财政补助资金 742 亿元，实际人均筹资水平为 113 元，政策范围内住院费用报销比例提高到 55%。参加城镇基本医疗保险人数 40061 万人，比上年底增加 8239 万人。各项基本医疗保障制度覆盖面超过 12 亿人。基本药物制度开始实施，制定了国家基本药物目录（基层版），中央财政通过实施以奖代补促进地方加快建立基本药物制度。基层医疗卫生机构综合改革稳步推进，在改革管理体制和运行机制的同时，进一步完善了内部消化、提高服务价格、医保基金直接补偿、财政补助并举的基层医疗卫生机构多渠道补偿办法。通过加大在基本建设、设备购置、人才培养等方面的投入力度，基层医疗卫生服务体系更加健全，服务能力进一步提高。基本公共卫生服务均等化取得进展。2009 年，中央安排公共卫生专项补助资金 246 亿元，支持地方政府按项目为城乡居民免费提供基本公共卫生服务，促进基本公共卫生服务逐步均等化。公立医院改革试点启动，确定了 16 个公立医院改革试点城市。随着政府卫生投入的增加和医疗保障制度建设的推进，卫生筹资结构继续改善。2008 年卫生总费用中，政府、社会和个人卫生支出分别为 24.7%、

34.9%和40.4%。与2007年比较，政府和社会卫生支出比重分别上升4.4个百分点、0.4个百分点，个人卫生支出比重下降4.8个百分点。2009年全国卫生总费用预计达16118.8亿元，人均卫生费用1192.2元，卫生总费用占GDP比重达4.96%。与上年比较，全国卫生总费用增加1584亿元，增长10.9%；卫生总费用占GDP比重增长0.13个百分点（见图4）。总的来看，医药卫生体制改革各项重点工作都取得了一定进展，但是有些方面工作特别是基本药物制度建设和公立医院改革试点，面临着比较突出的矛盾和压力，需要进一步加大改革力度。

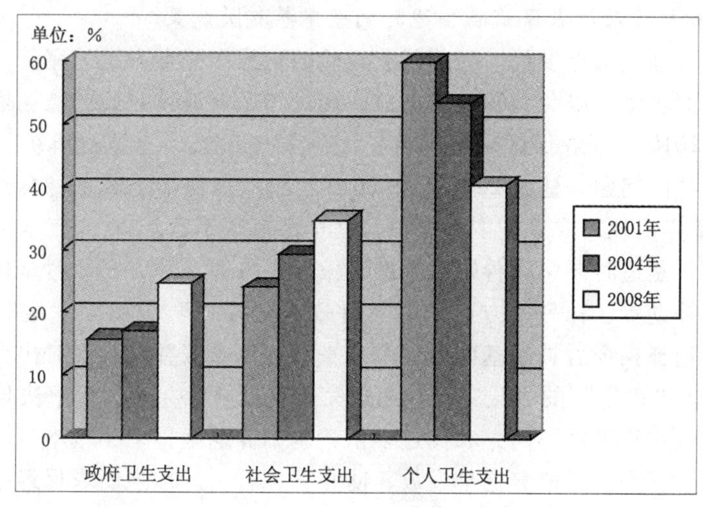

图4　卫生总费用结构

二、有关政策建议

下一阶段，我们要密切关注经济社会运行状况，针对就业、社会保障和医疗卫生事业发展中存在的情况和问题，进一步加快发展步伐，加大改革力度，着力做好保障和改善民生各项工作，促进社会和谐进步。

（一）进一步完善和落实积极的就业政策，健全就业保障体系

目前我国的就业扶持政策体系已经比较健全，下一步，一是要继续落实好已出台的一系列稳定和扩大就业政策措施，延续和充实政策内容，畅通政策落实渠道。统筹做好各类群体的就业工作。继续把高校毕业生就业工作放在首位，加强就业指导和服务管理工作。认真落实农民工进城务工和返乡创业的扶持政策，鼓励就地就近就业和返乡创业。重点针对零就业家庭、残疾人、低保对象、破产企业失业职工和就业困难的普通高校毕业生，积极开展就业援助。二是要切实规范就业资金管理，并有效消化就业资金结余，同时还要大力规范和整顿就业培训机构和培训市场，增强培训的实际效果。三是进一步健全失业保险与促进就业联动机制以及与其他制度的衔接机制。加强对失业人员的动态管理与就业服务，推动

失业保险经办机构、公共就业服务机构实行一体化运作，并加强与低保经办机构的信息共享和协调配合，实现失业保险和低保的待遇审核发放、失业人员管理服务与促进就业等政策的有效衔接。四是适当降低失业保险费率。从近些年的情况看，3%的失业保险费率是偏高的，造成了失业保险基金的大量结余。建议适当降低失业保险费率，这有利于减轻企业负担，也能够避免基金积累过多带来的风险。

（二）积极推动新农保试点，适时调整完善相关政策

一是加快推进试点步伐。随着试点经验的积累和试点方案的完善，应加快推动新农保扩面步伐，以免引发非试点地区居民和试点地区居民的长期攀比，造成社会矛盾。2010 年新农保试点范围将扩大到 23% 的县，重点是解决民族县、边境县和贫困县的问题。建议 2011 年和 2012 年继续加快推进试点，有条件的省份争取在 2012 年实现新农保制度的全覆盖，全国范围不迟于 2014 年基本建立起新农保制度。二是适时调整完善财政补助政策。一方面，地方财政对基础养老金也承担适当的补助责任；另一方面，中央财政对“入口”也给予一定补助。这一政策调整可选择在今后提高基础养老金水平和参保缴费补贴水平时出台，通过动“增量”不动“存量”的方式完成。通过完善补助政策，有利于解决地方政府推动农民参保缴费积极性不高，农民过多依赖基础养老金，老年基本生活保障力度不够的问题。三是要严格养老金发放，防止冒领行为。加强新农保经办机构与户籍管理、人口计生、民政殡葬管理等部门的沟通，建立信息共享机制。定期开展养老金领取资格认证工作，积极推广指纹认证系统及更先进的指膜识别系统，为加强养老金发放管理提供技术保障。加大社会监督力度，完善对冒领养老金行为的惩罚机制，并对检举揭发冒领养老金行为的给与适当奖励。四是进一步调动青壮年农村居民的参保积极性。加强政策宣传力度，做好答疑解惑工作，使青壮年农民更加充分地认识到及时参保的好处；认真做好对已参保农民的服务工作特别是符合条件老年居民的养老金发放和领取工作，切实做到缴费方便，领取快捷，产生良好示范效应；探索实行新农保缴费财政补贴向青壮年农民适当倾斜的政策，以进一步激励其参保积极性。

（三）推动事业单位养老保险改革和城镇居民养老保险制度建设，进一步完善城镇养老保障体系

一是积极稳妥推进事业单位养老保险改革。尽快出台和实施事业单位分类改革方案。进一步完善和细化事业单位职业年金制度，与事业单位养老保险改革同步实施。在新老制度转换的过程中，要切实做好事业单位“中人”养老保险政策和待遇的衔接，合理保障其在老制度下的养老金权益。加大试点政策宣传力度，打消事业单位职工一些不必要的误解和疑虑，为推进试点创造良好的舆论氛围。在总结五省市试点经验的基础上，尽快在全国范围进一步推开，避免引起地

区之间的攀比。二是建立城镇居民养老保险制度，抓紧解决城镇无稳定收入居民养老保障问题。城镇无稳定收入老年居民情况复杂，解决其养老保障问题不宜“一刀切”，应分门别类，制定不同的政策，并注意做好与相关养老保障制度和其他社会保障制度的衔接。建议 2010 年出台试点方案，2011 年开始选择部分城市开展试点。三是要继续完善企业职工基本养老保险基金省级统筹机制。在 2009 年实现基本养老保险省级统筹的基础上，推动养老保险基金在全省范围实现统收统支，推进养老保险经办机构的省级垂直管理，清晰合理地界定各级政府间事权，明确省级政府对基本养老保险管理和运行的主要责任。四是适时研究调整完善养老保险筹资机制，解决目前养老保险费率过高、企业负担过重问题。

（四）加快推进医药卫生体制改革，确保圆满完成各项任务目标

一是要按照医改方案特别是 3 年重点实施方案要求，加快推进各项工作，特别是要加大推进基本药物制度改革和公立医院改革的力度，按照综合改革、多头补偿的原则完善对基层医疗卫生机构的补偿机制，充分发挥医保基金的直接补偿功能。二是适时开展对医改的评估和对下一步医改具体方案的规划工作。从 2010 年下半年起，研究制定医药卫生体制改革评估方案，建立起一整套科学的评价体系，细化指标，从供方、需方、保方、管方等各角度对医改方案的落实情况和实施效果进行全面评价。同时，引入问责制，对落实不力、效果不明显的工作任务，要查找原因，追究责任，明确改进思路。在此基础上，研究制定《医药卫生体制改革近期重点实施方案（2012—2015 年）》，规划下一步需要完成的工作目标和具体任务。三是推动医疗保障相关制度和管理经办体制的统一化。具体包括医疗保险、合作医疗、医疗救助各项工作由一个部门统一管理，城镇居民基本医疗保险与新型农村合作医疗制度整合为统一的城乡居民基本医疗保险制度；基本统一机关事业单位职工和企业职工的工伤政策及管理体制；将生育保险纳入职工医疗保险制度，实现制度的统一和管理经办的统一。

（五）从加强基础管理和构建长效机制入手，促进社会救助、慈善和福利事业发展

一是进一步规范城乡低保基础管理工作。健全低保对象家庭档案，对低保对象家庭档案进行分类建档和信息化管理。建立低保管理部门与就业部门共享的信息平台，及时掌握低保对象的就业状况。加大收入核实力度，对申请人家庭正规就业收入、非正规就业收入及补偿性收入等进行全面核定。实行“以奖代补”政策，对低保管理工作规范的地区和成绩突出的社区低保工作人员进行奖励，调动有关方面做好低保工作的积极性及低保对象就业的积极性。二是完善促进慈善事业发展的政策体系。改革现行有关慈善机构必须有业务主管单位的规定，淡化慈善组织和慈善事业的行政色彩，推动民间组织逐步成为慈善事业的举办主体。逐步实施和推广对慈善组织的资格认证和等级评定制度，强化登记管理机关和税

务机关对慈善组织的监督管理。完善对慈善机构和慈善捐助的税收优惠政策和财政补助政策，进一步规范和简化慈善捐赠的免税程序。对符合条件的民间慈善组织给予必要的财政补贴，或实行重点项目民办公助的办法，推动民间慈善组织的发展壮大。三是加快养老服务业等社会福利事业发展。我国养老服务业的发展与社会需求相比还存在很大差距，应进一步加大政策支持力度，比如：改革投入方式，采取"公建民营"、"民办公助"、"购买服务"等多种方式，更多地将民间非营利机构纳入支持范围。对民办非营利养老服务机构，要完善和落实免征养老服务收入营业税、减免行政事业性收费等相关优惠政策。各金融机构应加大对养老服务机构贷款支持力度，对于规模较大、前景较好、市场急需的养老服务项目，财政部门可研究给予必要的贷款贴息。统筹优先安排养老服务机构设施建设用地。加快养老服务队伍的专业化建设步伐，提高养老服务从业人员的职业道德、业务技能和服务水平。

（2010 年）

不断发展中的澳大利亚社会保障服务与管理体系

能否优质、高效，并且低成本地提供社会保障服务是社会保障制度实施成功与否的重要标志。在不断改革和完善社会保障制度的同时，澳大利亚政府高度重视社会保障服务体系建设，历经多年努力，建立起了一套引以为豪，并得到各方肯定的社会保障服务体系。澳大利亚的经验和做法值得我国借鉴和吸收。

一、社会保障制度概况

澳大利亚社会保障制度的形成可以追溯到 19 世纪末。澳大利亚资本主义发展尚处于起步阶段时，西方资本主义国家在曲折发展过程中因社会两极分化而引起的一系列问题已经充分暴露，让澳大利亚政府认为不能重蹈覆辙。联邦总理迪金在 1906 年的一份报告中写到，美国的效率是以"人们的体质和生命的骇人牺牲作为代价换取的"，决不能使澳大利亚人"陷入这种可怜而绝望的境地"。同时，西方福利国家制度的建设、形成和发展，特别是英国现代福利制度的确立和趋于福利国家的社会转型，让澳大利亚政府认为可以通过移植这一制度和做法，用社会调节的方式对社会财富进行再分配，进而缩小差距，避免社会分化。经过

100 多年来的发展，特别是上世纪 60—80 年代的高速扩张，澳大利亚政府建立起了一套包括养老保障、医疗保障、失业保障、家庭津贴、伤残津贴、优待抚恤、住房补助、移民补助、救灾补助及社区服务等在内的较为齐全的社会保障制度体系。

与大多数西方发达国家以社会保险制度作为社会保障制度核心的做法不同，澳大利亚的社会保障制度是一种以社会救助制度为核心，辅之以全民医疗保健计划的独特系统。在澳大利亚，除医疗保障之外的各项社会保障待遇的申请人，都必须接受严格的家庭收入评估和资产评估，只有同时满足这两项评估的要求，才能全额享受待遇，如未满足，将扣减待遇水平，家庭收入和资产较高的申请人民甚至可能得不到所申请的社会保障待遇。以养老保障制度为例，能够全额或非全额享受政府提供的基本养老金的主要是中低收入退休人员，约占澳大利亚退休人员总数的 75%—80%，其余 20%—25% 的退休人员因不符合家庭收入评估和资产评估要求而难以获得政府提供的基本养老保障。澳大利亚政府在社会保障制度建立之初就引入了这一做法，它的最大好处是能够确保政府的社会保障支出用到最需要获得帮助的人身上，并适当控制政府的社会保障支出水平，缺点是操作较为复杂，需要大量的数据积累。

二、社会保障服务与管理体系

社会保障事业是一项复杂的系统工程，包括制度建设、运作管理、服务供给等多个方面的内容，仅仅建立起一套制度是远远不够的，还需要完善的服务和管理体系确保制度正常运转。澳大利亚的社会保障服务与管理体系在近十余年来得到了高速发展，这在很大程度上得益于新公共管理运动在澳大利亚的推进。所谓新公共管理运动是 20 世纪 70 年代末英国、美国、澳大利亚、新西兰、日本等西方国家以“政府再造”为主要内容的政府改革活动。尽管各国改革的起因、议程、战略、策略、范围、规模、力度等有所不同，但都具有一个相同或相似的基本取向，即在公共部门应用商业管理的理论、方法及技术，引入市场竞争机制，将传统行政管理那种刻板、僵化的等级官僚体制转变为一种灵活的、以市场为基础的“企业家政府”管理模式。新公共管理活动为西方国家摆脱财政、管理和社会等方面的危机与困境起到了积极作用。但随着政府改革向深层推进，新公共管理也暴露出不少缺陷，如部门之间缺乏协调与公共服务“碎片化”、责任问题与民主社会价值观缺失等。因此，自 20 世纪 90 年代中后期以来，包括澳大利亚在内的新公共管理改革先锋国家又进行了第二轮政府改革运动，改革的重点是从结构性分权、机构裁减和设立单一职能的机构转向“整体政府”（whole of government，WOG）。在建立“整体政府”过程中，澳大利亚政府实施了“整合领导”战略，建立各种加强政府部门合作的新机构，如新内阁/部委委员会、部际/内或局际合作机构、府际委员会、核心机构、联合小组、高层网络组织、特别工作小组、跨部门计划或项目等，在包括社会保障在内的公共服务与管理领域进行了一系列改革。

（一）设立提供社会保障服务的专门机构

1997年之前，按照谁制定政策谁提供服务的原则，社会保障服务职能散布于不同部门之中，机构重叠、资源浪费、效率不高等问题突出。为了整合机构和资源，提高工作效率，1997年澳大利亚政府在家庭、住房、社区服务和原住民事务部（FaHCSIA，以下简称“家社部”）下设立了中心工作署（Centrelink），负责养老保障、失业保障、家庭津贴、伤残津贴、社区服务等社会保障项目的受理、审查、发放等所有具体经办工作。2004年，澳大利亚政府对政府部门的运行机制进行了重大改革和调整，将政府各部门的政策执行与政策制定职能分离，全部集中到了新成立的民事服务部（DHS）。与之相适应，家社部下属的中心工作署以及教育、就业及劳工关系部（DEEWR），卫生和老龄事务部（DoHA）等多个部门下属的民事经办机构也移交到了该部门，在政府部门内部实现了彻底的政事分开。

目前，民事服务部下设中心工作署、医疗服务局、儿童事务局、残疾人康复中心、聋哑人康复中心等6个机构。其中，中心工作署和医疗服务局是主要的部门，分别经办各种民事服务和Medicare（全民医疗保障制度）。现在，澳大利亚政府内部有意见认为，中心工作署和医疗服务局的服务对象叠加，从精简机构、提高效能角度看，未来可能会进行合并。总的来看，澳大利亚在社会保障服务提供方面具有如下特点：

一是通过购买服务的形式，提供社会保障服务。中心工作署主要承接各部门委托的对居民的包括社会保障服务在内的各种公共服务，并以合同方式规定服务目标，从政府有关部门获得经办项目经费。目前，共有包括家社部、教育就业及劳工关系部等在内的30多个部门与中心工作署签订了购买服务合同。一般来说，购买服务合同对服务质量和其他一些支持措施有明确要求，如果政府部门对中心工作署提供的服务不满意，有权终止全同。另外，为保证边远地区公共服务的可及性，中心工作署也会将这些服务合同外包出去，委托当地的银行、邮局等机构来负责提供服务。

二是以顾客为导向，提供一站式的公共服务。在澳大利亚，政府部门将社会公众视为政府的“顾客”，认为公共组织应以“顾客满意”为宗旨，并且强调政府对顾客的有求必应，以顾客需要为导向，提供一套无缝隙的服务而不是碎片化的服务。在这一理念的驱动下，中心工作署定位于统一的综合性公共服务经办机构，为顾客提供一站式服务，其业务范围从成立之初的社会保障领域拓展到了就业、教育、移民等多个领域，提供多达119项公共服务，囊括了除卫生医疗之外的大部分公共服务。据统计，2008—2009财年，中心工作署为680多万人（几乎相当于澳大利亚总人口的1/3）提供了各类公共服务，审核确定了998万次公共服务申请，发放包括社会保障待遇在内的各种政府转移支付868亿澳元。另外，为应对国际金融危机对澳大利亚经济的冲击，澳大利亚政府出台了一系列刺激和扩大内需的，其中向居民发放170亿澳币的现金补助政策就是由中心工作署负责执行的。

三是注重运用现代信息和网络技术，打造扁平化公共组织。传统的公共组织体系是按行政区划设立的层级制结构。这种制度结构层次过多，不仅造成人力、物力、财力的浪费，还会影响整个行政管理的运转，从而降低了行政效率。信息和网络技术的快速发展为公共组织的扁平化奠定了良好的基础，通过信息和网络技术能够使各种信息无需通过传统介质与以等级制度为特征的组织机构存储和传送，大量的中间管理层次就可以裁减，金字塔型的组织结构就可以变“扁”变“瘦”，从而提高组织成员的积极性和信息的真实性，缩短决策执行时间，降低管理成本，提高工作效率。中心工作署采取联邦政府垂直管理的机制，并打破行政区域、依照居民聚居疏密程度设立分支机构。目前，中心工作署在全国设立了15个区域办公室，316个服务中心和574个代理机构，共有2.6万多名工作人员，其中IT部门有2000多人。区域办公室和服务中心、代理机构之间不是上下级的隶属关系，而是业务指导和支持关系，它们均作为一个服务结点通过网络接入中心工作署统一开发的服务管理平台—收入安全信息系统（Income security information system，ISIS）。在该系统下，区域办公室和服务中心、代理机构为顾客提供服务时输入的各种信息会实时储存进设立于布里斯班的中心工作署信息管理中心，同时可以查询全国范围内任何一位顾客的信息，确保及时为流动人员提供公共服务。

四是相对独立于政府部门。中心工作署是一个纯粹的政策执行部门，不参与政策研究和制定工作，同时各政府部门的职能和权限的调整、各项政策的制定，也不会影响到中心工作署的一站式服务。另外，通过中心工作署向联邦政府集中反馈各项社会保障政策的执行情况，可以更好地促进各项社会保障政策间的衔接。

（二）设立社会保障争议仲裁机构，解决社会保障服务纠纷

实际工作中，申请人的社会保障待遇资格是由中心工作署的工作人员根据相关制度和规定来确定的，存在一定的人为和主观因素，不可避免地会引起申请人的不满和争议。在此情况下，澳大利亚政府根据《社会保障法案（1999）》有关规定，引入了社会保障争议仲裁这一做法，成立了社会保障上诉法庭。社会保障上诉法庭在行政隶属关系上是家社部的下设机构，但它拥有相对独立的人事任免权，可以自行提名仲裁员，并基本能够得到家社部的认可，以避免行政部门对其工作的干预。社会保障上诉法庭虽然被称为“法庭”，实际上只是一个仲裁机构，它以“公平、公正、经济、非正式、快捷”为工作目标，为公众提供一个解决社会保障争议的有效渠道，同时也起到了对中心工作署工作进行行政监督的作用。

目前，社会保障法庭的受理范围主要是公众对民事服务部下设的中心工作署和儿童事务局有关经办工作的申诉（对医疗服务局的申诉有另外的专门机构处理）。其中，对中心工作署的申诉占到全部申诉的80%，主要集中在失业保障金、残疾人年金、家庭税收返还、基本养老金等领域。从2008年仲裁结果看，对中心工作署的申诉中，有50.7%的判例是支持中心工作署的决定，有26.4%的判例是要求中心工作署重新审核申请人的社会保障待遇申请。如果当事双方对社会保障上诉法庭仲裁结果不满的，可以向政府的行政复审仲裁机构提起复审，甚至向联邦法院提起诉讼，通过司法程序解决问题。

三、对我国的启示

借鉴澳大利亚在市场经济和信息社会环境下是如何提供社会保障服务，对我们建设与社会主义市场经济相适应的社会保障体系不无益处。

一是转变观念，增强服务意识。我国社会保障制度改革和建设过程中，一直存在重管理，轻服务供给的倾向，社会化管理和服务程度低，管理成分多于服务成分而且管理方式比较粗放。党中央、国务院提出建设服务型政府的实质就是要以人为本，执政为民，因此要进一步转变观念，增强服务意识，继续推进行政体制改革，尽快建成市场经济条件下灵活高效的政府管理体制。在社会保障领域，要根据建立独立于企事业单位之外的社会保障体系的要求，以现代信息网络技术为基础，进一步完善社会保障服务和管理体系，强化经办机构的社会化服务职能，重点做好政策咨询、核定发放资格和标准、预防和惩治欺诈等服务和管理工作，依法科学管理，提供周到服务。

二是整合机构，降低服务成本。我国社会保障事业管理职能分散在社会保障、民政、卫生等多个部门，各个部门在其职责范围内，根据分管业务，分别建立相应的服务机构或平台，提供社会保障服务，机构或平台设置重复，人员规模庞大，资源浪费较大。以社会保险为例，在相当一部分地区，基本养老保险、失业保险和基本医疗保险分别由不同的经办机构负责，并且在社会保险费的征收上也有税务征收和经办机构征收之分，不仅不同经办机构之间的操作尺度不一，而且还增加了服务成本，也给社保对象带来很多不便。建议首先在部门内部进行整合，建立统一的社会保障、民政、卫生等服务平台，待条件成熟时将不同部门的服务平台进一步进行整合，建立一站式的民事服务平台。同时，加强公共服务信息网络建设，争取在金财工程、金保工程、金税工程等政府信息平台之间实现互联互通，共享信息资源，并提高信息透明度。

三是引入竞争，提高服务效率。近年来，我国在政府转变职能方面开展了大量工作，但在社会保障等公共或准公共物品的提供方面仍然主要采取计划经济环境下垄断供给的做法，效率不高。可以考虑将部分公共服务的职能转交给社会和企业，让其他公共机构、中介组织、社会团体和企业参与到公共物品的供给和服务中来。从国际社会保障改革趋势看，很多国家已经或正在对社会保险实行官办民营的改革，以提高社会保险管理效率、降低管理成本，如美国奥巴马政府医疗保障改革计划中就提出由私营机构来具体经办基本医疗保险。我国的部分地区，商业保险公司承担了新型农村合作医疗的经办工作，并取得了较好的成效。因此，可以考虑引入市场力量参与社会保障经办工作。政府要明确自己的定位，即只充当“掌舵”而非“划桨”的角色，对于必须由政府承担的职能和负责提供的公共服务，也应当强调社会公众至上，以效率、服务、责任和社会公众的满意程度为公共行政绩效的评价指标，以较低的成本来提供最有效的服务。

四是加强管理，完善监督机制。经过多年努力和实践，我国在社会保障资金管理方面已经建立起了包括审计监督、财政监督检查在内的较为完善的监管体制，有力地确保了社会保障资金安全与完整。但在社会保障服务管理方面仍然欠缺有力的监督机制，目前对经办机构服务的监督主要通过社会保障部门内部的行政管理来实现，社会保障对象与经办机构之间在社会保障服务方面的纠纷只能向社会保障行政部门反映，不利于对经办机构服务的监督和服务质量的提高。可以考虑借鉴澳大利亚经验，建立第三方监督机构或将社会保障经办机构与社会保障行政部门实行脱离，加强对社会保障服务的监督与管理。

（2010 年）

（二）资　金　篇

建立和完善我国社会保障预算制度研究

完善的社会保障制度是社会主义市场经济体制的重要支柱，建立相对独立、规范的社会保障预算体系是国家财政向公共财政转变的重要内容之一。相对近年来我国社会保障制度改革的进程，社会保障预算制度建设仍比较滞后，尚处在局部探索阶段。为进一步加强社会保障资金管理，应本着积极稳妥、循序渐进的原则，在总结部分地区试编社会保障预算实践经验的基础上，理清社会保障预算的体系框架和总体发展思路，明确当前的工作重点，努力推动社会保障预算制度的建立和完善。

一、社会保障预算概述

（一）社会保障预算的概念

社会保障预算是国家预算的重要组成部分，是反映各项社会保障资金，包括政府一般性税收安排的资金和养老、失业、医疗、工伤和生育等各项社会保险基金收支活动的计划，是国家财政全面反映、管理、监督各项社会保障资金收支活动的重要手段，是建立健全社会保障体系的重要保证。

（二）建立社会保障预算的意义

近年来，我国社会保障事业飞速发展，社会保障资金规模不断壮大。建立单独的社会保障预算，将社会保障资金的收缴和使用情况全面纳入国家预算管理，既有利于直接强化对社会保障资金的法制管理和监督，也有利于建立社会保障资金使用的调控和约束机制，规范社会保障资金收支及各项基金结余投资营运活动，增强财政的调控能力，提高资金的使用效率，促进社会保障事业的发展。

同时，由于社会保障支出受人口年龄结构、城市化进程、经济发展水平等多方面因素影响，与公共财政一般的经常性支出呈现出不同的发展规律，建立单独的社会保障预算，可以适应社会保障事业发展规律，在对社会保障制度中长期收支状况进行分析预测的基础上，通过及时调整和完善有关制度、建立储备基金等方式，推动建立社会保险基金自求平衡机制，应对人口老龄化的挑战，避免社会保障基金的短期收支盈余对政府一般公共预算管理产生不合理的扩张效应。

此外，建立社会保障预算也是政府职能转变的客观需要，有利于强化政府以社会管理者身份促进收入公平分配的职能，有利于规范社会保障资金管理体制，强化财政部门对社会保障资金的管理职能，有利于增强社会保障资金运用的透明度，提高决策的科学性和民主性，促进和谐社会建设。

二、国外社会保障预算的几种模式及比较

建立社会保障预算制度是当今世界大多数国家的主导选择。目前西方国家社会保障预算的编制大致有三种模式。

（一）基金预算模式

美国的社会保障预算自 1937 年建立起，经历了独立预算、纳入统一的联邦预算和从联邦预算单独划出三个阶段。目前，在美国社会保障资金中，一般性税收收入安排的支出直接纳入政府经常性预算中管理，社会保障税专项用于社会保险的支出在经常性预算之外实行独立的预算管理。日本的社会保障预算以特别会计预算为主体，社会保险基金收支主要在特别会计预算中反映，政府应承担的社会保险缴费、对基金的补助以及社会救济等支出则在一般会计预算中反映。

该模式的优点在于社会保障预算独立于经常性收支预算之外，透明度高，具有相对独立性，有利于经常性预算和社会保障基金预算的稳定运行，避免相互挤占资金。缺点是多套预算并存，编制、执行相对复杂，而且虚增了预算的收支。

（二）政府公共预算模式

在英国、瑞典等福利国家，并无独立的社会保障预算，社会保障资金全部纳入政府公共预算管理。如英国，各项社会保障收支在预算中单独反映，在支出方面，除了一般性税收收入安排的各种福利津贴及其管理费和医疗保健支出外，以缴费为基数的各项福利津贴及其管理费均纳入政府公共预算管理，社会保障机构的管理费既有来自国民保险费收入的，也有来自一般性税收收入的。

该模式的优点是，可以切实保障每一位公民（或居民）的基本生活，政府能通过一本预算直接参与和控制社会保障资金的具体管理。缺点是，在社会保险基金有盈余时，经常性支出可能挤占社会保险基金，而在社会保险基金存在缺口时，可能影响经常性支出的需要。

（三）完全脱离政府的社会保障预算模式

以新加坡、智利为代表，社会保险基金预算不仅从政府一般公共预算中脱离出来，而且完全脱离了政府的预算管理。严格来讲，这已不是真正意义上的社会保障预算，政府只负责宏观监管。

三、我国社会保障预算的现状和需要研究解决的问题

（一）简要回顾

随着社会主义市场经济体制改革的逐步深入，我国政府预算制度也进行了相应的改革，提出要建立起包括公共支出预算、国有资产经营预算和社会保障预算在内的复式预算。1996 年，财政部社会保障司《关于建立社会保障预算的初步设想》提出，建立社会保障预算的近期目标是先将社会保险基金等纳入社会保障预算，并将公共预算内有关社会保障的支出单独设类反映，编制社会保障预算可采用“板块式”和“一揽子”两种方案。自此，建立社会保障预算的工作正式提到财政社会保障工作的议事日程。此后，一些地区先后开展了试编社会保障预算工作，在完善社会保障基金预算管理机制方面进行了积极有益的探索，积累了较为丰富的经验。截至 2005 年，全国已有安徽、辽宁、湖北、河北、浙江、江苏、福建、广东、山西等近 10 个省份开展了此项工作。

（二）各地试编社会保障预算的模式及特点

根据各地编制社会保障预算范围和内容的不同，社会保障预算编制主要可归纳为以下三类：

一是以湖北省枝江市为主要代表的一揽子社会保障预算模式。即将社会保障预算与政府公共预算并列看待，其内容由社会保障基金预算、政府公共预算中的社会保障经费预算、社会筹集资金以及社会保障事业单位创收收入安排的社会保障经费支出预算四部分构成。这一模式有利于全面掌握社会保障资金的收支状况，明确体现政府支持，加强对资金收支余的全过程管理。但也存在编制方法复杂，收支存在重复等问题。

二是以河北省为主要代表的板块式社会保障预算模式。即社会保障预算包括社会保险基金收支预算和下岗、再就业、低保等社会保障专项资金收支预算以及政府公共预算中安排的社会保障资金收支预算。该模式实用性、可操作性较强，收支内容和科目较清晰、对应关系强，但不能反映社会保障资金收支的全貌。

三是以广东、福建等省为代表的社会保险基金预算模式。内容仅限于五项社会保险基金收支。其中福建在省级统筹和地税征收的基础上，于2001年就开始建立了较规范的社会保险基金预算管理制度，广东省人大2005年听取并审议了社会保险基金决算和预算执行情况，2006年起在全省建立社会保险基金预算制度。该模式的最大优点是在保证社会保障预算独立性的同时，全面反映社会保险基金收支状况。但是，由于编制内容覆盖面较窄，不能全面反映社会保障的总体情况。

（三）编制社会保障预算面临的主要问题

由于社会保障预算的编制和实施尚处于试点阶段，政府公共预算也在不断改革，社会保障预算的编制在制度和技术上还存在一些有待研究解决的问题：

一是目前国家对编制社会保障预算只有原则要求，独立的社会保障预算的编制和执行缺乏具体的制度基础，社会保障预算的统筹范围、收支科目、编报程序等缺乏统一性和确定性，社会保障预算的法律约束力和可操作性较差。

二是政府预算编制改革在不断地进行中，2007年新的政府收支分类科目将涵盖财政预算内外、社会保险基金等所有政府收支，社会保障经费预算基本可通过新科目中的几个类级科目完整反映，编制独立的社会保障预算是否有必要和可能，需要进一步研究。

三是社会保障预算管理及操作中的一些技术性问题有待研究解决。例如，如何处理社会保障预算与政府公共预算、国有资产经营预算等其他预算的关系，如何做好社会保障预算编制与执行的衔接，如何解决社会保障预算中收支重叠交叉的问题，基金结余在预算表上如何反映，如何防范和化解社会保险基金收不抵支的风险等等。

四、进一步建立和完善我国社会保障预算的总体思路

建立和完善我国社会保障预算是一项复杂的系统工程，应在认真总结各地试点做法和借鉴国外成功经验的基础上，进一步明确建立和完善我国社会保障预算的总体思路和原则，逐步理顺各方面关系，积极探索和建立符合我国国情的社会保障预算制度。

（一）编制社会保障预算的指导思想和基本原则

编制社会保障预算的指导思想是全面反映社会保障资金收支情况，强化社会保障资金的预算约束和财务管理机制，依法管理社会保障资金，提高资金使用效益，促进社会保障基金保值增值，推动社会保障制度改革，更好地为建立健全社会主义市场经济体制，构建社会主义和谐社会服务。

编制社会保障预算应遵循以下原则：一是全面性原则，即社会保障预算必须反映所有与社会保障事务有关的收支；二是政策性原则，即社会保障预算要贯彻国家社会保障和收入分配政策；三是分级负担原则，即明确各级政府的社会保障

事权，确保各级政府安排和筹集的社会保障资金足额到位；四是专款专用原则，即社会保障资金只能专项用于社会保障，不得挪作他用；五是适度结余原则，即年底社会保障预算收支应收支平衡或略有结余，以免给经常性预算造成压力。

（二）确立社会保障预算的地位及与其他预算的关系

在性质上，社会保障预算既不是政府公共预算，也不是国有资产经营预算，更不是财政综合预算和部门预算，而是相对独立，并与政府公共预算、国有资产经营预算相并行的预算，是国家预算的重要组成部分，在政府预算体系中占有重要地位。

1. 社会保障预算与政府公共预算的关系。从资金来源的角度来看，我国社会保障由两部分构成，一是国家一般性税收收入安排的社会保障资金，二是直接参与国民收入分配和再分配形成的各项社会保险基金。前者是国家预算的组成部分，后者可以看作是国家一般性税收收入的让渡。通过社会保障预算筹集资金不能用于平衡政府公共预算。从支出的角度来看，社会保障预算即是将现行经常性预算中的社会保障支出“显化”、“单列”出来，单独进行预算管理，而社会保障行政机构和经办机构的管理费、业务费、专项经费支出，则应在经常性预算支出中单列。

2. 社会保障预算与国有资产经营预算的关系。为了保证社会保险基金的保值、增值，国家规定社会保险基金结余可用于购买国债，因此，这部分社会保险基金结余将成为国有资产经营预算的国债收入主要来源。国债还本付息是国有资产经营预算的主要支出项目，同时，也将成为社会保障预算的主要收入项目之一。

3. 社会保障预算与综合预算、部门预算的关系。社会保障预算具有相对独立性，社会保障预算中的各项社会保险基金不是一般的预算外资金，不能纳入综合财政预算和部门预算，由政府调剂使用。同时，目前综合预算中的社会保障部门向社会筹集的社会保障基金，是作为预算外资金专户储存的，今后应纳入社会保障预算。因此，社会保障预算与综合预算、部门预算既相对独立又存在交叉重复。在政府公共预算、国有资产经营预算、社会保障预算三大新的复式预算制度建立起来后，综合预算和部门预算应归并到三大预算中去。

（三）编制社会保障预算的总体目标和具体模式

社会保障预算的总体目标模式是以社会保障税为主要收入来源，全面反映各项社会保障资金，收支管理及社会保障基金投资运营活动规范化、各项政策措施完整配套的具有中国特色的社会保障预算体系。鉴于目标模式一步到位比较困难，我们考虑，当前社会保障预算有三种模式可供选择。在具体实施时，应本着突出重点、分步实施的原则，按一、二、三的顺序来安排，分步到位，有条件的也可以一步到位。

1. 模式一：社会保障基金预算模式。各项社会保险基金以及专项社会保障基金全部纳入社会保障预算。其中，社会保险基金主要包括企业基本养老保险基金、机关事业单位养老保险基金、失业保险基金、基本医疗保险基金、工伤保险基金、生育保险基金、农村养老保险基金、新型农村合作医疗保险基金、其他社会保险基金等九大类；专项社会保障基金主要包括残疾人就业保障基金、社会福利基金、住房公积金和其他基金等四大类。考虑到专项社会保障基金与社会保险基金的管理体制不尽相同，涉及不同的业务部门，近期目标应先着眼于将社会保险基金纳入预算管理，制定和完善社会保险基金预算管理办法。

该模式的优点是，可在保证社会保障基金预算独立性的同时，全面反映社会保险基金收支规模和运行状况，对加强基金的收支管理具有现实意义。缺点是编制内容覆盖面窄，不能全面反映社会保障的整体状况及各级政府支持社会保障的全貌。

2. 模式二："社会保障基金预算+政府公共预算"模式，即社会保障基金预算、政府公共预算分别编制。社会保障基金预算与模式一的内容相同。一般性税收收入安排的社会保障支出在政府公共预算中以"社会保障支出类"科目单独反映，包括医疗卫生、住房保障支出，以及非缴费型社会保障和就业项目，如就业补助、优抚安置、自然灾害生活救助、行政事业单位离退休等。

该模式的优点：一是有利于财政部门加强资金管理；二是有利于明确体现政府对社会保障事业的支持程度；三是编制方法比较简单，容易过渡。但也存在一些缺点：一是基金预算不能全面反映社会保障资金规模和保障水平；二是基金预算与公共预算缺乏有机的联系；三是涉及到部门利益调整，实施难度较大。

3. 模式三："一揽子"社会保障预算模式，即社会保障基金预算+政府公共预算中安排的社会保障支出+社会筹集资金。也就是说，在模式二的基础上，将社会保障基金预算与政府公共预算统筹编制，并将社会筹集的社会保障资金，包括社会保障的募捐、赞助等方面的资金，也纳入预算编制范围。

相对于模式一、二而言，"一揽子"模式既能全面反映社会保障资金收支情况和资金规模，体现国家社会保障整体水平和政府支持力度，又吸收了政府公共预算管理办法和社会保障基金预算管理办法的优点，可以对社会保障的资金需求做出全面、统一的安排，符合我国建立社会主义市场经济体制和完善社会保障制度的客观需要。

五、近期推进社会保障预算的工作重点

建立科学、规范、完整的社会保障预算制度，还需要一个长期、细致的过程。近期应主要从以下几方面着手开展工作，为建立和完善我国社会保障预算制度打好基础：

一是在总结各地试编社会保障预算经验的基础上，研究制定《建立和完善社会保障预算制度的指导意见》，按照我国预算管理改革的要求，明确编制社会

保障预算的指导思想、基本原则、总体目标和模式。

二是在《社会保险基金财务制度》有关基金预算规定的基础上，研究下发《社会保险基金预算管理办法》，进一步细化和统一各项社会保险基金预算编制、执行和审批的原则、范围、方法和程序等，在全国建立统一社会保险基金预算制度，统一编制社会保险基金预算。

三是强化社会保险费征收的管理，对目前社会保险费税务征收和经办机构征收两种方式进行评估，统一由地方税务机关征收后，直接进入国库，再划转到社会保障基金财政专户。在此基础上，研究开征社会保障税的途径。

四是各项保险金支出实行社会保障财政专户集中支付，由经办机构根据人数和标准拟定发放计划，经主管部门和财政部门审核后从财政专户直接拨付到各发放银行。

（2005 年）

社会保障资金统计指标体系研究

经过 20 多年来的努力，我国已经初步建立了适应社会主义市场经济要求的，独立于企事业单位之外、资金来源多元化、保障制度规范化、管理服务社会化的社会保障体系基本框架，但与之对应的社会保障资金统计指标体系建设却相对滞后。我们通过分析借鉴国外的成功经验，结合当前我国社会保障资金统计指标体系的现状，初步提出了建立和完善我国社会保障资金统计指标体系的思路和政策建议。

一、社会保障资金统计指标体系概述

社会保障资金统计指标体系是为全面反映、监测和评价各项社会保障资金的运行状况及未来发展趋势，由一系列相互联系又相对独立的社会保障资金收入和支出方面的总量、结构、分类、比率等指标及必要的辅助指标组成的结构化指标体系。它侧重从资金收支的角度来反映社会保障制度的运行情况。整个指标体系包括基本指标、指标解释、统计范围、计算方法等四个模块。

在实际业务管理中，社会保障资金统计指标体系的作用，一是作为评价社会保障发展水平的基本尺度，便于动态把握和衡量社会保障发展水平，并进行相关的国际比较。二是为改进和完善社会保障决策和管理提供重要依据。三是作为社会保障事业管理的有效手段，对各项社会保障政策的落实情况进行监督、检查。同时还为深化社会保障理论研究提供有力支持。

二、国外社会保障资金统计指标体系

世界各国都十分重视社会保障资金统计工作，通过建立和完善与本国国情相适应的社会保障资金统计指标体系，为政府管理和决策提供科学合理的数据支撑。国际上较为典型的社会保障资金统计指标体系是欧盟和国际货币基金组织的社会保障资金统计指标体系。

（一）欧盟社会保障资金统计指标体系

为适应欧洲一体化进程及欧盟各国社会保障统计改革的需要，欧盟1996年正式启用欧盟社会保障综合统计体系，并建立了相应的资金统计指标体系，目前已在欧盟内部得到了广泛运用。

欧盟社会保障资金统计指标体系将社会保障收入划分为社会保障缴费、政府补助、来自其他社会保障计划的补贴、其他收入四类。其中，社会保障缴费是最主要的收入来源，反映参保人为获得领取社会保障金的权利而由参保人及其雇主缴纳的款项，其中又细分为雇主缴费、雇员缴费和转移缴费①等三项内容。

社会保障支出划分为社会保障金、管理成本、对其他社会保障计划的转移支付、其他支出四类。社会保障金是其中最主要的支出，按功能细分为疾病和保健、残疾、养老、遗属、家庭和儿童、失业、住房及对其他社会边缘人群的支出等八项，涵盖了几乎所有具有社会保障性质的支出。为保证指标体系的完整性和规范性，慈善募捐、圣诞捐款、特别人道主义援助、自然灾害紧急救济等偶然性、临时性支出不纳入社会保障支出统计范围。

（二）国际货币基金组织社会保障资金统计指标体系

国际货币基金组织将社会保障收支作为政府财政收支的一部分进行统计，并将社会保障计划划分为社会救助计划、社会保险计划和雇主社会保险计划等三类。

社会保障收入由社会缴费和政府补助两部分组成，其中，社会缴费包括社会保障缴费和其他社会保障缴费两项。前者是政府组织实施的缴费型社会保险计划的缴费收入，后者是政府作为雇主为其雇员举办的社会保险计划缴纳的费用。

在社会保障支出划分上，有功能和支出类型两种划分方法。按功能划分为疾

---

① 转移缴费是为维护和增加某项社会保障计划参保者的权利，由该项社会保障计划向其他社会保障计划支付的款项。实践中存在两种情形：一是社会保障计划为其参保人向其他社会保障计划缴费，如失业保险计划因其参保人参加疾病保险计划需向疾病保险计划缴费；二是参保人从一个计划转入另一个计划时发生的资金转移。

病和残疾、养老、遗属、家庭和儿童、失业、住房、社会边缘群体、社会保障研究支出和其他等九类；按经济类型划分为社会救助金、社会保险金和雇主社会保险金等三类。

与欧盟社会保障资金统计指标体系相比，国际货币基金组织将管理成本分解到各项具体支出中，并把疾病和残疾支出合并作为一个指标加以统计，还单独设立了社会保障研究支出。另外，卫生保健支出未列入社会保障支出中反映，而是在与社会保障支出并列的健康支出项目中反映。

（三）国际社会保障资金统计指标体系的特点

从欧盟和国际货币基金组织社会保障资金统计指标体系看，国外社会保障资金统计指标体系具有如下特点：

一是收支分类明确，全面反映社会保障资金收支全貌。根据对应的风险划分社会保障项目，再明确各个项目的资金支出，充分反映了社会保障资金的具体用途，既有利于加强资金管理，也有利于提高资金使用效率。

二是统计指标体系设置完整，各项社会保障收支都有具体统计指标与之对应，基本涵盖了涉及社会保障性质的所有资金的收支情况。

三是口径规范，在指标分类方法上注意与国民经济核算体系衔接，既有利于社会保障形势分析与决策，也有利于国际比较与交流。

三、我国社会保障资金统计指标体系现状

我国社会保障资金统计指标体系是伴随着社会保障制度的改革和发展逐步建立起来的，在为社会保障制度改革提供决策依据、评价社会保障事业发展水平、社会保障资金监管等方面发挥了积极的作用。但因起步较晚，还存在着很多缺陷和不足，有待改进和完善。

（一）主要内容

我国社会保障资金收支主要由政府预算中反映的资金收支、社会保险基金收支、全国社会保障基金收支三部分组成。

1. 纳入政府预算的社会保障资金收支。根据财政部《2005 年政府预算收支科目》，社会保障收支主要分散在一般预算收支科目和基金预算收支科目中。

收入方面，除可用于社会保障支出的一般性财政收入外，还包括基金预算收入科目中的社会保险基金收入、政府住房基金收入和其他部门基金收入等。其中，政府住房基金收入反映住房公积金管理机构上交财政的管理费用以及指定用于住房基金支出的国有商业银行上缴的政策性金融业务利润和预算外资金划转等专项收入，其他部门基金收入主要是残疾人就业保障金收入和帮困资金收入。

支出方面，有多个预算科目涉及社会保障。一是一般预算支出中包括林业支出类中的基本养老保险、政策性社会性支出、下岗职工基本生活保障、下岗职工

一次性安置费，医疗卫生支出类中的农民医疗、行政事业单位医疗支出，抚恤和社会福利救济类中的抚恤、安置、城市居民最低生活保障、农村及其他社会救济、自然灾害生活救助支出等，行政事业单位离退休支出类，社会保障补助支出类，以及在各项事业费中反映的尚未实行归口管理的离退休经费等。二是基金预算支出中，包括社会保险基金支出，政府住房基金支出中的廉租住房支出、住房补贴、住房公积金管理机构经费，其他部门基金支出中的残疾人就业保障金支出和帮困资金支出。

2. 社会保险基金收支。目前政府预算收支科目只反映由税务机关征收并通过国库归集的社会保险基金收入和与之对应的支出。由税务征收但不通过国库归集的社会保险费和社会保险经办机构征收的社会保险费及与之对应的支出纳入单独的社会保障基金财政专户，实行收支两条线管理。社会保险基金的收支全貌目前仍在政府预算之外反映。

3. 全国社会保障基金收支。全国社会保障基金是为应对人口老龄化而建立的社会保障储备基金，资金来源既有在政府预算收支科目中反映的预算内资金，还有彩票公益金等预算外资金，因此该基金收支尚未完全纳入政府预算收支管理。

另外，按照国际惯例，住房公积金的收支也应纳入社会保障资金统计范围。但我国目前尚未将住房公积金纳入预算收支体系，而由主管部门自行管理。

（二）*存在的问题*

第一，我国正处于社会经济转型期，各项社会保障制度还不成熟，一些社会保障支出带有明显的临时性和应急性，社会保障收支范围难以明确界定。

第二，我国社会保障事业管理格局分散，各个业务主管部门的社会保障资金统计指标项目、口径和解释不统一，统计方法和制度不规范，尚未形成一个统一的、各方协调的资金统计体系。

第三，我国社会保障项目分类与国际通行的按风险类别划分的方法不同，统计口径也不一致，不利于国际间的比较和对外发布数据。

第四，在社会保障项目认定上与国际惯例不一致，一些具有社会保障性质的项目，如住房保障等未纳入社会保障统计体系中。

第五，受管理和统计水平的限制，近年来各级政府对下岗失业人员再就业、城市低保对象等提供的税费减免、实物津贴等尚未纳入到社会保障支出统计范畴内。

四、建立与完善我国社会保障资金统计指标体系的基本思路

借鉴欧盟及国际货币基金组织社会保障资金统计分类方法，结合我国预算管理和社会保障工作的实际情况，本着指标体系统一、指标内容简明、指标设计科学、指标使用便利的原则，建立与完善我国社会保障资金统计指标体系的总体思

路是，在相当长的时期内维持现行的社会保障项目分类，并据此设计资金统计指标，在社会保障制度稳定、成熟和社会保障预算制度进一步完善之后，再逐步过渡到按风险类别划分社会保障项目，并调整相应的资金统计指标。

（一）完善我国社会保障资金统计指标体系的长期目标

1. 我国社会保障资金统计指标体系的内容和涵义。社会保障资金收入方面，按资金来源划分为社会保险缴费、政府拨款、住房公积金缴费、资产收入和其他收入五项。

社会保险缴费反映各项社会保险基金的缴费收入，即由企业（单位）或其职工缴纳的各项社会保险费，分别按具体险种进行统计。

政府拨款反映政府对各项社会保障计划的支持情况，分别按专项收入和财政补贴进行统计。专项收入反映依照国家法律法规设立的、专门用于筹集非缴费型社会保障计划资金的收入，如下岗职工基本生活保障基金中的企业自筹部分、政府住房基金、残疾人就业保障金和帮困资金等。财政补贴反映政府向各项社会保障计划的拨款、就业补助等政策性补贴。

住房公积金缴费反映按国家有关规定归集的职工住房公积金收入。

资产收入反映各项社会保险基金资产运用收益，包括银行利息、债券收益等。

其他收入反映除上述收入以外各项社会保障计划收到的其他收入，如捐赠等。由于全国社会保障基金是用以调节我国社会保障收支缺口的储备金，故全国社会保障基金收入在此科目中反映。

社会保障资金支出方面，按功能划分为四类：一是由社会保险基金形成的保险类支出。二是由政府财政专项拨款形成的保障类支出。三是住房公积金支出。四是其他支出。其中，社会保险基金支出反映与社会保险缴费相对应的各项社会保险基金支出；政府财政专项拨款形成的各项支出，包括社会救济、优抚安置、社会福利、医疗卫生、就业、行政事业单位离退休经费、住房等支出。

社会保障资金支出也包含管理支出，反映政府在社会保障事务管理及社会保障研究方面的费用支出。为了与我国政府预算收支分类改革方向和国际货币基金组织的统计口径一致，此项支出不单独反映，直接按其功能分类归集到上述相应的支出项目中去。

在实际应用中，可以将社会保障资金收支划分为两个口径：一是包含社会保险基金收支的大口径社会保障资金收支情况，反映整个社会保障资金的收支全貌，体现国家的整体社会保障水平，基本上与国际通用的社会保障资金收支统计口径一致，便于进行国际比较；二是不含社会保险基金收支的小口径社会保障资金收支情况，反映各级财政通过一般性预算收入安排的社会保障资金收支情况和财政社会保障负担水平，体现政府在社会保障方面的意愿和政策。

2. 社会保障水平评价指标。为了反映社会保障收入和支出与其他经济社会发展指标之间的关系，还需要在上述绝对指标的基础上增设以下相对指标，以便全面反映和评价社会保障资金收入和支出水平。

（1）社会保障支出占 GDP 的比重，反映社会保障支出占 GDP 的比例，是体现政府社会分配政策执行情况的一个重要指标。

（2）社会保障支出占财政支出的比重，反映社会保障支出占财政支出的比例，是体现政府落实社会保障政策、支持社会保障事业发展的一个重要指标。

（3）人均社会保障支出占人均生活费收入的比重，反映居民生活与社会保障事业的依存关系。

（4）救助水平达标率，反映国家或某一地区社会救助工作的力度及困难阶层获得救助的程度。救助水平达标率等于获救助者人均救助额除以贫困线标准，贫困线标准按所在地标准计算，获救助者人均救助额是期内社会救助总支出（主要是社会救济支出）与期内各种社会救助实际获救人数之比。

（5）社会保障覆盖率，反映各项社会保险事业发展的广度。对于缴费型社会保障计划来说，社会保障覆盖率等于各项计划实际参保人数除以按计划应参保人数。对于非缴费型社会保障计划来说，只要制度建立，那么制度所规定的所有人口就已被覆盖。

为便于国际间或国内不同地区之间的横向比较或不同时期的动态考察时判断社会保障事业整体状况的好坏或水平的高低，将上述五个指标合成一个综合评价指标，即社会保障水平综合指数 SBI：

$$SBI_j = \frac{\sum I_{ji} W_i}{\sum W_i}$$

公式中，SBI_j 代表 j 地区的社会保障水平综合指数；I_{ji} 代表 j 地区第 i 项指标的数值；W_i 反映第 i 项指标的权数，可通过对历年数据的分析确定，$\sum W_i = 100$。

由于 5 项指标在数值上差异较大，不宜直接用来计算社会保障水平综合指数，需要运用改进的功效系数法对单项指数进行调整，调整公式是：

$$I_{ji} = \frac{m_{ji} - m_{si}}{m_{hi} - m_{si}} \times 40 + 60$$

公式中，I_{ji} 为 j 地区 i 指标的单项指数；m_{ji} 为 j 地区 i 指标的实际值；m_{si} 为参评地区中 i 指标的最差值；m_{hi} 为参评地区中 i 指标的最佳值。

用上述方法调整单项指数的优点是：首先，I_{ji} 的基数是参评地区某项指标的全距（极差），无论是绝对指标、相对指标还是平均指标都可计算，灵活性较强；其次，m_{hi} 与 m_{si} 随着时间的推移而变化，是动态的而不是静止的标准，使指数能反映现实情况；第三，按上述公式计算，I_{ji} 的取值范围为 60—100 分，分数多少表示水平高低，易于判断和比较。

通过计算得到的上述社会保障水平综合指数后，即可对某一年度内不同地区社会保障事业整体情况进行比较和分析。另外，运用这一方法还可对国际间、同一地区不同年度间的社会保障整体水平进行比较分析。

（二）当前开展社会保障资金统计工作的政策建议

由于我国社会保障制度尚在不断变革之中，且缺乏统一的社会保障统计制度，统计分类方法与国际惯例不一致，管理和统计水平也较为有限，按照上述思路建立科学、规范、完整的社会保障资金统计指标体系存在着一定的困难，还需要一个较长的过程，鉴于此，建议采取总体构思、分步实施的办法。

为全面、及时地了解社会保障资金收支及变动情况，在现有条件下，可先行统计社会保障支出及其占 GDP 的比重、社会保障支出占财政支出的比重、社会保障覆盖率等指标，并定期对外公布（我们以 2003 年各项社会保障支出为依据进行了统计。具体做法：

一是遵循既与国际惯例接轨又方便统计的原则，先对政府收支科目或其他方面能够直接获取的社会保障资金收支进行统计。具体来说，可先对五项社会保险基金收支、医疗卫生支出类中的农民医疗和行政事业单位医疗、优抚安置和社会福利救济支出、行政事业单位离退休支出、社会保障补助支出、政府住房基金收支等十二类项目进行规范性统计。对在各项行政、事业费科目中反映的社会保障支出（如未归口管理的部分事业单位离退休经费）、尚不成熟的社会保险项目收支（如新型农村合作医疗基金、机关事业单位养老保险、农村养老保险等）、住房公积金以及针对下岗失业人员再就业和城市低保对象的各种税费减免和实物补贴等，由于难以及时获得相关数据，暂不统计在内。

二是为满足分析和决策的需要，可考虑按包含社会保险基金收支和不包含社会保险基金收支的两种口径分别统计社会保障资金收支情况。

三是尽快规范政府收支科目。对分散在多个政府预算支出科目中的社会保障支出按照支出性质加以汇总统计，如将目前在预算支出中分别反映的抚恤和社会福利救济、行政事业单位离退休支出、社会保障补助支出归并到社会保障和就业支出中统一反映，使预算支出科目与社会保障资金支出统计指标基本保持一致。难以统一反映的社会保障支出（如从行政事业费中列支的医疗保险、失业保险费等）在相关科目中单独反映，以方便提取统计数据。对于目前仍未纳入政府预算管理的社会保障收支项目，要积极创造条件逐步将其纳入政府预算统一管理，暂时无法纳入的要纳入社会保障基金财政专户统一监管，以便能够及时获得相关资金的收支情况。

四是运用上述统计指标对国内不同地区的社会保障发展水平进行跟踪分析，做出评价，并选择有代表性的国家进行国际间的比较，寻找差距，同时定期对外公布有关指标和评价情况。

五是开展社会保障资金统计方法研究，探讨报表统计与抽样统计相结合的统计手段，增强资金统计的灵活性和适应性。

同时，为实现建立起科学、规范、完整的社会保障资金统计指标体系的长期目标，在做好当前的社会保障资金统计工作的同时，从以下几个方面积极创造条件：一是研究建立社会保障资金预算制度，完善社会保障收支分类办法，使社会保障资金统计与预算收支相对应，如实反映社会保障资金收支全貌。二是加强与相关部门的协调与沟通，建立起以财政部门为主、多个部门协调配合的社会保障资金统计工作机制。将目前各部门业务统计中的资金统计内容整合成一套社会保障资金统计指标体系，统一指标名称、指标解释、指标范围和计算方法。三是根据社会保障事业发展，逐步与国际接轨，按风险类别调整社会保障项目。四是加强各级财政部门，尤其是基层财政部门统计队伍建设，提高统计水平，加快信息系统建设，建立规范的统计数据库，提高数据资源的共享程度和使用效率。

（2005 年）

社会保障支出水平的国际比较

社会保障是各国政府的一项重要社会职能。随着经济和社会的发展，社会保障支出在国民收入和公共财政支出中所占的比重也越来越大。在很多发达国家，社会保障支出是政府公共支出最主要的组成部分，成为影响财政运行状况的决定性因素之一。由于各国历史和现实条件各异，收入分配与经济增长政策选择不同，因而社会保障制度体系呈现多样性的特征，社会保障支出水平也存在较大的差异。理论上讲，社会保障水平必须与本国经济社会发展水平基本保持一致，过高或过低的社会保障水平都不利于经济的长期稳定增长和社会的良性运行。本文拟对世界部分国家社会保障支出情况进行比较和分析，从中寻求可供我国借鉴的经验。

一、国际社会保障制度的总体发展趋势

国际劳工组织（ILO）对社会保障的定义是社会通过一系列的公共措施向其成员提供的用以防御因疾病、生育、工伤、失业、伤残、年老和死亡等风险而丧失收入或收入锐减引起的经济和社会灾难的保护。社会保障支出的种类主要有：老年、残疾和遗属给付，疾病、生育给付，失业给付，工伤给付，家庭津贴等。

自 19 世纪末现代意义上的社会保障制度在德国诞生后，社会保障制度建设在全球范围内不断取得进展。截至 2004 年，世界上已有 172 个国家和地区建立了至少一项社会保障制度。从世界各国社会保障制度的建设情况来看（见表 1），

老年和工伤项目最为普及。2004年，在上述172个国家和地区中，已建立老年和工伤项目的分别占98.8%、97.1%，建立疾病保障制度的占86%，建立家庭津贴制度和失业保障制度的分别占59.9%和47.1%。从趋势上考察，老年保障日益受到各国（地区）的重视，1940年至2004年间，建立这一项目的国家（地区）数量增加了4.15倍，相对比例从57.9%上升到98.8%，这一状况不仅反映了各国（地区）经济、社会的发展与进步，同时又与世界人口老龄化的趋势相吻合。同一时期，实行工伤保障项目的国家（地区）数量增长了1.93倍。疾病保险作为对人类社会生活中最不确定风险的补偿，也日益受到国际社会的广泛重视，从1940年到1999年，设立疾病与生育保障项目的国家（地区）增长了5.16倍，相对比重从42.1%提高到86%。属于收入性福利补贴性质的家庭津贴项目虽然在各国（地区）的分布比率较低，但1999年与1940年相比，分布数量增长了13.7倍，是增长率最高的福利项目。

表1　1940—2004年世界各国（地区）社会保障制度项目类型分布情况

年　份		1940		1958		1977		1989		1999		2004	
建立任何项目类型的国家（地区）数量		57	比例（%）	80	比例（%）	129	比例（%）	145	比例（%）	172	比例（%）	172	比例（%）
项目类型	老年、残疾与遗属	33	57.9	58	72.5	114	88.4	135	93.1	167	97.1	170	98.8
	疾病与生育	24	42.1	59	73.8	72	55.8	84	57.9	112	65.1	148	86
	工伤	57	100	77	96.3	129	100	136	93.8	164	95.3	167	97.1
	失业	21	36.8	26	32.5	38	29.5	40	27.6	69	40.1	81	47.1
	家庭津贴	7	12.3	38	47.5	65	50.4	63	43.4	88	50.1	103	59.9

资料来源：根据美国社会保障署《全球社会保障（2005）》（Social Security Programs Throughout the world - 2005）数据计算整理。

值得注意的是，自1940年以来的60多年中，失业保障项目的分布率始终不高，特别是绝大多数非洲国家没有建立失业保险制度，亚洲也只有少数国家建立了失业保险制度，这主要与国家对劳工权利的保护程度、工业化程度，以及自然经济在国民经济中的地位有关。实际上，在工业化和城市化进程基本完成以前，由于发展中国家普遍存在较大规模的剩余劳动力，如果城乡劳动力市场是统一的，失业保险制度必将面临沉重的支出压力。我国是少数建立失业保险制度的发展中国家，这与我国城乡分割的二元经济社会结构有一定关系。一般而言，一国经济社会越发达，其社会保障项目也越完善。高度工业化的经济合作与发展组织（OECD）最初24个成员国全部建立了表1所述的5项社会保障项目，部分国家还将住房、义务教育也纳入了社会保障范围。

与其他国家特别是发展中国家相比，我国的社会保障项目比较完善。新中国成立以后，特别是改革开放以来，适应建立社会主义市场经济体制的需要，我国不断健全社会保障体系，目前已经建立起以企业职工基本养老保险、城镇职工基本医疗保险、失业保险、工伤保险和生育保险等社会保险制度以及城镇居民最低生活保障、城市医疗救助等社会救助制度为主要内容的城镇社会保障体系基本框架，各项社会保险制度覆盖面不断扩大，城市低保基本实现了动态管理下的“应保尽保”，城市医疗救助试点工作正在逐步推开。以新型农村合作医疗、农村特困户生活救助和农村五保供养等制度为主要内容的农村社会保障体系建设也取得了长足进展，有条件的地方正在积极探索建立农村最低生活保障制度，城乡社会保障事业发展逐步趋于协调。随着社会保障覆盖面的扩大、经济发展水平的提高和国家财政实力的不断增强，我国社会保障支出的规模也在不断增长。

二、国际间社会保障支出水平比较

在理论界，通常把社会保障支出占国内生产总值（GDP）的比重及财政社会保障支出占财政支出的比重作为衡量社会保障支出水平的主要指标。在此，我们整理了部分 OECD 国家 1960—2001 年社会保障支出水平的有关数据（见表2），以及 2001 年分项社会保障支出水平情况（见表 3）。此外，表 4 提供了另外一些国家 1996 年社会保障支出占 GDP 比重的情况，表 5 还提供了部分国家财政社会保障支出占财政支出的情况。需要说明的是，由于各国社会保障制度设计和筹资模式不完全相同，加之财政支出占 GDP 的比重也不相同，财政社会保障支出占财政支出的比重在不同国家之间的可比性会相对差一些。

表 2　部分 OECD 国家 1960—2001 年社会保障支出水平（占 GDP 的比重）　单位:%

年　份	1960	1980	1985	1990	1995	1998	2001
加拿大		14.3	17.4	18.6	19.6	18.4	17.8
法国	13.4	21.1	26.6	26.6	29.2	29	28.5
德国	20.5	23	23.6	22.8	27.5	27.4	27.4
日本	5.8	10.2	11	11.2	13.5	14.5	16.9
韩国				3.1	3.6	5.9	6.1
墨西哥			1.8	3.8	8.1	8.8	11.8
瑞典	12.8	28.8	30	30.8	33	30.4	28.9
土耳其		4.3	4.2	7.6	7.5	11.1	
英国	13.9	17.9	21.1	19.5	23.0	21.5	21.8
美国	10.3	13.3	13.0	13.4	15.5	14.5	14.8

资料来源：根据 OECD 有关数据整理。日本用 1970 年数据代替 1960 年数据。

表 3　部分 OECD 国家 2001 年主要社会保障项目支出水平（占 GDP 的比重）　单位:%

	老年、残疾和遗属给付	医疗支出	失业支出
加拿大	6	6.7	0.8
法国	11.5	7.2	1.6

续表

	老年、残疾和遗属给付	医疗支出	失业支出
德国	14.4	8	1.2
日本	9.2	6.3	0.5
韩国	1.9	3.2	0.2
墨西哥	7.8	2.7	
瑞典	15	6.4	1
英国	11.2	6.1	0.3
美国	7.2	6.2	0.3

资料来源：OECD 网站。

表 4　1996 年部分国家社会保障支出水平（占 GDP 的比重）　单位：%

国　家	社会保障支出水平	国　家	社会保障支出水平
阿根廷	12.4	印度	2.6
巴西	12.2	马来西亚	2.9
智利	16.2	泰国	1.9
厄瓜多尔	2.5	印度尼西亚	1.7
圣萨尔瓦多	3.6	新加坡	3.3
乌拉圭	22.4	蒙古	8.8
哈萨克斯坦	13.6	斯里兰卡	4.7
俄罗斯	10.4	肯尼亚	2.7
波兰	25.1	埃及	5.4
匈牙利	22.3	马达加斯加	1.3
罗马尼亚	12.4	摩洛哥	3.4
伊朗	6.1		

资料来源：国际劳工组织报告。

表 5　财政社会保障支出占财政支出比重

国　家	比重（%）	国　家	比重（%）
法国	38.6	马来西亚	13.4
德国	46.2	泰国	11.9
日本	34	印度尼西亚	9.8
英国	39.5	巴西	36.7
瑞典	41.4	肯尼亚	7.5
意大利	38.4	俄罗斯	26.9

注：第 1 列国家为 2001 年数据，第 2 列国家为 1996 年数据。

通过对各国社会保障支出水平的对比分析，可以得出如下结论：

1. 社会保障支出水平随着经济发展和人口老龄化而稳步提高是一个普遍趋势。经济增长是增进社会公平、改善人民福利的基本条件。从表2可以看出，在过去几十年来，随着经济发展和人口老龄化，社会保障支出占GDP的比重逐步提高是一个普遍的趋势。如法国社会保障支出占GDP的比重从1960年的13.4%增加到1995年的29.2%；日本从1970年的5.8%增加到2001年的16.9%；英国从1960年的13.9%增加到1995年的23.9%；墨西哥则从1985年的1.8%增加到2001年的11.8%；美国虽然涨幅较慢，1960到1995年间也增加了5.2个百分点。而从表2和表4的对比也可以看出，发达国家社会保障支出的总体水平要远远高于发展中国家的水平。

2. 发达国家社会保障支出水平近年来已经趋于稳定，今后随着老龄化可能仍会有所攀升，但是空间应该有限。从表2也可以看出，进入20世纪90年代以来，发达国家社会保障支出在GDP中所占比例开始趋于稳定，有些国家甚至出现了一定幅度的下降。2001年与1995年相比，这一比例在瑞典下降了4.1个百分点；在加拿大下降了1.8个百分点；在英国下降了1.2个百分点。这主要是因为发达国家为缓解高福利带来的经济增长缓慢、政府财政压力加大和企业竞争力减弱等问题而着手推动了社会保障改革，重新界定政府和市场在提供生活保障方面的作用。今后，随着人口的不断老龄化，不排除社会保障支出有所攀升的可能，但是幅度应该不会很大。因为更高的社会保障支出水平意味着更高的税负和社会保险费（税）负担，而目前多数发达国家一般税负和社会保险费（税）负担都已经较重（见表6），在此基础上再大幅提高必然会严重影响经济运行的激励机制，在经济全球化和国际竞争中处于不利地位。人口老龄化的冲击将主要通过深化社会保障制度改革来化解。

3. 社会保障支出水平与经济发展水平并不存在完全对应关系。社会保障支出水平虽然受到经济发展水平和社会承受能力的制约，但是在经济发展水平基本相同的国家，社会保障支出水平也存在着明显差异。如瑞典和法国2001年社会保障支出占GDP的比重分别达到28.9%和28.5%，而美国和日本分别只有14.8%和16.9%，韩国更是只有6.1%。从表4可以看出，原苏东国家以及拉美的阿根廷、巴西、乌拉圭等国社会保障支出占GDP的比重也相对较高，而新加坡、马来西亚、泰国、印度尼西亚等东南亚国家社会保障支出水平则相对较低，特别是新加坡，虽然已经属于发达国家，但社会保障支出水平只有GDP的3.3%。这是因为除经济发展水平外，经济和社会发展政策取向的不同以及发展背景的差异也是影响社会保障支出的重要因素。法国、瑞典、德国等欧洲福利国家往往把“公平”放在更加重要的位置，力图通过国家福利实现收入的均等化；美国则更为注重经济效率，避免过高的社会福利对自由竞争原则造成损害；日本、韩国及马来西亚、泰国作为相对美欧而言的后发工业化国家，在其赶超过程中也需要抵御福利国家的诱惑，以免造成沉重的社会负担，日韩等国较低的社会保障支出水平还与东亚文化重视家庭的保障作用及储蓄率相对较高有关，新加坡的强制公积金制度使家庭自身承担了主要的保障责任，也大大降低了社会保障支出水平。原苏东国家和拉美国家较高的社会保障支出水平可能在一定程度上是因为社会保障作为福利制度所具有的惯性。原苏东国家在传统计划经济体制下实行高福利政策，拉美国家在经济起飞阶段也大大提高了社会成员的福利，加之上世纪 90 年代以来原苏东国家和拉美国家经济增长放缓甚至陷入停滞和衰退，一方面，增加了享受失业、救济等社会保障待遇的人数，而福利待遇却难以及时调整；另一方面，国民收入没有相应提高，导致社会保障支出水平的攀升。

表 6　2002 年发达国家一般财政收入及赤字和社会保险缴款总负担

（占国民收入的比重）　单位：%

	日本	美国	英国	法国	德国	瑞典
社会保险缴款	14.4	8.8	9.5	25.2	24.8	21.7
一般财政收入	21.5	23.8	38.2	38.5	28.9	49.3
政府赤字	8.9	5.2	1.7	4.5	4.7	0.4
总计	44.8	37.8	49.4	68.2	58.4	71.4

资料来源：Current Japanese Fiscal Conditions and Issues to be Considered 2005.

4. 不同国家在社会保障支出结构及政府间社会保障事权划分方面也存在一定差异。养老金支出和医疗费支出是社会保障制度最主要的两个支出项目，从表 3 可以看出，两者之间的相对比重在不同国家存在较大差异。法国、德国、瑞典、英国等养老金支出的比重要大大高于医疗费支出的比重；加拿大和韩国社会保障支出中医疗费所占比重则超过了养老金所占比重。而且，养老金支出比重的分布要比医疗费支出比重的分布更加离散，也就是说，发达国家之间社会保障支出水平的差异主要是因为养老金支出水平方面存在的差异造成的。

此外，由于财政体制和社会保障事权划分的差异，不同国家社会保障支出中，中央政府和地方政府所占的比重也不相同。在这方面难以找到系统的数据，但是可以从中央和地方社会保障事权划分的情况中得到一个大概的印象。如英国和澳大利亚，养老、医疗、失业等社会保障事权主要集中在联邦政府，州和地方政府主要是提供社区服务；日本养老、医疗、失业等社会保险都由中央政府负责管理和补助，社会救助和社会福利则由中央和地方共同分担；美国由联邦政府负责养老保险和医疗保险，失业保险和医疗救助主要由州政府负责组织实施，但是联邦政府对失业保险和医疗救助计划给予补助，其中对各州医疗救助计划的补助比例在 50%—83% 之间；德国失业保险由联邦政府负责，养老保险和医疗保险也是由联邦政府制定政策，但实行社会化管理；加拿大养老保险和失业保险属于联邦事权，而医疗保险则由各省负责，联邦通过财政转移支付制度来保证各省实行标准大体一致的医疗保险福利政策。

影响政府间社会保障事权划分的因素是多方面的。具体来讲，是否有利于促进劳动力市场的效率和灵活性，是否有利于提高社会保障管理和社会保障服务的效率，是否有利于提高社会保险基金的抗风险能力，是否有利于促进社会公平，是否有利于社会保障支出的有效控制等，都是影响社会保障事权划分的重要因素。由于养老保险具有年轻时为年老时积累权益的特点，权益的积累、权益的调整、权益的领取以及实现权利和义务的大致平衡发生在较长的历史时期内，因此制度设计要充分考虑和适应劳动力的流动性，着眼于提高劳动力市场效率，显然，由中央政府管理有利于更好地实现这一目标；此外，养老保险由于缴费率较高，对企业和市场运行影响较大，由中央政府管理有利于在全国范围内创造公平的竞争环境，也有利于较好地平衡不同地区居民的社会保障待遇。不过，由中央政府管理也有一定的弊端。比如，统筹层次提高后，养老保险基金的管理和监督链条会相应延长，与地方管理养老保险相比，全国统筹后各地社会保险经办机构面临的预算约束软化，基金支出可能难以得到有效控制，全国统筹后对管理能力也会提出更高要求。医疗保险制度也基本适用以上分析，但是医疗保险由于本身的特点可能面临更严重的支出控制问题。就失业保险而言，由于失业者一般仍然会在当地重新就业，从失业到实现就业期间流动性低，由地方政府管理不会像养老保险那样存在很多问题。社会救济等工作由于涉及家计审查，往往地方政府更了解本地居民的具体情况，交由地方政府管理有利于充分发挥地方的信息优势，既便于控制政府支出，又相对容易做到“应保尽保”。

总的来讲，养老保险比较适合由中央政府管理，医疗保险与养老保险比较接近，但是中央政府管理的难度会更大些，失业保险由中央政府管理并不是很必要，社会救济由地方政府具体负责比较合适。需要说明的是，以上所做的分析只是理论层面的，现实中，政府间社会保障事权划分还受到政治、历史等多方面因素的影响，与国家大小和发展阶段也有一定联系。正因为如此，各国社会保障事权划分存在一定差异，但中央政府在社会保障管理和支出中承担了更大责任是一个比较普遍的现象。

三、对我国社会保障支出水平的分析和比较

（一）1998—2004 年我国的社会保障支出水平

我们根据《中国统计年鉴》、《中国劳动统计年鉴》以及每年财政决算，对1998—2004 年社会保障支出水平进行了测算（见图 1）。

我国社会保障支出的具体项目主要包括行政事业单位离退休费和医疗经费、五项社会保险基金支出、国有企业下岗职工基本生活保障支出、抚恤和社会福利救济支出、新型农村合作医疗支出、补充全国社会保障基金支出以及企业关闭破产用于社会保障方面的支出等。1998 年以来，我国加快了以养老保险、医疗保险、失业保险、国有企业下岗职工基本生活保障、城市居民最低生活保障和新型农村合作医疗等制度为主的社会保障体系建设步伐，社会保障覆盖范围逐步扩

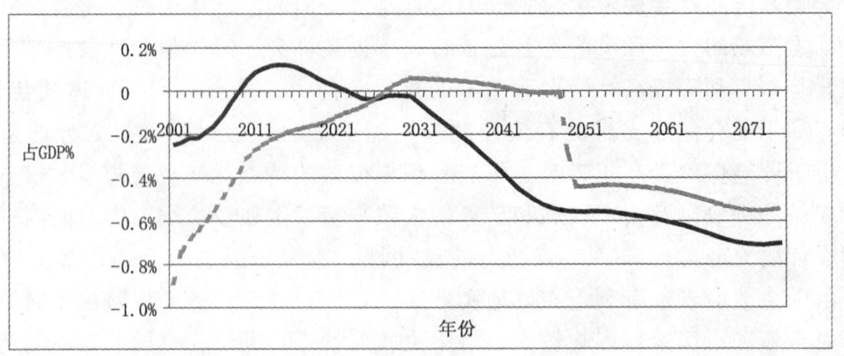

图 1　1998—2004 年我国社会保障支出水平

说明：表中数据根据财政社会保障简明资料整理，GDP 取自国家统计局第一次全国经济普查调整后数据。

大。同时，为了确保国有企业下岗职工基本生活费和企业离退休人员基本养老金按时足额发放以及城市居民最低生活保障对象“应保尽保”，各级财政加大了调整支出结构的力度，大大增加了对基本养老保险基金、国有企业下岗职工基本生活保障和城市居民最低生活保障的投入，社会保障支出水平稳步上升。2002 年，我国财政社会保障支出占财政支出的比例为 12.33%，比 1998 年上升了 6.8 个百分点。包含五项社会保险基金在内的社会保障支出占 GDP 的比重在 2002 年为 4.38%，与 1998 年相比上升了 1.83 个百分点。但是 2002 年以来，财政社会保障支出占财政支出的比重和社会保障支出占 GDP 的比重却有所下降，2004 年分别降到 11.23% 和 4.16%。这一方面是因为我国社会保障改革取得了一定成绩，社会保险基金自求平衡机制有所健全，财政对社会保险基金缺口补助的增长速度大大放缓，而财政支出和经济增长却保持了较高的增长；另一方面也与我国近年来社会保障制度扩面进展缓慢，以及制度建设方面没有较大的新突破有关。

（二）我国社会保障支出水平的国际比较

综合分析有关数据，可以发现，我国社会保障支出水平不仅大大低于发达国家 2001 年的水平，即使与发达国家 1980 年甚至 1960 年的社会保障支出水平相比，也明显较低。我国财政社会保障支出占财政支出的比重也大大低于发达国家，但是，由于我国社会保险基金收支未纳入预算，为进一步增强与发达国家的可比性，我们在表 6 中还给出了我国社会保障支出占大口径财政支出（即财政支出加社会保险基金支出）的比重（见倒数第二列），这一指标自 1999 年以来在我国已经超过 20%，与发达国家社会保障支出占财政支出接近甚至超过 40% 的比重（见表 5）相比，虽然差距仍然很大，但已明显缩小（当然，这也与我国财政支出占 GDP 的比重较低有关）。

此外，我国社会保障支出水平也明显低于俄罗斯、波兰、匈牙利、罗马尼亚和哈萨克斯坦等原苏联东欧国家的社会保障支出水平。在发展中国家，我国社会保障支出水平并不属于明显偏低的行列，但是也不太高。1998 年我国社会保障支出水平与 1996 年印度和马来西亚的水平基本相当，超过泰国和印度尼西亚 1996 年的支出水平。

需要说明的是，与发达国家相比，我国在社会保障总体支出水平上的差距主要不是因为微观保障水平的差距，而是社会保障特别是社会保险制度覆盖面较小等原因造成的。具体到已被社会保障制度覆盖的个体，他们所享受的保障水平与我国经济发展水平相比并不低，实际上，我国基本养老保险制度的养老金替代率甚至高于多数 OECD 国家。与微观保障水平所对应的微观筹资水平在我国也不低，养老、医疗、工伤、失业等社会保险缴费率已经达到工资水平的 40% 左右，这也高于很多 OECD 国家的水平。但是，由于受经济条件和长期形成的城乡二元结构的影响，我国在社会保障制度建设方面实际上走的是一条先城镇、后农村的路子，特别是社会保险体系仅限于城镇居民，即使在城镇，社会保险覆盖范围也相当有限。以城镇职工基本医疗保险为例，截至 2004 年底，全国参加城镇职工基本医疗保险的在职职工仅占城镇就业人员的 33%，参加城镇职工基本医疗保险的在职职工和退休人员仅占城镇人口的 22%。狭窄的社会保险制度覆盖面制约了社会保险基金规模的增长，影响了我国社会保障支出水平的提高。社会保障制度覆盖面低，也是很多发展中国家社会保障支出水平较低的主要原因，如 20 世纪 90 年代末期印度和泰国分别只有 8% 和 10% 的劳动力被社会保障制度覆盖。发达国家则较早就已经实现了社会保险制度的全民覆盖，同样以医疗保险为例，英国、瑞典、挪威、新西兰、冰岛在 1960 年以前就已经实现了全民覆盖，西班牙、韩国、希腊等在 20 世纪 80 年代实现了全民覆盖，大多数 OECD 国家则是在 1960 年到 1980 年之间完成这一目标的。

四、几点思考和政策建议

1. 不宜抛开具体的历史背景和经济社会环境，简单地根据经济发展水平来比较和判断社会保障支出水平的高低以及合理与否。2004 年我国人均 GDP 水平突破 1500 美元，与英国、瑞典、法国、德国等发达国家 1960 年的人均 GDP 水平大致相当，但是我国社会保障支出水平低于这些国家 1960 年的支出水平（见表 7）。那么，是否可以据此判断我国社会保障支出水平滞后于经济发展水平以及财政对社会保障支持力度明显不足呢。我们认为，对此应给予辩证分析：其一，不同国家在不同时期同样的名义人均 GDP 水平所代表的购买力是不同的，并不一定代表完全相同的经济发展阶段和发展水平，英国等国家在 1960 年之前就已经实现医疗保险的全民覆盖也可以说明这一点。其二，即使同样的名义人均 GDP 水平代表了大致相同的经济发展阶段，由于英国、法国、瑞典、德国等当时已经处于发达国家行列，提高社会保障水平所面临的国际竞争力等方面制约因素也要弱于 40 多年后才达到这一水平的我国所面临的制约因素。其三，由于在农村地区建立社会保险制度面临的困难要大得多，因此，我国的城乡二元结构及城市化进程落后于工业化进程的客观现状也制约了社会保障特别是社会保险制度的扩面，影响了社会保障水平的提高，而这主要并非社会保障支出或社会保障制度本身的问题。其四，从上文分析中可以看出，和很多与我国经济发展水平相近的一些发展中国家相比，我国的社会保障支出水平并不存在明显偏低的问题，考虑到 1998 年以来我国社会保障支出占 GDP 的比重上升比较明显，这一结论目前也应是可以成立的。其五，正如上文指出的，不同国家社会保障资金管理体制不同，若将各项社会保障资金收支全部纳入政府收支进行考察，我国与发达国家在财政社会保障支出方面的差距并没有最初看起来那么大。

表 7　　部分发达国家 1960 年社会保障支出水平与我国目前水平的比较

国家	年份	人均 GDP（美元）	社会保障支出占 GDP 的比重（%）
英国	1960	1363	13.9
瑞典	1960	1641	12.8
美国	1960	2783	10.3
法国	1960	1297	13.4
德国	1960	1345	20.5
中国	2004	1532	4.16

资料来源：根据 IMF：Government Finance Statistics Yearbook（2001）和 United Nations：Statistical Yearbook（1965）有关数据整理。

2. 我国社会保障支出水平提高的速度在很大程度上取决于社会保障特别是社会保险制度建设及扩面情况，应将扩大社会保险覆盖面作为下一步的一项重点工作。按照国际可比口径进行分析，我国社会保障支出水平不太高，实际上是社会保险制度覆盖面偏低在资金层面的反映。在我国以社会保险制度为主体的社会保障模式下，社会保险支出和社会救助支出是两项最主要的社会保障支出。理论上讲，政府一般预算安排的社会保障支出应重点用于社会救助（包括资助少数特殊困难群体参加社会保险的救助性支出），社会保险应主要通过专项税（费）筹集，并努力实现自求平衡。此外，如果没有社会保险制度的广覆盖为依托，社会救助制度很难单兵突进，否则既严重扭曲社会成员的激励机制，也大大加重财政负担。因此今后一段时期内，如何加强社会保险制度建设，将尽可能多的社会成员纳入社会保险制度覆盖范围之内，将是社会保障工作的一项重点，也是影响社会保障支出水平变化的决定性因素。下一步，要研究推动将城镇各类单位从业人员及灵活就业人员尽快纳入社会保障特别是社会保险体系；同时着手研究将所有城镇居民纳入社会保障覆盖范围；还要通过深化户籍制度、就业制度等改革，进一步放宽乃至取消农民进城务工的限制条件。对难以被纳入现行城镇社会保障制度的进城务工农民和失地农民，要研究制定与其特点相适应、进入门槛较低、管理比较简便、与现行城镇社会保障制度能够有效衔接的社会保障政策，使进城务工农民和失地农民得到必要的社会保障。

3. 在研究和分析当前我国社会保障支出问题时，我们更应该关注的是如何提高社会保障支出的效率，而提高支出效率的根本是进一步深化社会保障制度改革。从微观层面讲，提高社会保障支出的效率就是要加强资金使用的监管，完善社会保障资金管理的有关财务制度，尽可能减少社会保障资金使用中的“跑冒滴漏”现象。从结构层面讲，就是要逐步提高社会保险统筹层次，加强社会保险基金的调剂，减少社会保险基金结构性缺口对财政支出的压力（相对发达国家而言，在当前我国较年轻的人口结构和较高的缴费率下，养老保险基金仍然需要财政每年给予500多亿元的补助，这不是一种正常现象）。从宏观层面讲，就是要合理协调和确定不同社会群体的社会保障待遇水平，并做好不同社会保障项目之间待遇水平的衔接，确保社会保障支出水平的增加能够不断改进利益分配格局和经济激励机制，使有限的社会保障支出发挥最大的社会效益（比如，过高的低保标准，或拉大企业养老金与机关事业单位退休金差距的政策，既增加了财政社会保障支出压力，也不利于促进社会稳定和改善劳动激励机制）。因此，为提高社会保障资金的支出效率，我们就需要从管理层面和体制设计层面进一步深化改革，合理界定政府和市场各自承担的保障职能，清晰划分中央和地方政府的社会保障支出责任，做好各项社会保障政策之间以及不同社会群体的社会保障待遇之间的衔接和协调。

4. 随着经济发展和财力不断增强，财政对社会保障事业的支持力度也应逐步加大。健全和完善社会保障体系对构建社会主义和谐社会至关重要。今后一段时期，做实基本养老保险个人账户试点工作的推开、支持困难群体参加基本医疗等社会保险、推进新型农村合作医疗制度以及完善城乡社会救助体系等社会保障工作将要求公共财政体制给予越来越大的支持，财政社会保障支出的压力会不断增加。

因此，随着国家财力的增强，各级财政应通过调整支出结构，进一步加大社会保障投入，重点用于以下几方面：一是按照建设社会主义新农村要求，以新型农村合作医疗和农村社会救助工作为重点，支持农村社会保障体系建设，确保农村居民的基本生活和基本医疗需要。财政对合作医疗的补助标准应随着农民个人缴费水平的增加和财力的增强逐步提高，对农村低保制度建设和农村五保供养等工作也要加大支持力度。有条件的地区可对困难农民的养老保障问题也要给予支持。二是支持城镇基本医疗保险和医疗救助制度建设。研究解决困难群体参加医疗保险问题，逐步使医疗保险制度覆盖更多的城镇职工和城镇居民；加大医疗救助投入，做好医疗保险制度和医疗救助制度的衔接。三是研究建立应对人口老龄化的财政支持机制，建立必要的财政储备基金。人口老龄化冲击应主要通过深化社会保障体制改革来化解，但是建立一定规模的储备基金，有利于平衡人口老龄化高峰期的社会保障支出水平，缓解因养老金支出和医疗费支出负担过重而对社会产生的冲击。此外，财政对社会保障制度的支持还体现在完善社会保障筹资机制，推动社会保险费税务征收和社会保险费改税以及建立和完善社会保障预算等方面。

5. 中央财政应继续在支持社会保障事业发展方面发挥重要作用，同时也要注意充分调动地方政府的积极性，为此应进一步明确各级政府的社会保障事权。我国绝大多数社会保障事务的具体组织执行是由地方政府负责的，但自 1998 年以来，随着社会保障制度改革和转轨力度的加大，中央财政通过实施大规模的专项转移支付发挥越来越重要的作用。1998—2004 年间，基本养老保险基金补助、国有企业下岗职工基本生活保障补助和城市低保补助分别有 95%、70% 和 52% 来自于中央财政。今后，适应以人为本的科学发展观和构建和谐社会的要求，中央财政有必要继续在支持社会保障事业发展方面发挥重要作用。这是因为，我国经济社会发展的地区差距较大，且很多地区特别是中西部地区基层财政困难，发挥中央财政的作用有利于促进各地社会保障事业协调发展，实现基本公共服务的均等化，也有利于推动全国社会保障制度和政策的统一，为经济活动提供公平竞争的平台。从国际经验看，社会保障支出主要由中央财政承担也是比较普遍的现象，这要么是将主要的社会保障事务直接界定为中央事权，要么是通过专项转移支付对地方政府负责的社会保障事务给予大力支持，在前文我们也就此做了分析。

当然在我国，发挥中央财政的重要作用并不意味着中央政府直接负责大部分社会保障事务，也不意味着忽视发挥地方政府的积极性，一味增加它们对中央政府的依赖性。正如我们在前文分析到的，不同的社会保障项目有其自身特点，有些项目适合中央管理，另一些项目由地方政府管理可能更有效率。特别是在我国，由于人口众多，政府级次也多，加之地区发展不平衡，中央政府直接管理社会保障事务将比其他国家面临着更多的约束条件。除基本养老保险可以将全国统筹作为目标加以推进外，医疗保险可以在较长时期内维持地方管理，适当提高统筹层次，这是因为医疗保险的全国统筹虽然对提高劳动力市场的效率具有积极作用，但是在支出控制方面会面临更大的困难，因此应在技术和管理手段进一步完善后再考虑推动全国统筹问题。失业保险制度（基金）的规模和风险及对提高劳动力市场效率的作用相对较小，从长远来看实行全国统筹的意义也不是很大。此外，社会救助工作由基层政府承担也更加有效。当然，对地方承担的项目，中央财政也可根据需要安排一定的专项转移支付给予支持，但是专项转移支付的设计一定要规范、透明，并尽量与地方努力程度等因素挂钩，以调动其完善制度、规范管理和增加投入的积极性。

（2005 年）

国外社会保险精算理论及其应用概况

当前我国商业保险领域已经初步建立了精算评估及报告制度，在社会保险领域有关方面也开展了一些工作，但大多属于研究性质，尚未进入实际应用阶段。本文拟就国外社会保险精算学概况及应用情况做初步的介绍。

一、精算学概况及其在社会保险中的应用

精算学起源于英国的人寿险业。从1693年哈雷设计出第一张生命表算起，在西方已有300余年的历史，并随着商业保险的日益发展而不断发展。概括而言，精算学是一门利用数学、统计等数量方法解决保险、金融等经济应用问题的交叉学科，主要涉及数学、统计、经济学、金融学和保险学等方面的原理。它以未来可能影响财务收支的各种因素为研究对象，分析和评估其对财务可能形成的影响。由于社会保险与商业保险都是根据大数法则的原理来分担风险，因此，商业保险中的精算方法同样可以适用于社会保险。但是，因社会保险与商业保险在保险目的、实施方式等方面的差异，造成社会保险精算与商业保险精算存在着一定的区别：一是社会保险是非盈利性的保险计划，在制度设计中只要保证收支平衡即可，不存在商业保险中保险公司追求利润最大化的问题。二是社会保险以强制方式实施，凡属于社会保险范围的保险对象，均须参保，不存在商业保险中对参保人进行限制的问题，因此，在社会保险精算中不需要考虑参保人员的甄别问题。

具体而言，社会保险精算主要包括以下几方面内容：一是社会保险政策评估。一项行之有效的社会保险政策，必须设计出不同的方案，运用精算方法对其进行定量评估（主要是收支和偿付能力分析），从中挑出最佳的实施方案。在方案实施过程中，还要定期评估实施效果，提交精算报告。“短期评估重收支，长期评估重趋势”，短期评估主要针对5年内的资金收支情况，要求具有相当高的准确性，其目的是为编制社会保险收支预算服务，长期评估则是对未来数十年内的社会保险计划运行情况进行分析，研究未来可能的发展趋势，两者结合使用，共同反映一项社会保险政策运行情况的全貌。二是社会保险计划成本分析。通过预测未来若干年内社会保险基金的支出总额，据以测算需要收缴的社会保险费总额，以及国家、企业、个人的负担水平或缴费率。三是社会保险基金运营风险管理。通过对社会保险基金未来运营过程中可能发生的不确定因素或面临的各种风

险，如筹资不足、人口波动、利率变化、通货膨胀、投资风险等做出准确的评估，进而获得详尽的信息，确保社会保险计划建立在稳定的财务基础之上。

做好社会保险精算工作，必须满足几个条件：一是要有足够的人力资源支持。社会保险精算工作涉及内容多，专业性非常强，需要精算、人口统计、经济、金融、信息技术等不同领域的专业人员通力协作完成。如英国政府精算部目前有雇员100余人，大部分是精算、人口统计、金融、信息技术等方面的专业人员，其中注册精算师就占到了1/3。二是要有符合精算分析要求的数据库。精算评估需要人口（如年龄结构、预期寿命、死亡率、生育率、迁移率等）和经济（国内生产总值、社会平均工资、消费指数、利率等）方面的数据，不仅量大，而且要详实准确，没有可靠完整的基础数据就很难得到准确的精算结果。三是要有完善的信息系统，特别是全国性的数据采集、信息统计体系支持。四是要有适应本国国情的精算模型及相应的软件支持。

二、国外社会保险精算的应用情况

在西方发达国家，精算不仅早已形成完整的体系，而且在社会保险、金融、投资、证券等领域广泛应用，成为风险管理的重要组成部分。现简要介绍几个典型国家及国际组织开展社会保险精算的情况。

（一）美国

在美国，约有5%左右的精算师在政府、高等院校等单位工作。在美国联邦政府工作的精算师主要分布在财政部、社会保障署、健康服务资金管理署、公共健康服务部、退休军人管理署、铁路退休工人管理局等部门，他们的主要职责是监督为联邦政府雇员设立的保险和退休计划的执行情况，对社会保障项目和医疗服务项目的长期资金运行情况进行测算，从而为政府提供建议。为美国州政府工作的精算师通常是在州保险局任职，主要工作包括监督州和地方政府雇员的保险及退休计划的财务运转及费率的合理性，或者为立法委员会确定给新设立的保险公司发放执照的标准提出建议。

美国联邦政府的社会保障署专门设有精算办公室，精算办公室聘用了许多人口学家、经济学家和精算师，分析人口状况（包括职工年龄结构、预期寿命、移民率、死亡率、工伤残疾率等）及经济方面的资料（包括国内生产总值、社会平均工资、消费指数、失业率等），并在此基础上预测今后一段时间内养老保险基金收支的变化情况，包括5年内的短期预测和7.5年以上的长期预测，最长要做75年以内的基金收支趋势预测，同时发布相应的评估报告。预测要作三个方案，一是假设国家经济和人口发展正常情况下的预测，二是假设国家经济和人口发生严重问题的悲观预测，三是经济和人口发展较好情况下的乐观预测，供有关方面研究分析，并以此做出决策。其中短期预测精确度很高，长期预测因影响发展变化的因素较多，有一定难度，但对整个趋势的分析基本准确。

（二）英国

英国政府专门设有精算部，其主要职责是向政府提供独立的、专业的社会保险精算咨询和政策建议，为政府社会保障决策提供精算和人口统计依据，为政府对年金计划及金融机构监管提供所需的精算分析。

英国政府还通过立法明确在社会保险中必须应用精算进行评估分析。《1985年社会养老金法案》明确规定，养老金托管人必须定期审阅精算评估报告。《1995 年社会养老金法案》进一步规定，养老金托管人的年报中必须包含精算师签字的精算报告，并要求养老金托管人必须让参保人和相关团体得到精算师的评估报告，了解养老金计划是否符合最低准备金要求。从 1997 年 4 月开始，养老金计划都必须指定一名养老金计划精算师，每年进行一次最低偿付能力评估，每 3 年进行一次全面的精算评估，并要向全体成员提供最新的精算评估报告。

（三）有关国际组织

有关国际组织在社会保险精算方面也做了大量的工作，如世界银行、亚洲开发银行都开发了各自的养老保险精算软件，我部曾与世行、亚行合作开展了有关精算软件的培训工作，并于 2002 年运用世行 PROST 软件对我国企业职工基本养老保险基金收支和债务情况进行了长期测算。

为规范社会保障计划的财务预测和分析，国际精算协会（IAA）发布了社会保障计划精算实践准则（见附件），并于 2003 年 1 月 1 日生效，明确了精算所适用的社会保障计划范围，提出了精算师在社会保障计划精算工作中应遵循的原则。特别对社会保障计划精算报告的内容和格式做了详细的规定，要求精算报告应包括社会保障计划说明、使用的数据、应用的假设和方法、精算结果以及对结果的分析、有关的结论等内容。

三、我国社会保险精算工作的现状及今后工作初步设想

（一）保险精算工作现状

根据《中华人民共和国保险法》第 119 条规定：“经营人身保险业务的保险公司必须聘用经金融监管部门认可的精算人员，建立精算报告制度”。在中国保险监督管理委员会的推动下，我国商业保险精算制度建设工作已取得了较大的进展，精算制度框架初步形成，主要包括中国精算师认可制度和保险公司精算报告制度，前者是对精算从业人员的执业资格认证，后者主要是对保险公司的精算监管。中国精算师在保险公司中的作用主要体现在精算负责人制度的具体实施，在保监会 2000 年新规定的人身保险产品备案制度中，要求必须聘请已获得中国精算师资格的精算人员签署精算声明书，以履行精算师对保险公司险种设计的责任，并且将要在保险公司会计年度末责任准备金报告制度以及一些财务报表（如分红保险的财务报告书）、保险公司呈报的有关精算文件中实行保险公司精

算负责人签字制度。目前，保监会正在积极推动精算技术向财产险和再保险领域的拓展和应用，并准备建立相应的精算制度。

相比商业保险精算，我国在社会保险精算方面仅限于理论界的研究和探讨，劳动保障部社会保险研究所、中国人民大学统计学系等机构做了一些积极有益的探索。在社会保险实务领域，我部社会保障司曾与世行合作对我国基本养老保险收支进行了精算分析，国内其他部门及个别地区也与有关科研院所合作开展过精算分析，但由于精算人才缺乏和现行基础数据不符合精算分析要求等因素限制，经常性的应用还未开展，预测结果也难以满足业务管理部门研究制定社会保险改革方案和政策的需要。业务管理部门在实际操作中一般是根据人口、年龄、保障水平等基础数据对未来社会保障资金需求进行经验推测，测算结果比较粗糙，提出的政策和管理建议缺乏精算结果和深入系统的研究做支撑，理由和论据往往不够充分，造成根据有关建议制定的政策对基金收支状况及制度的可持续性产生一些不必要的负面影响。

为了在社会保险管理工作中引入精算技术和方法，科学合理地预测社会保险基金收支状况，从2000年起，我部社会保障司与世界银行进行了为期3年的精算合作项目，先后举办了7期养老保险改革方案模拟软件（PROST）培训班，起草了《中国养老保险制度债务测算和改革建议》，受到了部领导的高度重视。尽管双方合作取得了一定成果，但在工作中还反映出一些问题：一是目前各项社会保险统筹层次较低，既有省级统筹，也有地市县级统筹，难以针对全国情况进行精算分析。另外，参加培训的人员多是基层财政社保系统工作人员，由于人员流动性较大，加上一些地区对这项工作的重要性缺乏足够的认识，难以保持精算干部队伍的稳定。二是我国社会保障管理体制过于分散，管理信息系统不健全，特别是当前处于经济结构调整期，人口迁移流动比较频繁，有些参数很难获得。三是精算所需数据，如人口数据等要求具有很高的精确度，并要细化到每个参保人员，但目前我国大多数地区由于管理水平较低，统计制度不完善，社保基础数据比较粗糙，难以满足精算分析的要求。四是世行开发的PROST模型是一个通用软件，与我国国情还有一定差距，迫切需要建立适应我国国情的精算模型及相应软件。

（二）下一步开展社会保险精算工作的初步想法

由于我部社会保障司制度精算处成立不久，缺乏专职精算师，还难以独立开展社会保险精算工作。为此，建议分阶段推进，启动阶段主要采取与部外有关专业机构合作的方式。借鉴国外的实践经验，并结合我司与世行养老保险精算合作项目实施情况，近期的主要任务是开展精算知识宣传和人员培训，做好精算方案的设计，着手建立满足精算分析要求的数据库，委托部外专业机构开发精算模型及软件，实现世行精算软件PROST的中国化，开展以养老保险为主的中长期精算平衡分析及短期预测，定期提交全国基本养老保险精算报告（如每隔3年一次），并选择3—5个不同统筹级次的地区，对其基金的收支情况进行跟踪精算评估。

从长期来看，主要应从以下几个方面开展工作：一是建立起符合我国国情的、规范的、经常性的基本养老保险精算评估与报告制度，及时监控和报告基本养老保险基金运行中的风险和问题，为研究制定相关政策及编制基金收支预算提供可靠的依据。二是将精算技术进一步推广应用到失业、医疗等其他社会保险中，开发相关的精算模型及相应的软件。三是建立和维护满足社会保险精算分析要求的数据库。四是培养和充实精算队伍，独立承担全国社会保险精算分析工作，并组织和指导地方开展本地的精算工作。

附：

社会保障计划精算实践 IAA 准则

一、导言

由于人口结构的不断变化，在制定未来计划时，许多社会保障计划面临重大的财政挑战。为了应付这些挑战，人们正在计划、考虑和做出重要的政治决定。在很多情况下，人们主要关注未来长远的成本问题。因此需要做社会保障计划的财政预测和分析。早在1952年，国际劳工组织102号社会保障（最低标准）公约第71款第（3）条就对此做了规定。

在长期预测方面，精算师具有专门知识，因此在社会保障计划分析上扮演着重要角色。另外有一点是至关重要的，即精算进行的人口和经济分析提供了未来长期成本的合理预测并产生财政影响，这些是做出重要政治决定的基础。

在很多国家，精算专业机构为保险和养老金计划制定精算专业标准和实践准则，但是这些标准和准则通常并不适用于社会保障计划。很多国家也开展社会保障计划精算工作，但他们的工作不够专业，也没有精算标准。国际社会保障协会和国际劳工组织也认为在这一领域需要精算实践准则。制定IAA实践准则是为了填补空白，其目的是保证从事这项工作的所有精算师能够提供可靠的财政评估。

精算师应该考虑他们归属的任何精算协会所制定的合理的精算原则和精算标准。然而，遵守这些原则和标准的前提是它们与所在国的立法，包括社会保障法特别是涉及社会保障计划的精算条款不发生冲突而只是起到补充作用。精算工作者遵循准则会使得精算工作的用户对精算师的专业水平、工作目的和科学严谨性有信心。准则的目标还包括促进全世界精算实践遵循一致的标准。

由于准则并不构成对精算师的约束作用，因此建议所有从事这类工作的精算师接受这些准则。准则也为在这一领域工作的其他专家提供了适当的框架。

准则于2003年1月1日生效。

二、范围

（一）计划类型

准则适用于有以下特征的社会保障计划：

1. 立法规定的计划。

2. 覆盖界定的广泛人口，一般是在强制性或自动覆盖的基础上。

3. 计划提供津贴待遇一般有以下条件：年老、退休、死亡、残疾、丧失工作能力、遗属、医疗、疾病、生育、失业、工伤。

准则适用于上述各项计划而不论其筹资形式。

另外，如果没有其他准则，这些准则也适合负责评估公共养老金计划以及社会保障计划的精算师使用，公共养老金计划尤其是指政府作为雇主为其雇员创办的计划，而社会保障计划要符合准则的精神范围，但并没有精确的措词规定。

（二）精算工作的类型

准则所指的精算工作有以下方面：

1. 预测一项社会保障计划或相同报告财政状况的精算报告。

2. 关于社会保障计划政策方面的意见说明、文章或发言，如关于现行规定中的缴费和/或待遇是否适中，或在这方面提出改进建议。

三、精算实践的原则

为了开展与社会保障计划相关的工作，精算师应该遵循下列原则：

（一）科学的严谨性

精算师应该确保用于长期财政预测的方法是合法的并与广泛接受的精算惯例相一致，同时保证计算精确地反映了所使用的方法和假设。在这种情况下，精算师应该在报告中指出，虽然是合理确定的，但假设不是预报，在未来实际情况和报告中的假设之间出现的最终差异将在随后的报告中进行分析和给予考虑。

（二）目的

如果用于人口和财政预测的假设确定是精算师工作任务的一部分，那么精算师应该保证这些假设的确定不受不当的政治或外部因素影响。如果精算师的任务不含假设确定内容而是由外部工作来确定各项假设，那么精算师应该说明假设的起源以及在必要时公平地发表对社会保障计划的看法，并对不同假设产生的影响做敏感分析。

（三）报告提供的信息应该透明、清楚、简洁和保持一致性

精算师在准备报告、论文或发言时应该以明白无误的沟通为目的，要考虑各类听众和依靠报告结果开展工作的各有关部门。因此建议精算师在报告中用干练的语言写一个概要，描述报告的目的和主要研究结果。

四、精算报告的内容

考虑到报告的目的和读者，社会保障计划精算报告应该包括所有有关信息。由于精算工作的性质不同，精算报告的内容也会不同。以下更适用于社会保障计划或相同报告的财政状况预测报告。

（一）概要

1. 报告的目的。
2. 计划的确定。
3. 关键假设的确定。
4. 财政预测的主要结果。
5. 主要结论。

（二）导言

1. 报告的对象。
2. 将审议的社会保障计划的确定。
3. 报告的目的，包括提示预测取决于基础数据、方法和假设。
4. 预测的开始和结束日期。
5. 提及前面有关的报告。
6. 下一个报告的预计日期。

（三）有关社会保障计划规定的说明

社会保障计划的财政预测特别取决于计划的各项规定。因此书面报告应该包括对计划规定的说明，这与预测直接相关，例如覆盖范围、筹资、待遇。

（四）数据

为了进行严谨的分析，精算师应该能够依赖与精算工作相关的可靠和完整的数据，如：

1. 计划和国家的人口情况。
2. 计划和国家的经济情况，如缴费、待遇、投资收入和资产等。
3. 计划的缴费人数和受益人数。

精算师依靠精确的数据工作，因此应该采取步骤来确定，为进行评估而获得

的信息是否与从其他渠道获得的相关信息一致。

精算师应该说明用于人口和财政预测的相关数据并就数据的充足性和可靠性发表意见。如果认为一些数据不足以用于财政预测的目的，在报告中应该提及预测结果由此而导致的局限性。

报告应该指出三个主要领域，在这三个领域中数据被用于财政预测的目的：

1. 预测阶段的起点。

2. 对过去经验的分析是确定用于财政预测的假设的基础。

3. 预测方法学的合法性。

（五）假设

一般而言，社会保障计划的假设根据以下因素来确定：

1. 以现实为根据，而不是以保守或自由为根据，这样财政预测才不会有偏见。每项假设都应该是现实的。

2. 尽可能是清楚的，而不是含混的。

3. 一项根据要考虑：（1）内在的一致性，即由于所有假设的相互关联或相互关系，它们应该相互一致。（2）全面的一致性，即所采用的经济和人口假设应该与长期的实际情况和经济前景相一致。

精算师应该在报告中说明为进行预测而采用的假设是用哪种原理确定的。

为社会保障计划所准备的精算报告通常关注未来长期的情况，因此假设应该反映长期的趋势而不是过分地权衡近期的状况。然而，在适当的时候，对未来几年的预期应该考虑短期趋势，必要时逐步过渡到长期假设。

考虑到假设的不确定性，精算师可以适当向其他相关专业人员咨询以便决定对未来的评估采用哪些假设。

如果报告是系列报告的一部分，而且与前一份报告的假设不同，精算师应该采取措施解释这种假设上的变化对财政预测产生的影响。

（六）方法

应该向精算师或其他评价报告结果的具有相关知识的人员充分说明财政预测所采用的方法。

（七）结果

精算报告应该包括与报告目的相关并与被报告人相关的所有人口和财政预测结果。精算师呈交报告结果的形式应该与评估或评价工作的职责范围相一致，并与社会保障计划的性质及其运作的财政方法相关，尤其是当这些内容在社会保障立法中有所规定时更是如此。

在呈交的报告中应包括以下预测结果的示范框架，考虑到各个报告的性质，一般认为也许需要对框架进行调整。多数结果一般会出现在报告以下两个方面之一：

数据、方法和假设部分

1. 按年龄、性别和总人数分类的人口状况。
2. 赡养比。
3. 按年龄、性别和平均数分类的就业收入。
4. 按年龄、性别和平均数分类的缴费收入。
5. 按年龄、性别和平均数分类的养老金收入。

现金流量财政预测部分

1. 缴费率。
2. 现收现付率。
3. 缴费。
4. 投资收入。
5. 其他收入。
6. 总收入。
7. 津贴。
8. 管理费。
9. 总支出。
10. 资产。

各项结果应该清楚地说明是否包括支出（而不是津贴）和支出数额，在关于缴费是否合理的报告中也应该考虑这项支出。

无论筹资方法如何，显示的预测结果应该包括计划的收入、支出和资产方面现金流量的概述，时间是按自然年度和/或财政年度，或按其他适当的时间段，同时要考虑计划过去的经历和预测期的情况。应该按实际价值显示结果，必要时也可按票面价值显示结果，或以其他适当的方式说明通膨的效应。由于津贴（待遇）设计的复杂性，报告应该在可行的地方按津贴种类、（受益人）年龄、性别和其他确定待遇水平的因素说明预测的津贴数额。

（八）预测结果的分析

除了以上部分谈到的财政预测外，报告还应该提交涉及以下方面的结果分析：

1. 提交说明对关键性假设变量的主要预测结果产生效应的敏感性分析，目的是提供每项假设对财政预测影响程度的说明。相应的辅助性结果也可以用来作为获得一个合理的预测效应近似值的基础，同时反映出一个或多个关键性假设价值的变化。

2. 报告应该与前面的报告相一致并对有关结果的重大变化予以说明。

3. 说明多年来财政预测的模式（人口老龄化、计划成熟度、计划筹资或待遇支付近期的变化等等）以及产生的影响。

4. 在预测期开始后发生的事件对财政预测产生的影响。

（九）结论

除上述内容外，精算师还可以表述其他内容，但应该牢记，精算报告的主旨一般限于陈述精算师对成本的预测和对现行计划财政状况和/或对建议改进的预测。考虑到做预测时不可避免的不确定性，保证报告的读者完全理解有关社会保障计划未来的财政前景是很重要的。在这点上，报告应该说明通膨的侵蚀性效应对计划津贴（待遇）的实际价值产生的影响，而这些计划并没有为防止通膨而对津贴提供全面保护。

（十）证实

在报告中，精算师应该提供有关以下方面的意见：

1. 充足可靠的数据。

2. 假设的合理性。

3. 方法是否适当以及其与合理的精算原则是否一致。

4. 报告遵循和背离任何地方标准和准则以及IAA精算实践准则的地方。

在评估和评价工作的职责范围书中有所规定的地方，或在立法中对精算报告有规定的地方，精算师应该对社会保障计划的财政可靠性或平衡状况、缴费是否合理或未来必要的缴费水平给予说明。

报告还应该提示，评估结果是基于对未来不确定事件及其结果的假设，最终的事实很可能与预测的结果大不相同。

（十一）精算师姓名、签字、职务和日期

（2005年）

（三）借 鉴 篇

关于政府购买公共卫生服务的比较研究

提供公共服务包括公共卫生服务，是政府重要职能之一和公共财政应有之责。政府提供公共服务有直接举办机构“生产”服务和面向全社会“购买”服务两种方式。与直接举办机构“生产”服务相比，政府购买服务的做法具有明显优势并代表着国际公共服务事业发展的趋势。

一、政府购买公共服务的含义及意义

所谓政府购买公共服务，就是政府通过招标、协商等方式，与符合条件的机构（无论是公办还是民办）签订合同，向其购买所需要的公共服务，并根据完成服务的数量、质量及成本等情况，在综合考核评估服务效果的基础上支付相关费用。一般来讲，一些难以考核的组织协调管理方面的任务，由政府相关部门直接承担，而更多的可量化、可考核的具体工作则应采取政府购买服务的方式，按照公平竞争的原则尽可能交由社会机构或政府机构完成。实施政府购买公共服务，对社会服务领域的改革与发展具有重要意义：一是政府以比服务、比质量、比管理购买公共服务，不仅可以确保政府公共政策目标的实施，同时还可确保提供公共服务的质

量，政府购买服务的资金也大大低于原来供养“生产”服务单位所需要的资金。二是维护了市场经济体制下的社会公正原则，使各种所有制的单位都能够通过优化自身的管理，公平地参与政府所购买服务项目的竞争，在我国则特别有利于促进国有事业单位改革。三是政府购买服务是政府职能转变的重大体现，使政府从传统的“管办合一”的双重身份中解脱出来，从而以更加公平、公正的身份向广大人民群众提供公共服务。

二、政府购买公共卫生服务是可行的

政府购买公共卫生服务不仅具有理论上的重要意义，在操作上也是可行的。首先，公共卫生服务的项目内容是可以明确的，而且政府通过一定的管理手段可以对其加以计量和考核。像计划免疫的人数、次数，小区居民建立健康档案的人数等工作量指标都是比较容易计量的，工作成本也可以测算出来。政府将应由社区卫生机构承担的公共卫生工作明确为具体的公共卫生项目，对每项具体工作根据其完成的数量和质量、成本情况进行考核，在此基础上给予经费补偿。第二，公共卫生服务本身的“生产”是可以由市场完成的，只要补偿标准合理，有关机构有动力和积极性提供公共卫生服务。这样有利于通过利益激励机制促使社区卫生机构变“要我做”为“我要做”。第三，正如下文将要介绍到的，政府购买服务的做法在国外已经有了多年历史，国内近年来在这方面也进行了积极探索，取得了明显成效，也积累了很多可资借鉴的经验。

三、政府购买服务是国外公共卫生事业的发展趋势

政府购买服务源于美国的一项社会福利制度改革，从 20 世纪 60 年代发端至今已有 40 多年的实践，已有很多成功的经验。美国一项统计显示，职业性利益集团吸纳耗费了政府资助穷人经费的 1/2 强。在政府与最终消费者之间存在着“中介掠夺层”的分利行为，这是美国政府许多公共政策失败的原因，而政府购买服务的方式可以较好地避免这一问题。去年世界银行出版的研究报告——《明智支出——为穷人购买卫生服务》指出，大量证据表明，卫生领域的大多数服务和产品是可以由非政府机构优质廉价提供的，政府购买服务与直接举办机构提供服务相比，既可以保证效率，也能够实现公平。很多国家近年来正在通过政府购买服务和外包等方式来改进卫生服务的效率、生产率和消费者满意度。无论在澳大利亚、加拿大、法国、瑞典、英国、美国等发达国家，还是在俄罗斯、匈牙利、印度、哥伦比亚、肯尼亚、泰国、马来西亚、加纳等中、下等收入水平国家，政府购买服务都是其卫生体制改革的一项重要内容。1990 年，英国采取了根据全科医生对目标人群提供免疫服务的覆盖率确定其服务报酬的措施，对目标人群免疫服务覆盖率达到 90% 以上的全科医生可以得到 1800 美元，覆盖率 89% 以下的只能得到 600 美元。此后，实现免疫覆盖率 95% 以上的全科医生的比例从原来的 31% 上升到 81%。1997 年，澳大利亚在严格绩效考核的基础上实行政府购买公共卫生服务的办法，计划免疫率也有了明显提高。泰国实行的“30 铢计划”，其核心内容也是将财政卫生支出从供方主导型改为需方主导型，按覆盖的患者人数及其按规定应提供的医疗卫生服务对卫生机构给予补偿，以引导全社会卫生资源的合理配置。另外，在卫生以外的其他公共服务领域，政府购买服务也是一种发展趋势，如澳大利亚将城市的水、电、气、热和公交等公共设施实行市场化运作，政府制定收费标准、服务质量标准及准入条件，引入竞争机制，由社会机构公开竞标，保证城市公用设施向全社会提供良好的服务。美国向低收入群体和儿童提供凭单（食品券等）也是政府购买服务的典型做法等。

四、我国购买公共卫生服务的实践方兴未艾

2002 年，经国务院同意，卫生部、财政部等几部门下发的《关于加快发展城市社区卫生服务的意见》中明确提出，社区预防保健等公共卫生服务，可采取政府购买服务的方式，由其他社区卫生服务机构提供。之后，国内越来越多的地方据此在政府购买公共卫生服务方面进行了积极探索，取得了好的效果，并得到各方面的肯定。上海市松江区制定的《社区预防保健经费项目管理办法》提出，社区预防保健经费的管理采取预算管理和项目管理相结合，经费核拨以工作数量和质量相结合的考核标准为依据，对十四项应由社区卫生机构承担的公共卫生服务分别设定了不同的考核权重（从 2%—20% 不等），并由有关部门制定具体工作要求和指标。社区卫生服务中心参考权重表，根据年初计划开展的常规工作制订预算，上报区县卫生局，由卫生局结合本地区情况负责审定工作经费分配预算，并对疾病预防保健专业机构实施业务考核，考核结果作为拨付经费的依据。长宁区也制定了类似的实施办法。浦东新区卫生行政部门也实行了出资向专业公司购买卫生服务的办法。北京市海淀区 2005 年成立了公共服务委员会，作为政府购买公共卫生服务的代表，采取合同外包、招投标、民办公助等形式，向医疗机构购买卫生服务。北京市卫生局表示，将对社区卫生服务机构实行按服务成本和服务效果补偿机制，逐步建立社区公共卫生服务由政府购买，基本医疗服务由医疗保险和个人购买，医疗救助由政府和社会相关部门予以补助，延伸性多层次医疗保健服务由社会和个人购买的多元化社区卫生运行机制。江苏省苏州市《社区卫生服务发展规划（2005—2010 年）》提出，要建立评估购买机制和准入退出机制，完善政府购买社区卫生服务经费的使用管理办法。该市制定了社区公共卫生服务目录，对目录中的项目实行政府购买，并签订社区公共卫生服务履行合同。同时，健全社区卫生服务评估体系，对社区公共卫生服务进行科学评估，对不能履行公共卫生服务合同、社区群众不满意的社区卫生服务机构，予以退出。广东省佛山市南海区狮山街道于 2004 年将辖区内公共卫生工作交给民营的华立医院负责，该街道的公共卫生服务由政府向华立医院购买。

中西部地区在政府购买公共卫生服务方面也有一些好的经验。安徽省合肥市高新区采用公开竞标形式，面向社会招募兴园社区公共卫生服务提供者，有 6 家机构竞标承办这家卫生服务中心，最后由安徽医专附属医院获得承办权。政府按社区服务人口给中心居民每人每年提供5元的社区卫生服务经费。卫生部在实施世界银行贷款/英国政府赠款“中国基本卫生服务项目”（简称“卫八”项目）时，也选择山西省和顺县和重庆市黔江区进行了政府购买公共卫生服务的试点。和顺县将已婚育龄妇女3种生殖道感染纳入首批购买服务的范围，制定了具体服务标准、服务质量保证措施、拟达到的目标和考核指标，并对每项服务的合理费用进行仔细测算。卫生局通过定期检查、抽查等方式核实服务方工作完成情况，根据提供服务的数量和质量，确定应支付的费用数额。黔江区对户口在该区的儿童、孕产妇按照应享受的不同公共卫生服务项目发放服务券，有关服务对象在规定时间内持服务券接受乡镇卫生院、社区卫生服务中心提供的免费服务。区卫生局根据各乡镇卫生院和社区卫生服务中心收到的服务券张数及对机构的考核结果，结合确定的校正系数，计算每个卫生机构的公共卫生服务费用。校正系数根据各乡镇和街道的交通状况、人口密度、公共卫生服务人员、服务对象等情况综合确定。截至2005年底，“卫八”项目共有12个县开展了购买卫生服务的试点。

另外，公共卫生以外的养老服务、就业服务等其他公共事业，也有很多政府购买服务的成功例子。

五、我国发展社区卫生服务应积极向政府购买服务的方向推进

之所以建议作为方向推进，主要是与政府直接投资办机构、“养人”提供服务的传统方式相比，政府购买服务至少有以下优势：

一是有利于提高公共卫生资金使用效率。在政府购买服务的情况下，没有必要再举办过多的公立社区卫生机构。无论是公立机构或是私立及混合机构，对其实行购买服务机制，按其提供服务的项目、数量、质量和成本等进行补偿，能够提高政府公共卫生投入的针对性和有效性，便于政府将规定的公共卫生服务项目合理分配给目标人群，将政府提供公共卫生服务的责任落到实处，提高公共卫生服务的可及性，使有限的公共卫生资金发挥更大的效益。

二是有利于提高公共卫生服务质量。政府作为公共卫生服务的购买者，可以用合同方式规范社区卫生服务中心等机构的服务程序和质量标准，并根据其完成目标任务的情况来支付经费，与直接“养人办事”的做法相比，无论是经费与其服务效果挂钩的内在激励机制，还是外部更加健全的监督、考核和制约机制，都有利于督促社区卫生机构努力改进服务质量，提高服务水平，提供更优质的服务。

三是有利于促进公立公共卫生机构运行机制改革。政府购买公共卫生服务使得公共卫生机构获得的经费取决于完成任务的数量和质量，而与机构编制、队伍规模等因素脱钩，可以克服当前公立卫生机构在服务筹资补偿方面存在的“等、靠、要”和人浮于事等问题，通过“花钱买机制”，激励其深化运行机制改革，

精兵简政，提高工作效率。

四是有利于进一步转变和强化政府公共卫生管理职能。从长远来看，政府作为公共卫生服务的购买者，大幅减少直接承担“生产”公共卫生服务的职能，从具体的事务中越来越多地解脱出来，利于更好地成为公共卫生工作的组织者和监督者，将更多精力用于公共卫生政策的研究制定和公共卫生管理与监督等，从而强化政府的宏观公共卫生管理职能，增强公共卫生体系总体运转的协调性和有效性，更好地应对各种突发公共卫生事件。

六、大力推进政府购买社区公共卫生服务需要做好的几项工作

无论从理论上还是实践上，无论在国内还是国外，无论是在卫生领域还是其他公共领域，政府购买服务的做法都是提高公共资金使用效率和改进公共服务质量的有效措施，不仅是政府转变职能的需要，更是进一步完善市场经济体制的需要，应在借鉴别人总结自己的基础上大力推广。为此，建议做好以下工作：

一是明确公共卫生服务项目包。建议在划分轻重缓急序列的基础上，明确社区卫生机构应当提供的公共卫生服务基本项目及具体内容和标准要求，并明确与各级 CDC 和妇幼保健机构的关系。各地可根据当地具体的公共卫生需求情况和财力状况，增加新的公共卫生服务项目。需要说明的是，社区卫生机构提供基本医疗服务应通过收费进行补偿。因为在存在医疗保障体系的条件下，政府对基本医疗的责任主要体现在组织基本医疗保险和医疗救助等针对“需方”的医疗保障制度，以及对提供服务的医疗机构即“供方”实施监督管理。社区卫生机构与其他医疗机构一样，其提供的基本医疗服务应通过服务收费从各种医疗保障基金获得补偿，不宜由财政另行安排经费，基本医疗服务的公益性质则通过医疗保障制度的付费机制、方式和相应的政府监管制度来实现。至于进一步扩大医疗保险覆盖面和增加医疗救助力度，则是另一层面的问题。

二是积极鼓励社会力量参与社区卫生服务。对社区卫生机构，应弱化“政府举办”的概念，目前我国的社区卫生服务资源并不少，只要社会力量有意愿、有能力办，都应该予以积极鼓励、引导和吸纳，同时结合事业单位体制改革要求推进公立社区卫生机构改革。与公立社区卫生机构相比，社会力量举办的社区卫生机构运行机制更加灵活，在确保质量的前提下，提供卫生服务的成本会更低一些。换句话说，这样做在现阶段可以使有限的资金购买到更多、更好的公共卫生服务。

三是规范政府购买社区卫生服务的操作程序。政府购买服务的实际执行效果，很大程度上取决于购买程序是否公开、公平、透明。因此，要允许并鼓励尽可能多的符合条件的卫生机构参与竞标提供社区公共卫生服务，规范具体操作程序，合理确定公共卫生服务的购买价格，加强对购买服务过程的监督，杜绝暗箱操作和其他各种违规行为。

四是完善考核评估办法。明确公共卫生服务工作的服务标准，在此基础上制

定可操作的考核评估办法和相应的奖惩措施，健全对服务提供方的约束机制。对保质保量完成合同规定的服务项目的社区卫生机构，及时足额拨付有关经费，也可给予必要奖励，通过“以奖代补”的方式支持其发展。对不能按照要求完成服务项目的社区机构，要相应扣减项目经费并给予必要的惩罚。

五是增加公共卫生投入。各级财政部门要按照科学发展观的要求，进一步加大对公共卫生事业的支持力度，使政府有能力为更多社会成员购买更多项目和更高质量的社区公共卫生服务。同时，要按照项目管理的要求，切实加强对政府购买公共卫生服务专项资金的管理，推进专项资金的国库集中支付。中央财政可考虑通过专项转移支付，对困难地区发展社区卫生服务事业给予必要支持。

总之，政府购买公共卫生服务虽然在全国范围内一步到位难度较大，“一刀切”也不符合实际，但为使政府的公共服务职能更充分发挥，使公共财政资金使用得更加有效，政府购买服务应作为公共卫生运行机制改革的方向予以大力推进。停留或满足于政府直接“生产”服务，不符合社会主义市场经济条件下卫生改革的方向。

（2006 年）

国内外应对金融危机有关就业和社会保障政策措施比较分析

面对金融危机，如何恰当运用各类政策工具，在保证就业和社会稳定的同时，为经济增长注入新的活力，推动经济社会平稳发展，需要我们认真加以研究。在总结历史上世界主要发达国家应对经济危机就业和社会保障政策的经验和教训，并对当前国内国外应对金融危机有关政策措施进行比较分析的基础上，我们提出了一些初步看法。

一、历史上应对经济危机有关政策措施概述

在历次经济危机爆发时，世界各国特别是主要发达国家都会及时调整有关社会政策，并以此为契机建立和完善社会保障制度，缓解经济社会运行突出矛盾和问题，为经济复苏提供良好的社会环境。

（一）1929—1933 年世界经济危机

1929 年末世界经济危机爆发后，美国罗斯福政府采取了与传统政策不同的

强化政府干预措施，扩大政府公共投资，加大对失业者及贫困家庭的救济力度，并实施了一系列社会保障项目，为美国社会保障制度建立奠定了基础。英国政府在二战结束前后，根据《贝弗里奇报告》提出的原则，建立了一整套从摇篮到坟墓完整而全面的国民保障体系。

（二）20世纪70年代两次石油危机

20世纪70年代，两次石油危机爆发期间，为减轻国家财政和社会负担，很多国家开始收缩社会保障政策，以更好地适应石油危机带来的经济形势变化。第一次石油危机爆发后，美国卡特政策提出了“更好的工作和收入计划”的福利改革方案。但由于该方案的改革力度过大，招致各方面的反对，未能获得国会通过。第二次石油危机爆发后，美国里根政府开始实施一揽子社会福利改革计划，在不彻底改变美国社会保障制度的基本结构和方针的前提下，削减了一些社会保障项目，尤其是“随意性”的社会福利开支。英国撒切尔和保守党政府从1979年开始陆续削减了一系列福利开支，并于1985年对福利制度进行全面改革，加快了部分项目私有化的步伐。但是由于大多数英国人的反对，改革进展艰难，而撒切尔本人及其政府也在1990年下台。

（三）1998年亚洲金融危机

1998年亚洲金融危机爆发，韩国、新加坡等新兴工业化国家及我国受到较大冲击。这些国家的社会保障制度建设相对于西方发达国家较为滞后，因此加快了社会保障制度建设步伐，在促进就业、扩大社会保障制度覆盖面等方面出台了一系列措施，为此后的经济复苏和经济社会的更进一步发展创造了良好的社会环境。

二、当前应对金融危机国内国外有关政策措施概述

自美国次贷危机引发的全球金融危机爆发以来，世界主要发达国家及我国先后发布了各自的经济刺激措施以挽救本国经济，其中许多措施涉及增加低收入居民收入、促进就业和加强社会保障等。总体来看，这些政策主要包括以下内容。

（一）以减税免税、扩大信贷支持、为困难企业提供财政补贴、扩大公共投资为主，挽救和创造更多地就业岗位

如美国新当选总统奥巴马于2008年12月公布了可能挽救和创造250万个就业岗位的经济复兴计划，计划包括政府节能、启动大规模基础设施建设展开历史最大规模学校硬件升级活动等。法国、德国、澳大利亚、韩国等国政府出台了包括减税、扩大信贷扶持等以面向中小企业、建筑业和汽车行业为主的定向扶持政策。我国于2008年12月召开中央经济工作会议，提出必须实施更加积极的就业政策，全方位促进就业增长，确保就业形势基本稳定。同时，国务院出台了涉及

总额达4万亿元的扩大内需促进经济平稳较快增长的十项措施，国务院及有关部门还制定并出台了大量有关加大以改善民生为重点的公共工程建设力度、以减轻企业负担为重点的增值税转型、提高出口退税率、取消部分行政性收费、阶段性缓缴或降低社会保险费率、扩大对中小企业的信贷支持、支持企业自主创新等政策措施，并采取措施解决好重点高校毕业生、失业人员和返乡农民工等就业困难人群的就业问题。

（二）通过减免或退还个人所得税、增加对全体居民特别是中低收入居民或家庭补贴等方式，减轻金融危机对居民收入预期的影响，恢复消费者信心，刺激消费、扩大内需

如美国政府于2008年2月推出了一项总额达1680亿美元的以退税为主的经济刺激方案，其中主要包括对中低收入家庭一次性退税。为提高购买力拉动消费，法国计划对最贫困家庭每月补助200欧元。日本政府于2008年10月宣布向国民发放总额为2万亿日元的“定额给付金”。我国应对金融危机的各项政策主要注重加强改善居民生活条件的“民生工程”建设，并努力提高城乡居民特别是低收群众的收入水平。出台了加强保障性住房建设，增加城市和农村低保补助，继续提高企业退休人员基本养老金水平和优抚对象生活补助标准等政策，并拟对城乡低保对象、农村五保对象、享受国家抚恤补助的优抚对象以及新中国成立前老党员等人员发放一次性生活补贴。

（三）以应对金融危机为契机，深化医疗、社会保障等改革，推进长期制度建设，提高国际竞争力

如美国新当选总统奥巴马的计划中包括改进医疗状况的内容。欧盟于2008年11月公布了一项总额达2000亿欧元的经济刺激行动，该方案强调各成员国在扩大公共领域投资时应将短期应对措施与长期结构性调整相结合，投资重点放在人才培育、基础设施建设、科技创新和节能环保等有助于提高欧盟长期竞争力的领域。澳大利亚政府宣布将进一步深化政府在医疗和教育事业领域的改革。我国在出台应对金融危机有关短期政策措施的同时，明确提出要加快完善城乡社会保障体系，深化医疗卫生体制改革，大力发展教育和培训事业等，推动各项社会事业加快制度建设和发展步伐。

三、几点启示

（一）不局限于从经济角度出发看待危机，要更加注重由此引发的社会问题

自人类社会进入工业化阶段以来，受市场经济规律的影响，经济增长的周期性问题始终与经济社会发展相伴而行。同时，每次经济危机或经济调整时，由于失业人数增加，收入水平下降以及民众的信心丧失，社会问题就会突显出来，引发社会的动荡和对政府的信任危机。如1929年世界经济危机严重摧毁

了美国的经济，工业生产总量和国民收入暴跌了近一半，失业人数由不足150万人猛升到1700万人以上，占整个劳动大军的1/4还多，人民生活极端贫困。罗斯福政府的“新政”和二战后英国政府建立的社会保障体系，就着眼于扩大就业，改善民众生活，从而使国家走出经济困境，稳定了社会秩序，获得了较大的成功。此次金融危机也是由金融领域迅速传导到实体经济，并由此引发大量失业问题，居民的收入水平也大幅下降。从目前国际国内已经采取的有关措施来看，各国普遍注意了经济政策与社会政策的同步出台，并特别注重采取措施稳定和增加就业并提高居民特别是低收入居民收入水平，在一定程度上确保了经济社会运行的稳定协调。从我国目前的情况来看，外部环境仍将继续恶化，国内需求在总体上将进一步收缩，宏观经济调整幅度将显著加大，由此而引发的失业和贫困人员增加等社会问题将进一步呈扩大趋势。因此，当前我们要密切关注经济社会发展态势，及时调整或出台有关就业和社会保障政策，加快社会保障制度改革步伐，充分发挥社会保障制度作为经济社会运行“调节阀”和“稳定器”的作用。

（二）经济社会发展的不同阶段，应对危机的就业和社会保障政策取向要有所不同

不同的国家在经济社会发展的不同阶段，其经济发展水平、财政收支状况以及危机成因等都存在较大差异。因此，政府要围绕经济调控目标，对症下药，合理确定社会保障政策取向。如美国大萧条时期，社会需求严重不足，同时受社会保障制度尚未建立的因素影响，人们的消费预期普遍不高，进一步制约了消费的增长，作为刺激消费、扩大需求的措施之一，实施了扩张性社会保障政策，大量举办公共工程。一方面，解决了眼前的就业问题；另一方面，为今后的经济增长提供了良好的基础设施。两次石油危机期间，西方主要资本主义国家陷入滞涨的局面，当时社会保障制度已普遍建立并且保障水平居高不下，政府调控经济更多的是通过制度改革，释放经济活力，扩大就业，减轻社会保障负担。此次金融危机我国及世界主要发达国家面临的主要社会问题是失业人员大幅增加，人们的收入下降，导致社会消费不足。特别是在我国，出口导向型经济使经济增长过度依赖于外部需求，而内需中还存在投资和消费不平衡的问题。因此，各国促进经济增长的政策重点除增加公共投资和扶持企业发展外，主要注重稳定并增加就业岗位，并努力提高城乡居民特别是低收入居民的收入水平，以改善居民的收入预期，刺激消费，扩大内需。但是，与世界主要发达国家相比，我国仍处于经济体制转轨时期，各项经济社会制度尚在改革之中。为此，一方面我们要抓住机遇加快推进改革，减少行政管制特别是对就业创业的管制，激发经济体自身的活力；另一方面要立足于社会保障制度现状，通过出台短期社会保障政策和加强长期制度建设，推动社会保障体系的完善，增强对危机和风险的长期抗击能力。

（三）既要有针对性地出台短期应急政策，也要妥善处理好短期应急与长期制度建设的关系

在经济危机发生后，面对失业人员增加，人民生活困难、消费需求不足等问题，出台短期的应急政策，如通过公共投资增加就业岗位，通过减税或增加财政对低收入居民的补助等，有利于在短期内缓解危机对社会的冲击，保持社会稳定。但如果危机在短期内不能得到有效缓解，长期实施此类政策，势必会加重财政和社会的负担，具有不可持续性。同时，社会保障政策的刚性效应，将会对长期制度建设带来冲击和不利影响。如罗斯福政府上台后，把整个联邦政府都投入到救助的社会运动之中，举办了大量的公共工程，为成千上万失业者提供了就业和机会，并为失业者提供紧急救助项目。但是，这些措施实施过后，举办的公共项目和工程完工之日，又有大量人员重新加入到失业者的队伍。这迫使罗斯福政府考虑更长远的举措，这些措施不仅要包括紧急时期的救助计划，还要有防止危机再次发生的长期计划。此次金融危机爆发后，欧盟的经济刺激方案强调各成员国在扩大公共领域投资时应将短期应对措施与长期结构性调整相结合。目前，我国已经并将继续实施一些有关就业和社会保障的短期应急政策措施，但对短期应急政策与长期制度建设衔接问题，以及短期政策带来的后续问题处理缺乏充分的考虑。因此，在制定和实施这些政策措施过程中，一是要准确分析判断金融危机发展态势及其对就业社会保障形势的影响情况，合理把握政策出台的时机，明确政策实施的目标、力度和节奏。二是要结合对危机发展态势、财政和社会保险基金收支状况的分析判断，及时对政策做出调整，避免对长期制度建设产生不必要的负面影响。三是要加强短期应急政策与长期制度建设的有效衔接，将短期应急政策纳入长期制度规划，提前考虑短期应急政策带来的相关后续问题处理政策，使短期应急政策成为长期制度建设的有机组成部分，为长期制度建设奠定良好的基础。

（四）既要确保应对危机的有关政策措施贯彻落实，但也要防止政策执行过头

面对经济危机，政府首先要考虑的问题是及时研究制定有关应急政策措施，但是政策制定并发布实施后能否发挥其预期的效应，则需要政府有关部门把握好政策执行的节奏和力度，即要采取有力措施确保贯彻落实，也要防止政策执行中的以权谋私、铺张浪费和执行过头等问题。1929 年经济危机后，罗斯福政府将整个联邦政府都投入到应对危机的社会工作之中，同时成立了公共工程署和民用工程署，具体负担有关政府公共投资项目的实施工作，确保了有关政策的贯彻落实。两次石油危机期间，美国的卡特政府和英国的撒切尔政府由于改革力度过大，或招致反对方案流产，或政策实施步履维艰。此次金融危机后，美国、英国等国政府都表示，在实施扩张性财政政策的同时，也要考虑未来的财政纪律约束

问题。当前，我国为应对金融危机出台了大量的应对政策措施，包括庞大的政府投资规模、众多的税费减免政策和一系列的财政补贴项目等等，对各级政府及有关部门的政府政策把握水平和政策执行能力提出了很高的要求。因此，在政策实施过程中，一是要加强制度建设，严格政策审批和操作程序，确保政策执行的规范、有序、严谨和资金使用的安全、合规、有效。二是要合理把握政策尺度，各地在贯彻落实好中央出台的有关政策措施的同时，要结合本地实际合理确定相关配套政策和资金安排规模，避免政策出台或资金安排超出实际需要，并对长期制度建设产生不利影响。三是要加强监督检查，严格责任追究，加大对违法违规问题的处理处罚和信息披露力度。

（2009 年）

国际社会保障制度发展的历史考察和经验分析

社会保障源于古而有之的济贫思想，但作为工业化和社会化大生产产物的现代社会保障制度，萌芽于农业社会向工业社会过渡、商品经济不断发展的时期，并在此后漫长的岁月中，不断调整和变化其形态和内容。考察社会保障制度的历史变迁及其背后的规律，对进一步完善我国社会保障制度具有一定的借鉴意义。

一、社会保障制度的起源——传统农业社会的家庭保障和互助互济

早在农业社会时期，人们就已通过各种方式来应对生产、生活中的种种风险。譬如，古埃及修建金字塔的工匠们自发成立的互助共济会，会员定期或不定期缴纳会费，死亡后其家属可从共济会获得善后费用。这一时期，由于社会生产力比较落后，国家在控制资源、制度安排等方面的能力较弱，尽管也曾出现过政府组织的保障形式，如古希腊、古罗马时期市政当局组织的贫困救济，我国历史上由政府举办的仓储制度、居养制度，但都规模不大，适用范围不广，也不够规范，主要还是依靠家庭来实现生活保障，家庭自助和互助互济是当时的主要社会保障形式。

二、现代社会保障制度的萌芽——《济贫法》在英国的出现

欧洲中世纪末期，随着工商业的兴起，大量摆脱封建土地人身依附关系的农

民涌入城镇，其中的很多人沦为城镇游民或乞丐，引发了新的社会矛盾和冲突。为此，一些国家开始针对济贫立法，其中影响最大的当属1601年英国颁布的《济贫法》。

《济贫法》是现代社会保障制度的萌芽，它是第一次专门针对贫困等生存风险问题进行的立法，将国家负有救济贫民的责任以法律形式加以确定。在保障内容和范围上较之前有较大发展，并开辟了济贫税这一专门的筹资渠道。但受当时经济社会发展条件所限，救济水平不高，制度稳定性不强。特别是在引起贫困加剧的主要原因由社会财富的总体匮乏演化为社会财富分配的不合理、不公平以及社会收入的过度两极分化时，济贫制度就越来越显示出局限性，必然要被更加先进的社会保障形态替代。尽管如此，它仍对欧美很多国家产生了巨大影响，许多国家在一定程度上仿效了英国政府介入和干预济贫的做法，制度化的济贫行为在越来越广的地区被采用。

三、现代社会保障制度的创立——社会保险制度在德国的产生及扩展

19世纪后期，在德国完成工业革命并向垄断过渡过程中，工人阶级的力量不断壮大，与资本家形成对抗，劳资矛盾日趋激化。面对资本主义大生产带来的对劳动力巨大需求的压力和蓬勃兴起的社会主义运动，俾斯麦政府接受了社会政策学会的主张，通过制定社会政策和社会立法来保护劳动者，以求缓解劳资之间的矛盾。1881年11月，德皇威廉一世发布了建立社会保险的敕告。随后，德国于1883年颁发《疾病保险法》、1884年颁布《工伤事故保险法》、1889年颁布《养老、残废、死亡保险法》。尽管这三项法律的适用范围仅涉及当时德国就业人口的1/5或总人口的1/10，但它却开创了现代社会保障立法先河，意味着社会保障制度进入了现代阶段。此后，很多国家开始效仿德国，颁布社会保险法律，着手建立现代社会保障制度。到了20世纪30年代，为应对席卷资本主义世界的经济大危机，美国罗斯福政府决定实行新政，其中的一项重要措施是颁布和实行《社会保障法》。这是第一次使用和明确社会保障这个概念，并第一次在一部法中规定了社会保险、社会福利和社会救济等社会保障的内容。

这一时期的社会保障制度有以下特点：（1）公民的社会保障权利和政府的社会保障责任被逐步认可，并通过宪法或其他法律得以明确。（2）社会保障制度体系趋于健全，从传统的社会救济项目扩展到了包括养老保险、医疗保险、工伤保险、失业保险等在内的社会保险制度。（3）社会保障机制制度化，待遇更加稳定、可靠，措施也更加规范、到位。（4）社会保障特别是社会保险组织管理模式呈现多样化。如以德国、捷克等为代表的自治模式，以英国、美国等为代表的政府主导模式。（5）建立现代社会保障制度的基本限于欧美发达国家，而大多数发展中国家仍然处于与济贫法时期相似的阶段。（6）社会保障水平不高，覆盖人群有限，主要针对正式就业的职工，非正规就业的劳动者、农民等仍然被排除在社会保险体系之外。

四、现代社会保障制度发展的新阶段——福利国家的建立

1942 年 12 月，在受英国政府委托对英国当时的社会保障体系及相关服务机构的工作效率进行全面调研的基础上，贝弗里奇提出了《社会保险及相关服务的报告》，认为社会保障是国家的一项基本责任，救济贫困的概念应由原来的救济贫民转变为保障国民的最低生活标准，建议建立一个以社会保险制度为核心的全面的社会保障计划。该报告有关建议被英国政府所接受，成为英国战后社会保障制度建设和福利国家发展的纲领性文件。1945 年，工党政府上台后，颁布了《国家补助法》、《国民保险法》、《工业伤害保险法》、《国民健康服务法》和《国民救济法》等一系列法律，形成了包括失业、伤残、疾病、养老、死亡、家庭津贴等内容的较为完备的社会保障体系。1948 年，英国首相艾德礼宣布英国已成为福利国家。之后，欧洲有关国家纷纷效仿。特别是在 20 世纪 60—70 年代初，经济高速增长，社会保障制度进入快速扩张期，几乎所有的工业国家甚至部分发展中国家，都建立起了社会保障制度。

福利国家的概念超越了 19 世纪以前传统的社会福利方式，使社会保障制度迈进了一个新的境界，标志着政府职能的一个重大转变，即政府的责任不仅是救助一般贫困与社会急需，而是更积极地保障并促进全民的福祉。福利国家阶段呈现出以下特点：

一是社会保障制度覆盖范围不断扩大，社会保障对象已不仅仅局限于“穷人”这一范围，享受国家提供的社会保障成为所有公民的基本权利，覆盖范围扩大到非工资收入的农业劳动者、手工业者、商人和自由职业者以及家庭成员等。主要发达国家基本实现了全民保障。

二是建立社会保障制度的国家越来越多，特别是大批发展中国家也开始推进社会保障制度建设。据美国社会保障署的不完全统计，1940 年，有 57 个国家至少建立了一项社会保障制度，到 1977 年增加到 129 个，1989 年达到 145 个。目前，世界上绝大多数国家和地区都建立了至少一项社会保障制度（见表 1）。

表 1　1940—1989 年世界各国（地区）社会保障制度项目类型分布情况

年　份		1940		1958		1977		1989	
建立任何项目类型的国家（地区）数量		57	比例（%）	80	比例（%）	129	比例（%）	145	比例（%）
项目类型	老年、残疾与遗属	33	57.9	58	72.5	114	88.4	135	93.1
	疾病与生育	24	42.1	59	73.8	72	55.8	84	57.9
	工伤	57	100	77	96.3	129	100	136	93.8
	失业	21	36.8	26	32.5	38	29.5	40	27.6
	家庭津贴	7	12.3	38	47.5	65	50.4	63	43.4

资料来源：根据美国社会保障署《全球社会保障（2005）》（Social Security Programs Throughout the world - 2005）数据计算整理。

三是社会保障程度和支出水平越来越高，特别是在发达国家，社会保障支出逐步成为最主要的政府支出项目。1960—1990 年，OECD 国家公共养老金支出占 GDP 的比重从 4. 6% 增加到 8. 5%，卫生保健支出占 GDP 的比重从 2. 5% 上升到 6%，各国社会保障开支增长速度均高于同期 GDP 和财政支出增长速度。

四是不同的社会保障项目发展并不平衡。在已建立社会保障制度的国家中，工伤和老年项目最为普及。1989 年，在前述 145 个国家和地区中，建立工伤和老年项目的分别有 136 个和 135 个国家，建立疾病保障制度的有 84 个国家，而建立家庭津贴制度和失业保障制度的分别只有 63 个和 40 个。

五是社会保险筹资机制从积累制向现收现付转变，社会保障制度的代际转移支付特征越来越明显。

六是以英国为发端，医疗保障筹资渠道逐渐从专项医疗保险税（费）转向通过一般财政收入安排。在 27 个 OECD 国家中，有 13 个国家的医疗保障制度所需资金主要通过一般财政收入安排，有 13 个国家采取社会医疗保险形式通过缴费筹集，还有 1 个国家（希腊）是两种方式的结合。

五、社会保障制度的调整和改革——20 世纪 70 年代后国际社会保障制度的发展方向

20 世纪 70 年代末，由于经济环境发生变化，西方主要经济发达国家陷入“滞胀”的境地，社会保障体系的物质基础被大大削弱了，同时，受失业率攀升、提前退休现象增加、人口结构渐趋老化等因素影响，社会保障支出规模快速扩大，国家财政和社会不堪重负，各国纷纷从政策调整和体制改革两方面着手，调整和改革社会保障制度。

在政策调整方面，主要是增收节支。工业化国家普遍采取适当提高社会保险费（税）率和开辟新的筹资渠道增加社会保险基金收入。同时，从成本/效益角度考虑，越来越多的国家合并社保与税务部门的征缴职能，以实现规模经济、降低成本、提高效率的作用。社会保险待遇享受条件也更为严格，福利项目有所削减，社会保障支出水平得到了一定程度的降低。在体制改革方面，主要是引入市场机制和激励机制，重新划分政府和市场的责任，推行社会保障“私有化”，将政府包揽过多的社会保障责任还给市场一部分。比如在基本养老保险制度中引入个人账户、在医疗保健服务中引入市场竞争机制等。社会救助等福利政策从被动提供福利向“以工作谋福利”转变，各国更加重视通过就业帮助困难群体摆脱困境。失业保险制度的重心也不再是单纯救济失业者，促进就业的倾向越来越明显。通过上述努力，很多发达经济国家的社会保障支出得到了一定控制。

六、社会保障发展历史的启示

一是要高度重视社会保障体系建设对构建社会主义和谐社会的重要意义。回顾社会保障发展史可以发现，社会保障制度对维护社会团结、实现公平正义以及调节宏观经济运行、促进经济发展具有极其重要的意义。改革开放以来，我国经济实力迅速增强，人民生活不断改善，社会运行趋于和谐。但是，经济社会的加速转型也带来了一些比较突出的问题和矛盾，比如收入分配形势的恶化，根据中国社会科学院有关专家的测算，2002 年我国收入分配差距的基尼系数已经达到 0.46，超过了国际公认的警戒线。如果处理不当，这些问题和矛盾就会引发大规模群体事件，造成社会分裂，对社会良性运行造成不利影响。因此，处于从传统向现代变革、从封闭社会向开放社会转型、从农业社会向工业社会进而向信息社会过渡时期的中国，亟须建立和完善社会保障体系，通过发挥社会保障制度的再分配作用，缩小贫富差距，保障人民群众基本生活，以维护公平正义和促进社会和谐。

二是社会保障水平要与经济发展水平相适应，才能既促进社会公平，又有利于生产力的发展和企业竞争力的提高。一方面，如果社会保障水平滞后，相当一部分社会成员难以获得与经济社会发展阶段相适应的基本生活保障，必然加剧两极分化，不利于和谐社会建设；另一方面，超越国情和经济社会承受能力的社会保障项目和水平，同样会成为和谐社会建设的短板。高保障必然导致高税（费）率，会大大扭曲经济活动的激励机制，影响人们从事生产和创业的积极性，进而带来经济停滞、失业增加和人民生活水平下降。在通过社会保障体系化解社会风险、促进和谐社会建设的同时，必须注意控制和化解社会保障制度自身可能带来的风险。越是在经济高速发展时期，越应有长远眼光，妥善处理好经济发展的周期性和波动性与社会保障待遇的刚性之间的矛盾，增强制度弹性，充分考虑到经济不景气时期社保收不抵支的可能性，做好统筹谋划，以确保社会保障体系的长期可持续性。

三是根据生产力发展状况和经济水平，合理选择社会保障组织形式，并按照社会结构和不同群体的特点，实行有针对性的社会保障政策。社会保障组织形态主要包括社会救济、社会保险和社会福利，它们分别代表了从低到高的三种社会保障形态。社会保险的主要保障对象是以正式雇佣关系为基础、在正规部门就业的现代产业工人，这一方面是因为工业化对家庭保障机制的冲击使得建立社会保险制度具有了必要性；另一方面是因为工业社会的社会化大生产为社会保险制度的实施提供了经济基础和组织基础。社会福利制度更是生产力水平高度发达的产物，其着眼点已不仅仅是保障社会成员的基本生活，而是使所有人更公平地分享经济社会发展的成果。一个国家选择什么样的社会保障形态或形态组合，应当根据其生产力发展状况和经济水平确定。

四是要充分发挥各种保障机制的作用。对社会成员提供生活和医疗保障，并非政府的专利。实际上只是在进入现代社会后，政府才开始在社会保障领域发挥主导作用。而且，政府机制存在一些缺陷，容易扭曲激励，影响社会成员创造财富的积极性，政府机构内在的官僚特征也影响了其效率发挥，因此，市场机制、互助机制、慈善机制以及家庭机制等其他保障机制仍然发挥着巨大的作用。近年来，社会保障改革的一个趋势就是进一步发挥市场机制作用，减轻政府财政负担，提高制度运行效率。在东亚国家，家庭保障的作用到今天仍然举足轻重。在我国社会保障体系建设过程中，必须多种保障形式并举，充分发挥不同保障机制的协同作用。

五是社会保障的基本制度要有统一性。社会保障制度的基本目标和功能，就是通过转移支付，调整初次分配的收入不平等，它所赖以建立的基础是人们在同一社会保障体制下具有享受社会保障的同等权利。在欧洲一些国家，社会保险制度是建立在以行业公会、互助会为特征的职业保险基础之上，各个行业保险计划条块分割，待遇不一，劳动力难以自由流动，有人称之为“社保制度的碎片化”。此外，行业保险基金由各方代表共同负责管理，政府不能真正掌控，需要与企业主和工会等达成充分一致，才能进行制度改革，这在实际上是相当困难的，法国社会保险制度改革的步履维艰就是一个很好的例子。在英、美等国，由于社会保险基金由国家统一管理的，虽然也存在国家、企业主和工会的三方合作机制，但在进行社会保险制度改革时，政府的主动权更强，制度调整也更有效率。这也是欧洲大陆一些国家政府社会保险负担远比美国沉重的原因之一。

六是加快社会保障法律法规体系建设。社会保障是通过国家立法强制实施的一种制度，必须有完善的法律法规作保证。欧美发达国家大多在 20 世纪中期前就构建了较为完备的社会保障法律法规体系，譬如德国在 1911 年就将以前所颁布的《疾病保险法》、《工伤事故保险法》、《养老、残废、死亡保险法》等社会保险法合并成一部系统的社会保险法典。多年来，我国社会保障法制建设取得了很大进展，但是还存在法律体系不完善、立法层次不高等问题。2004 年，国务院颁布了《全面推进依法行政实施纲要》（国发［2004］10 号）对今后 10 年全面推进依法行政的指导思想和具体目标、基本原则和要求、主要任务和措施等做出了明确规定，要求全面推进依法行政，建设法治政府，建立和完善社会保障法律法规体系是其中一项重要的内容。目前，国务院常务会议已原则通过《社会保险法（草案）》并提交全国人大审议。《社会救助法》也正处于起草阶段。此外，应根据社会保障形势发展变化需要，修订《工伤保险条例》、《失业保险条例》等法规，同时抓紧研究基本养老保险、医疗保险等的立法工作。

（2007 年）

瑞典、日本社会保障改革发展情况及对我国的启示

一、瑞典和日本社会保障制度的基本情况

作为高度发达的资本主义国家，瑞典和日本都已经建立起了比较健全的社会保障体系。限于篇幅，本报告不再就两国社会保障制度的具体情况进行分门别类地系统介绍①，而是重点概括一下瑞典和日本社会保障制度的主要特点。

（一）社会保障覆盖面的广泛性

以最主要的养老保障和医疗保障制度为例，无论是瑞典还是日本，都较早实现了这两项制度的全民覆盖。瑞典在1913年就建立了世界上第一个普享型养老金制度，通过一般预算安排资金。曾担任瑞典国家社会保险委员会主席的赫德伯格女士告诉我们，由于当时规定的养老金领取年龄较高（67岁）而寿命相对较低，领取养老金的人数很少且平均领取时间较短，加之养老金水平很低，每月10克朗，因此，养老金实际支出规模不大。不过，由于它对每个人都是平等的，因此社会反响很好。1960年，瑞典在普享型养老金制度的基础上建立了收入关联的养老保险制度作为第二支柱，养老金水平明显提高。此外，瑞典还从1947年开始建立了面向所有儿童的儿童津贴制度。日本在1961年实现了全民养老保险和全民医疗保险，当时人均GDP水平为4400美元左右②，农村劳动力1228万人，农村人口占总人口的比重37%。1971年，日本又建立了农民年金制度，为参加国民年金的农民提供进一步的养老保障。2008年，日本有7038万人参加了养老金制度的第一层次国民年金制度。日本养老金制度的第二层次是强制性的厚生年金保险（针对企业职工）和共济年金（针对公务员、教师等），参加厚生年金保险的有3379万人，参加共济年金的有457万人。2000年，通过在措施制度的基础上建立护理保险制度，日本又将老年护理的服务对象从低收入阶层老人扩大到所有老人。

---

① 详细情况可参见美国社会保障署编辑的《social security programs throughout the world》，日本国立社会保障与人口问题研究所《日本社会保障制度》，以及瑞典社会保险署网站http：//www. forsak ringskas-san. se有关资料。

② 按照1990年国际美元计算，下同。

（二）社会保障项目的完备性

两国都已经建立起了项目比较完备的社会保障体系。瑞典的保障项目“从摇篮到坟墓”①，涵盖了养老、医疗、失业、工伤、残疾、住房、护理、儿童津贴和其他福利等各个方面，相关保障项目的保障水平也较高。据我们访问的瑞典社会保险署介绍，该署管理着大大小小50项左右的福利项目。除养老金、疾病津贴等常见项目外，还有些体现瑞典福利国家特色的项目，比如符合条件的残疾人可以获得汽车津贴，用于购买汽车的补贴、对汽车进行适合残疾人的改造以及资助残疾人学习驾驶技术等；20岁以前的年轻人可免费进行牙齿保健，成年人进行牙齿保健也能够得到较高补助；所有16岁以下儿童都可以领取儿童津贴，瑞典公民从国外领养的小孩也可享受同等待遇；父母照顾生病、残疾、心理障碍的子女还可领取照料津贴，2007年最高每月8396克朗，等等。日本的社会保障项目也比较全面，当然在某些项目的享受范围和享受条件方面与瑞典相比有所不及。比如，瑞典的儿童津贴项目是普享的，对每个家庭的每个孩子一直发放到16岁；日本的儿童津贴制度只是针对低收入家庭，最初只从第三个孩子开始发放，但是近年来也一直在扩大覆盖范围，1992年开始所有的孩子都可以享受，2004年之前仅针对6岁以下儿童，2004年扩大到9岁以下儿童。

（三）不同群体社会保障待遇的均等性

在瑞典，公务员、企业职工和其他就业人员都参加国家统一的养老保险制度，同样收入水平的职工，不论在什么行业，退休后得到的养老金是相同的。在日本，虽然私营部门的职工、中央政府雇员、地方政府雇员、私立学校雇员和农林渔业雇员分别参加各自的养老保险计划，但是执行相同的政策，缴费率和养老金计发办法是统一的，职业年金方面差距也不大。因此，不同社会群体之间不存在社会保障待遇的攀比问题，从而避免了引发一些社会矛盾。社会保障覆盖面的广泛性，加上社会保障待遇的均等性，使社会保障制度的公平性得到充分体现。

（四）公共支出的民生主导性

完备的保障项目、广泛的享受对象和优厚的保障待遇背后，是巨额的资金需求。为了社会保障事业发展的资金需要，瑞典和日本都将社会保障作为公共支出的重点予以保证，社会保障支出处于较高水平，瑞典尤为突出。据统计，日本中央财政社会保障支出占一般财政支出②的比重从1995年的33%提高到2009年的

① “从摇篮到坟墓”原本出自穆罕默德的教诲“求知，从摇篮到坟墓”，也就是终身学习，如今却与高福利制度相提并论，成为终身享受福利的代名词，颇耐人寻味。

② 即不含国债还本付息和对地方税收返还。

48%，平均每年上涨1个百分点，2009年社会保障支出占中央财政总支出的比重也达到29%。瑞典中央财政支出和全国财政支出中社会保障支出所占比重分别为50%和43%，社保、卫生和教育支出占全国财政支出的比重更是达到70%以上，具有鲜明的民生主导性。此外，社会保障总支出占国民收入的比重在日本和瑞典分别为25.7%和44.1%。从表1可以看出，瑞典的社会保障支出水平之所以高于其他发达国家，主要源于养老和医疗以外的其他福利项目。这些福利项目占瑞典国民收入的比重达到19.9%，大大高于日本的4.55%和美国的3.43%，也明显超过德国、法国、意大利的水平。当然，高福利也是以高税收为代价的，如表2所示，瑞典的社会保障缴费和一般税收占到国民收入的2/3左右，日本较低，为38.9%，即使考虑到日本相当于国民收入8.8%的财政赤字在内，也比瑞典低了18.5个百分点。

表1　　部分国家社会保障支出占国民收入比重（%）

	养老金	医疗	其他福利	其中：老年护理	总　计
日本	12.62	8.49	4.55	1.49	25.7
美国	8.55	8.58	3.43	0.01	20.6
瑞典	14.36	9.88	19.90	3.66	44.1
德国	16.9	11	11.27	0.27	39.2
意大利	8.82	8.54	10.04	0.7	27.4
法国	17.1	10.29	12.0	0.12	39.4

表2　　部分国家国民总负担占国民收入比重（%）

	社会保障税费负担	一般税收负担	国民总负担	财政赤字	国民总负担加财政赤字
日本	15.9	23	38.9	8.8	47.7
美国	8.6	26.1	34.7	9.9	44.6
瑞典	17.2	49	66.2	0	66.2
德国	22.9	29.1	52	1.1	53.1
意大利	10.8	38.5	49.2	6.7	55.9
法国	24.6	37.8	62.4	5.1	67.5

（五）社会保障管理体制的基本统一性

瑞典和日本在社会保障管理方面都采取了大部门体制，实现了各项社会保障管理工作的基本统一。特别是日本，厚生劳动省全面掌管社会保障、就业和卫生等领域业务，其职责大致相当于我国人力资源社会保障部、卫生部和民政部的主要职能以及国家发改委的医疗服务和药品价格管理等职能。瑞典除就业和失业保险工作由就业部负责外，其他社会保障事务以及卫生事务全部由卫生和社会事务部负责。在具体经办层面，瑞典社会保险署作为卫生和社会事务部直属机构，统一负责养老金、疾病津贴、伤残津贴、护理津贴、住房补贴、儿童津贴、救济金等各类社保工作的具体管理和待遇发放。管理体制的基本统一有利于统筹相关政策的制定和协调推进各项工作的开展。

（六）社会保障支柱的多元性

日本和瑞典的补充保险近年来有了一定的发展，社会保障体系更加多元。日本目前参加养老金制度第二支柱的职工中，大约56%参加了职业年金计划。为适应日本近年来劳动力流动趋于频繁的新形势，日本从2001年开始实行了确定缴费型（DC）企业年金计划，参加人数从2003年的35万人增加到2008年的271万人。除提供职业年金外，日本大多数单位还提供一次性退职金，退职金原则上与工作年限和基本工资挂钩，但是数额并非事先明确允诺的，与雇主单位当时经营状况、雇员是正常退休还是主动辞职或被动解聘有关。据2007年统计，在大企业工作一辈子的大学学历男职工退休时的退职金平均为2075万日元。中小企业则估计在1000万—1500万日元之间。此外，日本人寿保险公司承保的个人年金保险到2008年达到1472万份，保额81.5万亿日元。在瑞典，总体而言，2006年公共养老金计划提供的养老金占养老金总水平的74%，职业年金和私营养老金计划提供的养老金占养老金总水平的19%和7%，也就是说，补充养老保险的保障水平相当于公共养老金的1/3强。

二、瑞典、日本社会保障制度改革的主要措施

近些年来，瑞典和日本都对本国社会保障制度进行了较大力度的改革，以适应经济社会形势变化的需要。改革主要受到以下几方面因素的推动：

一是经济增速放缓削弱了社会保障高速发展的物质基础。日本财务省官员告诉我们，日本20世纪60年代平均经济增长速度保持在10%以上，有利于充实和完善社保制度。但是自石油危机爆发后，经济增长趋势出现逆转，90年代的平均经济增长率只有1.75%，难以为过于慷慨的社会保障制度提供足够资金支持。瑞典经济增长速度也出现了明显下滑，按购买力平价计算的人均GDP在OECD国家中的排名从1970年的第4位下降到1990年的第9位和1995年的第16位。瑞典失业率也从1980年以前的2%—3%攀升到1994年的13%。

二是人口老龄化形势的日趋严峻也加大了社会保障制度改革的压力。以日本为例，由于“少子高龄化”，日本的总人口将从2005年的1.28亿人下降到2030年的1.15亿人和2055年的0.9亿人。65岁以上人口占总人口比例从1990年的12.1%提高到2007年的21.5%，20—64岁人口与65岁以上人口的比例从1965年的9.1：1下降到1990年的5.1：1和2007年的2.8：1。据预测，2025年和2050年这一比例将进一步下降到1.8：1和1.2：1。如果不进行改革，日本养老保险制度的缴费率将从2004年的13.58%最终提高到26%，才能实现基金收支平衡。

三是高福利引发了道德风险，福利欺诈和福利依赖现象突出。在瑞典，由于疾病津贴替代率高达90%—100%，每人因病请假的天数从1955年的14天增加到1989年的26天。瑞典社会保障大臣佩尔森女士告诉我们，瑞典500万人劳动力中，每年领取过病残津贴的超过1/10。瑞典的疾病津贴问题很大，每届政府都认为应该进行改革。

瑞典和日本社会保障改革的核心是对政府、个人、社会、市场、企业等不同主体的责任，以及中央政府和地方政府的责任进行重新调整和界定。大致可以概括为以下几方面。

（一）通过引入养老保险个人账户和完善医疗费用分担机制等措施，适当强化个人责任

1999年之前，瑞典的公共养老金制度包括国民基本养老金和收入关联养老金两部分。第一部分向每个公民提供同样水平的养老金，第二部分的养老金也只与15个最高收入年份的工资水平挂钩。1999年，瑞典对养老保险制度进行了大幅度改革，建立了个人账户主导的养老保险制度。其中名义个人账户的缴费率为工资的16%，此外还有缴费率为2.5%的积累制个人账户。个人账户强化了参保者个人缴费与退休后待遇享受之间的关系，减少了对劳动力市场的扭曲，同时也建立了社会保障制度在面临人口老龄化和GDP增速可能放慢等不利因素冲击时的风险分担机制。在日本，1973年《老人福祉法》关于70岁以上老人享受免费医疗的规定在1982年被废除，此后，又进行了多次调整。2002年，进一步将70岁以上老人负担医药费10%的规定修改为75岁以上负担10%，70—74岁之间的老人及75岁以上高收入老人自负比例提供到20%，其他参保人员自负比例则从20%提高到30%。在老人护理方面，据我们访问的浴风会介绍，以前接受护理的老人是完全免除居住费，现在4人间的也要按照每人每月1万日元收取居住费。

（二）推动社会保障地方化改革，适当强化地方责任

为调动地方政府发展社会保障事业的积极性，瑞典和日本在适当强化地方政府社会保障责任方面采取了一些措施。比如，日本将政府掌管健康保险[①]的管理权下放到都道府县（相当于我国的省）一级管理，分别建立起负责健康保险管理的独立法人，健康保险的费率由各都道府县根据各地的医疗费用情况分别设定，不再由厚生劳动省统一确定。瑞典在20世纪80年代，将制定卫生保健计划的主要职能从中央政府转移到省政府，1982年颁布实施的卫生和医疗服务法将

① 日本的健康保险分为几类，国民健康保险是针对农民、个体户、无业者等；政府掌管健康保险是针对中小企事业单位职工；组合（工会）掌管健康保险是针对700人以上大企业员工。此外还有面向海员、国家公务员、地方公务员和私立学校老师的各类疾病统筹保险。

提供卫生保健服务、健康促进和疾病预防等工作的职责全部赋予省政府。1992年和1996年，老年护理的职责和残疾人与精神病人护理的职责先后从省政府移交给了市政府。此外，从1993年开始，瑞典将中央财政对地方的有关社会救济与社会服务转移支付进行了打捆，根据各地人口结构、税收情况等因素综合确定补助数额，由地方政府根据实际情况在政策规定范围内自行决定如何使用。

（三）鼓励多渠道提供社会保障服务，充分发挥社会力量作用

为促进民办养老服务机构的发展，日本规定，社会福祉法人兴建非营利性养老服务机构的，政府对其建设费用给予75%的补助，其中中央政府负担50%，地方政府负担25%，法人只需负担25%。此外，对这些非营利性养老服务机构免征房地产税和法人税，对向这些机构捐款的，捐款额也可以从其应税收入中据实扣除。此外，这些社会福祉法人的日常运营开支也能够得到政府一定的补助。在大力扶持的同时，政府也对其给予必要的监管，据我们在东京访问的养老服务机构浴风会介绍，它们每年都要向政府上报财务报表和报告书，东京都政府每年都要对其收支情况及提供服务情况进行审计，厚生劳动省每几年也要审计1次。瑞典从20世纪80年代开始鼓励老年护理机构实行商业化经营，到1992年就已经建立起270个私营老年护理机构，占全国老年护理机构的1/3，71个地方政府和6个省政府与私营老年护理机构签订购买服务的协议。赫德伯格女士告诉我们，近年来，瑞典的公共福利部门有缩小的趋势，私营福利部门有扩大的趋势。

（四）拓宽社保基金投资渠道并引入竞争，努力发挥市场机制作用

瑞典的养老保险制度虽然是以名义个人账户为主导，但是多年来仍然形成了规模比较庞大的总量积累，瑞典称之为“缓冲基金”。2007年末，缓冲基金的规模达到8980亿克朗，相当于当年养老金支出2070亿克朗的4.3倍。在2000年之前，这些基金主要投资于政府债券和住房抵押贷款等低风险资产。2000年，瑞典将缓冲基金改组为四个相对独立、规模相同的基金，每家基金成立专门的理事会进行运作，旨在通过基金之间的竞争进一步提高投资绩效。每个基金接收1/4的养老保险缴费，并负责1/4的养老保险支出①。同时，瑞典进一步放宽了基金投资渠道，2007年基金投资于股票的比重为58%（主要是国外股票市场），投资于债券的比重为38%。

（五）完善社会保障筹资机制，合理平衡各方负担

为满足不断增长的社会保障资金需要，日本对社会保障筹资机制进行了改革

---

① 实际上还有一个第六缓冲基金，但是它规模较小，只有200亿克朗左右，是其余四个基金规模的1/10，且不需负责向社保对象发放养老金待遇，主要作用是支持本国中小企业的发展。

和完善，力争使个人、企业和政府的负担合理化。在养老保障方面：一是逐步提高个人向国民年金制度缴费额，从2004年的13300日元逐步提高到2017的16900日元（按2004年不变价格计算）。二是提高厚生年金保险的缴费率，从2004年起每年提高0.354个百分点，一直到2017年提高到18.30%。三是通过增加消费税等方式，将政府对国民年金制度补贴所占份额在2009年由1/3提高到1/2[①]。这主要是考虑到社保费是劳动者负担，在老龄化情况下，不应该再大幅度提高了，而消费税是国民全体负担，可以更均衡地分摊社会保障成本，更体现公平性。在医疗保障方面：面对因人口老龄化而不断膨胀的医疗费用负担，日本对医疗保障筹资结构进行了调整，70岁以上老人自负以外的医疗费用由医疗保险机构和财政共同负担，2004年，医疗保险机构负担了58%，各级政府负担了42%（其中中央政府占2/3，都道府县占1/6，市町村占1/6）。2008年，日本又对此进行了改革，建立了以75岁以上老人为对象的高龄医疗制度，所需资金10%来自于老人的缴费，40%来自于其他医疗保险基金，50%来自于财政补助。

（六）引入养老金基金自动平衡机制，确保资产负债匹配

瑞典的名义个人账户为实现养老金制度的可持续性提供了基本前提。但是，由于个人账户的记账回报率和缓冲基金的实际投资回报率难以做到完全一致等方面原因，为确保养老金制度的资产与负债相匹配，实现财务平衡，瑞典进一步引入了自动平衡机制。每年对养老金制度的资产和负债进行测算，其中，养老金制度的资产即当前缓冲基金的现值加上缴费的资本化价值，而养老金制度的负债即未来养老金待遇支付流量的现值[②]，资产与负债之比即为“平衡率”，一旦平衡率小于1，即对名义个人账户的记账利率进行调整[③]，缩减负债规模，直至重新恢复平衡。日本养老保险虽未建立个人账户，但是在2004年的养老金改革中，也引入了自动调整养老金待遇水平的“宏观经济调控制度”，根据人口结构变化情况对养老金计发办法进行调整，从2004—2023年，第二层次的职工养老金水平将根据养老金计划的参保人数和预期寿命这两个人口因子进行调整。据测算，日本职工养老金计划覆盖的在职职工人数每年将下降0.6个百分点，因预期寿命延长而增加的养老金支出每年约为0.3个百分点。

（七）改革社会保障管理体制，提高管理服务效率

社会保障管理体制好比社会保障体系的神经系统。管理体制是否高效、顺

---

① 由于日本经济陷入衰退，因此政府对国民年金增加的补贴暂通过其他渠道解决，2011年到2015年间再逐步提高消费税。

② 具体测算过程较为复杂，此处从略。

③ 比如，如果名义个人账户记账利率为5%，平衡率为99%，则名义个人账户将按照（1+5%）×99%−100%=3.95%计算记账利率。

畅，对社会保障制度的决策效率和运行效率有重要影响。瑞典和日本对社会保障管理体制也进行了一些调整和改革。一是充分发挥部门比较优势。比如，瑞典在1984年将社会保险费的征收职能由社会保险署移交给了国家税务局。二是加强部门合作。税务部门和社保部门一个管收钱，一个管花钱，无论哪项工作都要以准确全面的个人收入信息为前提，做好收入调查等审核工作。此外，税务局还负责人口登记工作，这与社会保障工作也密切相关。为此，瑞典税务部门和社保部门进行了密切合作。2008年，税务局与社会保险局在80多个地区的办事机构是合作建立的（瑞典税务局全国一共有100多个办事机构，社会保险署有230个办事机构）。三是进行机构整合。瑞典将从2010年1月1日起将现在的社会保险署与基金制养老金管理局（Premium Pension Authority，PPA）合并，统筹经办各项养老保险事务。四是推动政事分离，实行具体经办管理机构的社会化。日本在2007年社会保险厅丢失5000多万份养老金缴纳记录的问题曝光后，通过了《社会保险厅改革相关法案》，将于2010年解散社会保险厅，新建一个由非公务员组成的相对独立的"日本养老金机构"。健康保险职能也将从政府中分离出来，设立健康保险协会，实现公团法人化。

三、瑞典、日本社会保障制度考察的几点体会

通过考察瑞典和日本的社会保障制度改革发展情况，可以得出以下几点体会。

（一）我国应加快推进覆盖城乡居民的养老保障制度建设

建立健全社会保障制度是一国执政党赢得人民拥护、巩固执政地位的根本性举措之一。瑞典社会民主党能够自20世纪30年代以来长期执掌政权，特别是1932—1976年间连续44年执政，与该党积极推进本国社会保障等福利制度建设、赢得了选民的广泛支持是密不可分的。在当前我国应对国际金融危机、扩大内需的关键时期，进一步健全社会保障体系，不仅可以通过增加居民可支配收入直接转化为当期消费，而且还能够稳定和改善未来预期，降低居民预防性储蓄意愿，进一步刺激出更多的消费需求，有效缓解我国居民消费率偏低[①]、经济容易受到外部需求下降冲击等问题。目前，农民及城镇无稳定收入居民的养老保障问题已成为实现"全民社保"和改善民生的最大短板。因此，有必要加大对社会保障的支持力度，加快建设覆盖全民养老保障制度。

（二）社会保障体系建设既要尽力而为，也要量力而行，切实坚持"广覆盖、保基本、多层次、可持续"的原则

---

① 2008年我国居民消费率为35.3%，比改革开放以来最高的1981年下降17.2个百分点，与发达国家相比低30个百分点左右。

瑞典在1913年建立养老金制度时，月人均养老金水平不足10克朗，且领取年龄为67岁。在二战后虽然逐步走上“高工资、高福利、高税收”为特色的“从摇篮到坟墓”[①] 社会保障制度之路，但终因难以为继还是被迫进行改革，以削减支付标准。日本虽然是高税收的发达国家，但却坚持中福利，近年来又不断进行改革，以减轻支付压力。我国刚刚由低收入国家进入中等偏下收入国家行列，经济发展水平与瑞典、日本等国差距明显，财政收入占GDP比重较低，激发社会成员的劳动积极性、促进经济发展仍然是最主要的任务之一，绝不能盲目攀比一些发达国家的“高工资、高福利、高税收”政策。要准确把握好制度建设的方向、速度、力度，将加快社会保障事业发展与适应现阶段经济社会发展水平有机统一起来。同时，要合理界定政府、市场、社会、个人等的保障责任。政府的保障职能一定要明确为“保基本”，避免个人应承担的保障责任过度向政府转移，防止政府保障机制过分挤压市场保障机制生存空间。

（三）应充分认识社会保障政策与税收政策的密切关系，统筹考虑社会保障制度和税收制度设计中的一些重大问题

无论在瑞典和日本还是其他发达国家，税收收入的很大比例都是用于社会保障开支，社会保障政策调整和支出变动必然会对税收政策产生重大影响。随着我国经济的不断发展，社会保障支出在公共支出中所占的盘子也会越来越大。因此，社会保障制度和税收制度设计的一些重大问题必须统筹考虑。除近年来我国一直在讨论的社会保险费税务征收以及社会保险费改税问题外，社会保障和税收之间还有一些重大问题需要认真研究。

其一，结合今后社会保障支出快速增长的需要，研究什么样的筹资结构或者说税收结构才能最有效满足这一需求，并与促进经济发展和提高经济竞争力相适应。这是比单纯的社会保险费改税更深层次的一个问题。日本对国民年金制度通过一般税收给予补助并于最近将补助比例从1/3提高到1/2，以及按照一定比例承担老人医疗保险的支出，实质上就是要解决社会保障筹资时专项税费、一般税收应如何实现最优搭配问题。国内也有专家（如朱青教授）建议，财政应建立对社会保险计划的事前固定补贴机制而非仅是像现在这样事后“补缺口”[②]。尽管这一建议现阶段是否能够落实还需进一步研究，但是它的确触及到了社保制度与税收制度的深层次关系，即社会保障筹资中，劳动所得、资本所得、消费行为等不同类型的税基应分别为此做出多大贡献；养老保障、医疗保障等不同的社会保障项目应分别对应什么样的筹资结构（税收结构）等。

① “从摇篮到坟墓”原本出自穆罕默德的教诲“求知，从摇篮到坟墓”，也就是终身学习，如今却与高福利制度相提并论，成为终身享受福利的代名词，颇耐人寻味。

② 见朱青主笔：《中国社会保障制度完善与财政支出结构优化研究》，第155页，2008年12月8日稿。

其二，结合社会保障制度运行和税收制度运行中存在的现实交集和潜在交集，在具体管理方面将两者尽可能衔接或整合。税收制度和社会保障制度在具体管理过程中有很多共通之处，向个人征收所得税和发放社保待遇特别是救济性待遇，都是要落实到一个个人头上的，都需要全面掌握对象的经济状况、准确做好收入审核等。只有知道居民收入状况，才能决定收多少税，以及发多少社保金。在加强两个制度、两个制度经办机构衔接和合作方面，有很多工作可做，很多潜力可挖。此外，1962 年由美国著名经济学家弗里德曼提出的负所得税，既是一项税收制度，又是一项社会保障制度，我国的最低生活保障制度实际上也有负所得税的色彩①。因此，我们应进一步加强对社会保障政策和税收政策的关系及相互作用机理的研究，实现社会保障制度与税收制度的良性互动与共同发展。

（四）应准确把握福利制度与经济危机的关系，妥善制定应对经济波动的社会保障政策

瑞典社会保险署的帕尔默先生指出，20 世纪 90 年代的瑞典经济危机确实是推动瑞典福利制度改革的重要原因之一。通过改革，瑞典社会保障制度更加合理，特别是由于实行了名义账户养老金制度，此次金融危机不会对瑞典的养老金制度造成太大冲击。我们认为，就福利制度和经济危机的关系，总的来看可以得出以下几点判断：（1）福利制度在经济危机时确实能够发挥自动稳定器作用，一方面有利于遏制总需求的进一步下滑；另一方面也有利于避免把经济危机转化为社会危机和政治危机，对此应予以充分肯定。（2）一般来讲，福利制度不会是造成经济危机的直接导火索和主要原因，但是福利制度设计不当，会延缓从危机中复苏的时间，也会削弱长期经济增长的趋势。打个比方，福利制度好像保健品，好的保健品不会对治愈急症发挥主要作用，但能够增强免疫力和延年益寿；坏的保健品一般不会引起急症，但长期使用会降低免疫力甚至使人短命。（3）经济危机会成为推动福利制度变革的动力，不过在不同情况下，变革方向却不一定相同。正如 20 世纪 30 年代的危机给发达国家社会保障制度提供的是全方位扩张之机，而 70 年代的危机却迫使发达国家社会保障制度进行调整和收缩。这在很大程度上取决于福利制度所处的发展阶段和成熟度，以及经济危机的性质及对今后长期增长趋势的影响。我国当前面临的经济形势和社会保障制度所处的阶段既不同于发达国家 20 世纪 30 年代的经济大萧条时期，又不同于发达国家 20 世纪 70 年代的经济滞涨时期，与我们自己 20 世纪 90 年代后期的情况也有明显的差异。在此背景下，社会保障制度建设应坚持稳健扩张的原则，既要明确扩张的基本取向，以进一步健全社会保障体系，又要准确把握好扩张的着力点，避

① 当然具体操作还是存在很多差异。在我国各地经济发展水平差异较大、税收立法权高度集中在中央、低保标准确定又由对方政府负责的情况下，两者还很难真正打通。但是在理想状态下，低保制度的功能是可以由负所得税承担的。

免影响社会保障和经济社会的长期可持续发展。

（五）社会保障制度建设既要充分借鉴国际经验，也要立足于本国国情并注意与相关政策的衔接

发达国家现代社会保障制度的建设已经有100多年的历史，在健全保障项目、扩大覆盖范围及提高保障水平等方面都明显走在我们前面，社会保障管理工作中也有很多好的做法和经验。总结和借鉴这些成功经验，能够使我们变“后发劣势”为“后发优势”，降低制度创新的成本，制定更加科学的社会保障发展战略。当然，在具体制度设计时，一定要首先立足于本国国情，并注意与相关各项政策的统筹衔接。比如，瑞典自1947年就普遍实行了儿童津贴制度（儿童津贴制度本质上是一种与养老保险相对应的“养小保险”制度），社会保险署专家爱德华·帕尔默先生告诉我们，这一政策的主要目的是解决生育率下降问题。目前瑞典的生育率为1.8，而意大利、德国只有1.2左右，他认为广泛的儿童津贴制度对此发挥了一定作用。日本儿童津贴政策的初衷是对贫困家庭儿童的救助，但是后来也越来越被作为鼓励生育的政策。而在我国，计划生育是一项基本国策，人口政策的取向是控制人口数量，有的地方还有超生不得享受低保的政策，因此在目前情况下，即使财力能够承受，普遍的儿童津贴政策显然也难以在我国实施和推广。这说明，具体社会保障政策的出台必须立足于本国国情，并置于整个政策体系框架之内统筹考虑，做好相互衔接，才能达到预期的效果。

四、进一步健全我国社会保障体系的具体政策建议

近年来，我国社会保障体系建设取得了巨大成就，但也存在不少有待解决的问题，有必要借鉴瑞典和日本在社会保障改革发展方面的经验教训，进一步促进我国社会保障体系的公平性、统一性和可持续性。具体来讲，特别要重点做好以下几方面工作。

（一）建议在新型农村社会养老保险试点的同时，及早开展城镇居民养老保险试点，尽快建立起覆盖城乡居民的养老保障制度

目前，财政部已会同人力资源社会保障部起草了新型农村社会养老保险（简称“新农保”）制度试点指导意见并上报国务院，待国务院审定后下发。按照部署，2009年开始将在全国10%的试点县开展新农保试点。建议在推进新农保试点工作的同时，尽快由两部起草制定城镇居民基本养老保险制度的试点意见，报国务院审定后下发。通过新农保制度和城镇居民基本养老保险制度，解决农村居民及城镇无稳定收入居民的老年生活保障问题。城乡居民养老保险制度建设要把握好以下几点：（1）城镇居民基本养老保险制度和新农保制度的模式设计应尽可能一致，并尽可能将两个制度归并，建立统一管理的城乡居民基本养老保险制度。该制度作为养老保障体系的“兜底”制度，除农民和城镇居民外，

农民工、困难集体企业从业人员和“原家属工”等参加城镇企业职工基本养老保险有困难的群体，也可允许参加城乡居民养老保险制度。（2）城乡居民养老保险试点进度，在保证试点质量的前提下，应尽可能加快，以避免因试点时间较长而可能引发不同地区之间居民的攀比。（3）城乡居民养老保险制度提供的养老金水平在初期应加以控制，可按照略高于当地低保标准来确定。个人缴费标准不宜过高，而且可以设立若干个缴费档次供参保对象自主选择。（4）鉴于城镇职工退休年龄已不尽合理，今后应逐步提高，城乡居民养老保险制度规定的领取养老金年龄，特别是政府发放的基本养老金的领取年龄可以稍高一些，如从65岁起步。日本国民年金的领取年龄即为65岁，比职工养老保险的领取年龄要晚5年[①]。（5）财政对城乡居民养老保障只补出口，不补进口，即向达到年龄的居民支付基础养老金，不用于个人账户缴费的补贴。

（二）养老保障体系中的个人账户应明确为名义个人账户，并在条件成熟时建立一般税收筹资的国民基本养老金制度

瑞典、日本老龄化程度远高于我国，但是瑞典和日本的养老保险费率分别只有18.5%和15.3%，都大大低于我国28%的水平。这既有我国退休年龄偏早、统筹层次偏低等方面的原因，也有制度设计不够合理的问题。面对即将到来的老龄化高峰，如果不对养老保险制度进行大刀阔斧地改革，养老保险费率势必将继续大幅攀升，严重影响我国经济发展和企业国际竞争力。因此，有必要进一步改革和完善我国的养老保障制度。

第一，企业职工基本养老保险制度和城乡居民养老保险制度中的个人账户都应明确为名义个人账户，目前用于做实企业职工基本养老保险个人账户的资金应实行总量积累。从瑞典经验看，名义个人账户能够较好应对人口老龄化和经济危机的不利冲击。据瑞典社会保险署2007年的测算，未来75年内，在基准情况下，养老保险基金财务状况都比较良好，不会因资不抵债出现赤字；乐观情况下，财务状况更加稳健；即使在悲观情况下，虽然一定时期会出现资不抵债的现象，但通过启动自动平衡机制也可以有效解决这一问题。而且，与完全做实个人账户相比，名义个人账户实行的是总量积累，积累的资金规模不用与个人账户记账规模完全对应，既减轻政府支出压力，也同样能够满足老龄化高峰的支出需要。

第二，在名义个人账户的前提下，可适当提高企业职工基本养老保险个人账户的缴费规模。比如，按照工资水平的15%左右由单位和职工共同缴费构成。这有利于激励职工缴费的积极性，促进基本养老保险扩面工作，个人账户在面对人口老龄化或其他冲击时进行调整也相对更加容易和透明。

第三，可考虑将企业职工基本养老保险的社会统筹支柱改造为通过一般税收

① 职工养老保险也将逐步提高到65岁，男性和女性分别在2025年和2030年完成。

筹资的基本养老金制度，与城乡居民养老保险的基础养老金实行相同的筹资模式。这样可以较大幅度降低企业和职工基本养老保险的缴费率，同时通过提高增值税率等方式为基本养老金筹集部分资金，以进一步优化筹资结构，控制劳动力成本的过快上涨，在劳动所得、资本所得、消费等不同税基之间更好地实现均衡。

（三）要加强同一制度不同群体、同一群体不同制度间的统筹协调

现阶段建立的全民养老保障制度，并非针对全民和全国各地建立大一统的制度，而是针对不同群体的多个子制度的综合体。因此，要加强不同地区之间制度建设的统筹协调，以及相关制度、相关群体之间的统筹协调。一是城乡居民养老保障制度基本模式全国应尽可能统一，同时也要体现出灵活性，允许各地区根据当地情况在具体管理和操作中创新。二是农村社会养老保险、农村五保供养、被征地农民养老保障乃至农村低保等相关制度，不能只是在新的制度框架体系内简单地叠床架屋，该整合的要整合，该分开的要分开，该衔接的要衔接，避免制度碎片化。三是应加快推进事业单位养老保险制度改革，并抓紧研究推动公务员养老保险制度改革，实现不同群体基本养老保险政策的统一。四是要统筹推进基本养老保险和补充养老保险制度建设。应抓紧研究完善企业年金税收政策，同时尽快启动并推广个人税收递延型养老保险试点①。此外，在公共养老金制度下，可允许职工在自愿选择的基础上将名义个人账户做实后交由商业养老保险公司运营，政府只负责其国民基本养老金待遇的发放。五是积极推动以公建民营、民办公助、政府补贴、购买服务等多种方式兴办养老服务等社会福利事业。六是在加快建设全民养老保障制度的同时，仍然要大力倡导家庭养老、家庭护老的东方文明，强化和落实家庭与子女在赡养老人方面的作用。

（四）建立科学的养老金待遇调整机制和养老保险基金自求平衡机制，积极稳妥扩大养老保险基金投资渠道

瑞典、日本及其他一些国家，养老金水平都是根据物价指数、工资指数或物价指数与工资指数的加权平均进行自动调整，我国也应建立和完善科学的基本养老保险待遇自动调整机制，不宜搞对养老金调整实行现在个案审批、财政另行增加投入的做法。总体上可考虑经济发展、财政收入、基金承受能力、物价指数和工资指数等因素，既保障养老金的购买力不因通货膨胀而遭到侵蚀，也能使退休人员一定程度分享到经济发展的成果。此外，瑞典和日本为确保养老金制度的资产与负债相匹配而引入的自动平衡机制，也值得我们借鉴。我国也应进一步加强对社会保险特别是养老保险基金的精算工作，并根据精算结果对养老金待遇计发

① 指投保人在税前列支保费，在领取养老金时再缴纳税款；这有利于提高消费者购买养老保险的意愿，促进保险行业发展。

办法和其他相关养老保险政策进行调整完善，以促进基金自求平衡，实现制度可持续发展。

适当放开养老保险基金投资渠道，使其能够获得较高回报率，也有利于促进养老保险基金的自求平衡。瑞典和日本近年来都适当扩大了养老保险基金的投资渠道。当然，在我国目前金融市场还不太成熟，养老保险基金结余分散在各市县管理的情况下，扩大基金投资渠道务必在有效控制风险的前提下进行。近期可考虑重启向养老保险基金发行特种定向国债，既能够为积极财政政策提供资金支持，也能够使基金实现更高的增值率。今后随着我国金融市场的不断发展和统筹层次的进一步提高，可在条件成熟时允许部分社保基金进入股票市场投资，但是比例不宜过高，且应委托专业机构投资者进行，并以指数化投资方式为主。

（五）进一步完善社会保障管理体制，统筹推动各项社会保障工作的开展

近年来，我国在改革社会保障管理体制方面做了不少工作，使相关工作的开展更加顺畅，但与日本和瑞典等国的“大部门”体制相比，还存在比较明显的职能分散、缺乏衔接和协调等问题。比如，医疗保障的管理职能分散在人力资源社会保障部、民政部和卫生部；农村养老保障也涉及人力资源社会保障部、民政部、人口计生委等多个部门；一些行政部门下属经办机构过多过散，难以形成合力；社会保险费征缴职能尚未统一；负责就业促进的部门和负责低保管理的部门之间缺乏有机配合，等等。这些问题，都应该通过进一步完善社会保障管理经办体制尽快予以解决。

（2009 年）

欧盟及比利时就业和社会保障制度改革及启示

一、欧盟就业和社会保障制度改革情况

（一）欧盟就业政策主要内容

1. 欧盟就业目标。欧盟对其成员国的就业率提出了明确的目标，即到 2010 年达到 70%。据统计，2000 年欧盟的平均就业率已经达到了 63%，2007 年达到了 66%，如果没有经济危机的影响，预计 2010 年将达到 68%—69%。欧盟各国

的就业率差别较大，北欧国家及荷兰已经超过了70%，而马耳他、波兰、意大利等国家较低，仅为50%多。

除总体就业率目标外，对女性和老职工（55—64岁）就业率提出了单独的目标。女性就业率的目标为2010年达到60%，老职工就业率的目标为2010年达到50%。目前，女性就业率较高，2000年欧盟女性平均就业率达到55%，2007年达到58%，欧盟正在努力使该指标在2—3年内再增长2%，以便达到预期目标。而老职工的就业率较低，平均为43%—44%，但比2000年时的37%已经进步很大。欧盟预计，即使没有经济危机的影响，2010年也难以实现50%的目标。

2. 欧盟就业战略。为实现就业目标，欧盟实施了积极的就业战略，采取了一系列措施。就业战略实施于1997年，是里斯本战略的重要组成部分之一，到2008年已经有11年的发展历史，执行到2010年结束，目标是使欧盟在国际竞争中更具有竞争力，在市场上创造更多就业机会，这是里斯本战略的核心目标。完成这一战略需要依靠各成员国与欧盟共同合作，采用的方法是公开协调法。其主要内容是从1997年开始，每个成员国通过评估过去的工作是否符合统一的指导方针，总结经验与教训，有针对性地提出今后发展的思路和对策，制定出就业的国家行动计划。欧盟委员会对这份报告进行评估，并与各成员国沟通后提出改革建议，并最终由欧盟议会通过。

3. 就业战略面临的挑战。目前，欧盟面临的一些问题制约了就业战略的顺利实现，主要包括人口老龄化、经济全球化和全球环境恶化等三个问题。前两个问题直接对就业产生影响，第三个问题间接产生影响，如节能减排造成失业等。为此，欧盟制定了欧洲就业大纲，在2008—2011年优先解决三大问题：一是在劳动力市场吸引并保留更多的劳动力。二是增加企业和劳动者的适应性，从而增加就业灵活性，并保持就业稳定。三是增加对人力资本的投入，不仅关注低技能人才的投入，还要投资于高级技能人才，以应对不断增加的全球化趋势。

（二）欧盟社会保障制度改革情况

1. 欧盟社会保障模式。不断发展和完善社会保障体系，向需要社会帮助的人们提供必要的资助，是战后欧洲社会的一个突出特征。一般说来，欧盟的社会保障制度主要提供收入保障、健康保险或服务及社会服务。但是，由于欧盟各成员国在文化、历史和体制等方面存在着差异，各成员国的社会保障体制在具体的组织形式和资金筹集方式等方面也存在着许多不同。欧盟社会保障体制可分为五种形式：盎格鲁萨克逊模式，代表国家为英国和爱尔兰；北欧模式，代表国家为挪威和瑞典；欧洲大陆模式，代表国家为法国和德国；地中海模式，代表国家为意大利和葡萄牙；东欧模式，代表国家为波兰等新加入欧盟的国家。欧盟各成员国社会保障体制的差异主要存在于风险涵盖范围和享受社会保障的资格、社会保障金的计发模式、社会保障金的筹集方式，以及社会保障组织形式等四个方面。

虽然欧盟各成员国的社会保障制度各不相同，但也存在不少相同之处：一是在欧盟体系内，欧盟和各成员国在社会保障建设方面都有共同的价值观和基准原则。其中，最主要原则是普遍适用性，即无论一个人的财富有多少，是富裕还是贫困，都要受到社会保障制度的覆盖。二是相对于世界上的其他国家，欧盟国家的社会保障政府支出水平较高，瑞典、丹麦、法国、德国等富裕国家的社保支出占本国 GDP 的比重可达到 30% 左右，而拉脱维亚、立陶宛、爱沙尼亚相对不富裕国家的社保支出占本国 GDP 的比重也在 12%—15% 左右。三是各国的社会保障制度都比较稳定，有着一定的可持续性，政府也致力于可持续性建设。

2. 欧盟养老保障制度改革情况。欧盟养老金体系分三个层次，即国家养老金制度、国家强制性个人储蓄养老金制度和自愿储蓄养老金制度。在第一层次中，政府会对养老金进行资助，并承担兜底责任。在第二层次中，政府除对少数贫困人群进行税收免除等激励措施外，不进行过多的干预和管理，只是对保险机构进行监管。这个制度下参保人可以选择不同的养老金计划产品，但必须参保，波兰、拉脱维亚等都有强制性个人储蓄计划。第三层次则完全出于自愿，如德国。多层次养老保险体系的建立，减少了政府养老金支付压力，避免了人们年轻时的过度消费，增加了养老金的收入渠道，并对金融市场的发展起到促进作用。

（1）欧盟养老金体系改革的原因。近年来，欧盟养老金体系遇到了新的挑战。首先是人口老龄化。20 世纪 70 年代以来，欧盟出生率不断下降，加上人均寿命延长，老龄化趋势不断强化。据统计，1975—2000 年欧盟人均预期寿命增长了 5 年，预计到 2050 年再增长 5 年。欧盟赡养率（退休年龄人口与工作年龄人口之比）将由目前的 24% 提高到 2050 年的 50% 左右。除了出生率下降因素，人们的工作期限也正在缩短。其次是老年人继续工作的意愿低。有三个因素导致了这一结果：一是在传统的公共养老金机制下，养老金与个人工作年限和缴费挂钩不密切，只要达到一定年龄，就可得到水平较高的退休金，这种“大锅饭”体制不鼓励老年人就业。二是欧盟以前还采取了鼓励提前退休的措施。三是由于经济增长和人均收入的提高，人们不需要通过额外的工作来维系生活，接近退休年龄的人不愿意再继续打拼，他们希望早点退休而领到养老金。

（2）欧盟养老金体系改革的目标。养老金制度改革是欧盟实施里斯本战略推动整体经济改革的一个重要内容。2001 年欧盟决定在各成员国之间对养老金制度采用开放的协调机制，并相应确定了改革的三个目标：一是保持养老金的一定水平，确保养老金体系实现消除贫困和社会和谐的目标。二是维护养老金体系的金融可持续性。三是适应经济、社会和个人需求的变化，实现养老金体系的现代化改革。

（3）欧盟养老金改革的具体措施。

第一，延长工作年限。欧盟里斯本战略要求，2010 年将老工人（55—64 岁）就业率提高到 50%，或者将工人实际退休年龄增加 5 年。在这一目标下，成员国采取了一系列措施：一是提高法定退休年龄或缴费年龄。如奥地利、英国、德国提高了退休年龄，希腊、法国、葡萄牙等国除了提高法定退休年龄外，还提高了缴费年限。二是鼓励晚退休，减少提前退休。如卢森堡、丹麦、葡萄牙等国规定，若在法定年龄后退休，养老金要按一定比例增加；芬兰、希腊等国家，废除了提前退休计划或者对提前退休大幅度减少退休金。提高退休年龄需要一个漫长的过程，欧盟预计到2030年，全部成员国的退休年龄将达到67岁。为了实现这个目标，许多国家在不改变最高替代率的前提下，将按每年缴费工资的2%计发养老金下调为1.5%，以激励老年人继续工作。

第二，建立个人储蓄养老金制度。个人储蓄养老金制度包括国家强制性个人储蓄制度和自愿储蓄制度，这两种制度都是国家养老金制度的补充。尽管国家养老金制度仍是最重要的养老制度，但是个人储蓄养老金在养老保险体系中正在起到越来越重要的作用。

第三，调整养老金支付模式。欧盟养老金的支付方式有3种。一是待遇确定型（以下简称DB）。保险公司按照参保人退休前10年（多数国家按此计算）的平均工资的60%支付养老金，在这种模式下，参保人大体知道自己将来能拿多少养老金，保险公司承担投资风险，但对于参保人来说，往往养老金的收益率偏低。二是缴费确定型（以下简称DC）。保险公司将养老保险缴费用于投资，退休后的养老金取决于投资收益，在这种模式下，参保人只知道缴多少钱，而不能确定未来的养老金收益，参保人承担了投资风险。三是混合型。这是一种即包括DB又含DC的混合产品。长期以来，DB一直在养老金支付模式上占据着首要位置，法国、瑞典等多数国家以DB为主，占所有支付模式的50%。DC大约占到了总数的32%。但是，近几年许多参保人将DB转换为DC，DC受到越来越多的欢迎。

第四，建立名义账户模式（NDC）。一些欧盟国家已经或正要引进一种名义账户模式（以下简称NDC）。NDC模式是现收现付制和完全积累制的混合物。NDC模式的资金来源于雇主和雇员共同缴纳的工薪税。该模式为参保人建立个人账户，上述缴纳的工薪税计入个人账户，但账户里没有实际的资金，而被用于当期退休人员养老金的支付。与完全积累制下收益水平取决于资本市场的走势不同，NDC模式下养老保险资金的收益水平取决于该国参保职工工资总额的变化或其他工资指标。如瑞典养老金收益完全随工资水平的变化而变化，意大利则是随GDP的增长而变化。这就意味着后者的收益率更加平稳、透明，不会受金融市场波动的影响，也更容易被预测。NDC计划下退休后的养老金待遇随经济水平、通货膨胀及预期寿命的变化进行调节。相对于现收现付制，NDC模式强化了缴费和待遇之间的联系，能够有效激励职工推迟退休年龄。另外，较部分积累制模式而言，NDC模式由于实行名义账户，当期收入用于当期发放，更能缓解转制成本带来的影响，使其通过更长的时间逐步得以消化。

第五，建立最低养老金制度。各成员国对最低养老金制度非常关注，纷纷建立最低养老金制度。大多数国家都是采用补差的办法，即在家计调查的基础上，如果养老金收入达不到最低标准，可以给予补差。但也有少部分国家实行统一的最低养老金制度，所有拥有居民身份的老年人，都可以得到一份最低养老金，如丹麦、荷兰和捷克等国。

（三）欧盟社会保障制度面临的挑战及经济危机的影响

1. 欧洲社会保障制度面临的挑战。近 10 年来，欧洲的社会保障制度不断完善，同时，也面临着四个方面挑战：一是人口老龄化的挑战。良好的生活质量和优越的医疗条件使得欧洲人口平均寿命增加，从而带来了人口老龄化，一方面更多的人领取养老金；另一方面人均领取养老金的时间增加，在个人养老金水平刚性的前提下，养老金支出显著增加，欧盟某些国家不得不靠发行国债确保发放养老金。二是气候变暖的挑战。全球气候变暖是影响经济发展的重要阻碍因素，同时，气候变暖使极端恶劣天气和自然灾害发生的概率上升，政府在救灾救济方面的支出明显增加。三是资源稀缺的挑战。石油、有色金属为代表的资源性产品价格不断攀升，带来了石油危机和食品危机，导致了人们生活成本的增加，包括低保在内各项社会保障的待遇面临调整。四是全球化的挑战。自由贸易导致廉价而质优商品大量涌入，使发达国家劳动力就业面临巨大压力。

2. 金融危机对欧盟经济及社会保障的影响。2008 年下半年发生的金融危机已对欧盟经济造成了实质性的影响。主要表现为：一是欧盟经济的衰退。特征是低增长甚至是零增长、负增长和高失业率。欧洲的失业率有可能增加 3%，达到 10%。二是政府债务激增，以社会保障支出为例，个人待遇水平降低的可能性很小，社会保障总体支出随着老龄化也会增加，而经济不景气又使得税收增加的幅度有限，为保证社会保障支出，政府筹资的办法只有债务融资，包括外债和国内债。三是养老金等长期资产贬值。许多养老金投资机构尤其是私人养老金将资产投资于股票市场和其他金融产品，金融危机使得养老金资产贬值，养老金支付压力增大。

（四）欧盟已采取的应对措施

欧盟采取了以下几种方式处理经济危机：一是进行全球宏观经济的分析和预测，对各国做出正确引导。二是共同行动，如欧盟各国央行实行降息政策。三是协调行动，如欧盟范围内，出台产品市场的统一运行政策。四是全球协调行动，如 G20 国家财长会谈等。虽然上述几种手段同时使用，但欧盟以内部协调为主，同时呼吁各国要采取积极的财政政策，增加财政支出，保障养老金等刚性支出需要。

二、比利时社会保险制度改革情况

比利时位于欧洲西部，北临北海和荷兰，东接德国、卢森堡，南邻法国，隔海与英国相望。比利时位于欧洲中心地区，首都布鲁塞尔被称为“欧洲的首都”。1830 年比利时宣布独立，1965 年与英国、法国、荷兰、卢森堡一起成立

"欧洲共同体"，并积极参加欧洲联合建设。比利时分为10个省和589个市镇。从1980年开始，划分3个语言区：法语区、佛拉芒语区和德语区；3个区分别主管本区的文化和教育以及农业、对外贸易。

（一）比利时社会保险体系建立情况

相对于欧洲各国，比利时社会保险体系的建立时间较晚，直到1903年，比利时政府才第一次介入社会保险制度的建立，当时已经形成了由工人缴费、在发生风险因素时由社会保险资金提供费用的社会保险模式。早期的社会保险体系只涉及工薪阶层，到20世纪60年代才将自雇者纳入其中。1945—1970年，比利时社会保险体系逐步健全，雇主、雇员和国家行政部门的权利和义务逐步明确。具体包括以下几项内容：养老保险、医疗保险、失业保险、家庭津贴、工伤保险、伤残补助、职业病补助、休假补贴等。

1. 养老保险。比利时国家养老金计划实行现收现付制。国家法定退休年龄为65岁。此外，还设立补充养老保险计划，由私人保险公司负责。领取国家养老金的计算公式为：国家养老金＝年平均工资×60%（或75%）×工作实际年限÷45。国家设立了保障性的最低养老金制度。此外，遗属也可领取正常养老金的80%。因为公务员的工资收入水平比较低，每月约为1200—1500欧元，政府资助公务员参保，同时享受较高的保险保障水平。

2. 医疗保险。在比利时，99.9%的人都可享受到医疗保险待遇，一个家庭中一人参保，全家人都可享受。医疗保险目录包含25个项目，在这个范围内按照相应的比例给予报销。小病个人自付少部分费用，大病费用由国家全部负责。政府通过专门的综合性社会保险部门进行医疗费用结算。

3. 失业保险。享受失业保险补助的条件有：有工作能力、但没有被雇佣、没有劳动收入、且在失业保险机构注册登记失业、并一直在努力寻找工作。此外，还需要提供其他相关证明材料，如在过去18个月内已工作312天、在比利时居住及符合一定管理程序等。对于一直在努力寻找工作但尚未再就业的人，国家可以提供失业金补助一直到其65岁。失业金发放标准与家庭状况直接挂钩，如是否单身、工作和失业时间长短等，但最高只可领取1906.46欧元/月。随着失业时间的增加，其失业金数额也随之递减。

4. 家庭津贴。家庭津贴覆盖对象为家庭成员中签订劳动合同的人、家庭成员中的孩子（孩子根据其年龄享受补助）以及实际享受家庭津贴补助的人员（该类人员与第一类人员不完全对应，如孩子的父亲签订劳动合同，但最后的受益人却是孩子的母亲）。领取家庭津贴补助的条件：一是必须是家庭成员。二是孩子必须是在比利时国内长大。三是享受补助与家庭中孩子的年龄和从事的活动密切相关。通常，家庭津贴补助在孩子18岁时停止发放，但如果孩子上大学，则可延长至25岁。具体发放标准根据家庭中孩子的多少、孩子的年龄及家庭状况等确定。此外，家庭津贴补助还包括生育津贴补助，生孩子的母亲也可得到政府的津贴。

5. 工伤保险。雇主必须参加私人保险公司兴办的工伤保险，若未参加则自动与国家建立的工伤保险挂钩，但雇主向国家工伤保险缴费比例较高。如果雇员在工作期间或者上下班途中出现事故，必须在第一时间通知雇主，雇主在事故发生10日内向保险公司报告，确保雇员领取工伤保险补助，发生的医疗费用由保险公司承担，若残疾可领取伤残津贴，若死亡还可领取丧葬费。

6. 伤残补助。雇员享受伤残补助的条件是，雇主参加了某个医疗保险基金，并足额缴纳了保险费。雇员生病时，凭看病发生的医疗费用单据到医保部门领取按规定报销的费用，不仅在医院看病，即使在药店买药也可享受此项待遇。若雇员因病不能工作，医保基金还会支付其每个月的医保津贴；若雇员死亡，家属可领取到一次性的丧葬费补助。

7. 职业病补助。因职业病具有行业特殊性，因此采取谁主张谁举证的做法，即工人申请职业病补助时，需提供证据证明因从事的职业造成伤病，能够证明的由国家给予补助。

8. 休假补贴。这种补贴只对蓝领发放，公司必须向假期基金注册，如公司未注册，则自动与国家假期基金挂钩。从刚开始工作次年起，蓝领可享受每年24天带薪休假，其休假补贴是工资的15.34%。白领根据上一年工作天数确定本年度的休假天数，其假期补贴由雇主直接发放。

（二）比利时社会保险基金征缴管理情况

1995年以前，不同种类的社会保险分散到不同的机构管理，1995年以后成立了社保总局（NSSS），统一负责社会保险金征缴、支付管理和监督检查。具体程序是雇主与雇员签订劳动合同，雇员出卖劳动力，雇主支付工资和社会保险费（包括雇员缴费部分）。社会保险费由雇主直接支付给NSSS，NSSS在获得保险费收入后，根据险种分别将资金分发到相关保险机构，如医疗保险机构、就业服务机构、养老保险机构、儿童补助机构等，并由各经办机构支付相关保险待遇。

1. 管理机构。NSSS是根据1969年6月27日和1969年11月28日两次颁布的比利时皇家条款规定成立的，内部人员全部为国家公务员。NSSS内设管理委员会和秘书处，分别负责社会保险基金管理和机构行政事务管理。管理委员会由三部分成员构成，分别是5个工会代表、5个业主代表、2个分别来自财政部和社会福利部的监督代表。NSSS的日常工作由总执行官及其副手负责，其职责和义务包括实施管理委员会的决定、接受管理委员会的监督、代表管理委员会作司法决定等。总执行官下设6个部门实施具体工作，分别负责日常办公、基金收缴管理、基金支付审核统计、对不合法收费进行处理、财政管理、监督审查等。

另外，NSSS还承担帮助其他部门或政府提供服务职能，包括发放补贴，为政府部门提供统计学分析数据，根据政府促进就业政策减征社会保险收入等。

2. 社保基金征缴办法。社保基金缴费实行预付基金、按季结算、多退少补的方式。先由业主以上年同期缴费水平为依据（约占企业收入30%），于第2季度开始前5天缴纳预付金，逾期的还需缴纳10%的滞纳金，并于当月底完成上季度保险金申报工作。其中，建筑行业因人员流动性较大，实行的是按月申报缴费的方式。脑力劳动者和体力劳动者在缴费和享受保障方面存在差异，脑力劳动者视同业主管理。在社保基金缴费方面，详细区分脑力劳动者和体力劳动者：这两类人的个人缴费率均是13.07%；但在业主缴费部分，体力劳动者缴费比例达到40%，而脑力劳动者仅为34%。对于不依法申报社保基金的行为（如打黑工），要给予当期缴费额3倍的罚款，社保总局有权利变卖企业不动产用于补偿社保基金。另外，企业如对申报缴费数额存在异议，可同社保局进行协商，协商不下的由劳工法庭调处。

3. 社保基金征缴程序。社保局通过劳工局了解每个季度劳动力市场基本信息，并基于此估算出预计征缴额。当业主将基金申报上缴后，社保局将申报信息与预计缴费额进行对比。在对收费信息审定核实后，社保局更新基金数据。目前，比利时全国拥有23.8万名业主，劳动力人口319.79万人，每年全国工资总额达到808亿欧元，其中近500亿欧元缴到社保基金。

（三）比利时社会保险信息化建设情况

1996年之前，比利时使用纸质办公，企业通过纸质表格将信息申报到不同部门，信息重复申报和资源浪费较为严重，企业负担沉重。1996年，国家信息管理中心设立了统一的政府网站（E－Government），部长理事会通过决议对社保系统进行重新整理归类，不久又以法律形式规定实施社保系统建设简化程序，旨在对受益人提供高效服务，并使政府管理成本降到最低。

社保系统建设简化的基本原则是概念统一化，即一张桌子上说的是一件事，弱化部门利益。在社保系统里，收集信息内容一致，所填表格只有一张，涵盖各部门需要的不同信息。业主在缴费时只需申报一次，并可通过网站随时查询信息。社保局要确保信息具有连贯性，在国外工作的人由专门部门负责管理。这样的设计，是以保证业主、员工、政府部门三方利益平衡为出发点的，既能保证业主的权利和义务不减少，也能确保业主不因维护工人利益而增加成本，同时兼顾了政府工作效率。

1997年，比利时在建筑行业率先开始使用统一社保卡（CARTE SIS），并于2003年将社保信息跟踪扩展到社会各个行业（DMFA）。2005年社保局经过系统完善（DMFA+），将政府机关信息纳入了其中。2007年，比利时国家社保系统与欧盟联合开发LIMOSA系统，旨在帮助政府控制移民，此项规定所有外国人到比利时工作都必须申报信息，但对于短期工作的外国人申报系统至今尚未完善。

10年来，比利时社保系统信息化程度逐步深入和灵活，工人上班第一天及劳动力状态发生变化时都需要申报社保信息，而申报可以简单到通过手机或公用电话按钮来完成。同时，比利时社保信息系统在建设过程中已经预计到了一些常见的错误现象，如企业通过软件申报信息时如果输入错误（身份号码、工资、工龄等信息），社保局备有软件进行检查，发现两者不一致会被返回到企业重新申报。以上工作基本上都是由系统自动完成的，大大减少了政府部门人工成本。

三、欧盟及比利时就业和社会保障制度的主要特点及问题

（一）制度特点

1. 社会保险可以在欧盟范围内自由转移接续。欧盟出台了3个法规保证社会保险转移的合法性和可行性。这种转移不仅包括养老保险，也包括医疗保险。养老保险实行分段计发，即各个成员国根据参保人在其国家的工作年限和缴费情况计算出本国的养老金支付额度，并相应支付到指定账户。在医疗保险方面，每个参保人都有一张医疗保险卡，凭借此卡，可以在所有成员国看病，但医疗费由出生地国支付。医疗费并不是按单支付，而是每年底由成员国之间的医疗保险机构进行结算。

2. 社保系统信息化管理比较发达。以比利时为例，1996年开始建设的社保信息系统，通过简化程序对受益人提供有效服务，使得政府管理成本降到最低。各个部门都以信息中心为纽带，通过社保卡读取各自需要的信息，所有有关个人的养老、医疗等社会保险信息以及个人身份、健康状况等等信息都存储在一张卡片里，各个部门的信息系统共用，各个部门又有各自的查询权限，实现了信息归一和准确。另外，高度的信息化也是政府监督管理的有效措施，比如劳工局可以通过信息系统查询申领失业保险金的工人有无业主的申报信息和解雇证明，以决定是否发放失业金，避免了骗保、偷漏税现象，使得作弊的可能性越来越小。

3. 社会保险基金实行统筹调剂使用。1994年之前，比利时社会保险基金实行按各险种分类缴费、分类管理。1994年之后，各险种实行统一比例缴费、统一管理（个人缴费比例为13.07%，业主为35%）。由NSSS调剂使用，统筹管理资金缺口，确保各项基金当期收支平衡。

4. 欧盟的协调作用促进了社会保障制度改革。尽管欧盟各成员国的社会保障体制相互间存在一定的差别，但又都面临着一些共同的问题和挑战。欧盟在这中间的协调作用显得极为重要。一是欧盟层面的协调保障了欧盟内部跨国就业和居住人员以及其他自由流动人员在享受同等社会保障待遇方面的权益。二是欧盟采取的公开协调法加强了成员国之间的合作。公开协调法在欧盟各成员国和欧盟委员会之间架起了合作的桥梁，事实证明，各成员国在应用公开协调法之后都有所收获，就业率提高了，劳动力市场变得更加成熟。公开协调法在就业领域的成功运用，也使欧盟和各成员国准备在更广泛的领域推广使用这一方法，建立更好的合作机制。此外，欧盟充当了各成员国有关社会保障体制改革争论的论坛，明确各成员国在社会保障问题上所面临的共同挑战，在规划社会保障体制长期发展方面形成共识。

5. 缴费比例呈降低趋势，财政补助相应增加。近些年，欧盟国家的社会保

险缴费比例呈减低趋势。比如，比利时从 20 世纪 90 年代起，就逐年减少业主缴费比例，2005 年该国缴费收入约占基金总收入的 68%。而近两年每年约减少缴费收入 10%。原因是过多的缴费比例使业主利润降低，成本加大，企业生存困难。减低缴费比例可以降低成本，以便产生更多的岗位，雇佣更多人员，有效促进就业。同时，为了保证养老金等刚性待遇不降低，政府逐年增加了对社会保险基金的投入力度，通过税收、财政补贴等多种形式补充业主缴费减少部分。

（二）存在的问题

1. 劳动力市场缺乏弹性，失业率长期居高不下。欧盟劳动力市场缺乏弹性主要表现有二：一是雇主与雇员间劳动合同严格，雇主解雇员工缺乏灵活性；二是工会组织力量大，工资呈现刚性，一些国家工资增长超过劳动生产率的增长。因此，雇主不愿多招员工，导致欧洲失业率居高不下。自 20 世纪 80 年代早期以来，欧洲失业率一直在 7% 以上，许多年份超过 10%，高失业成为欧洲社会的顽症。

2. 人口老龄化的挑战。据统计，欧洲 65 岁以上人口比重平均达到 14% 以上，是世界各大洲中“最老”的地区。随着全球人口的老龄化，全球范围内的养老保障制度基本上都面临着严峻的挑战。以社区和以家庭为基础的保障方式正在趋于衰落，养老保障制度则被日益增长的费用所困扰。欧盟各成员国的养老金支出都占社会保障总支出最大比例。目前，欧盟成员国的养老金支出至少占该国 GDP 的 8%—10%，占该国社会保障总支出的 40%—50%。如果一个国家的养老保险体系出现巨额赤字，可能会影响到其他成员国，并可能会带来长期的财政赤字和结构性问题。

3. 行业管理为主，制度碎片化严重。由于欧洲模式的行业性特征，以行业为单位进行统筹，资金封闭运行，实行现收现付制，虽然资金征缴渠道在大部分国家是由全国统一的机构进行，但资金的管理与支付完全由行业成立的委员会负责，不同行业间劳动力流动不太容易，转移接续相对麻烦，对欧洲一体化进程来说是一个极大的障碍。

四、对完善我国社会保障制度的几点启示

改革与完善我国的社会保障制度应当从基本国情出发，参照欧盟国家的成功经验，吸取经验教训，按照社会主义市场经济发展的要求，针对当前我国社会保障中存在的问题，逐步加以完善。

（一）坚持广覆盖，实现全民社保

欧盟各国社会保障制度覆盖范围广，真正实现了全民社保。这一制度特点的形成不仅是工业化、城市化的必然结果，也是应对政治、经济危机的重要法宝。欧洲各国社会保障制度在经历 1929—1933 年经济大危机、第二次世界大战后得

以快速健全和完善，充分说明了这一点。长期以来，我国社会保障制度覆盖范围窄，社会保险以国有企业这主，非国有企业、机关、事业单位等未能覆盖；农村虽然建立了新型农村医疗保险、农村低保、五保供养等社会保障制度，但从总体上看，农村的社保覆盖面还较低，农村养老保险制度尚未建立。城乡居民还存在后顾之忧。因此，当前社会保障制度改革的重点是要充分利用经济发展的有利时机，扩大社会保障制度的覆盖范围，将所有城乡居民都纳入到现行社会保障体系内，使他们在面临困难时基本生活得到保障。

（二）坚持统一制度，防止碎片化

欧洲各国社会保险制度以行业为主体建立，各个行业制度、待遇有所差别，形成了制度碎片化。这一特点为社会保险制度改革带来了困难和压力，在涉及社会保险利益调整时，行业工会与政府之间矛盾冲突严重，往往使政府处于被动地位。因此，在改革我国社会保障制度时，一定要从我国实际情况出发，坚持统一制度，消除制度碎片化因素。一是城乡之间要衔接。要尽早研究城乡社会保障制度统筹发展问题，实现制度间的可持续、可衔接、可接续，并最终实现城乡统一的社会保障体系。二是条条管理要取消。目前，部分行业还在省级范围内实行养老保险行业统筹，有些特殊单位如地方农垦等还实行内部统筹，这些做法都会使社会保障制度碎片化，不利于统一制度的形成，因此要尽快取消这些做法，按单位纳入社会保障制度范围。三是统筹层次要提高。尽快实现基本养老保险省级统筹，为建立全国统筹奠定坚实基础。其他社会保险统筹层次要由当地政府根据实际情况确定。

（三）改进筹资方式，实现基金统筹使用

比利时政府采取的统一比例缴费、统一管理、各险种基金统筹使用的做法对我国也有借鉴意义。目前，我国社会保险基金按险种不同分别确定缴费比例，各险种基金缴费收入进入相应的财政专户，实行专款专用，基金间不能调剂使用。这种规定尽管在某种程度上减少了挪用社会保险基金的可能性，但由于不同的基金被贴上了“标签”，出现了基金间的苦乐不均，影响了基金的支撑能力。因此，建议借鉴比利时经验，实行统一缴费比例，将各项社会保险基金统筹调剂使用，由税务部门比照税收的办法征收。这样，既可以减轻企业负担，增强企业缴费意识，又能够提高资金使用效益，避免部分资金闲置浪费。

（四）逐步降低费率，加大财政支持

包括比利时在内的一些国家近几年通过降低费率、加大财政投入等措施，在保证社会保障待遇不降低的情况下，提高了企业的生产能力，促进了就业。应当说，这种做法是建立在强大经济基础之上的，是发达国家雄厚财力的体现。我国目前的企业缴费率偏高也是有其客观原因的：一是我国还处于发展中国家，财力比较有限，难以通过大幅度地提高财政补助加强基金支撑能力。二是我国老年人口基数大，加上人口老龄化，基金支付压力逐年增长。三是近几年各项社会保障待遇不断提高，对基金的需求量也明显增加。但是，随着我国经济水平的不断提高，国家财力的不断增强，从发展壮大企业实力、减轻企业负担、创造就业岗位的角度看，应适时降低缴费比例，并逐步增加财政对社会保障的支出比例。

（五）增强服务意识，加快信息化建设

借鉴比利时等国家的先进经验，建议整合有关部门的信息化建设工程，对于涉及劳动就业、社会保障等信息，统一由我国正在建立的“金保工程”提供：一是上下联网。根据“金保工程”的建设目标，将建立市、省、中央三层数据管理体系，具备业务经办、公共服务、基金监管、决策支持四大功能，实现社会保险业务的全程信息化管理，通过网络系统从中央到省、市可以垂直沟通信息。在业务经办方面，系统将通过建立信息交换和共享的资源数据库为个人社会保险关系跨地区衔接和转移提供技术支持。二是左右共享。信息系统可以和财政、税务、民政、银行以及定点医院、定点药店实现横向信息交换，有关部门所需的涉及劳动就业、社会保障等信息均由“金保工程”统一免费提供。三是方便企业。由“金保工程”统一设计需要由企业填报的劳动就业、社会保障等信息，其他部门只能从“金保工程”中获取信息，不能再要求企业填报，真正减轻企业负担。

（六）简化转移办法，促进劳动力流动

欧盟采取分段计发的方式解决了国家之间养老保险关系转移接续问题，即不转移基金，实行分段计发，其优点是既简单，又能够充分体现公平原则，还避免了因基金转移带来的地区间利益调整。这种办法应当说是一种不错的选择。我国的基本养老保险尚未实行全国统筹，劳动者跨统筹区域流动时，由于牵涉到地区之间利益调整，同样存在转移难的问题。这个问题对于农民工群体尤为突出，一些地区出现了农民工退保潮，引起了社会的广泛关注。目前，有关部门正在研究制定《基本养老保险关系转移接续办法》，以解决这一难题。我们可以借鉴欧盟的办法，将基本养老保险转移中涉及的问题简单化处理，实行分段计发的办法，避免基金转移带来的诸多利益问题，以利于促进劳动力流动。

（2009 年）

巴西社会保障制度考察报告

一、巴西社会保障体系的基本架构

巴西是南美洲最大的国家，面积850万平方千米。据IMF估计，2005年巴西国内生产总值（GDP）为7300多亿美元。据2000年统计，巴西1.8亿人口中贫困人口约6400万，占总人口的38%，基尼系数超过0.6。巴西人口出生率1.68%，死亡率0.6%，预期寿命71.7岁，65岁以上人口占总人口的比重为6%，尚未进入老龄社会。巴西财政收入占GDP的比重为30%左右，联邦财政收入占财政总收入的比重为75%，州财政和市财政分别约占25%和5%。而巴西现行社会保障制度的基本架构，是由1988年颁布的联邦宪法确立的，包括社会保险、医疗保障和社会救助三大支柱。

（一）社会保险

巴西社会保险制度从政策上已经实现了全民覆盖，无论是职工、家政工作者、自由职业者、个体从业人员、无业人员、农民以及家属，都要参加社会保险制度，但个体从业人员等群体是自愿参加的。巴西社会保险制度的主体是养老保险制度（我们将在第三部分进一步介绍），提供各类退休金及相关待遇，此外，社会保险制度还提供如下待遇：

1. 疾病津贴。当劳动者因生病或发生意外，连续15天以上不能正常工作时，社保部门将从第16天起支付疾病津贴，前15天的疾病津贴由用人单位支付。如果该劳动者是一名自由职业者，那么社保部门将支付全部的疾病津贴（疾病治疗费用通过医疗保障制度解决）。

2. 失业保险金。失业保险金是劳动者最后3个月收入的平均值，上限是561雷亚尔，下限是最低工资300雷亚尔。

3. 特殊工种补贴。劳动者想要取得特殊工种补贴需要向有关部门提供工作环境对身体、生理等存在伤害的证明，特殊工种补贴所要求的必要劳动时间通常是15、20以及25年或者是更多。

4. 意外伤害补助。当劳动者因遭到意外伤害，产生后遗症而导致劳动能力减退时发放的一类社保金。意外伤害补助是具有补偿性质的社保项目，劳动者可以与其他社保金共同领取。但一旦劳动者退休，意外伤害补助就不再支付。

5. 囚犯家属救济金。劳动者不论何种原因被判入狱后，当家属的收入低于

623 雷亚尔时，有权领取囚犯家属救济金。

6. 妇女生育津贴。

7. 低薪补助金。劳动者月收入不足623 雷亚尔且家中有不满 14 岁或者残疾儿童的可领取低薪补助金，用以维持正常的生活。

8. 再就业帮助服务。为那些因为疾病或者意外失去一定的工作能力的劳动者，进行再教育和再培训使其可以重新回到劳动市场而进行的帮助服务。

（二）医疗保障

巴西的医疗保障制度建立于 20 世纪 20 年代，目前覆盖范围为全体城乡居民。1988 年巴西新宪法和 1990 年的卫生组织法决定建立“统一医疗体系”，“统一医疗体系”由全国所有公立卫生站、医院、大学医院、制药厂、血库、医疗科研机构以及卫生管理部门聘用的私立医疗机构组成，由联邦卫生部、州卫生厅和市卫生局负责。巴西急救中心 75% 由政府卫生行政部门所有和运营，而通过统一医疗体系提供医疗服务的医院有 80% 是私营的。统一医疗体系实行分区分级的原则，居民看病必须先到所在社区的卫生站，如医治不好，再根据病情分级转向设备和医生水平较高的二级医院、三级医院。实行分区原则的好处是便于医疗机构随时了解当地居民的健康状况，及时防治传染病和流行病，控制病源，开展健康教育。分级的好处是可以合理配置人力和医疗设备，节约开支。患者看病需要预约，需要转院的由卫生站负责向上一级医院预约。在卫生站和医院挂号、看病、拿药、做各种化验、检查和手术完全免费，住院患者免费享受一日三餐。

巴西医疗保障筹资责任和重大方针政策的制定主要由联邦政府承担，具体管理工作由地方负责。所需资金采取集中收缴、分散包干使用的办法，由联邦根据各州和地区接诊人次的需要，经过审查和综合平衡后下拨。各州再根据预算经州长批准后下拨经费在私立医疗机构向统一医疗体系提供服务时，由于统一医疗体系的支付标准偏低，因此患者共担医疗费用的现象实际上比较普遍，而患者在公立医疗机构看病，则存在比较普遍的长时间排队、医生缺乏、就医环境和服务态度恶劣问题，因此很多经济条件较好的都参加了私人医疗保险。巴西有 2000 多家经营医疗保险的公司，补充医疗保险覆盖了 20% 多的巴西人口。

巴西虽然建立了免费医疗制度，但是医疗卫生资源配置不合理的问题比较突出，东南地区医疗卫生资源相对过剩，而北部地区和东北地区则存在卫生资源短缺现象，它们之间的人均医疗卫生资源相差 4 倍。巴西医疗卫生支出占 GDP 的比重为 7.4%，其中政府卫生支出占 GDP 的 2.4%。根据世界卫生组织 2000 年的评估，巴西是卫生筹资公平性最差的国家之一，列倒数第 3 位。

（三）社会救助

巴西的社会救济体系以前是一个很分散的体系，形不成完整连续的政府政策。近年来，巴西在推动社会救助工作方面力度较大。2003 年，巴西召开第四次全国社会救济工作会议，提出建立全国统一的社会救济体系，对救济政策进行了筛选、整合，以加强资金管理，改进资金使用效率。目前，社会救济资金的60%来自联邦政府，市政府承担大约25%—30%，其余部分来源于州政府。巴西最主要的救济项目有基本生活救济计划，零饥饿计划和家庭助学金计划等。基本生活救济计划规定，家庭成员人均收入低于最低工资1/4的65岁以上的老年人和残疾人可以领取等于最低工资的社会救济金，目前全国符合条件的有250万，资金全部由联邦政府承担。家庭助学金计划对1100万有孩子上学的贫困家庭按95雷亚尔/月的标准发放助学金。零饥饿计划涉及三大方面的内容，包含31项具体行动和计划。一是增加人们获取食物的渠道，具体包括食品补贴、发放食品筐、低价餐厅、发放含维生素A的食品、发放含铁元素的食品、土著人的食品和营养、食品营养和消费教育等项目。二是巩固家庭农业水平的项目，包括家庭农业支持计划、家庭农业保险等。三是生产性扶贫计划。巴西为零饥饿计划的投资从2003年的57亿雷亚尔增加到2004年的92亿雷亚尔和2005年的122亿雷亚尔。2006年，仅联邦政府就将计划投资270亿雷亚尔。

（四）社会保障筹资和社会保障管理体制

巴西社会保障资金主要来源于以下几方面：一是企业缴纳的社会保险税（或叫工薪税，payroll tax），其中养老保险缴税比例一般为职工工资总额的20%（年营业额小于12万雷亚尔的微型企业为工资总额的3%—5%；年营业额在12万—120万雷亚尔之间的小企业为工资总额的5%—10%）。伤残保险缴税比例相当于工资总额2%。此外，企业还要缴纳相当于职工工资8%的工龄保证金，存入职工个人账户，并在职工被解雇时再为其一次性存入相当于账户余额40%的资金，这些资金由联邦储蓄银行管理，在职工退休、失业、重病、购房等时可以动用。

二是个人缴纳的社会保险税。具体税率根据收入水平确定，月收入0—800雷亚尔部分为7.65%，800—900雷亚尔部分为8.65%，900—1334雷亚尔部分为9%，1334—2668雷亚尔部分为11%。农民在出售农产品时由收购方代扣2.3%的社会保险税，农民如果进城从事个体劳动，则由个人每月缴纳相当于最低工资的20%，就可以享受社会保险协会提供的各项福利和退休养老金。2004年，有3087万人缴纳社会保险税，其中企业职工2428万，自由职业者487万，家政工作者130万，而农民只有不到5000人。

三是其他一些专项用于社会保障的税费收入。巴西规定，按照营业额1%征收的营业税专项用于医疗保障支出（2004年为773亿雷亚尔），公司所得税（2004年193亿雷亚尔）专项用于社会救助支出，此外，支票税收入（按支票面额的0.38%征收，2004年264亿雷亚尔），国家彩票收入的5%、足球赛纯收入的5%、电视转播权收入等按规定也都专项用于社会保障。

四是联邦政府从一般预算收入中安排的补助资金，用于社会保险金的管理费用支出和收支赤字的弥补。

巴西社会保险税征收指标由计划部负责下达（计划部也负责预算编制），具体征收目前由全国社会保险协会负责。在考察期间，巴西联邦议会曾就将社会保险税征缴职能移交给财政部下属的联邦税务局这一议案进行表决，因故未能通过，但有关人士表示这是一个趋势。

巴西社会保障管理体制经历过多次调整，目前业务管理部门主要是社会保障部、卫生部和社会发展与消除饥饿部。社会保障部管理社会保险事务，具体由其下属的全国社会保险协会（INSS）负责，INSS 内设发展局、收费局及数据处理中心等机构，并在全国 27 个州设立 125 个管理局和 1600 个社会保险收费站，实行垂直领导体制。卫生部负责管理医疗保障事务，社会发展与消除饥饿部负责管理社会救助事务。巴西还设立了国家社会保障委员会作为监督机构，由联邦政府代表、州政府和市政府代表、社会代表和行业委员会代表共 17 名成员组成，协会主席由内部选举产生，定期召开会议，对政府和经办机构的工作进行评估，反映民意，对工作提出意见和建议。在中央政府与地方政府社会保障事权的划分上，巴西的养老保险事务主要由联邦社会保障部负责组织实施和统一经办，其他社会保障由三级政府分级管理。

二、巴西养老保险制度的设计、改革及存在的问题

养老保险制度是巴西社会保险制度最主要的组成部分，早在 1923 年，巴西铁路公司就开始为本公司的退休职工提供养老金补助。1967 年，巴西政府在各类行业和企业养老保险计划的基础上建立了统一的养老保险制度（但不包括公务员和军人），由全国社会保险协会（INSS）负责管理。1971 年，养老保险制度覆盖面扩大到农民。1974 年开始，70 岁以上未向养老保险制度缴费的也有权领取相当于最低工资水平的养老金。巴西养老保险制度分为社会养老保险制度和公务员退休制度两个体系。除此之外，国家鼓励部分高收入人群自愿选择参加补充社会保险。

（一）社会养老保险制度

巴西实行的是现收现付的社会统筹养老保险制度，没有建立个人账户。城市劳动者正常退休年龄为男 65 岁，女性 60 岁，也可选择按工龄退休并享受养老金待遇，男性和女性分别工作满 35 年和 30 年并缴纳社会保险金，可领取养老金。如果缴纳社会保险金的年限不够，那么欠缺年限补缴的社会保险金必须增加 40%，否则降低领取养老金的比例。在巴西 INSS 的养老保险金支出中，大约有 39% 属于按工龄退休所支取的养老金。1999 年以前，国家规定领取的养老金为工作期间最后 36 个月平均缴费工资的 70%，每缴纳 1 年保费，增加相当于平均工资的 1% 的养老金，但不超过平均工资的 100%。因此，很多劳动者在年轻时低报工资以逃避缴费，在年老快退休时高报工资以得到更高水平

退休金的现象比较普遍。1999 年，巴西借鉴瑞典的名义账户养老金制度，对养老金的计发办法进行了调整，养老金待遇与个人缴费之间的联系更加密切。具体计算公式为：

$$P = W \times C \times T \times a \div R$$

其中，$a = (H + (C \times T)) \div 100 + 1$

以上公式中，P 为养老金水平；W 为参保人收入最高的 80% 工作时间的平均工资水平；C 为缴费率；T 为缴费年限；R 为退休后平均预期寿命，由巴西地理与统计研究所每年进行测算；a 为调整系数。H 为退休年龄。对女性或教师，计算公式中的缴费年限在其实际缴费年限基础上增加 5 年，女教师可以增加 10 年。

农民纳入联邦社会保险体系后，实行分账核算，享受特殊保障。农民退休金的来源一小部分是在出售农产品时由收购方代扣的 2.3% 的社会保险税，其余资金由财政补贴。2001 年，农民缴费为 18 亿，领取的养老金有 128 亿。巴西规定，农民退休年龄为男 60 岁，女 55 岁，到退休年龄后，只要能够证明从事农业劳动时间在 10 年以上，就可以领取相当于最低工资水平的养老金，而不论是否缴过费。

巴西宪法规定，养老金不得低于最低工资，大约有 2/3 养老金受益水平是最低（养老金）工资。享受养老金待遇的受益人，不仅限于缴费者本人，其配偶、21 岁以下子女、残疾子女、父母、有监护权的兄弟姐妹等也可按优先权顺序享受养老抚恤金，并对缴费者 24 岁以下的大学本科生子女提供教育补助。

（二）公务员退休制度

巴西的公务员退休制度非常复杂，联邦公务员、各州公务员和各市公务员的养老保障政策并不完全一致。目前，联邦公务员以及各州政府的公务员一般不参加 INSS，实行单独的退休制度，很多市政府的公务员则已经被纳入 INSS。公务员只要在政府部门工作满 10 年就可以按照退休前最后一个月工资水平足额领取公务员退休金（其余年份可以是在企业或个体）。巴西法律对退休人员再次就业没有限制，如在新的部门工作满 7 年，又可领取一份退休金。国会议员在国会工作满 8 年便可退休，领取丰厚的退休金，州议员如果连任三任，便可以领取三份退休金。联邦政府公务员个人按照工资的 11% 缴纳社会保险税，但是与领取的退休金相比存在很大缺口。以 2002 年为例，公务员缴纳了 72 亿雷亚尔，而退休金支出达到 616 亿雷亚尔，缺口 544 亿雷亚尔。公务员退休金也是州政府的一项沉重负担，20 世纪 90 年代末期，圣保罗州和里约州用于公务员退休金的支出都超过了财政收入的 1/3。

2003 年 12 月，巴西议会通过了公务员养老金改革方案，改革方案要求，退休公务员也要和在职公务员一样，缴纳相当于退休金 11% 的社会保险税。男性公务员退休年龄从 53 岁逐步提高到 60 岁，女性公务员从 48 岁逐步提高到 55

岁。对工龄满 35（30）年的男（女）公务员，虽然仍可以在 53（48）岁退休，但是比规定退休年龄每早 1 年，退休金相应减少 5%。要领取足额养老金，公务员在政府部门工作的最低年限也从 10 年提高到 20 年，其中最后 5 年必须是在政府部门。对将来参加工作的公务员，退休金水平将与其缴费挂钩，并建立 DC 的补充养老保险制度。改革方案还规定，联邦公务员退休金的最高水平不得超过现职公务员的最高工资标准（指最高法院院长的工资），州公务员退休金最高不得超过最高法院院长工资的 90.25%。

（三）补充养老保险制度

巴西除了法定社会保险外，还有一套自愿参加的补充养老保险制度。补充养老保险包括开放式和封闭式两种，封闭式只针对 50 人以上企业或集团的职工，开放式则面向社会成员，可以自由参加。社会保障部负责监管封闭式养老保险计划，财政部负责监管开放式养老保险计划。两类计划一般都采用完全积累的筹资方式，待遇给付既有确定受益型，也有缴费确定型。到 2005 年 6 月，参加开放式养老保险计划的有 699 万人。到 2003 年底，参加封闭式补充养老保险的企业职工有 159.8 万人，退休人员有 56.5 万人。许多企业，特别是规模较大的国营或私营企业，为弥补员工退休金的不足，增强企业的凝聚力和吸引力，普遍建立了补充养老保险，资金来源于员工缴纳的保险费及企业提供的补助。由于社会保险体系（INSS）支付的养老金待遇有限，因此政府鼓励补充保险基金的发展，参保人在年度总收入的 12% 以内缴纳补充养老保险的费用，可在个人所得税前列支。企业缴纳的一定规模内的补充保险费也可列入成本。

（四）巴西养老保险制度面临的主要问题

巴西的养老保险制度经过几十年的发展，制度框架已逐步趋于完善，但是制度运行中也存在一些比较突出的问题，2004 年，巴西养老保险收入为 960.3 亿雷亚尔，支出为 1287.4 亿雷亚尔，赤字达到 320 亿雷亚尔。此外，巴西公务员退休制度的赤字在 2002 年就高达 544 亿雷亚尔。以上巨大的资金缺口，给财政造成了沉重压力，也反映了巴西养老保险制度存在的严重问题，具体表现在以下几方面：（1）企业和个人逃避缴纳社会保险税的现象很严重。由于巴西税负较重，各项税费可能达到企业工资总额的 70%，很多企业为了降低支出，以临时工的方式招募员工，不进行正式注册，也不为员工缴纳社会保险金。20 世纪 90 年代，巴西在正规部门就业的劳动力所占比重从 59% 下降到 45%。1999 年，大约有 4000 万劳动者（私营部门劳动力的 60%）没有参加社会保险。个体户或从事家政工作的分别只有 1/6 和 1/4 左右参加了社会保险。（2）巴西将农民纳入养老保险后，由于所有符合条件的农民达到退休年龄后都可以领取退休金，而不论是否缴过费，也进一步增大了基金的支出压力。（3）巴西的社会救济制度规定，对家庭人均收入低于1/4个最低工资且67岁以上的老人给予救济，标准也是一个最低工资，而养老保险制度虽然可以较早领取养老金，但是规定了10年的缴费期。两个制度不够协调，不利于鼓励人们参加养老保险制度。（4）巴西养老保险制度也存在比较严重的欺诈行为，伪造记录骗取养老金问题比较突出。（5）不同群体养老金给付待遇不公平，引发社会矛盾。由于企业职工等社会成员与公务员的退休金计发办法不一致，企业养老金水平也是与收入密切挂钩，造成了比较严重的养老金水平差距。公务员平均退休金水平是最低工资的12.9倍，而INSS制度下的平均养老金水平仅为最低工资的1.9倍。据统计，巴西公共养老金支出中，收入最高的20%的社会成员领取了65%，收入最低的20%的社会成员领取了2%，收入次低的20%的社会成员领取了6%。

三、对我国的借鉴及启示

巴西和我国同属发展中国家，在经济建设和社会发展中面临着许多共同问题，巴西在社会保障改革和社会保障体系建设方面的经验和教训值得我们认真吸取和借鉴。

（一）更加注重城乡社会保障事业的统筹发展

巴西社会保障制度虽然存在很多问题，但是在促进农村社会保障事业发展方面力度是比较大的，免费医疗制度是针对包括农民在内的全体国民的，养老保险制度在1971年也覆盖到了农村居民。我国经过改革开放20多年的发展，经济和财政实力有了明显增强，已经到了以工促农、以城带乡的阶段，有必要进一步加快农村社会保障事业的发展，社会保障制度建设和资金投入的重点向农村倾斜。具体来讲，一是在完善制度的基础上进一步扩大合作医疗试点，使尽可能多的农民享受到一定的医疗保障。同时逐步提高各级财政补助标准和农民个人缴费标准，使农民享受到的医疗保障水平能够随着经济发展有所提高。建议到2010年中央和地方财政对合作医疗的补助标准在当前人均40元的基础上再提高40元，农民个人向合作医疗统筹基金的缴费也要相应提高，原则上不低于20元。二是做好农村特困户生活救助工作，有条件的地区积极探索建立农村最低生活保障制度。三是以现行制度为依托，妥善解决农民工和被征地农民的社会保障问题。

（二）要将社会保险制度的覆盖范围从城镇职工扩展到城镇居民

目前，我国社会保险制度的覆盖范围仅限于城镇职工，其他城镇居民无法被纳入社会保险，不利于解决他们的社会保障特别是医疗保障问题，是造成“看病贵”和“看病难”问题的一个重要原因。下一步要以基本医疗保险制度为重点，推动建立城镇居民社会保险制度，研究制定困难企业、灵活就业人员、农民工以及儿童、在校学生、家属和失业人员等群体参加医疗保险的政策措施，重点解决其大病医疗费用问题。同时，完善城市医疗救助制度，增加医疗救助资金投入，对部分特殊困难群体所需医疗保险缴费资金给予补助，帮助和引导他们参加医疗保险制度。在推动建立城镇居民医疗保险制度的同时，也可根据情况进一步研究将养老等社会保险制度的覆盖范围扩大到城镇居民。

（三）应进一步鼓励补充保险的发展

巴西的补充养老保险和补充医疗保险制度都有一定程度的发展，特别是补充医疗保险制度，覆盖了20%以上的人口。为分散我国社会保险制度面临的压力和风险，健全多层次的社会保障体系，我国应采取有效措施，鼓励社会成员参加补充养老和补充医疗保险，满足其相对较高层次的保障需求。目前，我国就促进补充养老保险和补充医疗保险的发展出台了一些政策规定，但是仍然存在不够统一和规范等问题，导致补充保险发展比较缓慢，没有发挥应有的作用。下一步应进一步明确补充养老保险和补充医疗保险的基本制度框架，并制定全国统一的税收优惠政策，推动多层次社会保障体系建设。同时，也要相应健全社会救助体系，加大社会救助投入，保障低收入群体的基本生活和医疗需求，避免因补充保险制度的发展而进一步拉大不同群体社会保障待遇的差距。

（四）要通过深化体制改革和完善筹资机制确保社会保障制度的长期财务可持续性

社会保障事业的发展有其内在的规律性，社会保障制度设计必须充分考虑经济社会发展的长期趋势带来的影响，确保其可持续性。巴西养老保险基金出现巨额赤字，给财政造成沉重压力，值得我们高度重视。为此，一是要健全社会保障制度特别是养老保险制度的缴费激励机制，密切缴费与职工享受待遇之间的关系，在制度上增强养老保险基金的抗风险能力。二是借鉴巴西通过社会保险税、其他专项税收和非税收入以及一般预算收入等方式多渠道筹集社会保障资金的做法，进一步完善我国社会保障筹资机制。研究推动社会保障费改税工作，加强对社会保险基金的预算管理。三是进一步做好社会保险精算工作，加强对社会保险基金收支状况的预测预警，做到未雨绸缪。四是要建立和逐步壮大全国社会保障基金，作为战略储备基金，应对人口老龄化压力和社会保障支出风险。

（五）要做好不同群体之间的社会保障待遇的衔接和平衡

巴西虽然实现了养老、医疗等社会保障制度的全民覆盖，但是不同群体之间享受的待遇水平和保障程度仍然存在比较大的差异，特别是公务员和一般社会成员之间的养老金待遇相差悬殊，社会保障制度在调节收入分配差距方面的功能没有得到有效发挥，不但不利于缓解社会矛盾，反而可能加剧社会冲突。在我国，一定程度上也存在社会保障待遇不平衡的问题，不同群体之间相互攀比，破坏了社会保障政策的统一性，不利于保持社会稳定。为此，下一步要深化机关事业单位社会保障制度特别是养老保险制度改革，通过建立基本养老保险和职业年金相结合的养老保障制度，实现机关事业单位职工养老保险制度和企业职工养老保险制度的衔接，同时，要做好最低工资标准、失业保险金标准、居民最低生活保障标准的衔接，合理拉开档次，避免产生逆向调节。失业、低保等待遇标准的确定与支取也要注意与积极的就业政策衔接，建立政策执行联动机制，以促进下岗失业人员和低保对象尽快再就业。

（2005 年）

二、就业部分

实施积极劳动力市场政策稳定和促进就业

企业压缩生产、工作岗位大量流失、失业人口剧增是经济危机的显著特征之一。由于失业容易造成贫困加重等一系列社会问题和政治影响，往往是经济危机期间最受关注的经济现象。当由失业保险和收入转移支付等制度构成的社会保障安全网难以有效抵御高失业率及其带来的社会问题时，政府有目的的、选择性的干预劳动力市场，以恢复并增强劳动力市场的自身功能，这种主动干预被称为积极劳动力市场政策（active labor market policy, ALMPs）。本文拟在对积极劳动力市场政策主要内容进行简要介绍的基础上，提出适用于我国的积极劳动力市场政策措施建议。

一、积极劳动力市场政策的主要内容

积极劳动力市场政策最早出现于 OECD 国家，并在 20 世纪 90 年代初帮助以福利社会著称的北欧国家较快走出经济危机、实现了国民经济的持续稳定发展，之后逐渐推广到包括东南亚、拉美等部分发展中国家。根据 OECD 的定义，积极劳动力市场政策是指旨在改善劳动者求职前景或增加其获取劳动收入能力的所有社会支出（不包括教育），包括就业服务、培训、扶持青年、就业资助和扶持残疾人等多种形式的政策（有关积极劳动力市场政策的概览及 OECD 国家用于积极劳动力市场政策的财政支出情况见附表 1 和附表 2）。事实上，我国目前实施的积极就业政策就有很多内容属于积极的劳动力市场政策范畴。

根据OECD国家、发展中国家和经济转型国家的实践经验，积极劳动力市场政策的目标、优缺点、在实施过程中应注意的关键问题以及适用环境总结如下。

1. 就业服务政策的成本较低、收效较快，还能收集失业人员的信息，但欠缺主动性，而且遇到经济结构性失衡时作用不大。加拿大、瑞典、日本、韩国、英国和美国的实践经验证明，各种形式的就业服务政策的确发挥了降低失业率的积极作用。尤其是最初出现于亚洲金融危机后的日本和韩国，后被引入美国的再就业奖励政策（如果参加失业保险的劳动者在失业后规定时间内实现再就业，政府向其发放一笔奖金），能够激励失业者尽快找到新工作，实现再就业，减轻失业保险的压力。但是，受服务方式的限制，就业服务政策属于被动服务，覆盖面有限；而且由于不是直接创造就业机会，在宏观经济出现结构性失衡、劳动力市场需求长期低靡的情况下，就业服务政策收效甚微。

2. 培训政策（包括失业人员和在职人员的培训）和针对青年、残疾人的扶持政策能够提高失业者的劳动技能、有助于降低未来的失业率，而且该政策的适用范围较广，但缺点是培训政策的成本高，而且由于收效较慢，遇到剧烈经济下行或衰退时难堪重任。在所有的积极劳动力市场政策里，培训政策的成本最高，以OECD国家为例，2000年OECD用于培训政策的财政支出占了积极劳动力市场政策财政支出总额的23%，高于就业服务（17%）、青年扶持政策（13%）、针对私人部门的就业资助（15%）和公共部门就业资助（15%），过高的成本导致培训政策在加拿大、瑞典和美国等发达国家效果不佳，成本收益比较低（甚至是负的）。但是，对于劳动人口相对集中、劳动者技能相对低下的广大发展中国家而言，培训政策能够显著提高就业率，尤其是对女性，培训政策为女性失业者进行人力资本积累创造了条件，对于降低全社会未来的失业率具有重要意义。青年扶持政策在教育水平已经很高的发达国家作用十分有限，但在教育相对落后的发展中国家如拉丁美洲国家，该政策作用显著，尤其是当其与职业教育、求职帮助和就业服务挂钩时。

3. 针对私人部门的就业资助政策能够刺激劳动力市场的需求，为失业者提供就业机会，但如果企业缺少社会责任，该政策会表现出很强的替代效应，不能降低全社会的总失业率。以澳大利亚、比利时、爱尔兰和荷兰等OECD国家为例，政府不断增加对私人部门就业资助的财政支出，从1985年占积极劳动力市场政策财政支出总额的5%上升至2000年的15%，但该政策的短期效果并不显著，原因是由于短期内市场需求和职位都是固定的，就业资助的替代效应很强，企业在招聘享受就业资助政策扶持的失业人员时，会解聘一些在职人员。长期而言，针对私人部门的就业资助政策避免了出现失业者长期脱离劳动力市场的不利局面，有利于维持和增强失业者的求职欲望和工作技能，对于降低社会的未来失业率是有帮助的。

4. 公共部门就业资助政策（直接创造工作岗位）是有效的短期政策，尤其是当经济发展遭遇剧烈波动或陷入衰退时能迅速缓解失业压力、维持社会稳定，但由于具有较强的挤出效应，不宜长期使用。以 OECD 国家为例，公共部门就业资助政策的财政支出约占积极劳动力市场政策财政总支出的 15%，但 1985 年该比例为 23%，1993 年仍有 17.4%，说明该政策的重要性呈下降趋势。原因是公共部门就业资助政策仅具有短期效果，通过提供临时性或过渡性工作，暂时安置部分失业人员，但并不能帮助失业人员提高劳动技能以获得稳定的工作，而且由于其对私人部门就业具有较强的挤出效应，长期使用该政策会导致私人部门就业萎缩。尽管如此，由于其收效快、社会效益高，公共部门就业资助政策仍受各国重视，将其作为对付经济危机或衰退的重要应急性政策工具。

5. 创业资助政策具有双重激励效应，既能刺激就业，又有利于增强经济活力，但由于适合创业的人群十分有限，而且会对市场竞争的公平性产生一定程度的负面影响，因此该政策的适用范围有限。

在使用积极的劳动力市场政策时，应当根据当前我国劳动力市场的就业形势及国内外经济形势，综合使用不同的政策组合，既不能放弃长效的积极劳动力市场政策（例如培训和就业服务）以不断改进劳动力市场的自身功能、保持人力资本积累的连贯性，又要合理采用一些应急性的积极劳动力市场政策（例如就业资助）以实现现实环境下要求达到的短期目标。

二、借鉴国外经验稳定我国就业局势的政策建议

与 1998 年亚洲金融危机不同，此次金融危机源自欧美发达经济体，由于这些国家是我国制造业产品的主要出口对象，出口下降对国内劳动力市场就业的冲击非常显著。虽然国家出台了一系列刺激经济、稳定就业的政策措施，但是从历史经验看，就业市场的复苏较产出恢复更为困难。以美国历史上 20 世纪 90 年代初和 21 世纪初的经济衰退为例，其产出的复苏均在 10 个月内完成，而就业市场的复苏前者需要 30 个月，后者花费了近 50 个月。因此，经济下滑期间无论政策上如何努力，失业问题仍然会较正常时期更为严重，而且这种失业现象主要发生在弱势群体身上。从短期看，受全球金融危机影响，欧美发达国家的金融市场仍未恢复、经济衰退尚未见底，导致国际市场需求不振，对我国劳动力市场产生了一定的压力，需要使用相应的积极劳动力市场政策对冲经济波动带来的短期失业，稳定就业局势，降低社会不安定因素。从长远看，由于我国处于工业化、城镇化和现代化的发展过程中，经济社会结构的调整将不断加剧，在今后相当长的时期内结构性失业及其带来的社会问题是难以避免的，需要运用积极劳动力市场政策缓解结构性失业，避免出现 20 世纪 90 年代初以来多次困扰美国经济的“无就业复苏”（经济增长恢复至衰退前水平而就业率未恢复），促进国民经济持续健康发展。

根据积极劳动力市场政策的内在特征，结合当前的国内外经济形势，我们认为应坚持兼顾长期目标与短期任务的原则，一方面，要适当采取一些针对性强、收效快的积极劳动力市场政策，刺激劳动力市场需求，缓解经济下行带来的就业压力；另一方面，继续实施有利于提高劳动者技能、改善劳动力市场自身功能的

积极劳动力市场政策，降低未来的失业率，为国民经济的可持续发展提供充足的人力资本。近期，我国已经出台了一系列文件，采取了若干积极劳动力市场政策。在此基础上，还可以进一步加大力度。

1. 实施“嵌入式”积极劳动力市场政策，从战略高度最大限度地利用积极劳动力市场政策缓解就业压力。根据国际经验，积极劳动力市场政策主要是与社会保障相结合，借助社会保障措施增强劳动力市场的自身功能、提高劳动者的就业积极性。但是，针对当前的经济形势和劳动力市场面临的挑战，与社会保障相结合可能还不够，还要将积极劳动力市场政策嵌入到经济刺激整体计划中去，这要求在设计经济刺激方案时考虑投资方向与积极劳动力市场政策的内在关联，对那些能够更大限度发挥积极劳动力市场政策作用的行业和项目给予适当倾斜。如在实施 4 万亿投资和十大产业调整和振兴规划时，应以最大化创造就业机会为优先原则，在产业选择和技术选择上要体现劳动密集型特征，从而使就业机会的扩大与经济增长同步推进，就业岗位的创造与产业结构调整协调一致，就业环境的改善与经济体制改革相得益彰。

2. 继续加大与积极劳动力市场政策相关的财政支出。近年来，尤其是金融危机对全球经济的影响加速蔓延以来，我国政府不断加大对就业服务和劳动力培训等方面的财政支持，实施了“阳光工程”、“雨露工程”、“百日百万”农民工培训行动计划、百万大学生见习计划等全国性的积极劳动力市场政策。但是，考虑到我国正处于深化改革阶段，很难在短期内消除结构性失业，而且世界经济尚未走出金融危机造成的增长衰退与发展阴影，今后一段时间里仍有可能对我国劳动力市场就业形势产生不利影响，因此需要继续加大与积极劳动力市场政策相关的财政支出。数据显示（见附表 2），最早采用积极劳动力市场政策的 OECD 国家近年来用于就业相关的财政支出（包括积极劳动力市场政策和消极劳动力市场政策）占 GDP 的比重约为 1%，其中用于积极劳动力市场政策的财政支出占就业相关财政支出的比重约为 40%，财政投入较多的积极劳动力市场政策包括在公共部门创造更多的就业岗位、加大对私人部门的就业资助力度等。

3. 采取政府直接介入方式，应对短期内劳动力市场供求失衡。主要包括合理利用公共部门就业资助政策，在那些急需提供公共服务的领域，例如重要基础设施的建设、经济发展落后地区和贫困地区的教育和卫生事业等，采用形式灵活的就业方式包括以工代赈、实习等，直接创造工作岗位，安置受金融危机影响的返乡农民工和刚走出校门的大学毕业生；采用财政补助和税收优惠等手段，加大对企业（尤其是劳动密集型的服务业企业）的就业资助，包括对聘用失业人员的企业给予工资补助、对坚持不裁员的企业给予所得税优惠等，鼓励企业吸纳失业人员、保留在职人员。

4. 对劳动力市场上的弱势群体给予政策扶助。劳动力市场的参与者是不同质的，无论是由于个人或家庭的原因，还是由于历史和体制的原因，总是有一些群体在劳动力市场上处于劣势的地位。例如，那些年龄偏大、受教育程度较低的失业工人，就经常遇到再就业困难。而他们处于这种不利地位，在很大程度上又是历史原因造成的。改善他们的特殊就业困境，防止他们长期陷入贫困状态，特别是避免贫困的代际遗传，从而不致使他们成为社会不和谐的因素，政府需要提供特殊的扶助，帮助他们回到就业岗位上来。而对于那些处于劳动力市场劣势地位的农民工，则需要政府通过户籍制度改革和统筹城乡劳动力市场，帮助他们获得平等的就业机会和平等的劳动力市场待遇。

5. 加大政府对就业服务的投入，扩大就业服务的覆盖面，提高就业服务的效率和质量。一方面，逐步消除就业服务对象的排他性，不仅要服务国有企业和大集体企业下岗失业人员，更要关注包括失业大学生和残疾人、失业的农民工和城镇低学历失业人员等在内的劳动力市场相对弱势群体；另一方面，打造一站式的整合性就业服务平台，实现失业人员在一个就业服务机构除了能了解工作信息外，还能根据自身情况获得包括咨询、求职帮助和其他各类服务在内的综合性、个性化就业服务。这包括提供更多的就业服务绿色通道，集中力量帮助他们尽快找到合适的工作。此外，制定政策鼓励非政府组织参与就业服务，例如调动企业和社区的积极性，将就业服务与企业发展和社区服务紧密结合起来，增强就业服务的市场导向。

6. 瞄准青年群体，加大针对农民工和大学毕业生的就业培训力度。在保障资金和人力投入的同时，提高培训效率和质量，鼓励各类培训机构与当地企业紧密配合，注意书本知识教育、职业技能和岗位培训相结合，开展符合劳动力市场要求的就业培训（例如订单培养和在岗培训等）。鼓励 NGO 等民间组织或机构参与就业培训，利用其在掌握就业情况方面的信息优势，提高就业培训的针对性。此外，还应规范培训结果的评估工作，对评估达到要求的受培训人员发放劳动力市场认可的资格证书或技能证书。

7. 在符合条件的地区加大创业扶持力度。对劳动人口密集、具有一定产业发展潜力的城镇和农村地区，适当放宽对创业企业或个人的信贷要求，对成长性强、能够吸纳失业人员的创业企业或个人加大创业贷款和技术帮助。例如，为自主创业的农民工提供小额担保贷款等。

8. 加强劳动者权益保护。在化解就业冲击过程中，还应建立劳资对话的沟通机制和劳动争议调解应急机制，维护劳动者的合法权益，妥善处理劳动者与企业的劳动关系，保证劳动者的劳动所得，维护社会稳定。

附表 1　　积极劳动力市场政策一览表

政策类型	政策目标	优点	缺点	关键问题	适用环境
就业服务	帮助失业人员尽快找到合适的工作	成本较低；缩短失业持续时间；收集失业者信息以便对失业人员进行类型识别	被动服务，只能为那些主动登记的失业人员提供服务	如何监督服务过程，如何评估服务效果	温和的经济下行；劳动力市场存在功能缺陷；陷入失业困境的特定人群

续表

政策类型	政策目标	优点	缺点	关键问题	适用环境
培训；针对青年和残疾人的政策	提高特定人群在劳动力市场中的竞争力	促进特定人群的人力资本积累，提高了他们的劳动技能	成本高；一旦培训对象定位错误，容易导致社会资源的无谓损失；经济衰退时效果不佳	培训如何与劳动力市场紧密结合，如何鼓励非政府组织参与以降低成本	温和的经济下行；经济结构性失衡；劳动力市场存在功能缺陷；劳动力技能低下抑止生产率提高；陷入失业困境的特定人群
针对私人部门的就业资助	通过补助降低雇主的雇佣成本，鼓励雇主招聘长期失业人员和青年失业者	刺激劳动力市场需求，为失业者提供了就业机会	替代效应很强，对降低总失业率没有帮助	资助期限如何设定，最优资助水平如何确定	温和的经济下行；经济结构性失衡；陷入失业困境的特定人群
公共部门就业资助	为失业人员提供暂时性工作	为提供公共服务和发展基础设施提供了劳动力，缓解失业压力	挤出效应强，不能长期使用	期限如何设定，工资如何确定，如何培养失业人员的劳动技能、提高未来的就业率	温和的经济下行；经济衰退
创业扶持	通过技术帮助和信贷支持，鼓励创业	既能解决就业，又增加了经济活力	受益群体十分有限，替代效应强	采用何种扶持方式，如何确定扶持对象	温和的经济下行

附表 2　　**OECD 国家用于积极劳动力市场政策的财政支出**　　单位：%

国家	指　　标	1990 年	1995 年	2000 年	2005 年
瑞典	占 GDP 比重	1.69	2.36	1.79	1.32
	占就业相关财政支出比重	65.8	51.1	56.8	52.4
	其中，用于增加公共部门就业岗位	6.51	18.22	2.23	0
	用于私人部门就业资助	1.2	13.6	26.3	34.1
	用于创业补助	0.59	2.97	2.79	2.27
丹麦	占 GDP 比重	1.26	1.97	2.02	1.74
	占就业相关财政支出比重	22.3	30	45.9	40.9
	其中，用于增加公共部门就业岗位	0	12.18	2.97	0
	用于私人部门就业资助	19	2	24.8	25.9
	用于创业补助	5.56	4.06	0	0

续表

国家	指　　标	1990 年	1995 年	2000 年	2005 年
芬兰	占 GDP 比重	0.98	1.58	0.89	0.89
	占就业相关财政支出比重	46.4	28.3	30	31.9
	其中，用于增加公共部门就业岗位	39.8	33.54	12.36	7.87
	用于私人部门就业资助	4.1	7	13.5	12.4
	用于创业补助	1.02	2.53	1.12	2.25
挪威	占 GDP 比重	1.01	1.34	0.61	0.75
	占就业相关财政支出比重	46.3	54.9	54.5	46.3
	其中，用于增加公共部门就业岗位	14.85	10.45	11.48	9.33
	用于私人部门就业资助	3	6	4.9	4
	用于创业补助	0	0	0	0
德国	占 GDP 比重	1.03	1.36	1.21	0.97
	占就业相关财政支出比重	48.1	36.5	39	29.2
	其中，用于增加公共部门就业岗位	9.71	25	21.49	10.31
	用于私人部门就业资助	5.8	5.1	6.6	5.2
	用于创业补助	0	1.47	3.31	9.28
法国	占 GDP 比重	0.79	1.31	1.21	0.9
	占就业相关财政支出比重	29.7	42.4	46.7	35.7
	其中，用于增加公共部门就业岗位	1.27	16.03	33.06	20
	用于私人部门就业资助	3.8	12.2	14.9	14.4
	用于创业补助	2.53	3.05	0	0
比利时	占 GDP 比重	1.07	1.4	1.18	1.08
	占就业相关财政支出比重	28.3	33.6	35.4	31.3
	其中，用于增加公共部门就业岗位	50.47	40.71	38.14	33.33
	用于私人部门就业资助	3.7	8.6	12.7	15.7
	用于创业补助	0	0	0	0
荷兰	占 GDP 比重	1.05	1.28	1.53	1.33
	占就业相关财政支出比重	32.6	29	43	39.7
	其中，用于增加公共部门就业岗位	1.9	0	19.61	11.28
	用于私人部门就业资助	2.9	1.6	3.9	1.5
	用于创业补助	0	0	0	0

数据来源：OECD，Employment Outlook 2007。

（2009 年）

多管齐下出重拳　扩大就业促发展

为应对国际金融危机对我国经济社会的影响，党中央、国务院审时度势，重拳出击，果断推出了一系列扩大和稳定就业的政策措施，已经并将极大地促进保增长、保民生、保稳定。

一、当前就业形势的四大难点

长期以来，我国一直存在劳动力供大于求的总量矛盾和劳动力素质与岗位需求不相适应的结构性矛盾。受国际金融危机和我国经济增长下行压力加大叠加的影响，当前我国就业形势更呈现出四大难点。

（一）高校毕业生就业压力"突显"

2009年，我国应届高校毕业生规模将达到611万人，比上年净增52万人，加上历年累积的未就业高校毕业生，今年有就业需求的高校毕业生总数将超过710万人，达到近年来最高值。同时，受就业岗位减少、高校专业设置、知识结构及择业观念等因素的影响，更加剧了解决高校毕业生就业问题的难度。2009年1季度反映的突出问题是企业招聘岗位少、毕业生签约率低，特别是家庭困难的毕业生就业难、压力大。教育部门反映今年进校招聘单位和招聘人数各下降了1/3左右。3月份，各省大学生签约率同比降幅平均在10%以上。妥善解决高校毕业生就业问题，既关系到社会的和谐稳定，也会对我国建设人力资源强国和创新型国家等战略目标产生较大影响。

（二）农民工转移就业困难"突出"

从农民工转移就业流向看，主要集中在东部省份；从就业行业看，主要集中在出口型劳动密集型的制造业。东部沿海地区的出口型劳动密集型企业是此次国际金融危机影响最为严重的地区和行业，农民工首当其冲成为被裁减人员，形成了返乡高潮。据人力资源社会保障部统计分析，春节前返乡农民工总数大约7000万人，占外出农民工总数的50%，比常年高10%左右。目前，返乡农民工的80%，约5600万人已经再次进城，其中约4500万人已经找到工作，还有1100万人没有找到工作。留在农村的约1400万返乡农民工，部分已在当地就业或创业，其他人员大都年龄大、技能低，由于已将土地转包出去等原因，实际上陷入了无业可就、无地可种、不愿种地的三难境地。如果不能妥善解决农民工就业问题，不仅会直接影响农民收入持续稳定增长，而且还将延缓我国全面建设小康社会及和谐社会的进程。

（三）困难企业失业人员“突增”

国际金融危机的影响与消费需求增长乏力等因素的叠加，进一步加剧了企业困难，困难企业失业人员明显增加。据人力资源社会保障部对5省15个失业动态重点监测城市调查，企业解除或终止劳动合同关系的人员占全部从业人员的环比有所提高。2009年第1季度末，全国城镇登记失业人员达915万人，比上年底增长3.3%，呈逐月增长趋势。随着产业升级的逐步加快，资本密集型产业发展对劳动力就业的挤出效应更加明显，失业人员还将进一步增加，劳动力供求方面的矛盾还将进一步突出。

（四）在岗富余人员隐性失业“突现”

隐性失业又称为潜在失业或在职失业。为应对国际金融危机的影响，稳定就业局势，国家出台了一系列措施，鼓励企业不裁员或少裁员；许多企业也采取了协议减薪、放长假等变通方式，暂时稳定职工队伍。这部分职工实际上无工可做或工作量极小，处于隐性失业状态。据人力资源社会保障部对5省15个失业动态重点监测城市调查结果，2008年9月30日至2009年3月底，被监测企业岗位持续净减，减幅达7.34%。如果宏观经济状况今年内无法好转，部分隐性失业人员将会逐步或骤然转化为显性失业，将进一步加大就业压力和社会矛盾。

二、支持就业政策的四个层次

2008年第4季度以来，党中央、国务院审时度势，从民生之本、增长之需、稳定之基出发，实施了更加积极的就业政策，努力实现经济增长与扩大就业的良性互动。在前期已经实施促进就业政策的基础上，不到半年的时间内，又出台了1个国务院文件、2个国务院办公厅文件以及10多个部门规章，政策内容之多，涉及范围之广，前所未有。现行就业政策体系，既立足于促进经济发展，扩大就业岗位，推动自主创业，又着力于鼓励企业吸纳就业，更着眼于提高劳动者技能；既惠及高校毕业生、农民工和就业困难人员等各类劳动者，又惠及企业和相关机构等各类市场主体；既体现全局与重点兼顾，又体现长期与短期衔接，是一个多层次、全方位的政策支持体系。具体来讲，体现在以下四个支持层次上。

（一）支持劳动者就业创业

劳动者是就业的主体，通过政策扶持促进劳动者就业创业，是积极就业政策的核心目标。一是鼓励劳动者自谋职业、自主创业。延续限额依次减免营业税、城市维护建设税、教育费附加和个人所得税等税收扶持政策，鼓励下岗失业人员自谋职业、自主创业；登记失业人员、高校毕业生等相关人员从事个体经营，3年内免收管理类、登记类和证照类等各项行政事业性收费；自筹资金困难的，可提供最高额度为5万元的小额担保贷款，财政给予相应贴息。二是稳定劳动者灵活就业。为提高劳动者就业的积极性和稳定性，对就业困难人员灵活就业后申报就业并缴纳社会保险费，给予社会保险补贴。三是为劳动者提供就业岗位。政府投资开发公益性岗位，优先安排符合岗位要求的就业困难人员；开发适合高校毕业生就业的基层社会管理和公共服务岗位，鼓励高校大学生到基层就业，并给予薪酬或生活补贴，符合规定条件的可享受学费补偿和助学贷款代偿。四是提高劳动者就业能力。对劳动者参加职业培训和职业技能鉴定，给予职业培训和职业技能鉴定补贴。2009—2010年两年，国家还将实施特别培训计划，加大对农民工等群体的培训力度。

（二）支持企业吸纳就业

企业是吸纳劳动者就业的主要渠道，支持和促进企业发展，有利于增加和稳定就业岗位。一是支持中小企业发展，增加就业岗位。在财税政策上，首先，适当降低税率。新实施的企业所得税法对小型微利企业按20%的低档税率征收企业所得税；对高新技术企业减按15%的税率征收企业所得税；新修订的增值税将小规模纳税人的征收率统一降至3%；企业从事农林牧渔业项目所得及符合条件的技术转让所得享受企业所得税减免优惠等。其次，扩大抵扣范围。对增值税一般纳税人购进机器设备发生的进项税额允许从销项税额中抵扣；对符合规定条件的创业投资企业采取股权投资方式投资于未上市中小高新技术企业2年以上（含2年），可按照其对中小高新技术企业投资额的70%抵扣该创业投资企业的应纳税所得额。再次，加大资金支持。2009年，中央财政继续加大支持力度，安排96亿元资金支持中小企业结构调整、产业升级、技术进步等，同比增加246%。另外，从中央政府投资中安排200亿元专项资金，以贴息方式支持企业技术改造和产业升级。二是减轻企业负担，稳定就业岗位。企业招用就业困难人员签定劳动合同并缴纳社会保险费，给予社会保险补贴。对困难企业采取“五缓四减三补贴两协商”的政策，通过缓缴社会保险费、阶段性降低社会保险费费率、运用失业保险基金结余、给予社会保险补贴或岗位补贴等措施，稳定企业用工，鼓励企业不裁员或少裁员。三是鼓励企业吸纳就业，拓宽就业渠道。在税收政策上，对符合条件的企业招用下岗失业人员，按实际招用人数定额依次扣减营业税、城市维护建设税、教育费附加，企业所得税的税收扶持政策审批期限延续到2009年底；对符合条件的企业安置残疾人就业实行增值税即征即退或减征营业税及所得税税前加计扣除政策。在信贷政策上，当年新招用符合条件人员达到企业现有在职职工总数30%以上（超过100人的企业达15%以上）、并与其签订1年以上期限劳动合同的劳动密集型小企业，可提供200万元以内的人民币小额担保贷款，财政部门给予相应贴息。同时，鼓励小额贷款担保基金为劳动密集型小企业申请小额贷款提供担保服务。

（三）支持相关机构提供就业服务

公共就业服务等相关机构是落实就业政策的重要平台，对相关机构给予适当支持，有利于更好地服务于就业工作。一是扶持公共就业服务机构，使其提供免费就业服务。将公共就业服务经费纳入财政预算，保障其提供免费就业服务。同时，各级财政进一步支持人力资源市场信息网络系统建设，加快实现信息共享的步伐，为劳动者、用人单位提供便捷、有效的服务。二是扶持职业中介机构，鼓励形成多层次的就业服务体系。政府对职业中介机构提供的公益性就业服务给予职业介绍补贴，鼓励职业中介机构发展，与公共就业服务机构形成统一开放、竞争有序的立体就业服务体系。三是支持银行等金融机构，做好就业信贷服务。首先，允许金融机构提高小额担保贷款利率。对个人新发放的小额担保贷款，其贷款利率可在中国人民银行公布的贷款基准利率的基础上上浮 3 个百分点，微利项目增加的利息由中央财政全额负担。其次，建立对金融机构的奖补机制。对向符合条件的小企业发放小额担保贷款的经办银行，财政给予贷款呆账损失补偿和手续费补助；中央财政安排一定的奖补资金，对工作业绩突出的经办金融机构、担保机构等给予经费补助，提高银行发放小额贷款的积极性和主动性。四是扶持信用担保机构，鼓励其提供担保服务。扶持信用担保机构，有利于提高其担保积极性，支持劳动者创业就业，支持劳动密集型企业发展。对非营利性中小企业信用担保、再担保机构从事担保业务取得的收入，凡符合规定条件的，3 年内免征营业税。完善小额担保贷款担保基金风险补偿机制，地方财政部门安排相应资金，建立小额担保基金持续补充机制，对担保基金规模当年增长 5% 以上的地方，中央财政按当年新增担保基金总额的 5% 给予资金支持，鼓励担保机构降低反担保门槛或取消反担保。

（四）促进经济发展扩大就业

经济发展是扩大就业的基础和源泉。据测算，目前我国 GDP 每增长 1 个百分点，约带动 100 万人实现就业。为抑制经济下行态势，党中央、国务院出台了一揽子扩大内需、促进经济平稳较快发展的政策措施。一是大规模增加政府投资。今后两年，为实现经济振兴、扩大就业，中央政府拟新增投资 1.18 万亿元，实现带动总额 4 万亿元的投资计划。同时，扩大财政赤字，加大投资力度，今年全国财政赤字合计 9500 亿元。政府投资主要放在重大基础设施建设、保障民生等公共产品上，通过政府投资公共产品吸纳更多的人就业，实现就业增长。二是实施相对宽松的货币政策。2009 年拟新增贷款规模 5 万亿元以上，其中 1 季度已增加贷款规模 4.58 万亿元，同比增加 3.25 万亿元。这些资金的投入，缓解了企业困难，增加了企业发展动力，对稳定和扩大就业起到了积极的促进作用。三是实行结构性减税。2009 年，采取减税、退税或抵免等多种方式减轻企业和居民税费将达5000亿元，企业税费负担的减轻，有利于帮助企业克服困难，增强拓展市场和发展空间的竞争能力，对稳定和扩大就业产生更为积极的影响。四是优化财政支出结构。加大对“三农”、教育、科技、医疗卫生、社会保障等经济社会发展薄弱环节的支持力度，不仅有利于改善民生和加强社会管理，而且有利于拉动就业，为就业者提供可靠的制度保障。

三、支持就业政策的四大变化

纵向比较我国近几年财政支持就业的政策，可以看出四大变化。

（一）政策扶持的范围越来越广

就业支持政策的享受范围，随着政策重点的调整，呈现越来越广的变化趋势。2002年的就业政策，着力点是解决国有企业下岗失业人员再就业，扶持政策的实施范围局限于持《再就业优惠证》人员。2005年的就业政策，扶持范围扩大到城镇新增劳动力和农村转移劳动力。2008年以来的就业政策，充分体现平等就业的要求，将政策扶持范围扩大到全体失业人员，涵盖了原下岗职工、城镇登记失业人员、大学毕业生、进城务工的农村劳动者等各类就业群体。同时，对失业人员中的就业困难人员重点给予就业援助。就业政策扶持范围的变化，清晰勾勒出劳动者公平就业的政策导向。

（二）政策门槛越来越低

一是取消了人员身份限制。前两轮的就业政策，按照人员身份和单位性质设定享受门槛，而现行的就业政策，取消了人员身份和单位性质的限制，实现了“三个均能享受”，即所有劳动者均能享受免费的公共就业服务；所有有就业愿望和培训需求的劳动者均能享受职业培训补贴政策；所有就业困难人员均能享受社会保险补贴政策。二是取消了企业行业限制。前两轮的社会保险补贴政策，将享受补贴的企业限制在服务型等相关行业内，现行的社会保险补贴政策，取消了行业限制，将企业的享受范围扩大到吸纳就业困难人员的各类行业。三是取消了不必要的附加条件。前两轮的职业培训补贴政策与实现就业挂钩，劳动者经培训后只有实现就业才能享受职业培训补贴；现行就业政策则规定劳动者经培训后6个月内没有实现就业，可以按照最高不超过职业培训补贴标准的60%给予补贴。前两轮的社会保险补贴政策，对用人单位与劳动者的劳动合同期限作出限制，只有签订1年以上期限劳动合同才享受相应政策；现行就业政策调整为只要签订劳动合同并缴纳社会保险费，在相应期限内均可享受社会保险补贴政策。上述政策调整，更多地体现了公平、无歧视的政策导向，使更多的劳动者享受到了公共财政的阳光。

（三）支持项目越来越多

一是进一步增加了扶持项目。在对单位吸纳就业给予社会保险补贴的基础上，增加了灵活就业人员社会保险补贴；在对职业培训给予补贴的基础上，增加了职业技能鉴定补贴等扶持项目。二是进一步扩展了扶持方式。为了更有效地提供就业服务，现行的就业政策，由过去采取职业介绍补贴扩展为免费公共就业服务和职业介绍补贴相结合的就业服务体系，为全体劳动者免费提供就业政策法规咨询、职业供求信息、职业指导和职业介绍等服务，让更多的人享有了解就业信息、接受职业介绍的权利。职业培训补贴政策也由过去仅对参加培训的劳动者给予职业培训补贴，拓展为对用人单位吸纳进城务工农村劳动者培训也给予职业培训补贴。

（四）政策含金量越来越高

一是税收减免力度越来越大。除对企业实施统一的减税政策外，还将鼓励企业吸纳下岗失业人员和下岗失业人员自谋职业、自主创业的税收扶持政策审批期限延长至2009年底，并专门出台了鼓励残疾人、复员转业军人就业的税收优惠政策。二是收费减免项目越来越多。除取消和停止100项行政事业性收费项目外，对登记失业人员、残疾人、退役士兵、高校毕业生等从事个体经营，免征管理类、登记类和证照类等有关行政事业性收费，各地也清理、取消了一大批不合法、不合理的收费项目。三是财政补贴力度越来越大。前两轮就业政策的社会保险补贴项目限于基本养老和基本医疗保险，现行社会保险补贴政策扩大到养老、医疗和失业三项保险，补贴期限也由以前规定的3年调整为距法定退休年龄不足5年的人员可延长至退休。对个人的小额担保贷款额度由最高不超过2万元调整为5万元，对劳动密集型企业的贷款额度由最高不超过100万元调整为200万元。同时，各级财政也加大了对促进就业的支持力度。2009年中央财政投入就业资金420亿元，比2008年增长了66.7%，相当于2008年各级财政用于就业的总投入。

四、国际比较的四大特点

面对全球金融危机，各国纷纷出台经济刺激计划。由于促进就业作用重大，因此，在各国的经济刺激计划中就业促进政策都占有较多的份量。由于发达国家较早已将就业作为宏观经济发展的主要目标，在调查失业率等就业指标设计上比较规范，而且各国经济发展阶段和水平不同，劳动力构成、就业保障水平存在差异。因此，对各国采取的就业政策措施进行准确比较十分困难。但横向比较后仍然可以看出中国促进就业的政策有以下四个特点。

（一）应对及时

在危机之初，当大多数发达经济体仍忙于救助金融体系时，中国政府就已将稳定就业作为政策举措的重点。2008 年 8 月，出口退税率的首次调整，就是针对劳动密集型出口企业的，稳定就业是其主要目标之一。2008 年 11 月，党中央、国务院及时果断地把“稳健的财政政策和从紧的货币政策”调整为“积极的财政政策和适度宽松的货币政策”，特别是按照“出手要快、出拳要重、措施要准、工作要实”的要求，集中推出了进一步扩大内需、促进经济增长的十项措施，又两次调整了劳动密集型出口企业的出口退税率。这些措施对于稳定市场预期和信心，促进经济平稳增长，稳定和扩大就业起到了关键作用。从 2008 年 12 月 20 日至 2009 年 2 月 3 日，在不到 50 天的时间内，中国又陆续出台了减轻企业负担、实施特别职业培训计划等一系列就业政策。各省（自治区、直辖市）也及时出台了稳定和扩大就业的综合性实施办法，着力解决农民工就业、大学生就业、稳定企业就业等就业的重点、难点问题。相对于英国 2009 年 1 月推出的 5 亿英镑经济刺激计划、法国 2009 年 2 月出台的 265 亿欧元经济振兴计划、韩国 2009 年 1 月宣布建立 50 亿韩元的“绿色新政及就业创造计划”、美国 2009 年 2 月通过的以促进就业为主要目标的 7870 亿美元经济刺激计划、其他亚太国家 2008 年底或 2009 年初出台经济刺激计划，中国的上述政策具有反应迅速、应对及时的鲜明特点。

（二）多管齐下

美国出台的经济刺激计划，主要是通过减税以及扩大政府支出刺激经济，直接针对就业的政策仅限于扩大失业津贴项目、增加失业补助等；英国专门推出了就业刺激计划，鼓励企业增加就业岗位，向雇佣失业超过 6 个月人员的业主发放补助，实施重点面向高校毕业生的“全国实习计划”，推出企业贷款担保计划，并实施汽车业扶持计划，但政策相对单一和单薄；法国的经济振兴方案中虽然强调扶持中小企业发展、对多雇员工的企业发放补贴等，但力度也相当有限。而中国采取的应对措施，政策调整的幅度大，范围广，手段齐。从内容上看，涵盖了财政、税收、金融、外贸、投资、社保等政策；从层次上看，覆盖了个人、企业、机构、宏观经济等；从级次上看，不仅中央政府出台了一系列政策措施，地方政府也纷纷出台了应对措施，如大力开发基层公益性岗位、提供就业服务、实施见习制度、开展职业技能培训及就业援助等；从范围上看，既包括城乡，又包括内需和外需。特别是贸易方面，2008 年 11 月 G20 华盛顿峰会后，一些发达国家以保护就业为名采取贸易保护主义政策，20 国集团中有 17 国出台了 47 项贸易保护主义措施，通过保护本国企业生产实现保就业，如美国出台了购买美国货、雇佣美国人等有关条款。而中国坚决反对贸易保护主义，努力扩大与各国的贸易往来，通过一系列措施刺激经济发展、保障和促进就业，充分体现出多管齐下的特点。

（三）投入较大

首先，从投入总量来看，根据 IMF 测算，中国刺激经济的资金总额占 GDP 的比重在世界范围内是较高的。以 2009 年为例，中国为 3.2%，美国为 2.0%，G20 中欧洲国家平均水平为 1%（其中法、德、英、意分别为 0.7%、1.5%、1.4%、0.2%），墨西哥为 1.5%。其次，从投入结构来讲，一方面，中国投入的重点不仅放在保障性住房、教育、医疗卫生、社会保障、文化等民生工程建设，节能环保和生态建设，技术改造与科技创新，铁路、高速公路、农田水利等重点基础设施建设和地震灾后恢复重建等，而且对低收入困难群体也加大了投入，具有较强的针对性和目的性，能为更多的人创造就业机会；另一方面，不仅中央政府直接用于就业的专项资金和出台的专项政策力度较大，地方政府也加大支持力度，如财政较为困难的甘肃省 2009 年就安排 2 亿元扶持零就业家庭大学生就业。这种做法，其他国家很难与中国相比。

（四）重点突出

美国的经济刺激计划，主要着眼于对退休人员、伤残老兵及其他不需支付工薪税人员提供补贴，提高食品券津贴标准，向失业人员提供医疗补贴等；英国的就业刺激计划主要是为失业者提供支持，鼓励企业雇佣失业人员；法国经济振兴计划重点是扶持中小企业发展，鼓励小企业雇佣新员工；澳大利亚、韩国、阿根廷等主要通过刺激经济实现推动就业的目标。中国的各项就业政策涵盖所有人群，同时考虑高校毕业生和农民工是中国就业的重点和难点问题，处于特殊困难之时，更需要区别对待。因此，此次政策调整将高校毕业生、农民工等就业作为重点，国务院相继出台了《关于切实做好当前农民工工作的通知》、《关于加强普通高等学校毕业生就业工作的通知》、《关于做好当前经济形势下就业工作的通知》等重要文件，加大培训力度，拓宽就业渠道，有效缓解高校毕业生、农民工的就业压力，为实现社会稳定和经济发展创造良好的外部环境。最近，国务院专门召开了大学生就业工作电视电话会议，有关部门又专门召开了“三支一扶”工作会议，以突出抓好大学生就业工作。目标明确，重点突出，成为中国就业政策的又一大亮点。

五、需要深入研究的四个问题

当前，我国政府支持就业的各项财税政策已经出台，关键要抓好落实。在这个过程中，要注意研究以下四个问题。

（一）实现积极财政政策与积极就业政策的紧密结合

积极的财政政策是为了防止经济衰退而实行的扩张性财政政策，即增加政府支出，扩大社会总需求，促进经济增长。积极的就业政策是以提高经济增长对就业的拉动能力为取向的宏观经济政策，出发点是保持较高的经济增长速度、调整产业结构、所有制结构、企业结构等，扩大就业总量，创造就业岗位。不难看出，积极的财政政策与积极的就业政策目标一致，互为补充，互相促进。特别是在当前的形势下，都是为了“保增长、保民生、保稳定”，这就需要将两者有机的结合起来。首先，要扩大政府投资规模，将政府投资与就业挂钩，合理安排资金投向，努力争取经济增长与充分就业目标的同步实现。要进一步加大对公共基础设施、教育、卫生、医疗、就业和社会保障等公共领域和民生工程的投资，创造更多的就业岗位，吸收更多的人就业。要通过实施结构性减税，减轻企业负担，为企业发展营造良好的政策环境，稳定和增加就业岗位。同时，要注意通过政府投资带动社会资本、民营资本的投入，扶持中小企业和第三产业发展，鼓励企业增加就业岗位和吸纳就业。鼓励和支持遇到困难的企业采取在岗培训、轮班工作、协商减薪等办法，尽量不裁员。其次，要进一步完善促进就业的财税优惠政策，引导社会各方面鼓励就业、促进就业、扩大就业，激发劳动者就业的积极性和主动性。再次，要规范劳动力市场秩序，维护劳动者的合法权益，消除劳动力市场的地域性分割，促进劳动要素自由流动，强化劳动力供求信息、职业指导、职业培训等服务，减少因信息不对称造成的摩擦性失业。要加强职业技能培训，提高劳动力素质，减少结构性失业。最后，要大力完善社会保障体系，消除劳动者的后顾之忧，为劳动者合理流动提供制度性保障，推动生产要素的优化组合，促进城乡、地区之间社会的协调发展。今后几年，如何把促进增长与扩大就业、改善民生紧密结合起来，让人民群众共享改革发展的成果，实现积极财政政策与积极就业政策的有机结合，是一项重要的战略任务。

（二）建立社会保障制度与就业政策之间的联动机制

逐步建立和完善就业政策与其他社会保障政策之间的联动机制，是提高劳动者就业主动性，实现积极就业的重要手段。一方面，由于社会保障待遇的刚性，决定各项补贴标准提高后难以降低，而高待遇又可能导致“养懒人”现象，就业难以增加；另一方面，增加就业有利于减少社会保障待遇支出，减轻政府负担。因此，研究就业政策和社会保障政策时，一定要处理好两者之间的关系，合理确定失业保险、低保等社会保障标准，并加强动态管理，实现有进有出，建立社会保障制度与促进就业的联动机制，避免陷入“福利陷阱”。

（三）做好促进就业短期政策与长远战略的合理衔接

从短期来看，支持中小企业、劳动密集型产业和服务业发展，吸纳更多的劳动者就业是十分必要的，特别是在内外需严重不足的情况下，更是如此。即使走出眼下困境后，也不能忽视这个问题。中国作为一个人口大国，还处于工业化初期，存在大量没有受过专业培训的农民工，在一定时期内，这部分人员具有较强的就业需求，而劳动密集型企业是吸纳农民工就业的主渠道之一，要充分发挥我国人力资源充足的优势，发展劳动密集型产业，最大程度地吸纳其就业。同时，要不断加大对农民工的职业技能培训力度，提升他们的技能水平，提高他们的就业能力。另外，要结合我国主体功能区规划的要求及地区之间产业结构布局和调整，考虑把东南沿海地区遭遇发展瓶颈的劳动密集型产业转移到中西部特别是中部地区，形成不同区域的比较优势和产业结构的合理布局。从长远来看，随着经济的不断发展和国际竞争的加剧，要进一步优化产业结构，促进资本、技术密集型企业发展，提高经济的核心竞争力，不宜单纯地把经济发展战略建立在低劳动成本、低劳动保护、低劳动技能上面。但同时要大力发展第三产业，由此增加就业岗位和机会。与发达国家第三产业从业人员超过全部就业人员75%相比，我国第三产业从业人员所占比重仅为32.4%，发展空间巨大。要制定和完善政策，逐步建立覆盖农民工的社会保障制度，使他们真正在城市安居乐业，成为城市中的一员，成为产业工人的重要组成部分。另外，要大力发展和完善我国的职业教育，将职业教育打造成与智识教育并列的培养人才方式，拓宽教育和就业渠道，并把职业教育作为短期政策向长期方向过渡的桥梁来建设。

（四）处理好劳动者、市场、政府三者间的关系

首先，坚持劳动者自主择业，是做好就业工作的前提。劳动者只有彻底转变了依靠政府解决就业的传统观念，树立市场经济条件下自主择业的新观念，才能从根本上缓解社会的就业压力。其次，坚持市场调节就业，是提高就业效率的核心。要充分发挥市场在人力资源配置中的基础性作用，通过市场竞争以及劳动者和用人单位供求双方相互选择，调节劳动力的供求，引导劳动者合理流动和就业，并通过劳动力的合理有序流动，推动生产要素的优化组合，促进城乡之间、地区之间经济社会的协调发展。第三，坚持政府促进就业，是实现就业公平的保证。要充分发挥政府在促进就业中的重要职责，维护社会公平、降低失业率。政府要在制定政策、市场监管、帮助困难人员实现就业等方面进一步下大力气。总之，实际工作中既要做到“三分开”，即要清晰、合理的界定劳动者、市场和政府的职责，各司其职，各负其责，不能越俎代庖；又要做到“三结合”，即不能孤立地发挥劳动者、市场和政府的作用，要将三者紧密联系，相互促进，相辅相成。

（2009年）

就业支出绩效评估研究及政策建议

就业支出绩效评估是政府制定就业政策、安排就业资金、加强就业管理和充分发挥资金使用效益的重要手段，也是社会各界非常关心的问题。建立一套涵盖预算管理、效益分析、安全考评等内容的就业支出绩效评估指标体系，有助于我们科学地制定促进就业政策，提高政策的针对性和有效性；合理地确定就业支出规模，优化就业支出结构；正确把握和监测就业资金的使用情况和效率，及时发现资金使用中存在的问题并提出相应的解决办法，提高就业资金的使用效率和管理水平。

一、就业资金支出绩效评估的国际经验

在不同国家，就业资金支出的规模和具体构成各不相同，其主要支出内容包括公共职业介绍、教育训练、青年人就业促成、就业补贴、身体障碍者补助、失业补贴和提前退休补助等七个方面。国际上比较典型的就业支出绩效评估模式主要有德国、美国、澳大利亚和瑞典模式。

德国模式。德国就业资金支出绩效评估的做法：一是建立统一、明确的评价指标。联邦就业服务局对各地的就业工作评价设立就业人员总数、长期就业人数等多项考核指标，重点考核培训后的就业率等结果指标。二是运用“雷达图”的方法，即联邦就业服务局事前确定各地上述指标的目标值，将各地目标值标入坐标图，构成目标域，再将各地评估期上述指标的实际执行值标入坐标图，形成实际执行结果域，通过目标域与结果域比较，形象、直观地进行目标与结果的比较评价。三是纵向组织实施，横向进行比较评价，联邦就业服务局除对各分支机构目标任务的完成情况进行评价外，还对各分支机构之间的工作绩效进行评估，通过引入内部竞争和外部评审机制来落实绩效评估工作。四是按评估结果实行奖惩，根据纵向、横向评估结果，调整资金在地区间的分配，并对经办机构实行优胜劣汰。

美国模式。美国的项目评价体系（Program Assessment Rating Tool）主要由项目目的和设计、战略规划、项目管理、项目成果四部分组成。每一部分都包括若干绩效考核因素，每个因素有各自的权重，并且可以根据其与特定项目的相关程度调整权重值。在此基础上，制定了“找到工作”、“项目参加者获得证书或学位”、“收入增加”等三项主要的通用绩效衡量标准，以比较分析目标任务的

完成情况。

澳大利亚模式。澳大利亚的就业政策绩效评估方法融合于整体的公共政策评估体系之中，其财政支出效益主要是通过绩效评估指标的实现与否来体现的，主要是将年度绩效计划中的绩效指标与本财年实际执行情况进行对比分析，对绩效计划完成情况进行评价，对未完成的绩效计划目标进行解释并提出相应措施，并与以往年度绩效指标完成情况进行比较分析等。

瑞典模式。瑞典的就业资金支出绩效评估工作，一是通过官方路径搜集基本信息，该国审计署可以获得关于瑞典每一家就业机构的详细信息，进而对比不同就业机构的绩效情况；二是审计署通过面谈了解工作方法、组织方式、机构目的和奖励机制等方法，搜集相关影响绩效因素的信息。

国际就业资金支出绩效评估的主要特点可以概括为：第一，就业资金支出绩效评估已成为政府制定和优化就业政策、分配就业资金和加强资金管理的重要手段。第二，就业资金支出绩效评估工作都非常注重服务对象的典型性、基础数据的可得性和可比性。第三，评价主体多元化，外部评价力量日益发挥重要作用。第四，对公共政策支出绩效评估从以往的事后评价转到事前评价与事后评价相结合，在评价经济性、效率性和有效性的基础上，提供政策优化的建议。第五，就业资金支出绩效评估不采用也不追求过于复杂和结构化的数理方法，而重点强调绩效考核标准的确定与运用。第六，运用先进的网络和信息技术，针对不同项目运用不同的评价方式和方法技术。

二、我国就业支出绩效评估体系设计

我国就业资金支出评估情况与国外存在较大差别：一是国外就业政策虽然也包含一些特定补贴，如就业补贴、身体障碍者补助等，但其就业政策主要集中于就业服务和职业培训，提高劳动者就业能力，就业资金支出中需要评估的项目比较单纯。而我国的就业支出项目涉及职业介绍补贴、职业培训补贴、社会保险补贴、岗位补贴等，项目繁多复杂，评估难度大。二是国外往往具备较为完备的基础数据支撑系统，基础数据搜集难度较小，而我国人力资源市场信息系统不健全，基础数据搜集难度大。因此，我国就业支出绩效评估体系的设计，必须紧密结合自身的实际。

（一）评估指标

根据就业资金支出的“决策——执行——结果——监督”四个流程，设立“决策绩效”、“执行绩效”、“结果绩效”、“监督绩效”四类考核指标。其中“结果绩效”除通用考核指标外，还包括职业介绍、职业培训、社会保险补贴、公益性岗位补贴、小额担保贷款、农村劳动力转移等六项政策的具体考核指标。

决策绩效考核指标。主要考核就业政策所要达到的目标的合理性以及决策机制的完备性。具体指标包括：（1）目标的科学合理性。（2）论证决策程序的完整性和完善性。

执行绩效考核指标。主要考核预算资金执行情况。具体指标包括：（1）本级预算资金安排情况。（2）上级补助资金到位率。（3）预算资金下达率。

结果绩效考核指标。主要考核各项就业政策的实施效果，包括五项通用考核指标（就业选择机会提升率、收入提升率、就业稳定时间提升率、最低生活保障减负率、服务对象满意度）和六项政策具体评价指标（见表1）。

表1

政策	评价指标	政策	评价指标
职业介绍	享受免费职业介绍人数	公益性岗位补贴	人均公益性岗位补贴成本
	求职成功率		人均公益性岗位补贴占最低生活保障补助比率
职业培训	人均培训补贴金额	小额担保贷款	享受贷款和贴息人数
	培训合格率		小额贷款计划完成率
	求职成功率		小额贷款按期还款比率
社会保险补贴	人均社会保险补贴成本	农村劳动力转移培训	享受农村劳动力转移培训补贴人数
	人均社会保险补贴占最低生活保障补助比率		转移成功率

监督绩效考核指标。主要考核就业资金的监督管理情况。具体指标包括：（1）财务监督制度的健全性。（2）定期监督检查情况。（3）财务信息的真实性。（4）财务信息的完整性。

（二）评估方法

上述就业资金支出绩效考核指标中，结果绩效属于定量指标，决策绩效、执行绩效和监督绩效属于非定量指标。无论是定量指标还是非定量指标，均可通过计分的方法得出相应评估结果。对于定量指标，可采用历史数据分析计分法，即根据历史和地区之间的平均水平，协商确定绩效评估百分制评分标准，从而将各种指标分值一致化，得到可以比较的分数。对于非定量指标，可采用专家评议计分方法，即由不少于5名的评议人员依据绩效评估参考标准，判定指标达到的等级，然后计算评议指标得分。对于考核指标体系中既有定量指标又有非定量指标的，可采用综合绩效评估计分方法，即将定量指标绩效评估分数和非定量指标评议分数按照规定的权重加总得出。如综合绩效评估得分为：定量指标分数×80%+非定量指标分数×20%。

（三）评估流程

一是根据需要组织成立专家咨询组，确定有关工作人员和选聘有关咨询专家组成专家咨询团队。二是根据绩效评估工作方案和绩效评估计分的需要，做好基础资料和基础数据的收集、核实与整理工作。三是根据选定的绩效评估标准，计算出各项定量指标的得分；根据规定方法，利用评议分数对基本绩效评估结果进行校正，得出综合绩效评估的实际分数，形成就业支出绩效评估得分总表。四是将评估得分进行纵向和横向比较，形成综合绩效评估结论，并将评估结论反馈有关部门或地方，听取部门或地方意见。五是撰写《就业支出绩效评估报告》，包括绩效评估结果、绩效评估分析、绩效评估结论等内容，并送专家咨询组征求意见。六是合理运用就业支出绩效评估结果，适时完善相应政策和资金分配办法，提高资金支出效益。

三、对我国就业资金支出绩效的初步评估及政策建议

（一）整体评估情况及政策建议

积极的就业政策实施以来，我国就业支出促进就业效果显著。一是截至2007年底，全国共有2000多万国有、集体企业下岗失业人员实现再就业，成功地承接转化了下岗失业人员再就业的冲击，维护了社会稳定。二是2003—2006年城镇登记失业率均保持在4%—4.3%的较低水平，在劳动力总量矛盾和结构矛盾突出的情况下，保持了就业局势的基本稳定。三是城镇单位就业人员人数止降回升，就业质量有所提高。自2003年开始全国城镇单位就业人员出现止降，2004年起开始回升，到2006年末，城镇单位就业人员已经回升到11713万人，比2002年增加728万人，增幅为6.6%。四是就业支出有力促进了农村劳动力转移和统筹城乡就业。

但是，我国就业资金支出中仍存在以下问题：一是中央就业资金支出增长较快，地方就业资金安排较少。如云南玉溪市中央和省级拨付资金与地方配套资金之比为1∶0.46，其他中西部城市情况类似。这种依靠中央财政转移支付的资金安排将难以维持就业支出高速增长趋势。二是就业资金普遍结余较大。从调研地区看，就业资金结余较大的情况比较普遍，尽管有保障资金周转的客观合理需要，但也集中反映了就业资金在预算管理和使用中存在的问题：（1）预算细化落实不够，流于形式。地方在就业资金支出中，采取报账制管理方式，在审批中一般谨慎惜支，造成实际支出远小于预算安排。（2）许多地区就业资金年底前才拨付到位，而此时及年初几个月是就业资金支出的低峰期，因此形成较高的账面结余。（3）一些就业政策如小额贷款、灵活就业社会保险补贴等执行不力，导致支出结余。（4）就业制度前景不明朗，地方担心政策的后续资金保障问题，对如灵活就业人员社会保险补贴等支出大的政策出台执行都非常慎重，造成部分资金结余。三是就业资金财务管理有待规范，加大了资金违规使用的潜在风险。部分县、市级就业主管部门财务管理基础薄弱，账本残缺，凭证混乱。有些县市存在就业资金未单独核算，游离在财政专户之外的现象。四是政策执行过程难以有效监管。有的地区对享受政策对象的资格认定控制不严，有的地区工作台账和

手续不全，记账不规范，凭证所附资料不全的情况较为普遍。这些都反映出就业政策执行过程难以有效监管的问题，一个重要原因在于就业信息网络体系尚不完善，业务人员的工作量非常大，成千上万享受就业补贴政策的人员，最后都要由人数有限的业务管理人员审批把关。

根据上述问题，提出以下优化建议：一是对中央、地方及社会筹集的就业资金，统一管理，统一使用，统一核算，不再按照资金来源区分用途，将就业资金用足、用活。二是对就业资金进行分类预算和指导。根据就业政策的性质不同，将其划分为积极就业促进类项目（如职业培训补贴、职业技能鉴定补贴、小额担保贷款贴息等）和消极保障类项目（如公益性岗位补贴、社会保险补贴、特定政策补助等），重点安排积极就业促进类项目，适度控制消极保障类项目，提高就业政策的可持续性。三是简化就业资金拨付流程。调研中，有的城市采取“五步法”流程拨付就业资金，即享受补贴的单位和个人申报——劳动就业局审核——财政局复核——财政拨款到劳动就业局——享受补贴的单位和个人到劳动就业局报销。这种拨付方式不仅加大了劳动就业部门的负担，影响了就业补助资金到位的及时性，还增加了管理成本和寻租空间。建议将就业资金统一按照相关文件规定，采用简洁的“四步法”流程拨付，即享受补贴的单位和个人申报——劳动就业局审核——财政局复核——直接支付给享受补贴的单位和个人。四是提升管理手段，加强城乡统一的人力资源市场建设和基层人力资源市场信息网络建设，建设部门共享的公共就业服务信息网络，解决就业资金财务统计体系不完整、劳动者就业信息链断裂等政策执行和资金监管中的关键问题。

（二）就业支出具体项目评估情况及政策建议

职业介绍和职业培训补贴项目。主要问题有：职业介绍补贴覆盖广度不够，职业中介机构难以取得劳动合同，享受职业培训补贴难度大。职业培训效果低于预期目标，参加职业培训而未能实现就业的人员大量存在，同时许多人员实现就业与其参与的职业培训项目关联性不大。优化建议为：一是实现“普惠制”职业介绍和职业培训服务，将覆盖范围扩大到所有有就业需求的城乡劳动者。二是提高职业培训补贴标准，建立基于个性测评的职业培训项目，提高培训质量和针对性。三是充分利用职业技术院校资源，实行校企合作，强化技能人才培养。四是采用招标法推进职业培训市场化，强化培训质量跟踪反馈机制。

公益性岗位和社会保险补贴项目。主要问题有：公益性岗位人员很难转化为正常就业，政府投入的大量社会保险补贴资金效果不够显著，单位成本高，可持续性弱。优化建议为：一是就业支出应向积极促进就业项目（如职业介绍、职业培训）倾斜，避免过多消耗于收入补贴项目。二是严格控制公益性岗位和社会保险补贴享受对象资格认定。三是对就业困难人员，强化有针对性的就业促进系统工作，如在对其进行素质测评和个性分析的基础上，为其提供有针对性的职业介绍和培训工作，促进其实现积极就业。四是公益性岗位要按照市场化方式运作，动态核实调整公益性就业岗位和人员。

小额担保贷款项目。主要问题有：小额担保贷款政策推进难、推进速度不理想，执行中存在五个矛盾：一是小额担保贷款“低利高险”与商业信贷“逐利”需求相矛盾。二是地方财政担心担保基金损失与担保基金应承担的贷款风险赔偿职能之间存在矛盾。三是贷款单笔限额与实际需求数额之间存在矛盾。四是贴息项目范围过窄与创业需求之间存在矛盾。五是担保机构为防范风险，制定了严格的反担保条件，违背创业风险贷款本质特征。优化建议为：一是明确担保和风险承担政策，激励商业银行参与小额担保贷款政策。二是适当增加地方确定微利项目的权限。三是低保对象创业后设立“缓退期”，鼓励困难人员创业。四是密切创业培训与小额贷款的协调配合力度。

（三）值得关注的新问题

一是农村转移就业带来的家庭、社会失衡问题日渐尖锐。由于劳动力转移，一些农村地区性别比例发生失衡、家庭不稳定性增加，区域社会发展不和谐。这些问题源于农村劳动力异地转移就业却迟迟不能实现城市化。这已开始影响当地经济、社会的可持续和谐发展。二是“下乡创业”和“返乡创业”成为劳动力市场发展新动向。深入基层的调研显示，我国农村劳动力供给状态已开始发生变化。农村创业需求上升，转移就业动机相对下降。这一发展动向昭示着进行相关政策调整的转折点开始来临。因此，政策制定时不能将农村简单视为城镇劳动力的输出地，应开始关注城乡之间劳动力的双向流动和统筹。就业项目设计也不能只局限于职业介绍和职业培训项目，而应该开始重视农民工返乡和本土创业促进项目的开展。三是少数民族大学生就业需要特别加以关注。调研显示，2003—2006 年间新疆自治区高校的城镇少数民族大学生中有 67.72% 未实现就业。少数民族大学生就业难现象需要特别关注。四是资源枯竭型城市等就业难点问题面临新的机遇和挑战。近年来由于煤价上涨和新能源的勘探使一些资源枯竭城市整体经济面貌出现较大转机，应抓住这一机遇，通过产业转型和多元化经营，实现就业面貌的根本改善。

（2008 年）

当前主要国家就业政策措施及思考

2009年以来，国际金融危机对实体经济的影响进一步显现，各国都在积极寻找“良方”，通过各种鼓励和扩大就业的措施和计划来稳定就业形势，解决本国的失业或就业困难等问题。

一、一些国家就业形势进一步恶化，失业率再创新高

美国劳工统计局2009年4月3日公布的数字显示，3月份，美国非农业部门的工作机会减少了66.3万个，导致失业率从2月份的8.1%上升至8.5%，为25年来最高水平。这是美国连续第四个月失去的工作岗位超过65万个。自2007年12月经济衰退开始以来，美国就业人数总共减少了510万，其中有200多万是在最近的3个月内失业。劳工统计局官员称，各行业就业人数普遍减少，但制造业、建筑业及临时援助服务行业的情况尤为严重。日本2008年第4季度GDP增长率同比下降12.7%，是近35年来最大季度降幅。受经济衰退影响，国内大企业纷纷压缩生产、裁减员工，就业压力不断加大，2009年2月份失业率达到4.4%，创下3年来的新高。英国2008年第4季度GDP增速为负1.5%，是自1980年以来英国经济遭受的最大跌幅。国家统计局2009年3月18日公布的数据表明，2月份的失业人数超过了200万，创下1997年以来的最高纪录，失业率接近7%。德国2009年3月份失业人数约340万，失业率达8.2%。西班牙经济在多年的强劲增长之后，目前已陷入衰退。失业率在2009年2月份达到了15.5%，约为欧盟27国平均水平（7.9%）的两倍。

国际劳工组织的报告显示，2009年世界范围内就业形势严峻，全球将新增失业人口5100万。世界银行最新测算，由于经济增速放缓，2009年全球每天生活费在1.25美元以下的赤贫人口将新增4600万人。此外，每天生活费在2美元以下的贫困人口将新增5300万人。

二、各国政府纷纷推出巨额经济刺激计划，稳定就业成为政策重点

美国国会2009年2月13日批准了奥巴马总统提交的总额高达7870亿美元的一揽子经济刺激计划，旨在通过减税以及政府支出刺激经济走出衰退，创造400万个工作岗位。经济刺激计划的支出范围主要包括可再生能源、高速公路和高速铁路建设、宽带普及、失业救济、发放食品券等。政府将为每个纳税人提供

400 美元、每对夫妻提供 800 美元的税收抵免。政府还将以社保支票的方式向每个退休人员、伤残老兵及其他不需支付工薪税的人员提供 250 美元补贴。另外，美国国会通过了延长失业救济领取期限议案，将失业保险领取期限延长 7 周，对于失业率超过 6% 的州，失业保险领取期限将延长 13 周。

英国政府为应对经济危机出台了多项措施。2009 年 1 月 11 日推出 5 亿英镑就业刺激计划。根据该计划，企业聘用半年或半年以上未找到工作的失业者并为其提供培训，将能从政府获得最多 2500 英镑（约合 3767 美元）的补贴。2009 年 1 月 14 日政府又推出了 100 亿英镑企业贷款担保计划，帮助中小企业渡过危机。同时，将向年营业额 2500 万英镑以下的小企业提供 13 亿英镑的额外银行贷款担保。政府还承诺将帮助企业获得新的长期融资，并将向需要充实资本的小公司投资 7500 万英镑。另外，为应对大学毕业生就业难问题，英国政府开始推行“国家实习计划”，以帮助大学生获取工作经验，掌握新的技能，包括巴克莱银行和微软等在内的一些公司已同意参与该项计划。

德国在 2008 年 10 月以来相继出台了一揽子减负计划、金融市场救市法案和刺激经济一揽子计划等三大经济刺激措施后，2009 年 2 月 20 日，联邦参议院通过了政府提交的第二个也是德国战后规模最大的经济刺激计划。根据该计划，政府将在今明两年内投入 500 亿欧元的资金，主要用于公共基础设施建设、降低法定医疗保险费、增加职工培训措施、对汽车制造等企业实施特殊的救助办法等。自危机加剧以来，德国政府将保障就业放在优先地位，明确提出以下措施：一是政府出资为大龄及低技能工人提供职业培训，避免结构性失业。二是新建 1000 个职介机构，为失业者提供就业服务，帮助其缩短寻找工作时间等。三是鼓励企业雇佣短工，并向雇佣短工的企业提供补贴。四是要求企业以培训、延长休假等措施代替裁员，以保留熟练技术员工，等待经济形势好转。四是将 2009 年和 2010 年的失业保险缴费率从 2006 年的 6.5% 下调到 2.8%，并准备下调医疗保险费率，主要目的是减轻企业负担。此外，德国政府还出台了一系列减税措施及发放消费代金券，减轻中低收入者负担，提高他们的消费能力，刺激消费。

法国政府 2009 年 2 月 2 日宣布了 265 亿欧元的经济振兴实施计划，重点投资交通、能源和住房建设等领域，同时加大政府在教育、科研以及医疗、社会福利和文化等方面的投入，增加对困难地区的拨款支持，鼓励或直接向企业投资，扶持中小企业发展，保护或增加就业岗位。其中，为鼓励企业保留就业岗位，政府规定，公司每多雇佣一名员工就可以获得 600 欧元的补贴。

日本政府在 2008 年 8 月、10 月（两次）和 12 月连续出台经济刺激方案后，于 2009 年 4 月宣布了名为“经济危机对策”的新经济刺激方案，总额高达 56.8 万亿日元，是日本历史上规模最大的经济刺激方案。其中用于解决企业资金不足等方面的资金规模为 42 万亿日元，用于稳定和增加就业的资金规模为 2.5 万亿日元，用于医疗、护理及生育补贴等方面的资金规模约为 2.8 万亿日元。

韩国政府最近陆续公布了有关未来经济增长和创造工作岗位的对策。2009

年1月6日韩国政府公布规模达50万亿韩元的绿色新政。1月13日，国家科学技术委员会和未来企划委员会发布《新增长动力蓝图及发展战略》，提出政府将在2013年之前向广播通信融合、尖端绿色城市、新材料和纳米融合、绿色金融等17个领域投资7.3万亿韩元，带动民间投资90.5万亿韩元，共投资97.8万亿韩元。据估算，如果上述投资计划得到落实，到2018年韩国出口额将增加7429亿美元，并创造352万个工作岗位。

此外，一些国家还要求企业通过削减工时、分享工作等措施减少裁员，降低经济危机对就业市场的冲击。日本厚生劳动大臣表示，缩短工作时间是企业应对危机的重要措施。丰田、五十铃、马自达、三菱等汽车公司都实行了缩短工时、工资分享。德国宝马汽车公司的管理层和雇员达成协议，公司在德国将有2.6万名员工在2009年2月和3月减少工时，降低工资7%，分享工作。英国的一些公司号召员工减薪休假。毕马威公司要求1.1万名员工自愿参加减薪休假计划，所有员工可以选择4—12周的休假，其间只领取30%的工资；或者改为每周工作4天，减少1天的工资收入。

从以上几个国家的情况分析，各国的政策措施有以下共同点：

一是加强就业市场情况跟踪。为能及时掌握就业形势和避免企业非法裁员，许多国家都加强了对失业情况的监督，并及时公布相关数据，以便于准确判断，科学决策。

二是巨额经济刺激计划和结构性减税成为各国应对危机，增加就业的政策首选。为刺激经济回暖，各国纷纷推出规模庞大的经济刺激计划，主要是扩大基础设施建设。一些国家还专门出台了激励中小企业发展的政策措施。同时，各国还采取了结构性减税措施，减轻企业负担，增加居民可支配收入，进而稳定就业局势，扩大国内消费。

三是提高失业人员生活保障和再就业扶助力度。很多国家出台了失业人员培训和再就业扶助政策，并提高了失业人员生活保障。同时，为促进失业人员再就业，对吸纳失业者再就业的企业进行财政补贴的做法被普遍采用。

四是鼓励企业通过削减开支等措施推迟或减少裁员。响应政府要求，许多企业也在积极地通过各种办法推迟或减少裁员。其中比较常见的方式是削减开支，减薪或让雇员无薪休假、实行工作分享制等。

三、各国政策措施对我国稳定就业局势的启示

目前，受全球金融危机影响，我国就业形势不容乐观。有关国家应对金融危机、促进就业、降低失业率的做法和措施虽然还没有取得明显效果，但其中的一些举措值得我们借鉴。

一是宏观调控目标中，应把保就业放在比保增长更加突出的位置。是经济增长优先，还是就业优先，西方经济发达国家大都选择了就业优先。宏观经济政策的四大目标是经济增长、充分就业、价格稳定和国际收支平衡。尽管经济增长与

促进就业的目标是一致的，就业的增长取决于经济的发展。但是保持经济增长的宏观经济政策并不必然意味着促进就业。一些地方政府注重以投资项目拉动经济增长，这种增长的速度虽快，但创造的就业机会却有限。有专家统计，20 世纪 80 年代，我国 GDP 每增长 1 个百分点，可以增加 240 万个就业岗位，而近 10 年来，GDP 每增长 1 个点却只能增加不到 100 万个就业岗位。相比促进经济增长，政府在保证就业中应负有更多的责任，在实施 4 万亿投资以及十大产业调整和振兴规划，刺激经济增长过程中，要尽可能多地创造就业，避免无就业的经济复苏。

二是推进创业型经济发展，以创业促进就业。扩大就业重在开源，为此，应从产业政策、所有制政策、财税政策、金融政策等方面加快构建和完善支持自主创业、自谋职业的创业政策体系。同时，将创业纳入正规教育体系，促进社会整体就业观的转变。建议借鉴美国、欧盟创业教育的经验，大力发展创业教育体系，营造创业文化、倡导创业精神，注重创业实践，并有效开发和利用全社会创业资源，对预备劳动力群体实施创业教育，对失业群体创业活动给予引导和资金支持。

三是加大对中小企业的支持力度。目前，我国中小企业占企业总数的 99%；全国工业生产总值和出口总额中的 60% 是由中小企业创造的；城镇就业人员的 75%、农村转移劳动力的 80% 都是由中小企业吸纳的。特别是由于门槛较低，这些企业可以吸纳社会劳动力中人数最多的中低素质劳动力。但另一方面，受经营规模、资本金、技术含量等限制，中小企业更易受经济波动的冲击和影响。从 4 万亿投资以及十大产业调整和振兴规划看，政府扶持重点主要是国有大中型企业。从增加就业岗位，缓解就业压力考虑，建议进一步加大对中小企业的扶持力度，特别是金融领域的支持力度。创业板在深圳证券交易所的即将推出，一定程度上拓宽了中小企业融资渠道，但仍需要采取进一步的措施，如扩大信贷规模，成立专门面向中小企业的金融机构，放宽对民营资本限制等，同时出台进一步鼓励中小企业发展的税收政策。

四是研究提高劳动力市场的灵活性。从保护劳动者利益角度看，社会保障与劳动力市场的管制政策是两类基本的政策手段。在经济危机时期，为便于生产结构的调整，应适度放松劳动力市场的管制，增强劳动力市场的灵活性；同时大力加强社会保障制度建设，为劳动者提供兜底保护。2008 年我国开始实施的《劳动合同法》部分规定过于僵化，降低了劳动力市场的灵活性，不利于企业的生产结构调整。为此，当前应当适度降低《劳动合同法》部分条款的执法力度，鼓励企业特别是国有大中型企业通过削减开支、减薪或让职工无薪休假、工作分享制等方式尽可能少裁员或不裁员。同时，规范企业雇佣临时工、小时工、劳务工和季节工等行为，并且进一步做好社会保障工作，对困难群体给予必要保护。

五是加强失业情况监测。目前，我国政府有关部门在判断经济形势和就业局势时，采用的是登记失业率。由于该指标主要反映的是体制内从业人员的就业状况，对体制外从业人员如非正规部门从业人员、灵活就业人员等没有统计在内，造成指标严重失真，难以如实反映就业市场的供需变化，不利于科学决策。建议研究以调查失业率取代登记失业率，全面反映劳动力供求状况。

六是做好允许困难企业在一定期限内缓缴五项社会保险费、阶段性降低四项社会保险费率等政策措施的落实工作。同时，加强追踪分析，及时解决实施过程中的新情况、新问题。从 2009 年 1 季度宏观经济形势看，经济下滑的趋势初步得到遏制，但回升趋势尚待巩固，需要密切关注经济走势对就业的影响，对下一步的政策措施走向开展调研，尽早做出应对预案。

（2009 年）

刺激经济发展　优先保障就业

——奥巴马政府 2010 年就业政策解析

2009 年 1 月 28 日，美国总统奥巴马在国会发表上任后的首份国情咨文，国情咨文重点内容是经济问题，奥巴马说，虽然美国经济最困难的阶段已经过去，但仍面临诸多问题，美国政府将进一步刺激经济发展，并将促进就业作为首要任务。现就美国就业形势、奥巴马的就业政策以及对我们的启示分析如下。

一、经济形势好转，就业度过“严冬”期

1. 经济形势好转。美国商务部 2010 年 2 月份公布了 GDP 增长率修正值，2009 年第 4 季度 GDP 修正值为 5.9%，高于前值 0.2 个百分点。这一增长速度创下了近 6 年来的最高水平，该数据反映出美国经济开始复苏。专家分析，美国经济复苏主要得益于投资加大等因素。

2. 失业率下降。2009 年 10 月份，美国失业率达到 10.2%，为 26 年来最高，2009 年 12 月份，失业率降至 10%。美国劳工部最新数据显示，美国劳动力市场在 2010 年 1 月份出现了好转势头，2010 年 1 月份，美国失业率为 9.7%，较上年底已有明显下降，也低于此前经济学家普遍预测的 10%。

二、多管齐下，全方位促进就业

2008 年底由次贷危机引起的金融危机迅速蔓延，给美国经济造成极大影响，

奥巴马政府迅速采取措施，出台了巨额的经济刺激计划，通过救援银行、创造就业岗位、延长失业救济期限等一系列措施，实现就业稳定增长。2010 年，奥巴马政府进一步调整和完善经济刺激计划，并承诺将新增就业目标由 2010 年初确定的 300 万人调升至 400 万人，主要采取八项举措：

1. 加强金融支持。奥巴马政府认为，只有建立强大、健康的金融市场，企业才能得到贷款，并创造就业，同时，健康的金融市场还能引导家庭将储蓄转化为投资。为此，奥巴马政府在对华尔街银行进行救援的基础上，进一步推动金融市场改革，并重点加强对中小企业的金融扶持。奥巴马提出的新增 400 万就业目标中，九成工作岗位将产生于私营部门，资金问题是中小企业发展的瓶颈，奥巴马政府拟将华尔街银行偿还的 300 亿美元，用于帮助社区银行为小型企业提供贷款。

2. 实施减免税。奥巴马政府已出台 25 条不同的减税政策，减税对象包括 95% 的工薪家庭、小企业、第一次购房者、抚养孩子的父母等，主要包括对雇佣新员工或增加他们工资的小型企业实行新的免税政策，免除小型企业投资所有资本增值税，并为所有对新工厂和设备进行投资的企业提供税收减免政策。减税政策将使 200 万可能失业的劳动者继续留在工作岗位上。2010 年 2 月 24 日，美国参议院通过了奥巴马政府提交的 150 亿美元就业促进法案，该法案的核心内容是为雇佣新员工的雇主提供税收优惠，民主党希望这一举措能够刺激雇主重新招聘员工。税收优惠政策包括对于在 2010 年剩余时间内雇佣已失业 60 天以上人员的雇主，政府将免征其薪资税等。

3. 大力推动清洁能源经济的发展。奥巴马政府将加大清洁能源的投入作为推动经济增长的着眼点，奥巴马认为，清洁能源经济的发展，有利于带动美国众多领域的创新，保持美国全球经济领先地位，并创造大量的就业机会。目前，美国政府在清洁能源上的投资已初见成效，北卡罗来纳州已创造了 1200 个制造高级电池的就业岗位，加利福尼亚州也创造了 1000 个制造太阳能面板的工作岗位。

4. 扩大出口带动就业增长。为扩大出口，创造更多的就业岗位，奥巴马政府计划在未来 5 年将美国出口翻一番，出口的增长将会新增 200 万个就业岗位。目前，奥巴马政府正在启动国家出口倡议，改革符合国家安全的出口控制，积极寻找新的出口市场。2010 年，为进一步开发世界各地的市场，美国将努力达成多哈贸易协议，并与韩国、巴拿马和哥伦比亚等国签署贸易协议，加强与主要国家的贸易关系。

5. 加大教育培训投入。奥巴马政府正试图通过一项复苏社区大学的法案，让更多的工薪阶层子女获得受教育的机会，为部分家庭提供 1 万美元的大学教育费用并提高奖学金额度，大学生毕业后只需每年支付收入的 10% 用于偿还学费贷款，20 年后未偿还完的贷款政府将全部免除。

6. 延长失业救济期限。为应对居高不下的失业率，确保失业人员基本生活，奥巴马政府多次延长失业保险享受期限，由常态情况下的 12—26 周延至最长不超过79周，目前，这一周期又延长至99周。同时，进一步放宽失业救济申领条件，提高待遇水平。

7. 强化一站式服务中心功能。奥巴马政府将加大对一站式服务中心的支持力度，服务中心服务对象不仅包括登记求职的劳动者，还包括企业和社区其他人员，以及退役士兵、残疾人、刑满释放人员等。服务内容包括职业介绍、职业指导、政策咨询、提供培训项目、申领失业救济，甚至还为求职者即时应聘准备衣服、鞋和化妆品等。另外，一站式服务中心还提供环境保护、农业、商业运输、住房等部门与就业相关的业务。

8. 加大财政投入。美国国会已通过了奥巴马提交的总额高达3.8万亿美元的2011财年政府预算报告，预算赤字达1.3万亿美元。预算报告提出压缩联邦部门预算等，力图在短期创造就业和未来10年削减财政赤字之间达到平衡。奥巴马政府2011年之所以计划如此庞大的财政预算，最主要是受到了长期恶劣的就业情况的影响。当前民主党及奥巴马面临的主要问题是即将来临的美国中期选举，奥巴马的支持率已由上任之初创纪录的74%跌落至50%，主要原因之一是美国的失业率仍然维持在接近10%的高位。

三、美国就业政策对我们的启示

从奥巴马促进就业的八项措施看，既有应急措施，又力图建立完善长效机制，与我国目前实施的更加积极的就业政策有诸多共同之处。借鉴奥巴马就业政策，结合我国实际情况，应继续加大积极就业政策的实施力度。

1. 实现就业优先，经济发展与扩大就业紧密结合。经济发展和促进就业互为前提，密不可分。只有经济发展起来，才能实现积极有效的就业。同时，积极有效的就业，对经济发展产生巨大的推动力。奥巴马政府经济刺激计划的一个重要目标就是促进就业，各州、市在细化刺激方案时都明确了每项计划能增加的岗位数量。我国政府为应对金融危机实施了大规模的投资计划，在实施过程中，应把就业作为一项重要指标进行考核，特别是政府投资项目中，应确立就业优先的原则，在投资效益目标中，要有具体的就业指标，避免无就业的经济增长。今后，应使就业优先目标法制化，确保就业持续稳定增长。

2. 继续完善税收、金融扶持政策，促进劳动者就业。美国金融危机使金融业受到重创，奥巴马经济刺激计划的重要组成部分就是对金融业进行援助，并敦促银行为中小企业发展提供积极的信贷支持；同时，实施了大规模的减税措施。我国实施积极的财政政策和适度宽松的货币政策以来，GDP、财政收入、就业率等指标明显改善并保持稳定增长，通过税收优惠、信贷支持等扶持就业政策，取得了显著成效。今后，应继续实施结构性减税措施，优化收入分配结构，逐步提升城乡居民收入占国民收入的比重；同时，为中小企业发展提供稳定的信贷支持和金融服务，改善融资环境，加大对劳动者自主创业的贷款额度，提高劳动者自主创业的积极性。

3. 大力发展绿色经济，积极推动经济发展方式转变。奥巴马政府提出，只有在清洁能源经济中处于领先地位的国家才能成为全球经济中的领头羊，并为此采取了一系列包括税收减免、金融扶持等措施支持清洁能源经济发展。目前，我国经济结构不合理问题突出，产能过剩严重，按照温家宝总理在《政府工作报告》中提出的“大力开发低碳技术，推广高效节能技术，努力建设以低碳排放为特征的产业体系和消费模式”的要求，应大力发展绿色经济，创造更多的绿色就业岗位，直接推动经济发展方式转型，促进经济长期可持续发展，在后金融危机时代占据有利位置。

4. 继续强化职业教育和培训，提高劳动者就业能力。奥巴马的就业计划中，教育培训是最为重要的内容，对教育培训的投入也不断加大。从目前我国实际情况看，劳动力总量供过于求，而专业人才供不应求。我国劳动力成本普遍偏低，这既与我国经济发展水平有关，还与劳动力技能普遍不高有关。缓解我国就业供需矛盾，提高劳动者收入水平的一个重要途径就是大力开展教育培训，全面提升劳动者技能，这也是建立我国就业长效机制的有效途径。一方面，政府要加大职业培训投入力度；另一方面，要积极引导民营资本投资于职业教育和培训，提高培训的针对性和有效性。通过各种类型的培训，进一步提高劳动者技能和水平，为经济和社会发展注入持久的动力和源泉。

5. 完善失业保险制度，确保失业人员基本生活。针对国际金融危机造成的失业人数增多，失业率明显上升等情况，奥巴马政府采取的最直接的方式就是延长失业救济期限，保障失业人员的基本生活。建立科学的失业保险机制，是预防和促进就业的有效手段。鉴于目前我国失业保险基金结余较大，一方面，应适当提高失业保险金水平；另一方面，3% 的失业保险费率是在国企改革、下岗职业人数急增，为保障下岗失业人员基本生活的特定历史条件下确定的，目前这一费率明显偏高，应适当降低费率，降低企业成本，帮助企业减轻负担，提高竞争力，进而促进企业稳定岗位，不裁员或少裁员。

6. 完善公共就业服务体系，为劳动者提供便捷的就业服务。奥巴马政府促进就业措施中，为劳动者提供一站式就业服务也是重要内容之一，这为劳动者平等就业创造了有利条件，为人力资本合理、有序地流动提供了重要平台。目前，我国公共就业服务机构服务水平还不高，服务类型还比较单一，为此，应进一步强化我国公共就业服务的定位和功能，把公共就业服务中心建成失业人员的求职和就业之家。同时，应加快我国人力资源市场信息系统建设，尽快打破条块分割，建立省级乃至全国范围内统一的信息网络，为劳动者提供便捷的服务。

7. 继续加大资金投入力度，提高资金使用效益。就业是民生之本，生存之基，无论是对个人还是整个国家都是头等大事。就业为个人带来收入和尊严，为国家带来经济增长和社会稳定。从奥巴马的国情咨文中可以看出，美国政府将就业作为重中之重，并围绕这个中心工作制定了一揽子计划，体现了奥巴马政府的决心和政策导向。我国是十几亿人口的大国，在充分发挥个人自主择业、市场调节就业的前提下，各级政府应更加重视就业工作，采取积极措施，调整支出结构，加大就业资金投入，确保就业政策落到实处，为经济发展注入持久活力。

（2010 年）

美国就业政策及其支出绩效评估考察报告

一、美国就业政策基本情况

（一）美国就业基本情况

纵观美国就业形势的演变历史，按失业率峰值划分，大致可分为三个阶段：一是 1929 年开始的大萧条以及受其影响的后续时期是美国失业的最高峰。1933 年小罗斯福总统上台时，全国失业率高达 24.9%，随着罗斯福“新政”的实施，美国失业率开始逐步下降。到二战时期，由于没有遭到战争的直接破坏，其生产能力有了巨大增长，美国的失业率降到了历史的最低点（见表 1）。

二是 20 世纪 70 年代后期至 80 年代中期，美国失业率出现第二个高峰期。这一时期由于美国经济陷入被称为“不堪回首的年代”——“滞胀”时期，其间美国的失业率在 1982 年时达到了 9.7%，直到 1985 年，伴随着美国经济逐步走出“滞胀”的困境，其失业率才开始逐步下降。进入 90 年代，美国经济持续稳定增长，1992—2000 年，年均 GDP 增长率近 3.8%。失业率由 1996 年的 5.6% 降至 2000 年的 4%，而同期通胀率则几乎实现了“零通胀”。

表 1　美国失业率历史数据

年度	失业率（%）	年度	失业率（%）
1929	3.2	1975	8.5
1933	24.9	1980	7.1
1940	14.6	1982	9.7
1944	1.2	1985	7.2
1950	5.3	1990	5.6
1955	4.4	1995	5.6
1960	5.5	2000	4
1965	4.5	2005	5.1
1970	4.9	2006	4.6

三是21世纪以来，美国失业率高低起伏，一直维持在4%以上。2001年美国出现经济衰退，失业率也随之上升，到2003年升至6%。其后由于经济复苏，失业率又出现持续下降，2006年已经降至4.6%，为2001年以来的最低点。根据美国劳工部2007年10月5日公布的数据，2007年9月份美国非农业部门新增就业岗位11万个，为5月份以来的最佳表现，失业率却为4.7%，虽然是过去一年来的最高点，但还是处于较低水平。中小型企业提供了约83%的就业岗位，而失业率高的群体主要是青年、黑人及非洲裔，失业率分别为16%和8.1%。近来，受次贷危机的影响，美国经济和就业状况出现恶化的苗头，2008年5月美国调查失业率达到5.5%。

综合起来看，美国就业状况与经济增长密切相关，有关失业的数据已成为美国经济景气程度的“晴雨表”；随着政府宏观经济管理能力和水平的不断提高，就业局势的稳定性明显增强，极端恶化的周期性失业现象已基本不复存在。

（二）美国促进就业的主要政策措施

美国作为发达的市场经济国家之一，对就业的界定采用国际劳工组织通行的标准，即每周从事1小时有报酬的劳动视为就业，并对就业、失业的具体统计口径做了详细规定。作为联邦制国家，美国就业政策的制定和调整分两个层面，联邦层面制定和实施就业政策和方案5年一个周期，5年一个循环的过程通常按：联邦劳工部提出政策建议—国会立法—联邦劳工部负责方案组织实施—国会对方案的执行情况组织评估和评价—方案修订的程序进行。各州也负有促进就业和减少失业的义务和相应的权限。无论是联邦还是各州，制定就业政策的基本指导思想是政府为劳动力市场的充分竞争和流动创造条件，但原则上并不直接创造就业，激励私人组织创造更多的就业机会，扩大就业规模，同时强调个人职业生涯自己负责的理念。

1. 多层次的就业培训。近20多年来，美国颁布的职业培训和职业教育方面的立法不下几十个，这些法案要求全社会重视并支持职业培训，规定职业培训和职业教育应达到制定的目标。不少专家甚至把就业培训作为美国近几年就业状况日益改善，失业率持续下降并保持较低水平的仅次于经济持续增长这一就业拉动基础因素的最主要原因。美国2003—2008年就业战略总目标是：培训一支能够应对21世纪严峻挑战并具有强大竞争力的美国劳动力队伍。目前，就业培训已经成为美国就业政策的核心，美国即将到来的2008年财政预算对劳工部就业培训局93亿美元的预算中就有53亿是用于培训和就业服务。

在职责分工上，联邦政府负责制定全美职业培训总体计划和要求，并审定各州开展职业培训的项目计划，在对全国劳动力市场需求进行预测的基础上，制定经费预算，划拨经费，并监督检查计划执行结果，注重培训的结果，对培训的过程则不予过问。联邦政府不直接参与就业培训的组织和实施工作，但是向由州政府负责的培训计划提供大部分所需资金，并通过单一的资金流——职业晋升账户拨给各州。各州政府结合本地区经济发展和劳动力市场情况，确定本地区职业培训实施方案并组织实施，通过实行企业用工申报制度，及时掌握用工情况，落实配套资金，具有较大的自主权。

美国的就业培训计划非常细化，针对培训对象身份不同实施不同的就业培训计划，主要有失业工人培训计划、青年活动计划、主要针对即将从学校参加就业的低收入家庭高中毕业生的“就业军团”的培训计划，还有分别针对囚犯重返社会、因产业结构调整失去工作者、退役人员、土著等等对象的培训项目，此外，美国其他一些政府部门也有各自负责的培训计划。各州和地方根据自身的实际，对就业培训项目进一步细化，例如波士顿市就有专门针对老城区市民的就业培训计划。2007 年，联邦就业培训计划有两大重要举措：一是针对高增长职业的培训计划，其目的是把教育和培训的资源集中向未来就业的增长点；二是社区职业培训补助计划，其目的是使教育和培训的过程尽可能地实现在最贴近就业岗位产生的基层。

《工作培训合作法》明确提出“培训的目的是促使没有工作的人实现稳定的就业”，就业培训以市场需求为导向，由基层就业服务机构组织实施，培训服务由市场提供，接受培训者根据自身情况和就业服务机构的培训项目建议自主选择培训机构，培训过程由市场提供，就业服务机构“购买培训成果”，培训经费通过个人培训账户支付，将参加培训的人数和培训后能否实现就业作为政府提供培训经费的依据。

2. 就业导向的失业保险体系。美国的失业保险制度根据 1935 年的《社会保障法案》建立。失业保险建立之初的功能主要是确保失业后的基本生活等，从 19 世纪 70 年代后期，由于失业率增长，导致失业金支出大幅增长，造成严重的财政危机。在此背景下，政府开始实行削减福利政策，对失业保险的主导方向强调就业促进功能。这些措施包括：一是根据各雇主的裁员人数确定浮动失业费率，有效抑制解雇行为。二是实行较短的失业救济期、严格的资格审查和履行求职义务促使失业人员积极寻找工作。美国失业者领取失业保险金的时间长度取决于本人工作的年限，在多数州中，最长的期限只有 26 周。同时普遍要求失业人员在享受失业待遇期间，履行定期汇报求职情况的义务，如寻找工作懈怠或者无正当理由拒绝合适工作，就会被取消失业救济金资格。三是同时跟进的就业服务，帮助失业人员尽快就业，缩短失业周期。失业人员申请失业救济的同时接受全方位的就业服务，包括工作岗位信息、培训、面试技巧及工资谈判技巧指导等等，同时将参加学习和培训，作为领取失业救济的重要条件。四是特别贸易调整津贴，帮助特别困难者重新获得工作。对那些因工厂受进口增加的冲击和产品外销变化影响而失业的工人，为他们提供 52 周的再就业服务、求职补助、搬家补助和就业培训补贴的津贴和帮助。五是“工作日减少补贴”。部分州对失业者周工作时数低于充分工作时数而产生的收入下降，给予补贴。

3. 运作高效的劳动力市场。在一个有效的市场经济中信息流通是关键要素，劳动力市场信息尤其重要。美国已经初步建立了现代化的劳动力市场信息系统，包括美国就业银行（AJB）和美国人才信息库（ATB）、美国职业信息网（ACI-NET）和学习介绍信息库（ALX）等，整个劳动力市场信息系统全国联网，就业银行（AJB）的岗位信息和人才信息库（ATB）的求职信息自动“配对”；美国职业信息网（ACINET）为求职者、雇主、政策制定者提供就业发展趋势、工资变化状况以及劳动力需求预测等方面的信息；“美国学习交流信息库”（ALX）提供各职业培训机构的基本情况和开设的课程介绍。职业介绍手段的现代化，极大地提高了公共就业服务的效率，也使政府可以更多地关注困难就业群体的就业服务。例如针对一些就业岗位并没有进入劳动力市场信息系统、一些工人在求职时也不使用劳动力市场信息系统等问题，为提高“配对”过程的效率，联邦政府发起了一个名为“快速反应”的项目。政府获知减员、企业关闭等信息后，就会派出快速反应小组的专家实地提供即时的就业安置、面试培训、失业福利、教育和培训的机会等等的辅导。

4. 整合失业救济与就业促进的“一站式”就业服务中心。美国历史上职业介绍、培训管理和失业保险经办曾经存在机构分离、工作难以协调的问题。为提高公共就业服务的质量和效率，1998 年的《劳动力投资法》提出统一全联邦的就业服务机构模式，即建立“一站式就业服务中心”（one - stop career center）。将职业培训管理机构和失业保险服务的职能并入职业介绍中心（Job Center），并将服务向社区和院校延伸。服务对象拓展到社区内的各类人员，包括中小学和职业学校的在校学生。服务内容包括发布求职、岗位信息，失业救济申请、就业指导咨询、求职者学习培训的指导组织实施，甚至包括就业岗位的寻找等，并与社会上的其他机构建立合作伙伴关系，为求职者和用人机构提供方便、快捷、高效的服务。可以说“一站式就业服务中心”是美国整个就业、失业以及培训等各项政策和数据信息的直接执行主体，其职能的科学整合和高效运转是推动美国就业政策执行的基础。

另外，美国也非常重视为其就业岗位提供的主体——中小企业（据统计，中小企业雇主占美国雇主的 90%，提供了 83% 的就业岗位）给予包括担保贷款等支持。

二、美国就业支出的绩效评估

美国联邦政府绩效评估的历史可以追溯到第二次世界大战后审计总署（GAO）对政府预算的审计，其后美国便开始了政府支出绩效评估的探索。但是前期的绩效评估基本是一种限于政府内部和强调过程管理的评估，主要关注的是输入成本的问题，即所谓“投入导向”和“规则导向”，目的是发现阻碍运营控制的问题、降低成本和改进操作方法。由于没有对政府机构及其运作方式进行相应的改革，政府职能没有相应的调整，评估并没有导致政府行政成本的下降和效率的提高。再加上这些评估把议会排除在外，导致了绩效评估权威性和连续性不高。20世纪90年代初，面对经济停滞、财政危机、政府效率低下以及空前的公众信任危机，针对传统政府管理中“投入导向”和“规则导向”产生的弊端，政府引入“结果导向”，重塑美国的绩效评估体系。重点是积极推动国会通过法案，以确保绩效评估的权威性和连续性。1993年《政府绩效与结果法案》（The Government Performance and Results Act，GPRA）出台，标志着美国政府绩效评估进入一个新的阶段，随着2002年项目评级工具（Program Assessment Rating Tool，PART）的推出和2004年3月《项目评估与结果法案》（Program Assessment and Result Act，PAR）的颁布，美国的绩效评估进一步成熟。与其他的绩效评估一样，就业支出评估也可以分为两个层级：即就业支出项目绩效评估和就业支出的政府绩效评估。

（一）就业支出项目绩效评估

评估对象是政府采取的就业项目（政策），目的是评估政府就业项目（政策）的有效性，根据PAR，预算与管理办公室（OMB）每五年至少对所有政府项目进行一次评估，“评估其目的、设计、策略计划、管理、结果，以及OMB首长认为合适的其他方面。”美国政府采用的就业支出项目绩效评估办法是通过（PART）来进行。PART实际上是一套问卷系统，共分为四个部分：即目的和设计、战略规划、管理、结果等各部分给予不同的权重，四部分由30个问题构成，每组问题得分从0—100分不等；把每组问题的得分与各自的权重相乘，就得出项目的综合得分；最后再把项目综合得分转换为相应等级即“有效”（85—100分）、“中度有效”（70—84分）、“勉强有效”（50—69分）和“无效”（0—49分）四个等级。

（二）就业支出部门绩效评估

由于美国政府的就业职能由劳工部下属的就业培训部负责，所以对于就业支出的行政绩效评估也就是劳工部绩效评估不可分割的一个重要组成部分。就业支出部门绩效评估是劳工部发现问题、诊断问题和改进管理的重要手段，也是国会进行就业支出预算安排的重要依据。根据《政府绩效与结果法案》（GPRA）相关规定，就业支出政府绩效考核主要由以下几个部分组成：

1. 战略规划目标。战略规划是部门绩效评估的前提。根据GPRA第306条，劳工部要向OMB提交5年期限的战略规划，内容包括部门的职能和综合任务、完成这些职能和工作的5年期总目标和具体指标、实现目标的步骤和措施、实现这些目标所需要的资源、总体目标与年度绩效目标之间的关系、影响目标实现的外部和其本身无法控制的因素，以及制定和修改相关总目标与具体目标所进行项目评估和未来项目评估的时间表。

美国劳工部提出的美国2003—2008年就业战略的总目标是培训一支能够应对21世纪严峻挑战，并具有强大竞争力的美国劳动力队伍。针对这一战略总目标，制定了四大战略。为使每项战略目标变为现实，又制定了九项具体目标。具体见表2。

表2　美国2003—2008年就业战略目标

战略目标1. 培养一支有准备的劳动力大军，包括3项具体目标
1.1 提高就业、收入和两者的保持水平 1.2 提高青年人的就业的机会 1.3 改进信息的效力和对美国经济的分析
战略目标2. 建立一支有保障的劳动力大军，包括2项具体目标
2.1 加强执行保护工人的法律 2.2 保护工人的福利
战略目标3. 建设高质量的工作场所，包括2项具体目标
3.1 减少工作场所的死亡、伤害和疾病 3.2 培育机会公平的工作场所
战略目标4. 建立一支有竞争力的劳动力大军，包括3项具体目标
4.1 培养工人适应21世纪的竞争性挑战 4.2 促进工作的灵活性和最大限度地降低调整带来的负担

为了确保每个具体目标的执行，又规定了具体的实施措施和实施目标，如第一个战略目标的第二项具体目标提高年轻人的就业机会的实施措施和实施目标见表3。

表3　提高青年人的就业机会

实施措施		实施目标	
		基准	2008年目标
1.2.A	提高对接受《劳动力投资法》青年项目服务的青年的就业安置和受教育水平		
在项目结束后，青年人实现就业和接受专科教育、职业技能培训或4个月军训的百分比		无	待定
青年人获得专科文凭、普通教育或证书教育的百分比		无	待定
提高学员读写和运算技能的水平		无	待定
取得成果的效率		待定	待定
1.2.B	改善就业服务团学生的教育成果，并提高参与就业服务团毕业生的就业和受教育机会		
在项目结束后，青年人实现就业和接受专科教育、职业技能培训或4个月军训的百分比		无	待定
青年人获得专科文凭、普通教育或证书教育的百分比		无	待定

续表

实施措施	实施目标	
	基准	2008年目标
提高学员读写和运算技能的水平	无	待定
取得成果的效率	待定	待定

＊以上执行指标是劳工部培训就业司评估联邦就业培训和就业项目执行情况的常规措施。劳工部在该中期计划的每个财政年度都可能会做些临时调整

2. 年度绩效计划。每年财政年度开始时，劳工部应提交执行该部门预算的就业工作的年度绩效计划，年度绩效计划是落实战略规划分解的可量化的年度的具体目标。根据GPRA对绩效计划年度绩效计划的要求，绩效计划应该包括绩效计划的目标水平要明确；目标客观、可量化；简述实现绩效计划的程序、手段和技术，以及人力、资本、信息和其他资源；制定衡量或评估目标计划的绩效指标；提出一个可以与所制定的绩效目标进行比较的基准；说明检验和验证衡量绩效价值的手段。值得指出的是绩效规划、绩效计划的指标及目标的确定，虽然主要是由劳工部提出，但是由于本身以及绩效指标和目标要公开，接受社会各界（包括专家和非赢利机构）及立法机构的审查，所以公开的规划、计划和指标、目标是集中了立法机构、政府部门和社会各界的智慧，财政部门（OMB）扮演组织者、支持者（提供指南和培训、包括PART1等工具）及审核者的角色。同时GPRA本身对就业也规定了一些绩效指标，如参加者就业率或中学入学率等。劳动力投资法规定了17项绩效指标，其中很多就是涉及就业的绩效指标。

3. 绩效报告。根据GPRA的要求，劳工部要在每个财政年度结束后，对上一年度就业绩效计划的执行进行分析，形成绩效报告于次年的3月31日之前提交总统和国会。年度绩效报告要包含三大部分：一是管理当局评论分析；二是绩效信息；三是财务信息。绩效报告要比较绩效计划指标与实际执行情况进行比较，检查是否达到绩效目标；对没有达到的目标要分析原因，并提出改进措施或调整目标的方案等。值得一提的是，美国就业绩效计划的量化指标和实际执行情况，主要是借助强大的劳动力市场信息系统等手段统计，从而可以从很大程度上避免了人为因素对于指标真实性的影响。例如我们访问的华盛顿特区劳工部"一站式"就业服务中心，该中心负责人在介绍其2006年度绩效任务完成情况时，就坦言该中心的就业培训任务没有完成，计划是3500人，而实际只培训了3250人。每一个培训的全部信息都进入劳动力市场信息系统，其上级——华盛顿特区劳工部通过劳动力市场信息系统可以直接掌握相关情况。

4. 绩效评估。联邦的政府绩效评估由预算与管理办公室（OMB）具体负责，OMB有权对包括劳工部在内的所有联邦部门进行绩效评估，绩效评估结果与部门预算额度、政府支出规模挂钩。在各州也有相应的机构负责对各州的就业支出

政府绩效进行考核。

由于联邦提供了大部分就业资金，尽管每个州的就业服务项目不完全相同，但就业支出绩效评估标准和监督程序由联邦统一制定（如各项法规），适用于所有州。各州负责按照联邦的评估标准收集、提供项目计划信息和执行中的数据，并按时提交反映计划执行结果的年度报告。如结果出现偏差，要求各州采取纠正行动计划，使计划执行达到国家标准。同时联邦政府根据政府绩效法提供技术援助，质量评估以及业务支持，以确保所有州按照计划目标进展或达到计划目标。

总体来说，现行美国的就业支出绩效评估有以下几个特点：一是结果导向性。将重点放在关注成果、服务质量和用户的满意度，同时规范的制度、程序以及客观、量化的指标设置，使结果导向得到全面的反映和落实。二是权威性。确立了较完善的就业支出绩效评估法律体系，明确绩效评估不仅是政府加强管理、提高效率的手段，也是政府和各部门必须履行的法定义务。三是预算约束性。绩效评估直接与预算挂钩，预算与管理办公室（OMB）有权根据绩效评估削减部门、项目的财政预算，强化了绩效评估的现实的预算约束性。值得指出的是这里的预算约束，是含义更广的预算约束，既包括行政部门预算、更多的还包括行政部门实施工作规划、提供针对服务对象公共产品等的经费。四是科学性和客观性。绩效评估的规划、指标、目标等全过程公开，接受立法部门、政府以及社会各界的监督。绩效评估指标中涉及公众满意率的指标一般都给予较高权重确保了绩效评估满足社会公众需求。加上评估技术的不断进步和评价指标实际完成情况统计手段的进步，使绩效评估具有较高的科学性、客观性。

三、几点启示

就业作为民生之本，近年来，随着加快建设社会主义和谐社会，越来越受到各级政府的高度关注，推出了一系列旨在促进就业政策、措施，各级财政就业支出的资金规模也越来越大。无论是从确定绩效评估的一般性原则来说，还是从优化完善就业政策、确保资金发挥最大效益，推进我国公共财政、绩效预算的改革方向而言，就业支出绩效评估都是应该和必须的。但是鉴于我国目前的现状，要一步到位建立美国模式的就业支出绩效评估体系还有一个过程，美国现行的绩效评估也是经过了几十年从投入导向——→结果导向转变的探索，即便是 GPRA 确立了的现行绩效评估制度以后，其实施体系和内容也经过了而且正在逐步完善过程中。结合我国就业支出的实际需要，美国绩效评估的经验和世界银行的研究结果，对我国的就业支出绩效评估有以下几点启示。

（一）优先开展就业支出项目评估

就业项目评估，也就是就业政策的绩效评估。就业政策是就业资金支出的基本依据，政策是否有效直接决定着就业支出是否有效。近年来，尤其是 2002 年实施积极的就业政策以来，从中央到各地制定了一系列针对国有企业下岗失业人员的再就业政策。2005年全国基本实现国有企业下岗职工基本生活保障与失业保险并轨后，中央对原有再就业进行了延续、扩展、调整和充实，基本建立起了具有中国特色的涵盖税费减免、金融支持和职业介绍、职业培训、社会保险等补贴的积极的就业政策体系，各级财政也根据就业形势变化和就业工作需要，不断加大资金投入。随着《就业促进法》从2008年开始实施，在处理法律与现行就业再就业政策的衔接，以及面对不同时期就业矛盾，实现比较充分的社会就业目标，确需定期对就业政策进行有效评估，了解相关的就业政策在实际执行中的效果如何？哪些政策针对哪些人群更有效？哪些政策还需要进一步完善？使就业资金预算安排更科学、合理，把有限的资金投向绩效更高的方向。本着制定更有效的就业政策的共同出发点，可会同有关部门委托有实力的中介机构进行就业项目评估，尽量淡化部门色彩，增强公信力，评估的结果也更易被决策者和部门接受。

（二）建立中央财政对地方就业补助资金绩效评估机制，引导地方财政逐步建立和实施就业支出绩效评估办法

目前，中央财政对地方就业补助资金的分配已引入一定的绩效评估因素，下一步要继续完善对地方就业补助资金的分配办法，建立地方就业支出绩效评估与资金分配挂钩机制，引导地方逐步建立就业支出的绩效评估办法，为地方探索就业支出部门绩效评估创造条件和氛围。在开展对地方就业支出绩效评估时要坚持：一是以结果为导向。即绩效的评估要以资金使用的的最终效果为导向，不简单以各地就业工作任务完成情况为评估依据，尽量不用过程指标。二是科学确定绩效目标和单位成本。统筹兼顾地区差异，可以考虑在全国统一基本指标与地域性补充指标相结合的办法，对特殊性强的地区设置附加指标。如老工业基地、中西部地区由于本身就业岗位的限制等因素，可能就业的实际客观容量本身就不大，同时解决就业的成本可能要比发达地区高。三是绩效指标的确定要科学。首先绩效指标的确定要遵循结果导向原则，因为每个地方的就业形势千差万别，比如一个经济新区就业的解决主要通过劳动力市场、培训等，而一个老工业基地可能支持再就业就比较重要，但是最终的结果是一样——解决就业。四是绩效评估的方法要科学。五是步骤要循序渐进。政府目标考核体系没有改变的情况下，就业支出单向改革步伐如果太大容易造成欲速则不达局面。可行的办法是从增量分配与绩效评估挂钩开始。

（三）探索开发就业支出绩效评估指标

绩效基准、绩效指标的选择是绩效评估以及绩效预算的关键环节，也是难点。由于信息不对称、部门角度不同，绩效指标的选择往往千差万别。建立科学的就业绩效评估指标，需要组织部门、专家的力量，利用专门的方法进行开发。为了确保绩效指标开发的统一性，中央财政可以借鉴美国OMB的做法，组织部

门和专家开发一套就业绩效评估的指标体系。同时借助中央就业补助与绩效评估挂钩这一手段，在全国推广使用就业绩效评估指标。通过培训和编写指南等做法，指导地方掌握、使用绩效评估指标，做好数据的收集和日常监测工作和地方的评估工作，及时改进地方工作的措施，促使就业工作有效开展，把绩效评估渗透到日常工作中。绩效指标和基准向社会公开，以增强绩效指标的影响，同时引入社会监督，推动就业支出绩效评估体系的建立。

（四）加大劳动力市场信息建设投入

劳动力市场信息系统在美国的就业工作中，不仅提供就业服务、培训以及就业跟踪的现代化的信息平台，同时在就业绩效评估中也是监测管理信息系统，项目管理者对服务提供者提供信息形成的行政记录进行维护；管理信息系统可以记录受益者人数、所接受的培训、项目成本、项目工作人员配备、项目持久性、以及就业安置等项目管理者关注的信息。正如世界银行首席经济学家 John D. Blomquist 指出的，监测管理信息系统的建立对监测积极劳动力市场项目的运行至关重要。而相关数据质量不高也正是我们评价就业工作所面临一个现实问题、基本问题。年年就业工作超目标完成任务，年年就业压力巨大，虽然有我国就业形势严峻的客观原因，但一定程度上也与“数字政绩”不无联系。建立强大、完善的劳动力市场信息系统，首先有利于提高就业服务的信息化水平，提高工作效率；其次有利于通过整合就业、失业以及培训信息，形成资源共享和监管；再次可以通过就业政策落实的过程记录，形成就业绩效支出评估的指标的原始依据，进而通过全国网络化的手段，提高数据的真实性，避免人为因素影响，确保绩效评估结果的真实性和公正性。可谓“一举多得”。

（2007 年）

美国职业培训体系考察报告

一、美国职业培训体系的基本情况

职业培训工作在美国属于地方事权，由各州政府负责管理，所需资金主要来源于州财政和社会捐赠（州财政和社会捐赠大体上各占一半），基本不采取向被培训人员收费的方式。其主要运作模式是：政府与职业培训机构签订合同，按学员培训毕业 6 个月内的就业率给予相应的资金支持。就业率是职业培训机构的生命线，学员就业率高的职业培训机构得到政府和社会的资金支持多，信誉越来越高，实力越来越强；而学员就业率低的职业培训机构得到政府和社会的资金支持少，甚至得不到政府合同，陷于困境，难以维持。这种完全市场化的政策导向鼓励职业培训机构相互竞争，促进了职业培训与社会就业需求的紧密结合，提高了职业培训的质量和效率，在减少失业、促进就业方面发挥了重要作用。美国著名的盖洛普公司的专项调查显示，州政府每投入 1 美元的职业培训费用，可以增加 4 美元的国民收入，减少 1 美元的社会救济支出。即 1 美元的职业培训投入，可以创造 5 美元的社会经济效益。

二、美国职业培训体系的主要特点

（一）民办公助、公开透明、社会监督的市场化运作模式

在美国，基于效率和政府职能定位的原因，政府不直接经办职业培训机构，职业培训机构多属于民办非营利组织。由于民办非营利组织一般都接受政府资金和社会捐赠支持，尽管是民办机构，按照美国有关法律规定，民办非营利组织的运营管理情况和财务资料必须完全向社会公开，接受社会监督，任何单位和个人都可以上网查询。凡提供不实资料的职业培训机构将被依法追究责任。职业培训机构的重大事项由其董事会决定，日常管理事务由董事会聘任的总经理负责。各级政府不参与职业培训机构的日常管理事务，对职业培训机构的监管，也主要依靠社会监督和职业培训机构的行业自律。此外，有关的社会调查机构也对其进行定期考核，并就其运营管理情况出具评估报告，供政府和民众参考。州政府与职业培训机构之间主要是资金补助关系，而且是采取按培训效果（学员就业率）予以补助办法。学员就业率的高低是市场和社会对职业培训机构质量最客观、最公正的评价，只有职业培训机构在减少当地失业、促进就业方面确实发挥作用的情况下，州政府才给予相应的资金补助，并通过这一方式实现州政府职业培训补助资金使用效益最大化的目标。

（二）实用主义的职业培训原则

实用主义的原则不仅体现在上述资金补助方式上，而且体现在美国职业培训体系的各个方面。

在职业培训机构自身设置方面，多数职业培训机构主要从事职业培训项目管理，工作人员相当精干，固定资产也很少。办公室、教室、实习场地等主要利用现有设施和社会资源，采取向社会租赁的方式。培训教师主要是不需付酬金的社会志愿者，包括大学教师、企业的人力资源管理者、工程师、技师等专业技术人员。这种机构设置和人员配置既保证了职业培训质量，又有效地降低了职业培训成本，扩大了职业培训的有效需求，使职业培训机构不需向被培训人员收费即可正常运行。

在职业培训课程设置方面，注重实用技术的培训，适当降低理论学习的难

度。其中如何与人沟通、如何参加面试、如何写简历等求职技巧和如何提高实际操作技能是职业培训课程的主要内容，就是理论学习也侧重于熟悉掌握当地的政策法律规定和一般性的工作常识等内容，纯理论的内容很少，难度也大大降低。这种突出强调学以致用的课程设置，适应了成人学员的培训需要，提高了职业培训的实际效果。

在职业培训管理方面，职业培训的全过程都紧紧围绕提高学员就业率开展工作。一是在职业培训的事前根据劳动力市场需求确定培训课程。二是在职业培训过程中就着手开展推荐就业。三是在职业培训结束后继续安排专人对学员进行跟踪就业服务，不断提供各种就业信息，帮助培训毕业人员尽快实现就业。

（三）职业培训与社会保障形成良性互动

从一定意义上讲，美国的职业培训体系不属于国民基础教育体系，而是社会保障体系的一部分。目前的职业培训体系是与政府大幅度削减社会救济福利支出的改革措施紧密联系的，是其积极就业政策的重要组成部分，也就是美国人所称的“从救济到工作”。自20世纪80年代里根政府开始，针对社会救济福利水平过高影响人们就业积极性和国家竞争力的问题，美国政府按照供给学派的理论，不断削减和控制社会救济福利支出，同时大力强化职业培训，以期达到增强人力资本能力、增加劳动力有效供给和提高国家竞争力的目的。实践证明，这一系列积极的改革措施是成功的，也逐渐得到了社会各方面的认可和支持，从而促进了美国经济率先实现向“知识经济”的转型。在西方发达国家中，虽然美国对劳动者的就业保护比较少，劳动者的工作时间比较长，社会保障待遇也比较低，但美国的失业率一直是比较低的，劳动生产率相当高，经济也是最有活力的。

据了解，在美国有劳动能力人员申请社会救济福利（如失业保险金、政府提供的免费食品券等），必须按规定定期向有关部门提供求职不成功证明或正在接受职业培训的证明。如想取得领取最低基本养老金资格必须在美国就业且缴纳社会保险税的期限满10年，其最低基本养老金约300多美元/月，最低基本养老金的平均工资替代率（即占职工平均工资的比例）只有12%左右，不仅大大低于一般西方发达国家的最低基本养老金水平，甚至低于我国目前低保标准的平均工资替代率（约为20%）。需要指出的是，对于取得领取基本养老金资格的退休人员，如果其家属达到退休年龄且没有养老金收入，则其家属即可享受相当于退休人员基本养老金50%的养老金补贴。因此，对有劳动能力人员而言，只有积极就业，本人及其家属才可能取得相应的社会保障，如果不积极就业，就难以取得社会保障。总之，崇尚竞争、鼓励就业、学习创新，反对垄断和过度保护是美国的国策，也是其经济竞争力保持领先地位的关键所在。

三、几点启示

目前，党中央、国务院高度重视就业再就业工作，明确提出各级政府要通过大力加强职业培训工作，提高下岗失业人员的就业能力。经过各方面的共同努力，我国的职业培训工作在制度建设、促进就业等方面已取得了一定进展，但同时也应当看到，我国的职业培训工作在与促进就业紧密结合方面，仍存在不少亟需改进之处。因此，美国的职业培训体系很值得我们学习和借鉴。

（一）继续推进公办职业培训机构改革，进一步规范职业培训机构的行为

在我国，多数职业培训机构为公办职业培训机构，由于历史和体制的原因，这些公办职业培训机构多数掌握发放职业培训合格证书及职业资格证书的权力，其收入来源主要是向被培训人员收费。尽管各级政府反复强调，当前公办职业培训机构的主要任务是向下岗失业人员提供免费职业培训，并规定可按职业培训后下岗失业人员实现再就业的人数给予财政补贴，但出于经济利益考虑，部分公办职业培训机构仍将工作重点放在收费培训方面，有的甚至存在不经培训，给钱就滥发职业培训合格证书及职业资格证书的现象，对下岗失业人员的免费职业培训往往积极性不高，职业培训后下岗失业人员的再就业率也普遍较低。由于部分职业培训没有真正起到改善当地就业状况的作用，与促进就业相脱节，这就严重影响了地方政府和社会增加职业培训资金投入的积极性。因此，各地应结合事业单位改革，整合各类职业培训资源，鼓励发展民营职业培训机构，使职业培训主体多元化。通过完善按职业培训后下岗失业人员实现再就业的人数给予财政补贴的政策导向，鼓励职业培训机构相互竞争，促进职业培训与社会就业需求的紧密结合。同时要进一步加强社会监督，规范职业培训机构的行为。

（二）紧密围绕促进就业开展职业培训，切实提高职业培训的实际效果

我国的职业培训工作在一定程度上存在重理论轻实用、重证书轻就业的问题，职业培训对促进就业的作用没有得到充分发挥。因此，各地应紧密围绕促进就业，进一步改革职业培训模式，突出学以致用和就业适应能力。要根据社会就业需求，适时调整更新职业培训课程设置，拓宽职业培训师资来源，强化实用技能培训，积极主动地做好职业培训毕业人员的就业工作，切实提高职业培训的实际效果。

（三）建立和完善职业培训与社会保障的联动机制，改善劳动力的有效供给

由于我国社会保障体系和就业政策不完善，目前有劳动能力的社会保障对象中隐性就业的现象比较普遍，相当部分的社会保障对象忙于从事隐性就业打工挣钱，对参加职业培训积极性不高。这种不规范和低质量的就业状况既增加了社会保障资金支出压力，也不利于从长远和根本上解决这些社会保障对象的就业和生活问题。解决这一问题的重要措施就是建立和完善职业培训与社会保障的联动机制，可借鉴美国的做法，对有劳动能力的失业保险金或低保金申领者，有关部门应要求其每季度必须提供 3 次以上的求职不成功证明或正在接受职业培训的证

明。通过这一措施鼓励和引导有劳动能力的社会保障对象及时进行就业申报和积极参加职业培训，以达到提高人力资本能力、改善劳动力有效供给和降低失业率的目的。

（2004 年）

让就业更有吸引力

——欧盟社会保障制度改革

一、欧盟促进就业要求改革社会保障

自 20 世纪 70 年代石油危机后，欧盟成员国家就开始改革社会保障制度，医治“福利病”。但直到 90 年代中期，改革只限于部分国家，进展较慢。90 年代后期以来，由于人口老龄化加速，欧盟就业人口不断减少，如 2000 年，欧盟（25 国口径）年龄在 65 岁以上者只有 0. 71 亿人，到 2030 年将达到 1. 1 亿人；而劳动力将由目前 3 亿人减少到 2. 8 亿。赡养率（65 岁以上人口与 15—64 岁人口之比）将由 2000 年的 23% 增加到 2030 年的 39%。劳动力减少，老年人增多，造成食之者众，生之者寡，必然会影响经济增长。

在劳动力减少的同时，欧盟却有大量的闲置人力资源。从总体来看，欧盟经济活动人口比率（15—64 岁人口中的就业和失业人口的比重）比美国低 5 个百分点。从妇女就业来看，2000 年欧盟 27 国妇女就业率为 53. 7%，男为 70. 8%，差 17 个百分点；与此同时，60 岁以上人口的平均余命增长了 4 岁，但老工人就业呈现下降趋势。

欧盟认为，促进就业需要挖掘闲置劳动力资源，而最有效的手段就是改革社会保障制度。其提出的就业战略目标是：到 2010 年，欧盟平均就业率应达到 70%，妇女就业率至少应达到 60%，老工人（55—64 岁）的就业率应达到 50%。为了实现就业目标，欧盟提出了改革社会保障、加强职业培训、使劳动合同更为灵活、促进企业吸纳就业等各项促进就业措施。但社会保障改革一直是促进就业的核心政策。

二、社会保障改革让就业更有吸引力

为促进就业，欧盟提出社会保障改革要“鼓励劳有所得，让就业更有吸引

力”。在此方针指导下，欧盟提出了一系列社会保障改革措施，并得到各成员国的认同和贯彻。改革包括以下几个方面。

1. 改革津贴制度，鼓励不靠津贴靠工作。欧盟优厚的福利津贴特别是失业津贴，降低了一些人找工作的积极性。因此，欧盟各成员国一致对这一制度进行改革，主要是：严格失业金的领取条件，降低失业金标准，限制失业金领取期限，加强管理、防止冒领，同时加强培训，鼓励企业吸纳失业人员以促进就业和再就业。如德国从 2005 年起降低失业救济金标准并大大缩短领取失业金的发放时限；丹麦、匈牙利、芬兰、立陶宛等国为享受失业金者规定了义务和条件；西班牙、爱尔兰和葡萄牙将失业金与工作结合起来，鼓励失业者从事低收入工作，同时在一定时间内保留一定的失业保障待遇。如爱尔兰 1993 年开始实施“重返工作计划”，对长期失业者和其他社会保障对象从事低收入工作或从事个体经营的，在 3 年内保留其原有的社会保障津贴，但待遇标准逐年递减。比利时、英国、爱沙尼亚、法国、爱尔兰、荷兰等国还采取降低低收入群体个人所得税或实行工资补贴等办法，以防止流入失业群体。

2. 延长退休年龄，鼓励老年人就业。目前，经济学家普遍认为，经济的扩张或收缩是随劳动力数量增减而变化的，劳动力数量越多，意味着更大的经济规模和更多的就业岗位。同时，为了缓解就业人口不断减少的危机，欧盟各国普遍将延长退休年龄作为社会保障制度改革的重点，主要方法是延长法定退休年龄或增加法定缴费年限，加强养老金与缴费挂钩机制，规定晚退休或提前退休将增加或减少退休金。如奥地利将养老保险交纳年限从 40 年延长到 45 年，工作年限满 45 年的人才能享受全额退休养老金。荷兰和英国对工伤者重新评估，以减少滥用提前退休政策。瑞典修改了养老金方案，鼓励老工人晚退休，或者通过非全日制工作逐步退休。与此同时，欧盟各国还加强老年人的职业教育，为老年人提供半日制等灵活的工作方式，促进老年人晚退休。

3. 协调家庭和工作关系，鼓励妇女就业。在欧洲，由于聘请保姆照顾儿童的费用十分昂贵，照顾儿童成为妇女参与劳动力市场的障碍。因此，欧盟要求，2010 年前所有成员国要向至少 90% 的 3 岁至法定上学年龄的儿童以及至少 33% 的 3 岁以下儿童提供照顾，以鼓励妇女就业。目前北欧国家对儿童照顾投资较多，其他国家也在采取措施。法国采取措施改进和简化家庭津贴；英国正在计划建设 2000 个儿童照顾场所。对单亲家庭，欧盟各成员国给予更多的关注，都在制定并实施单亲补助等政策，促使单亲父母工作。

4. 采取多种措施，鼓励残疾人工作。在欧盟，许多成员国正在采取措施，鼓励申请残疾津贴的人工作。如芬兰，为残疾人实施早期康复措施，使他们能够早日重返工作岗位；荷兰和卢森堡规定，雇主必须在公司内为残疾人安排合适的工作；丹麦、奥地利、德国和英国等，已开始向雇主提供津贴或者减少社会保险缴费，支持他们雇佣残疾人就业。

5. 完善社会保障制度，鼓励职业流动和地理流动。欧盟认为，职业流动和地理流动允许工人流向生产力更高和收入更高的职业，对保持经济高效非常关键。欧盟制定了相关的法律，确保工人在国与国之间流动后包括疾病、女工生育、工伤、职业病、失业津贴、家庭津贴、退休金以及死亡补助等的社会保障权益。如劳动者在哪个国家工作，就在哪个国家参加养老保险；劳动者的保险记录和缴费一直留在当地到退休；劳动者只要在一国工作满1年，这个国家就要在劳动者达到退休年龄后支付养老保险，数额取决于在这个国家工作时间的长短和缴费的多少。

欧盟社会保障制度改革取得了显著成效。在经济较快增长的背景下，就业呈现出转好的趋势：一是就业率提高。1997—2006年，就业率由60.6%提高到64.7%，妇女就业率由51.1%提高到57.4%，老年人就业率由35.7%提高到43.6%。二是失业率降低，长期失业人员数量减少。1997—2006年，失业率由9.3%降低到7.9%；劳动力中的长期失业率由1997年的5%以上下降到2006年的3.6%。

三、欧盟社会保障改革对我国有重要启示

我国正在建立覆盖城乡居民的社会保障体系。在这一过程中，应认真研究欧盟社会保障制度改革经验，充分考虑社会保障对就业的影响。

1. 研究欧盟经验，把握好社会保障和就业的关系。我国社会保障建设时间较短，对社会保障和就业的规律把握不够，社会保障制度设计中对就业的影响考虑不够。欧盟以社会保障改革促进就业的经验，值得我们认真总结和借鉴。

2. 合理确定保障标准，严格保障条件。我国社会保障标准和条件总体上是合理的。但有的地方在保障标准和条件的认识上存在误区，导致保障标准偏高、失业证或低保证含金量偏高，甚至个别地方将高标准、宽政策当成“形象工程”。这不仅超越了经济发展水平和财政承受能力，更重要的是对涉及的就业政策产生负面影响。欧盟在经历了高福利、导致高失业之后，下决心降低保障标准、严格享受条件，积极促进就业，我国作为发展中国家更应当认真借鉴。

3. 创新制度，促进保障对象接受低收入工作。我国目前低保制度和失业保险制度中，如果保障对象从事低收入工作，很可能失去享受津贴的资格，因此一些保障对象宁可在家享受社会保障津贴，也不愿接受低收入工作。可以考虑借鉴欧盟的经验，制定更灵活的政策，鼓励享受低保和失业金者去接受低收入工作。

4. 适当延长退休年龄，应对老龄化。近年来，随着人口老龄化进程不断加快，各国纷纷出台政策调整退休年龄，从欧盟来看，法定退休年龄一般在60—67岁之间。而我国法定退休年龄分别为男职工60岁、女干部55岁、女工人50岁，由于提前退休等因素，我国平均实际退休年龄不足55岁。随着人均寿命的延长（2006年我国人均寿命已达72岁）及计划生育政策的推行，我国人口老龄化问题相比而言更为突出，基本养老保险基金支付压力不断加大，因此，可考虑适当延长退休年龄。但是，我国当前就业矛盾较为突出，延长退休年龄需统筹考

虑其与就业的关系，可通过实行弹性退休年龄的方式，先适当延长女工人退休年龄，待条件具备时将女职工退休年龄统一，今后再视情况研究退休年龄整体延长的问题。

（2008 年）

欧盟劳动力市场政策改革

1997 年正式启动的欧盟劳动力市场政策改革是提升其国际竞争力、实现里斯本战略（将一体化的欧洲建设成为“世界上最具竞争力与充满活力的知识经济”）的关键环节，欧盟近 10 年的改革实践，对于完善我国的劳动力市场政策有重要的借鉴意义。

一、改革背景

二战后，欧洲经济快速发展，社会福利制度也不断得到强化。但从 20 世纪 70 年代石油危机以来，欧洲经济增长和就业增长开始放缓，并出现财政负担加重，劳动力市场僵化，失业率居高不下，国际竞争力下降等问题。欧洲各国由此开始反思其社会福利制度，并着手进行劳动力市场政策改革。但直到 20 世纪 90 年代中期，改革仍然是局部和零散的，总体上进展不大。

在这种形势下，欧盟政治家、学者们的危机意识开始增强，普遍认为只有改革欧盟社会福利制度模式才能保证经济增长，只有经济增长才能保证其社会福利制度模式。民众也对生活改善缓慢不满意，改革呼声很高。因此。以 1997 年 10 月签署的《阿姆斯特丹条约》（简称《阿约》）为标志，在欧洲一体化建设快速推进的背景下，欧盟开始主导劳动力市场政策改革，并将其成员国推向全面系统的改革之中。

二、改革情况

《阿约》规定，欧盟层面对劳动力市场政策改革实行目标管理，即欧盟层面通过就业大纲确定劳动力市场政策改革的目标和方向，并通过成员国的报告制度检查实施情况；成员国层面根据欧盟制定的就业大纲，制定就业行动计划和就业项目计划，并将计划付诸实施。

欧盟劳动力市场政策改革目标主要体现在就业政策目标上，其就业政策目标的表述几经变化，如 2002 年提出为知识经济社会的充分就业创造条件。2005 年修改后的里斯本战略将重点集中到经济增长与增加就业上。2005—2008 年欧盟就业大纲表述的目标更为明确：一是实现充分就业，增加劳动供给，减少失业和不积极就业，促进持续的经济增长，促进社会凝聚。二是提高工作质量、提高劳动生产率与增加就业良性互动。三是加强社会凝聚和地区凝聚，扶持弱势群体就业，减少地区差别。欧盟还就劳动力市场政策改革提出了一系列量化指标，核心指标是就业率，即就业人员占劳动年龄人口的比重。2010 年，欧盟平均就业率应达到 70%，妇女就业率至少应达到 60%，老工人（55—64 岁）的就业率应达到 50%。

欧盟劳动力市场政策改革的主要内容包括：

1. 促进和稳定就业。欧盟认为，提高就业水平是促进经济增长、保障社会安全的最有效办法。为了应对就业人口下降的趋势，要采取多种措施，促进各个群体特别是年轻人、妇女和老年人的就业。针对年轻人，要采取预防措施和激活措施，前者是防止就业者流入长期失业者群体，帮助他们留住工作；后者是促进失业人员和不积极就业人员就业。这些措施包括加强职业培训，提供职业介绍、职业指导，改革税收和津贴政策等。针对老年人，要实行“积极的老龄化”措施，加强老年人的职业教育，为老年人创造灵活的工作安排如半日制等，改革税收体系和养老金体系，促进老年人晚退休。针对妇女，政府和社会要提供更多家庭服务，促进妇女就业。

这方面改革进展顺利。在减少青年人长期失业方面，多数国家首先推出了阻力较小的减免税政策以及财政补贴政策，如比利时、英国、爱沙尼亚、法国、爱尔兰、荷兰、瑞典、斯洛文尼亚等国对低收入群体或者全体工人采取降低个人所得税负的办法，比利时、法国采取了对低收入群体给予工资补贴的办法，立陶宛、拉脱维亚、英国提高了最低工资。失业津贴制度改革由于会减少失业者的福利而阻力较大，一些国家近年来才开始实施。丹麦、匈牙利、芬兰、立陶宛等国为享受失业津贴者规定了义务和条件，德国从 2005 年起降低失业救济金标准并大大缩短领取失业金的发放时间。在加强就业服务方面，大多数国家增加投入、加强公共就业服务体系建设，新入盟国家更多地建立非公共就业服务体系，同时加大了公共服务机构的改革力度，着力提高公共就业服务质量。

为应对人口老龄化而改革养老金制度，或者鼓励企业雇用老年人，这方面改革阻力较大，多数国家于近年才开始实施。奥地利将缴纳养老保险的基准年限从 40 年延长到 45 年，只有达到基准年限的人才能享受全额退休养老金。荷兰和英国对工伤者重新评估，以减少滥用提前退休政策。瑞典修改了养老金方案，鼓励老工人晚退休，或者通过非全日制工作逐步退休。比利时要求不雇佣 45 岁以上者的企业必须承担更多的社会保险份额，以鼓励企业留用中老年人。

2. 努力创造就业岗位。欧盟认为，企业特别是中小企业的发展是创造就业岗位、扩大就业的基础。因此，欧盟要求其成员国为企业特别是中小企业的发展创造良好的环境，使创办企业、经营企业更加容易。其主要措施有：简化创办企业手续，降低企业行政成本负担和税收负担；加强对企业家以及自雇人员的培训，树立企业家意识；防止隐性就业，为企业发展创造公平的环境。

这方面改革进展较快。比利时、荷兰、法国、德国等国采取措施减轻企业负担特别是税费负担；奥地利、比利时、法国、德国、希腊、意大利等国采取措施简化开办企业的规定和手续；西班牙将创办新企业的审批时间由30—60天减少为2天；奥地利、德国、丹麦、爱沙尼亚、匈牙利等国通过加强劳动监察以及其他监控手段应对隐性就业。很多国家降低了融资门槛，方便中小企业融资。一些国家还加强企业家培训。近年来，许多成员国如德国、奥地利、斯洛伐克、法国以及一些新加盟的成员国，其小企业数量增长很快，成为就业增长和经济增长的主要贡献者。

3. 改革教育培训体系。为了使每个人都具备知识经济社会所需要的知识，减少劳动力市场上供给与需求的结构性失衡，欧盟要求其成员国实施终生学习战略。到2010年，欧盟22岁的人至少应有85%完成高中教育（upper secondary education），工作年龄人口中参与终生学习的人员比率至少应达到12.5%。为此，欧盟要求其成员国从三方面着力：一是要加强人力资源的投资，促进人们终生接受教育和培训。特别是鼓励企业和个人加强人力资源投资。二是要改革教育培训体系，提高培训的吸引力，降低教育和培训的门槛，使教育培训面向全社会，并且确保教育培训方式的多样化和灵活性，符合市场需要。三是采取措施，防止学生辍学。

这些改革取得一定进展。一些国家采取措施加大政府、企业和个人对人力资源的投资。如爱尔兰近年增加了高等教育投资，10年来全日制高等教育人数增加了近1倍，企业用于培训的支出也大大增加。法国规定雇用10人以上的企业用于培训的支出不能少于工人工资的1.5%；奥地利允许企业将培训成本在税前列支；荷兰、比利时、英国也制定了鼓励企业培训的税收政策；荷兰、比利时、西班牙、英国还为参加培训的人员建立培训账户，个人、政府、企业各承担部分费用；荷兰于2005年增加了学生的贷款担保额。在增加人力资源投资的同时，许多国家还改革教育培训体系。一些教育水平高但同时失业率也高的国家，在中等教育课程中引入了更多技术和语言方面的课程。荷兰、意大利、西班牙将职业课程延伸到高等教育，葡萄牙和瑞典则扩展到小学。另外，很多国家针对学生辍学的问题制定了措施。比利时、意大利等国提高了法定最低退学年龄。德国建立了帮助有障碍学生学习的制度。匈牙利引入了“追赶教育”，帮助16岁以上未完成小学教育的年轻人完成学业。

4. 增强市场活力。为适应经济和社会的变化，欧盟要求成员国增强劳动力市场的灵活性和安全性，改革某些僵化的制度性安排。一是修改就业立法，使企业在招工和解雇方面有更大灵活性。二是增强工作安排和劳动时间的灵活性。三是建立和创新工资增长机制，使工资尽量能够反映劳动生产率和劳动力市场的变化。

这几方面改革是重点，也是难点，总体上进展不快。德国、西班牙、葡萄牙等国都对劳动立法进行了改革，提高企业用工的灵活性。如德国放宽了企业解雇的规定，并简化了解雇程序，如果被解雇者放弃起诉，可获得企业支付的工资补偿，从而节约双方时间，降低法律成本。其他国家如荷兰、法国等开始对现行劳动立法进行评估。奥地利改革了经济补偿金制度，以方便劳动力的流动。比利时、荷兰允许个人根据具体情况进行分阶段工作。

三、初步评价

1. 从部分指标看，1997 年以来的欧盟劳动力市场政策改革取得了一定效果。一是就业率提高。从 1997 年到 2006 年，全部就业率由 60.6% 提高 64.7%，提高了 4.1 个百分点。其中妇女就业率由 51.1% 提高到 57.4%，提高了 7.3 个百分点；老年人就业率由 35.7% 提高到 43.6%，提高了 7.9 个百分点。二失业率降低，长期失业人员数量减少。从 1997—2006 年，失业率由 9.3% 降低到 7.9%，降低了 1.4 个百分点；劳动力中的长期失业率由 1997 年的 5% 以上下降到 2006 年的 3.6%。三是劳动力市场灵活性有所提高。如欧盟有固定期限合同的就业人数比重，2005 年为 14.5%，比 2000 年提高 2 个百分点，占 2000 年到 2005 年就业增长的一半；欧盟非全日制就业人数占全部就业人数比重，2005 年为 18.4%，比 2000 年提高了百分点。非全日制工作对妇女就业具有特别的推动作用。2000 年以来，欧盟非全日制就业的增长成为就业增长的主要来源，约占 60%。2005 年，32.3% 的就业妇女从事非全日制工作。四是劳动力技能有所提高。从 2000 年到 2005 年，劳动年龄人口中，低技能人员的比重由 36.2% 下降到 32.8%，与此同时，中、高技能人员比重分别由 46.3% 和 17.6% 上升到 47.3% 和 19.9%。

2. 从总体上看，这一改革进展不大，且阻力很大。主要表现在：一是没有完成就业率目标。2006 年末欧盟的就业率只有 64.7%，许多国家还在 60% 以下，离 2010 年就业率达到 70% 的目标还有相当距离。2005 年，欧盟经济活动人口比率（15—64 岁人口中的就业和失业人口的比重）只有 70%，比美国低 5 个百分点。这说明欧盟还有较大的劳动力资源未动员起来。二是劳动生产率增长也不理想。尽管 1997 年以来劳动生产率一直在增长，但总的来看增长幅度有下降趋势。1997 年劳动生产率增长幅度为 2%，2005 年增长幅度为 1%。其增长幅度不仅远落后于中国、印度等新兴发展中国家，就是与美国、日本相比也有较大差距。因此，就业增长与经济增长相互促进的目标也并未实现。三是改革阻力很大。以高福利、高保障为核心的社会福利制度模式，在欧盟各国已经深入人心。同时，作为工人运动摇篮的欧洲，工人组织力量强大。如以法国工会为代表的欧洲工会组织，反对把欧洲经济竞争力不足怪罪到劳动力市场体制身上。2003 年德国实施福利制度改革，柏林、科隆和斯图加特等大城市 50 万民众走上街头，抗议削减福利待遇。2005年5月，法国总理拉法兰推行医疗保险改革和养老保险改革，遭到左翼和工会力量的反对，最终导致其下台。2006年3月，法国国会通过《初次就业合同法》，以让企业能够更自由地雇用和解雇年轻人，但却遭到声势浩大的示威游行而不得不撤回。因此，劳动力市场政策改革对政治家来说都有不小的风险。2003年，荷兰前首相维姆·科克受欧盟委托起草了关于里斯本战略进展的报告，认为各项指标均没有达到。科克认为各成员国领导人对于里斯本战略"缺少投入和政治意愿"。实际上，改革阻力主要来自民众，来自社会福利只能上不能下的刚性。这不仅是欧盟未来改革中面临的主要问题，也是我们在完善我国的劳动力市场政策过程中必须高度重视的问题。

（2007年）

俄罗斯、德国就业支出绩效评估制度考察报告

一、俄罗斯就业工作的基本情况

（一）基本情况

俄罗斯的就业制度经历了一个逐步完善的过程。1996年，俄罗斯颁布实施了《居民就业法》，对失业保障和促进就业做了统一规定，由于当时主要处于体制转轨的大背景下，因而法律内容更侧重于保障失业人员的基本生活。随着近几年经济形势好转，俄罗斯对《居民就业法》进行了9次修订，进一步完善了失业救济金制度，同时逐步加大促进就业的力度，不断完善就业服务功能。2005年登记失业率为6.4%。2006、2007年俄罗斯联邦财政安排失业救济和促进就业方面的预算分别为365亿卢布（含就业机构经费，目前1卢布约合0.3元人民币，下同）、401亿卢布。俄罗斯的卫生和社会发展部为失业和就业主管部门，下设就业服务局，并在全国设立11个联邦就业服务分局，2127个就业服务中心，工作人员共有4.8万人，在失业保障和促进就业工作中发挥管理和服务作用。

（二）失业保障和促进就业的主要措施

《居民就业法》是俄罗斯失业保障和促进就业工作的主要依据，主要包括失

业保障和促进就业两方面的政策规定。

1. 失业保障政策。2001 年俄罗斯开始征收社会保障税，由雇主按员工工资的 28% 缴纳（目前已提高到 37%），由联邦政府统一征收，统筹用于养老、医疗、失业救济保障支出，2003 年联邦社会保障税收入 11078 亿卢布。在此基础上，《居民就业法》中就失业救济金使用和发放问题，按照“既保障基本生活，又促进努力就业”的原则，对申领等待期、待遇期和相应失业救济金标准做出了详细规定：一是在正常情况下，失业前一年累计从事相当于半年以上付薪工作的，失业者可以按标准申领失业救济金。失业救济金标准按本人失业前最后 3 个月平均工资的一定百分比计算，头 3 个月 75%，随后 4 个月 60%，再后面的 5 个月为 45%。领取期限在 18 个月内累计不超过 12 个月。二是领取期满仍然不能就业的，可再次申领，第二次的最长期限为 12 个月，但只能按最低标准领取失业救济金。两次申领失业救济金在 36 个月内累计最多不超过 24 个月。三是对其他初次寻找工作的、长期停止工作后试图恢复工作的、主动辞职的、因违反劳动纪律和其他违法行为被解雇的失业者，减少领取失业救济金的期限并降低标准。对无正当理由长期不到就业服务部门报到、用欺骗手段试图或者已经获得失业救济金和两次拒绝合适的工作机会、擅自停止就业服务部门派遣的培训，以及 3 天内无正当理由不到用人单位应聘、拒绝领取工作（培训）介绍信的失业者，分别采取停止、暂停或缩减支付失业救济金。

2. 促进就业政策。《居民就业法》另一个重要意义在于确立了市场化就业机制，由“国家保障的充分就业”为主改变为“市场竞争条件下的自由选择就业”为主，目的在于促进居民实现充分和自由的就业权利。该法在此方面从宏观目标到具体措施都做了十分详细的规定。

宏观目标方面的规定有：国家开发劳动力资源，提高劳动力的流动性，保护国内劳动力市场；支持作为就业的劳动活动和经营活动，促进生产性和创造性劳动能力的开发；为特别需要社会保护和寻找工作困难的公民实施专门的就业促进措施；预防大规模失业，减少 1 年以上的长期失业；鼓励雇主维持现有工作岗位并创造新的工作岗位；促使就业政策同投资政策、产业结构政策、社会保障政策、收入分配政策、防止通货膨胀政策等其他经济社会政策相协调；协调并监督国家机构、工会组织（包括其他职工组织）以及雇主组织在制定和实施就业促进措施方面的活动；处理俄罗斯公民在国外的就业问题和外国公民在俄罗斯的就业问题等。

具体措施方面的规定有：国家制定财政支持计划，促进就业资金和失业人员救济金由联邦统一拨付，并监督资金的使用；通过金融信贷、投资和税收政策来促进生产力的合理配置，提高劳动力的流动性，发展临时就业和自主就业，鼓励灵活就业，采取多种措施稳定现有岗位，开发新的工作岗位，并组织创造有酬的公益性岗位；按照失业者失业前职业活动的特点、教育程度、性别、年龄等特征进行分类，根据劳动力市场状况，为失业者提供最有效的就业帮助；免费向公民提供职业咨询、介绍和培训的信息，其中对失业公民还可免费举办职业指导、心理辅导、职业培训、再就业培训，并提供助学金；建立由各方代表组成的促进居民就业协调委员会，赋予工会和其他职工代表组织更大的权利；在明确雇主权利的同时，还规定促进雇主参与保障居民就业的多项义务，如解雇职工的提前通报制度、通报空余岗位和保留部分岗位以安置相应人员就业、可在税前利润中核减职工培训经费等。

（三）取得的成效和存在的主要问题

根据俄国家统计局统计，2000年以来，俄罗斯就业人口逐年上升，失业人口逐年下降。截至2006年9月底统计，全国调查失业530万人，占经济活动人口7470万人的7.1%，比2000年10.5%下降3个多百分点，其中登记失业并获得失业救济金人口170万人，支付水平在每人每月27—104美元之间，月平均37美元。大多是从未就业的年轻人和失业超过一年以上的长期失业者。另据统计，2005年各地就业服务中心共为1020万人提供就业和职业培训服务，并组织60万人参加了公益性工作。

虽然俄罗斯失业保障和促进就业的措施取得了显著成效，近两年失业率比较稳定，降到历史上最低水平，但仍然存在一些深层次的问题：一是存在大量的潜在失业人员。由于企业改革正在逐步进行，目前部分企业在停工停产时，仍通过停发、减发工资，或允许休假等缩短工作时间的办法避免职工完全失业，富余人员很少释放到社会。二是存在大量的结构性失业人员。大批的军事和机械工程技术人员过剩，而同时大批的新兴高技能工种岗位空缺。三是就业观念还不够成熟，就业服务还不到位。大部分失业者不愿接受短期、艰苦的非技能工作岗位，职业技能培训效率还不高，年轻的未就业人员和想转换岗位的失业者得不到有效的培训，仍处在长期失业状态。四是还没有建立失业保障和促进就业工作的绩效评价体系，服务管理工作比较粗放。

二、德国就业工作的基本情况

（一）基本情况

德国是世界上最早建立社会保障制度的国家，早在19世纪中叶，就开始逐步建立社会保障制度。1927年开始，进一步建立了法定的失业保险制度。1969年，针对经济发展缓慢的状况，制定了《促进就业法》，标志着就业政策从“消极”转变为“积极”。经过多次政策调整，在2005年又推出“哈茨计划”，包括提高就业服务效率、扶持失业人员创业、对企业减少裁员给予资金支持等一系列促进就业的政策，目的是进一步激活劳动力市场，引导失业人员积极寻找工作。2005年失业率为11.8%。德国在联邦劳工部下设联邦就业服务局，负责失业保障和促进就业的具体工作，总部设在纽伦堡，有10个州级中心，181个市级中心，以及650个分支机构，职员10万人。2006、2007年度联邦失业保障和促进就业预算支出分别安排502欧元（2006年实际支出452亿欧元，1欧元约合10元人民币，下同）、436亿欧元。2007年就业资金预算收入主要来源于失业保险缴费331亿欧元、联邦财政补贴65亿欧元、企业破产安置缴费10亿欧元等，主要支出包括促进就业130亿欧元，失业保障214亿欧元，以及其他工作经费等。

（二）失业保障和促进就业的主要措施

经过多年的实践和探索，目前“哈茨”计划改革的焦点在于，逐步削减失业保障待遇，切实落实各项促进就业的措施，变被动生活救济为主动促进就业。

1. 失业保障政策。德国实行雇主代扣代缴、统一缴纳社会保险费的政策，社会保险包括医疗、养老、工伤、护理和失业五项，其中失业保险按雇员工资额的一定比例缴费，由雇主和雇员各自负担一半。由于德国失业保险支出规模不断扩大，此项缴费比例1993年前为6.3%，1993—2006年调整为6.5%。在欧盟各国中，德国失业保险费率较高，而增值税税率偏低，为与欧盟各国平衡，2007年德国计划将失业保险缴费比例降低为4.2%（约减少失业保险收入100多亿欧元）。同时，将增值税税率从16%调整至19%，增加3个百分点，将其中的1个百分点收入用于失业保障，以弥补失业保险支出（2007年联邦财政预算安排补贴65亿欧元，不足部分通过提高效率、减少支出解决）。这些政策调整，既达到增值税税率与周边国家持平，防止税收流失的目的，又发出国家将压缩失业保险支出、逐步削减失业保障待遇的信号。同时，用增值税收入调节失业保障收支，将使失业保障收支与国家经济发展形势更紧密地联系在一起。

失业保障支出主要用于两个方面：一是发放失业保险金。只有参加过一定时期工作、缴纳过失业保险费，并在就业服务中心登记失业、就业服务中心没有找到合适工作的失业者，才可以领到失业保险金。失业保险金标准最高为失业前每月税后工资的60%（有孩子的为67%），最长可以领取一年半，比原来3年的期限缩短了一半。二是发放失业救济金。领取失业保险金到期后尚未就业的，可以无限期申请失业救济金，标准为每月每人345欧元，与失业者共同生活的其他家庭成员，如果其收入达不到失业救济金标准的，也可享受失业救济（相当于我国城市居民最低生活保障制度）。另外，在失业者领取失业保险金期间，就业服务局将按其失业前每月税后工资的40%，继续帮助其缴纳养老和医疗保险费。

2. 促进就业政策。德国就业服务局的主要任务除上述失业保障外，还提供就业咨询、岗位介绍、人员培训等方面的服务，并注重提高服务效率。一是按照“调动劳动者积极性、激活劳动力市场”的原则，普遍加强失业者重新融入社会的心理素质培训，转变就业观念，并相应放宽对就业方式的规定。二是采取切实措施，加强岗位需求和失业者之间的信息沟通，细化各类失业者自身情况和各种岗位需求，缩短职业介绍流程和时间，按项目管理方式有针对性地资助高就业率的培训计划。三是打破政府垄断培训体制，官办的培训机构逐步与政府部门脱钩，鼓励社会机构举办职业技能培训。

（三）取得的成效和存在的主要问题

近几年来，德国通过努力完善失业保障和促进就业政策，使就业服务质量和效率有了明显提高，大大节约了失业保障和促进就业资金开支。2006年联邦就业服务局的预算执行预计比年初预算减少50亿欧元。但失业率指标并不理想。据统计，2005年失业人口486万人，失业率为11.8%，比2004年10.5%反而有所上升，2006年的失业率指标仍不乐观。据了解，主要有以下几方面原因：一是德国经济增长相对缓慢，同时人力成本居高不下，一般技能的岗位需求较少。二是有劳动能力人口下降速度较快。三是德国长期实行的高福利制度积重难返，客观上造成部分失业者不愿就业。四是部分长期沉淀下来的失业者，由于素质差，很难适应工作岗位需求，获得就业机会很小。

三、俄罗斯、德国就业绩效评估有关情况

（一）俄罗斯就业绩效评估有关情况

俄罗斯虽然没有建立相应的就业支出绩效评估体系，但《居民就业法》的9次修订都是为了解决执行中存在的问题，每次修订前都对政策执行情况进行了系统地总结和评估，也可称为绩效评价，核心是解决就业法规与经济转型不同时期的适应问题。这种修订尽管比较被动，但总体方向是更多地发挥市场配置劳动力资源的作用，因此，修订的效果是积极的，也得到了各界的高度肯定。

（二）德国就业绩效评价有关情况

经过不断实践，德国已建立起结果与目标比较、评估与奖惩挂钩、纵向评估与横向比较相结合的就业工作绩效评估体系，具体内容包括：

1. 统一评估指标。联邦就业服务局对各地的就业工作评价设立再就业人数、稳定就业人数、失业人员失业天数、领取失业保险或救济金天数、失业人员培训比例等多项考核指标，既考察就业的数量，又考核就业的质量，既综合测量失业的总体态势，又关注就业工作努力程度及效果。对培训机构也引入考核机制，主要以培训后的就业率作为评估指标，目前规定培训后的就业率必须达到70%。

2. 运用“雷达图”方法进行目标与结果的比较评估。联邦就业服务局事前确定各地上述指标的目标值，将各地目标值标入坐标图，构成目标域，再将各地评估期上述指标的实际执行值标入坐标图，形成实际执行结果域，通过目标域与结果域比较，反映各地工作努力情况和目标任务完成情况。

3. 纵向、横向评估相结合。联邦就业服务局一方面自上而下要求各分支机构运用“雷达图”方法进行纵向评估；另一方面还组织各分支机构之间的横向绩效评估，将上述各项指标的全国实际平均水平作为基准，按超过或低于基准的多少进行排队，根据指标性质和权重评估各分支机构相应的工作绩效。

4. 按评估结果实行奖惩。联邦财政部和劳工部根据各地纵向评估结果，对没有成功介绍失业者工作，致使其由享受失业保险转为享受失业救济的人数，按每增加1人对该地的失业保险基金处以1万欧元（相当1人1年的失业救济金和培训补贴费用）罚款计算，相应核减该地区下一年度的失业保险基金预算，作为联邦下一年的可分配资金收入来源，根据横向评估结果，在下一年将其转移支付给横向评估结果排序在前的地区。另外，对就业培训机构培训就业率达不到70%的，将取消下一次承担培训项目计划的资格。

尽管德国的就业绩效评估主要围绕工作绩效进行，但从出发点和归宿看，都体现在控制支出规模增长，提高资金的总体效益上，也就是通过工作绩效评估，改进资金支出绩效。概括起来其绩效评估体系有以下几个特点：一是统筹性，无论是绩效评估的组织实施，还是评估指标的设立，都由联邦政府部门统一规定，便于统一比较评价。同时，将失业保险基金与财政促进就业资金挂起钩来，统筹使用管理促进就业资金。二是客观性，一方面，考核指标和评价方法的选择，既从不同侧面比较全面、科学地反映就业工作的状况，又简洁、直观、易操作，尽量减少人为影响因素；另一方面，实行“双层评估”，既对各地的工作绩效进行“自己与自己”相比的纵向评估，又对地区之间的工作绩效进行“自己与别人”相比的横向评估，尽量客观地反映联邦政府驻各地就业服务机构工作的实绩。三是有效性，评估与奖惩挂钩，将评估的结果最终体现到资金预算安排上，通过绩效评估影响资金的分配使用，通过预算约束硬化绩效评估，突出支出绩效评估的重点是资金分配使用的效果，并形成制度化、机制化的绩效评估体系。

四、几点启示

从俄罗斯、德国就业支出绩效评估考察情况看，由于两国发展阶段不同，受经济社会发展路径制约，失业保障和促进就业的政策也有很大差异，取得的成效和存在的问题也各不相同。借鉴两国经验，结合我国国情，有以下几点启示：

1. 必须建立完整、科学和可行的就业支出绩效评估体系。就业支出既关系就业资金使用的安全、规范和有效，又涉及就业政策的惠及面和效果，还影响就业工作任务的完成情况和就业局势的变化，对其绩效进行评估，可以为就业制度政策设计、就业形势分析判断和就业任务计划确定提供重要的参考，对于提高就业资金使用效率、就业政策的针对性和就业管理工作水平，都具有十分重要的意义。从俄罗斯、德国的实践看，就业支出绩效评估体系不仅包括指标确定和方法选择，还涉及数据采集和组织实施等内容，是一个完整的系统工程。

我国政府高度重视就业工作，明确将实现比较充分的社会就业作为我国构建社会主义和谐社会的主要目标任务之一，近几年制定了一系列促进就业再就业的扶持政策，各级政府也不断加大就业资金投入，支持就业再就业目标任务的完成。为切实落实各项扶持政策，提高资金的使用效果，迫切需要建立完整、科学和可行的就业支出绩效评估体系。目前，部分地方已在这方面进行了有益的探索，下一步要围绕建立中国特色的就业支出绩效评估体系，在本项目研究和指导地方工作中，不仅要从建立健全完整就业支出绩效评估体系出发，还要注意评估指标和方法的科学性，尽量客观反映就业工作实绩，避免人为影响因素，便于国际间比较。同时，应结合我国的实际，力求实用、简便、易操作，以确保这项工作可持续开展。

2. 就业支出绩效评估应着眼对整个就业工作的评价。一般意义上讲，支出绩效主要是指支出的产出效果，其评估一般围绕成本和收益的比较进行，目的是尽量花最少的资金，取得最大的效果。结合俄罗斯、德国的经验，就业支出绩效评估可概括为三种方法。第一种是狭义的就业支出绩效评估方法，主要围绕不同报告期的就业资金安排使用情况进行比较分析，反映单位就业资金的使用效果或效率，以此作为考核就业资金的使用效果和调整未来就业资金安排使用规模、结构的依据。第二种是中口径的就业支出绩效评估方法，由于就业资金安排使用是以就业政策作为依据的，可以反映政策的实施效果，因此，围绕不同报告期就业政策实施效果，通过对就业资金安排使用情况进行比较分析，既可对不同政策组合的效应进行评估，作为调整政策的依据，又可对同一政策的效率进行比较，从而对政策进行调整和完善。第三种是广义的就业支出绩效评估方法，主要围绕不同报告期就业工作的效果和效率，通过对就业资金安排使用情况进行比较分析，反映就业工作的努力情况和效果，为制定就业工作计划和改进工作提供依据。

充分就业已成为各国政府的主要施政目标，无论是失业保险还是公共财政安排的就业支出，作为国家公共管理职能的重要体现，是依据国家就业政策和就业工作需要做出的资金安排，比较全面地反映了政府整个就业工作的全貌。因此，对其绩效的评估不单纯是个技术方法问题，不仅要考虑支出的经济效果，或某项政策的实施效果，还要注意支出的社会效果，综合考量就业形势变化趋势和工作努力情况，从支出的不同侧面考证整个国家就业制度、政策和工作的绩效。今后在推进我国就业支出绩效评估工作时，要根据评估的目的和上述三种方法的各自用途进行选择。第一种方法是财政部门不断优化资金分配和管理的基础工作，可在财政系统推广使用。第二种方法是财政部门参与就业政策制定和落实的依据，可在就业政策调整决策前，以及掌握政策落实情况时使用，通过对一定时期就业资金使用绩效评估，为就业政策的调整提供佐证。第三种方法是财政部门参与就业工作考核的手段，可通过就业支出绩效评估，积极参与包括制定就业工作计划、考核就业目标任务完成等在内的就业工作全过程，从而提高资金的使用效益，保证就业资金真正用于促进就业工作的开展。

3. 就业支出绩效评估结果必须体现到严格的预算约束上。从德国的实践看，由于经济增长乏力和长期实行高福利制度，使得就业资金需求不断增加，而失业状况一直得不到相应改善。基于就业政策落实和任务完成与工作努力程度密切相关，在开展就业工作绩效评估的基础上，通过实行评估结果与奖惩挂钩、财政资金与失业保险基金统筹考虑、就业资金与就业中介机构服务质量相联系等措施，硬化预算约束。虽然就业工作绩效评估并不直接增加就业岗位，影响失业率的高低，但它有利于提高就业资金预算安排的科学性、准确性，有利于提高就业资金分配的公平性和有效性，有利于不断改进就业工作，降低促进就业成本，提高资金的使用效率。

下一步要借鉴国外的有益经验和做法，积极开展就业支出绩效评估工作，统筹财政预算安排就业资金与失业保险基金，逐步推行项目预算管理，建立健全就业资金分配“以奖代补”机制，为我国就业政策的制定和完善，为各项就业再就业工作的顺利开展和目标任务的圆满完成，发挥积极的作用。

4. 需要研究处理好的几个关系。从我国的情况看，目前建立就业支出绩效评估制度，还需要深入研究并处理好以下几个关系：

一是就业支出绩效评估与社会保障支出绩效评估的关系。德国作为高度发达的国家，尽管通过就业支出绩效评估，也意识到以消极的就业政策为核心的高福利制度对就业的负面影响，失业保障和促进就业资金投入的边际效益越来越小，但受福利待遇只能上、不能下的刚性作用，即使面对经济增长放缓、劳动力人口下降等情况，也难以调整福利制度和就业政策，大幅度减少失业。因此，在引入就业支出绩效评估制度时，还必须高度重视就业与社会保障政策之间的关系问题，既要注意政策的相互衔接，形成促进就业的合力，又要考虑将就业支出绩效与相关社会保障支出绩效联系起来进行评估，形成就业与社会保障工作的良性互动。

二是就业支出绩效评估与地区经济社会发展水平、工作能力、资金分配导向的关系。俄罗斯、德国两国内部也都存在地区之间经济社会发展水平、工作能力等方面的差异，尽管在确定各地区目标任务时已尽量照顾各地实际，减少客观因素的影响，但这些因素仍直接影响就业支出绩效评估的结果，而且往往欠发达地区的就业支出绩效评估结果并不理想，如果以此分配就业资金，极不利于这些地区的工作。我国就业资金分配原则是向中西部地区和老工业基地倾斜，这就要求就业支出绩效评估必须顾及地区之间客观存在的差距，尽量保证评估指标的可比性和评估结果的公正性。

三是就业支出绩效评估与制定就业政策、目标任务的关系。就业支出绩效评估只是完善政策、改进管理和提高效果的依据，并不意味就业政策的必然调整，更不能根本改变就业的局势。通常支出绩效评估反映一定时期的工作进展情况，属于相对短期的执行结果，更多地取决于工作努力程度，评估结果随时期的不同而变化较大；而就业政策、目标任务更多地取决于经济生活发展形势和要求，特别是法律和政策一般应保持相对稳定。也就是说，一项对长期可持续发展有益的政策，可能在短期内还未充分显现其积极作用，初期对其进行绩效评估，结果可能并不尽人意。相反一项长期政策即使最初规定十分严格和科学，但由于执行过程中随意开口子，或其他政策干扰抵消，最终从过程绩效评估看，该项政策执行效果可能并不理想。因此，还需要从较宏观、较长远的角度进行决策绩效评估，并使过程、结果和决策三类绩效评估相辅相成，以全面、准确地分析判断就业形势，科学、严谨地研究制定就业政策，客观、合理地确定和考核就业工作任务。

（2006 年）

从被动失业保障向积极促进就业转变

——瑞典、罗马尼亚劳动力市场政策考察报告

一、瑞典的劳动力市场政策

瑞典是较早实行高就业、高税收和高福利制度的发达资本主义国家。由于资源稀缺，国内市场狭小，瑞典经济对国际经济的依存度较高。20 世纪 90 年代初，由于世界经济持续低迷，瑞典经济也出现滑坡，1991—1994 年 GDP 持续出现负增长；加之 90 年代又进行税制改革，提高企业员工工资福利水平导致企业减少用工，失业率不断升高，从 1990 年的 1.8%上升到 1991 年的 8.2%，1994 年达到峰值 15%。1997 年以来，瑞典经济逐步恢复增长，失业率呈现下降趋势，2004 年 2 月，瑞典失业人数为 25.5 万人，失业率为 5.8%。瑞典就业矛盾按人群划分主要集中在年轻人和移民，按性别划分男性高于女性，按地域划分北部大于南部。瑞典用于促进劳动力市场发展的支出较大，2000 年用于失业保障和促进就业的支出占 GDP 的 3%，其中财政用于失业保障和促进就业的支出占当年预算支出的 7%。

（一）瑞典的失业保障制度

19 世纪末，瑞典一些行业协会建立了失业保险基金，向符合条件的失业人员发放失业金；1935 年瑞典通过《失业保险法》，规定失业保险基金在政府注册并可接受政府资助。目前执行的失业保险制度是 1997 年修订的《失业保险法》。

瑞典的失业保险体系有两个重要特点：一是失业保险基金不是由国家管理，而是由私人失业保险协会（38 个）管理，失业保险基金来自会员缴纳会费和财政拨款，其中财政拨款约占 97%，来自缴费的只占 3%。二是失业津贴分为基本失业金和与收入相关联的失业金两类。基本失业金支付给未参加失业保险协会的失业人员，采取定额给付的方式，首次申领每天 320 克朗（1 克朗相当 0.134 美元）；与收入相关联的失业金支付给参加失业保险协会、按规定缴纳会费的失业

人员，失业金为失业前本人工资的80%，但每天最多不超过680克朗。两种失业金领取的最长期限都为300天。此外，领取失业金期满尚未找到工作的失业人员，如果参加就业服务机构提供的特定劳动力培训项目，还可以再领取基本失业金300天。为加强管理，促进就业，失业保险制度规定失业人员必须按时到就业服务机构进行申报登记，反馈寻找工作情况；申领失业保险金要有1周的等待期。

（二）瑞典积极的劳动力市场政策

20世纪初，瑞典开始实施积极的就业政策，但由于是由地方政府制定政策，导致政策不统一，而且项目少、力度小。二战后，瑞典就业矛盾越来越突出，地区间经济发展水平不平衡，越是困难地区就业压力越大。为保证就业权力的平等和公平，瑞典将就业的事权逐渐集中于中央政府，由中央政府制定并执行统一的劳动力市场政策。目前，国家设立了全国劳动力市场委员会，在各省设有21个派驻机构，每个城市建立了公共就业服务机构，实行中央垂直领导，人员和经费都由中央统一管理。每个派驻机构工作人员在30—80人之间，公共就业服务机构的工作人员有8000人左右。另外，瑞典289个行政市都设有地方就业服务委员会，作为地方政府与中央派出机构的联络机构。

近年来，瑞典政府逐步意识到对失业人员过高的福利保障水平不利于提高竞争力和实现充分就业，因此，按照欧盟的要求，提出了新的积极劳动力市场政策，采取有针对性的分类扶持办法，提高失业者的技能，尽量缩短找工作时间，支持找工作最困难的人。主要内容包括：

1. 培训。失业者和失业风险较大的人员以及在公共就业服务机构求职的人可以参加培训。各省就业服务中心向大学、私人培训机构等购买培训服务，课程由就业机构确定，培训周期因工作者的背景和培训类型而定，目前的平均培训周期为6个月。

2. 实习。求职者可以通过实习接受职业指导、增加职业经验。一般由失业人员自己寻找一家公司进行全日制实习，实习期最长6个月。在实习期间，就业服务中心可以召集实习者见面、参加求职的活动。为使实习与就业更好地结合，鼓励接受实习的公司雇佣求职者，政府出台了对接受实习、且有意雇佣求职者但无力承担工资的公司，由公共就业服务机构支付一定的工资补贴。

3. 支持开办企业。对有能力开办企业的人，政府在其开办企业阶段给予一定资助。申请人必须向就业服务中心提供创业可行性报告，就业服务中心请专家顾问评估申请人的创业能力和企业经营前景，对符合条件的给予资助。在一些地区，就业服务中心还为开办小企业提供咨询和培训服务。

4. 岗位补贴。对企业雇用长期失业（失业1年以上）的就业困难人员，政府给予企业一定的岗位补贴，作为这些人员的一部分工资由企业发给受雇者。

5. 鼓励劳动力流动。瑞典北部山区不适宜人类生存，加上资源枯竭，许多人需要异地安置。因此，瑞典制定了鼓励失业人员异地就业的交通和搬家补助政策。

除以上的政策外，瑞典积极的劳动力市场政策还包括针对残疾人的特别指导和跟踪支持。

二、罗马尼亚的劳动力市场政策

1989 年，东欧剧变，罗马尼亚开始由计划经济向市场经济转轨，1990 年开始出现失业问题。为保障失业人员的基本生活，1991 年通过了《失业人员保障法》，保障失业人员的基本生活。1999 年末，失业人员达到 113 万人，失业率为 11.2%。为了争取 2007 年加入欧盟，2002 年罗马尼亚按照欧盟的劳动就业战略，制定了《失业保险体系和就业促进法》，加大了促进就业的力度。2002 年末，罗马尼亚失业人数下降到 76 万人，失业率为 8.1%。

(一) 罗马尼亚的失业保险制度

按照《失业保险体系和就业促进法》的规定，受雇的或有收入的罗马尼亚公民、在国外工作的罗马尼亚公民以及外国在罗马尼亚工作的人都要参加失业保险。失业保险的缴费率 1 年一定，2003 年雇主缴费率为 3%，个人为 1%；个体户缴费率为 3%。领取失业金的期限是：缴费 1—5 年的最长可领取 6 个月，缴费 5—10 年最长可领取 9 个月，缴费 10 年以上的最长可领取 12 个月。失业保险金标准为企业最低工资的 50%。

(二) 罗马尼亚积极的劳动力市场政策

罗马尼亚促进就业工作由中央政府负责，国家设立就业管理委员会，负责就业政策的研究和决策，由政府部门、企业和工会各出 5 名代表组成，政府部门的 5 名代表分别来自劳动、财政、教育、工业和交通部。政府部门中由劳动部牵头制定就业政策和计划，其下属的就业署负责具体组织实施。就业署共有 3475 名工作人员，实行垂直领导，在全国 42 个县、256 个城市设有机构，并建立 5 个跨地区的职业培训中心。在资金管理上，罗马尼亚的失业保险基金实行全国统筹，失业保险费由税务机关统一征收，失业保险基金纳入财政预算，由财政部实行收支两条线管理。无论是发放失业金，还是促进就业的支出，包括就业机构经费都在每年失业保险预算中安排，失业保险基金实行以支定收、略有结余的原则。

罗马尼亚积极的劳动力市场政策的主要内容有：

1. 免费提供就业信息和职业指导。包括提供劳动力市场信息，对求职者进行咨询、指导，对求职者进行求职方法及面试技巧培训等。

2. 举办劳动力供求见面会。举办针对妇女、残疾人、学生等特殊就业者专场求职会，加强雇主与求职者的联系。

3. 职业培训。主要为失业者提供免费职业培训，以获得理论知识和实践经验，增强其就业能力。

4. 咨询。对失业人员开办企业提供法律、营销、融资、技术和其他咨询服务，但在领取失业金期间只能免费提供一次。

5. 工资性补助。如果失业者在领取失业金期间找到了工作，领取失业金未满的时间段可以按月从失业保险基金中领取相当于30%失业金的补贴，并且免缴个人所得税。

6. 鼓励劳动力流动。针对老工业基地企业经营困难、濒临破产、下岗失业问题较多的问题，政府为鼓励劳动力流动，规定失业者领取失业金期间在离居住地50公里以外找到工作，本人可以领取两年的最低工资，如为找工作改变居住地，可以领取7年的最低工资。

7. 岗位补贴。政府对环保、城建以及为儿童、病人、老人、残疾人服务的社会机构吸纳失业人员给予岗位补贴，补贴额为最低工资的70%；对企业雇用年龄45岁以上或者是家中唯一劳动力的失业人员，给予相当于12个月最低工资的补贴；对少于100人的小企业雇用一个失业人员，也可以得到相当于12个月最低工资的岗位补贴。

8. 提供优惠贷款。对雇员人数少于250人、从事生产、服务和旅游的企业，如雇用人数50%以上为失业人员，由失业保险基金根据吸纳失业人员数量提供为期3年的优惠贷款，利率为官方规定利率的50%。

9. 减免失业保险费。雇主雇用失业人员在6个月以上可以减免雇主6个月失业保险缴费，减免数额按新雇用人员比例每增加1个百分点，缴费率降低0.5个百分点确定。

罗马尼亚积极的劳动力市场政策取得了较好的效果。2003年，原计划35万失业人员实现再就业，执行结果有55万人实现再就业。

三、两国劳动力市场政策取向比较：从被动失业保障向积极促进就业转变

瑞典和罗马尼亚两国虽国情不同，但都经历了从被动的失业保障向积极促进就业转变的过程，只不过瑞典这一转变的过程开始得较早，罗马尼亚开始较晚。1997年，《欧洲共同体条约》中制定了欧洲就业战略，规定各欧盟成员国都要采取措施促进就业，将充分就业、防止失业作为主要目标。瑞典是欧盟成员国，自然要按欧盟的要求行事，而罗马尼亚要加入欧盟，必须在2007年前达到欧盟提出的劳动力市场目标。因此，两国乃至整个欧盟的劳动力市场政策重心都由被动生活保障向积极促进就业转变，这一转变主要表现在以下方面：

1. 政府制定了明确的就业率目标。欧盟对成员国下达了就业率（16—64岁人口中就业人口的比重）指标，2005年前就业率要达到67%，2010年达到70%，其中女性就业率要达到60%。瑞典已达到这一目标，2002年总体就业率为74.9%，女性就业率为73.4%。而罗马尼亚的就业压力较大，为了使就业率

指标达到欧盟要求，也制定了明确的就业目标，加大促进就业的力度，以便能够顺利加入欧盟。

2. 制定了更全面的促进就业政策，资金投入力度也不断加大。一是根据欧盟就业战略要求，两国促进就业政策既有加强对失业人员培训的，又包括对吸纳失业人员的企业给予岗位补贴，还涉及对失业人员新开办企业给予支持，鼓励失业人员异地就业等，涉及面广、政策力度大。二是不断加大促进就业的资金投入。在欧盟国家，瑞典在积极的劳动力市场政策方面投入相对较高，如1996—1999年间，欧盟用于积极劳动力市场政策的支出占GDP的比重平均为0.78%，而瑞典平均为1.14%。但瑞典用于积极的劳动力市场政策的支出也随就业形势的变化不断调整，并不固定支出规模和增长比例。如20世纪90年代初期瑞典失业率较高，这一支出占GDP的比重相应提高为1.79%；90年代后期随着失业率下降，支出比重也有所下降。罗马尼亚积极的就业政策支出来源于失业保险基金。2000年以来，失业保险基金预算中用于促进就业的支出增长很快，2000年占失业保险基金总预算的2.26%，2001年为12.06%，2002年为22.5%。

3. 鼓励人们寻找工作、接受工作、稳定工作，并促使隐性就业显性化。两国都按欧盟要求在社会保障和税收方面采取措施，防止人们不积极就业。瑞典在失业保险方面设置了一些惩罚性措施，如果无正当理由离开工作岗位或因为非正当行为被开除，失业保险金将被推迟10—60天领取；对不接受就业服务机构推荐的工作要相应扣减失业保险金，第一次不去的扣减25%，第二次扣减50%，第三次则不发失业保险金；失业金的最高替代率为80%；接受失业金的人在失业前100天，可以按照本人要求的专业在本地寻找工作，仍不能就业的必须再选择其他职业或到其他地区寻找工作。此外，针对生病津贴过高等原因导致请病假职工人数急剧增加（2002年生病请假的人数为5年前的两倍）以及在家照顾孩子享受津贴较高等消极现象，瑞典开始改革疾病津贴政策，提出2008年将生病请假的人数减少一半的目标，并在2002年对家庭照顾儿童津贴增设了上限。瑞典近年开始降低中低收入人群的边际税率，平均边际税率由1997年的36.8%下降到2003年的34.1%，鼓励人们接受低收入工作岗位；对提供虚假信息的纳税人制定了严厉的惩罚措施，促进就业显性化。罗马尼亚也规定享受失业保险金必须参加就业机构提供的就业服务和职业培训，无正当理由拒绝就业或拒绝参加就业培训和介绍，将不能享受失业保险金。罗马尼亚在领取失业金条件中规定：领取失业金的人，每月要到就业机构报到，详述寻找工作情况，而且必须积极参加就业机构组织的劳动和培训，如失业者找到工作，其雇主必须在3天内通知就业机构。

4. 不断完善就业管理机制。主要包括以下几方面：一是明确政府和市场、中央与地方的职责。瑞典和罗马尼亚的积极劳动力市场政策对象主要是最难找到工作的人，在促进失业人员再就业中也充分运用市场手段，将政府对劳动力市场的干预限制在较小范围内。在中央与地方政府职责划分上，瑞典从二战后就逐步将财权和事权转到中央，机构设置和人员实行中央垂直管理，以保证各地在财力和失业水平不均衡条件下劳动力市场政策的落实。罗马尼亚积极劳动力市场政策的财权与事权一开始就集中在中央。政府促进就业的资金由财政部管理的全国统筹失业保险基金中统一安排，机构也由中央垂直设置。二是在培训中充分利用市场机制。瑞典 1993 年前实行委托学校培训，1993 年以后将培训推向市场，实行商业化运作，向培训公司招标，培训公司中标后，要按计划实施，按培训效果付酬；罗马尼亚公共就业服务机构要对民营培训机构进行资格认定，并与培训机构签订培训合同，合同中规定培训的课程、培训人员数量、培训合格率等内容。三是对积极的劳动力市场政策的评估日益重视。瑞典非常重视对现行劳动力市场政策的评估，评估机构较多，政府专门成立了劳动力市场政策评估协会（IFAU）及一些研究机构，如我们访问的劳动力市场评估研究所、斯德哥尔摩大学社会研究所等都开展对劳动力市场政策效果的评估。罗马尼亚劳动力市场政策起步较晚，但在其《失业保险和就业促进法》中规定，国家就业管理委员会可以要求特定的机构对劳动力市场政策进行研究和评估。

四、对我国的启示：进一步完善积极的就业政策

20 世纪 90 年代中期以来，为配合国有企业改革和经济结构调整，国家逐步建立了失业保险制度、城市居民最低生活保障制度以及过渡性的国有企业下岗职工基本生活保障制度“三条保障线”。这些措施对保障城市居民的基本生活、保持社会稳定发挥了重要作用。然而，在实施这些措施的过程中，由于侧重保障基本生活，也出现了“养懒人”和隐性就业等负面效应。2002 年以来，党中央、国务院要求进一步加大下岗失业人员再就业工作力度，实行积极的就业政策，这标志着我国由被动保障基本生活为主向积极促进就业为主的转变。推进这种转变，需要借鉴国外行之有效的做法，不断完善积极就业政策和社会保障制度。

1. 积极的就业政策应有长期化和规范化考虑。2002 年开始，我国出台了社会保险补贴、税费减免、岗位补贴、小额贷款担保贴息等一系列扶持下岗失业人员再就业的政策，按规定，再就业政策是阶段性政策，即 2005 年底以前实现再就业的可以享受政策的期限不超过 2008 年。而实施积极的就业政策是我国的一项长期方针、政策。因此，应在认真评估再就业政策实施效果的基础上，调整积极就业政策：（1）适时调整就业政策范围。随着下岗失业人员再就业工作任务的基本完成，应考虑面向全社会实施积极的就业政策，逐步淡化按人员身份制定就业政策。（2）适当简化扶持政策。瑞典劳动力市场政策评估中心专家研究认为，积极的劳动力市场政策对市场就业人员有一定的“挤出效应”，并且项目太多，促进再就业的效果呈现边际递减。从提高政策效率的角度出发，我国积极就业政策也应考虑进一步简化的问题，如取消税收优惠政策等。（3）进一步发挥失业保险基金促进再就业作用。目前我国失业保险的缴费率为 3%，目前已有较大结余，如通过加强征缴、规范支出管理，各地失业保险基金结余将进一步增

大。可以考虑逐步将失业保险基金由被动保障基本生活为主向促进就业为主转变。(4) 就业政策应根据就业群体的不同特点，实行区别对待，重点是扶持长期失业者。据瑞典劳动力市场政策评估中心专家研究认为，对青年和移民应重点加强职业培训，帮助就业能力；失业 1 年以上的长期失业者，心理压力会增大，会造成许多个人、家庭和社会问题，因此，应通过给予补贴等重点扶持。

2. 围绕促进就业，改革和完善失业保险制度。要按照鼓励就业的原则，研究修订《失业保险条例》:(1) 对领取失业金人员的资格、责任应有更严格和可操作性的制约措施，如完善失业登记报告制度，定期报告参加培训、寻找工作情况。(2) 适当延长申领失业保险金的等待期和缩短享受失业保险待遇时间。瑞典等发达国家一般都规定等待期为 1—3 个月，享受失业保险待遇时间不超过 12 个月，如我国可规定等待期为 1 个月，最长领取年限缩短为 12 个月或 18 个月。(3) 按照以支定收、略有结余、财政不补的原则赋予省级人民政府决定费率的权限。同时，适当引入对参保单位的奖惩机制，对长期不裁员、不增加社会负担的企业可给予一定奖励，以鼓励稳定就业；对失业风险较大、裁员较多的企业，可规定执行最高费率等措施，防止对失业保险制度的冲击。(4) 实行失业金标准逐步递减办法，激励失业人员积极寻找工作，尽早就业。

3. 进一步完善就业管理体制。首先应进一步规范政府和市场的责任。建立以劳动者自主择业为主导、市场调节就业为基础、政府促进就业为动力的就业机制是当前的首要任务。政府应明确自己的责任，不能对就业大包大揽，取代市场的作用。要规范中央政府和地方政府在就业工作上的职责划分。由于我国地域辽阔，经济发展不平衡，不宜简单照搬两国实行中央集中管理就业的模式，而要坚持就业工作属地化管理的原则。其次，在培训工作中，要进一步促进培训工作的市场化。我国已经制定了政府购买培训成果的政策，但在许多地区个别部门对培训的垄断严重，民营培训机构发展艰难。再次，逐步建立对劳动力市场政策的评估体系。我国对积极就业政策的投入不断加大，2003 年全国再就业资金支出 95 亿元。目前，可以考虑利用社会力量或国际组织的力量对积极就业政策的效果进行评估，以不断改进办法，取得更好的效果。

4. 建立健全劳动就业法规，促进隐性就业显性化。目前，我国隐性就业问题比较突出，这造成了个人逃税和骗取社会保障金，在宏观上也给就业形势的判断带来困难。一些部门和地区在考核就业成绩时将隐性就业人群视为就业，在反映就业困难、争取补助资金时，又将隐性就业人群视作失业。因此，需要采取多方面措施。从瑞典和罗马尼亚的经验来看，他们对雇主、个人和政府在就业中的行为责任都有明确详细的法律规范。但我国这方面缺乏法律规定，在政府规章中的相关规定也不够完整详细。因此，应尽快出台《劳动合同法》和《促进就业法》，以立法规范雇主、个人和政府在就业中的行为，对享受社会保障金但瞒报收入和就业状况的制定严格的惩罚措施。

5. 认真研究再就业与三条保障线政策的衔接。瑞典在近几年曾两次提高失业保险金标准，但每次提高标准前后，专家学者和政府都对就业可能造成的影响进行大量的研究。我国社会保障标准提高的决策机制目前尚不健全，提高保障标准也缺乏事先的研究。在许多地方，城市低保和下岗生活费的标准与最低工资挂钩，由于最低工资是不断增长的，保障标准也不断提高，削弱了下岗失业人员就业再就业的积极性。因此，当前要统筹研究制定社会保障和促进就业制度，防止社会保障水平过高对就业产生的负面影响。

（2004 年）

法国就业政策和措施的几点启示

一、法国的经济和就业形势

法国是欧盟大国，位居全球经济强国第五位，其经济形势对欧盟及世界经济的发展都有举足轻重的影响。1998—2000 年，法国经济持续较快增长，平均增长率达到 3.3%。自 2001 年第 2 季度以来，法国经济开始减速，到 2002 年经济进一步下滑，经济增长率只有 1.2%。根据法国 2002 年预算修正案，法国 2002 年的公共财政赤字达到 493 亿欧元，为 1995 年以来的最高记录，受到欧盟财长会议的“预防性警告”。法国经济不景气，对失业率和劳动力市场产生了严重的影响。

法国有 6500 万人口，其中劳动人口 2500 万人，工薪人员 1600 万人。在 1998—2001 年经济高速增长时期，失业率下降趋缓，但随着法国经济增长速度放慢，失业率逐步攀升，法国的航空、汽车、食品等行业不断裁员，连以前很有市场的旅游业也宣布将裁员 7 万人。2003 年上半年，法国全国就业岗位减少了 5.8 万个，失业率达到了 9.6%。专家预计，到 2003 年底，失业率有可能接近甚至突破 10%。在失业者中，25 岁以下的年轻人和 50 岁以上的中老年人就业最为困难，其中，25 岁以下年轻人的失业率 1 年中增长了 0.8 个百分点；同样，技能单一的新就业者和妇女就业也不乐观。随着失业人员增多，失业保险基金入不敷出，2002 年赤字达 37 亿欧元，且呈继续恶化的趋势。

二、法国促进就业的政策措施

面对严峻的就业形势，法国政府采取积极的就业政策，通过改革失业保险制度、调整就业支出结构、鼓励中小企业发展、加强培训、改善就业条件、重点扶持等措施，帮助失业者就业和再就业。

（一）改革失业保险制度

法国是西方发达国家中国有企业较多的国家。20 世纪 70 年代，国有企业是许多法国人就业的首选，进了国有企业就意味着端上了“铁饭碗”。国有企业人员失业后，每月可领取其原工资 80% 的失业救济金。对于 1 个月收入约 2000 欧元的普通工人来说，与其每天工作 8 小时，还不如在家里领取失业救济金。为了抑制日益泛滥的“懒汉心理”，法国政府开始改革失业保险制度。一是 1999 年法国政府通过《福利改革法案》，其口号是“从福利到工作”。按照规定，失业者在第一年每月领取的失业救济金，相当于失业前最后 1 个月工资的 70%—80%，此后每年递减，一般 3 年后就所剩无几。二是将失业救济金的发放和鼓励就业联系起来，改变原来创业失败不能领取失业救济金的规定，鼓励个人或雇员创业或接收困难企业，成为股东。若雇员转为企业主，经营失败了可享受失业保险；对失业后创办企业又失败的创业者也可享受失业保险。三是领取期限与工作时间挂钩，最近 22 个月内连续工作 6 个月人员，失业时可领取 7 个月失业保险金；最近 24 个月内连续工作 14 个月人员，失业时可领取 23 个月失业保险金。通过以上政策，使领取失业救济金的一部分人又回到了劳动力市场，对促进就业起到了很好的推动作用。

（二）调整就业支出结构

2002 年，法国用于就业支出占国民生产总值的 3.5%。过去这项支出的 2/3 用于失业救济，近年来为鼓励失业者积极就业，目前用于失业救济的比例已下降为 50%，而用于促进就业的支出占到 40%。

（三）为个人创办中小企业提供优惠政策

法国的小企业发展迅速，企业数目一直在成倍增长。为了鼓励小企业发展，为就业创造更多的机会，2003 年 8 月 1 日，法国政府颁布了《经济创新法令》，该法律一经颁布，即得到了法国社会的普遍关注和欢迎。《经济创新法令》旨在为创业者提供更多成功的机会，即提供简单、快捷的申请程序，并提供多项优惠政策。一是公司在运营的第 1 年，不需要缴纳社会保险费。二是创业者可以享受大幅减免税收的优惠政策，每年可减免税收约 6000 欧元。三是投资创立个体企业，每年可享受约 1 万欧元的税收减免。四是 50 岁以上的失业者创业时，可以享受一笔零利率的贷款。五是失业者在创立企业获得经营收入的同时，还可以继续领取 18 个月的失业保险金。六是允许在原企业工作和保留工资待遇的情况下，创立自己的企业，期限为 12 个月，以降低创业者的风险。同时，降低新业主应缴纳的社会保险费。

《经济创新法令》颁布以后，法国 2003 年新成立公司数量自 20 世纪 80 年代后期以来首次超过20万个。法国政府希望在5年之内，实现创建100万个新企业的目标。

（四）强化社会培训

法国把职业培训作为一项预防失业、提高就业率、促进技术进步和提高劳动生产率的重要社会政策。法国出台了有关职业培训的法律，形成了一套比较完整的措施体系。法国职业培训的主要特点：

一是职业培训与工资待遇相结合。在职人员或失业人员通过参加培训，获得相应的职业资格证书和培训证书后，可以作为提高工资待遇、转换工作岗位的依据，有效地调动了参加培训人员的积极性。

二是发挥政府与行业协会的作用，实行培训招标，市场化运作。就业局根据市场用工情况制定培训计划和培训项目，向社会公开招标。劳动部门的培训机构、社会培训机构通过竞标获得培训份额，并由政府和行业协会出资组织开展培训。2002年法国参加培训的人员共3700万人，培训时间达1.6亿小时。

三是对资源枯竭企业，由国家提供资金，在保障雇员基本生活的前提下，提供两年以上的长期培训，帮助他们转业转岗，谋求新的就业途径。

四是培训与解决困难群体就业紧密结合。政府每年投入大约40亿法郎（约合18亿欧元）的资金用于失业人员培训。对于长期失业人员，一般采用三种培训形式：促进就业的培训、获得进入企业资格培训和中小企业主或骨干人员培训。同时，鼓励企业招用培训后的困难失业人员，企业每雇佣一人，可减少一定数额的税收。

五是加大培训投入。法国2002年用于培训的支出占国民生产总值的1.7%，仅比科研经费低0.8个百分点。在法国，职业培训已成为所有劳动者提高自身素质，谋求就业岗位的有效手段。

（五）对就业困难群体实行区别对待

法国政府将超过12个月的长期失业人员、年龄在50岁以上的高龄失业人员视为“重点援助对象”。为鼓励企业吸纳这部分人员就业，国家与企业签订协议，企业承诺在12个月内不得以经济原因解雇这类人员。国家还对企业和个人在税收上给予一定的减免，并向企业支付补助金，最高上限是不超过失业金，补贴年限最长为3年，第1年支付补助金约为失业救济金的40%，第2年、第3年依次为30%、20%。在每个月的月末向企业支付，如合同终止，15天后补助自动停止。

对于年轻失业者，主要采取就业扶持政策：一是政府规定，企业招聘青年人，可以在18个月内只支付最低工资的80%。二是对25岁以下的青年人，失业6个月时，就业服务机构将对其单独面谈，了解就业需求；失业达12个月时，将采取强化的指导服务，推荐参加就业培训。目前，法国劳动力市场上有8%的从业人员享受政府各种扶持就业政策，其成本为270亿欧元。

（六）鼓励流动就业

法国政府通过增加基础设施投入和给予求职者交通、住房补助等，鼓励失业人员向城市远郊地区或外出工作。如外出工作地点超过50公里、往返时间超过2小时，企业要与求职者签订不少于12个月的短期合同，政府提供交通、住房等补贴，补贴最高为1900欧元，分两次支付，签订合同时支付25%，试工期结束后支付75%。

三、几点启示

（一）发展经济是解决就业的根本出路

正如许多经济学家认为的那样，经济增长是降低失业率的最有效途径。经济总量的增加和经济运行质量的提高，通常会创造出大量的就业岗位，对就业产生带动作用。自1998年以来，我国实行扩大内需的方针，采取积极的财政政策和稳健的货币政策，保持了国民经济持续、快速地增长，为扩大就业提供了空间。考虑到今后10年我国劳动力供给仍将维持较高水平，因此，在保持合理经济增长速度的同时，要调整产业结构，注重发展劳动密集型产业，加大对第二产业（主要是制造业）的投资，通过第二产业的发展带动第三产业的发展，提高经济增长对就业的吸纳能力。

（二）建立救济与就业的联动机制

法国实践证明，过于慷慨的社会福利保障制度导致了失业者缺乏就业积极性。目前，我国还是一个发展中国家，国力、财力都十分有限，促进就业是解决失业者生活困难问题的根本途径。借鉴法国就业政策措施，我国应研究建立救济与就业的联动机制，提高下岗职工基本生活保障、失业保险支出中用于促进就业支出的比重，如代缴社会保险费，对企业雇用失业人员给予补助和为失业者提供职业培训等；要完善城市居民最低生活保障制度，对有劳动能力的失业者应提高进入低保制度的门槛，如增加等待期，在等待期要参加公益性劳动和就业培训；对于已进入低保制度的有劳动能力的失业者要提供就业机会，逐年递减保障待遇，促进这部分人员回到劳动力市场。

（三）发展非公有制经济，注重扶持中小企业

进入20世纪90年代中期以来，民营经济对就业增长的贡献最大，并且其作用不仅仅体现在就业数量上，还体现在对整个地区经济增长的推动，体现在推进国有企业改革上。目前，我国民营企业大多数为中小企业，需要政府在税收、贷款、用工等方面给予政策扶持，从法国的经验看，民营企业、中小企业的发展将会带动整个经济的发展，扩大就业，并有利于劳动力市场的不断完善。

（四）与市场相结合，提高培训质量

职业培训的目的在于帮助处于就业年龄的求职人员改善就业条件，从而使其拥有更多的就业机会。因此，要根据劳动力市场的供求状况、岗位的需求引导培训方向，提高培训质量。另外，通过开展社会化职业培训、增加订单式培训，增强培训的针对性、实效性，防止盲目开展职业培训造成的资源浪费。

（2004 年）

部分国家劳动力市场政策支出情况简介

为减少失业，促进就业，维护社会稳定，世界各国都结合本国实际采取了相应的政策，如 OECD 国家普遍实行了劳动力市场政策（Labor Market Programmes）。该政策主要包括以下内容：（1）公众就业服务和管理。（2）劳动力市场培训。（3）针对年轻人的措施。（4）就业补助。（5）针对残疾人的措施。（6）失业保险。（7）出于劳动力市场原因而鼓励提前退休。其中前五项内容称为“积极”劳动力市场政策，后两项内容属于“消极”劳动力市场政策。“积极”劳动力市场政策直接形成财政支出；“消极”劳动力市场政策的资金来源主要是失业保险和养老保险基金。

各国劳动力市场政策支出有如下特点：

——发达国家用于劳动力市场政策的支出明显高于发展中国家。可以从两个方面分析：一是从各国劳动力市场政策总支出占 GDP 的比重分析。从各国劳动力市场政策总支出占 GDP 的比重来看，发展中国家一般在 0.08%—1.01%之间，而发达国家在 0.42%—5.03%之间。二是从各国“积极”劳动力市场政策支出占财政总支出的比重分析。从各国财政用于“积极”劳动力市场政策支出占财政支出的比重来看，发展中国家一般在 0.37%—1.82%之间，而发达国家在 0.53%—4.45%之间。

——除个别情况外，人均 GDP 较高的国家，劳动力市场政策总支出相对较高，财政用于“积极”劳动力市场政策的支出也较高。一般而言，随着人均 GDP 的逐步提高，各国劳动力市场政策总支出占 GDP 的比重逐渐上升，各国财政用于“积极”劳动力市场政策支出占财政总支出的比重也呈单调上升趋势。

——各国用于劳动力市场政策总支出以及财政用于“积极”劳动力市场政

策的支出，还取决于该国劳动力市场政策的取向。同为发达国家，由于奉行不同的劳动力市场政策，不同国家用于劳动力市场政策总支出及财政用于“积极”劳动力市场政策的支出也有很大不同。如在丹麦、芬兰、瑞典、德国等福利水平较高的国家，由于奉行高税收、高福利的福利国家政策，其用于劳动力市场政策的支出及财政用于“积极”劳动力市场政策的支出相对远远高于其他发达国家。而在美国、英国、日本等国家，由于主要实行以市场为导向的劳动力市场政策，其用于劳动力市场政策的支出及财政用于“积极”劳动力市场政策的支出与其他发达国家相比，要相对低得多。

目前，我国面临较大的就业压力，党中央、国务院及中央有关部门出台了一系列促进就业和再就业的政策措施，大力促进下岗失业人员再就业。各级财政部门要借鉴世界各国财政在促进就业工作中的做法，充分发挥职能，在促进下岗失业人员再就业工作中发挥应有的作用。

——一方面，要大力调整财政支出结构，加大对再就业工作的资金投入。各级财政部门特别是地方各级财政部门要大力调整财政支出结构，通过预算内外各种资金渠道积极筹措资金，努力增加再就业支出，提高财政对再就业支出占财政总支出的比重。各级财政原来安排用于国有企业下岗职工基本生活保障的资金规模不减，在确保下岗职工基本生活的前提下，根据再就业工作需要，可调整用于促进下岗失业人员再就业。在此基础上，按照再就业工作任务和财政承受能力，合理增加再就业资金。同时，要注意发挥财政资金的杠杆作用，引导各种社会资源、动员各种社会力量，努力促进下岗失业人员再就业。

——另一方面，要根据经济发展水平合理确定财政对再就业支出的规模。如上所述，发达国家用于“积极”劳动力市场政策的财政支出大大高于发展中国家，且各国财政对“积极”劳动力市场政策的支出规模随着人均 GDP 的提高而增加。从发展中国家的情况来看，财政用于“积极”劳动力市场政策的支出占财政支出的比重一般在 0.37%—1.82%，劳动力市场政策总支出占 GDP 的比重一般在 0.08%—1.01%之间。按照 2002 年有关数据测算，我国财政用于国有企业下岗职工基本生活保障的资金和城镇就业补助费合计达 219 亿元，占财政总支出的比重约为 1%，如果再加上失业保险基金支出，则劳动力市场政策总支出达 402 亿元，占 GDP 的比重约为 0.4%，与其他发展中国家相比，处于中等偏上水平。我国是发展中国家，人均 GDP 刚刚达到 1000 美元，大大低于韩国、波兰、墨西哥、匈牙利和捷克等国家的水平，因此，在确定财政对再就业支出规模时，一定要根据我国的国情国力合理确定。在目前人均 GDP 较低的情况下，我国财政用于支持再就业的支出规模基本是合理的，今后，随着人均 GDP 和财政收入占 GDP 比重的提高，可根据就业形势的需要，逐步增加财政用于再就业的支出。

（2003 年）

三、养老部分

构建中国农村新型养老保险制度研究报告

三农工作是党和国家工作的重中之重，是国家经济发展和社会稳定的基础，是中国实现工业化、城镇化、现代化和全面建设小康社会的关键所在。近年来，通过调整生产关系，促进农业生产发展、减轻农民不合理负担、基本解决农民温饱和基本生活问题，中国农村改革与发展取得卓著的成就，为中国经济的发展起到了重要的推动作用。中国农村改革与发展取得的显著成就，为中国经济发展奠定了坚实的基础。党的十七届三中全会指出，我国总体上已进入以工促农、以城带乡的发展阶段，进入加快改造传统农业、走中国特色农业现代化道路的关键时刻，进入着力破除城乡二元结构、形成城乡经济社会发展一体化新格局的重要时期。党的十七大报告提出，要按科学发展观的要求，统筹城乡发展。同时提出，要健全农村社会保障体系。贯彻广覆盖、保基本、多层次、可持续原则，加快健全农村社会保障体系。按照个人缴费、集体补助、政府补贴相结合的要求，建立新型农村社会养老保险制度。创造条件探索城乡养老保险制度有效衔接办法。2008 年中央经济工作会议和温家宝总理 2009 年政府工作报告均要求今年开始按 10% 的覆盖面试点建立新型农村社会养老保险制度，实现到 2020 年社会保障制度覆盖所有城乡居民的目标。这是中国历史上一项重大的社会制度建设，事关国计民生的大事，其制度如何构建设计、如何测算筹资、如何管理实施……都是重要和急切需要慎重研究解决的问题。为此，我们在三农问题的研究中，重点针对构建新型农村社会养老保险制度，到江西、四川等地进行了调研，并与有关部门和专家学者进行了研讨，现就研究情况报告如下。

一、建设新型农村养老保险制度具有重大的现实意义和深远的历史意义

目前，我国农村的社会保障制度主要是以救济性保障制度为主，包括五保供养和最低生活保障等。长期以来，农民主要靠的是养儿防老和多子多福以及土地带来的收益保障。从20世纪80年代开始，一些地区开始对建立农村社会养老保险制度（老农保）进行了积极探索。截至2007年底，全国共有31个省、自治区、直辖市的1805个县（市、区、旗）不同程度地开展了这项工作，5171万人参保，积累基金412亿元，392万参保农民领取了养老金，当年支付养老金40亿元。党的十六大，特别是十七大以来，各地开始积极探索新型农村社会养老保险制度（新农保），目前全国新农保试点县（市、区）达460多个。老农保由于诸多问题已经清理整顿，新农保只是个别地方的探索，我国广大农民基本没有养老保险，老年生活风险不得不主要依赖家庭化解。同时，建立适合中国国情的新农保制度是民生的需要，也是国家经济社会全面发展的全局和长久之计，对于解决"三农"问题，缓解城乡二元制社会经济结构造成的发展不平衡状况，扩大内需，拉动经济增长，维护农村乃至全社会的稳定，转变农民养老、生育观念，全面建设小康社会和促进我国工业化、城市化的进程都具有非常重要的现实意义和深远的历史意义。

（一）农村家庭养老和土地保障的弱化，客观上呼唤社会养老保障的到来

"养儿防老，积谷防饥"[①]。长期以来，中国农民主要靠家庭养老和土地保障。以家庭为基本组织形式的中国传统养老模式，具有悠久的历史和深厚的经济文化基础，土地则在其中承担着对农民养老的"最终保障"功能。四川省委政策研究室在资中县的调研显示，2006年末，全县65岁及以上的老年人，90%以上都是子女提供赡养费，一般每月在50元左右，可以保障其基本的生活和医疗支出。但目前我国农村经济社会结构转型迅速，在快速城市化和人口老龄化的冲击下，传统保障功能日益减弱：一是土地流失[②]和土地种植收益在农民纯收入构成中的比重逐步下降，使土地在农村养老保障方面的基础性作用被削弱。2006年，四川省资中县农民种植业人均纯收入仅占全年人均纯收入的6.87%。二是农民人均纯收入增长缓慢，家庭养老资金捉襟见肘。2008年，全国农民人均纯收入4761元，每月497元的人均收入，除生活开支外，基本上没有多少剩余以备养老。三是家庭结构变化，农村养老风险在不断加大。由于计划生育政策的实施和孝道观念的日益淡漠，传统的子女养老方式难以为继。据第五次人口普查统

① 出自宋·陈元靓《事林广记》。

② 《中国农业统计年鉴2006》：2005年全国耕地1.22亿公顷，比2000年净减少6160千公顷，年均净减少耕地1232千公顷。

计，中国平均家庭户规模降到3.44人/户，代际不平衡的情况日渐严重，单个儿女要承担更多更重的赡养负担，“养儿防老”明显难以指望。四是农村人口外出流动，家庭养老名存实亡。现全国农村劳动力外出转移已达1.4亿人。农民外出务工以后，大多数忙于生计、四处奔波，无暇照顾家中老人。2000年，我国农村65岁以上老人占总人口的比例为7.35%①，预计到2050年，这一比例将上升到32.7%②。在我国“未富先老”的形势下，人口老龄化给经济社会发展带来沉重压力的同时也给家庭带来沉重的负担。

总之，中国农村传统的家庭养老功能和土地载体的最终保障功能逐渐被弱化，中国农村的养老保障问题必须寻求新的模式，即逐步通过社会养老保障替代弱化后的部分家庭保障功能。因此，建立新农保制度是适应中国农村经济社会结构变化的需要的必然选择。同时我们也必须看到，我国还是一个发展中的人口大国，城市化水平相对滞后，农民数量庞大，国家财力也还不是十分充裕，且地区发展不平衡，因此，现阶段社会养老保障还难以完全替代家庭保障，据中国老龄科学研究中心2000年的调查显示：在老年人口的全部经济来源构成中，来自子女供给部分的，城市占16.8%，镇占21.0%，县（农村地区）占38.1%。子女供养在农村中的重要地位显而易见。家庭保障和社会养老保障相结合、根据社会经济状况逐步建立农村社会养老保障制度是符合我国基本国情的。

（二）改善民生、建设和谐社会应该统筹解决农民的养老保险问题

一国养老保障制度特别是农村养老保障制度的建立，包括建立什么样的制度、保障水平如何等，在很大程度上取决于经济发展水平，特别是国家执政党的政治理念及社会核心价值观。当前，我国仍处于社会主义初级阶段，城乡二元经济结构明显，城乡经济发展和社会保障水平还有一定的差距。城市社会保障体系的框架已经基本建立，大部分城镇居民已被社会保障体系覆盖。农村的社会保障近几年也取得突破性进展，比如从2003年开始建立的新型农村合作医疗制度已覆盖8.15亿农民、2007年建立的农村最低保障制度2008年已经使4300万农村困难居民得到基本的生活保障，还有其他社会救助制度也在不断完善，但广大农民的养老问题还缺乏全面制度保障。我们到农村调研时，农民都异口同声希望政府为他们建立老有所养的制度，有的参加了老农保的农民说，一个月只发20.01元，买糖果的钱管不了养老，希望国家给补贴建立新的农村养老保险制度。

十六大以来，党和国家关注保障和改善民生，致力于和谐社会建设、统筹城乡发展，这标志着我国社会将进入一个新的发展阶段。城乡社会保障的较大差异有悖和谐社会公平正义的内在要求，因此加快建立新农保制度，解除农民的后顾之忧，让农民分享社会经济发展成果，是实现“人人享有社会保障”目标的必

① 国家统计局：《2000年第五次人口普查主要数据公报》，http://www.stats.gov.cn。

② 曾毅：《国家财政保底的农村养老保障与人口安全》，《中国社会保障》，2006年第8期。

然要求，对于改善民生和促进社会和谐稳定有着重要而深远的意义。

（三）全面建设小康社会必须对农民的社会养老保障做出制度安排

党的十六届六中全会通过的“十一五规划”提出，2020年要基本建立覆盖城乡居民的社会保障体系，要探索建立与农村经济发展水平相适应、与其他保障措施相配套的农村养老保险制度。党的十七大报告也提出，要加快建立覆盖城乡居民的社会保障体系。促进企业、机关、事业单位基本养老保险制度改革，探索建立农村养老保险制度。当前，我国正处于全面建设小康社会的关键阶段，如果对广大农民的养老保障问题没有做出具体的制度安排和实施推进，2020年实现全面建设小康社会的目标将会有所缺失。因此当前积极稳妥构建新农保制度，妥善解决农村老年人生活保障，已经成为各级政府面临的重大战略课题，是全面建设小康社会的必然要求。

（四）健全城乡社会保障制度有利扩内需、保增长、促就业、调结构

有关专家统计研究，国际上有关国家建立农民养老金制度时，农村人口平均为32.9%，城市化水平平均达到67.1%，老年人口占全社会的比重平均已达10%，农业就业结构平均水平为29.8%，农业产业结构比重平均为17%，人均GDP为5226美元[①]。经过30多年的经济高速增长，2008年我国经济总量位列世界第三[②]，许多经济指标都有了较大改善。从部分国家建立农民养老保障制度的社会经济背景的横向对比来看，我国目前有关的社会经济指标都在各国建立农民养老金制度的变动区间内。另外，随着农民人均现金收入近年来的不断增长，相当部分农民已具备了参保缴费能力，为新农保制度的开展创造了条件。因此，我国已基本具备了建立新农保制度的基础条件。

建立一个完善的社会保障体系，不仅有改善民生、维护公正、保持稳定等社会意义，对于促进经济增长的意义同样重大。社保制度最直接的影响在于给了人们足够的安全预期，百姓不再需要用高储蓄来应对生老病死等不时之需，可以将更多收入用于当下的消费。特别是在应对经济低迷时期的消费不足，无论是补贴农民消费，还是对城镇居民减税让利，这些都只是中短期之举，而建立一个完善的社会保障体系，才是促进消费、进而拉动经济增长的长效基础。同时，社会保障体系所包含的养老、医疗、残疾人救助等等，也都蕴含了很多服务业的发展机会，可以创造无数就业机会，这对于扩内需、保增长、促就业、调结构都会有一举多得的效果。

---

① 华迎放：《国外农村养老保险的经验与启示》，《经济要参》，2007年第76期。

② CIA：The World Factbook，2008.

二、国内外农村社会养老保障制度比较

从世界各国的一般情况看，农民社会养老保险制度建立都要落后于其他群体的养老制度，滞后时间平均为55年。其建立制度的背景：一是各国在工业化、城市化过程中，普遍面临农村劳动力大量向城市转移、农村人口老龄化程度高于城市、传统的家庭养老保障难以为继、农民面临老年贫困等多方面的问题，迫切需要通过社会养老保险化解农民的老年生活风险；二是一些国家为了实施农业政策、促进农业集约经营、推进产业结构调整，需要建立农民养老保险制度，使老年农民转让农场、退出农业；三是自由平等等社会核心价值理念以及政府社会保障责任的普遍性，也有必要把农民纳入社会养老保障的范围。但是，由于各国政治经济社会历史情况的不同，农民养老保障的制度模式也不同。中国一些地方根据各自实际情况也探索了一些不同的保障办法。

（一）国外农村社会养老制度模式及特点

大部分发达国家早在几十年前就已经建立了农村养老保险制度，积累了丰富的经验。从养老保险资金的筹集、管理、发放方式以及保障的性质划分，国外农村养老保障制度基本可以分为以下三种模式。

1. 德国——“投保资助型”养老保障制度。1957年西德颁布的《农民老年救济法》通过法定强制保险的方式将农民纳入养老保障体系，1995年这一体制也被运用到了东德。德国农村养老保险的主要任务在于，给予投保的农场主（包括其配偶）、共同劳作的家属及其遗属在出现诸如年老、丧失劳动能力和死亡时养老金形式的现金支付，为老年农民和过早丧失劳动能力的农民提供基本生活保障①。但是，大型农业企业中被雇用的雇员不属于农村养老保险的范畴，他们应投保普通的工人或职员法定养老保险。德国农村养老保险体系实行现收现付模式，资金部分来源于投保人缴纳的保险费，但很大一部分来源于联邦资金（联邦政府的补贴），在性质上属于“投保资助型”养老保险制度，遵循的是“援助自助者”的原则。农场主缴纳的保费数额以法律形式确定，与所经营的农场数量和经营效益无关。养老金的给付以农场主移交农业企业为先决条件，投保的最低年限一般为15年，如果在投保期间丧失劳动能力，最低投保年限可减为5年。养老金的给付方式主要为现金支付，但在特定风险条件下根据投保者的需要也可以予以实物支付，如康复性医疗或家政帮工等。在机构设置上，政府劳动与社会保障部负责对农民养老保险实行统一立法和管理监督，微观运作由各州专门的农民养老保险机构具体负责，实行自治管理。目前，德国共有13家农村养老保险机构，并组建了一个全国性的农村养老机构总联合会。

随着德国经济社会的发展变化，德国的养老保障体系也不断处于动态的完善

① 郑春荣：《德国农村养老保险体制分析》，《德国研究》，2002年第4期。

当中。由于农业生产率的提高，农村劳动力的锐减使农村养老保险体制中的投保人数大幅下降，而领取养老金的人数却呈增加趋势，现收现付制养老体系出现了财务上的困难，不得不通过一方面提高保险费率和增加联邦政府补贴，一方面降低养老金水平的方式来维持养老保险的收支平衡。为了提高农民老年生活水平，政府还实施优惠政策鼓励农场主购买商业补充养老保险。德国的农村养老保险形成了由社会保险、终老财产（老年农民将庄园移交给继承人后保留下来的住房、货币等财产）和自愿补充养老保险这样多层次的养老保险体系。

2. 瑞典——"福利型"养老保障制度。建立非缴费性养老保障制度的主要是英国及英联邦国家、北欧以及非洲等一些发展中国家。前者奉行贝弗里奇的福利国家理念，建立全民普享的公共养老保障制度，农民也同样享受公共养老金待遇。这种模式的特点是，待遇全民普享，一般实行等额养老金，替代率比较低，养老金水平与个人收入无关，资金来源于国家公共税收，个人无需缴纳任何费用。加拿大、瑞典、丹麦、澳大利亚、新西兰等属于这种情况。以瑞典为例，其社会养老制度是建立在公民普遍权力基础之上，待遇水平高，是典型的"福利型"养老保障模式。瑞典养老保障体系的覆盖面高，无论城乡居民只要达到规定的年龄就可享受国家的养老金。瑞典的养老保障制度有两个层次的保障，分别为提供对所有人提供的基本保障和在此基础上提供的与收入相联系的保障。为了体现公平的原则，政府更多地考虑第一层次的需要，国家提供的基本养老金水平与工作年限相关，但是差别不大。养老金的来源主要为国家的税收，保险基金实行"现收现付"办法，没有积累。国家成立统一的社会保障委员会负责管理全国的社会保障，在国家保障委员会下，形成了由国家、州以及各级政府社会机构和服务处所构成的社会保障服务网络①。

另一类是南美的阿根廷、巴西、智利、乌拉圭、玻利维亚，非洲的博茨瓦纳、纳米比亚、南非、毛里求斯，亚洲的印度等国家，由于农民等低收入群体普遍比较贫困，缴费能力弱，也实行非缴费性的养老保障制度。此外，印度有20%—30%的人口生活在贫困线以下，作为扶贫政策，政府向低收入和没有供养人的65岁以上老人提供5美元补贴。由于无法进行资产核查，只能将5美元按月发给65岁以上老人（不分城乡居民）。养老金的数额很少，只能勉强维持生存。

3. 新加坡——"自助型"养老保障制度。"自助型"养老保障制度是一种个人缴费、完全积累的社会保障形式，主要以新加坡的中央公积金制为代表。这种模式通过国家立法以强制储蓄的方式，要求所有雇主、雇员按照工资收入的一定比例向中央公积金局缴纳公积金，由中央公积金局按照每个月应付的利息一并打入个人的公积金账户，专项储存。新加坡的中央公积金制最早只是一般的养老储蓄制度，后来，逐步发展成包括养老、住房、医疗等多种内容在内的保障制

① 孙炳耀主编：《当代英国瑞典社会保障制度》，中国法律出版社2000年版。

度。会员享受的待遇完全由个人账户内累积的公积金支付，国家不进行除利息之外其他额外的投保资助。这种保障制度首先要求会员个人自立、自我储蓄，在因工资收入低下、存款达不到缴纳数额时，可由家庭成员帮忙补上，发挥了家庭的养老保障功能。会员之间并无调剂互助的要求，个人退休时可享受的福利待遇和自身努力紧密联系在一起，具有较强的社会激励作用。中央公积金管理局是法定的中央公积金的管理部门，隶属于国家劳工部。作为一项基金制的养老保险计划，中央公积金管理局力图通过制定一些合理的资金投资计划实现基金的保值增值，促进经济增长。

从上述三种模式的实施效果看，各有特色。“福利型”模式重视公平，体现了“福利国家”给全体国民的福利待遇，能最大限度地扩大社会保障覆盖面，防止了老年贫困，其缺陷是易于诱发人们个人责任感的缺失，保险开支占国民生产总值的比重会随着人口老龄化的加剧逐年上升，导致政府负担过重。“自助型”模式实行个人完全积累的筹资方式，对国家财政的依赖度低，受人口老龄化的影响较小，并能帮助国家经济发展；但缺点在于受保人之间不存在收入再分配，不能风险共担。“投保资助型”模式的养老金来源广泛，体现了社会保险的公平目标。同时实行现收现付，增强了社会保险基金的互济性，其保障水平和保障程度较高。但该模式的正常运转是以个人较强的缴费能力以及政府坚实的财政后盾作为担保，因而需要经济和社会发展达到一定的水平。

借鉴国外的经验，我国农村养老社会保险模式的选择，需要考虑中国农村人口较多、国家财力有限、地区发展不平衡等因素，充分调动农民、集体和国家各方面的积极性，既不能选择高水平的福利型模式，也不能不考虑农民收入较低的情况选择完全自助型模式，而南美等国家实行非缴费的福利型老年津贴，政府补贴老人生活定位合理成本低、操作简单易瞄准，是建立低水平、广覆盖、保基本、可持续养老保障制度的较好选择。

（二）国内农村社会养老保障制度的现状及经验教训

1. 老农保制度的反思。中国现行的农村养老保障制度的基本形式以家庭养老和土地养老为主、其他保障为辅，农民老年的生活来源主要是家庭成员和土地收入。然而随着经济的发展和社会结构的变化，农民传统的养老模式已经很难满足社会发展的要求。1992 年，民政部制定了《县级农村社会养老基本方案》，开始在有条件的地方推广农村社会养老保险工作。该制度实行以个人缴费为主、集体补助为辅、国家给予政策扶持的筹资模式和建立个人账户、储备积累的保险模式。此种农村养老保险存在着以下问题：一是不具备社会保险的特征，养老保险资金几乎完全来源于个人；二是保障水平低；三是基金管理以县级为统筹单位，管理水平低，保值增值难。1999 年，由于参保率低等原因，国务院决定对已有的农村养老保险业务实行清理整顿。另外，伴随着现代化和城市化进程的加快，农民工和被征地农民的养老问题也将日益突出。

2. 新农保制度的探索。由于老农保制度运行存在的困难和问题，近年来，一些地区逐渐探索新农保制度。这些试点地区的养老模式为我国农村社会养老保险制度的改革提供了良好的思路，取得了一些有益的经验。主要包括以下模式：

苏南模式。江苏省苏南模式是一种以政府高补贴为特征的福利社保模式，实行“一个体系，两种制度”①，并建立了农村养老保险和城镇养老保险相互衔接的机制。农村养老保险坚持“个人负担、财政补助、集体补贴”的原则，在养老保险资金的筹集上以支定收，缴费基数按当地上年农民纯收入或参照上年城市企业职工平均缴费工资基数的50%左右确定。在此基础上，个人负担50%，集体和财政负担50%，财政补助的资金必须全部到位。苏南模式建立了社会保险与社会福利相结合的养老补贴制度，对推行农村养老保险制度之前男满60周岁、女满55周岁及其以上的老年农民无条件给予补贴。对被征地农民进行身份置换，在充分补偿的前提下纳入城市社会保障体系，建立养老、医疗保险，并提供免费就业培训。苏南模式是在经济高速发展，城市化进程加快的前提下形成的，代表了中国农村社会养老保险的发展趋势，由于政府的高补贴，极大地提高了农民参保的积极性；由于解决了农保和城保的衔接，较好地解决了城市化进程中的“三农”问题。但这一模式的财政压力较大，对经济欠发达地区来说，它显然是不适宜的。

北京模式。北京农村社会养老保障分为个人账户和基础养老金以及福利养老金三部分，参保农民缴费满15年，除享受个人账户养老金外，还享受由市区两级财政进行补贴的每人每月280元的基础养老金待遇。个人账户资金包括个人缴纳的养老保险费、集体补助、其他收入及利息。“新农保”最低缴费标准为本区县上年农民人均纯收入的10%（2008年年缴费950—970元），男满60周岁、女满55周岁，便可享受“个人账户加280元基础养老金”。到2008年10月，新农保参保人数已达107万人，参保率达到80%。2008年1月1日开始实施的北京市另一项养老保障新政是《北京市城乡无社会保障老年居民养老保障办法》，这是一个福利性的保障办法，使70多万年满60周岁以上的无保障城乡老年人老有所养，每月可以领取200元福利性养老金。北京模式强调城乡居民尽同样的义务，享受同样的待遇，新建立的城乡居民养老保险制度，打破了以往城镇、农村居民各自参加养老保险的二元障碍，即将符合参保条件北京居民，无论户籍在城镇还是农村，都纳入统一的养老保障制度，缴费、待遇等城乡标准相同。

青岛模式。山东省青岛市是一种以政府扶持和有限补助为特征的行政支持模式。这种模式坚持“个人缴费、集体补助、政府扶持相结合”的原则，实行财政补助和兜底。在养老保险资金的筹集上以支定收，各县（市、区）根据自己本地实际情况确定缴费基数（以上年度农民人均收入为基准），个人缴费设上下

---

① 即指对农村劳动力分别实行两种社会基本养老保险办法：农村各类企业及其从业人员，必须参加城镇企业职工基本养老保险；从事农业生产为主的农村劳动力（即纯农户）纳入农村养老保险。

限，最低不低于6%，最高不高于30%，村集体、乡镇、县（市、区）补助12%。这种模式采取行政信誉支持的方式，财政补助资金可先行“挂账”，视情况分期支付到位，但必须兜底。这种模式由于有了政府的扶持、补贴和兜底，农民参保的积极性较高，但此模式的财政补助没有真正到位，对后期财政兜底的压力较大，对政府的信誉和政策的连续性是个考验，如果“挂账”成了真正的“空挂”，则会给社会稳定带来一定隐患。

东莞模式。广东省东莞市实行社会统筹和个人账户结合，保费由市、镇、村和个人共同负担。农民基本养老金与缴费基数和缴费年限挂钩，并随着社会经济发展水平变化做适当的指数变动。农民的缴费基数按每人每月400元核定，每年递增2.5%。缴费比例为11%，集体负担6%，个人负担5%。缴纳比例个人部分每五年增加1%，直至达到14%并保持不变。个人缴费的全部加集体缴费的3%记入个人账户，余下的3%全部记入统筹账户，属于农民养老保险的全部参保人所有，养老金的月领取标准按150元的基础养老金加个人账户余额除以120确定。东莞由于乡镇企业发达、集体经济实力雄厚，村委会除承担原来集体所应该承担的部分外，还承担个人缴费部分，市财政补贴力度也比其他地区要高得多。

通江模式。四川省通江县采取“农民个人缴费为主、集体补助为辅、政府适度补贴”的办法，多渠道筹集养老保险基金。针对农民现金收入不足的情况，利用国家给农民兑现粮食直补资金的有利时机，采取“粮食换保障”的方式，加大资金筹措力度。此外，政府对不同人群进行金额不同的补贴。为有效解决农民参保与发展生产之间的矛盾，通江县农保局与县信用合作社推出保单质押贷款业务。在养老金发放标准上，实行保底弹性的计发办法。即按照个人账户积累总额，实行保底弹性的办法计发养老金。同时，建立了储备调剂金账户，使保障水平可以随着经济社会发展、人均收入水平和物价指数等因素变动，适时对领取养老保险金人员的待遇进行调整，使养老保险金水平与经济发展水平保持同步，以增加新型农村养老保险制度的吸引力。

宝鸡模式。宝鸡模式采取农民个人缴费、集体补助、财政补贴（补出口）的办法筹集资金，全部计入个人账户。年缴费标准为参保农民所在县（区）农民人均纯收入的10%—30%，参保农民可根据自己的经济承受能力自由选择。完全丧失劳动能力的农村贫困残疾人由市（县）财政全额补贴。参保农民按规定参保并缴纳养老保险费，年满60周岁即可按月领取养老保险金；参保缴费起始日已年满60周岁以上人员在家庭其他成员按规定参保并自觉缴费的情况下，也可享受养老保险。养老保险金由个人账户养老金和政府养老补贴两部分组成。其中，个人账户养老金与缴费年限、缴费标准挂钩。政府养老补贴则在个人账户养老金基础上，由市、县（区）财政按每人每月60元的标准实施补贴，并随经济增长而调整。基金纳入财政专户管理，经办机构每年对储蓄存款结息一次。参保人员转移养老保险时，个人账户中个人和集体缴费储存额全部转移。宝鸡模式为解决西部欠发达地区农民养老问题提供了宝贵经验，但地方财政投入有限，保障水平偏低。

各地区结合本地区的实际情况，对农村养老保险制度进行了许多有益的探索，取得了一些成功经验。如建立多种形式的参保补贴制度，形成了个人缴费、集体补助和政府补贴等多种筹资机制；创立了待遇调整机制，农民的养老金领取标准随农民人均纯收入增加而提高，使参保人能够享受经济发展的成果；拓展了个人账户的功能，通江模式中的保单质押贷款有效地解决了农民参保与生产资金紧缺之间的矛盾。当然，新型农村养老保险的试点也存在着仍需解决的问题：一是试点工作缺乏全国统一性的政策，各地模式不统一，大规模推广有一定难度；二是财政补贴水平参差不齐，缺乏财政资金支持的地区农民的参保意愿比较低；三是在基金的投资管理政策不完善，基金保值增值难。

三、全面建立新农保制度应把握的基本原则

建立新农保制度，要符合中国农村人口多，经济负担能力有限、地区不平衡等基本国情，要借鉴和吸取国内外农村养老保险制度建立和发展的经验教训，要兼顾当前与长远。

（一）坚持低门槛、广覆盖；保基本、可持续；要自愿、便转移的基本原则

低门槛，广覆盖。新农保作为一种资源，其稀缺性决定了在对这种资源进行分配时必须追求公正性的原则。以中国经济发展的实际状况并结合苏南模式的实践看，要通过“低水平，广覆盖”来改变“保富不保贫”的现象，使更多需要老年保障的农民老有所养，老有所依。农民缴费和政府补助宜低水平起步，江西永修和武宁县两位农民告诉我们，每年每人交100—200元能够承受，再高就困难了。地方也希望中央多补助，否则地方财政也很困难给农民多补助。从各地试点情况看，筹资标准按照农民人均纯收入的4%—10%，由各地根据实际情况自行选择筹资比例应该比较合适可行，或设置不同的标准由农民根据各自情况自行选择不同缴费，多交多得。政府补助也要量力而行，许多地方财政补助养老金发放“出口”的办法，使政府补助的资金效益直接，是比较现实可行的，但对个人缴费困难的人员应考虑予以补助。

保基本、可持续。新农保制度应该自始自终以满足农民的现实需求为中心，切实解决农民养老最紧迫的各种难题，但同时也必须结合我国的国情。在我国目前的经济社会发展水平下，类似于“高福利国家”的保障水平是不现实的。“保基本，可持续”的原则是权衡农民基本需要和我国经济现实水平的合理选择，它一方面能保证为农民提供基本生存条件的保障；另一方面也考虑了社会经济发展水平的约束，并顾及长远，不损害后代人的利益。因此农村养老保障待遇水平应兼顾各方面收入分配水平，适当高于农村低保水平，以人均纯收入30%—40%为宜。

要自愿、便转移。从福利经济学的角度来看，新农保制度的建立必须要能改善社会广大群众的生活水平。考虑到目前我国经济发展区域不平衡的现状，“一刀切”的模式反而会给一些收入较低地区的农民带来经济上的压力，农民是否参保应采取自愿原则。便转移的特点则使农民在不同区域之间以及城乡之间流动过程，享受的养老保障能够顺利衔接，这是实现建立覆盖城乡统一的社会保障制度的必然要求。

（二）坚持个人缴费、集体扶持和政府补贴的筹资原则

新农保筹资应集个人、集体和国家三者的力量，在整个社会不同人之间以及社会不同代际之间，实现风险共担。这既是农村社会养老保险作为一种社会保险制度的基本筹资方式，也是各方面合理分担的责任要求，体现了农村社会养老保险社会共济的属性，确定了公共财政的投入责任和政府对农民的引导、激励和扶持。因而，新农保制度的风险防范能力将更强，保障能力更足，更有利于确保农村老年人的基本生活。

（三）坚持基本养老保险与土地养老、家庭养老、集体组织养老相结合的原则

目前我国农村社会养老保险制度仍处在探索阶段，制度的建立和完善还需一定的时间。在今后一段时期内，社会养老保险仍无法单独满足农民的养老需求。另外，虽然农村传统模式的养老功能逐渐被弱化，但由于能提供基本养老保险无法供给的生活照料和精神慰藉，土地养老和集体养老具有存在的必要性。首先，土地是农民的“衣食之源，生存之本”，是农民低于外部风险最基本、最可靠的保障。农业现代化的实现、土地生产率的提高，将更有利于土地保障功能的发挥，也将是对基本养老保险的极大补充。其次，家庭和社区是老人生活的重要组成部分。对老人生活的照料以及尊老、敬老的家庭氛围能使老人时刻保持心情舒畅、精神愉快；丰富的社区生活也能排解老年人心里的孤单、获得精神上的慰藉。所以，单一层次的养老模式不能全面的满足老年人的全面生活需要，应坚持基本养老保险与土地养老、家庭养老、集体组织相结合多层次的养老保障体系。

（四）坚持与农民工养老保险、被征地农民养老保障、五保供养、农村计划生育家庭奖励扶持政策等农村养老保障制度相衔接的原则

新农保制度应该主要立足于建立针对纯粹务农农民的创新模式。但是，也应该同时注意到经济发展所带来的新情况、新问题。随着工业化和城市化进程的加快，农民工和失地农民的人口规模越来越大。所以，新农保制度还必须全面地考虑到农民身份变化可能带来的保障衔接问题，避免制度出现人员覆盖时的盲点。现有的五保供养制度解决的是贫困人群的养老问题，而新农保制度力图解决的是基本涵盖所有农民在内的养老问题，所以针对这部分人员养老保障的转换问题也

需要有明确的条文解释。此外，新农保制度将承担许多原来家庭养老的职能，老年的生活水平与子女数量的相关性更加减弱，故还应做好与原有农村计划生育家庭奖励扶持政策衔接性的制度安排。

四、有关意见和建议

近3年应该是我国新农保制度建设初创时期，这对中国的现今和未来都有着至关重要的经济社会和政治影响，应统筹考虑，精心设计，妥善解决制度建设过程面临的有关问题。为此，提出如下意见和建议：

(一) 避免碎片化，统筹制度设计

一是要有包容性、过渡性。城市化、工业化将使中国农村的人口不断减少，其身份变换频繁，考虑二元经济结构，城保职工和农村居民的养老保险制度一时难以整合，但要顾及城乡统筹发展。新农保制度设计的定位应是低收入人缴费，政府适当补贴、待遇逐步提高的保障，其覆盖面应考虑城镇无保障居民；新农保制度应当有利于与城保、工保（农民工养老保险）、土保（被征地农民基本生活保障）等其他制度的平滑过渡。农民工养老保险要尽快搞办法，但不是建制度。工保、土保都不应成为与农保并驾齐驱的制度。要考虑城保和新农保相对独立，又可以相互转换的运行模式，为统筹城乡社会保障打好基础。二是要有衔接性、进退性。目前我国农村已经有部分人员包括养老在内的基本生活保障制度，其中有救济性的“五保户”供养制度、农村最低生活保障制度，有奖励性的计划生育奖励扶持等制度。新农保制度的建立可能不能代替这些制度，但要有衔接，可以有照顾有奖励，但还要从整体收入分配格局考虑平衡，使其与农村家庭养老、个人储蓄、商业保险等组成完整的农村养老保障体系。总之制度不能太多，不能太乱。

(二) 补贴加账户，创新制度模式

新型农村社会保险制度模式的选择应体现中国农村特殊的制度环境。如“二元”经济形成“城乡剪刀差”的客观存在、中国农民“未富先老”的特征（农村老年居民自身和成为农民工的子女难以负担其养老的风险）、“城市反哺农村”机制建立的要求，就应参照许多国家承担对公民基本保障责任都采取公共财政给于普遍养老金或老年津贴的办法，建立政府对农村老人的直补机制，从而体现社会公平性、福利性。但好的制度安排也应当体现个体差异，发挥激励功能。这就要通过建立缴费“个人账户”，并鼓励多缴多得，实现输血和造血机制并举，建立以个人缴费为主、集体合理补助和政府适当补贴等多渠道的筹资机制。

（三）合理确定资金来源、多渠道筹资

鉴于农村人口众多，农民收入较低，国家财力有限的情况，新农保制度建立之初的筹资应低水平起步，逐步提高保障水平。初步框算，如果为每个参保农民每月补贴50元，2012年预计参保农民总数为3.1亿左右，扣除6000多万享受无保障补贴的老人，要实现全覆盖，使参保人员达到2.5亿人，实际补贴大约为1500亿元。到2020年，如补贴标准提高到每月100元，参保农民由于城市化的发展，降到1.7亿人，约需补贴2032亿元。为此需要研究多渠道筹资问题。

一是开征新税种。如开征高消费税，对购买别墅、高档汽车、游艇以及高尔夫等高消费行为加收高消费税，为二次分配提供财力支持。可研究开征烟草税、资源税，既可降低不健康行为以及石油、煤炭、电力等资源性行业凭借垄断地位取得的高收入，有助于社会公平，同时为社会福利筹集资金。

二是划拨部分国有资产充实社会福利资金来源。通过回购、配售等方式转持国有股，部分用于社会福利。同时，仅2007年国有企业就实现利润1.62万亿元。可以通过国有资本经营预算，将其利润的1/3—1/4用于社会福利，还可考虑将国有土地出让收益的一部分用于社会福利。

三是增发行社会福利彩票筹资。2007年，国家从1000多亿元的社会福利和体育彩票销售收入中取得的公益金分别达217亿元和127亿元。1994年以来上述两种彩票销售收入快速增长，目前仍有发行社会保障彩票的筹资空间。

（四）允许探索，总结推广

按照国务院的部署，2009年在全国选择10%的县（市、区）开展新农保试点。应允许各试点县（市、区）在按照中央有关部门下发的指导意见做好相关工作的基础上，开展制度创新。中央有关部门在总结各地经验的基础上，对各种有益的经验加以推广。对于有些地方开展的粮食和土地换社保的实践探索，应允许和关注其探索，以提高农民参保缴费积极性，将符合条件的农民尽可能纳入到新农保覆盖面范围。另外，各地还可以探索新农保基金账户功能的创新性安排。传统的养老保险基金账户主要是完成保费的收缴和保金的发放，主要发挥的是“消费性”功能，比较被动。新型农保制度应进行账户创新，引入资产社会政策理念和金融功能，赋予新型农保制度以“投资性功能”和“融资性功能”。资产社会政策鼓励参保者进行个人资产积累，增强个人增加收入的能力。“投资性功能”是指新农保制度的基金化趋势，使参保者的缴费行为进化为投资于基金的行为，通过专家理财，实现投保人（基金投资人）保费的价值增值。同时，这种投资性也包括来自于“保险基金”制度下的投资和资产运用功能，以区别于一般性社会保险的“储蓄功能”。“融资性功能”主要强调参保人利用参保账户获得的除保险功能、投资以外的融资功能，只要有“机动账户”，就可以得到生产性融资。这一点，新疆的“呼图壁”保费缴纳证的质押融资模式为我们提供了宝贵经验。

（五）管理监管和操作功能的分工整合

在横向上。目前在农村的社会事务管理中有低保救灾的民政部门、合作医疗的卫生部门、计划生育的计生部门等，目前计划生育部门已经有一套人马和网络，合作医疗在建管理队伍和网络，民政部门也在呼吁以购买服务的方式为农村低保等管理工作建立社会工作者站，这些都是需要做的工作，但应统筹考虑，没必要各成系统。

在纵向上，试点阶段以县级统筹为主，制度推开后要尽量提高统筹层次。

在手段上，为满足流动性和管理个人账户的需要，要同时考虑利用先进信息手段进行管理，信息卡最好是标准化、统一化和惟一化。与身份证挂钩，无法伪造。同时考虑流动性、便携性和自主性。卡随人走，持卡人可以对卡中账户的多少以及类别进行自我管理。还要有规范性和透明性。监督机构、管理机构、操作机构、个人可借此了解其他主体对自己账户的管理情况。总之要有先进手段保证制度实施。

（六）大力发展社区和社会养老服务保障

社会保障主要有经济保障和服务保障。长期以来，在中国社会保障制度建立和完善过程中，在制度设计和执行上，过分偏重于资金保障，而忽略了服务保障。目前国家在规划农村社区体系建设时，应考虑社区和社会化养老服务体系建设，制定相应的财税政策鼓励社会投资举办或公办民营养老服务机构。这也是扩内需的增长点。

（2009 年）

探索创新农村社会保险制度的新模式

党的十六届六中全会要求“到 2020 年，社会就业比较充分，覆盖城乡居民的社会保障体系基本建立”。为实现这一目标，需要我们在今后一段时期内加速农村社会保障制度建设步伐，解决好城乡居民的社会保障待遇差距问题。但我国农村面临着集体经济薄弱、农民收入水平普遍较低以及农村经济区域发展不平衡等现实问题，如何立足社情民意，创新农村社会保险制度，是今后需要研究和解决的一个重要问题。成渝两市根据各自实际情况，对建立和完善农村社会保险制度进行了积极探索，针对农村不同人群实施了一些具体办法，对统筹城乡社会保险制度具有一定的启示。

一、因人制宜，分类实施，重点突破，构建多层次的农村社会保险制度

围绕社会主义新农村建设，成渝两市落实科学发展观，深入推进城乡一体化建设，把建立和健全覆盖城乡的社会保障体系作为协调城乡矛盾冲突、促进城乡社会经济良性发展的重要保证，着力构建失地农民、农民工和农民的社会保险制度，实现“制度框架城乡统筹，待遇标准城乡衔接”。

（一）着眼城乡统筹，创新改革思路

2003 年，成都市根据本地区经济社会发展现状，开始了统筹城乡社会保障制度的探索。这项探索着眼于从根本上打破城乡二元经济结构，开创城乡共同发展共同繁荣的新局面。主要思路：一是坚持制度创新，将社会保险制度延伸到农民工、农民等非城镇人口以及被征地农转非人员，根据不同人群的不同特点制定不同的社会保险办法。二是坚持农村社会保险制度与城镇职工社会保险制度相衔接的原则，突出可接续、可转移。三是坚持与农村经济发展水平和农民承受能力相适应的原则，突出可行性与区域特色。重庆市按照全面建设小康、构建和谐社会的要求，提出坚持以人为本，统筹城乡社会保险事业均衡发展。在农村社会保险方面，提出了今后改革的主要思路：一是以推进农民工社会保险制度建设为突破口，探索建立征地农转非人员社会保险制度。二是从经济较发达地区起步，逐步建立农村养老保险制度。

（二）低水平、广覆盖，探索建立农民养老保险制度

从 2003 年起，成都市各城区开始对新的农民养老保险制度进行探索性试点，为建立全市农民养老保险制度提供了宝贵经验，但由于各城区的政策不统一，缺乏转移衔接办法，限制了农村富余劳动力的跨地区流动。截至 2006 年底，成都市有 5 万多人参加了农民养老保险试点，仅占农村人口的 0.8%。2007 年初，经反复研究论证和多方征求意见，成都市研究制定了统一的《农民养老保险试行办法》，从 7 月 1 日起在全市范围内全面推开农民养老保险工作。试行办法按照“低水平、广覆盖、适度保障”的原则和以收定支的要求，采取由农民自己交一部分（有条件的集体经济组织给予适当补助）、政府扶持一部分的方式，筹集养老保险资金，农民以家庭为单位参保，养老金发放标准略高于农村低保标准。重庆市原有的农村社会养老保险基本处于停滞状态，目前九龙坡区正在探索建立新的农村养老保险制度，制定了《重庆九龙坡区农村基本养老保险试行办法》和《重庆九龙坡区农村基本养老保险实施细则》，从 2007 年 1 月 1 日开始启动。首批试点包括 5 镇 8 村的 12 个社共 1239 名村民和全区村“四职干部”430 人，总计 1669 人。具体办法按照城镇职工基本养老保险的模式，缴费基数按照每人

300或400元，以社为单位参保，费率为个人8%，集体8%，财政对统筹基金给予补贴，每人每年1000元，村民缴费满15年可享受养老保险待遇。

（三）量身定做，为农民工设计综合社会保险

成渝两市原来都规定农民工参加城镇职工社会保险，由于受到农民工流动性大、收入不稳定、农民工对能否享受社会保险待遇心存疑虑和企业为降低成本不愿为农民工参保缴费等因素限制，覆盖范围有限。2003年按照低门槛、广覆盖的原则，结合农民工群体的特点和现实状况，成都市出台了《成都市非城镇户籍从业人员综合社会保险管理暂行办法》，推行农民工综合社会保险制度，规定用人单位和农民工分别按农民工本人实际收入的14.5%和5.5%缴纳综合社会保险费，参保农民工可享受住院医疗、工伤、医疗个人账户、生育补贴、老年补贴五项待遇。这项制度也考虑到了与城镇职工社会保险的衔接，在参加农民工综合社会保险之前参加了城镇职工社会保险的，可以按规定转为综合保险，而非城镇户籍转为城镇户籍后，也可由综合保险转为城镇职工社会保险。重庆市政府为切实解决好农民工社会保险问题，制定出符合农民工实际情况的社会保障制度，经过广泛调研和征求意见，于2007年5月出台了《重庆市农民工养老保险试行办法》和《重庆市农民工大病医疗保险市级统筹试行办法》，建立了农民养老保险和大病医疗保险制度，两个办法分别从2007年7月1日和10月1日起实施。重庆市农民工养老保险缴费基数为农民工本人上年度工资收入（全市社平工资的60%—300%），用人单位和农民工缴费比例分别为10%和5%，除单位缴费的1%作为共济基金外，其余缴费全部计入个人账户。农民工大病医疗保险按照低费率、保当期、保大病、用人单位缴费为主的原则制定，基金以收定支、收支平衡，实行全市统筹。

（四）改货币安置为社保安置，解决失地农民后顾之忧

2004年，成都市出台了《成都市征地农转非人员社会保险办法》（以下简称“办法一”）和《成都市已征地农转非人员社会保险办法》（以下简称“办法二”），规定以2004年1月1日为时间界线，分别对2004年1月1日以后和1991—2003年期间被征地的农转非人员实施不同的社会保险办法。两个办法都规定将被征地农转非人员纳入城镇社会保障体系，并规定由政府给予一定的就业和社会保险补贴，区别在于办法一规定由征地部门为被征地农转非人员缴纳基本养老保险费和住院医疗保险费，办法二规定由被征地农转非人员个人缴纳社会保险费。这两个办法的实施，彻底改变了过去的征地安置办法，将传统的货币安置改变为社会保险安置，使失地农民得到了同城镇居民一样的社会保障待遇。目前，重庆市正在研究被征地农民社会保险的相关政策，初步设想针对被征地农民的特点，对大龄人员制定特殊社会保障制度，适龄人员则参加城镇职工基本养老保险。处于城区的九龙坡区提出了“以土地换社保，以宅基地换住房”设想，

按此原则推动完成全区农民变市民的工作，目前正在条件相对成熟的华岩、西彭和白市驿三个镇开展试点工作。

二、成渝两市农村社会保险制度的主要特点和问题

成渝两市统筹城乡社会保障制度的试点刚刚起步，很多政策措施正在摸索阶段，目前难以对实施效果进行评价。综合成渝两市试点办法，主要有以下特点。

（一）因人制宜，办法不同

将农村居民划分为农村居民、农民工、征地农转非人员等不同的群体，根据各群体的特点分别设计相关的养老、医疗等社会保险制度。同一群体内，又根据不同的年龄段人群的具体特点设计不同的缴费标准和待遇享受标准，以确保各项社会保险待遇在不同人群间实现公平合理。

（二）制度上城乡衔接，待遇上城乡有别

部分农村社会保险在制度设计上考虑了与城镇职工社会保险的衔接，方便农村居民转为城镇居民后的社会保险关系转移。各项社会保险待遇则根据当地的经济发展水平、农民生活水平以及财政承受能力，按照“低水平、广覆盖”原则设计，从低水平起步，逐步向城镇职工社会保险制度靠拢。

（三）政府扶持，提高吸引力

为增加农民养老保险制度的吸引力，成渝两市部分试点区县对农民参保除规定村集体缴费比例外，还对每个参保农民安排了一定数额的社保补贴，以吸引广大农民参保。成都市对被征地农转非人员参加城镇社会保险也给予了一定的社会保险补贴，使失地农民能够享受到与城镇职工社会保险待遇。

虽然成渝两市在制度上进行了精心设计，并投入了一定的资金加以扶持，但从调查了解的实际情况看，由于制度上还存在许多待解问题，各项农村社会保险制度吸引力仍然不大，农民的参保积极性不高。以成都市双流县农民养老保险为例，从前期调查摸底情况来看，全县参保率仅在2%左右，远远达不到制度设计时的预计，推行难度较大。成都市农民工综合保险在实施过程中也遇到了一系列问题，如大量的个体、私营、乡镇企业缺乏社会责任，为农民工参保缴费的意识不强，逃避缴费的情况较为严重；农民工参保意识不强，一般更注重眼前利益，以获取打工收入为目的，缺乏对综合保险政策的了解，维权意识也淡薄。另外，农民工综合保险基金按照“封闭运行、统一管理、自求平衡”的原则进行运作，对基金的安全和抗风险能力要求较高，因此成都市在制定老年补贴待遇时较为谨慎，采取了一次性支付的办法，对农民工吸引力不大。重庆市有关部门表示，目前的农民工养老和医疗保险办法仍属于探索性政策，存在许多待解的问题，如按人员划分养老保险范围是否符合城乡统筹社会保障制度的原则；制度未能体现农

民工与城镇职工同工同酬、多缴多得的公平原则，容易产生待遇差别，形成新的不稳定因素；制度未能明确财政补助办法，未能体现社会保险制度中国家、单位和个人共同负担的原则等等。

三、几点启示

成渝两市结合本地实际对统筹城乡社会保障制度进行了积极地探索，其中在很多方面也具有全国性的特点，为我们研究建立完善城乡社会保障制度提供了许多启示。

（一）统筹不等于一体化，一体化不等于统一标准

研究统筹城乡社会保障制度问题，首先必须正确理解统筹的真实含义。总的来说，统筹城乡社会保障制度的终极目标应是实现城乡社会保障制度的一体化，城市居民与农村居民享受同等就业机会、社会保障待遇和卫生服务水平。但是，受农村经济发展水平和农民收入水平的限制，实现城乡社会保障一体化仍需要很长过程。因此，现阶段推进统筹城乡社会保障工作，不能简单地理解成实现城乡社会保障制度一体化，而是政府在研究建立完善城乡社会保障制度时将城市和农村作为整体统一规划，通盘考虑，有序安排，统筹解决城乡社会保障问题，协同推进城乡社会保障制度的建立完善。国际经验表明，社会保障制度的建立与国家的总体经济发展水平密切相关。例如，1957 年德国建立农村养老保险制度时，农业产值占 GDP 的 5.7%，农业劳动力占劳动力总量的 13.7%，人均 GDP 超过 8000 美元；日本 1971 年建立农村养老保险制度时，农业产值占 GDP 的 8%，农村劳动力占劳动力总量的 14.7%，人均 GDP 超过 7700 美元；韩国和我国台湾地区在 1994 年建立农村养老保险制度时，人均 GDP 分别超过 8000 美元和 11000 美元。而我国经济发展水平较低，目前人均 GDP 只有 2000 美元左右。因此，农村社会保障制度的建立适宜采取低水平起步，逐步扩大覆盖范围和提高保障水平办法，针对不同人群因地制宜、因人制宜地分层次、分步骤建立相应的农村社会保障制度，这应是不可避免的政策选择。

（二）城乡社会保险制度衔接最为重要，难度也最大

成渝两市根据不同农民群体的不同特点，设计了不同的社会保险制度，优点是可以因人而宜地解决各类农民的基本生活和医疗问题，便于制度推进，扩大覆盖范围。但是，面对众多的社会保险制度，各项制度之间难以实现有效的衔接，人群之间与地区之间相互流动时的社会保险关系衔接问题也难以处理。成都市建立的各项农村社会保险制度与城镇职工社会保险制度设立了接口，可以帮助进城农民顺利实现社会保险关系转移，但是农民与农民工、被征地农民社会保险关系的衔接，以及农民在不同地区或不同城市间流动时的社会保险关系的转移问题则没有提出很好的解决办法。另外，从长远发展来看，应将城乡各类居民纳入统一

的城乡社会保险制度，目前根据不同社会群体设计不同的社会保险制度，将来必然存在整合问题。因此，目前设计农民社会保险制度，要着眼于未来，未雨绸缪，尽可能减少因制度设计问题而对统一各项社会保险制度带来阻力。

（三）需要认真研究“土地换社保”问题

土地是农民赖以生存的基本生产资料，土地是否应承担社会保障功能，理论界存在广泛的争议。无可争议的是，在农村社会保障事业发展相对滞后、保障面较窄、保障水平偏低的状态下，土地是农民收入的主要来源，土地被普遍认为是农民的一种基本的生存保障。随着经济的高速发展和城市化的快速推进，土地的保障功能日渐衰弱。首先，作为农业生产资料的土地，其产出效益低下，与第二、第三产业相比，土地难以作为可靠的养老保障经济资源。其次，在家庭保障功能日渐衰落的情况下，土地对逐渐失去劳动能力的农村老龄人口的保障功能会缩小。第三，土地资源紧缺，农民拥有的土地数量严重不足也限制了土地的养老能力。第四，城市对土地的需求越来越大，越来越多的农民由于土地被征用而失去生活的保障和经济来源。虽然土地的保障在逐渐衰弱，但在目前农村社会保障较为薄弱的情况下对农民仍然具有重要的意义。同时，土地也是一种重要经济资源，经济发展对土地的需要越来越大，集中土地发挥规模效益的呼声也很大。因此，一些专家提出“土地银行”、“土地换社保”等政策建议，一方面集中土地发挥规模效益；另一方面为广大农民提供基本的社会保障。成渝两市的一些地方为鼓励农民自愿退出承包地和宅基地，提出了土地换社保、以宅基地换住房等政策措施，以减少城市化推进的阻力。但是，这些政策措施或建议仍面临着诸多问题，如补偿标准过低、城市房价和生活消费支出水平较高等，能否为千万进城农民所接受还需进一步探讨。因此，土地涉及到亿万农民群众的切身利益，事关重大，各地在统筹城乡经济社会发展过程对土地问题应慎重处理，要切实维护农民群众的利益，对广大失地农民要给予充分的补偿，并保障好他们的长远生计。

（四）保障与保险，城乡应各有侧重

社会保险设立的一个基本原则是基金的自求平衡，但面对农民这一特殊群体，这一原则似乎难以发挥作用。原有的农村社会养老保险为减轻财政负担，根据农民特点设计了低标准缴费、低水平享受的农民养老保险制度，有些地方还设计了个人账户，农民养老保险实际上成为农民个人的储蓄型养老保险。因此，制度吸引力不大，很难得到广大农民群众的接受，制度推进难，覆盖范围有限。为增加农民养老保险制度的吸引力，成渝两市部分试点区县对农民参保除确定一定的村集体缴费比例外，还对每个参保农民安排了一定数额的社保补贴，但是目前来看补助水平仍较低，制度推进难度较大。根据诺斯关于制度变迁的“路径依赖”理论，任何一项社会制度的变革都会受到既有制度的影响，沿着一定的路径发展演进。在我国，受城镇社会保障制度模式的影响，各地及有关部门在推进农村社会保障制度的建设过程中也有意或无意地在农村延用城镇社会保障制度模式，推行以社会保险为主的农村社会保障制度模式。但从总体情况来看，我国大多数农村地区目前面临的最主要问题仍是如何维持农民的基本生计，防止因病致贫、因病返贫。因此，社会保险是否符合我国农村的现实状况，目前农民养老以保障为主还是以保险为主，还需要我们认真思考。

（五）对基金收支和管理风险要有预测和控制手段

成渝两市都在探索建立农村社会保险制度，并建立相应的社会保险基金，为各类农民群众提供养老、医疗等社会保障。但是，两地的社会保险基金管理仍存在一些问题，需要引起注意。一是两地缺乏对各项农村社会保险基金的精算平衡。大多只对基金短期收支进行简要的测算，而没有按照社会保险精算的要求对基金的中长发展趋势做出预测。部分地方政府对各项农村社会保险基金未来的收支状况心中无数，使政府在农村社会保险基金中的支出责任不明确。二是农村社会保险基金管理仍较为薄弱。农村社会保险基金一般在区县一级管理，虽然大部分基金按规定纳入财政专户管理，但资金被挤占挪用的风险仍然存在。在调查中，我们发现个别地方将农村社会保险基金存放在信托投资机构，基金安全存在严重隐患。三是农村社会保险基金的统筹层次较低，大部分地区仍为区县级统筹。农村社会保险基金以区县为统筹层次，虽然有利明确政府责任，促进基金征缴管理，但是却限制了社会保险关系的跨地区转移，同时不利于提高基金的自求平衡能力。因此，试点地区在建立农村社会保险基金的同时，应做好基金中长期精算平衡，以明确政府的社会保障责任。应切实按照有关规定加强基金管理，严格基金专户管理办法和投资管理办法，确保农村社会保险基金的安全完整和保值增值。同时，逐步提高农村社会保险基金的统筹层次，提高基金的统筹使用能力。

可以预见的是，随着统筹城乡社会保障制度试点工作的逐步推进，城乡社会保障制度走向一体化将是大势所趋，但这一终极目标如何实现，路径如何设计，目前尚无法定论，仍有许多问题待解决，需要在成渝等地区试点以及其他地区的积极探索的基础上进一步研究。为此，我们将进一步对成渝等地区的统筹城乡社会保障制度试点情况进行跟踪调研，并加强政策理论研究，不断总结各地试点的经验和教训，为在全国范围内推动城乡社会保障制度统筹发展奠定基础。

（2008 年）

“新农保”试点中应采取切实措施防范虚报冒领

2009年，国务院决定在全国10%的县开展新型农村社会养老保险（以下简称新农保）试点。按照《关于开展新型农村社会养老保险试点的指导意见》（以下简称《指导意见》），已年满60周岁，未享受城镇职工基本养老保险待遇的农村有户籍的老年人，可以按月领取基础养老金。各级财政对基础养老金全额补助，其中，对国务院确定的基础养老金标准，中央财政对中西部地区全额补助，对东部地区补助50%。按此，地方财政补助与中央确定的基础养老金关联程度降低，可能导致地方为套取中央补助资金而虚报养老金领取人数、冒领基础养老金等问题。这不仅会使中央财政支付压力加大，也会破坏制度本身的公平性和严肃性。因此，需要研究、采取相应的措施加以约束。为此，我们赴陕西省宝鸡市和渭南市部分县区进行了调研，并到国家人口计生委和公安部就有关问题进行了商谈。现将有关情况和意见报告如下。

一、虚报冒领基础养老金的形式和原因分析

（一）可能出现的虚报冒领形式

根据《指导意见》的有关规定，结合此次调研情况，可能出现以下四种虚报冒领的形式：

1. 未满60岁，虚报年龄冒领。从近期来看，这种形式的冒领可能占多数。由于《指导意见》规定农民已满60周岁可以不缴费，直接领取基础养老金，因此，未满60周岁特别是接近60岁的农民，为了逃避补缴义务，通过虚报年龄，伪造身份证明等方式骗保冒领。

2. 已满60周岁，但不符合领取条件的，冒领养老金。一是已享受城镇职工养老金待遇的，重复享受新农保养老金待遇。对于农民工群体，有可能出现这种情况。二是没有当地农村户籍（黑户）或同时有两个农村户籍的农民伪造户籍证明，进而冒领。三是试点实施后才满60周岁但未足额缴费，冒领基础养老金。

3. 领取待遇人员死亡后，继续领取基础养老金。死者子女为了骗领养老金，通过各种手段，隐瞒死亡事实而冒领。

4. 地方政府虚报。中西部地区如将基础养老金月标准确定为55元，则“补出口”资金将全部由中央财政负担，地方政府可能在报表中弄虚作假，虚报领取人数，或是放宽对待遇领取的审核，套取中央财政补助资金。

（二）虚报冒领问题的原因分析

虚报冒领问题的产生，既有农民想多领基础养老金、地方政府想多套取中央财政补助资金等主观上的原因，也有待遇领取人身份难以确定、信息系统建设落后等客观原因。

1. 确认身份和生存状况难度大。目前，确认待遇领取人身份和生存状况主要以下两种方法，但都存在一些问题：第一，通过核对身份证和户口本确认待遇领取人身份。宝鸡、渭南两市均采取这种方式。这种方式的问题在于：一是有伪造证件的可能；二是生存状况并不能完全依靠身份证和户口本来核实，虽然通过年检可以查出生存状况，但却存在滞后性。第二，通过相关部门统计数据来确认待遇领取人身份。目前，针对农村人口状况的统计数据来源很多，如公安部门户籍统计，人口计生部门对人口出生和死亡的统计，统计局对农村人口的抽样调查统计，民政部门对农村五保供养户的统计。这些统计数据可以成为认定待遇领取人身份或生存状况的参考依据。但是，由于统计口径不一，统计结果存在一定差异。另外，调研中发现，由于相关部门间存在沟通协调的问题，部门之间均未建立信息共享机制。

2. 新农保信息系统和经办能力建设滞后。陈仓区是宝鸡市最先自行探索新农保的地区之一。在陈仓区县功镇下河西村走访农户时，当地村农保经办人员提出，新农保试点后，他要负责为每位农户登记参保、核收缴费、记账报账，工作量很大。因为靠手工记账，难免出现错误。可见，村镇基层机构信息系统建设还是比较落后，基础信息难以实现联网共享，既降低了工作效率，也容易出现人为错误。另外，每个村的农保员是村里边指派的，也是普通农民，缺乏必要的业务能力。

3. 缺乏外部监督。目前地方试点县市对新农保资金的监督检查还主要停留在自查阶段，即由市、县一级劳动保障部门组成检查组进行检查，而财政、审计、监察部门很少介入，中央对地方的检查指导则几乎没有。这固然与全国试点办法未出台有关，但却为中央防止地方出现冒领问题增加了难度。

二、宝鸡、渭南两市的做法

通过对宝鸡市太白县、陈仓区和渭南市韩城市的调研，我们发现，地方在防止农民冒领问题上有一定的应对措施：

（一）提高领取门槛，强制家庭成员缴费

太白县、陈仓区均规定，对于制度实施时已年满60周岁的农村老年人，其符合参加新农保条件的家庭成员（配偶、儿子、儿媳、上门女婿、及配偶）均须按规定参保并正常缴费，否则，不享受基础养老金，当地称此为家庭捆绑。而对于上述家庭成员，凡参加城镇职工基本养老保险或是在其他地区参加新农保

的，应开具参保证明。上述规定既有利于约束骗保行为，也有利于鼓励参保缴费。

（二）加大审核和检查力度，充分依靠群众监督

一是调查摸底，提前掌握农户家庭状况。二是采取“一榜公示、三级审核”。采取“逐下而上报批，逐上而下审核”的办法，并设立举报投诉电话和监督信箱，在群众没有异议的情况下审批执行。三是实行月报告制度和年检制度。

（三）通过制度约束虚报冒领行为

韩城市在新农保实施细则中对经办人员和参保者虚报冒领问题的处罚做出了规定，对应承担的责任予以明确。这种通过制度规定防范虚报冒领问题的措施，体现了政府对虚报冒领问题的重视，对经办人员和参保者可以起到威慑作用，从心理上构建避免虚报冒领的防线。

三、国家人口计生委和公安部的做法及意见

（一）国家人口计生委的做法

农村部分计划生育家庭奖励扶助制度开展的比较早，某些政策与新农保相似，也存在虚报冒领的可能。为此，国家人口计生委采取了一些措施。

1. 开发建立覆盖全国的信息网络系统。国家人口计生委在2004年启动试点时就开发了一套信息系统，对农村计划生育家庭状况、基本信息、奖励扶助金等进行信息化管理。2006年，经发改委立项，又建立了人口宏观管理与决策支持系统（英文缩写PADIS）。依托PADIS，奖励扶助制度实现了从中央到省、市、县的四级数据联网，具有数据交换、个案审查、网上投诉等功能。中央可以随时随地查询地方信息和个案情况。另外，明确规定只有县一级才能进行数据录入和修改，县级以上部门只能浏览，不能修改，减少了在中间环节人为修改数据的可能性。

2. 建立不定期暗访制度。为检查地方的数据上报是否真实，人口计生委经常采取暗访的方式进行抽查。具体做法，由该委确定备查省份，不提前和地方打招呼，抽调其他省份骨干人员先进行培训，然后组成联合检查组，抵达目标乡镇后再通知当地政府，转入正常调查程序。2004年，人口计生委通过暗访查出了湖北省宜昌市在计划生育奖励扶助制度试点工作中的违规虚报问题，在全国给予通报批评，效果很好。据人口计生委介绍，此类暗访方式是计生工作经常采用的做法，有一定实际效果。

3. 建立指纹核对系统。各地人口计生部门每年对当地人口的出生和死亡情况进行统计，并按此确认待遇领取人的生存状况。在此基础上，部分地方政府（如吉林省）为进一步提高统计的准确性和真实性，建立了指纹核对系统，即待遇领取人在申请待遇时，先在县人口计生部门的指纹机上留底纹，然后每年初在

村里通过特殊的纸张按指印，并由人口计生部门工作人员将汇总的指印送至县里，将指印与底纹进行核对。这种方法使生存状况的数据更加准确。

（二）公安部关于防虚报冒领的意见

1. 积极配合，提供数据支持。目前，公安部已建立了全国户籍人口信息库，将全国范围已登记户籍人员纳入信息库管理。每年5月至6月，可以统计出上一年度人口数据。公安部已明确表示，将积极配合做好新农保相关工作。

2. 建议以户口本和身份证作为发放凭证。公安部提出，为了防止冒领现象，应规定以户口本或身份证作为待遇发放的凭证，不能凭村委会或其他组织开具的证明发放。同时建议，应以户口本为主，身份证为辅。主要原因：一是户口本在法律认定上更具权威性。二是户口本信息更加全面。三是身份证并不是每人都有，二代身份证还没有覆盖所有人群。

四、政策建议

（一）建立新农保基础数据库

在新农保防虚报冒领问题上，中央财政要掌握一定主动权。为此，需要以权威的数据库为基础，建立一套相对科学合理的审核程序。分析表明，防虚报冒领的关键在于待遇领取人员的身份和生存状况的确认，而这些数据散见于公安、人口计生、民政、统计部门，因此，需要与上述部门充分沟通，取得支持。在此基础上，建立一套完善的新农保基础数据库：一是要以公安部门掌握的户籍数据作为主要参考依据。目前进行新农保探索试点的地方，待遇申领登记时，均以户口本上的年龄和户籍信息作为审核依据（预计试点启动后，多数地区也将按此执行）。与之对应，在核定待遇领取人数时，也应以公安部门掌握的户籍数据为主。二是要商请人口计生部门（或统计部门）提供死亡人数统计、民政部门提供五保供养人数统计，作为补充参考数据，与公安部门的户籍数据互相参照。三是要充分利用第六次全国人口普查数据。2010年我国进行了第六次全国人口普查。人口普查对于我们了解全国农村人口构成现状、确认各地新农保待遇领取人数、完善新农保基础数据库具有重要作用。

根据上述思路，建议尽快与公安部、人口计生委、民政部、统计局等部门建立工作机制，争取得到上述部门的理解和支持。

（二）建立新农保信息网络系统

应尽快建立覆盖全国的新农保信息网络系统，并统一纳入“金保工程”，作为“金保工程”的一个子模块加以建设，这是防止冒领问题的治本之策。按此，既节省资源，避免重复建设，又可以实现从中央到省、市、县的四级基础数据联网，具备新农保业务经办、数据审核、基础信息管理、基金监管等功能，实现新农保业务的全程信息化管理。通过建立信息共享平台，实现横向信息交换。有条件的地方，县、乡、村之间也应建立新农保信息管理系统，逐步由手工记账改为电子记账。当然，这项工作需要一定时间。

（三）通过建立暗访制度、财政专员办定期检查等方式加大监督检查力度

在制定措施防止虚报冒领的同时，地方政府的自查可以起到一定的监督约束作用。在此基础上，可参考人口计生部门的暗访制度，加大暗访形式的检查。另外，应充分发挥财政部驻各地财政监察专员办事处（以下简称专员办）的监督检查的作用。专员办属于我部垂直管理部门，对财政业务审计、监督有着很好的业务素养和工作能力，又熟悉地方情况，可以为中央财政了解地方虚报冒领情况和政策执行效果提供依据。下一步，可参考新型农村合作医疗制度的做法，配合监督检查局出台专员办对新农保资金审核监督操作规程，将专员办的监督检查常态化、制度化。

（四）建立指纹核对系统，确认生存状况

建议在各地推行人口计生委开发的指纹核对系统。通过核对指纹，确认待遇领取者的生存状况，避免死后继续领取养老金的现象发生。

（五）建立健全中央财政补助资金管理制度

一是在下达中央财政补助资金时，要以公安部门户籍数据为主要参考。二是采取“当年全额预拨，次年据实结算、差额多退少补”的办法。三是通过地方财政补助基础养老金数额推算领取人数。

（2009 年）

全国企业职工基本养老保险制度精算分析

为提高社会保险基金的管理水平，科学合理地测算社会保险基金的收支状况，了解制度运行的长期趋势，提出政策建议，2005 年，我们选取天津、黑龙江、浙江、湖北、四川、新疆等省市区及其所选择部分地市、县（共 16 个试点市、县），进行企业职工基本养老保险精算分析和评估工作试点，根据试点地区收集的数据和相关参数，推测了全国的企业职工基本养老保险的精算数据和相关参数，并利用世界银行开发的养老保险改革方案模拟软件（PROST）对此进行了测算和分析，现将有关内容介绍如下。

一、对两类不同的养老保险方案进行了测算

我们将精算期限设定为2000—2075年，2000年为基年，首先分析了我国2006年以前的养老保险制度，即根据《国务院关于建立统一的企业职工基本养老保险制度的决定》（国发［1997］26号）确立的养老保险制度的运行情况（简称26号文方案），然后分析了在《国务院关于完善企业职工基本养老保险制度的决定》（国发［2005］38号）基础上设计的方案（简称“改革方案”）的运行情况。在此基础上，比较了改革方案与26号文方案的财务可持续性，提出改革方案仍存在的问题和进一步改革的思路。需要说明的是，本次测算的数据是由9个省（市、自治区）的数据推算的（我国养老保险统筹层次较低，目前全国企业职工基本养老保险基金收支的相关参数只能以地方的情况进行推算），且不同地区搜集的数据（包括分年龄参保人员结构、待遇支付办法和工作年限等方面）差异较大，因此，在此基础上推算的全国数据与真实情况可能存在一定的差异。

为了简明而又准确地衡量养老保险制度的运行情况和财务可持续性，主要以当期收支缺口、隐性债务、均衡费率等几个主要指标进行预测分析。隐性债务（IPD）是政府承诺应支付而尚未支付的养老保险金现值的总和（一般用占当年GDP的一定百分比表示）。它是衡量养老保险制度所有未偿付债务的一个有效指标，也是国际上比较养老保险制度成熟度及财务负担的常用指标，OECD国家的隐性债务一般在80%—225%。均衡费率是衡量现收现付制度财务可持续性的一个有效指标，它是指在没有任何额外补助的情况下维持基金收支平衡所需要的养老保险缴费率。

二、不同方案下养老保险制度未来运行情况分析

我们首先对2000—2075年间总人口及结构变动情况进行了测算，测算结果显示，我国总人口2000年为12.89亿，2075年约为14.75亿。经比较2001年和2075年人口的年龄分布，可以看出人口老龄化非常明显，在2001年抚养比为3.3（即每3个在职职工抚养一个退休职工），到2020年抚养比下降为1.8，2075年抚养比进一步下降至1.2。

（一）26号文方案运行情况

按26号文方案测算表明，预测期内大多数年份基金将收不抵支，2000—2006年，当年基金收支出现缺口；2007—2017年，当期收支有结余；但2018年后，基本养老保险基金收支再次出现缺口。预测期内26号文方案的累计收支缺口（即年缺口额总和的净现值）为383034亿元，占2000年GDP的428%。在覆盖面并不扩大的方案下，当前的隐性债务（IPD）约占2000年GDP的208%。如果收支缺口全部通过提高费率在当年实现平衡，则企业和职工总缴费水平在

2001—2075 年间必须从现有的 28% 提高到 55%，企业和职工个人的负担将非常沉重。

通过测算还表明，26 号文方案的个人账户养老基金计发系数不合理。26 号文规定，不管职工退休年龄多大，个人账户基金都按账户余额除以 120，由此造成精算失衡。按当前的利率水平（名义贴现率约为每年 2%），账户计发系数 120 意味着账户余额仅相当于 11 年养老金的现值，而现实中男女职工退休时的平均预期余命远远高于 11 年。按照 PROST 模型测算，2000 年退休人员退休时的平均预期寿命男为 17 年、女为 19 年，与假定的 11 年支付期之间存在明显的差距。这样的制度安排，使退休时的个人账户基金余额最多只够 11 年之用。个人账户基金余额全部发完之后，出现的缺口只能由政府承担，或者通过增加费率由未来的职工承担。从长远看，哪一种方法都不可能太持久。

（二）改革方案运行情况及 26 号文方案的比较分析

改革方案的养老金计发办法与《国务院关于完善企业职工基本养老保险制度的决定》（国发［2005］38 号）的规定是一致的，同时，为比较新的养老保险制度与 26 号文方案的利弊，我们对改革方案分别按照以下两种情况进行测算：

改革方案一：改革方案计发办法按新的养老保险制度规定执行，其他各项指标（如，覆盖面、缴费年限、征缴率等）均不作调整，和 26 号文方案的参数假设一致。目的是以测算 26 号文方案各项参数不变的条件下，新的收缴和计发办法对养老保险基金的收支和财务状况的影响。

改革方案二：改革方案二对 26 号文方案的征缴率和退休时的工作年限两个参数进行了调整，以测算新的养老保险规定实施后的养老保险基金的收支和财务状况。

通过计算，26 号文方案、改革方案一（参数不调整）、改革方案二（参数调整）的养老保险基金财务状况如表 1、表 2。

表 1　　隐性养老金债务（占 2000 年 GDP%）

具体方案	基本养老保险基金	社会统筹养老保险基金	个人账户养老保险基金
26 号文方案	208%	162%	46%
改革方案一（参数不调整）	165%	138%	27%
改革方案二（参数调整）	181%	156%	25%

表 2　　收支缺口（占 2000 年 GDP%）

具体方案	基本养老保险基金	社会统筹养老保险基金	个人账户养老保险基金
26 号文方案	428%	244%	184%
改革方案一（参数不调整）	142%	105%	36%
改革方案二（参数调整）	19%	77%	-58%

此外，图1对上述三个方案60岁男职工的养老金替代率进行了比较。可以看出，改革方案一（参数不调整）替代率水平比26号文方案降低很多，而改革方案二（参数调整）替代率水平与26号文方案基本相当。

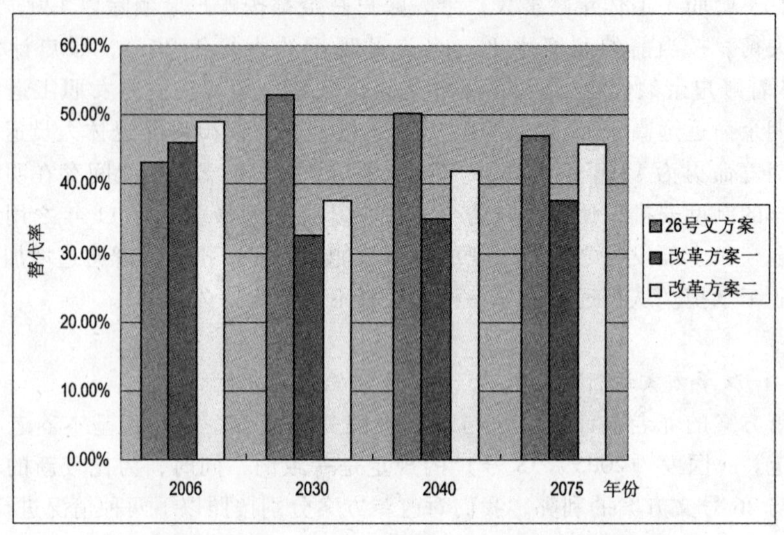

图1　三个方案（60岁男职工）养老金替代率比较表

比较两个改革方案与26号文方案测算结果，可以得出以下结论：

1. 改革方案一（参数不调整）的隐性债务占2000年GDP的比例为165%，比26号文方案的208%下降43个百分点。收支缺口占2000年GDP的比例为142%，比26号文方案下降286个百分点；基金平衡需要的费率为38%，比26号文方案下降8个百分点。这是因为，改革方案实行了新的养老金计发办法，社会统筹交费在15年以上的，交费每满一年发给1%，相对26号文规定（统一按20%计发）来说，老人和中人养老金权益水平有所下降，导致收支缺口和隐性债务都有所下降。个人账户基金计发系数调整，更接近职工退休时的平均余命，收支缺口和隐性债务也随之下降。

2. 改革方案二（参数调整）的隐性债务占2000年GDP的比例为181%，比参数不调整的改革方案一增加16个百分点，其中，社会统筹基金部分隐性债务增加18个百分点，但个人账户基金隐性债务下降2个百分点。这是因为，参数调整后，职工缴费积极性提高，缴费年限增加，职工退休后养老金的权益相应增加；另一方面，由于工作年限延长，退休后的预期寿命变短，领取养老金的年限也相应缩短，综合的结果是社会统筹隐性债务增加，个人账户隐性债务减少。

3. 改革方案二（参数调整）比改革方案一（参数不调整）的收支缺口有很大改善，从占2000年GDP的142%下降到19%，需要的费率从38%下降到31%。收支缺口改善比较大，一是因为改革方案二（参数调整）假设征缴率逐年提高，到2030年后提高12.5个百分点；二是平均缴费年限延长5年，使养老保险基金收入增加的同时，领取养老金年限缩短，基金支出减少。同时，个人账户养老保险基金由于领取年限的缩短和计发系数的调整，其收支缺口有很大程度改善。

总的来看，改革方案比26号文方案在财务上更具有可持续性。这主要是因为根据38号文件设计的改革方案实行了缴费激励机制以促进职工缴费，并对个人账户养老金计发办法进行了完善。按照改革方案的养老金计发办法，职工退休后基础养老金与社平工资和缴费工资挂钩，并且每缴费多一年，基础养老金就多计发1%。与26号文只要缴费年限满15年以上的就享受社平工资20%的基础养老金的规定相比，新的养老保险待遇计发办法有利于延长缴费年限或工作年限，促进缴费基数的提高。此外，26号文件规定，参保职工退休时，其个人账户养老金按照存储额统一除以120个月发放，而改革方案个人账户养老金的计发标准为职工退休时个人账户储存额除以按人口平均预期寿命、本人退休年龄、利息确定的计发月数，减少了个人账户基金的运行缺口。

不过，改革方案也还存在一些不足：一是个人账户基金仍存在缺口。虽然改革方案较26号文有一定改进，但与按职工退休后的平均预期寿命法发放相比，还需要进一步改进。二是个体工商户缴费问题。改革方案将个体工商户缴费费率定为20%，其中，8%部分划入个人账户基金。个体工商户缴费实行低费率，其退休时享受的待遇水平与企业职工一样，不仅加大了基金收支的缺口，而且可能造成部分私营企业的人员以个体工商户的名义参保，引发道德风险。三是新的养老保险计发办法一定程度上降低了企业职工退休后的待遇水平。从图1可以看出，两个改革方案替代率的水平均比26号文方案低，新的养老保险规定在减少收支缺口的同时也降低了养老保险金的待遇水平，具体实施中可能需要进一步完善过渡性养老金办法。

三、政策建议

通过测算分析，综合评估各种方案的结果，我们提出以下进一步完善企业职工基本养老保险制度的政策建议。

1. 加快提高统筹层次。提高统筹层次增强了基金抗风险能力，防止地方虚报资金缺口、过分依赖中央补贴，减轻中央财政负担，有利于建立统一的养老保险制度。当务之急是进一步完善养老保险调剂金制度，加大在不同统筹地区间养老保险基金结余调剂力度，同时推进不同统筹地区在缴费率、缴费基数、待遇标准方面尽快实现统一，在此基础上，在合理划分各级政府间责任的基础上逐步实现省级统筹。

2. 建立储备基金制度，应对养老保险支出风险。在如何应对养老保险支出风险问题上，一种观点主张个人账户基金做实，并实行统账分开；一种观点主张保留现有统账结合的管理方式，通过财政划拨方式按照一定的规模建立储备基金，作为防范基金出现收支缺口时的资金来源，并不将储备金量化到个人账户。通过测算可以看出，两种观点下养老保险制度的财务可持续性非常接近，且由于支出没有发生任何变化，所以隐性债务也完全相同。但从现金流量角度看，实行统账结合、建立储备基金的做法，个人账户基金可用于社会统筹待遇支付，因而前30年总体收支情况要好一些，也有利于当前资金的筹资，相对可行。

3. 继续改进个人账户基金计发办法。个人账户基金积累资金应根据退休时的平均预期寿命分摊，这种计发办法基本上可以保证个人账户基金的收支平衡，避免职工退休时平均预期寿命延长带来的资金缺口压力。

4. 遏制提前退休行为，逐步提高退休年龄。我国目前男60岁、女干部55岁、女职工50岁的退休制度是在建国初期规定的。50年来我们国家的人均寿命已经大大提高，退休年龄却始终保持不变，而且即使在如此低的退休年龄下，提前退休仍然比较普遍。当前首先是要严格执行退休制度，遏制不符合规定的提前退休行为，由于很多职工在办理提前退休后并未真正离开劳动力市场而是转入非正规就业，因此遏制提前退休行为并不会对总体就业形势产生很大冲击。在此基础上，适时适度逐步提高退休年龄。也可借鉴国际经验，在设定最低退休年龄的基础上，实行弹性退休制度，给予企业和职工一定的灵活性。

（2005年）

事业单位养老保险制度改革试点进展情况及几点思考

一、事业单位养老保险制度改革的有关背景

（一）现行事业单位退休制度的基本情况

我国事业单位的退休制度始建于1955年。1978年国务院颁布实施了《关于安置老弱病残干部的暂行办法》和《关于工人退休、退职的暂行办法》（国发［1978］104号），规定事业单位工作人员退休年龄为男60岁、女干部55岁、女工人50岁，退休费计发标准为本人标准工资的60%—75%。1993年事业单位工资制度改革时，调整了退休费计发标准，明确在新的养老保险制度建立前，新退休人员退休费暂按本人职务工资与津贴之和的80%—90%计发。2006年，原人事部、财政部《关于印发〈关于机关事业单位离退休人员计发离退休费等问题的实施办法〉的通知》（国人部发［2006］60号）再次明确，事业单位工作人员退休后的退休费按本人退休前岗位工资和薪级工资之和的70%—90%计发（退职人员按50%—70%计发）。据人力资源和社会保障部统计，截至2007年

底，事业单位在职人员2874万人，月人均工资2150元，退休（退职）人员949万人，月人均退休费1935元。

（二）关于事业单位养老保险制度改革方案出台背景

事业单位退休制度建立以来，对保障退休人员生活，维护社会稳定发挥了重要作用。但是，随着社会主义市场经济的发展，现行事业单位退休制度出现了一些不相适应的地方，如一定程度上影响了企事业单位之间的人员流动，事业单位养老保险畸轻畸重，以及企事业单位退休人员待遇差过大等问题。从20世纪90年代开始，全国约有28个地区不同程度开展了机关事业单位养老保险制度改革试点。但这些试点只是实行了单位和个人缴费，养老金计发仍执行原有的退休养老待遇，待遇与缴费不挂钩。此后，随着事业单位改革的不断深化，建立事业单位养老保险制度显得日趋迫切。特别是1999年以来，部分科研、工程勘查设计和文化单位先后转制为企业，转制后退休人员按企业办法计发养老金，改革阻力很大，矛盾较为突出，至今仍反映不断。

为此，2004年以来，原劳动保障部、财政部、原人事部、中央编办就相关问题开展调研论证。2008年1月，原劳动保障部会同原人事部、中央编办和我部向国务院上报了《关于报请审定下发事业单位工作人员养老保险制度改革的试点方案的请示》（劳社部报［2008］7号）。2008年3月，国务院印发了《关于印发事业单位工作人员养老保险制度改革试点方案的通知》（国发［2008］10号），同意原劳动保障部、财政部、原人事部制定的《事业单位工作人员养老保险制度改革试点方案》（以下简称《方案》），并决定在山西省、上海市、浙江省、广东省、重庆市先期开展试点。

二、事业单位养老保险改革试点方案主要内容

（一）养老保险费用由单位和个人共同负担

改变退休费用完全由财政拨款或单位负担的做法，实行社会统筹与个人账户相结合的模式。在事业单位范围内统一筹集养老保险基金，均衡事业单位的养老负担，增强基金调剂和抗风险能力。

（二）实行与缴费相联系的待遇计发办法

改变按不同的工作年限分段计发退休待遇的办法，建立相应的激励约束机制，鼓励工作人员多工作多缴费。改革后参加工作的人员（“新人”）退休后，基本养老金由基础养老金、个人账户养老金组成。基础养老金计发标准，以上年度当地在岗职工平均工资和本人指数化平均缴费工资的平均值为基数，缴费满15年的发给15%，缴费满15年以上的每满1年增发1%。个人账户养老金标准用储存额除以计发月数，计发月数根据职工退休时的城镇人口平均预期寿命、个人退休年龄等因素确定。改革前参加工作、改革后退休的人员（“中人”），按照

合理衔接、平稳过渡的原则，在发给基础养老金和个人账户养老金的基础上，再发给过渡性养老金，实现新旧制度的平稳衔接。改革前已经退休的人员（“老人”），仍按国家规定的原待遇标准发给基本养老金，保持原有的待遇不变；同时，参加统一的基本养老金调整。

（三）建立基本养老金正常调整机制

为使事业单位退休人员享受经济社会发展成果，保障其退休后的基本生活，根据职工工资增长和物价变动等情况，国务院统筹考虑事业单位退休人员的基本养老金调整。

（四）建立职业年金制度

为建立多层次的养老保险体系，提高工作人员退休后的生活水平，增强事业单位的人才竞争能力，在参加基本养老保险的基础上，建立事业单位工作人员职业年金制度。

（五）逐步实行省级统筹

进一步明确地方各级政府的责任，建立健全省级基金调剂制度。根据各地的情况，具备条件的省市可以从改革开始就实行省级统筹；暂不具备条件的，可与企业养老保险实行相同的统筹层次。

（六）加强基本养老保险基金管理

事业单位养老保险基金单独建账，纳入社会保障基金财政专户，实行收支两条线管理，专款专用，严禁挤占挪用。待条件具备时，与企业职工基本养老保险基金统一管理使用。

（七）做好养老保险关系转移工作

事业单位工作人员在同一统筹范围内流动时，只转移养老保险关系，不转移基金。跨统筹范围流动时，在转移养老保险关系的同时，个人账户基金随同转移。事业单位工作员流动到机关或企业时，按照原劳动保障部、财政部、原人事部、中编办《关于职工在机关事业单位与企业之间流动时社会保险关系处理意见的通知》（劳社部发［2001］13号）规定执行。

（八）退休人员逐步实行社会化管理服务

养老金实行社会化发放，并加强街道、社区劳动保障工作和建设，加快老年服务设施和服务网络建设，为退休人员提供更好的服务。

三、事业单位养老保险制度改革目前进展情况

自《方案》下发后，山西、上海、浙江、广东、重庆等5个试点省市均按照国务院有关要求研究起草了实施方案，并开展了测算工作。但是受事业单位分类改革和绩效工资制度改革未到位等因素所限，各试点省份事业单位养老保险制度改革试点工作目前尚难以开展：一是按照《方案》规定，作为事业单位分类改革的配套措施，事业单位养老保险制度改革只适用于分类改革后的公益类事业单位工作人员。但目前事业单位分类改革工作尚未开展，因此事业单位养老保险制度改革难有实质性突破。据了解，按照中编办统一部署，将于2009年5月召开分类改革试点座谈会正式启动分类试点改革工作，并于2010年1月前完成此项工作。二是根据《方案》，应按照合理衔接、平稳过渡的原则，制定事业单位基本养老金计发办法，具体的过渡办法要根据现行事业单位退休费计发办法研究确定。但是，国务院于2008年年底审议通过的《关于义务教育学校实施绩效工资的指导意见》，提出了从2009年1月1日起在全国义务教育学校实施绩效工资。前不久，人力资源和社会保障部会同我部向国务院报送了《关于实施事业单位绩效工资有关问题的请示》，拟与义务教育学校实施绩效工资时间相衔接，事业单位工作人员绩效工资制度自2009年1月1日起实施。按此，现行事业单位退休费计发办法将有较大调整。因此，事业单位基本养老金计发办法应考虑与事业单位绩效工资制度的衔接问题，在事业单位绩效工资制度明确之前，试点地区出台基本养老金改革具体实施方案的难度较大，从而影响了整个事业单位养老保险制度改革试点工作的开展。

鉴于试点省份事业单位分类改革尚未完成、事业单位绩效工资制度难以在短时间内建立的实际情况，人力资源和社会保障部认为，事业单位养老保险改革试点工作要稳步推进，总体节奏上“宜缓不宜急”，但相关问题要抓紧研究，并在该部内形成了由9个司局组成的协调机制。

四、当前社会反响

目前主要存在两个误解：一是事业单位养老保险制度改革的目的是为了降低财政负担；二是事业单位养老保险制度改革后会造成退休人员待遇的大幅度下降。

由于存在上述误解，社会上对事业单位养老保险制度改革试点工作反映较为激烈，在2009年召开的“两会”上，70多位政协委员联名要求暂停事业单位养老保险制度改革；许多事业单位工作人员也对改革表现出不理解、不接受的态度。还有一些年龄较大的事业单位工作人员要求提前退休。也有观点认为，要将公务员一并纳入改革范围，“要降待遇，就大家一起降”。

面对上述社会反响，人力资源和社会保障部新闻发言人尹成基2009年3月18日表示：“人力资源社会保障对这一改革的态度一如既往，没有改变”。

五、我们的几点思考

我们认为，养老保险制度改革关系到广大人民群众的切身利益，应当冷静思考、深入研究、找准原因、谨慎推进。

（一）冷静思考，深入分析当前社会反响产生的原因

1. 待遇下降的误解是形成负面影响的现实原因。按照国务院下发的《方案》，今后，事业单位退休人员将按照与企业职工基本养老保险相同的办法计发基本养老金。实行这项改革的出发点之一，就是要使机关事业单位与企业退休人员在基本养老保险的制度上、管理上相互衔接，从根本上解决企业与机关事业单位退休人员的待遇差距问题。因此，在制度设计上事业单位养老保险制度与企业养老保险制度模式基本一致，并遵循“老人老办法，新人新制度，中人逐步过渡”的原则。即“老人”仍按国家规定的原待遇标准发给基本养老金，保持原有的待遇不变；“新人”则着重强调实行新制度，建立新机制，其退休后的基本养老金与现行企业退休人员实行相同的计发办法；而“中人”由于涉及新旧两种制度的改变，其养老待遇可能会受到一定影响。为解决这一问题，《方案》明确提出了按照合理衔接、平稳过渡的原则，在发给基础养老金和个人账户养老金的基础上，再发给过渡性养老金，以实现新旧制度的平稳衔接。按此操作，事业单位退休人员不会出现待遇骤降的问题。当前，社会上之所以会产生待遇下降的误解，很大程度是由于政策解释工作不到位，以讹传讹。部分事业单位工作人员，特别是一些已经参加工作多年的事业单位工作人员（即“中人”），认为《方案》与企业退休人员基本养老金计发办法基本一致，考虑到事业单位与企业退休人员目前较为突出的待遇差问题，得出了实施改革后养老金将大幅缩水的结论。而事实上，按照《方案》的设计，只要过渡性养老金水平确定得较为合理，这部分人员的养老保险待遇绝对额不会减少，相对额（即基本养老保险替代率水平）在经过一个较长时间的过渡期（原定30年）后，逐步与企业退休人员基本养老金相衔接。

2. 事业单位工作人员的心理落差和对“公平”、“公正”的追求是形成负面影响的历史原因。首先，由于我国事业单位管理体制的特殊性，事业单位工作人员一直是按国家工作人员来管理的，退休后与机关执行同样的退休养老制度，事业单位工作人员和退休人员的工资福利待遇和退休费也都是随机关工作人员相关待遇调整一并进行。尽管经费来源渠道存在一定差异，但在事业单位工作人员的心理归属上，仍然认为自己是“国家的人”。而事业单位的养老保险制度改革使这种心理归属受到打击。其次，中国自古以来就有着对“公平”、“公正”的追求，“不患寡而患不均，不患贫而患不安”。事业单位养老保险制度改革后，事业单位退休人员将与企业退休人员同样执行养老保险制度，而作为政策制定者的公务员仍然执行退休养老制度，自然引发了公众对改革所能达到的公平性产生

质疑。

3. 社会舆论对负面影响的产生起了推波助澜的作用。事业单位养老保险制度改革之所以会在社会形成强烈反响，甚至作为“两会”的一个热门议题，重要的原因之一是舆论导向对群众的认知造成很大影响。而舆论的载体，则直接来自本次改革的主体——事业单位。无论是新闻记者，还是专家学者大都属于事业单位工作人员，在人大代表和政协委员中，事业单位工作人员也占相当比重。这部分人知识水平较高，表达观点和意愿的能力较强，其言论相对于普通人而言，更容易被社会重视甚至认同，对于社会舆论有不可低估的影响力。由于这部分人中有不少人认为事业单位养老保险制度改革触及其根本利益，对改革普遍持反对意见，并利用自身影响力去引导社会舆论，以形成更大的社会反响。而人数更为众多的企业工作人员和退休人员，则由于事不关己，且缺乏公众话语权，对舆论的影响力较小。因此，目前在各种媒体上形成了反对事业单位养老保险制度改革“一边倒”的声音。

（二）平稳推进，指导试点地区开展试点工作

我们认为，事业单位养老保险制度改革的阻力很大，但不能因为一部分人的反对，就不搞了。有关部门应当在大力推进事业单位分类改革和绩效工资制度改革的基础上，进一步明确事业单位养老保险制度改革方向的正确性和必要性，将可能遇到的困难和问题考虑得细致一些，把改革实施方案设计得周全一些。具体试点工作也应当周密安排，循序渐进，确保整个试点工作的平稳推进。

（三）立足当前，配合做好宣传和舆论引导工作

在对外宣传和解释工作中，应把握以下两点：

1. 事业单位养老保险制度改革后退休人员待遇不会出现骤降问题。如前所述，实施事业单位养老保险制度改革后，按照《方案》规定，基本养老金计发办法采取“老人老办法，新人新制度，中人逐步过渡”的原则。对于改革前已经退休的“老人”，继续按照国家规定的原待遇标准发放基本养老金，参加国家统一的基本养老金调整，待遇水平不会下降。对于改革前参加工作改革后退休的“中人”，在发给基础养老金和个人账户养老金的基础上，再按照合理衔接、平稳过渡的原则发给过渡性养老金，待遇的绝对额也不会下降。对于改革后参加工作的“新人”，实行新的计发办法，基本养老金替代率水平逐步与企业退休人员靠拢，这是符合社会保障政策公平性要求的。因此我们认为，按照《方案》操作，不会出现退休人员待遇骤降的问题。另外，随着包括职业年金制度在内的多层次的养老保险体系的逐步建立，具备条件的事业单位及其职工通过自愿建立职业年金，还可以更好地保障事业单位退休人员退休后的生活水平。

2. 事业单位养老保险制度改革的目的不是为了减轻财政负担。事业单位改革的根本目的是进一步解放和发展事业单位生产力，促进社会事业更好更快发

展，满足人民群众日益增长的公益服务需求，提高公益服务的质量和效率，促进经济社会协调发展。事业单位养老保险制度改革作为事业单位总体改革的配套措施，是加快建立覆盖城乡居民社会保障体系的重要举措。目前，事业单位已经纳入了医疗保险、失业保险、工伤保险制度，只有养老仍实行单位退休制度。如前所述，随着社会主义市场经济体制的建立和发展，事业单位在养老保障方面的一些矛盾已经凸显出来。因此，事业单位养老保险制度改革的主要目的是为了解决这些矛盾，重点解决当前事业单位养老保障负担畸轻畸重、人员难流动、拖欠退休费，以及从根本上解决企事业单位退休人员待遇差距等问题，减轻财政负担并不是事业单位改革的目的。此外，事业单位养老保险制度改革只是养老保险模式的改变，按照财权与事权统一的原则，地方政府的保障责任并未改变。《方案》也明确要求各级财政要积极调整支出结构，加大社会保障资金投入，确保基本养老金按时足额发放。从实际情况看，由于要确保事业单位退休人员的待遇平稳过渡，"老人"待遇不降低，并为"中人"发放过渡性养老金，改革前后的事业单位退休人员退休费（基本养老金）支出并不会减少，相应财政负担也不会减轻。

（四）着眼长远，探索建立统一的基本养老保险制度

我们认为，建立统一的城镇职工基本养老保险制度平台，让包括机关、事业单位和企业职工在内的各类城镇职工享受平等的基本养老保险待遇是必要的。首先，从社会的公平和正义出发，各类劳动者应当在同一制度基本养老保险平台上享受平等的待遇，这既是宪法赋予公民的平等权的体现，也是履行联合国《经济、社会、文化权利公约》"全体公民均应是社会保障的实施对象"这一国际条约的要求。由于我国二元化经济结构长期存在，且老年农民有土地可以作为生活的重要来源，城乡养老保险制度可以有所区别，但城镇职工基本养老保险制度应当统一。其次，建立统一的制度平台，可以使企业与机关事业单位退休人员在制度上、管理上相互衔接，化解因制度不同、管理不同、资金来源不同等造成的不平衡等矛盾，解决目前较为突出的企业与机关事业单位退休人员待遇差问题。再次，公务员作为国家相关政策的制定者、执行者，将自身排除在基本养老保险制度之外，享受相对较高的养老保障待遇，容易引起人民群众的疑虑和不满。

因此，从长远来看，随着收入分配制度不断规范和完善，在事业单位养老保险制度改革的基础上，本着起点公平，结果公正的原则，有必要将公务员一并纳入养老保险制度的改革范围，统筹研究机关、事业单位和企业人员养老保障问题，合理衔接各类人员的基本养老待遇水平。

我们将按照十六届三中全会提出的"推进机关事业单位养老保险制度改革"精神，积极研究机关事业单位养老保险制度改革思路，在研究建立统一的城镇职工基本养老保险制度的基础上，建立健全公务员职业年金、事业单位职业年金和企业年金制度。此外，国家还应当鼓励个人储蓄性养老方式，通过上述措施，逐步建立起多层次的养老保障体系，确保各类人员养老保障待遇的落实。

但是，建立统一的城镇职工基本养老保险制度改革是进一步完善社会保障体系的创造性探索，改革难度很大，不可能一蹴而就，需要循序渐进。当前应首先抓好事业单位养老保险制度改革试点工作，在总结各省份试点经验的基础上进行推广，并在此基础上研究建立公务员养老保险制度，待条件成熟后，再行探索研究统一的城镇职工养老保险制度。

（2009 年）

公共部门养老保障制度国际比较

党的十六届三中全会通过的《中共中央关于完善社会主义市场经济体制若干问题的决定》提出，要积极探索机关和事业单位社会保障制度改革。机关事业单位养老保障制度改革是机关事业单位社会保障制度改革的重点和难点，涉及方方面面，比较复杂，既要符合中国国情，也要借鉴国外经验。为此，我们对部分国家公务员及其他公共部门雇员的养老保障制度进行了梳理和归纳，供研究和建立我国机关事业单位养老保障制度时参考。

受特定历史条件下经济、政治和社会状况等因素的影响，不同国家在公务员和其他公共部门雇员养老保障制度安排方面存在着明显差异。从国外公务员养老保障制度具体模式看，既有完全独立于其他社会成员养老保障制度，单独设计一套制度的完全独立型模式；也有基本养老保险制度全民统一，公务员在此基础上建立单独的职业养老金计划作为补充的部分独立型模式；有的国家则是以上两种养老保障制度并行，有些公务员养老保障制度完全独立，有些公务员养老保障制度部分独立，这种模式可以叫做二元型；此外，还有些国家公务员养老保障制度与其他社会成员完全一致，没有专门针对公务员的养老保障制度安排，这种模式可以叫做完全统一型；最后一种特殊类型是只建立了针对公务员的养老保障制度，其他社会成员没有养老保障制度，这主要是一些不发达国家，如孟加拉国、缅甸、马拉维、塞拉利昂等，对这一类国家下面不再展开介绍。当然，属于同一模式的国家在公务员养老保障制度具体安排方面也有很大差别。下面以部分国家为例，对不同模式的公务员养老保障制度做一简要介绍。

一、完全独立型养老保障模式

公务员养老保障制度完全独立于其他社会成员的养老保障制度之外。这是目前大多数国家的做法，世界银行对世界上 99 个主要国家和地区进行的统计表明，有70个国家和地区属于这种模式，比如法国、德国、意大利、澳大利亚、印度、巴基斯坦、土耳其、巴西、墨西哥、我国台湾省及东盟主要国家等。至于公务员以外的公共部门雇员养老保障制度，既有随公务员走的，也有随私营部门雇员走的。以法国和德国为例。

（一）法国

终身职位的公务员和其他公共部门终身雇员有专门的养老保险计划，与私营部门养老保险制度完全独立。这类计划共有19个，包括覆盖中央政府公务员和军人的计划（CPCM），覆盖地方政府和医疗保健等系统的计划（CNRACL），以及铁路、电力、海运、采矿等公共部门各自独立的养老金计划等。

以上计划中职工个人缴费率均为7.85%，但不同计划的单位缴费率并不一致。职工工作15年以上才有资格领取养老金，养老金计发基础是最后6个月平均工资水平，工龄满1年发给相当于工资水平2%的养老金，最高为75%。工龄25年及以上的职工，最低养老金水平在20世纪90年代末期为每年64000法郎，工龄超过15年但不足25年的职工，最低养老金水平每差1年扣减4%。

政府机关等公共部门合同制雇员则参加与私营部门相同的基本养老保险计划。基本养老金个人缴费为封顶工资以内的6.55%，单位缴费为封顶工资以内的8.2%。该计划下基本养老金的计发基础在1995年是工资最高12年的平均工资水平，到2008年将逐步调整为工资最高25年的平均工资水平。养老金水平在1994年为工资水平乘以工作季度数和养老金系数再除以150，养老金系数最高为50%，具体取决于退休年龄和工作时间。

公共部门合同制雇员在基本养老金之外有一个独立的强制性补充养老保险计划，其设计与私营部门现收现付的缴费确定型补充养老保险计划非常类似，但缴费率相对较低。

（二）德国

公务员养老保障制度是完全独立的，其他公共单位雇员（类似于我国事业单位职工）则参加与其他社会成员相同的基本养老保险制度。与法国不同的是，公务员不需要缴纳养老保险费，完全由政府预算安排。其他公共单位雇员参加基本养老保险的缴费率为19.5%，由雇员个人和单位平均分担，并通过补充养老保险计划为这些雇员提供最终与公务员相同的养老金待遇水平。

据预计，德国公务员将在2023年前后达到退休高峰，养老金支付将面临巨大财政压力。为缓解这一问题，德国从1999年开始建立了缓冲基金。根据这一安排，在15年内，公务员工资和养老金每年将在原来议定的工资合同基础上扣减0.2%，最终扣减3%，由此所积累的资金将被划入缓冲基金用于公务员退休高峰时养老金的支付。

二、部分独立型养老保障模式

在这种模式下，基本养老保险制度基本覆盖全体社会成员，公务员和其他社会成员的基本养老保险制度是统一的，在此基础上为公务员建立了单独的职业养老金计划。英国、荷兰、西班牙、瑞典、日本等国家公务员养老保障属于这种模式。以荷兰和英国为例。

（一）荷兰

养老保险制度的第一层次是覆盖全体社会成员的基本养老金计划，养老金待遇标准统一，与个人收入水平无关，取决于最低工资及在15—65岁之间属于荷兰公民的年限。在此基础上，荷兰通过建立统一的补充养老保险计划（ABP）为公务员和其他公共部门雇员提供基本养老金以外的养老金，也就是说，机关和事业单位养老保障制度是统一的。

荷兰的ABP计划是一个实行基金积累的待遇确定型计划。政府部门缴费率为8.8%，公务员和公共部门雇员个人缴费率是10.1%。个人从25岁开始缴纳养老保险费，此前只缴纳工资水平0.6%的伤亡保险费。ABP计划形成的养老金基金是欧洲最大的养老金基金之一，2000年基金规模已超过1000亿英镑。1996年基金从公立法人转变为私立法人，受到与其他私营养老金基金相同的政策管制。之所以将ABP基金私有化主要是避免政府挪用基金资产，也是为了获得更高的投资收益。ABP基金理事会的理事由政府部门和代表公务员的工会各任命6位。

公务员和其他公共雇员从25岁开始，每工作1年可得到相当于最终工资（指领取养老金前1年1月份时的工资水平）1.75%的养老金，65岁退休时可得到相当于最终工资70%的养老金，扣除由基本养老金计划支付的部分后由ABP计划承担。

（二）英国

养老保险制度的第一层次是覆盖包括公共部门雇员在内的绝大多数社会成员的国家基本养老金，与荷兰相近。该计划的资金来源由政府财政、雇主和雇员共同负担，提供等额养老金。基本养老金在1998年相当于平均工资水平的16%，由于养老金水平根据消费价格指数而不是工资增长率进行调整，因此近年来相当于平均工资水平的比例在逐步下降。

养老保险制度的第二层次有三种计划可供选择，即政府收入关联养老金计划、雇主提供的职业养老金计划和强制性的个人养老金计划，每个人都可以从中任选一种计划作为自己的第二层次养老金。

中央政府作为雇主为其公务员提供的职业养老金计划叫公务员主要养老金计划（PCSPS），是一个现收现付的待遇确定型计划，政府机构缴费率根据每个公务员工资水平的高低从12%—18.5%不等，个人缴费率有1.5%和3.5%两个缴费率可供选择。养老金计发基础是最后3年工资最高12个月的平均工资水平，个人缴费率为1.5%的公务员工龄满1年可获得相当于工资1/80的养老金，个人缴费率为3.5%的公务员工龄满1年可获得相当于工资1/60的养老金。此外，公务员退休在时还可以得到相当于3年养老金水平的一次性养老金。由于这一计划提供的待遇相对比较优厚，因此大多数公务员选择了该计划。

医疗保健系统的全科医生和其他雇员的职业养老金计划叫医疗保健系统养老金计划（NHSPS），它与公务员主要养老金计划的设计基本相同，也是现收现付的待遇确定型计划，工龄满1年可获得相当于工资1/80的养老金，并在退休时得到相当于3年养老金水平的一次性养老金。但是个人缴费率要高些，为个人工资水平的6%。

三、二元型养老保障模式

在这种模式下，公共部门养老保障制度是完全独立型和部分独立型两种做法并存，美国就属于这种模式。以下分别对美国联邦政府公务员养老保障制度和州政府公共部门养老保障制度进行介绍。

（一）联邦政府

美国联邦政府公务员养老保障体系目前是公务员退休制度（CSRS）和联邦雇员退休制度（FERS）并存，公务员退休制度是完全独立型，联邦雇员退休制度是部分独立型。根据1983年修改后的《社会保障法》规定，联邦雇员退休制度将逐步取代公务员退休制度。

公务员退休制度始建于1920年，它独立于美国基本养老保险制度（OAS-DI）。联邦雇员按工资水平的7%缴费，领取养老金的条件是为联邦政府工作5年以上且年龄达到62岁，但为联邦政府工作20年以上的，最低退休年龄可降低为60岁，为联邦政府工作30年以上的，最低退休年龄可降低为55岁（在联邦雇员退休制度下，1969年以后出生的联邦雇员最低退休年龄则由55岁提高到57岁）。养老金水平取决于工作年限和最高3年的平均工资水平。工作40年的公务员可获得相当于最高3年平均工资水平76.25%的养老金。

联邦雇员退休制度是从1987年开始在基本养老保险计划（OASDI）基础上建立起来的，包括三个层次：第一层次就是基本养老保险计划；第二层次叫基本养老金受益计划（BBP）；第三层次叫节俭储蓄计划（TSP）。BBP计划资金主要来源于政府预算，联邦雇员缴费率为0.8%，养老金计发基础与公务员退休制度（CSRS）相同，但每工作1年只积累相当于工资水平1%的养老金权益。对在62岁以前退休、还不能按规定领取OASDI养老金的联邦雇员，BBP计划负责为其发放“特别补充养老金”直到其满62岁。TSP计划与政府为私营部门设立的401（K）计划（即个人所得税法第401（K）条款规定可以在税前列支的具体缴费比例，旨在鼓励私人参加补充养老保险）非常相似，可以享受税收优惠，是缴费确定型计划。联邦雇员最高可将个人工资的12%投入这一计划。联邦政府也有一定的配套投入。参加公务员退休制度的联邦雇员也可根据需要建立自己的TSP计划，最高缴费上限是工资的6%，但是联邦政府没有配套投入。

建立联邦雇员退休制度的直接原因是，1983年修改的《社会保障法》明确要求1984年后参加工作的所有联邦雇员都要参加OASDI，主要目的是为了缓解当时社会保障制度面临的短期资金紧张问题，但是客观上也有利于解决联邦政府公务员流动时养老保险关系的衔接。1983年以前参加工作的联邦雇员也可选择转入这一新制度，但是真正转入的只有2.8%，主要是因为新制度提供的待遇并不比原来优厚。

（二）州政府

美国各州公共部门养老保障的做法不尽相同，大多数州是在全国统一的基本养老保险制度基础之上建立公务员和公共部门雇员的职业养老金制度，即采取部分独立型模式，但也有少数几个州（如马萨诸塞州）公务员和公共部门雇员养老保障制度完全独立于OASDI制度。而且，美国各州公共部门养老金计划既有现收现付的，也有实行基金积累的；既有实行待遇确定型的，也有实行缴费确定型的；在筹资渠道、待遇确定等方面也不完全统一，情况非常复杂。如内布拉斯加州所有公共部门雇员的职业养老金计划都是缴费确定型；佛罗里达等州规定雇员可以自主选择参加待遇确定型还是缴费确定型计划；华盛顿等州公共部门雇员则同时参加一个待遇确定型计划和一个缴费确定型计划；伊利诺伊等二十个州只针对某一类别公共部门雇员建立缴费确定型计划。

四、完全统一型养老保障模式

公务员、其他公共部门雇员与其他社会成员参加同样的养老保险制度，没有单独的补充性养老保险计划。实行这种模式的主要是中东欧国家，如波兰、匈牙利、捷克、斯洛文尼亚、爱沙尼亚等。主要原因是在传统计划经济体制下，机关、事业和企业工作人员都属于国家职工，因此制定了统一的养老保险制度并延续至今。此外，拉美的智利、秘鲁近年来也在向这种模式过渡，规定新录用的公务员参加与其他社会成员相同的养老保险制度，不再有特殊政策。

五、几点结论

通过对部分国家公务员及其他公共雇员养老保障制度的分析，可以发现，不同国家公务员养老保障制度各具特色。不同模式的公共部门养老保障制度，很大程度上是由各国不同的政治、经济和社会背景和历史因素决定的。但是，从国外公共部门养老保障制度实践来看，我们大致可以归纳为以下几个特点：

1. 机关公务员养老保障制度与企业职工养老保障制度既有完全独立的，也有完全统一的，或者在基本养老保险制度层面实行统一的，但是以完全独立的为主。之所以形成这种局面，一方面，是因为公务员工资水平相对较低，通过独立的养老保障制度为其提供相对优厚的养老金待遇，有利于稳定公务员队伍和吸引优秀人才到政府部门工作；另一方面，也是因为公务员养老保障制度的建立普遍早于社会基本养老保险制度，因而采取了“老人老办法，新人新办法”的措施。

2. 在公务员养老保障制度相对独立的国家，公务员以外的公共部门雇员养老保障制度或者跟公务员走，或者跟其他社会成员养老保险制度走，一般没有为其建立独立的基本养老保险制度，其补充养老保险制度有独立建立的，也有与公务员或其他社会成员补充养老保险制度相统一的。

3. 在公共部门养老保障制度筹资方面，既有实行现收现付制的，也有实行基金积累制的，但以现收现付制为主；在确定养老金水平时，既有实行待遇确定型的，也有实行缴费确定型的，但以待遇确定型为主。实行现收现付制度的国家，大多数实行待遇确定型计划，但也有实行缴费确定型计划的（如瑞典、意大利）；实行基金积累制的国家，既有实行待遇确定型的（如荷兰），也有实行缴费确定型的（如智利）。

4. 在上面介绍的几种公共部门养老保障模式中，完全独立型模式有利于保持公务员队伍的稳定性，提高行政效率，但是制度完全割裂不利于人员流动时社会保险关系的衔接，公务员相对优厚的退休待遇也可能会因其他群体的攀比而引发矛盾；部分独立型模式由于实现了基本养老保险制度的统一，有利于人员流动，但基本养老保险计划和补充养老保险计划的并存会使管理工作相对复杂；完全统一型模式制度设计比较简洁，也不会引起社会矛盾，可对已经采取前两种模式的国家而言，向完全统一型模式过渡难度很大，因为模式的过渡涉及到既得利益格局的较大调整，且可能需要工资等方面的改革措施相配套。

5. 受人口老龄化等因素的影响，一些国家正在对本国公共部门养老保障制度进行改革以减轻财政压力。这些改革既有技术方面的变动，如逐步提高退休年龄、严格享受条件、适当降低养老金水平、改变指数化办法、要求公务员个人缴纳养老保险费或增加公务员缴费比例等（世界银行调查的八十二个国家有二十三个国家要求公务员缴费）；也有少数国家进行了比较大的体制调整，主要趋势是将公务员养老保障制度与其他社会成员养老保障制度或多或少地融合，如前面提到的美国将原来的完全独立型公务员养老保障制度改为部分独立型养老保障制度，智利将公务员养老保障政策调整为与其他社会成员完全一致等。但是大多数国家对此持慎重态度，即使在进行了改革的美国和智利，也都是采取了“老人老办法，新人新办法”的渐进式过渡方式，以避免引起大的社会震荡。

（2005 年）

人口转型、社会保障与公共财政[①]

——中日养老金改革比较研究

一、导论

由于人口增长速度的放慢和人口的不断老龄化，中国和日本都面临着人口结构转型的严峻挑战，如果不能有效应对，将会大大削弱社会保障制度（特别是养老金制度）以及公共财政的可持续性。为化解人口老龄化的冲击，中日两国近年来都对养老金制度进行了改革，改革在一定程度上改善了其财务状况，但是未来挑战仍存。经济学家对如何进一步深化养老金改革提出了很多建议，最具有代表性的建议有：(1) 推行养老金制度私有化。也就是建立完全积累的个人账户支柱，并将个人账户基金投资于金融市场，投资既可以是由个人账户所有者进行的，也可以是公共机构进行的（见 Feldstein，1998 和 2005；Kotlikoff，2005；Oshio，1999）。(2) 仍然保持养老金制度现收现付制（Pay - As - You - Go，PAYG）和确定受益型（Defined—Benefit，DB）的特征，只是对制度参数进行必要的调整，比如逐步提高退休年龄和缴费率，适当控制养老金待遇的增长，为养老金融资开辟更广泛的税（费）基等（见 ILO，2001；Diamond and Orszag，2004；Aaron，2005；Tachibanaki，2002）。(3) 将现行的现收现付制、确定受益型养老金制度改造成为现收现付制、缴费确定型养老金制度，也就是通常所说的名义个人账户或记账式个人账户（见 Oguchi and Tatsuo 2001；Takayama，2003；郑秉文，2003；李剑阁，2005）。在本文中，将对上述有关建议的可行性和有效性进行检验，分析各自的优缺点，并提出判断，最后将对日本养老金改革对中国的借鉴意义进行简要分析。

本文结构如下：第二部分对中国和日本的养老金制度进行概述；第三部分对中国和日本人口结构转型及老龄化的状况和趋势进行分析，指出其对社会保障和公共财政的影响，并与其他国家加以比较。第四部分对中国和日本近年来养老金改革的效果进行评估，指出取得的成就和有待进一步解决的问题。第五部分列举了进一步改革养老金制度的不同建议。第六部分对以上建议进行分析，就何种改革方案对中国和日本更适用提出意见。第七部分分析了日本养老金改革对中国的借鉴意义。第八部分是结语。

① 本文为 2006 年 6 月提交给在日本东京举办的第 15 届经济政策研讨班的论文。

二、中日养老金制度比较

（一）日本的公共养老金制度

日本的公共养老金制度包括两个层次，第一层次是覆盖全民的国民养老金（NPS）[①]，第二层次则是针对职工的不同的养老金计划。自雇者、农民、非从业人员和学生只参加国民养老金，他们在20岁到59岁之间时每月缴纳固定数额的养老保险费，从65岁开始领取固定数额的养老金。2005年的月缴费额是13580日元，缴满最高年限的可以每月领取66207日元的养老金。职工配偶的收入如果低于最低应税收入则不用缴费，残疾人和其他低收入群体也不用缴费，国民养老金的1/3来源于一般预算补助[②]。

职工既参加国民养老金计划，也参加第二层次的职工养老金计划。职工养老金计划进一步划分为职工养老保险（EPI）和四种类型的养老金互助计划（MAP）。大多数私营部门的职工属于EPI，而中央政府雇员、地方政府雇员、私立学校雇员和农林渔业雇员则分别参加各自的养老金互助计划，但是他们的缴费率是统一的，由雇主和雇员平均分担，2003年为工资和奖金收入的13.58%，2005年为14.288%，今后还会不断提高。职工养老金计划领取养老金的年龄为60岁，比国民养老金计划早5岁。参加职工养老金计划的除领取国民养老金外，还可以领取收入关联的养老金，缴满规定年限的，可领取平均为月收入的30%养老金，相当于每缴费1年可领取月收入0.75%的养老金。

日本的养老金制度是现收现付制，中央财政为国民养老金提供1/3的资金补助，并负担行政管理费用，但是政府并不对职工养老金计划进行补贴。2005年，日本的养老金结余为140万亿日元，可满足2年以上的支付需要。在2001年之前，养老金基金的结余以实业投资为主，主要投资于高速公路、铁路、机场、桥梁等公共基础设施建设项目，2001年以来投资战略发生了重大调整，主要用于股票、证券等金融投资。

（二）中国的公共养老金制度

中国的养老金制度建立于1951年，当时是一种社会保险制度，但是在20世纪60年代末期蜕变为企业自我保障的制度。80年代后期，随着经济体制改革的推进，养老保险制度得以重建，以促进国有企业改革和便利劳动力的流动，此后又经历了多次调整。中国的公共养老金制度也是现收现付制，但是与日本相比有以下几方面差异：

1. 只是就业关联的保障制度，覆盖部分城镇居民，那些没有工作或者没有正式工作的城镇居民难以被纳入制度覆盖范围。

---

① 但在1986年以前，只有自雇者，农民，非从业人员和学生被该层次覆盖。

② 1/3的比例将逐步提高到1/2，见下文。

2. 中国的养老金制度并非全国统筹。

3. 机关事业单位养老金制度与企业养老金制度是完全分离的，企业养老金制度是一种缴费的养老保险计划，公务员的养老金制度则是完全由预算安排资金的退休养老制度，两者在待遇水平上也存在一定差距。

4. 中国的企业养老保险制度缴费率要高于日本，其中企业缴费率一般为工资的20%左右，职工为8%，有的地区甚至更高，但是近年来缴费率的地区差异正在缩小。

5. 中国的养老金制度是一种统账结合的模式，企业缴费进入社会统筹基金，个人缴费则被记入个人账户。实际上，个人账户只是个空账，职工个人缴费并未真正进入个人账户，而是与企业缴费进入统一的账户，用于发放当前退休人员的养老金。

6. 中国的公共养老金基金不能进入股票市场或投资于基础设施建设项目，而是必须存入国有商业银行或购买国债。这一方面，是因为中国的资本市场发育不够成熟；另一方面，是因为养老金基金分散在各地，若投资渠道放的过宽，难以实施有效监管，安全得不到保证。

三、中国和日本的人口转型

（一）人口转型的一般理论

人口转型这一概念最早是由普林斯顿大学的人口学家弗兰克·诺特斯坦（Frank Notestein）提出来的，在1945年，他提出了在现代化过程中人口增长动态的三阶段模型。在前现代社会，生育率和死亡率都比较高并大体处于均衡状态，人口总量基本稳定。随着生活水平的提高和医疗保健条件的改善，进入第二阶段，死亡率开始下降，而出生率仍保持在高位，人口增长加速。到第三阶段，由于生活条件的持续改善和妇女受教育水平的提高，出生率也开始下降，与死亡率持平，人口规模又趋于稳定。18世纪西欧最早进入了人口转型阶段，今天，几乎所有的发达国家都已经完成了这一转型过程。由于出生率的下降和预期寿命的延长，人口转型的最重要后果之一就是老龄化，并造成了深远的经济社会影响。

1986年，莱萨格和范德卡（Lesthaeghe and Van de Kaa）进一步提出，工业化国家将会面临第二次人口转型，在这个阶段，出生率将继续下降到不足以保证人口正常更替的水平，导致人口数量的下降，移民将成为决定人口结构和人口增长的关键因素。图1表明了在两次人口转型过程中主要变量的变化情况。

（二）日本和中国的人口老龄化

日本人口发展趋势的一个突出特征就是出生率的长期下降，战后以来，总和生育率——也就是每个妇女生育的子女数——经历了急剧的下降，从1950年的3.5下降到1960年的2。此后，虽然下降的速度有所减缓但一直持续到今天，到

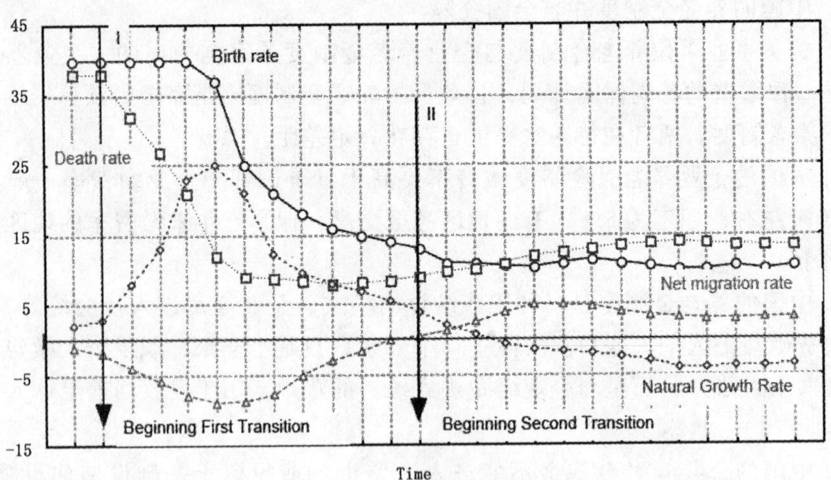

图 1　第一次与第二次人口转型

资料来源：Van de Kaa. D. J etc. 1999 "European Populations: Unity in Diversity" Kluwer Academic Publishers。

2003 年已经下降到只有 1.29，明显低于替代率水平。这主要是由于以下三方面因素引起的：男女之间工资差距的缩小；养育孩子的机会成本越来越高以及社会保障制度的完善使老年人更少地依赖于后代。由于出生率的下降，日本人口不仅趋于老龄化，而且在整个 21 世纪的大部分时间里人口总量也将逐步萎缩。

表 1　　日本的年龄结构

年份	(1)总人口（百万）	(2)0—14 岁（%）	(3)15—64 岁（%）	(4)65 岁以上（%）	(5)＝(4)/(3)
2000	126.93	14.6	68.1	17.4	25.6
2015	126.27	12.8	61.2	26.0	42.5
2025	121.14	11.6	59.7	28.7	48.1
2040	109.34	11.0	55.8	33.2	59.5
2050	100.59	10.8	53.6	35.7	66.6

数据来源：National Institute of Population and Social Security Research 2002 population projections for Japan: 2001—2050。

从表 1 可以发现，日本的老年抚养比在 21 世纪上半叶将大大提高，从 2000 年的 25.6% 上升到 2025 年的 48.1% 和 2050 年的 66.6%。也就是说，日本将从 2000 年的每 4 个经济活动人口抚养 1 个老人下降到 2050 年的每 3 个经济活动人口抚养 2 个老人。如果考虑到如图 2 和表 2 所示，日本目前已经成为世界上“最老”的国家，那么表 1 所揭示的未来发展趋势表明的问题无疑更加严重。与日本相比，中国的人口结构要年轻得多，2005 年，65 岁以上人口占总人口的比重

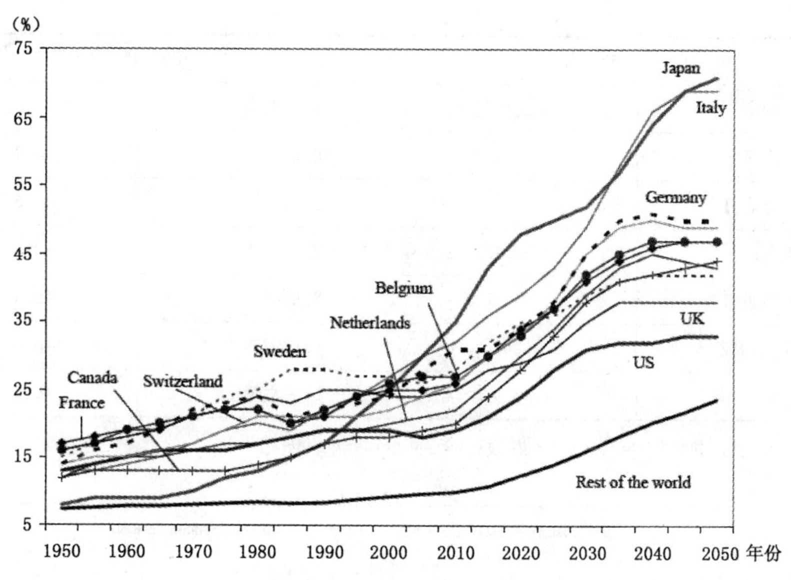

图 2　老年抚养比正在不断攀升

资料来源：UN population division world population prospects 2004。

为 7.7%，大大低于日本的 19.9%。但是中国的老龄化进程同样非常迅速，1982 年，65 岁以上人口占总人口的比重为 4.91%，在 23 年的时间里提高了近 3 个百分点，幅度为 57%，而人口自然增长率则从 1965 年的 2.84% 下降到 1990 年的 1.44% 和 2005 年的 0.59%。从图 3 也可以看出，中国的总和生育率在过去几十年中下降的非常快，目前已经远远低于其他发展中国家，处于世界最低水平。从图 4 则可以看出，中国的老年抚养比到 21 世纪 30 年代将超过美国，尽管到那时中国的人均 GDP 水平仍然明显落后①。根据联合国人口署的预测，中国的总人口将在 2025 年达到峰值（14.2 亿），然后开始逐渐减少，2050 年左右回复到目前的水平。

表 2　　1970 年和 2005 年世界上最老的 10 个国家

1970 年		2005 年	
国家	中位年龄	国家	中位年龄
德国	35.4	日本	42.9
瑞典	35.3	意大利	42.3
拉托维亚	34.8	德国	42.1
海峡群岛	34.6	芬兰	40.9

① 中国在发展中国家中比较特殊，美国在发达国家中比较特殊。

续表

1970 年		2005 年	
国家	中位年龄	国家	中位年龄
卢森堡	34.4	瑞士	40.8
匈牙利	34.2	比利时	40.6
比利时	34.1	克罗地亚	40.6
爱沙尼亚	34.1	奥地利	40.6
保加利亚	34	保加利亚	40.6
英国	33.9	斯洛文尼亚	40.2

资料来源：UN population division world population prospects 2004。

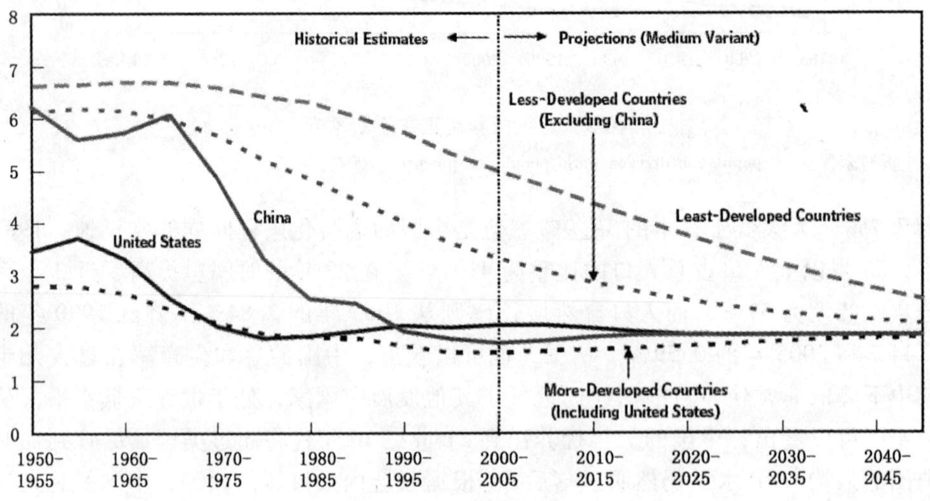

图 3　中国的总和生育率及与其他国家的比较

资料来源：UN population division world population prospects 2004。

（三）人口老龄化对社会保障和公共财政的影响

随着出生率的下降以及“婴儿潮”一代即将退休，公共养老金计划在提高缴费率或削减养老金待遇方面面临着巨大压力，否则，赤字将不可避免，进而给公共财政带来严峻挑战。

在日本，财政支出中用于社会保障的部分从 20 世纪 70 年代初期的 20% 提高到 2005 年的 43%，据一桥大学经济学教授高山宪之（Takayama）的分析，到 2005 年 3 月，公共养老金计划的隐性负债达到 650 万亿日元，相当于 2004 年 GDP 的 1.3 倍。据国际货币基金组织 2001 年的测算，在基准情况下，日本的养老金缴费率到 2050 年将达到 30%，比现在提高近 1 倍，即便如此，政府还要每

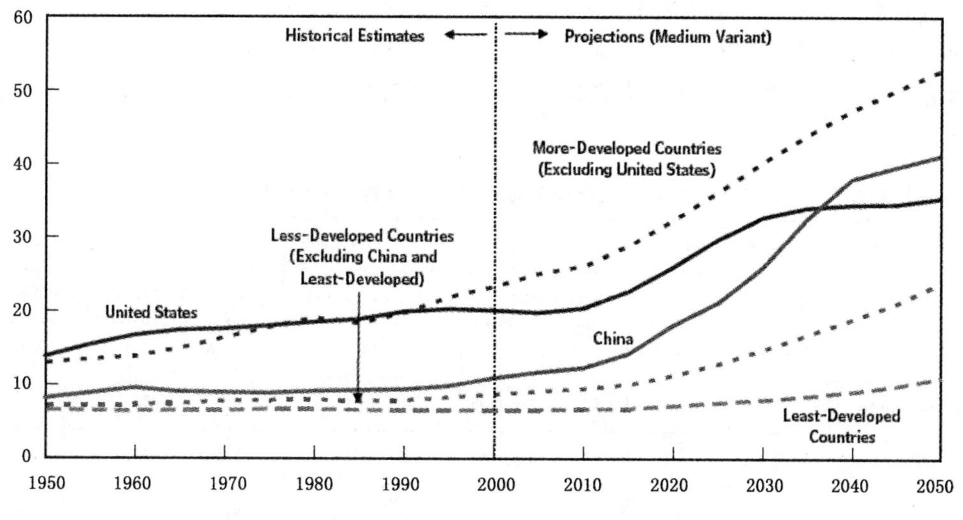

图 4　老年抚养比，1950 to 2050

资料来源：UN population division world population prospects 2004。

年向养老金制度和医疗保险制度安排相当于 GDP5% 的转移支付才能实现收支平衡①。日本厚生省估计，如果不对社会保障制度进行改革，社会保障总支出占 GDP 的比重将从 2004 年的 17.2% 提高到 2025 年的 24.3%。

表 3　　日本和其他国家财政赤字比较（财政赤字占 GDP 的比例）

(CY)	1991	1992	1993	1994	1995	1996	1997	1998	1999	2000	2001	2002	2003	2004	2005
Japan	-0.9	-1.7	-4.6	-5.7	-6.6	-6.8	-5.6	-6.9	-8.3	-8.0	-6.2	-7.7	-7.4	-6.2	-6.1
United States	-5.8	-6.6	-5.6	-4.4	-3.9	-3.1	-1.9	-0.8	-0.6	0.1	-2	-5.4	-6	-5.7	-5.6
United Kingdom	-3.1	-6.5	-7.9	-6.8	-5.8	-4.2	-2.2	0.1	1	3.8	0.7	-1.7	-3.5	-3.2	-3.2
Germany	-2.9	-2.6	-3.1	-2.4	-3.3	-3.4	-2.7	-2.2	-1.5	1.3	-2.8	-3.7	-3.8	-3.9	-3.5
France	-2.4	-4.2	-6	-5.5	-5.5	-4.1	-3	-2.7	-1.8	-1.4	-1.5	-3.3	-4.1	-3.7	-3.1
Italy	-11.7	-10.7	-10.3	-9.3	-7.6	-7.1	-2.7	-3.1	-1.8	-0.7	-2.7	-2.4	-2.5	-2.9	-3.1
Canada	-8.4	-9.1	-8.7	-6.7	-5.3	-2.8	0.2	0.1	1.6	2.9	1.1	0.3	0.6	1.1	1.2

资料来源：Ministry of Finance，Japan（2005）。

如果考虑到日本在 20 世纪 90 年代以来糟糕的财政状况，老龄化对养老金制度等社会保障制度的冲击就更加严重。如表 3 和表 4 所示，泡沫经济崩溃后，财政收入不断下滑，财政支出为了刺激经济增长的需要却迅速增加，日本财政状况急剧恶化，1998 年以来财政赤字占 GDP 的比重一直超过 6%，政府债务占 GDP

① See Hamid Faruqee and Martin Mühleisen, 2001.

的比重到2005年已经超过170%，在主要工业化国家中都是最高的。由于财政赤字短期内难以消除，因此政府债务占GDP的比重在将来还会继续上升。这将在很大程度上制约政府为养老金缺口筹资的能力，使改革公共养老金制度的任务更加迫切。

表4　　日本和其他国家政府债务比较（政府债务占GDP的比例）

(CY)	1991	1992	1993	1994	1995	1996	1997	1998	1999	2000	2001	2002	2003	2004	2005
Japan	64.8	68.7	74.9	79.7	87.1	93.9	100.3	112.2	125.7	134.1	142.3	149.3	157.5	163.5	170.0
United States	71.3	73.7	75.4	74.6	74.2	73.4	70.9	67.7	64.1	58.2	57.9	60.2	62.5	63.5	64.9
United Kingdom	33.6	39.8	49.6	47.8	52.7	52.6	53.2	53.8	48.8	45.9	41.2	41.5	42	43.4	44.9
Germany	33.8	41.8	47.4	47.9	57.1	60.3	61.8	63.2	61.6	60.9	60.5	62.9	65.1	67	68.6
France	40.3	44.7	51.6	55.3	63.9	67.5	69.4	71.1	67.3	66.2	64.9	68.7	71.2	74	76.2
Italy	116.5	126.0	127.9	134.4	133.5	135.7	133	133.4	128.4	124.5	122	121.5	120.9	120	119.5
Canada	82.1	89.9	96.9	98.2	100.8	100.3	96.2	93.9	89.5	81.8	81	77.7	73.3	70.6	67.2

资料来源：Ministry of Finance，Japan（2005）。

中国人口老龄化虽然不及日本严重，但是对养老金制度和公共财政的影响也已经显现。特别是，由于中国的养老保险并非全国统筹，各地制度抚养比和经济发展水平存在显著差异，很多地区已经出现了养老金缺口。实际上，从1998年到2005年，仅中央政府就安排了超过2800亿元来帮助地方弥补养老保险基金的缺口，其中2004年和2005年都超过500亿元。随着人口的日益老龄化，养老金制度在将来必然面临更突出的资金问题。2005年，世界银行曾经对中国养老金制度的长期财务状况进行过测算①。测算结果表明，到2075年之前的绝大多数年份，养老金制度都处于收不抵支的局面。在基准情况下，用净现值计算的累计缺口将达到2001年GDP的95%。如果通过提高缴费率的方式来弥补缺口的话，那么缴费率需要在目前的基础上提高6个百分点。在其他假设情况下，虽然具体结果有所差异，但是基本趋势是一样的（见表5）。

表5　　中国养老金制度的财务可持续性

不同假设情况	资金缺口（2001—2075）			均衡缴费率
	十亿元	十亿美元	占GDP比重	
情况1	9905	1199	103%	39%
情况2	12197	1477	127%	41%

① 见Yvonne Sin，2005。

续表

不同假设情况	资金缺口（2001—2075）			均衡缴费率
	十亿元	十亿美元	占 GDP 比重	
情况 3	21344	2584	222%	45%
情况 4	7623	923	79%	36%
基准情况	9147	1107	95%	37%

资料来源：Yvonne Sin "*Pension Liabilities and Reform Options for Old Age Insurance*" World Bank Working Paper Series No. 33116，2005。

对中国而言，情况尤为严重的是，虽然人口年龄结构要比日本年轻很多，但是养老金制度的缴费率却已经相当于日本的近 2 倍①，这意味着在将来再通过提高缴费率来解决养老保险基金收支缺口问题的空间要比日本小的多，否则，中国经济和中国企业的国际竞争力将受到沉重打击。

四、中国和日本养老金改革的成就与挑战

近年来，中日两国都采取了一些措施来改革和完善养老金制度。日本在 2000 年和 2004 年对养老金制度进行了两次重大改革，这两次改革，特别是 2004 年的改革，对养老金制度的未来发展产生了较大影响。中国在 2000 年和 2005 年也对养老金制度进行了改革，两国的改革举措虽然存在明显差异，但是都面临着进一步改革的必要性。

（一）日本对公共养老金制度进行的改革及存在的问题

日本在 1994 年、2000 年和 2004 年实施了养老金改革。其中，1994 年改革和 2000 年改革的主要内容是：

首先，削减了收入关联养老金计划的待遇水平。从 2000 年起，每缴费 1 年能够得到的养老金从工资的 0.75% 下调为 0.7125% 。第二，从 2000 年起，养老金待遇的调整由与工资指数挂钩改为与消费价格指数挂钩。据预测，日本今后工资价格指数比消费价格指数平均每年高 1 个百分点。第三，领取第一层次的国民养老金和第二层次的职工养老金的年龄将逐步从 60 岁提高到 65 岁。对领取国民养老金的男性，这项工作在 2001—2013 年间完成，对领取国民养老金的女性，将在 2006—2018 年间完成。对领取职工养老金的男性，这项工作在 2013—2025 年间完成，女性同样推迟 5 年执行。若在 60—64 岁之间退休，则按照每个月 0.5% 的比例扣减养老金待遇，也就是说，60 岁退休的将只能得到正常养老金的 70% 。第四，从 2002 年起，对那些 65—69 岁之间领取国民养老金的老人将进行

① 主要原因是：（1）中国养老金替代率更高；（2）中国的退休年龄比日本要低；（3）提前退休现象比较普遍；（4）很多企业养老保险缴费基数不实，没有做到应收尽收。

家庭收入调查。

2004 年改革从以下两方面进一步改善了养老金的收支状况：(1) 增加企业、个人和政府对养老金制度的缴费。国民养老金制度的缴费额将从 2004 年的 13300 日元逐步提高到 2017 年的 16900 日元（按 2004 年不变价格计算），其间，在每年的 4 月份比上年增加 280 日元。职工养老金计划的缴费率将从 2004 年起每年提高 0. 354 个百分点，一直到 2017 年提高到 18. 3%。政府对国民养老金制度的补贴所占的份额也将从 2004 年的 1/3 逐步提高到 2009 年的 1/2。(2) 建立自动平衡机制，根据人口结构变化情况对养老金计发办法进行调整，这是 2004 年改革中最主要的制度创新。在自动平衡机制下，从 2004—2023 年，第二层次的职工养老金水平将根据养老金计划的参保人数和预期寿命这两个人口因子进行调整。据测算，日本职工养老金计划覆盖的在职职工人数每年将下降 0. 6 个百分点，因预期寿命延长而增加的养老金支出每年约为 0. 3 个百分点。因此，在 2023 年之前，在计算每年的养老金水平时将根据以上两方面因素每年做 0. 9% 的向下修正。由此，可使 2023 年的养老金替代率（第一层次和第二层次的加总）从 59. 3% 下降到 50. 2%（假定 CPI 和名义工资增长率分别为 1. 0% 和 2. 1%）。

Toshihiro 对日本 2004 年养老金改革的财政后果进行了模拟，他发现改革在很大程度上改善了养老金制度的财务状况，与不改革的情况相比，可以使 2050 年养老金制度的均衡缴费率从 36. 44% 下降到 23. 53%，使社会保障支出占 GDP 的比重从 23. 27% 下降到 15. 02%。但是，Takayama 指出，2004 年的改革仍然是不完善的，最大的问题在于自动平衡机制存在缺陷，由于人口老龄化，养老金制度的覆盖面将从 2005 年的 6940 万下降到 2025 年的 6100 万和 2050 年的 4530 万，2025 到 2050 年间每年实际下降 1. 2 个百分点，2004 年的改革只是对 2023 年以前的养老金受益水平根据人口变化情况进行了调整①，因此在 2025 年之后养老金制度仍将面临很大的资金缺口。此外，根据日本经济产业省的预测，缴费率的不断提高会导致 100 万人丧失就业岗位，把失业率推高 1. 3 个百分点，从而对日本经济产生紧缩压力。

（二）中国的养老金改革及面临的挑战

近年来，中国对养老金制度进行的改革主要包括以下几方面：

1. 记入个人账户的缴费从职工工资的 11% 调整为 8%，向社会统筹基金的缴费从 17% 提高到 20%，企业缴纳的相当于工资 20% 的养老保险费不再进入个人账户。

2. 完善了基础养老金计发办法。在改革以前，只要缴费满 15 年，就可以领

① 而且自 1982 年以来，日本每次对人口结构变化进行的预测事后都被证明过于乐观了。见（Naohiro，2006）。

取相当于社会平均工资20%的基础养老金，改革后，基础养老金与个人缴费年限和个人工资水平挂钩更加密切，每缴费1年可得到相当于标准工资1%的养老金，标准工资为社会平均工资和个人平均工资的平均值。

3. 改进了个人账户养老金计发办法。在改革以前，个人账户养老金计发系数为120，也就是说，无论退休时年龄多大，每月领取的个人账户养老金为个人账户的储存额除以120。由于退休后平均余命大大超过10年，计发系数明显偏低，且不与退休年龄挂钩也不够公平，因此，改革后，不同退休年龄对应不同的计发系数，且计发系数平均值明显提高，这有利于促进养老保险基金的平衡（见表6）。

表6　　个人账户计发系数

退休年龄	计发系数	退休年龄	计发系数	退休年龄	计发系数
40	233	51	190	62	125
41	230	52	185	63	117
42	226	53	180	64	109
43	223	54	175	65	101
44	220	55	170	66	93
45	216	56	164	67	84
46	212	57	158	68	75
47	208	58	152	69	65
48	204	58	145	70	56
49	199	60	139		
50	195	61	132		

资料来源：国务院文件。

4. 逐步做实基本养老保险个人账户。2000年，国务院选择辽宁省开展了做实基本养老保险个人账户试点，到2006年已经有11个省份开展了这项工作。在这些省份，养老保险的社会统筹基金和个人账户基金不再混账，个人账户基金分立后单独投资和管理。中央财政和地方财政对做实基本养老保险个人账户给予了专项补助。

5. 逐步提高统筹层次。没有实现省级统筹的，要积极创造条件尽快实现省级统筹，这有利于增强基金抵御风险的能力，不过中央政府并未就全国实现省级统筹提出明确的时间表。在省级统筹之前，要建立和完善调剂金制度。

6. 建立了全国社会保障基金。2000年，全国社会保障基金正式建立，它是中央财政的战略储备基金，主要来源于预算拨款、国有资产转让收入、彩票公益金等，用于缓解人口老龄化高峰出现时财政支出面临的压力。到2005年底，全国社会保障基金的规模超过2000亿元。

尽管如此，中国的养老金制度仍然存在一些问题：首先，养老金制度仍然缺乏长期财务可持续性。虽然对养老金基金的未来状况缺乏全面准确的测算，但是粗略的分析也可以发现问题所在，在缴费率维持在28%而养老金待遇水平又很难削减的情况下，巨额资金缺口不会被完全抹平，何况个体从业人员及灵活就业人员的缴费率只有20%——尽管他们享受的待遇是一样的。第二，做实个人账户对各级财政特别是地方财政带来了压力，由于向基金制的转型会导致隐性养老金负债的显性化，政府必须承担起转轨的成本，而这一成本可能高达数万亿元。第三，由于养老保险统筹层次较低，且公务员和企业职工执行不同的养老保障政策，由此造成了养老金待遇在不同地区之间和不同群体之间的差异，这也是容易引发矛盾的重要因素。

五、不同养老金改革方案比较分析

由于人口老龄化的趋势不可避免，经济学家在改革养老金制度的必要性上已经达成了共识，但是在如何进行该方面却存在着巨大的分歧。大致来说，代表性的观点有以下三种①。

（一）转向完全积累的个人账户制度

一些经济学家主张，养老金制度应该私有化，建立完全积累的个人账户制度，并允许个人账户基金进行投资（见 Feldstein，Kotlikoff，Oshio，David D. Li，and Zhao）。他们的理由是，这样做可以提高向养老金制度的缴费的回报率，增强制度的可持续性。现实中，智利1981年的养老金改革是养老金制度私有化最早、最有代表性的一个例子，20世纪90年代以来，拉丁美洲的墨西哥、阿根廷等国也都纷纷步智利的后尘，对养老金制度进行了一定程度上的私有化②。发达国家中，英国在这方面走在了前列。

Kotlikoff 对日本养老金改革的具体建议是③：

1. 将职工个人缴费全部纳入个人账户，雇主缴费继续用于支付当前的养老金待遇。对低收入人群，政府为个人账户缴费资金提供资助。

2. 退休人员的养老金以及在职职工在旧制度下积累的养老金权益通过提高消费税税率等方式筹集资金支付。

3. 将个人账户基金在全球范围内进行投资，具体可投资于由股票、债券、房地产证券等金融工具组成的指数化基金，各类金融工具的权重按照它们在金融

① 世界银行（2005）列举了养老金改革的5种方案，在作者看来，公共预筹资金积累式应依托于其他某项方案，不能单独作为一个选项，多支柱方案则是另外三种方案的一个混合。因此，这一部分只分析最具有代表性的三种方案。

② 详见美国国会预算办公室1999“社会保障私有化的国际经验”，http：//www. cbo. gov/showdoc. cfm？index = 1065&sequence = 0&from = 0#anchor。

③ 见 Kotlikoff（2004，2005）。

市场的市值确定。个人账户基金的投资不是由个人分别进行，而是由政府机构负责，他建议由日本财政部负责这项工作。

4. 政府对个人账户基金在职工退休时的余额进行担保，确保余额不低于根据通货膨胀进行调整后的历年缴费总额。

Feldstein 对中国养老金改革的建议是①：

1. 第一层次的基本养老金应该立足于在更广泛的费（税）基上进行筹资。比如可考虑通过适当提高增值税的方式，并相应大幅度降低目前的养老保险费率。这有利于在不对劳动力市场造成很大扭曲的前提下筹集更多的资金。

2. 养老金制度的缴费率从目前的28%下调为8%，并全部进入第二支柱的个人账户，使个人账户成为完全积累的。

3. 个人账户基金投资于金融市场②，根据他的测算，可提供约35%的替代率。Feldstein 指出，与现收现付制相比，完全积累的个人账户制度可以使对未来养老金待遇的承诺更加可信、实现更高的回报率，并对金融市场发展产生更重要的影响。

在 Feldstein 看来，中国如果实施积累制，只需相当于原缴费率的1/4就可以提供与旧制度相同水平的养老金待遇。也就是说，在现收现付制下20%的费率提供的养老金待遇，在积累制下5%的费率就可以实现③。

（二）建立名义个人账户制度

名义个人账户计划实际上是现收现付制和确定缴费型计结合的产物，与传统的现收现付制不同，它通过引入个人账户并使其精算公平，能够在缴费和受益之间建立起密切联系。与积累制计划类似，雇主和雇员的缴费全部记入个人账户，但它只是一个名义账户，当期缴费实际上仍然用来支付当前退休人员养老金待遇。名义个人账户的回报率不是在金融市场上进行投资获得的，而是由政府规定的，根据生产率增长、劳动力增长和其他经济与人口因素决定④。

瑞典是第一个引入名义个人账户的国家，在20世纪90年代，为缓解因人口老龄化带来的财政负担，瑞典对公共养老金制度进行了激进的改革，将确定受益型养老金制度转变为名义的确定缴费型养老金制度。名义个人账户规模为职工工资的16%，回报率平均工资增长率挂钩。在名义个人账户之上，还建立了积累

---

① See Feldstein and Liebman（2005），Feldstein（1998）.

② Feldstein 和 Kotlikoff 对改革公共养老金制度的观点基本相同，但是在个人账户基金如何投资方面存在差别。Feldstein 主张投资决策由个人账户所有者负责，像美国的401（k）计划一样，Kotlikoff 更赞同个人账户基金由一个机构统一管理和投资以降低运营成本。

③ 根据世界银行的估计，在今后几十年中，中国的实际工资总额增长率为7%左右或更低，Feldstein 用7%作为现收现付制的回报率。根据邹至庄的估计，工业资本的边际产出为17%，保守起见，Feldstein 假定未来资本的真实回报率为12%，这就是积累制的回报率。平均投资期限则是30年。

④ 名义个人账户的回报率既可能高于也可能低于积累制的回报率，这取决于资本市场情况、工资增长率、人口变动情况和其他因素。

制个人账户，规模为职工工资的2.5%。瑞典的养老金制度并没有对开始领取养老金的年龄做统一规定，在年满61岁后，可自主决定从哪一年开始领取养老金，没有上限，不论年龄多大，只要继续工作就可以积累养老金权益，甚至是边领取养老金边积累养老金权益。当人们退休时，根据名义个人账户内积累的资金额多少，再除以计发系数，就换算出了养老金水平。每个退休年龄所对应的计发系数根据预期寿命变化情况进行调整。为确保养老金基金收支平衡，瑞典还在此基础上引入了自动平衡机制，一旦生育率、人口增长率、劳动力参与率、生产率增长率等因素发生不利于基金收支平衡的变化，导致养老金制度的资产与负债不匹配的情况，自动平衡机制就会启动，名义个人账户的回报率和年金指数就会进行调整，以消除资产与负债的不平衡①。

瑞典之后，波兰、拉托维亚、意大利等一些国家也纷纷建立了名义个人账户制度，这一改革方向也引起了越来越多经济学家和决策者的关注。Takayama（2003）指出，瑞典的改革模式是日本克服当前养老金制度困境的唯一可行出路。Oguchi（2001）也认为，无论养老金制度是否私有化，努力实现精算公平和平衡代际之间的养老负担都是至关重要的。

在中国，名义个人账户也被逐步认可②。李剑阁指出，中国目前的情况下，养老保险采用名义个人账户具有明显优势，因为中国已经建立了个人账户，只需对其进行技术上的调整以实现精算公平即可，进一步将其改造为积累制个人账户并无必要。

（三）维持目前现收现付的确定受益型，并对制度参数进行必要调整

一些经济学家和机构认为，公共养老金制度还是要坚持现收现付制和确定受益制这两大特征（见Diamond和Orszag 2005；ILO，2001；Aaron，2005；Tachibanaki，2002）。正如国际劳工组织指出的，在现收现付的确定受益型养老金制度下，风险是由各方集体承担的，而在个人账户制度下，风险将由个人承担，养老金改革不应当弱化风险在参加计划的全体成员间进行分担这一社会团结机制。实际上，人口老龄化对现收现付制和积累制都会造成冲击，区别只是在现收现付制下这一冲击比较透明的，而在积累制下传导机制更加复杂。而且在一些国家，难以预期的宏观经济和政治风险会使制度积累的基金耗竭③。

因此，不仅无需建立完全积累制个人账户，引入个人账户也并不必要，对养老金制度的参数设计进行调整就可以实现长期收支平衡的目标。以Diamond - Orszag对美国社会保障制度的改革计划为例。根据该计划：（1）为抵

① 瑞典养老金制度的自动平衡机制及其他方面的具体情况，详见Settergren（2001）和Palmer（2002）。

② 如李剑阁（2005）和郑秉文（2003）。

③ 见ILO（2001）。

消预期寿命延长带来的社会保障成本，他们建议采取增加税收和减少待遇双管齐下的做法，一半的成本通过削减待遇解决，一半的成本通过提高工薪税税率解决。(2) 按照比平均工资增长高 0.5 个百分点的比例每年提高工薪税税基，同时对高于税基的收入部分再按照 3% 的税率开征特别税。(3) 逐步削减高收入者的养老金待遇。根据目前政策，在基本保险额最高一档，每美元的工资收入对应着 15 美分的养老金待遇①，计划建议，对新退休者这一档收入对应的养老金待遇，每年削减 0.25 美分，直到削减到 10 美分。(4) 要求州政府和地方政府新雇佣的工作人员必须参加联邦政府的养老保险计划②。

Diamond 和 Orszag 指出，他们这一计划对职工养老金待遇水平和工薪税税率的调整是很小的。对一个 45 岁的获得平均收入水平的职工，养老金水平的削减只有不到 1%；对 35 岁的职工，养老金水平的削减不到 5%；对 25 岁的职工，养老金水平的削减不到 9%。对低收入职工而言，受到的影响就更小。工薪税税率将从目前的 12.4% 提高到 2035 年的 13.2% 和 2055 年的 14.2%，也是完全可以承受的。

六、何种方案对中国和日本更合适：对不同养老金改革思路的分析

(一) 养老金改革方案分析的一个基本框架

评价养老金改革方案的最主要标准有以下几方面：

1. 成本最小化。在给定时期内，因为人口老龄化和养老金改革给制度带来的新增成本应尽可能的小。

2. 灵活性。我们说养老金制度更加灵活，是指在不需要外生政策调整的情况下，不利冲击对养老金基金收支平衡产生的影响应尽可能的小。

3. 效率性。一个有效率的养老金制度就是对劳动力市场和其他经济活动造成的扭曲尽可能小的制度。

4. 风险分担。因为不利的经济、金融、人口因素冲击造成的风险应该在与养老金制度相关的不同群体之间进行分担，且养老金制度面临的总体风险应尽可能的小，仅由一方承担全部风险不是一个好的选择。

5. 公平性。每个退休者（乃至每个老年人）的基本生活应该能够通过养老金制度得到必要保障。

养老金改革方案的可行性和有效性至少应根据以上五方面的标准进行评价。

(二) 对完全积累制个人账户方案的评价

与传统的现收现付制公共养老金制度相比，完全积累制个人账户最主要的优点是它的灵活性和效率性。(1) 在面临生育率下降的不利冲击时比 PAYG 有更

---

① 详见 Harvey S. Rosen *Public Finance* 7th edition McGraw - Hill 2005。

② 目前，美国联邦政府的新雇员必须参加养老保险计划 OASDI，有些州和地方政府则没有。

强的应对能力，因为它可以进行自动调整。(2) 具有更好的激励相容性。因为缴费和受益之间的关系是透明的，职工缴费将被视为自己的储蓄而非税收，对职工进行工作——闲暇决策时的影响是中性的，对劳动力市场不会产生负面影响。而在PAYG下，逃避缴费是一个比较严重的问题①。(3) 有利于促进资本市场发展，便利劳动力的流动。

但是，完全积累制个人账户却不能够较好地满足公平标准和风险分担标准。(1) 缺乏内在的收入分配机制，低收入职工难以为他们的退休生活进行足够的收入积累，基本生活难以得到保障。(2) 风险分担机制不健全，长寿风险和金融市场波动的风险主要由退休者个人承担。首先，在退休者预期寿命延长的情况下，由于个人账户积累的资金总额是固定的，年均养老金水平将会下降。其次，在人口老龄化的情况下，大批退休人员需要变现其金融资产以获得养老金。如果变现的是股票资产，会压低股票价格，进而降低养老金水平。如果是银行存款，则可能造成通货膨胀压力，同样损害养老金的实际购买力。其他方面因素对金融市场的冲击也会影响的养老金水平。(3) 由于私人养老金计划多为完全积累制个人账户②，公共养老金计划也采用完全积累制个人账户的话，实际上是“将鸡蛋装在一个篮子里”，难以实现风险分散。

在面临人口老龄化时，完全积累制个人账户能否更好地控制养老金制度的成本，也有激烈争论。一些经济学家将控制成本作为引入该计划的一个主要优点，但是这在很大程度上取决于能否促进经济增长、能否获得更高的回报、能否有效控制计划的管理成本以及隐性养老金债务的规模有多大等因素。在我们看来，就日本和中国而言，完全积累制个人账户并不具有这方面的优势。

第一，完全积累制并不一定能够促进经济增长。有的经济学家认为完全积累制能够提高储蓄，促进资本积累，进而推动经济增长③，但是实际上，两者之间的关系是复杂的。(1) 只有在积累制计划不断发展壮大的过程中才有可能增加储蓄，一旦计划成熟，在职职工缴费进行积累对储蓄的正效应将完全被支付养老金对储蓄的负效应所抵消。(2) 即使在积累制计划发展壮大的过程中，强制性储蓄增加的效应也很可能被自愿性储蓄减少的效应部分或完全抵消，因为储蓄的主要功能就是平滑终生消费④，只要积累制计划提供与PAYG计划大致相同的养老金水平，它就未必在增加储蓄方面发挥多大作用。(3) 即使能够增加储蓄，但更高的储蓄也并不必然提高经济增长速度，特别是在中国和日本这样储蓄率已

① 据日本1998年的调查，应向公共养老金制度缴费而未缴费的有23.4%，15%应参加公共养老金制度的企业没有参加（见Tachibanaki，2002）。

② 日本自从2001年将确定缴费型引入企业年金计划以来，很多公司已经将原来的确定受益型计划转为确定缴费型计划。

③ Feldstein在他1974年的论文中指出，PAYG使美国的私人储蓄降低了50%，资本存量降低了38%。

④ 当然储蓄也有预防性动机和遗产动机，但是不影响此处的结论。

经很高、经济主要受到消费需求约束的国家。实际上，从经济理论上分析，只有在经济处于动态效率的情况下，完全积累制会比 PAYG 更有利于经济增长。然而，正如 Yuan（2004）指出的，中国实际利率要低于实际工资增长率，经济处于动态无效率状态。在日本，经济是否处于动态效率状态，也有争论①。

第二，完全积累制计划并不必然能够获得比现收现付制更高的投资回报，从表 7 可以看出，中国的经验数据并不支持 Feldstein 关于积累制能够获得更高回报的观点。从 1998—2005 年，中国工资增长率达到 160%，而金融市场的回报率不足 30%，如果部分养老金基金投资于股票市场的话，回报率甚至将进一步降低。考虑到日本近些年来糟糕的股票市场以及名义利率长期处于零或接近零的水平，这一结论应该也是成立的。

表 7　　　　中国 PAYG 和完全积累制回报率参考指标的比较

年份	1998	1999	2000	2001	2002	2003	2004	2005	total return rate：1998－2005
上海股票价格	1146	1367	2073	1646	1358	1497	1267	1161	
股票市场回报率	－4.02	19.25	51.73	－20.62	－17.52	10.27	－15.4	－8.33	1.31
5 年期存款利率	4.5	2.88	2.88	2.88	2.79	2.79	3.6	3.6	29.04
积累制平均回报（以上两个指标的平均）	0.24	11.06	27.3	－8.87	－7.36	6.53	－5.9	－2.36	15.18
工资增长率	6.6	11.6	12.3	16	14.3	13	14.1	14	160.36

资料来源：中国统计年鉴。

第三，制度变迁的路径依赖特性也在很大程度上制约了完全积累制个人账户的建立。由于中国和日本都已经建立了现收现付制养老金计划且运行了很长时间，如果要进行转型的话，那么就制度下形成的隐性养老金债务将会显性化，需要政府承担。这绝非一个小数目。如图 4 所示，日本的隐性养老金债务约相当于 GDP 的 300%，中国据估计也达到了 GDP 的 140%②。因此，如果中国和日本向

① Abel etc.（1989）认为日本经济在 1960—1984 年间是动态有效率的，但是 Kookshin（2003）发现这一结论在 1984 年以后不能成立。Sakuragawa（2003）发现，日本经济在过去 20 年符合 Diamond 多部门模型标准的动态效率，但是，将公共部门引入后则处于动态无效率姿态。

② See Yvonne Sin（2005）.

完全积累制养老金制度转型的话，财政负担不但不会减轻，还会进一步加重。

第四，完全积累制个人账户的管理和运营成本也相对更高（特别是对中国而言）。由于职工工资收入相对较低，个人账户基金无论从流量还是存量来看都是比较小的，由于管理和投资中的固定成本与“规模经济”现象，规模更小的个人账户意味着更高比例的管理费用支出，进而大大拉低实际净收益率。如果个人账户基金由公共机构集中管理，虽然有利于控制成本，但是可能给金融市场带来政治风险，即使进行指数化投资也不例外。

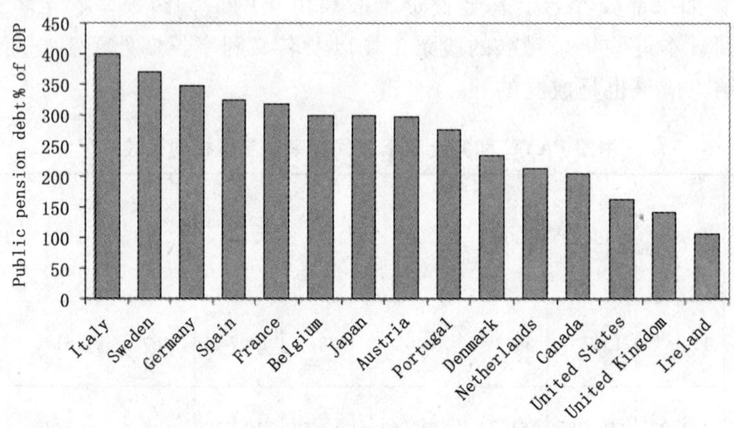

图 5　日本和其他国家的隐性养老金债务

资料来源：Richard Hinz 2003 pension Reform around the world www. world - pension. org/docus/cuatro12. pdf。

（三）对参数改革方案的评论

迄今为止，世界各国已经发放出去的养老金待遇中，绝大多数是在现收现付的确定受益型养老金计划下支付的。现收现付的确定受益型计划至今仍然是很多国家公共养老金制度的主要支柱甚至是唯一支柱。现收现付的确定受益型养老金计划的主要优势就在于能够通过收入再分配来减轻老年人口中的贫困问题，促进社会公平。它也能够实现在政府、企业、个人之间以及代际之间的风险分担，特别是它极大地改善了制度初建期退休的那一代人的福利水平。但是，现收现付的确定受益型养老金计划也存在很大的缺陷，如缺乏灵活性，对经济效率造成的损害等，在人口越来越老龄化的背景下，以上问题会日益严重。

理论上分析，在现收现付的确定受益型养老金计划中，我们可以通过提高缴费率、削减养老金待遇、推迟退休年龄等措施恢复养老金基金的平衡，而无须对制度框架进行大的变革。但是在实践中，这些做法很可能招致政治上的抵制或面临经济上的制约。因此，对中国和日本来说，仅仅是零敲碎打的调整并不一定是合理的选择，因为他们面临着快速的老龄化进程，而且中国的养老保险缴费率已经达到28%，提高的空间实在已是非常有限。

与中国和日本相比，美国在进行“零敲碎打”的改革方面处于更有利的地位。首先，美国未来的人口老龄化程度要比日本轻的多，这主要是因为每年大量移民的进入①。到2050年，美国的老年抚养比仅为35%左右，相当于日本的一半，甚至比中国还要低。这意味着美国能够以较低的成本和费率继续维持现行的养老金制度。第二，美国目前的养老金缴费率只是11.2%（加上伤残保险和医疗保险也只有15.3%），而中国养老金缴费率已经达到28%。在提高费率方面的空间方面美国比中国大得多。

此外，在目前，通过一般预算收入作为公共养老金制度的主要资金来源在中国目前是行不通的。这是因为，和日本不同，中国的养老金制度只是覆盖了城镇正规就业人口，如果通过一般预算收入融资，则必须将城乡居民中所有达到年龄的居民纳入制度覆盖范围，这超出了中国经济和财政的承受能力。

概括来说，维持现收现付的确定受益型养老金计划在实现公平方面有一定优势②；也能够实现政府、企业和职工之间，在职和退休之间的风险分担。但是它在灵活性和效率方面存在较大问题，因为在该制度下待遇调整具有较强的刚性，且缴费激励机制较弱，进而使维持制度运行的成本较高，对经济运行造成的扭曲较大。正是由于以上弱点，一些国家近年来部分或全部地放弃了这一制度。

（四）对名义个人账户方案的评论

正如本文上面提到的，名义个人账户方案与积累制个人账户方案在很多方面是相同的，因此他们的优缺点也有很多是一样的。（1）与现收现付的确定受益型养老金计划相比，名义个人账户在灵活性和效率方面同样有优势。在人口老龄化的情况下，名义个人账户下的养老金水平也会受到影响，但是这一调整更加容易理解和被人接受，且是自动进行的。（2）由于名义个人账户制度养老金待遇的调整更加容易和及时，它的缴费率和总成本也要比现收现付的确定受益型更低。（3）和积累制个人账户一样，名义个人账户也缺乏有效的风险分担功能和救济贫困功能，对低收入职工，名义个人账户不能保证为他们提供足够的退休收入保障，这意味着名义个人账户不能实现公共养老金制度的全部目标。因此，名义个人账户有必要辅之以其他补充性制度安排。

名义个人账户方案在以下两方面要优于积累制个人账户方案。（1）可以避免实行积累制个人账户时必须由财政负担的转轨成本，这是一个重要的优点。因为对中日这样的国家而言，由于养老金制度已经比较成熟，转轨成本不是一个小数目。有些经济学家可能会说名义个人账户不能像积累制个人账户那

---

① One important reason is the immigration to America.

② 对美国社会保障制度的研究表明，决定同一代人内部再分配的因素除了收入水平外还有很多，比如还有从寿命短的人向寿命长的人进行的再分配，从单身者向已婚者进行的再分配，从长时间就业职工向短时间就业职工的再分配。由于高收入者通常有更长的寿命并得到更多的配偶待遇，基本养老金计发办法本身的累退性在很大程度上被抵消了。见Feldstein（2002）。

样进行真正的资金储备。但正如 Góra 和 Palmer（2004）指出的，如果我们认识到名义个人账户实际上是持有政府隐性长期债券的基金，那么名义个人账户与积累制个人账户的真正区别不是能否进行资金储备，而是回报率的来源和高低。名义个人账户只有一种资产，隐性政府债券（实际滚存结余部分当然也可进行其他投资），而积累制个人账户可以投资于其他金融工具。一个只购买政府债券的积累制个人账户计划本质上也是名义个人账户，同时还有额外的债券发行和管理费等交易成本。因此，除非积累制个人账户的回报率能够高于名义个人账户的回报率加转轨成本——这是很困难的，否则它就没有优势。（2）名义个人账户在风险分担方面也要优于积累制个人账户，因为它的回报率不是来源于金融市场，因此它的回报率与私营养老金计划的回报率之间的相关性要比积累制个人账户的回报率与私营养老金计划的回报率之间的相关性更弱，这更有利于分散风险。当然，名义个人账户和积累制个人账户相比也有缺陷，它的有效性很大程度上取决于回报率及自动平衡机制的设计，如果在这方面不够科学，养老金基金的收支平衡仍然可能会受到影响。表 8 根据上述 5 个标准对三种改革方案的优缺点进行了概括。

表 8　　不同改革方案比较表

	完全积累制	现收现付的确定受益制	名义个人账户
成本标准	如果考虑到转轨成本，总成本要高于名义个人账户	比名义个人账户要高，因为待遇水平调整困难	成本比前两者要低
灵活性标准	灵活性强	不够灵活	比现收现付的确定受益制灵活，但是稍逊于完全积累制
效率标准	对经济效率影响不大	对经济效率影响要大于其他两个方案	对经济效率影响不大
风险分担标准	没有政府、个人、企业之间的风险分担机制，主要由退休者承担风险	比其他两个方案更好地化解退休者的收入风险	稍好于完全积累制
公平标准	不够公平，但是可以通过建立基本养老金制度弥补	更公平些，但是并不像制度表面设计得那样公平，因为低收入者在预期寿命方面可能要更低	不够公平，但是可以通过建立基本养老金制度弥补

（五）以名义个人账户为主导的多支柱养老金制度是中日两国的最佳选择

从以上分析我们可以看出，各项改革方案各有优缺点，这是因为养老金制度的评价指标体系是多维的，没有一项方案能够在每个维度的评价中全面优于其他方案。因此，多支柱混合方案应该是最好的，但是每个支柱的定位必须明确。大致来讲，名义个人账户要比其他两个方案更对中国和日本具有吸引力，因为它保留了完全积累制的主要优点，同时避免了向完全积累制转型需要解决的巨额转轨成本问题，而且，一些实行名义个人账户的国家在确定回报率和设计自动平衡机制方面存在的不足属于技术层面的问题，是可以克服的。至于为贫困老年人提供收入保障功能，可以通过在名义个人账户之下的基本养老金支柱解决。与传统的现收现付确定受益型养老保险制度相比，该方案不是将平滑消费的功能与社会救济的功能整合在一起，而是分别赋予名义个人账户支柱和基本养老金支柱，可以更大的透明度、更低的成本和更少的扭曲实现同样的目标。

总的来看，对中国和日本这样已经建立了比较成熟的现收现付养老金制度且面临人口老龄化的国家，建立以名义个人账户为主导、以发挥再分配职能的基本养老金制度为补充的多支柱养老金制度应是一个比较理性的选择。完全积累的个人账户不应成为公共养老金制度的重要组成部分，当然，如果存在比较发达的资本市场，且公共财政能够负担，也可考虑在名义个人账户之上建立一个小规模的积累制个人账户，如同瑞典那样。

具体到日本而言，当前第二层次的职工养老金计划应当被改造为名义个人账户①，雇主和雇员的缴费应当被记入个人账户并按照政府根据经济和人口因素确定的回报率记息，养老金受益水平要根据精算公平的原则确定。第一层次的国民养老金可基本维持目前的框架但是筹资要进一步以政府预算安排而非个人缴费为主。

具体到中国而言，目前正在一些地区进行做实基本养老保险个人账户试点，从上面的分析中，我们可以发现这既无必要，也面临着很多具体障碍。由于中国已经建立了个人账户，下一步要做的是使它更加精算公平并扩大其规模。除职工个人工资8%的缴费进入个人账户外，企业缴费的相当一部分也应当进入个人账户，使名义个人账户成为公共养老金制度的主体。至于第一层次的基本养老金，由于养老金制度近期难以实现全面覆盖，因此仍应以企业和职工缴费为主，在将来，可考虑通过一般预算收入融资的方式，建立覆盖全民的基本养老金制度。

七、中国能从日本的经验中学到什么

尽管日本的养老金制度同样面临着一些严峻的问题和继续改革的迫切性，但是中国仍然可以从日本的养老金制度及其改革经历中吸取一些经验。

（一）养老保险的统筹层次还应进一步提高

日本的公共养老金是全国统筹的体制，所有企业的缴费率是统一的，基金也

① 在转向名义账户制的过程中，如何将在旧制度下积累的权益具体体现在账户中是一个需要解决的问题，限于篇幅，本文对此不做展开讨论。

是全国统管。考虑到中国比日本大得多，且地区发展差距大，中国实现全国统筹面临得困难要更大，但是为促进公平竞争和提高基金抗风险能力，至少应将现在的县市级统筹尽快统管到省级统筹。

（二）企业职工和公务员的基本养老金制度应实现统一

在日本，第一层次的国民基本养老金制度是统一的，并正在考虑将第二层次的职工养老金统一起来的问题。在中国，企业职工和公务员的养老金制度是完全分离的，待遇水平差异较大，引起了一些矛盾，有必要将不同群体的公共养老金制度统一起来。

（三）养老金待遇的调整应更加灵活

2004 年，日本引入了自动调整机制，根据参保职工数量和预期寿命变化情况来调整养老金水平。中国 2005 年也已经改变了简单地将个人账户储存额除以 120 来计发养老金的办法，但是没有建立起根据人口预期寿命变化进一步调整养老金水平的机制。建议国务院未来不在文件中具体规定计发系数，而是给予根据经济、人口和社会指标确定计发系数的公式，定期根据公式对此进行调整，以增强灵活性。

（四）应加大力度，促进职业年金发展

职业年金是公共养老金制度的重要补充，一个发展比较充分的职业年金支柱能够减轻公共养老金制度面临的压力，并分散人们的退休风险，还有利于为资本市场和公司治理培育一批有战略眼光的机构投资者。2005 年底，日本已经有 1950 万名职工参加了职业年金计划，相当于参加第二层次职工养老金制度的人数的 60%，积累的资产达到 GDP 的 20%。相比而言，中国的职业年金计划发展的仍然过于缓慢，覆盖面只有 600 万人左右，积累的资产不足 GDP 的 1%，有考虑进一步完善有关的财税优惠政策以促进职业年金计划的发展。

（五）养老保险费率应控制在合理水平并尽可能拓宽费基

尽管日本老年人口比重远高于中国，但是养老金缴费率只有 14% 多一些，而中国的缴费率已经达到 28%。此外，日本的费基要比中国的更宽，所有工资和奖金等收入都包括在内，这更加公平也有利于以更低的费率筹集同样规模的基金。中国有必要在近期适当调低缴费率，以为人口老龄化高峰到来时的政策调整留下一定余地。同时，努力夯实缴费基数，将工资、津贴、奖金等各类收入纳入缴费基数。此外，女性退休年龄——目前女职工仅为 50 岁——也应逐步增加，这既是提高女职工工资收入和养老金水平，也有利于促进基金的收支平衡。

八、结语

在可预见的将来，人口结构变迁和老龄化是中国和日本必须面临的严峻考验。两国已经进行的养老金改革在应对老龄化方面产生了积极的效果，但进一步的改革是必要的。本文在对两国严峻的老龄化形势及其对养老金体制和公共财政产生的影响进行分析的基础上，根据成本最小化标准、灵活性标准、公平性标准、效率标准和风险分担标准研究了不同改革方案的优缺点。文章结论是，对中国和日本这样已经建立了比较成熟的现收现付养老金制度且面临人口老龄化的国家，建立以名义个人账户为主导、以发挥再分配职能的基本养老金制度为补充的多支柱养老金制度应是一个比较理性的选择。

（2006 年）

澳大利亚"三支柱"养老保障制度对我国的启示

澳大利亚由于实行较为宽松的移民政策，近年来人口增长较快，2008 年达到 2160 万人，主要集中在东南西部沿海地区，2007 年 65 岁以上人口占总人口 11.7%，人口老龄化较为明显。为应对日益严重的老龄化问题，澳大利亚政府在改革和完善养老保障制度方面进行了很多探索和实践，值得我国借鉴。

一、"三支柱"的养老保障制度

20 世纪 80 年代中期以前，澳大利亚只有联邦政府提供的基本养老金和自愿性的职业年金两种养老保障制度。前者是符合一定条件的澳大利亚公民所享有的一种福利，作为财政支出的一部分来源于一般税收收入，目的是满足最基本的生活需求，虽然覆盖面广，但保障程度很低；后者是一些雇主为吸引并留住某些特殊员工或为了奖励业绩优秀的老雇员而提供的，覆盖面很窄。为了应对老龄化的冲击，增进国民福祉，20 世纪 80 年代中期以来，澳大利亚政府实施了一系列改革，建立起了基本养老金、超级年金计划和自愿性补充超级年金相结合的"三支柱"养老保障制度。

（一）第一支柱——政府提供的基本养老金

这是一种非缴费型养老金制度，源于 1908 年澳大利亚联邦政府颁布的《残疾抚恤金和养老金条例》，并从1909年起正式在全国范围内推行。基金养老金的资金由联邦政府一般预算安排，对领取资格有严格限制，必须同时满足退休年龄(男满65岁，女满60岁，2015年女性将提高至65岁)、在澳大利亚累计居住年限以及收入和资产审查等三个条件。其中，最有特点的是收入和资产审查。

澳大利亚政府针对不同情况的退休人员，制定了详尽的收入和资产审查测算表，并根据经济发展水平、物价状况等因素及时进行调整。在现行的收入和资产审查标准下，以单身退休人员为例，收入审查方面，如单身退休人员月收入(超级年金作为退休人员收入之一纳入审查范围）不足138澳元的，可以领取全额养老金的，月收入超过138澳元但不到1557.75澳元的，按每超过1澳元，月领取养老金扣减0.4澳元的标准确定基本养老金水平；如果月收入超过1557.75澳元的，不享有基本养老金领取资格；资产审查方面，如单身退休人员家庭资产在17150澳元（考虑退休人员拥有自住住房的情况下）以下的，可以领取全额养老金的最高资产限额，资金总额超过296250澳元但不到550500澳元的，每超过1000元，按月领取养老金扣减1.5元的标准确定基本养老金水平；如果资产总额超过550500澳元的，不享有基本养老金领取资格。收入和资产审查分别进行，按就低原则，以审查后家庭收入和资产对应较低的标准发放基本养老金。目前，澳大利亚领取全额基本养老金的老年人占全部适龄人口50%，25%的老年人领取差额养老金，25%的老年人因不满足资产和收入审查要求，不能领取养老金。基本养老金替代率为男性周工资的27.7%左右。

(二）第二支柱——超级年金

超级年金原来是一种为政府公务员和部分白领员工提供的雇员养老金。1985年，澳大利亚工会与当时的工党政府之间达成妥协，同意用超级年金计划缴费(即强制雇主为员工的计划缴费）换取当期工资收入的增长，以抑制期工资水平不断上涨的趋势。这一安排极大的提高了超级年金计划的覆盖率，尤其是覆盖到了低收入人群。1992年，澳大利亚联邦政府出台了《超级年金担保法》，从制度层面进一步完善超级年金计划，规定所有雇主必须强制参加超级年金；雇主为雇员缴纳超级年金的缴费比例不得低于雇员工资的3%，2002—2003年度将提高到雇员工资水平的9%；对不为雇员缴费的雇主实行税收处罚。1994年，澳大利亚政府颁布了《超级年金监管条例》，对超级年金的监管做出了明确规定。超级年金既可以一次性领取，也可以定期分次领取。目前，澳大利亚政府规定的领取资格是年满55岁之后退休（2024年后将调整为年满60周岁)，或者完全丧失劳动能力。经过多年发展，超级年金已经覆盖了澳大利亚90%以上的就业人员，其提供的养老保障在整个养老体系中占据了最重要的地位。据澳大利亚有关基金公司测算，参加超级年金计划35—40年，预计替代率可以达到40%。为了支持超级年金发展，政府在税收优惠、行业监管等方面出台了一系列的政策措施。

1. 税收优惠。澳大利亚政府给予超级年金计划（适用于除收入极低的员工之外的所有人员）的税收优惠待遇的力度，比给予其他任何储蓄和投资所得的税收优惠待遇的力度都大。澳大利亚政府规定，在超级年金的缴费、投资收益和领取等三个环节均按照15%的优惠税率征收所得税。相比之下，企业的所得税率为36%，个人的边际所得税率最高可达47%。另外，从1996年起澳大利亚政府引入了超额年金附加税，提高了高收入群体的超级年金的有效税率，抑制部分高收入群体将部分工资以雇主缴纳超级年金方式发放的倾向，以促进社会公平。

2. 审慎监管。超级年金完全实行市场化运营，参保人可自行选择将其养老金交给哪家养老基金公司管理，并根据自己的风险偏好决定投资组合。目前，澳大利亚超级年金的主要投资方向包括投向国债、基金、房地产、本国股市和海外股市等。为了规范市场，避免基金公司激进经营行为可能对参保人利益的损害，澳大利亚采取了审慎监督管理局（APRA）和澳大利亚股票和投资委员会（ASIC）协同配合的“双峰”监管，从市场准入、风险评估、交易行为监督、信息公开等方面实施了严格的监管。其中，澳大利亚审慎监督管理局（APRA）负责制定监管条例，监管受托机构、基金投资机构的行为，评估其风险水平；澳大利亚股票和投资委员会（Australian stock and investment commission，ASIC）负责基金公司投资行为监管，制定信息公开的标准并监督其实施，建立消费者保护和信息披露机制。

（三）第三支柱——自愿性补充超级年金

自愿性补充超级年金由雇主、雇员自愿缴费及投资收益形成，退休时可一次性领取，主要包括以下几类：

一是部分大公司和公共部门，为雇员缴纳的缴费高于超级年金制度规定的最低缴费。但是，不同雇主提供的超额缴费差别较大，并且取决于雇主对雇员受雇时间长短和人力资源管理方面的考虑。近年来，随着超级年金最低缴费率的提高，雇主缴纳超额缴费的现象开始减少。

二是部分雇员与雇主之间达成协议，从税前工资中支付额外的超级年金缴费。目前，政府规定的可以享受税收优惠的雇主缴费的上限较为宽松，从而使雇主与雇员之间的这种安排较为可行和普遍。

三是在符合法规要求的情况下，雇员通过直接缴款或从税后工资中扣除的方式，向超级年金计划进行自愿缴费。另外，自雇人员可以通过加入个人超级年金计划，享有税收优惠待遇。

四是已加入超级年金计划的雇员为其配偶的缴费。超级年金计划的设计初衷是与就业挂钩的，不适用于未被雇佣者。但是，从1997年1月起，雇员可以为没有工作的配偶缴纳超级年金，并且最初的3000澳元缴费可以获得18%的税收折扣。这一措施实际上削弱了超级年金制度与职业的关联程度。

二、澳大利亚基本养老保险制度的主要特点和存在的问题

澳大利亚养老保险制度改革的动因，一方面，是迫于人口迅速老龄化的压力；另一方面，也是为了更好地分担责任、分散风险。目前，澳大利亚 65 岁以上老年人口已占总人口的 12%，且呈迅速增长趋势，仅靠税收维持年金，政府已不堪重负；而继续加大税负，将直接影响企业生产经营，拖经济发展的后腿，以至税源萎缩，反过来影响基本养老金来源，难以保障老年基本生活；因此，为保证国民在退休后能有基本的收入，必须开辟新的养老保险基金来源，这是在制度模式上选择“三支柱”架构的重要原因。总的来看，澳大利亚养老保险制度具有如下几个特点：

一是养老保障制度与国情相适应。在澳大利亚，人们在退休养老方面一直过度依赖政府的福利政策，为减轻日益加重的财政负担，政府也希望企业和个人分担养老保险责任，以分散风险，尤其是澳大利亚人没有储蓄的习惯，在养老金筹资方式上便需要对超级年金（第二支柱）采取强制缴费的做法，同时采用税收优惠和多渠道投资措施激励人们自愿缴费，为未来而储蓄投资。

二是政府与市场之间以及各级政府之间责任明确。澳大利亚养老保险体系中，国家与市场的责任非常明确。政府只承担有限的责任，为最需要帮助的中低收入老年人提供具有“济贫”性质的基本养老金，财政负担较轻。更高的养老保障主要通过市场机制，以超级年金的形式向参保人提供，在政府与市场之间分散了老龄风险。同时，以法律形式明确了基本养老保障属于联邦政府事权，州及地方政府不承担基本养老金的筹集和发放责任。

三是通过超级年金促进资本市场发展。经过近十多年来的发展，澳大利亚超级年金的资产规模由 1996 年 6 月的 2450 亿澳元发展到 2008 年 6 月的 11720 亿澳元，并在 2006 年 6 月超过当年澳大利亚 GDP 总额。养老基金的投资回报率，剔除了通货膨胀因素，一直保持在 2%—5%。目前，澳大利亚超级年金已经成为仅次于美国的全球第二大年金市场。

四是建立健全部门协同工作机制。为了保障政府基本养老金和超级年金制度顺利实施和基金安全有效运营，澳大利亚建立了完善的部门间协同工作机制，家庭和社区服务部、审慎监督管理局、证券投资委员会和税务局等部门各司其职，相互配合，形成较为严密的监管体系。

纵观澳大利亚养老保障制度，其主要优点在于制度设计简洁、衔接顺畅、权责清晰、监管有力等。但是，澳大利亚养老保障制度也存在一些问题，如基本养老金和超级年金存在此消彼长的关系。按照规定，超级年金或作为资产或作为收入计入基本养老金的核查范围，如果收入达到一定数额则领不到养老金，如果收入在规定数额内也会根据收入情况递减基本养老金。因此，澳大利亚很多退休人员倾向于一次性领取并尽快花掉超级年金，然后再申请领取政府基本养老金。目前，澳大利亚有关部门正在研究修改超级年金发放办法，鼓励退休人员分年度领

取超级年金，以使超级年金在提高退休人员生活水平和减轻政府财政负担方面的作用能得到更好地体现。

三、对我国的启示

澳大利亚养老保障制度已经有100多年的发展历史，制度体系相对完善，对我国养老保障制度的完善和改革具有借鉴意义。

（一）逐步建立相对统一的养老保障制度

我国养老保障制度碎片化趋势较为严重，除企业职工基本养老保险制度外，目前各地正在进行事业单位职工养老保险试点、新型农村社会养老保险试点和农民工养老保险试点，各项制度面对的人群不同，待遇确定办法和水平也不一致，极易引发群体间的政策攀比甚至社会矛盾。因此，建议借鉴澳大利亚经验，在充分考虑我国城乡经济发展不平衡等现实国情的基础上，逐步建立面向所有公民、全国统一的基本养老保险制度，为城乡退休人员提供最基本的退休生活保障。当然，缴费标准和待遇水平可以在区域之间、城乡之间有所区别。

（二）进一步理顺养老保障责任

进一步明确政府和市场之间、各级政府之间的养老保障责任。政府应当按照“低水平、广覆盖”的原则，为最广泛的社会成员提供基本的养老保障；同时，充分发挥市场机制的作用，通过鼓励人寿保险和商业保险的发展实现较高水平的养老保障。明确划分中央政府和地方政府之间以及地方各级政府之间在养老保障财权事权，在巩固和完善基本养老保险省级统筹的基础上，研究适时实行基本养老保险基础养老金部分全国统筹，充分发挥各级政府，特别是地方政府在促进养老保障事业发展中的作用。

（三）加强养老保险立法工作

在澳大利亚，《宪法》、《社会保障法》、《税法》、《超级年金保证法》、《超级年金行业监督法》等法律对于养老保险资金的税收、预算、管理、计发、监管等环节都有明确法律规定，形成了澳大利亚养老保障完整的法律体系。近期，我部与人力资源社会保障部共同研究起草了《关于试行社会保险基金预算的意见》，并由国务院下发。下一步，要大力做好社会保险基金预算的推进工作，促进养老保险基金的规范运行。同时，考虑到目前还没有出台专门针对养老保险的法律，建议继续推进出台《社会保险法》或出台单行的《养老保险条例》，对养老保险诸多环节立法加以确定。

（四）加强养老保险资金的监管

一是加快建立完善的社会保险信息网络，争取实现与公安、工商、税务、统计、银行等系统对接。通过技术手段杜绝养老保险收支环节的跑冒滴漏情况。二是建立严格的监督检查制度。定期或不定期对单位、个人进行检查，杜绝提前退休、虚报冒领、逃费欠费，加大对违法违规行为的惩处力度。三是加强对投资运营的监管。我国养老保险基金规模正在不断扩大，尤其是做实个人账户基金、企业年金这样实行完全积累制的基金都面临严峻的保值增值问题。如果投资方向扩大，必然面临投资风险。因此，应考虑着手建立对于基金运营的审慎监管机制，提示风险，控制风险，保证基金安全。

（2010 年）

四、医疗卫生部分

（一）思 路 篇

深化卫生医疗体制改革的基本思路及相关财政政策

卫生医疗事业直接关系到人民群众的切身利益，直接影响到全面建设小康社会和构建和谐社会宏伟目标的实现。近年来，我国卫生医疗体制改革已经引起了社会各界的高度关注。如何进一步深化我国卫生医疗体制改革，切实维护人民群众健康权益，需要我们在认真总结国内外卫生医疗改革与发展既有经验和教训的基础上，理清改革基本思路，并采取行之有效的措施。

一般来说，卫生医疗主要包括公共卫生和医疗服务两大层面。从国际实践和我国实际出发，本文将从公共卫生、医疗服务（医疗供给方面）、医疗保障（医疗需求方面）三个角度对卫生医疗体制改革进行阐述。

一、我国卫生医疗体制改革回顾

（一）计划经济体制下的卫生医疗体制

在计划经济时代，由于国家重视、指导思想明确、公共卫生体系比较健全，中国在经济发展水平较低、卫生医疗资源相对短缺的情况下，尽可能为大多数城乡居民提供了很低水平的、最基本的健康保障，取得了积极的成效。公共卫生方面，各级政府执行“预防为主”的卫生工作方针，把重点放在预防和消除传染性疾病等公共卫生服务上，积极开展疾病控制和预防保健工作，取得了举世瞩目的成绩。医疗服务方面，在城市形成了市、区两级医院和街道门诊三级医疗服务体系，在农村形成了县、乡、村集医疗、预防功能于一体的三级医疗预防保健网络，实施严格的计划管理方式和政府强有力的控制干预。医疗保障方面，在城市建立了覆盖企业职工及其家属的劳动保险医疗制度、覆盖机关事业单位职工的公费医疗制度及其家属的医疗费用补助或统筹制度，从20世纪60年代开始在农村建立起了覆盖绝大部分农民的合作医疗制度。总体上看，我国的卫生医疗事业取得了显著成绩，得到了国际社会的普遍认可。世界卫生组织在1978年召开的阿马阿塔（AlmaAta）会议上，将中国的卫生医疗体制推崇为世界范围内基层卫生推动计划的模范。

客观地看，任何一个国家的卫生医疗体制都是由其政治及经济制度所决定的。传统计划经济体制的种种弊端在卫生医疗体制上也暴露无疑，突出表现在以下方面：一是卫生医疗资源严重短缺。在传统计划时期，我国走的是一条优先发展重工业的道路，卫生医疗、教育等第三产业属于严重的“短缺资源”，城乡卫生医疗事业发展困难，农村缺医少药现象突出。二是服务水平和效率低下。国家包办一切，总体投入和专业技术教育赶不上医疗服务发展和群众卫生需求的迅速发展，卫生医疗服务只能维持低水平运行。三是存在较为严重的等级制和浪费现象。在计划经济体制下，个人财富占有的不公平问题不甚突出，但由地域、身份、权力等导致的卫生医疗资源占有不公平问题却很严重，不同群体之间享受的医疗保健差异巨大。

（二）改革开放以来的卫生医疗体制改革

改革开放以来，我国的卫生医疗事业发生了翻天覆地的变化，也给人民群众和社会经济带来了种种影响。1985年，国务院批转了卫生部起草的《关于卫生工作改革若干政策问题的报告》，其中提出：“必须进行改革，放宽政策，简政放权，多方集资，开阔发展卫生事业的路子，把卫生工作搞好”。由此，我国的卫生医疗体制改革正式启动。这一时期，与教育、文化等社会事业一样，我国卫生医疗事业突破了单一依靠政府的发展模式，在一定程度上调动了政府、社会、个人等多方面的积极性，各级政府也投入大量资金改善基础设施，卫生医疗的服务规模、服务条件、服务水平、服务效率都有了很大改善和提高。

1. 公共卫生方面。公共卫生技术能力和防控水平有了较大幅度的提高；公共卫生服务的领域有了较大范围的扩展，形成了以传染病控制、计划免疫、五大卫生（食品、劳动、放射、环境、儿童少年卫生）监督监测为支持的综合服务体系。存在的主要问题是：（1）管理模式没有适应经济体制的调整。现行的公共卫生管理体制仍有较浓的计划经济色彩，公共卫生机构陷入了“政府投入——机构人员膨胀——因缺乏足够的业务经费不能正常开展无偿服务——政府再投入机构再膨胀”的恶性循环。（2）服务体系条块分割。按照行政层级和专业领域设立的各类机构相互独立、职能交叉，如妇幼保健、计划生育、疾病控制、健康教育、地方病防治、结核病防治、血吸虫病防治等等。（3）公共卫生与医疗服务出现割裂倾向。公共卫生领域越来越强调预防医学的实验室检验检测技术和群体预防措施，医疗机构仅仅关注治疗个体的疾病诊疗，医疗与预防系统之间逐渐形成了一条难以逾越的鸿沟。（4）资源配置利用出现目标错位。一方面，大量的卫生资源消耗在城市特别是城市医疗服务上；另一方面，有限的政府投入还存在"撒胡椒面"的问题。

2. 医疗服务方面。自20世纪80年代以来，我国各种类型的医院逐步走向市场化，医疗服务的供给能力全面提高，基本上解决了"缺医少药"的问题。我国的医疗服务呈现出以下特点：（1）医疗服务机构的改革走向自主化。进入20世纪80年代后，国家相继提出一系列改革医疗服务机构的新政策，其核心内容就是"放权让利，扩大医院自主权；放开搞活，提高医院的效率和效益"。从运营性质来说，医疗服务机构转变成为以提供服务换取收入的组织，但在组织性质上依然是公立机构，即事业单位。相当一部分医疗机构依然可以获得财政拨款，因此被归类为差额拨款的事业单位，但其主要收入来源越来越倚重于服务收费和药品销售收入。（2）自主化改革引发供方诱导需求：医疗费用快速增长。由于政府监管不到位和第三方购买者缺位，加之医疗服务微观运行机制不合理，医疗机构的内部人事、分配、投资等制度存在诸多缺陷。医疗费用的超常快速增长已经成为当今最严重的社会问题之一。（3）公立医院仍占主导地位但其社会公益性严重淡化。我国的医疗管理体制和运行机制方面，有两个问题不容忽视：一是公立医疗机构的垄断局面还没有改变；二是公立医疗机构的运行机制没有理顺，客观上形成了靠市场筹资维持运行和发展的局面。目前，医疗服务的组织改革主要是在自主化的模式中打转，并没有走向法人化和民营化。

3. 医疗保障方面。改革开放后，为适应经济体制和社会结构的变化，我国的城乡医疗保障制度相继开始了改革探索。（1）在城市，社会医疗保险逐步取代了公费医疗和劳保医疗。1998年，国务院下发了《关于建立城镇职工基本医疗保险制度的决定》（国发［1998］44号），决定在全国范围内建立城镇职工基本医疗保险制度，并设定了"广覆盖"的目标，要求城镇所有类型单位的职工都必须参保。此外，作为基本医疗保险制度的补充，国家还建立了公务员医疗补助、企业补充医疗保险及大病医疗救助等制度。从目前城镇职工基本医疗保险制度的运行情况来看，还存在如下问题：一是没有实现应有的参保强制性，一些民营企业尤其是外资企业、机关事业单位以及经济困难的企业不愿意或者没有能力参保。二是保险基金支出失控，社会统筹与个人账户相结合的制度模式单纯强调对需方消费行为的约束，而对供方行为约束不足，难以起到抑制医疗费用上涨的作用。三是基金监管能力有限，医疗保险经办机构将主要精力放在对患者医疗费用的报销上，而没有发挥第三方购买者的作用，尚不具备与医疗服务机构进行谈判的能力。四是制度覆盖范围较窄，现有制度没有考虑到职工的家庭成员，因此大量的学生、儿童以及没有单位依托的老人没有纳入制度覆盖范围。（2）在农村，从传统合作医疗转变为新型合作医疗。2003 年，为切实解决农村居民因病致贫、因病返贫问题，中共中央、国务院明确提出，要在农村普遍建立新型农村合作医疗制度。2006 年按照国务院第 101 次常务会议和全国新型农村合作医疗工作会议精神，国家进一步扩大新型农村合作医疗试点范围，将试点县（市、区）数量扩大到全国县（市、区）总数的 40% 左右；2007 年扩大到 60%；2008 年在全国基本推行；2010 年实现新型农村合作医疗制度基本覆盖农村居民的目标。目前，在新型农村合作医疗试点过程中存在如下问题：一是新型农村合作医疗的保障水平还较低。二是新型农村合作医疗自愿参加的原则会造成农民的逆向选择。三是新型农村合作医疗重点保大病的运作模式令许多未得大病者感到吃亏，从而挫伤了其继续参保的积极性。四是由于新型农村合作医疗在不少地方实施报销制，且规定了较高的自付率，客观上形成获得报销的人向相对较高收入的家庭集中，从而形成国家有限的补贴向相对富裕者倾斜的不公平现象。五是许多地方政府出现筹资困难问题。（3）在城乡范围内，初步建立起困难群体医疗救助制度。近年来，我国的城乡医疗救助制度相继建立。2003 年，在全国范围内进行了农村医疗救助制度试点，到 2005 年底全国已普遍建立农村医疗救助制度。城市医疗救助制度也从 2005 年开始试点。地方政府也通过多渠道相应安排了一定比例的救助资金。目前，我国城乡医疗救助制度主要存在以下问题：一是由于资金渠道分散，政府支持力度不大，难以适应困难群体的医疗救助需求。二是受救助资金总量限制，医疗救助制度设立存在一定缺陷，起付标准过高、补偿水平过低，困难群体难获益。

二、正确认识和评价我国现行的卫生医疗体制

当前，由“看病难、看病贵”问题而引发的卫生医疗体制改革，已经成为人们普遍关注的社会和经济热点问题。2005 年 7 月，《中国青年报》以“国务院研究机构最新报告说中国医改不成功”为题，报道了国务院发展研究中心对我国卫生医疗体制改革研究报告的主要内容，引起巨大反响和争论。

目前，我国卫生医疗体制存在的问题，有些是历史形成的，有些与我国现阶段经济发展水平有关。我们要以正确的政策和战略来推动卫生改革和发展，一方面，要对当前卫生医疗领域存在的矛盾和问题进行深入全面的分析研究；另一方面，也有必要跳出仅仅就卫生谈卫生的思路，在经济社会转型的大背景下来思考卫生事业发展问题。

（一）要准确评价改革开放前后我国卫生医疗事业发展取得的成就，不能片面抬高计划经济时期的成就而贬低改革开放以来卫生医疗事业发展的成果

应该承认，建国后 60 年我国卫生事业取得的成就非常巨大，但是，当时中国卫生医疗事业发展中客观上也存在很多问题。此外，当时卫生事业的成就也不能完全归功于计划经济体制或卫生工作本身。改革开放以来，我国卫生医疗服务

水平和条件的改善是有目共睹的，人民的健康意识和医疗服务的可及性也都明显提高，以基本医疗保险、新型农村合作医疗、城乡医疗救助等为主的医疗保障体系正在不断推进。片面抬高计划经济时期卫生工作的成就而贬低改革开放以来卫生发展的成果，不是实事求是的态度，也不利于理性地制定科学合理的卫生发展战略。

（二）卫生医疗事业既不能完全交给市场，也不可能由政府包揽，当前问题不能主要归因于市场化，再走计划体制的老路是行不通的

对卫生医疗体制改革中出现的问题，要分清是因为改革方向出现偏差造成的问题，还是改革没有到位造成的问题或是具体操作中的问题。总的来看，近年来我国卫生医疗改革并未出现实质性进展，一方面，是由于既得利益集团的反对；另一方面，也是因为政府推进改革的决心和动力需要进一步加强。就目前我国卫生医疗领域内政府和市场的关系看，政府实际上存在“越位”和“缺位”并存，不能片面地得出已经过度市场化和政府缺位的结论。因此，在卫生医疗某些领域应进一步加强政府的主导作用，在另一些领域则需要加快推进真正的市场化改革，并强化政府监管职能。

（三）卫生医疗领域存在问题的根源在于改革进展缓慢，也与经济社会转型的大背景有密切关系

当前卫生医疗领域的确存在比较严重的问题，突出表现是“看病贵、看病难”。这些问题的主要原因是：一是近年来我国经济高速增长，人均收入明显提高，但由于收入分配不够公平，有些群体没有能够分享到增长的成果，对医疗服务需求缺乏基本支付能力。二是医疗保障制度不完善，医疗保险覆盖面较窄，新型合作医疗制度刚刚起步，城乡医疗救助的力度还不够。三是卫生医疗服务体制改革进展缓慢，医药费用上涨的原因不在于市场化本身，而是卫生医疗领域市场化改革的不规范，缺乏公平的竞争规则。四是政府对卫生投入力度不足，效率不高。

（四）卫生医疗体制改革必须服从和服务于社会主义市场经济体制改革的大背景、大框架

众所周知，改革开放以前，我国的卫生医疗服务体系所对应的是计划经济体制下相对稳定的城乡二元结构社会。一方面，城市大部分人口的医疗保障有赖于政府或单位的公费医疗体制；另一方面，在农村中建立起了三级医疗保障体制，并发展出了中外驰名的“赤脚医生”的模式，但正是人口流动率极低、绝大多数社会成员收入差距不大、缺乏个人选择的渠道等几个显著的计划经济体制特征，维持了这种成本低廉、覆盖率高的公共卫生医疗体制。在这一大背景下，卫生医疗体制改革中的问题，可以归集为是经济社会转轨中的问题，应通过进一步

深化改革，促进经济社会协调发展逐步加以解决。

（五）正确看待政府卫生医疗经费的投入问题，既要正视总体投入不足，又要看到客观的制约因素

客观地说，我国政府卫生医疗经费的投入占卫生总费用的比例相对偏低，总体上确实存在投入不足问题。但是，这种不足，不是简单的取与舍、紧与松的问题，其背后实质上隐含着很多的客观因素。首先是经济发展水平和财力实际状况，特别是我国财政收入占 GDP 的比重与其他国家相比明显偏低；其次是经济与社会发展的不协调，客观上也造成了社会事业的普遍投入不足；第三，不合理的制度设计和缺乏监管的服务行为加剧了投入不足的矛盾，目前我国的卫生医疗费用存在较大的浪费和超前消费，卫生消费总体上超前于经济发展。

四、推进卫生医疗体制改革的基本思路

我国目前正处于全面建设小康社会、构建和谐社会和推进社会主义现代化建设的战略机遇期。推进卫生医疗体制改革，要实施“经济和社会协调发展、城乡协调发展”的可持续性发展战略，坚持改革和投入并重，建立起适应社会主义市场经济体制、适应我国经济发展水平、适应人民健康需求和承受能力的、比较完善的卫生医疗服务体系。

（一）推进卫生医疗体制改革的基本原则

一是坚持把人民健康权益放在首位。卫生医疗事业发展和改革必须要以满足人民群众的基本卫生医疗需求为出发点和立足点，坚持健康导向、预防优先、质量至上的理念，确保卫生医疗体制改革向全民健康的方向发展，努力实现公平与效率的统一，使全体人民共享改革发展的成果。

二是坚持以科学发展观为指导。卫生医疗体制改革必须要坚持以人为本，促进医疗事业全面、持续、可协调发展，实现卫生医疗事业与经济增长、社会进步的同步发展，实现卫生医疗事业在城乡之间、区域之间、群体之间的统筹发展，实现卫生医疗事业在注重质量和效率基础上的健康发展。

三是坚持政府主导与市场结合。在社会主义市场经济体制的框架范围内，一方面强化政府基本卫生医疗的保障责任和政府的监管责任；另一方面，充分发挥市场机制的作用，打破垄断局面，鼓励和支持社会力量办医，形成多元化的办医格局。

四是坚持渐进式改革路径。要把卫生医疗体制改革置于市场经济体制改革和社会事业发展的大局之中，坚持从我国的基本国情和实际出发，立足现行的基本制度和体制，采取渐进、可控的方式稳步推进改革，不能走回头路，也不能采用激进的休克方式。

（二）推进卫生医疗体制改革的总体思路

一是按照政事分开、管办分开、医药分开、营利性与非营利性分开的方向，坚持政府主导、社会参与、转换机制、加强监管的原则，建立符合国情的卫生医疗体制，为广大群众提供安全方便有效合理的公共卫生和基本医疗服务。

二是按照职责明确、权责对等的原则，科学界定政府的卫生医疗职责，强化政府在提供公共卫生和基本医疗服务中的责任，强化政府对医疗服务、药品流通的监管，逐步建立各级财政间规范的卫生医疗经费投入机制。

三是按照政府主导和市场机制相结合的原则，积极完善多层次的城乡医疗保障体系，建立健全公立医疗机构管理体制、运行机制、激励机制，大力培育投资多元化、服务规范化的医疗服务市场主体，逐步建立满足不同需要的医疗服务体系。

四是按照合理布局、统筹兼顾的原则，整合卫生医疗资源，优化资源配置利用，着力提高农村地区、贫困地区、中西部地区和基层的基本卫生医疗资源的比重，合理统筹城乡之间、区域之间、群体之间的卫生医疗事业的发展。

（三）推进卫生医疗体制改革的政策措施

“十一五”期间是我国全面建设小康社会和构建社会主义和谐社会的关键时期，也是卫生医疗事业矛盾凸显与战略机遇并存的关键时期。卫生医疗事业必须要转变发展观念，创新发展模式，从以下几方面逐步推进卫生医疗体制改革：

1. 科学界定政府的卫生医疗责任。按照科学发展观和构建和谐社会的总体要求，围绕起点和过程实行公平的公共政策和制度安排，科学界定政府的卫生医疗职责，处理好卫生医疗领域中“政府失灵”与“市场失灵”问题。同时，要按照事权与财权相结合的原则，合理划分中央政府和地方各级政府的卫生医疗责任，形成政府主导、职责明确、机制合理的卫生医疗体制。

概括起来，政府的卫生医疗责任有：在公共卫生方面，政府充当保障者，负责通过有效手段保障全体公民都享有基本公共卫生服务。在医疗服务和医疗保障方面，一是要充当保险者，建立普遍覆盖的医疗保障体系；二是要充当规划者，构建健全的初级卫生医疗服务体系；三是充当监管者，抑制医疗服务中的市场失灵。

2. 完善公共卫生体系建设。

（1）转变公共卫生管理模式。以群众的公共卫生需求为导向，从以公共卫生机构为主转向以促进国民健康改善为中心，从人员和业务管理为主转向项目和效益管理为主，提高公共卫生服务的质量和效率。

（2）健全完善公共卫生服务体系。一是城市的社区卫生服务组织和农村的乡镇卫生院、村卫生室等基层医疗卫生机构，要继续贯彻“医防合一”的方针。二是县级各类公共卫生服务机构可考虑在不改变主管部门行政职能的前提下进行适当整合。三是县级各类医疗机构接受县级公共卫生服务机构的业务指导，解决医防职能协调和融合问题。四是明确基本公共卫生基本服务包，对服务包范围内的服务由政府全额保障，以调动各类卫生医疗机构做好公共卫生服务的积极性。五是健全公共卫生服务机构内部考核激励机制。

（3）建立基本公共卫生投入保障机制。一是在投入保障机制上，建立统一的城乡公共卫生经费保障机制和重大传染病经费保障机制，以保障公共卫生工作有稳定的资金保障。二是在政府投入内容上，专业公共卫生机构的基本建设、设备购置和人员经费由政府全额保障。开展基本公共卫生服务项目所需经费，由财政预算按服务人口人均标准给予足额安排。三是在经费补助机制上，引进购买服务的理念。对各类机构提供的公共卫生服务按其服务的数量、质量及相关成本，在全面考核的基础上予以补偿，将经费安排与其服务的数量、质量、成本挂钩，调动提高服务效率和资金使用效率的积极性。

3. 加快推进医疗服务体制改革。医疗服务体制改革要以为全体人民提供优质、廉价的基本医疗服务为目标，坚持政府主导和引入市场机制相结合，加快推进医疗服务体制改革进程。

（1）强化政府的医疗服务监管职能。一是加快政府职能转变，坚持政事分开、管办分开、医药分开、营利性和非营利性分开。二是加强宏观调控，制定科学合理的区域卫生发展规划，合理控制医疗机构建设规模，严格控制公立医疗机构擅自利用银行贷款等购置大型医疗设备。三是运用公共权力制定和实施规则与标准，规范公立及其他各种类型的独立运营的医疗服务机构的行为。四是强化监管职能，建立适应市场经济要求的现代监管体系。

（2）全面实施公立医疗机构综合改革。一是改革公立医疗机构举办体制，对现有的医疗机构重新界定。二是改革公立医疗机构的管理体制，建立健全适应市场经济要求的公立医疗机构产权制度和治理结构。三是改革公立医疗机构运行机制，建立规范的医疗服务补偿机制。四是改革公立医疗机构的药品购销机制，药品实行政府招标和集中配送。五是强化公立医疗机构财务监管，规范公立医疗机构的收支行为，合理控制公立医疗机构的基本建设和大型设备购置。

（3）积极发挥市场机制的作用。一是坚持多形式、多渠道，大力培育多元化的医疗服务投资主体，增强医疗服务市场的微观活力。二是制定相应的法律法规及财税、金融、行业、产业等政策，积极引导并鼓励支持社会资源有序进入医疗服务市场。三是研究制定符合市场经济要求和医疗服务行业特点的市场准入、竞争、价格、供求等规则制度，在宏观层面上形成医疗服务市场的公平有序竞争。四是规范和加强非公立医疗机构管理，打破医疗机构的行政隶属关系和所有制界限。

（4）加快医疗服务和药品流通体制改革。一是规范和加强公立医疗机构服务价格管理，严格控制公立医疗机构基本医疗服务价格水平。二是加强药品和医用器材的生产流通管理，整顿流通市场，减少中间环节，强化政府对价格的监督和干预。三是改革医疗服务支付方式，逐步取消按服务项目收费，推行单病种收费。

（5）大力发展农村和城市社区卫生医疗服务。一是加强农村卫生医疗基础设施建设，实施农村卫生医疗基础设施建设规划，全面提高农村卫生机构服务能力。二是加强农村卫生医疗队伍建设，加强农村医务人员培养，全面提高农村卫生医疗水平。三是大力发展城市社区卫生，构建新型城市卫生医疗服务体系。到2010年，建立健全功能齐全、安全有效、公平低价的城乡初级卫生医疗服务体系。

4. 建立覆盖城乡的多层次医疗保障体系。进一步完善城镇职工基本医疗保险制度、新型农村合作医疗制度、城乡医疗救助制度及各项医疗保险配套政策，逐步扩大医疗保障范围，促进医疗机构通过规范的竞争服务获得稳定的资金补偿，确保城乡人民群众普遍获得基本的卫生医疗服务，并随着社会经济发展不断提高城乡居民的医疗保障水平。

5. 统筹考虑构建城乡一体化的卫生医疗保障制度。随着全面建设小康社会和构建社会主义和谐社会战略目标的提出，在推进我国的卫生医疗体制改革进程中，必须要从改革、发展、稳定的高度，未雨绸缪，对建立覆盖全民的、城乡一体化的卫生医疗体制进行前瞻性的谋划和安排，确保全体人民的基本卫生医疗需求得到制度化的保障。从长远目标来看，城乡一体化的卫生医疗保障主要包括四大方面：一是构建城乡一体化的公共卫生保障机制。二是构建城乡一体化的重大传染病保障机制。三是构建城乡一体化的医疗服务体系。四是构建城乡一体化的医疗保障制度。

（四）近期改革的措施建议

按照上述政策措施，2007 年、2008 年要着力采取以下几项措施：

1. 关于界定政府卫生医疗责任方面。一是明确政府的基本卫生医疗职责。按照成本—效益原则，确定政府运用公共资源予以保障的基本卫生医疗服务项目和内容，建立城市社区和农村的公共卫生经费保障机制及重大传染病经费保障机制。二是制定实施区域卫生规划。按照全行业管理和属地化管理的原则，对卫生医疗资源实行宏观调控和优化配置。

2. 关于完善公共卫生体系建设方面。继续加强突发公共卫生事件应急处理机制和疾病预防控制体系、卫生监督管理体系、公共卫生信息网络体系的建设；明确基本公共卫生基本服务包，建立健全公共卫生机构的投入保障机制；建立健全各级各类公共卫生机构的管理运行机制和内部激励机制，并制订明确的考核标准，建立科学的考核评估机制。

3. 关于推进医疗服务体制改革方面。一是选择有条件的地区开展公立医疗机构综合改革试点。二是修订医院财务会计制度，强化公立医疗机构的财务监管。三是规范和完善公立医疗机构运行机制、内部人事及分配制度。四是加强公立医疗机构药品管理，推行政府招标和集中配送制度。五是以降低虚高药价和不合理检查费用、规范药品及医用器材的价格管理为重点，推进医疗服务和药品流通体制改革。六是研究制定相关政策和措施，推进公立医疗机构改制改造。七是以增加投入和加强城市支援农村为重点，积极支持农村卫生工作。八是以规范和完善社区卫生发展为重点，大力开展城市社区卫生工作。

4. 关于建立覆盖城乡的多层次医疗保障体系方面。一是按照“单建统筹”模式，通过财政支持解决国有企业关闭破产和困难企业退休人员参加基本医疗保险问题。二是通过家庭适当缴费、财政给予适当支持等方式资助城镇低保人员、学生、儿童以及其他未参保的困难群体参加基本医疗保险。三是采取多种形式解决进城务工人员的基本医疗保险问题。四是稳步推进新型合作医疗试点工作，确保 2007 年完成 80% 的扩面任务。五是继续完善农村医疗救助制度，加快城市医疗救助试点范围。六是以加强定点医疗机构监管、完善结算制度为重点，研究建立规范的基本医疗保险定点医疗机构监管制度。

五、财政支持卫生医疗体制改革的思路及政策建议

按照公共财政的要求，坚持投入与改革并重的原则，进一步支持和促进我国卫生医疗事业健康协调发展。

（一）财政支持卫生医疗体制改革的总体思路

财政支持卫生改革和发展的总体思路，就是要紧紧围绕“更好地满足广大人民群众的健康需求”这一中心，立足于“深化卫生改革”和“增加卫生投入”这两个基本点，结合政府、社会和个人三方面的承受能力，支持逐步建立健全“覆盖全民的医疗保障体系、精简高效的公共卫生体系、优质规范的医疗服务体系和顺畅统一的医疗卫生管理体系”四大体系，使居民能够更加公平有效地获得基本公共卫生服务和基本医疗保障。

1. 明确责任并逐步加大投入。在科学合理界定财政对卫生医疗事业的投入责任的基础上，强化财政的公共卫生和基本医疗的保障责任，积极调整财政支出结构，逐步加大卫生医疗经费的投入力度，建立健全卫生医疗经费保障机制。

2. 合理划分各级财政的支出责任。从我国的实践来看，当前中央财政可将全国性的基本公共卫生服务作为保障范围，同时通过制度性的转移支付对农村和城市基本医疗服务、困难群体的基本医疗保障予以补助；省级财政对辖区内的公共卫生服务、基本医疗服务及困难的基本医疗保障予以支持；省以下地方财政主要负担公共卫生机构的基本支出和公立医疗机构的补助支出。

3. 积极调整财政投入结构。按照公共财政配置的重点要转向为全体人民提供均等化基本公共服务的方向，财政资金的投入重点要转向公共卫生和基本医疗，转向革命老区、民族地区、边疆地区、贫困地区及弱势群体，转向农村卫生和城市社区卫生服务。

4. 加快转变财政投入方式。以提高资金使用的效率和效益为目标，财政用于卫生医疗服务的补助从主要补助供方向主要补助需方转变；对供方的补助要由“养人办事”向“办事养人”转变，由提供服务向购买服务转变，促进卫生医疗机构有序竞争和服务质量改善。

5. 规范加强财务监督管理。坚持完善制度和强化监督并举，在对财政性资金实施国库集中支付、政府采购同时，积极开展收支两条线管理，并按照收支分类改革的要求，细化基本支出和项目支出的管理，强化预算执行和预算监督，规范财务收支行为。

（二）财政支持卫生医疗体制改革的政策建议

为积极支持卫生医疗体制改革，按照上述思路，“十一五”时期，各级财政要采取以下政策措施：

1. 建立健全卫生医疗经费财政保障机制。“十一五”期间，中央和地方财政拟采取以下措施，建立健全基本公共卫生经费保障机制、医疗服务能力提升的长效保障机制并支持建立城乡多层次医疗保障体系。

（1）建立基本公共卫生经费保障机制。第一，实施免费救治重大传染病政策。扩大计划免疫范围，将救治效果好、社会影响大的其他传染病病种纳入免费救治范围。第二，扩大现有政策实施力度和保障水平，建立规范的贫困孕产妇免费住院分娩政策的救助力度和实施范围。第三，在认真落实城市社区公共卫生经费保障机制的同时，研究建立各级政府共同分担的农村公共卫生经费保障机制，使城乡居民都能够免费享受基本公共卫生服务。

（2）建立支持医疗服务能力提升的长效保障机制。一是从基本建设、设备配备、人员培养等方面重点加强农村乡镇卫生院、城市社区卫生机构的服务能力。二是认真落实对城市医疗机构的补助政策，并重点支持医疗机构开展相应科研活动，提升医疗服务能力和水平。

（3）建立城乡多层次医疗保障经费投入机制。一是在完善制度、加强管理的前提下，适当加快试点步伐，到 2008 年实现新型农村合作医疗制度基本覆盖农村的目标。二是加大城乡医疗救助的支持力度，更好地解决贫困人群的医疗保障问题。三是资助城镇困难人群参加医疗保险，帮助城镇居民逐步获得基本医疗保障。

（4）发挥财政调节职能，支持引导社会力量举办医疗卫生服务机构。一是推进政府购买医疗卫生服务，按照平等、竞争、择优的原则，将社会力量举办的医疗卫生服务机构纳入政府和医疗保障购买服务范围，变“养人办事”为“办事养人”。二是对社会力量举办的医疗卫生服务机构的基本设施配备、人才培养给予支持。

2. 建立健全卫生医疗经费支出监管机制。

（1）建立项目管理制度。对公共卫生服务机构的房屋设施修缮和符合区域卫生规划的设备购置等发展建设项目，经有关部门批准和专家论证后，进入财政专项资金补助滚动项目库，由财政根据轻重缓急、立项顺序和经费补助数额逐年安排。

（2）建立预算绩效评估制度。引入现代市场经济的“成本—收益”理念，确定可测量的战略目标和项目目标等绩效指标，逐步建立医疗卫生机构的绩效考评体系，将业绩指标、成本核算和执行结果纳入预算体系。

（3）规范强化医疗机构财务监管。加强对医疗机构收支行为和结余额度的控制和监管，严格控制公立医疗机构贷款行为，规范公立医疗机构建设投资、收益分配的管理。

3. 建立支持卫生医疗事业发展的财税政策体系。

充分发挥财政的调节职能，通过激励性财政政策并结合税收、金融、产业、区域、社会等政策，灵活运用贴息、担保、补贴、奖励等手段，引导市场主体积极有序参与医疗服务市场，推动卫生医疗事业的多元化发展，促进卫生医疗资源的良性调整和优化配置。

（2006 年）

建立适应社会主义市场经济体制的卫生投入机制

卫生投入机制依托于特定的卫生医疗体制，从卫生事业的角度来看，又称卫生筹资机制，是卫生事业运行和发展乃至维护和提高人民群众健康水平的财力保障。从国内外的实践来看，卫生投入既有政府投入，也有社会和个人投入。根据深化医药卫生体制改革部际协调工作小组的统一部署，本专题重点研究政府投入机制和卫生资源配置问题。

一、卫生投入政策发展历程回顾

总体上讲，我国政府卫生投入政策是随着经济体制和财政体制改革的推进而逐步调整的。改革开放前，我国医疗卫生资源的配置主要由政府负责。国家对医疗服务和药品价格实施严格的计划管理，财政部门对医疗机构主要实行包工资的财政补助政策，医疗服务和药品价格维持在很低的水平。当时的主要问题是医疗服务短缺和服务质量低下，群众看病难、住院难、手术难。

20 世纪 80 年代以来，在改革开放的大背景下，我国卫生体制改革也沿着放权搞活的思路推进，当时的改革主要是针对医疗资源短缺、医疗服务效率低下、医务人员人浮于事、群众看病难等问题，重点通过增加服务项目、调整收费标准等多渠道筹集资金，放开搞活医疗机构经营机制，扩大医疗卫生资源，提高医疗服务效率。同时，尽管当时各级财政捉襟见肘，公立医疗机构作为差额拨款的事业单位，仍然可以获得一定的财政拨款。另外，国家还通过税收优惠、药品加成等政策对医疗机构进行补偿。随着社会主义市场经济体制作为我国经济体制改革目标的确立，卫生体制改革的目标也逐渐清晰。我国先后出台了一系列规定，明确了政府卫生投入政策：中央和地方政府对卫生事业的投入，要随着经济发展逐年增加，增加幅度不低于财政支出的增长幅度。对政府举办的县及县以上非营利性医疗机构的补助项目包括医疗机构开办和发展建设支出、离退休人员费用、临床重点学科研究、由于政策原因造成的基本医疗服务亏损补助。要求在全国建立适应社会主义市场经济体制的保障职工基本医疗需求的社会医疗保险制度，以取代传统的公费医疗和劳保医疗制度，基本医疗保险费由用人单位和职工双方共同负担，基本医疗保险基金实行社会统筹和个人账户相结合。1999 年，国务院提出同步推进城镇职工基本医疗保险制度、医疗卫生体制和药品生产流通体制三项改革。为进一步加强农村卫生工作，2002 年中共中央、国务院发布了《关于进一步加强农村卫生工作的决定》（中发［2002］13 号），要求政府卫生投入重点向农村倾斜，从 2003 年起到 2010 年，中央及省、市、县级人民政府每年增加的卫生事业经费主要用于发展农村卫生事业。2003 年“非典”疫情暴发后，各级政府逐步把卫生工作的重点转向加强公共卫生体系建设，不断加大对公共卫生的投入力度。从 2003 年起，中央财政设立公共卫生专项资金，重点加强公共卫生体系建设。从 2006 年开始，各级财政进一步加大了对新型农村合作医疗和城市社区卫生服务的支持力度。同时各级财政调整支出结构，逐步建立稳定的社区卫生服务筹资和投入机制，加大对社区卫生服务的投入力度。为加快实施区域卫生规划，采取多种措施调整和控制卫生资源的存量和增量，自 1999 年原国家计委、财政部、卫生部联合下发《关于开展区域卫生规划工作的指导意见》（计社会［2000］261 号）以来，按照省级政府定标准、地市政府做规划的分工，全国陆续启动区域卫生规划工作。

二、卫生投入现状分析

改革开放后，随着卫生投入主体多元化的不断发展，我国卫生资源有了很大的增长，也在一定程度上满足了城乡居民的基本卫生医疗需求。

（一）卫生总费用快速增长

改革开放以来，在经济快速持续增长的支撑下，我国卫生总费用（含政府卫生投入、社会资金投入和个人卫生投入）快速增长，从 1980 年的 143.23 亿元增长到 2004 年的 7590.29 亿元，在不到 20 年的时间里增长了 50 多倍（见

表1)。2003年我国卫生总费用占GDP的比例达到5.6%，接近多数中等收入国家的水平，并超过世界卫生组织推荐的2000年达到5%的目标水平（见表3)。

表1　　1986—2004年我国卫生总费用及其构成

年份	卫生总费用（亿元）	政府卫生投入（亿元）	政府卫生投入占比（%）
1978	110.21	35.44	32.16
1980	143.23	51.91	36.24
1985	279	107.65	38.58
1990	747.39	187.28	25.06
1991	893.49	204.05	22.84
1992	1096.86	228.61	20.84
1993	1377.78	272.06	19.75
1994	1761.24	342.28	19.43
1995	2155.13	387.34	17.97
1996	2709.42	461.61	17.04
1997	3196.71	523.56	16.38
1998	3678.72	590.06	16.04
1999	4047.5	640.96	15.84
2000	4586.63	709.52	15.47
2001	5025.93	800.61	15.93
2002	5790.03	908.51	15.69
2003	6584.1	1116.94	16.96
2004	7590.29	1293.58	17.04

资料来源：卫生部卫生经济研究所《2005年中国卫生总费用研究报告》。

根据世界卫生组织《2006年世界卫生报告》，2003年卫生总费用占GDP比重超过10%的国家有11个，超过8%的国家共有40个，低于4%的国家有34个。我国在192个国家中排名第105位。总的来看，我国卫生总费用在发展中国家处于中等水平。

（二）政府卫生投入增长较快

改革开放以来，我国政府卫生投入不断增长，2004年政府卫生投入达1293.58亿元，比1980年增长了24倍，而同期财政收入增长了21倍，政府卫生投入增长速度快于财政收入。特别是2003年“非典”以后，政府卫生投入增长更为明显。从各地区的情况看，也呈现出这一特点，比如在“十五”期间，广东省政府卫生投入占卫生总费用的比重由15.07%提高到23.22%，辽宁省由

10.8%提高到12.92%，天津市由16.3%提高到19.1%。

从政府卫生投入的构成来看，财政直接安排的卫生投入是政府卫生投入的主体，占政府卫生投入的比重一般在80%以上。近年来，各级财政部门努力调整支出结构，不断加大卫生投入，积极支持各项卫生事业加快发展。2005年，全国财政卫生支出为1027亿元（不含基本建设支出），比2002年增长了61.73%，3年年均增长17.38%，不仅高于同期财政支出年均增长速度，而且高于财政用于教育、科学、农业、社会保障等重点支出的增长幅度。

（三）卫生资源总量大幅度增长

改革开放后，我国卫生资源总量大幅度增长，形成了覆盖城乡的卫生医疗服务体系。截至2005年底，全国共有卫生机构29.9万家，是1980年的1.66倍；床位336.8万张，是1980年的1.54倍；卫生人员542.7万人，是1980年的1.54倍（见表2）。按人口计，每千人口拥有卫生技术人员3.48人、床位2.45张。在大型医用设备上，据2004年不完全统计，全国共有CT 4752台，核磁共振1110台，PET 98台；每百万人口拥有CT 3.65台，核磁共振0.85台。从数字上看，我国卫生资源的相关指标略高于同等经济发展水平的国家。具体表现为：千人口执业医师数与新加坡、韩国和墨西哥相当，高于泰国和印度；千人口床位数与新加坡、巴西、埃及相当，高于印度和墨西哥；每百万人口配置大型仪器设备数高于泰国、墨西哥等国家（见表3和表4）。

表2　　我国医疗卫生资源发展状况

年份	1950	1980	1990	2000	2005
卫生机构数（个）	8915	180553	208734	324771	298997
床位数（张）	119119	2184423	2925390	3177000	3367502
卫生人员数（人）	611240	3534707	4906201	5591026	5426851

表3　　部分国家主要卫生资源配置水平

国家＼年份	人均GDP（美元）	每千人口医师（人）	每千人口床位（张）	人均卫生总费用（美元）	卫生总费用占GDP%
	2004	1997—2004	2000—2003	2003	2003
中国	1100	1.6	2.5	61	5.6
新加坡	21230	1.4	2.9	964	4.5
韩国	12020	1.6	7.1	705	5.6
日本	34510	2.0	14.3	2662	7.9
泰国	2190	0.4		76	3.3

续表

国家＼年份	人均 GDP（美元）	每千人口医师（人）	每千人口床位（张）	人均卫生总费用（美元）	卫生总费用占 GDP%
	2004	1997—2004	2000—2003	2003	2003
印度	530	0.6	0.9	27	4.8
英国	28350	2	4.2	2428	8
法国	24770	3.4	7.7	2981	10.1
俄罗斯	2610	4.3	10.5	167	5.6
波兰	5270	2.5	5.6	354	6.5
罗马尼亚	2310	1.9	6.6	159	6.1
美国	37610	2.3	3.3	5711	15.2
巴西	2710	2.1	2.7	212	7.6
澳大利亚	21650	2.5	7.4	2519	9.5
埃及	1390	0.5	2.5	55	5.8
墨西哥	6230	1.5	1	372	6.2

资料来源：《2006 年世界发展指标》和《2006 年世界卫生报告》。

表 4　　部分国家大型仪器设备配置数量

国家（年份）	百万人口 MRI	百万人口 CT
墨西哥（2003）	0.2	1.5
泰国（1999）	0.5	4.5
中国（2004）	0.9	3.7
新加坡（2004）	3.2	6.8
土耳其（2003）	3	7.3
加拿大（2003）	4.5	10.3
OECD 国家平均	7.6	17.9

通过对卫生投入政策的历史回顾和卫生投入现状的分析，至少可以得出如下认识：

一是卫生体制、机制改革的推进及相应政策的落实是增加卫生投入的前提。不能脱离卫生改革政策而去片面地强调卫生投入，否则只能是无效的投入。二是政府卫生投入受制于财政经济发展水平。当财政经济状况好时，政府卫生投入增长就快；反之，则政府卫生投入就会受到影响。20 世纪 80、90 年代，我国财政收入占 GDP 的比重连年下降，在低位徘徊，政府卫生投入也处于下降趋势。近年来，随着财政状况的好转和人们对卫生事业重要性认识的提高，政府卫生投入政策也在逐步调整和完善，政府卫生投入呈现出快速增长的势头。

三是政府卫生投入要兼顾公平和效率。在加大投入、推进改革的过程中，在增强不同群体之间、不同地区之间以及城乡之间在享有基本医疗卫生服务方面的公平性的同时，要进一步改革体制、创新机制，提高医疗卫生服务的效率。没有效率为保证的公平只会是低水平、不可持续的公平。

四是卫生改革要按照供需分离的既定路径推进，这既是政府主导解决市场失灵的重要措施，也是增加政府卫生投入的基础。长期以来，我国在卫生医疗领域一直实行供方和需方分离的模式。无聊时我国在城市实行的公费医疗和劳保医疗制度，还是在城镇建立的城镇职工基本医疗保险制度，还是在此后开展的新型农村合作医疗以及准备试点的城镇居民基本医疗保险制度，均是按照保险的模式进行制度设计的，且上述制度均是以大病统筹为主，适当兼顾小病。从制度运行效果看，上述制度模式不仅符合市场经济规律，也为广大人民群众所接受。另一方面，总的来看，实现一定目标的卫生改革尽管可以有不同的选择，但并不是每一种选择都具备可操作性和社会适应性，而进一步完善创新现有的制度框架却能够有效避免制度转轨带来的高额成本和可能带来的负面社会影响。因此，下一步的改革应坚持这一既定改革路径努力推进，政府卫生投入也要以此为基本前提。制度运行中所出现的问题，可以通过完善制度、加强监管解决。

三、卫生投入机制存在的主要问题

（一）政府与市场职责范围划分不清，政府“缺位”与“越位”并存

就目前我国卫生领域政府与市场的关系看，政府在卫生领域的“越位”和“缺位”在一定程度上仍然存在。对一些市场可以发挥较大作用的领域，如医疗服务的直接提供，政府承担了过多的职责，不利于市场机制发挥作用。目前政府对卫生资源配置缺乏宏观控制，公立医疗机构在整个医疗卫生资源中仍占垄断地位，药品与医疗服务价格仍受到严格的管制。另外，我国民营医疗机构发展乏力，多元办医格局至今未能形成。这些与政府“越位”有着密切的联系。

相对“越位”来说，政府在卫生领域的“缺位”问题也比较严重。政府对公共卫生服务的投入不足，对一些缺乏基本医疗保障的困难群体给予的救助和扶持不够，农村地区特别是边远贫困地区公共卫生和基本医疗服务的可及性没有得到很好保证等问题，都是政府“缺位”的表现。另外，政府的“缺位”还表现在对卫生医药领域的监管不能适应形势发展的需要，以及区域卫生规划未能执行到位等。

（二）政府卫生投入水平偏低

2004年，我国政府预算卫生支出占卫生总费用的比例约为17%，远低于经济发展水平接近国家的支出水平。如果按照世界卫生组织可比口径，将医疗保险基金等社会保障资金用于卫生的支出算作政府卫生支出，2004年我国政府卫生支出占卫生总费用的比例则为37.97%，与其他发展中国家相比仍处于较低水平(见表5)。与此相对应，我国个人现金卫生支出在卫生总费用中所占比例明显偏高。我们分析，我国与发达国家在上述指标上的差距主要是由于社会医疗保险制度覆盖面较窄等原因造成的，而与一些发展中国家的差距则主要是因为政府卫生投入偏低。在实行医疗保险制度的发达国家，政府卫生支出主要是指社会医疗保险支出，如果扣除医疗保险支出，一般预算安排的卫生支出占卫生总费用的比重并不高，如2000年法国为3%、德国为6%、韩国为10%、日本13%，都低于我国17%的比例。但在发展中国家，社会医疗保险支出占卫生总费用的比重普遍不高，而一般预算安排的卫生支出比重却高于我国，如巴西46%、俄罗斯33%、阿根廷21.5%、印度20%（当然，巴西、印度等国家实行的是以税收筹资为主的全民免费医疗制度模式）。

表5　　部分国家卫生总费用比较表

国家		卫生总费用占GDP的比重（%）	人均卫生总费用（美元）	政府卫生支出占卫生总费用的比重（%）	备注
发达国家	美国	15	5635	44.4	2003年
	英国	7.7	2231	83.4	2002年
	法国	10.1	2903	76.3	2003年
	德国	11.1	2996	78.2	2003年
	日本	7.9	2139	81.5	2002年
	澳大利亚	9.3	2699	67.5	2002年
发展中国家	俄罗斯	6.2	535	55.8	2003年
	巴西	7.9	611	45.9	2003年
	南非	8.7	689	40.6	2002年
	印度	6.1	96	21.3	2003年
	印尼	3.2	110	36	2002年
	马来西亚	3.8	349	53.8	2003年
	泰国	4.4	321	69.7	2003年
	中国	5.55	约为70	37.97	2004年

（三）政府卫生投入结构不合理，公共卫生和农村卫生投入相对不足

在政府卫生投入总量不足的同时，还存在政府卫生投入重医疗服务、轻公共

卫生，重城市、轻农村的问题。根据卫生部提供的《2004年全国卫生财务年报资料》，2004年在财政用于卫生、中医的全部支出中，用于医疗机构的支出占全部支出的58.51%，用于防治防疫、妇幼保健等公共卫生领域的只占23.15%。表6显示的部分省市的情况与全国范围内的情况基本上是一致的，均表明政府卫生投入存在重医疗服务、轻公共卫生的问题。

表6　　部分省市医疗服务和公共卫生服务投入情况

（“十五”期间）

省市	公共卫生投入占政府卫生投入的比重（%）	医疗服务投入占政府卫生投入的比重（%）	其他领域投入占政府卫生投入的比重（%）
湖北	24.92	58.81	16.28
江苏	23.27	73.96	2.77
浙江	18.86	62.44	18.7
广东	32.75	65.04	2.21
重庆	9.85	85.82	4.33

从城乡分布来看，2004年城市卫生费用占卫生总费用的65.1%，农村占34.9%。在全国财政用于卫生、中医医疗机构的支出中，用于城市医疗机构的占78.74%，用于农村医疗机构的只占21.26%。由于对农村卫生投入不足，部分乡镇卫生院缺乏基本医疗服务器材，难以给老百姓提供医疗卫生服务。

（四）政府卫生投入方式不合理，重供方，轻需方

由于公立医疗服务体系过于庞大，同时在一段时间内对困难群体的基本医疗保障缺乏制度安排，政府卫生投入更多地投向了供方即医疗卫生机构。另外，允许医院收取药品加成费用的以药补医政策，还使医疗机构从保险费用和个人付费等社会其他资金中取得较多收入，而政府直接对需方的补助却很少。尽管近年来各地加大了对新型农村合作医疗和城乡医疗救助的投入力度，但与对供方的投入相比，仍相距甚远。政府卫生投入过多地投向供方，对医疗机构进行改造建设和购置设备，并不能从根本上解决人民群众看病难、看病贵问题。一方面，补助医疗服务供方不能使最迫切需要救助的困难患者得到及时有效救治，无法缓解他们面临的看病难问题；另一方面，医疗条件的改善增加了医疗成本，新型医疗设备的引进会进一步诱使医疗机构对病人进行过度检查，抬高了患者获得医疗服务的门槛，增加了患者的医药费负担，降低了医疗服务对低收入群体的可及性。同时，在对公共卫生机构的投入方面，多年来一直沿用“养人养机构”的投入方式，根据机构数量和人员规模核定补助，导致机构越来越庞大，冗员越来越多，政府投入效率不高，而按照其提供服务的数量来核定补助，由于缺乏有效的监管和费用控制，又刺激了过度服务，造成医疗费用上涨。

（五）卫生资源分布城乡差距和地区差距较为显著

我国的卫生资源长期以来呈“倒三角”状态，城市资源过度集中，农村地区相对短缺。我国卫生资源的80%集中在城市、20%在农村。在城市中，80%的卫生资源又集中在大医院，农村和城市社区卫生服务能力十分薄弱。“十五”期间，受我国城市化进程加速、农村撤乡并镇、农民工规模扩大等因素的影响，城市大型医院继续快速发展，800张床位以上医院从149家增加到284家。而乡镇卫生院个数、床位、卫生人员数、门诊量均在减少，其中床位同期减少5.7万张，门诊量减少1.4亿人次。从卫生总费用的分布上看，2004年城市卫生费用占卫生总费用的65.1%，农村占34.9%。

与卫生投入的城乡差距有着密切联系，我国卫生资源配置的地区差距也比较突出。2005年底，东、中、西部地区千人口执业（助理）医师数分别为1.74人、1.37人和1.39人，千人口医院床位数分别为2.81张、2.23张和2.24张。东部地区资源数量高于中西部地区，同时这种差异在质量上也客观存在。在大型设备配置上，地区间分布不均衡，大部分集中在东部发达地区。

（六）基层卫生服务体系不健全，存量资源利用效率较低

近年来，政府大力推进城市社区卫生服务、加强农村卫生服务体系建设和开展新型农村合作医疗试点工作，但城市社区卫生机构、农村乡镇卫生院仍相当薄弱，在人员素质、房屋设备、服务模式等方面达不到相应服务标准，难以发挥基层卫生服务机构的功能，城市社区卫生机构和农村乡镇卫生院尚未与上级医疗卫生机构形成有效的双向转诊和合作机制。目前，城市社区卫生机构本科及以上学历的医师仅占25%，平均每个机构拥有13.6种设备，业务用房平均为1200平方米。农村乡镇卫生院大专以上人员仅占17%，全科医生的数量严重不足。

由于基层卫生服务体系不健全和公立医院改制推进不够，再加上自我医疗水平的提高等客观因素，我国存量卫生资源的利用效率日趋下降。2005年与1980年相比，全国医疗机构门、急诊总量从25.5亿人次下降到23亿人次。乡镇卫生院和社区卫生机构由于缺乏病人，资源利用显著不足；在大中城市，由于三级医院吸引了大量病人，一、二级医院就诊人数偏少，资源闲置、生存困难；在大、中型医院，由于大型仪器设备无序添置，资源效率不高。

（七）医疗机构所有制结构单一，多元办医格局尚未形成

目前，我国绝大部分医疗机构均为国家所有，多元化投资、多渠道办医的格局尚未形成。尽管国家明确鼓励民营资本进入医疗领域，但由于目前国家对民营医疗机构发展的配套政策和措施还不健全，民营医疗机构难以享有公平的待遇，在很大程度上限制了民营医疗机构的发展。从当前的情况看，民营医疗机构在发展中遇到的困难主要表现在以下几个方面：一是民营资本进入困难。各级政府都

大力支持民营医院发展，但由于在土地使用、税收、准入、人事、社保等方面政策不明确和相互间缺乏有效衔接，以及存在人为设置障碍等原因，民营资本进入医疗市场仍较为困难。二是民营医疗机构社会认同度低。由于民营医疗机构建立时间短，以及部分民营医疗机构存在的虚假广告、诱导需求等违规经营现象，使社会对民营医疗机构的总体认同度较低，经营状况不佳。即使在卫生行业内部，医护人员也不认同民营医疗机构，难于接受进入民营医疗机构时个人身份的转变，以及社会和学术地位的降低，因此民营医疗机构引进人才和留住人才较难。三是民营医疗机构缺乏有效监管。政府加强监管、清除违规行为是扶持民营医疗机构健康发展的重要措施，但目前对民营医疗机构的监管仍有待加强。在绝大多数地区，政府加强了对民营医疗机构的准入管理，但缺乏对其服务质量、服务水平、收费、财务、技术准入和治疗结果等的监管，缺乏对机构的合理评估和信息公布。

四、完善卫生投入机制的政策建议

党的十六届六中全会通过的《中共中央关于构建社会主义和谐社会若干重大问题的决定》提出，要“建设覆盖城乡居民的基本卫生保健制度，为群众提供安全、有效、方便、价廉的公共卫生和基本医疗服务。”因此，下一步各级政府要本着投入与改革并重的原则，通过进一步完善投入机制，增加政府投入，优化资源配置，推动体制机制创新，实现上述目标。

（一）科学界定政府与市场的职责边界，充分发挥政府与市场的作用

科学界定政府与市场在卫生领域的投入职责边界，既是明确政府投入责任的基础，也是有效发挥市场机制的基本前提。总体上说，公共卫生服务属于典型的公共产品，依靠市场机制难以解决，应通过政府筹资提供。医疗服务属于准公共产品，既可以由政府直接提供，也可以由市场提供，但政府必须进行严格监管。从国际经验来看，基本医疗服务主要由政府提供，但方式不尽一致，一种是通过税收筹资直接免费提供；另一种是通过保险筹资购买服务。上述两种方式的主要区别在于，通过税收筹资直接免费提供的方式虽然可以在一定程度上实现公平的目标，但却不可避免地带来效率低下的问题，而且容易成为国家财政的包袱；通过保险筹资购买服务的方式引入市场机制，不但有利于确保资源配置的微观效率，而且通过完善制度框架，也能够保证较大程度的公平。因此，在社会主义市场经济体制的框架内，一方面，要强化政府对公共卫生和基本医疗的保障责任，以及对卫生医疗市场的监管责任；另一方面，要充分发挥市场机制的作用，打破政府垄断局面，鼓励和支持社会资源投入卫生医疗领域，多渠道壮大卫生医疗资源，满足人民群众的多层次医疗需求。

具体来讲，政府在卫生医疗领域的职责主要包括：一是实施区域卫生规划，合理配置资源，制定卫生医疗方面的法律法规，为全体居民提供医疗保障

等制度安排，对卫生医疗实行全行业管理。二是组织和提供公共卫生产品，通过疾病预防控制、妇幼保健等公共卫生机构，向社会提供均等化的公共卫生服务。三是提供基本医疗保障，分散疾病经济风险，提高基本医疗服务的可及性和公平性。四是对医疗服务市场进行监管，干预医疗服务中的市场失灵和缺陷，规范医疗服务市场和医疗行为，实现医疗服务市场的公平、有序竞争。五是通过政策引导、税收优惠等方式，积极引导社会资源参与医疗服务市场，鼓励有利于促进健康和人力资本形成的医疗产品的供给。当前及今后相当长时期内，应强化政府在建立基本卫生保健制度方面的作用。在公共卫生方面，由政府通过购买服务的方式向居民免费提供服务，所需费用由财政安排；在基本医疗方面，由公立医疗机构或非公立医疗机构提供服务，所需费用按成本收费，通过基本医疗保障体系补偿。

（二）合理划分各级政府之间的卫生投入责任

在科学界定各级政府间卫生事权的基础上，合理划分中央政府和地方政府以及地方各级政府间的卫生投入责任，以形成分工明确、分担合理、事权与财权相对应的政府卫生投入机制。在事权划分上，中央政府的职责主要是：卫生医疗方面的法律法规和重大政策的研究制定，卫生医疗服务的宏观管理，全国性公共卫生事件的处理，以及支持重大的基础性医学科研活动等，其余政府职责由地方各级政府承担。在地方各级政府的事权划分方面，省级政府原则上不再直接办医院，除保留承担特殊任务的个别医院外，将所属医疗机构下放到所在市县管理，将乡镇卫生院上收到县级管理；将疾病预防控制等公共卫生工作的主要责任放到省一级；社区卫生服务、卫生监督和健康教育等工作由县区统一管理；新型农村合作医疗、城乡医疗救助原则上实行县区级管理，城镇职工基本医疗保险要尽快实现地市级统筹，逐步向省级统筹过渡。

根据上述事权划分，应适当调整支出责任。与我国现行财政体制相适应，中央和省级政府应承担更多的卫生支出责任。公共卫生特别是计划免疫以及跨地区的重大传染疾病防控等，中央政府应承担主要投入责任。同时，中央政府通过专项转移支付对农村和城镇困难群体的基本医疗保障以及中西部地区公立卫生机构能力建设予以补助。省级财政对辖区内的公共卫生服务承担主要责任，并对困难地区的基本医疗服务及困难群体的基本医疗保障予以支持；市、县级财政直接承担对公立医疗机构、农村卫生机构、城市社区卫生机构能力建设的补助支出以及困难群体的医疗保障补助支出，所需资金通过上级转移支付以及本级财政统筹安排。总体上看，考虑到公共卫生和基本医疗涉及到经济社会、城乡协调发展的大局，在财政收入占 GDP 的比重和中央财政收入占全国财政收入的比重日益提高的前提下，目前各级政府特别是省级和中央政府应该承担更多的卫生投入责任。

（三）增加政府卫生投入，重点向公共卫生、农村卫生和社区卫生倾斜，同时支持发挥中医药的优势和作用

各级政府要高度重视卫生事业发展，下大力气增加政府卫生投入。政府卫生投入的安排要与卫生事业发展需求和财政经济发展水平相适应，政府卫生投入占GDP的比重以及占卫生总费用的比重要与同等经济发展水平的国家基本一致。为此，各级财政部门要严格按照中央有关文件的规定，积极调整支出结构，努力增加财政卫生投入。各级发展改革部门在安排基建支出时，也要重点向卫生等社会领域倾斜，要在控制规模、严格审批的前提下，全额安排公立医疗机构基本建设和大型设备购置等支出，避免医疗机构依靠贷款、集资等方式盲目建设。

在增加政府卫生投入的同时，要重点调整投入结构。进一步加强公共卫生体系建设，在建立城市社区公共卫生经费保障机制的基础上，逐步建立农村公共卫生经费保障机制，使城乡居民都能享受到均等的基本公共卫生服务。建立重大传染病防治经费保障机制，强化计划免疫工作，扩大计划免疫的范围，更新计划免疫疫苗的剂型，增加免费救治重大传染病病种。加强农村卫生和社区卫生服务能力建设，加大对农村卫生机构和城市社区卫生机构基础设施建设、设备购置和人员培训的投入力度，同时充分发挥中医药的优势和作用。对于公立医疗机构，政府重点保障其开办和发展建设支出包括房屋建设与修缮、大型设备购置等，事业单位养老保险制度改革前离退休人员的离退休费用，重点学科建设和政策性亏损补助等。

（四）转变政府卫生投入方式，提高卫生投入效率

政府卫生投入的效率取决于卫生投入的方式。今后，政府卫生投入应遵从成本效益原则，转变卫生投入的方式，提高资金使用效率。

首先，政府对医疗服务的投入要加大对需方的补助力度。直接向需方提供补助既有利于确保社会成员人人享有基本医疗服务，避免贫困人口在患病时因缺乏支付能力而被剥夺基本生活甚至生存的权利，保证医疗服务的公平性和可及性，也有利于理顺医疗服务市场的供求关系，提高服务效率，促进医疗机构的健康发展。因此，在保留对公立医疗机构给予必要补助以维护其正常运转的前提下，政府应从主要补助供方向主要补助需方转移，并根据医疗保障制度建设情况逐步加大力度。当前，政府加强需方投入的重点：一是支持建立新型农村合作医疗制度，随着财政经济发展水平的提高，逐步提高财政补助标准和个人缴费标准。二是完善城乡医疗救助制度，进一步增加财政投入，适当扩大救助面，提高救助标准，使城乡困难群众享受到最基本的医疗保障。三是将城镇职工基本医疗保险覆盖范围之外的城镇居民纳入基本医疗保险覆盖范围，财政重点对无力缴费的穷人、残疾人、老年人等弱势群体参保缴费予以补助，有条件的地区也可以对其他居民给予适当补助。四是对艾滋病、结核病、血吸虫病等重大传染病的救治直接

由财政给患者提供救助。

其次，即便不能通过需方补助的公共卫生等领域，政府也主要通过购买服务的方式核定对供方的补助。改变现行对卫生医疗机构按人头定额核定补助的“养人养机构”的补助方式，通过购买服务，根据卫生医疗机构提供服务的数量、质量及相关成本核定补助，建立“办事养人”的投入新机制。建立科学合理的绩效考评体系，由专家和居民对卫生医疗机构提供的服务进行量化考评，并以此作为核定政府补助的依据，以调动卫生医疗机构提高服务效率和资金使用效率的积极性。

（五）规范公立医疗机构改制，加强对公立医疗机构的财务监管

在确保公立卫生医疗资源数量能够满足公共卫生和基本医疗服务需求的前提下，有步骤、有计划地引导社会资金对资源闲置严重、功能重叠明显或布局不合理的公立医疗机构进行规范化改制。符合推向市场条件的公立医疗机构，可以采取整体出让、产权置换、公私混营、员工持股等多种方式，推进产权主体的多元化。理顺公立医院的产权关系，明确政府出资人制度，探索国有民营、公司托管、引入公司法人治理结构等方法进行公立医院的管理体制改革。

在规范公立医疗机构改制、适当压缩公立医疗机构规模的基础上，切实加强公立医疗机构财务监管，建立规范的公立医疗机构补偿机制。一是各级政府要根据区域卫生规划制定与之相适应的各级公立医疗机构的建设规模和配置标准，明确规定病床周转率、床位使用率低于同类医院平均水平的医疗机构不再扩大规模。二是严格控制贷款，建立贷款审批制度，对确需用贷款建设的重大项目，要进行严格的项目论证，当年贷款总规模要控制在当年提取修购基金总量的范围内，以保证合理的负债率，控制医院盲目发展。可根据情况逐步取消允许公立医院贷款的政策。三是建立规范的公立医疗机构补偿机制。公立医疗机构主要依靠基本医疗保险基金和个人付费补偿，在逐步降低直至取消药品加成收入的同时，适当提高医疗服务收费水平，以体现医务人员的技术和劳务价值。有条件的地区可探索医药分开的多种形式，逐步改变以药补医等不合理的创收机制。建立健全考核机制，切实将政府补助政策落实到位。四是以事业单位工作人员收入分配制度改革和规范事业单位津贴补贴为契机，加强对公立医疗机构收入分配的宏观调控与监督检查。综合考虑公立医疗机构绩效考核情况、事业发展、岗位设置等因素，合理确定医务人员的收入水平，使医务人员的收入与其岗位职责、工作业绩和实际贡献相联系，不得与业务收入直接挂钩。五是加强对公立医疗机构的成本和资产核算。进一步完善成本核算制度，明确成本开支范围，合理控制“管理费用”开支水平和大型医疗设备修购基金的提取年限。六是加强财务监督，通过财务监督、审计监督、行政监督、舆论监督、社会监督等手段，加强对医疗机构财务收支和结余资金的控制和监督。

（六）进一步强化区域卫生规划，满足区域内居民的基本卫生医疗需求

在区域卫生规划实施过程中，需要重点把握如下几项原则：一是必须从区域实际情况出发，与区域经济社会发展水平相适应，与人民群众多层次、多元化的实际健康需求和医学科学发展要求相协调。二是必须坚持社会效益原则，优先发展和保证公共卫生和基本医疗服务，大力推进社区卫生和农村卫生。三是应符合成本效益原则，实现资源共享，提高资源配置和利用效率，改善服务能力和质量。四是必须实行全行业、属地化管理，加快卫生管理体制和运行机制改革。有关部门、国有企事业单位、军队所属医疗机构，纳入区域卫生规划统一管理，地方政府统一对辖区内医疗卫生机构实行全行业管理。五是必须坚持制度创新、措施有力，保障区域卫生规划的有效实施。六是建立监督评价机制。强化规划出台前的专家论证和评估工作，明确规划实施的责任，建立公开、透明的信息系统，增强群众知情权和选择权，形成社会监督评价机制。七是强化规划法律化地位。纳入当地的经济社会发展计划，经地方人大及其常委会批准后实施，并纳入相关部门的干部任期考核目标。八是完善资产管理、政府投入、人事管理、土地划拨等配套政策。

（七）发展民营医疗机构，多渠道鼓励社会资金投入卫生事业

政府在保持公立医疗机构适当规模的同时，要在平等、公开、规范、有序的基础上，鼓励和引导具备一定资质和条件的私人资本、社会资本和外国资本等以各种方式参与部分公立医院的改组改制，或者直接举办医疗机构，为不同层次的患者提供更多的选择空间。健全民营医疗机构的行业管理及配套政策，在税收、土地、准入、医保定点、人才引进，职称评定、科研立项等方面要一视同仁。民办医疗服务机构提供的基本公共卫生服务，可享受与公立医疗机构相同的政府补助。完善医疗机构的分类管理政策。政府举办的医疗机构为公立非营利性医疗机构，政府不举办营利性医疗机构。民营医疗机构分为非营利性民营医疗机构和营利性民营医疗机构两类，非营利性民营医疗机构主要提供基本医疗和公共卫生服务，营利性民营医疗机构提供多元化的医疗服务。同时，加强对民营医疗机构的监管力度，对民营医疗机构价格、服务质量、安全、广告等进行全方位监管，促进民营医疗机构提高服务水平，取信于民。

（2007 年）

完善我国医疗保障体系的基本思路

一、近年来财政对基本医疗保障的投入不断增加，基金管理不断加强，为建立覆盖城乡居民的基本医疗保障体系奠定了基础

近年来，我国各项基本医疗保障制度覆盖范围逐步扩大，基本医疗保障待遇水平逐步提高，初步形成了以城镇职工医保、城镇居民医保、新农合和城乡医疗救助为主要内容的基本医疗保障制度框架。各级财政对各项基本医疗保障的投入力度不断加大，基金管理不断加强，城乡居民医药费用负担逐年下降。2008 年，城乡居民个人现金卫生支出占卫生总费用的比重由 2005 年的 52.21% 下降至 40.42%（可更新数据）。

（一）各级财政对新农合的补助逐步增加，参合农民受益水平逐步提高

从 2003 年开始，我国在农村逐步建立了新农合制度。到 2008 年底，新农合制度已全面覆盖我国所有有农业人口的县（市、区）。2009 年底参合人数达到 8.3 亿人。各级财政不断提高新农合补助标准，2003—2005 年每人每年补助 20 元，2006—2007 年提高到 40 元，2008—2009 年又提高到 80 元。其中，中央财政按照 50% 的比例对中西部地区给予补助，并对东部省份按照一定比例补助。据统计，2003—2009 年全国各级财政共拨付新农合补助资金 1944 亿元，其中中央财政补助 690.55 亿元。2010 年，按照医改方案的要求，各级财政对新农合补助标准进一步提高到每人每年 120 元，其中中央财政对中西部地区补助 60 元，对东部省份按照一定比例给予补助，中央财政共安排新农合补助资金 391 亿元。随着新农合财政补助标准的逐步增加，参合农民受益水平逐步提高，2009 年参合农民政策范围内住院费用补偿比例达到 55%。

（二）支持城镇居民医保试点，制度覆盖范围迅速扩大

从 2007 年开始，我国在部分城市开展城镇居民医保试点。到 2009 年底，城镇居民医保制度在全国所有城市全面建立，参保人数达到 1.8 亿人。各级财政不断提高城镇居民医保补助标准，2007 年每人每年补助 40 元，2008—2009 年提高到 80 元。其中，中央财政按照 50% 的比例对中西部地区给予补助，并对东部省份按照一定比例补助，2007—2009 年中央财政共拨付城镇居民医保补助资金 81.46 亿元。2010 年，按照医改方案的要求，各级财政对城镇居民医保补助标准

进一步提高到每人每年120元，其中中央财政对中西部地区补助60元，对东部省份按照一定比例给予补助，中央财政年初预算安排城镇居民医保补助资金80亿元。为做好大学生参保工作，2008年国务院办公厅下发了《关于将大学生纳入城镇居民基本医疗保险试点范围的指导意见》（国办发［2008］119号），规定大学生参保所需政府补助资金，按照高校隶属关系，由同级财政负责安排。同时，大学生日常医疗所需资金，继续按照高校隶属关系，由同级财政予以补助。

（三）加大财政投入力度，彻底解决关闭破产国有企业退休人员等医疗保障问题

为彻底解决关闭破产国有企业退休人员参保这一历史遗留问题，经报请国务院同意，通过破产财产变现、土地出让所得、财政补助、医保基金结余等多渠道筹资，将所有关闭破产国有企业退休人员全部纳入城镇职工医保范围。为此，2008—2009年，中央财政安排专项补助资金509亿元，用于帮助解决地方政策性关闭破产、地方依法破产和中央及中央下放政策性关闭破产国有企业退休人员等的医疗保障问题。据人社部初步统计，截至2010年2月底，各地已将654万关闭破产国有企业退休人员纳入当地城镇职工医保范围，超额完成原定607万人的目标任务。

（四）各级财政对城乡医疗救助的补助资金逐年增加，城乡困难群众得到较好保障

各级财政不断加大投入力度，支持城乡医疗救助工作开展，救助范围逐步扩大，救助标准逐步提高。2003—2009年，中央财政共计拨付城乡医疗救助补助资金191.3亿元，其中农村医疗救助120.9亿元，城市医疗救助70.4亿元。2010年，中央财政预算安排城乡医疗救助补助资金86.7亿元（其中通过彩票公益金安排16亿元）。随着财政支持力度的不断加大，越来越多的城乡困难群众得到救助。2009年，农村医疗救助完成5236万人次（含资助参合4366万人次），城市医疗救助完成2017万人次（含资助参保1285万人次）。

（五）不断加强医保基金管理，各项医保基金总体运行平稳

随着各项医保制度覆盖范围的逐步扩大，筹资水平逐步提高，医保基金规模逐年扩大。据人社部和卫生部初步统计，2009年城镇职工医保基金收入3330亿元，支出2647亿元；城镇居民医保基金收入229亿元，支出160亿元；新农合基金收入944亿元，支出923亿元。近年来，各地按照社会保险基金财务、会计制度的规定，不断加强对城镇职工医保、城镇居民医保基金的管理。随着新农合制度在全国范围内推开，2008年财政部会同卫生部下发了新农合基金财务、会计制度。目前，各项基本医疗保障基金均纳入财政专户，实行“收支两条线”管理。同时，为加强中央财政补助资金的管理，财政部分

别制定了新农合和城镇居民医保中央财政补助资金拨付办法，并随着制度发展完善不断调整资金拨付办法。为加快新农合补助资金拨付进度，加强对补助资金拨付使用情况的实时监控，财政部对新农合补助资金实行了国库集中支付管理。为加强对各项医保基金的监督管理，财政部每年都安排驻各地专员办对新农合、居民医保的参保人数、申请补助数额等进行审核把关。财政部还多次会同有关部门对各地医保基金管理使用情况进行专项检查，发现问题及时纠正。

由于各级财政不断加大对基本医疗保障体系建设的投入力度，同时不断完善财务会计制度，对资金分配、管理、使用情况加强监督制约，不断强化基金监督检查，目前，各项医保基金基本运行平稳，较好地保障了各项医保制度健康开展。

二、现行医疗保障体系存在的主要问题

尽管我国已经初步形成了基本医疗保障制度框架，但是由于部分制度建立时间不长，制度模式、管理体制、运行机制等还处在不断探索完善的过程中，还存在一些问题。

（一）部分城乡居民尚未纳入医保范围

如广大灵活就业人员、个体经济组织从业人员因政策不衔接等原因，总体参保率还比较低；不少地区失地农民因政策落实不到位，医保问题未得到解决；大量农民工及其随迁家属子女，因既不愿意参加户籍所在地的新农合，又无法参加居住地医保，医疗保障处于“两不靠”状态；大量城镇非就业居民医保问题也亟待解决等等。

（二）新农合和居民医保的保障水平还有待进一步提高

2009 年，新农合和居民医保政策范围内住院费用报销比例为 55%，城乡居民自付医药费用负担仍然偏重，还需进一步提高保障水平。

（三）医保基金统筹补偿模式需科学合理设计

目前，城镇职工医保实行社会统筹与个人账户相结合的模式，个人账户基金形成大量结余。大部分地区的城镇居民医保和新农合以保大病为主，尚未开展门诊统筹，部分地区出现了较多基金结余。基金结余过大，影响了参保群众的受益面，也降低了医保基金的使用效率。同时，由于统筹补偿方案设计不合理等原因，2009 年有 10 个省份新农合基金出现当年收不抵支的情况。

（四）医保控费功能亟待强化

前各项医保基金更多的是发挥报销的作用，对医疗费用进行控制、对医疗服务行为进行监控和制约的功能尚未充分发挥，未能充分代表参保人利益，发挥集

团购买者的作用，推动医疗服务机构合理控制医疗费用、合理施治。

（五）部分地区在统筹城乡医疗保障制度过程中出现一些问题

统筹城乡医疗保障制度，作为统筹城乡经济社会发展的重要组成部分，是我国基本医疗保障制度改革的方向。据人社部初步统计，目前2个直辖市（天津和重庆）、20个左右的地级市和100个左右的县进行了统筹城乡医疗保障制度的探索。在这些地区中，有实行城乡医疗保障制度、管理、运行全部统一管理模式的，如在城市化进程较快、城乡差别不大的长三角、珠三角地区；有实行同一制度下设置不同的缴费和待遇层次模式的，如重庆、四川成都、广东湛江、陕西杨陵等；也有保留现有三种制度首先整合经办管理资源模式的，如天津、浙江杭州、福建厦门等。各地在探索统筹城乡医疗保障制度中取得了不少好的经验，但也同时存在一些问题。个别地方在将新农合与城镇居民医保整合由一个部门统一管理期间出现“突击花钱”，当年新农合基金支出大幅增长的情况。有的地方经办管理人员由于担心体制变化，出现人心不稳，影响了工作积极性。

三、进一步完善医疗保障体系的基本思路

今后几年，要继续加强各项基本医疗保障制度建设，进一步提高保障水平，加强基金监管，特别是要更加充分发挥各项医保基金的控费功能，让参保群众更多受益。

（一）继续扩大医保覆盖面

稳定新农合参保率，大幅提高城镇居民医保参保率。以关闭破产国有企业退休人员参保为重点，统筹解决关闭破产企业退休人员及困难企业职工参保问题。认真落实灵活就业人员及农民工可自由选择参加城镇居民医保的政策。努力实现到2011年年底城镇职工医保、城镇居民医保、新农合参保率均达到90%以上的目标要求。

（二）逐步提高各项制度的保障水平

一是在统筹考虑各项医保制度待遇水平的基础上，本着尽力而为、量力而行的原则，逐步提高政府对新农合、城镇居民医保的投入力度，随着农民和城镇居民收入水平的提高，适当提高个人缴费水平。二是完善各项医保制度的统筹补偿模式。探索将城镇职工医保中的个人账户基金用于门诊统筹，逐步将门诊费用纳入城镇居民医保、新农合报销范围。同时，适当调整各项保障制度的起付线、封顶线和报销比例等政策。三是逐步提高重大疾病保障水平。可考虑通过增加政府投入、社会慈善捐赠等多渠道筹资，逐步提高白血病、先天性心脏病、恶性肿瘤、尿毒症等重大疾病的医疗保障水平。

（三）切实加强基金监管

一是坚持以收定支、收支平衡、略有结余的原则，在确保基金不出现透支的前提下，合理确定现有各项保险基金的结余水平，提高基金使用效率。二是严格执行基金管理相关规定，继续加强对各项医保基金的监督检查，对虚报参保（合）人数、套取财政补助资金、挤占挪用基金的行为，一经发现，严肃查处。

（四）充分发挥医保控费功能

一是积极引导医保经办机构从仅仅注重报销，转移到对医疗费用的控制和对医疗行为的制约，促使医疗机构合理用药、合理施治，降低医药费用。二是加快推进支付方式改革。在部分地区尽快开展按病种付费、按人头付费、总额预付等改革。有条件的地区，可探索引进 DRG（诊断相关组）改革。三是加快医保信息系统建设，不同经办机构之间、经办机构与医疗机构之间要实现互联互通。

（五）积极稳妥有序地推进统筹城乡医疗保障工作

一是要首先做好城镇职工医保、城镇居民医保、新农合以及城乡医疗救助制度之间的衔接，特别要制定具体操作办法，做好流动就业人口跨制度、跨统筹区域流动时医保关系转移接续、异地就医结算等工作。二是有条件的地区要积极稳妥探索适合本地特点的统筹城乡医疗保障制度的模式，可先从统一经办资源入手，然后逐步整合统一制度。人口较少的地区可加快统筹城乡医疗保障制度的步伐。三是要加强对地方开展统筹城乡医疗保障工作的指导和规范，保证制度统筹过程中的平稳过渡，特别要加强基金管理，杜绝“突击花钱”等现象，避免将统筹城乡医疗保障工作进展情况作为硬性指标与其他工作挂钩等做法，切实保证制度运行不因此受到影响。

（2010 年）

完善医疗机构财务管理制度的建议

党的十六届六中全会《关于构建社会主义和谐社会若干重大问题的决定》明确提出，“坚持公共医疗卫生的公益性质，深化医疗卫生体制改革，强化政府责任，严格监督管理”，“强化公立医院公共服务职能，规范收支管理，纠正片面创收倾向”。这是党中央针对当前部分公立医疗机构公益性质淡化，片面追求经济利益等问题，提出的加强公立医疗机构管理的具体要求。财务管理是医疗机构运营的调节阀，既涉及财政卫生经济政策的落实，又直接影响到医疗机构的运行成本和广大人民群众医药费用的负担。因此，切实采取有效措施，加强公立医疗机构的财务管理和监督，对规范公立医疗机构经营行为，保证医院合理收支，维护其公益性质，有着十分重要的作用。

一、加强公立医疗机构财务管理的必要性

随着社会经济的发展和卫生医疗体制、财政体制改革步伐的加快，现行对公立医疗机构的财务管理政策显现出很大的局限性，不能满足政府、社会对医疗机构的管理需求。具体表现在以下几个方面：一是缺乏有效的财务约束机制。比如，负债管理不严，盲目扩大医疗机构规模，城市大医院靠贷款等方式进行融资，竞相购置大型先进设备，建造高标准病房，造成资产负债率上升，不仅增加了人民群众的医疗费用负担，也容易引发财务风险；医疗成本缺乏有效控制，人员费用控制不力，增长过快，医疗成本加大；大型医疗设备提取修购基金的年限过短，医疗机构存在盲目购置，设备利用率低的问题，不利于资源的有效配置；业务招待费支出没有明确的标准，成本难以控制。二是医疗机构成本和资产核算制度不够完善。又比如，固定资产和固定基金以原值反映，虚增了资产和净资产的总量，不能真实反映医院的财务状况；在净资产中没有直接反映出财政投入的资本性支出，不利于完整地反映国家资本性投入真实情况，不利于考核财政投入情况。三是缺乏对医疗机构的绩效考评，资金使用效率不高。四是现行财务制度与事业单位改革、部门预算改革和政府收支分类改革等不相适应。因此，有必要推进对公立医疗机构的财务管理工作。

二、加强公立医疗机构财务管理的政策建议

（一）调整存量公立医疗资源数量，适当压缩公立医疗机构规模

有计划、有步骤地引导社会资金对资源闲置严重、功能重叠明显或布局不合理的公立医疗机构进行规范化改制。各级政府要根据区域卫生规划制定与之相适应的各级公立医疗机构的建设规模和配置标准。为有效使用卫生资源，要明确规定对病床周转率、床位使用率低于同类医疗机构平均水平的医疗机构，不再扩大规模。

（二）明确政府责任，控制医疗机构盲目发展建设

为保证公立医疗机构的公益性，在医疗机构发展建设方面应采取的主要措施：一是严格医疗机构发展建设项目审批。通过同行评议等方法，严格确定医疗机构的固定资产投资项目，既要符合政府制定的区域卫生规划，又要合理确定公立医疗机构建设规模和设备配置标准。二是国家重点支持公里医院的基本建设、大型设备购置等。为控制公立医疗机构盲目发展，公立医疗机构的收入主要用于弥补医疗服务的正常支出，其基本建设、大型设备购置等支出有政府

支持。三是严格控制公立医疗机构的贷款行为。原则上不允许公立医疗机构采取贷款方式进行发展建设，对确需用贷款增加的重大项目，要进行严格的项目论证并按程序报批，贷款总规模要控制在修购基金一定年限可提取的总量的范围内。四是控制公立医疗机构对外投资行为。不允许公立医疗机构用资产进行对外投资。

（三）进一步加强成本核算，严格规范医疗机构收、支、结余行为

在合理规范医疗机构收费项目和内容的基础上，进一步规范收入项目和内容，并更具体明确成本开支范围和标准，合理控制“管理费用”等开支水平和大型医疗设备修购基金的提取年限。对医疗机构收支结余率进行控制，研究制定结余资金控制使用办法。同时，认真总结和推广医疗机构实行成本核算的管理经验，以降低成本，有效利用卫生资源。

（四）规范公立医疗机构补偿机制

严格落实现行政府补助政策，对于公立医疗机构政府重点保障其开办和发展建设等资本性支出，包括房屋建设与修缮、大型设备购置等，以及事业单位养老保险制度改革前离退休人员的离退休费用，重点学科建设等支出。公立医疗机构的日常运转经费，主要依靠基本医疗保险基金和个人付费补偿。在逐步降低直至取消药品加成收入的同时，适当提高医疗服务收费水平，以体现医务人员的技术和劳务价值。采取医药分开或药房托管等形式，改变以药补医等不合理的创收机制。可考虑采取设立药事费或处方费等补偿方式解决医疗机构因取消药品加成收入政策而造成的收入减少问题。

（五）加强对人员费用的管理

为促进公立医疗机构健康持续发展，有效控制成本，充分调动医护人员的积极性，要加强对公立医疗机构人员费用支出的管理，重点是对公立医疗机构工资性支出实行控制管理，不得因违规发放奖励性工资导致收支出现亏损。以规范收入分配秩序和事业单位工资制度改革为契机，实行岗位绩效工资制度，有效控制医疗机构的工资总额。建立公立医疗机构绩效考评制度，并依据考评结果核定绩效工资总额。公立医疗机构结合本单位实际，制定绩效工资分配的具体方案，绩效工资的分配既要体现医务人员的科技含量，向专家和学科带头人倾斜，又要体现社会效益，与医务人员工作量和服务质量挂钩。

（六）逐步建立对公立医疗机构的绩效考评体系

按照先易后难、突出重点、稳步推进的原则，选择部分公立医疗机构开展绩效考评试点，并根据具体的管理要求和实施目标，设定财务和业务工作的绩效考评指标。财务考评指标主要反映医疗机构收入、支出、结余情况，相关项目资金

的预算安排、预算执行、项目资金结余情况等。业务考评指标主要反映医疗机构及医务人员的工作效率、工作态度、工作质量、医疗安全等情况。通过建立绩效考评体系，使绩效考评结果与资金分配挂钩，不断提高医疗服务质量和财政资金的使用效益。

（七）加强对公立医疗机构运行情况的监控

研究建立各级各类公立医疗机构信息网络系统，统一财务软件和财务信息指标，定期通过信息网络系统收集公立医疗机构收入、支出、结余情况和资产负债状况以及相关的业务信息，加强对公立医疗机构运行情况的财务分析。有关信息要及时向社会披露，促使公立医疗机构不断提高财务管理水平和医疗服务水平。

（八）加强对公立医疗机构的审计监督

为加强对公立医疗机构财务活动的监管，应建立公立医疗机构年度审计制度。明确通过会计师事务所对公立医疗机构会计报表等进行规范的审计，通过审计监督，发现公立医疗机构管理和运行过程中存在的问题，实现对公立医疗机构的有效监管。

总的来说，政府有关部门应从规范制度、日常监管、绩效考评、奖惩激励等方面切实加强公立医疗机构的财务管理，维护公益性。有关修改完善医疗机构财务会计制度的具体内容还需进一步研究。

（2007 年）

卫生筹资有关问题的分析和国际比较

卫生筹资是影响卫生体制绩效、医疗卫生服务水平和公平性的重要因素之一。在分析卫生筹资水平和结构等问题时，最主要的指标有卫生总费用占国内生产总值（GDP）的比重、政府卫生支出占卫生总费用的比重以及政府卫生支出占财政总支出的比重。

一、关于卫生总费用占 GDP 的比重

（一）我国卫生总费用占 GDP 的比重在发展中国家处于中等水平

根据卫生部卫生经济研究所统计，2004 年我国卫生总费用为 7590 亿元，占

GDP的比重为5.55%[①]，这一比重低于所有的OECD国家，也低于巴西（7.9%）、印度（6.1%）、俄罗斯（6.2%）、南非（8.6%）、蒙古（6.6%）等，但是要高于孟加拉（3.1%）、朝鲜（4.6%）、泰国（4.4%）、印尼（3.2%）、菲律宾（2.9%）、斯里兰卡（3.7%）、巴基斯坦（3.2%）、吉尔吉斯斯坦（4.3%）等国的水平。据世界卫生组织《2004年世界卫生报告》，2001年我国这一指标在192个国家排名第102位。总的来看，在发展中国家属于中等水平。

（二）卫生总费用占GDP比重并非判断一国卫生体系绩效的主要指标，笼统地与其他国家比较这一比重的高低没有太大意义

这是因为：（1）对卫生总费用占GDP的比重要从正反两方面进行理解，并非越高越好。这一比重的提高既可能是因为医疗保障制度的完善使居民的医疗卫生需求得到了合理的释放，也可能是因为对次均医疗费用缺乏有效控制而上涨过快所致，因此比重高并不必然意味着居民健康状况更好或卫生系统绩效更高。从正面讲，卫生总费用占GDP的比重反映了在社会每年新创造的价值中，有多大比例是卫生部门创造的，也就是卫生事业对经济增长的贡献。这一比重在某种程度上还可以反映出一个国家及其居民对卫生事业发展的重视程度。此外，较高的比重也说明医疗卫生服务供方的利益得到了较好的保障，因为他们能够从国民总收入的分配中得到较高的份额。但从反面讲，卫生总费用也反映了疾病等费用给社会成员带来的负担，比重越高意味着社会成员直接或间接用于满足其医疗卫生需求的支出负担越沉重。因此，离开对卫生体制的全面分析，很难仅仅根据卫生总费用占GDP比重的高低而对其合理性做出准确的判断。如美国卫生总费用占GDP的比重是奥地利、英国、卢森堡、日本等国的2倍左右，但是美国居民的健康水平与以上几国相比并不占优。（2）从跨国比较看，卫生总费用占GDP的比重与各国经济发展水平并无直接相关关系，因此，我们也无法简单地通过与发展水平相近国家的比较来判断我国这一比重的合理性。如南非和巴西这一比重分别为8.7%和7.9%，而经济发展水平远高于两国的英国、日本、奥地利和卢森堡卫生总费用占GDP比重却低于巴西和南非。马来西亚、印度尼西亚、泰国人均GDP大大高于印度，而卫生总费用占GDP比重却都低于印度。这是因为，决定这一比重的并不仅仅是居民的可支配收入，还受到政治、文化、社会及医疗卫生体制具体模式等多方面因素影响。

① 2005年经济普查后，我国GDP数据向上进行了修正，卫生经济研究所根据旧GDP数据计算的比例为5.55%。按调整后的2004年GDP计算则为4.75%，但是由于向上修正GDP主要是因为服务业被低估，作为服务业重要组成部分，卫生事业创造的GDP即卫生总费用可能也被低估了，因此4.75%的数据也不一定准确。

因此，我们不能简单地通过国际比较对当前我国卫生总费用占 GDP 的比重是否合理做出笼统的判断。但是，对卫生总费用增长背后有关的深层次原因，应加强分析。特别是在卫生总费用占 GDP 的比重剧烈波动或迅速上升的情况下，应予以密切关注，并在认真分析原因的情况下采取有针对性的政策措施。

二、关于政府卫生支出占卫生总费用的比重

（一）我国政府卫生支出占卫生总费用的比重相对较低

2004 年我国政府预算卫生支出为 1294 亿元，占卫生总费用的比例约为 17%，不仅低于发达国家的水平，而且在中低收入国家中也处于较低水平。如果按照世界卫生组织可比口径，将医疗保险基金等社会保障资金用于卫生的支出算作政府卫生支出，则该比例将明显提高，达到 38%，但在中低收入国家中仍属于偏低水平[①]，也低于所有的 OECD 国家。据世界卫生组织《2004 年世界卫生报告》，2001 年我国这一指标在 192 个国家排名第 172 位。与此相对应，我国个人现金卫生支出在卫生总费用中所占比例即使在发展中国家也属于较高水平。

（二）我国与发达国家在这一指标上的差距主要是由于社会医疗保险制度覆盖面较窄等原因造成的，但与一些发展中国家的差距则主要是因为一般预算安排的卫生支出比重较低

在实行医疗保险制度的发达国家，政府卫生支出主要是指社会医疗保险的支出，如果扣除医疗保险制度的支出，一般预算安排的卫生支出占卫生总费用的比重并不高，如 2000 年捷克为 10%、法国为 3%、德国为 6%、匈牙利为 12%、日本 13%、韩国为 10%、荷兰为 4%、斯洛伐克为 5%，都低于我国 17% 的比例（需要说明的是，通过一般预算安排补助资金帮助困难人群参加医疗保险的经费在哪边体现，有关资料并未明确，有可能体现为社会医疗保险的支出）。但是在发展中国家，社会医疗保险支出占卫生总费用的比重普遍不高。一些发展中国家政府卫生支出占卫生总费用的比重高于我国，主要是因为一般预算安排的卫生支出比重较高。

三、关于政府卫生支出占财政支出的比重

根据世界卫生组织按可比口径进行的测算，我国政府卫生支出占财政支出的比重在世界各国中处于中等水平，该比重在 1997—2001 年间下降比较明显，但并不明显偏低。

---

① 需要说明的是，我国医疗保险基金支出中包含了个人账户的支出。由于在职职工个人账户资金来自于职工个人缴费，因此其个人账户支出不应计入政府性卫生支出，统筹基金划入退休人员个人账户的资金在支出后原则上可计入政府性卫生支出，但是这方面难以进行准确的统计。总的来讲，以上 38% 的比例一定程度上高估了我国政府性卫生支出的比重。

根据卫生经济研究所测算，2004 年政府预算卫生支出为 1294 亿元，占当年财政总支出的比重为 4.66%。若将各项社会保险基金纳入预算管理，则包括基本医疗保险支出的政府卫生支出占财政总支出（含五项基金支出）的比重提高到 6.6%。

不过，根据世界卫生组织出版的《2004 年世界卫生报告》对各国卫生筹资水平和结构进行的测算，中国的政府卫生支出占财政支出的比重比以上数据要高（1997 年高达 14.2%，2001 年为 10.2%）。这是因为世界卫生组织为保证数据的可比性而对各国的卫生支出口径进行了调整（未找到就如何调整所做的具体说明，我们估计，可能除医疗保险外，企业和行政事业单位的医疗卫生支出也被纳入统计口径，这一块资金 2001 年有 450 亿元）。因此，在进行国际比较时，我们也全部采用世界卫生组织提供的 2001 年各国数据。在参加排名的 192 个国家中，按政府卫生支出占财政支出比重从高到低排列，我国列第 104 位，有 88 个国家低于我国（若根据我们自己测算的 2004 年 6.6% 的比重参加各国 2001 年的排名，则将落到 160 位左右）。其中最高的是阿联酋，为 32.3%，最低的是尼日利亚，为 1.9%。

综上所述，卫生总费用占国内生产总值（GDP）的比重、政府卫生支出占卫生总费用的比重以及政府卫生支出占财政总支出的比重这三个指标我国分别排名世界第 102、172 和 104 位，其中明显偏低的是政府卫生支出占卫生总费用的比重。应该说，与另外两个指标相比，这一指标能够更好地反映出政府在卫生领域承担的职责情况，我国这一指标偏低，既说明对医疗卫生总费用的增长控制不力，也与各项医疗保障制度建设进展不够快、覆盖面有限有关，同时也表明各级财政对卫生事业发展的支持力度还需进一步加大。因此下一步，一是要完善医疗费用控制机制；二是要推动城乡居民医疗保障制度的完善和扩面；三是进一步加大财政对卫生事业发展的支持力度并重点用于对需方的补助。

（2005 年）

政府卫生投入与购买服务

一、中国卫生事业发展与政府卫生投入

改革开放以来，随着国家经济实力的不断增强和卫生体制改革的不断推进，我国卫生事业发展取得了显著的成绩，无论是卫生资源总量还是各项健康指标的

改善都有了长足的进步。这些成绩的取得得益于改革开放的大环境，也与政府制定和实施的各项扶持卫生事业发展的经济政策密切相关。20多年来，随着社会主义市场经济体制以及与其相适应的公共财政体制的逐步建立和完善，政府对卫生事业的投入不断加大。2005年政府卫生投入达1552.53亿元，比1980年增长了29倍，而同期财政收入增长了26倍，政府卫生投入增长速度快于财政收入的增长速度。特别是2003年“非典”以后，政府卫生投入增长更为明显。2006年，全国财政卫生支出为1312亿元（不含基本建设支出），比2002年增长了107%，4年年均增长约20%，不仅高于同期财政支出年均增长速度，而且高于财政用于教育、科学、农业、社会保障等重点支出的增长幅度。与此同时，我国政府也制订了一系列政策，鼓励包括外资在内的社会资本进入医疗市场。从目前的情况来看，无论是非公立卫生医疗机构的发展，还是商业医疗保险的发展，都取得了可喜的进展。当然也要清醒地认识到，虽然政府卫生投入增长比较明显，社会资本进入医疗市场的积极性也很高，但总体来看我国卫生医疗事业的发展与人民群众快速增长的健康需求相比仍然有较大的差距。

二、政府卫生投入的领域及投入方式改革的探索

在全部卫生资源中，政府卫生投入是主导性的公共资源，因此如何选择政府投入领域和方式，对全社会卫生资源的合理有效配置有着重要的影响。由于卫生医疗服务具有一定的公共产品的属性，政府必须介入卫生领域，但政府的介入并不意味着市场应该退出或者作用的大大弱化，恰恰相反，随着政府服务社会职能的转变以及市场机制作用的完善，政府和市场配置资源的作用也在相互结合和促进。因此，要合理划分政府和市场在卫生事业发展中的责任，通过政府投入和市场机制的有效结合，既努力实现公平目标又尽可能促进效率提高。

（一）政府投入领域的选择——重点投向公共卫生和基本医疗

政府应当投入那些市场解决不了也解决不好的领域，凡是通过市场可以解决或者通过市场比政府投入解决效果更好的，则应当通过市场解决。同时，即便是政府的卫生投入也应当充分利用市场机制，提高政府投入资金的使用效率。近几年来，按照以上理念，并结合我国的实际情况，我国政府的在以下几个方面进行了重点投入：

1. 提供公共卫生——加强公共卫生体系建设。传染病等疾病预防控制、有关妇幼保健、医疗服务质量监管和突发公共卫生事件处置等属于典型的公共产品和公共服务，私人不愿也没有能力提供，是政府卫生投入的领域。按照公共财政的要求，政府应当负责提供这些公共产品和服务。近年来，特别是“非典”疫情后，我们重点加强了疾病预防控制体系、卫生执法监督体系、突发公共卫生应急救治体系三大公共卫生服务体系的建设，对艾滋病、结核病、血吸虫病等重大

传染病实行免费救治。为了保障群众能够吃上放心食品、安全有效的药品，我们还投入专项资金加强食品药品监管体系建设。2003—2006 年中央财政共安排公共卫生专项资金 143 亿元，支持地方公共卫生体系建设。目前，疾病预防控制体系、卫生执法监督体系、突发公共卫生应急救治体系三大公共卫生服务体系已经基本建成，食品药品监管体系也得到进一步加强。为了进一步加强公共卫生工作，从 2007 年起，扩大国家免疫规划范围，将 15 种传染病纳入国家免疫规划范围，同时增加免费救治传染病病种，对艾滋病、结核病、血吸虫病、麻风病、疟疾、包虫病患者实行免费救治。为了保障城市居民能够在社区享受到方便可及的公共卫生服务，2007 年起中央财政对中、西部地区按城市人口人均 3 元、4 元安排补助，地方各级财政也相应安排补助经费，建立城市社区公共卫生经费保障机制，实现公共卫生服务的均等化。通过以上健全公共卫生服务体系、提供公共卫生服务产品、促进公共服务公共能力均等化等措施，为人民群众提供公共卫生服务，使人民群众少得病。

2. 维护医疗公平——保障群众基本医疗。如何使群众获得基本医疗保障是各国政府的重要责任。针对我国城乡居民医疗保障制度覆盖面小，农村居民和城镇困难居民卫生筹资能力不足、难以抵抗疾病风险的问题，2003 年我国推行了新型农村合作医疗制度，目前中央和地方财政对自愿缴费参加新型农村合作医疗的农民给予每人每年 40 元缴费补助。从 2003 年开始还在全国农村全面推行农村医疗救助，2005 年又在城市推行城市医疗救助。2006 年全国参加新型农村合作医疗的农村居民达到 4.1 亿人，享受到城乡医疗救助的人次达到 2034 万人次，救助金额达到 25.27 亿元，这几项措施的推行，有效地缓解了农村和困难群体无钱看病的问题。针对非就业城镇居民医疗保障缺乏稳定的制度安排的问题，从 2007 年起我们将开始进行城镇居民基本医疗保险的试点，通过家庭和个人缴费，政府对老、残、穷等困难群众缴费给予适当资助的形式，为非就业城镇居民建立基本医疗保险。通过建立以上医疗保障制度的措施，为人民群众看病筹资，并做出制度性安排，使人民群众看得起病。

3. 提高基层服务能力——向农村和基层倾斜。在卫生资源配置方面，大医院、大城市集中了较多的优质资源和素质较高的医务人员。因此，为了保证群众在基层能够享受到方便、可及的卫生医疗服务，促使卫生资源在城乡之间，一、二、三级医疗机构之间的合理布局，近几年，按照向农村和基层倾斜的要求，中央和地方政府加大了对农村乡镇卫生院和城市社区卫生的投入。一是 2006 年研究制定了农村卫生服务体系建设与发展规划，中央重点支持中西部地区的乡镇卫生院，贫困县、民族自治县、边境县的县医院、县中医院、民族医院和县级妇幼保健机构的建设，到 2010 年，初步建立起基本设施比较齐全的农村卫生医疗服务网络。二是针对农村卫生机构和城市社区卫生机构服务人才短缺的问题，我们正在与卫生部研究制定农村基层卫生人才和城市社区卫生人才培养的五年规划，2006 年中央财政分别安排 24571 万元和 3542 万元，用于支持中西部地区农村卫生和城市社区卫生人才培养。同时近两年中央财政还对城市支援农村的万名医生下乡活动给予补助。通过以上措施，在一定程度上缓解了基层医疗卫生服务能力不足的问题，有利于保障群众能在基层看得好病。

4. 保证公立医院公益性——完善公立医院补助政策。政府举办的公立医院不仅提供基本医疗服务，而且很多大医院还承担着医学科研、医学教育任务，并承担急救和突发事件应急处理等特定职能。在市场经济条件，公立医院还应具有平抑医疗服务市场价格、服务提供兜底的潜在功能，在某种程度上发挥着医疗服务质量和价格的标尺作用。因此，政府举办部分医疗机构是必要的，但政府举办不代表政府独占，也不代表政府包办。为了激励公立医院和私营医院通过提供优质高效服务、开展平等竞争，政府对公立医院的补助政策由按人头补助到按病床和门诊量补助，进一步改革为按项目进行补助，即政府对公立医院主要给予基本建设、房屋修缮、大型设备、医学科研以及离退休人员费用等专项投入，医疗服务则主要由公立医院在医疗服务市场通过收费获得补偿。对于基层卫生机构则给予定额补助。这样可以保证私营医院和公立医院之平等地开展竞争，不仅增加了卫生事业发展的筹资来源，而且也利于利用市场竞争机制，促使卫生服务机构提高服务质量和效益。

（二）政府投入方式的转变——从“养人办事”到“购买服务”

过去，对事业单位实行的都是养人养机构的补助办法。只注重对机构和人员的投入，对投入的产出和绩效重视不够，就会出现机构膨胀、服务效益比较低下的现象。国内外的实践都表明，通过政府购买服务方式，有效地引入了竞争机制和考核激励机制，实现从“养人办事”到“办事养人”的转变，可以保障目标人群直接受益，有利于提高政府公共投入的质量和效率。这也是政府公共事业体制和公共服务支出改革的方向。按照购买服务的改革思路，我们重点加大了对需方的投入，发挥需方的选择和制约作用。目前，购买公共卫生服务的理念已经开始建立，部分地区也已经开始进行开始进行积极有益的探索和实践。

——在医疗保障方面，支持多层次医疗保障制度的完善，通过医疗保险等的集团购买作用，向医疗机构购买适合的医疗服务。随着医疗保险力量的逐渐强大，对于医疗机构的费用控制和行为约束功能也逐渐显现。一些地方还探索由商业保险经办新型农村合作医疗事务等。

——在公共卫生服务方面，规定公共卫生服务项目的补偿要根据服务提供的质和量考核确定，同时鼓励社会力量提供公共卫生服务并可获得同等补偿。

三、下一步改革政府投入方式的建议

第一，在政策制定上给私营部门发展留下适当空间。要鼓励私营部门举办营利性和非营利性医疗机构，特别是在一些原有资源相对还不足的地区，在具体规划和制定有关政策时要考虑私营机构发展的需求，创造多渠道发展卫生事业的环境。在医疗保障领域，除了鼓励商业医疗保险提供基本医疗保险以外的保障项目外，对一些地方探索商业保险参与新型农村合作医疗等基本医疗保障具体管理工作也应给予关注，不断总结实践的做法和经验，提高医疗保障管理能力和水平。

第二，进一步完善购买服务机制，探索私营部门与公共部门合作的领域和方式。目前，我们正在研究草拟有关政府购买城市社区公共卫生服务的具体操作办法和相关流程，推动私营部门参与提供城市社区卫生服务。今后，随着条件的成熟，可以考虑逐步扩大政府向私营部门购买服务的范围和领域，一些可由政府提供的产品和服务可充分利用市场资源由私营部门提供。

第三，进一步落实和完善支持私营部门投入卫生领域的相关政策。当前有关鼓励私营部门参与卫生事业的财政税收价格政策是明确的，需要进一步落实和完善。符合规定的私营卫生机构在医保定点等方面应当享受与公立机构同等的待遇，在政府购买有关卫生医疗服务方面也应给与相关的补助，保进私营机构与公立机构公平、有序地开展竞争。

（2007 年）

商业保险参与医疗保障管理的经验及启示

上篇：国际经验

经过 10 余年的努力，我国已初步建立了覆盖城乡居民的基本医疗保险制度体系，基金规模不断扩大。在此背景下，如何切实加强医疗保险基金管理，最大限度地发挥基金效益，成为医疗保障制度建设的重要议题。从国际经验看，在强化政府监管的同时，有效引入市场机制，成为各国医疗保障改革的普遍趋势。特别是部分国家在社会医疗保障管理中，引入商业保险公司参与管理，取得了积极成效。

一、美国：商业保险竞争政府医疗保障合同

美国的医疗保障主要由商业保险和政府保障计划两部分构成。政府保障计划包括针对老年人、残疾人的医疗照顾计划（Medicare）、针对低收入人群的医疗

救助计划（Medicaid）。美国作为高度奉行市场价值取向的国家，不仅通过税收优惠等政策鼓励和扶持商业医疗保险的发展，而且在政府医疗保障计划中，注重运用商业保险公司的力量。一是商业保险公司为政府保障计划提供信息咨询、理赔经理等专业化服务，不承担基金运行风险，按照约定收取一定管理费用。二是商业保险公司销售政府保障计划产品。最为典型的就是1997年推行的医疗照顾选择计划（Medicare + choice，2000年调整为医疗照顾优选计划 Medicare Advantage）。商业保险公司提供的 Medicare Advantage 产品，不仅覆盖政府 Medicare 保障项目，而且还涵盖不同附加保障项目（受益人自愿选择参加、需额外负担不同保费）。政府按照人头付费给承保公司，公司自负盈亏，自行承担经营和管理风险。

实践证明，Medicare Advantage 计划的实施，丰富了受益人的选择，扩大了保障范围，控制了医疗费用，受到受益人的欢迎。根据统计，2008年参加 Medicare 的4500万人中有23%在商业保险公司 Medicare Advantage 计划中注册，注册人数比2003年翻了近一倍。

二、英国：政府向商业保险公司外包服务

英国医疗保障体系以筹资与服务一体化管理的国民健康服务系统（National Health Service，NHS）为主，商业医疗保险为辅。20世纪80年代以来，英国推行内部市场化（internal market）改革，将筹资付费与服务监管分别由两个机构承担。全国152个按地区设置的初级卫生保健基金（Primary Care Trust，PCT）作为最大的医疗服务购买者，掌握着80%的经费，居于国民健康服务系统的核心。为全面提升 PCT 的购买能力和管理水平，英国政府于2007年在 PCT 中全面推荐采用“服务外包”（Framework for procuring External Support for Commissioners，FESC）。卫生部认定14家商业医疗保险公司具有为 PCT 提供管理服务的资格。根据资质不同，有些商业保险公司只能开展政策咨询评估、购买服务具体组织等辅助性服务，政府按照约定支付管理费用；部分保险公司可以受托完全承担基金管理责任，在确保居民能够享受到数量充足、质量优良的医疗服务前提下，保险公司从节省的基金中提取一定比例作为管理收入。

英国卫生部经过考核后确认，在引入 FESC 方案的地区，PCT 的管理能力明显增强，卫生服务体系进一步完善。这些地区病人等候时间明显缩短，患者的就医选择权得到保证，改革取得了初步成效。

三、德国：社会医疗保险基金由各自垄断到相互竞争

德国是世界上最早实行社会医疗保险制度的国家，社会医疗保险覆盖90%以上人口。德国社会医疗保险体系由数目众多的医疗保险基金（sickness fund）构成（2004年为292个），各个基金具备独立地位，是准公共机构，依靠从基金收入中提取管理费维持运转。传统上，各个基金按照地域或行业设置，参保人不

能进行选择，各个基金之间也没有竞争关系。由于缺乏竞争，这些基金缺乏改革付费方式的积极性，长期实行按项目付费（Fee For Service），导致医疗机构缺乏费用控制意识，医药费用上涨过快，医疗保险缴费比例由20世纪70年代的8%增加到目前的14%—15%。在此背景下，1996年德国政府规定，民众可以自由选择参加任何医疗保险基金，且在18个月内可以更换。同时，改革医疗保险基金付费方式，住院采取按病种付费（DRGs）、普通门诊按人头付费（Capitation）。

竞争机制的引入，在一定程度上推动了医疗保险基金加速推进付费方式改革，费用控制取得初步成效。截至2004年，有250个医疗保险基金扭亏为盈，盈余额达到40亿欧元。医疗保险缴费比例也从平均14.3%下降到14.1%。正是看到了此项改革的成效，目前德国出现了允许商业保险公司与社会医疗保险基金提供相同保险项目、平等竞争的改革思路。

四、瑞士：强制参加商业保险实现全民医保

瑞士传统上主要依靠商业保险为居民提供医疗保障。为应对医疗费用的急剧上涨，1996年，瑞士政府规定所有国民都必须购买强制实施的商业基本医疗保险，政府对低收入的国民提供补贴。商业医疗保险公司不得拒绝任何国民参保，基本医疗保险价格仅根据参保人员的地理位置、年龄和居住地的城市化程度作出调整，商业保险公司不得进行其他风险调整。在政府规定的强制性基本保险之外，商业保险公司可以向国民销售补充保险，居民自愿选择参加。

根据统计，2001年医疗保险管理成本比改革前的1996年降低了5%。由于承保质量较高，瑞士模式被认为是较好地平衡了公平、经济效率和病人自主权的保障模式。根据2007年的一项调查，瑞士国民对卫生服务体系的满意度，在经合组织（OECD）30个成员国中排第4位。

五、几点启示

一是市场机制的广泛运用是“有管理的竞争”思路在基本医疗保障管理中的具体体现。从世界范围看，各国医疗卫生体制改革的共同趋势是走向“有管理的竞争”。一方面，为实现社会公平目标，各国均强化政府在筹资和服务监管方面的责任。通过加大政府投入、建立政府医疗保障（或社会医疗保险）计划，逐步实现医保的全民覆盖，同时，强化政府对医疗服务和医疗保障服务的监管，减少因信息不对称对参保人的损害；另一方面，为提高效率，各国都在医疗服务和医疗保障领域，注重发挥市场机制的作用，鼓励和促进供方之间、需方代理人之间的竞争，强化医保对医疗服务提供方的监督制约，达到控制医疗费用、提高服务质量的目的。

二是委托商业保险经办管理是基本医疗保障管理的重要方式。尽管医疗卫生体制差异较大，适应改革医疗保障管理治理结构、控制医疗费用不合理增长的客

观要求，许多国家按照专业化、市场化、社会化的思路，积极探索将政府医疗保障经办管理的全部或部分业务委托专业性的商业保险公司承办，改善医疗保障管理的治理结构，努力解决公共医疗保障管理机构动力不足的问题。这一改革也是公共部门治理改革思潮的产物。自 20 世纪 50 年代以来，世界各国广泛推行的公共部门治理改革，其核心就是采取商业管理的理论、方法和技术，引入市场竞争机制，提高公共管理水平和公共服务质量。正如英国卫生部在 2007 年全面推行 FESC 时所指出的，“尽管 PCT 可以通过聘用更加专业化的雇员来提高管理水平，但 FESC 能更可靠地全面、系统地提升 PCT 管理能力”。

三是构建竞争性的基金管理主体是基本医疗保障管理的有益探索。德国在社会医疗保障基金之间引入竞争；美国则直接允许商业保险公司提供政府医疗保障产品，与政府管理机构形成竞争；而瑞士则由商业保险公司销售标准化的基本医疗保障产品。这一改革的逻辑是，尽管多个竞争性的基金管理主体有可能会增加管理成本，但垄断的单一基金管理主体由于缺乏竞争压力，将难以最大限度地发挥控制费用、规范医疗服务行为的作用，将会导致更大的效率损失。

四是强化商业医疗保险的监管是基本医疗保障管理面临的重要挑战。医疗保障服务具有高度信息不对称的特点，在逐利动机的推动下，商业保险公司更有可能利用这一特点侵害受益人的利益。美国推行 Medicare Advantage 计划过程中，部分商业保险公司存在虚假宣传，不合理拒赔、迟延赔付等问题。而瑞士等国也面临如何杜绝商业保险公司“挑肥拣瘦”、采取各种手段将年老多病的参保人排除在外的问题。随着商业保险公司介入政府医疗保障的不断深入，各国政府普遍面临不断调整和完善监管措施的压力。

下篇：国内实践

近年来，随着医疗保障制度体系的不断完善，各项医疗保障基金管理机构进一步健全，管理服务能力不断增强，对保障基金安全平稳运行发挥了重要作用。随着改革的深入，进一步完善医疗保障经办管理体制，提升管理服务能力的需求进一步凸显。医改《意见》明确提出，“在确保基金安全有效和有效监管的前提下，积极提倡以政府购买医疗保障服务的方式，探索委托具有资质的商业保险机构经办各类医疗保障管理服务”。为此，我们对当前医保经办管理中存在的问题及部分地区商业医疗保险参与医疗保障经办管理的情况进行了研究，结合国际上改革经验，提出了相关政策建议。

一、当前医疗保障经办管理存在的问题

一是基金补偿重于监管。各项医疗保障基金目前仍被动地开展医疗费用的报

销和事后补偿，对医疗服务行为控制和引导不够。与此同时，为减少基金风险，各项基金普遍通过加大患者自负等手段控制支出，基金普遍大量结余，未能最大限度地保障参保人利益。

二是异地报销和管理难。由于统筹层次低、管理分散，大量的统筹地区外就医未能实现就医地结算和管理，增加了患者的经济负担，也不利于费用控制和管理。

三是基金违规使用频发。由于缺乏有效的内部和外部监督机制，不少地方出现了人情报账、挪用基金、对骗保处罚不力等问题，不仅对基金的健康平稳运行产生影响，也在一定程度上影响了政府信誉。

分析以上问题的根源，除城乡分割、地区分割、统筹层次低等制度因素外，政府机构直接经办医疗保障的行政化的管理体制是重要原因。在这一体制下，医保经办机构缺乏必要动力，以最具成本——效益性的方式代表参保人购买医疗卫生服务。同时，囿于现有事业单位用人体制和薪酬制度，经办机构在吸引合格专业人才、提升管理服务等方面也受到一定制约。而附属于不同地区、不同层级、不同部门的经办机构，也难以实现管理服务有效衔接，形成管理合力。

二、商业保险参与医疗保障管理的实践及成效

（一）基本情况

自20世纪90年代城镇职工医保建立之初，部分地区（如福建省厦门市）开始尝试由商业保险公司（太平洋人寿公司）承保封顶线以上医疗费用。参保职工按人头缴费、集体参保，保险公司自负盈亏。2003年随着新农合试点的开展，因新设管理经办机构面临较大增人增支压力，部分地区（如河南省新乡市）开始探索将新农合经办业务中最专业、人力投入最大的费用审核报销业务委托给商业保险公司（如中国人寿公司）。商业保险公司不承担基金收支风险，政府按保费一定比例另外核拨管理经费。与此同时，各家保险公司还利用自身优势，附带开展了参保群众健康管理、基金运行预警分析、制度完善政策建议等工作。目前，各地商业保险参与医疗保障经办管理主要采取这一模式。

（二）取得成效

从试点地区的情况看，初步形成了“管办分开”运行机制，提高了政府效能，跳出了过去政府办事增人、增编的怪圈。有效利用了商业保险公司专业化、网络化的服务优势，改善和提升了医疗保障经办管理服务，取得了积极成效。

一是降低了管理成本。委托商业保险公司经办基本医疗保障，直接利用保险公司的服务网点和管理平台，减轻了政府增设经办机构、增加人员编制的压力，降低了经办管理成本，减轻了财政增支压力。如江苏省江阴市将全市新农合和城镇居民医保委托太平洋保险公司经办，70.5万农村居民和城镇居民参保，政府

每年支付管理费用 220 万元，仅为政府自办成本的 1/4 左右。

二是方便了群众报销。商业保险公司充分发挥专业化、信息化的优势，改善结算报销工作流程，缩短了报销时间，并推动实现当场结报，减轻群众负担。如中国人寿新乡分公司从 2003 年经办新农合至今，费用报销时间从过去的 7—10 天缩短为现在的 30 分钟。中国人寿洛阳分公司目前经办洛阳 12 个县（区）的新农合和全部 16 个县（区）的城镇居民医保，已实现在市级医院出院即时结报医药费用，其开发的费用审核结算报销流程被广泛应用。

三是强化了费用控制。商业保险公司积极探索改进管理方式，探索对不当医疗行为的管控，减少不合理医药费开支。如中国人寿洛阳分公司开发了链接全市 171 家定点医院的信息系统，实现对医院诊治行为的实施监控，派出驻院代表对医院诊治行为实行实时监控。自 2006 年 9 月经办新农合以来，该公司介入检查诊疗 1.39 万人次，查处重大违规事件 74 起。太平洋人寿江阴支公司对医疗机构和主诊医生根据服务合理性和质量进行分级管理，采取不同报销比例。2008 年江阴市全市次均住院费用 4364 元，为无锡市各区县最低，年增速在 4% 以下。

四是促进了制度完善。商业保险公司充分利用在风险管理、精算技术等方面的优势，根据基金运行过程中不断反映的问题，协助政府改进基本医疗保障方案设计，推动制度安全、高效、平稳、可持续运行。如太平洋人寿江阴支公司定期向政府提供基金收支风险预警报告，并提出年度方案测算报告，协助政府调整医保政策方案。2008 年，江阴新农合和城镇居民医保住院费用报销比例为 41%，超过同期全国新农合 38% 的报销比例，参保群众在三级医院就医率从 2004 年的 13% 下降到 2008 年的 9%，合理引导了就医流向。

实践证明，商业保险公司经办管理服务得到了当地政府和群众的认可。2008 年，新乡市新农合参合率达到 99.07%，江苏省溧阳市新农合参合率达 100%，反映了农民对保险公司经办模式的认可。洛阳市将新增新农合县（区）和全市的城镇居民医保、医疗救助全部委托中国人寿洛阳分公司经办；新乡、江阴等地的委托业务也从新农合经办扩展到城镇居民医保经办。根据保监会统计，2008 年商业健康保险受托管理新农合、城镇居民医保的县市数分别为 115 个和 27 个，参保（合）人数分别为 3292 万人和 78 万人，管理资金分别达到 65 亿元和 1180 万元。

三、下一步的政策建议

一是明确鼓励和扶持商业保险公司经办医疗保障的具体政策。受历史惯性及对商业保险公司不信任等因素的影响，部分地区的政府及主管部门对商业保险参与医保经办还持怀疑和排斥态度。对此，相关部门特别是人力资源社会保障部门、卫生行政部门对此要有明确的态度，落实医改意见的要求，相关部门应出台相关文件明确鼓励和扶持商业保险公司经办医疗保障经办的具体政策。

二是进一步规范和推广委托商业保险公司经办基本医疗保障。目前，不少地区已在委托商业保险公司承担医疗费用审核报销、医疗行为管控、参保人健康管理、基金运行预警分析等方面，开展了深入的实践。建议有关部门总结各地经验，明确各类委托业务的具体操作办法。如承担各项业务的商业保险公司的资质要求、管理责任、服务收费、退出衔接办法等。这样不仅便于各地推广，也便于相关政府部门监督。

三是鼓励有条件的地区积极稳妥地探索商业保险公司直接提供政府医疗保障产品。从国际经验看，在社会医疗保险体制中，在医疗保险基金管理主体间引入竞争机制，允许商业保险公司直接提供社会医疗保险产品的改革实践，已经取得了积极的成效。参照这一改革经验，建议在部分有条件的地区，积极稳妥地探索由政府确定标准化的医疗保障产品（筹资标准、待遇支付标准），参保人可在商业保险公司、社会保险经办机构及不同商业保险公司间进行选择，承保机构不得拒绝参保人参保。除了必保项目外，商业保险公司还可开发附加性产品供参保人选择。

（2009 年）

（二）实 践 篇

揭开神木医改的神秘面纱

——陕西神木“全民免费医疗”调研

一、走上神坛的神木医改

神木县位于陕西省北部，隶属榆林市。全县总面积7635平方公里，是陕西省面积最大的县，总人口42万人。20年前，这个地广人稀的陕北小县曾因发现国内首个大储量的露天煤矿而名噪一时。近日，该县又因实行“全民免费医疗”制度，再次成为人们关注的焦点。

2009年3月1日，“全民免费医疗”制度在神木县正式实行。由于神木县推行“全民免费医疗”正值国家医改方案出台，因此引起了社会各界的广泛关注，有关媒体纷纷予以报道。各方评论可谓仁者见仁、智者见智。有的媒体对神木医改模式给予充分肯定，认为神木县实行“全民免费医疗”，“开国内先河”，是公共财政向民生倾斜的具体体现，是贯彻落实以人为本的科学发展观的生动实践。有的媒体则对神木医改模式提出质疑，认为是“违背市场经济原则的医改闹剧”，“实施俩月已疲惫不堪”。同为央视著名栏目，“新闻1+1”和“今日观察”的观点也大相径庭。“今日观察”认为神木医改模式是一个特别有意义的尝试，是中国医改的破冰之举，是医改中的小岗村。“新闻1+1”则认为神木医改模式有点“免费午餐”的味道，听起来很美，吃起来不一定香，其可持续性值得怀疑。

媒体的集中报道，一时间使神木医改蒙上一层神秘的色彩。为全面了解神木“全民免费医疗”的真实情况，笔者于5月27日赴神木县进行了专题调研。

二、“全民免费医疗”实为“全民医保”

根据神木县委、县政府《关于在全县实施全民免费医疗工作的通知》和县政府《关于印发〈神木县全民免费医疗实施办法（试行）〉的通知》精神，从2009年3月1日起，在全县实施“全民免费医疗”。“全民免费医疗”的对象为拥有神木户籍的党政机关、企事业单位职工和城乡居民。

神木县卫生局白局长介绍说，“全民免费医疗”基金由城乡合作医疗基金、城镇职工医保基金、社会募捐资金和县财政拨付的资金构成。参加城乡合作医疗的人员，每人每年需缴纳10元的参合费，县财政每人每年补助400元。参加城镇职工医保的人员，继续执行职工医保制度的规定，由单位和个人缴费。

白局长说，未参加城乡居民合作医疗和职工医保的人员，不能享受免费医疗。“全民免费医疗”也不是对患者发生的所有费用全部报销，而是有一套严格的报销制度。在门诊方面，实行门诊医疗卡制度。凡参合居民均可享受每人每年100元的门诊医疗卡待遇，参加职工医保的从职工医保基金中直接划入，门诊医疗卡结余资金可以结转使用和继承。慢性病患者长期在门诊治疗的，实行全年限额报销制度。在住院方面，实行住院报销起付线和封顶线制度。起付线标准为乡镇卫生院每人次200元、县级医院每人次400元、县外医院每人次3000元；封顶线为30万元。另外，对于大型医疗设备诊断检查、特殊医用材料治疗、县外就医等，还需患者自负一定比例的费用。如对于CT、ECT、核磁共振等检查费用，患者需自负10%；需做器官移植或导管、支架等介入治疗的，国产材料自负10%，进口材料自负30%；对于县外就医的，各种检查费用由患者自负，医药费用自负30%。

该县分管卫生工作的双县长说，从严格意义上讲，我们实行的“全民免费医疗”实际上是“全民医保”，是高水平的“全民医保”。但是，目前该县城乡居民合作医疗和职工医保的参保率已超过99%，不参保的主要是经营煤炭生意的个体户等有钱人，因此，尽管规定未参保人员不能享受免费医疗，但实际上已经几乎是全民享受了。

三、调研一年始出台

近年来，神木县经济快速发展，财力明显增强。为贯彻落实科学发展观，加快和谐社会建设，神木县委、县政府出台了一系列改善民生的惠民措施，涉及教育、医疗、公共文化、社会保障等领域。2008年，神木县在全县范围内实施了12年免费义务教育，基本解决了“上学难、上学贵”的问题。2009年1月1日起，又陆续启动了孤寡老人、残疾人免费供养、城乡居民社会养老保险等，在就业、低保、住房等方面也采取了一些优惠政策。

为解决群众“看病难、看病贵”问题，2008年初，神木县成立了康复工作委员会，下设办公室（康复办），负责全县“全民免费医疗”有关工作。康复办组织有关部门开展了1年多的调研论证工作，一方面，对全县医疗卫生资源进行了全面摸底，对前3年医疗费用支出和资金来源情况进行了详细测算分析，推算出实施“全民免费医疗”的资金需求；另一方面，调查了130多个医药单位和16个部门以及部分村、镇，广泛征求有关部门和群众意见。经过反复论证，研究制定了神木县全民免费医疗实施办法及实施细则，提交县委常委会讨论通过后，在网上发布，向社会各界公开征求意见。在此基础上进行修改完善，最终定稿。

双县长说，神木县2006年就基本实现了城乡居民“全民医保”，经过几年的运行，在制度运行和基金管理等方面积累了丰富的经验，再加上近几年神木县医疗卫生事业迅速发展，医疗条件大大改善，诊疗水平不断提高，这一切均为实施“全民免费医疗”奠定了基础。针对有媒体说神木“全民免费医疗”纯属“拍脑袋”、未经科学论证等言论，双县长说，“作为一级政府，我们哪敢拿百姓利益开玩笑?”

四、狠抓管理保运行

为从制度上保证“全民免费医疗”的实施，神木县先后出台了《关于在全县实施全民免费医疗工作的通知》、《神木县全民免费医疗实施办法（试行）》、《神木县全民免费医疗实施细则（试行）》、《关于神木县全民免费医疗定点医疗机构的通知》、《关于对慢性病门诊治疗全年限额报销的规定》、《关于神木县全民免费定额付费办法的规定》等一系列规章制度。

在严格审核的基础上，神木县确定了7所县级定点医院、5所省级定点医院和6所省外定点医院。在7所县级定点医院中，只有1家是公立医院，其余6家全部为民营医院。卫生局白局长说，我们对公立医院和民营医院在定点准入和医保报销政策上一视同仁，就是要让他们之间有竞争。定点医院和非定点医院也不是一成不变的，而是实行动态管理，违反规定的要及时退出。

为加强定点医院管理，神木县制定了一套控制医院和医务人员行为的指标体系。如规定，一般住院患者平均每日住院费用在乡镇卫生院不得超过200元、在县级医院不得超过400元、危急重症患者在县级医院不得超过1600元，人均住院总费用不得超过4000元，检查阳性率不得低于75%，药品费用不得超过50%，自费药所占比重不得超过10%，群众满意度不得低于90%等。根据考核情况，对医院和医务人员相应采取不同的处罚措施，包括通报批评、责令限期整改，给予经济处罚，直至最终取消定点资格。为有效控制医疗费用，神木县对30种常见病探索实行单病种付费办法，如规定阑尾炎手术2200元、肾结石手术3800元、住院分娩900元等。

笔者认为，神木在加大对需方投入力度的同时，对供方采取指标量化、严格细致的管控措施，规范供方行为的做法，值得其他地区在推进医改的过程中效仿借鉴。

五、运行两月尽在掌握

神木县“全民免费医疗”启动之后，受到了广大城乡居民的赞扬和拥护，群众的医疗需求得到了释放。卫生局白局长说，许多过去有病不敢进医院的患者纷纷到定点医院就医，有的长期患病的重病号硬是被我们从“鬼门关”拉回来了。从2009年3月下旬开始到4月上旬，住院病人达到高峰，与上年同期相比增加了30%。有的医院病床全满，不得不在走道上加床。从医药费报销情况看，3月份报销医药费960万元，4月份报销1270万元。

白局长介绍说，上述情况我们在研究方案时就已经预料到，费用支出也没有超出我们的预算。4月下旬住院人数已经开始下降，病床紧张的情况正在得到缓解。5月20日，7所县级定点医院已有空床125张。5月份的医药费支出与4月份相比也有所下降。笔者随后来到距神木县城约20公里的西沟乡镇卫生院，也没有看到患者排队、人满为患的场面，病床也有8张闲置，与白局长介绍的情况基本一致。

六、神木模式难复制

20世纪80年代中期以前，神木还是一个有名的陕北穷县，每年财政收入仅三四百万元，连“吃饭”都不够。80年代末期以后，随着煤炭的大量开采，神木县“一夜暴富”，财富呈“井喷”之势，急剧膨胀。2008年，神木县实现生产总值290亿元，比上年增长47%；财政总收入72.3亿元，其中地方财政收入17.2亿元，比上年增长59%。经济综合实力居全国第92位，为陕西省首富。神木城乡一体化进程较快，城镇化水平达到75%。县内基本设施完善，乡乡通邮路、村村通公路。财政局刘局长介绍，最近几年神木地方财政收入增长较快，加上预算外收入，目前全县可支配财力达到40亿元左右。神木的经济实力，源于其境内丰富的资源。刘局长说，全县煤炭探明储量500亿吨，是全国第一产煤大县。按照目前每年开采1亿吨计算，可开采500年，保守估计也要开采200年。同时，县域内还有丰富的石英砂、铁矿石、石灰石等资源。

刘局长还说，今年县财政预算安排1.5亿元用于实施“全民免费医疗”，从目前制度运行情况看，应能满足支出需要。全县每年用于城建的支出就达10多亿元，即使“全民免费医疗”出现超支，我们完全可以通过追加预算解决，哪怕砍掉几个代表“形象工程”的城建项目，也要确保民生领域的支出。笔者深感神木县的“财大气粗”，神木“全民免费医疗”模式的出台，全靠雄厚的财力做后盾。如果这一模式移植到其他地区，恐无法推行，更难以为继。

七、“全民免费医疗”存隐忧

神木“全民免费医疗”的推出，在全国上下掀起了一股不小的波澜，其得失功过，自有历史评说。然而通过调研，笔者感觉到神木实施“全民免费医疗”的背后，也还存在些许隐忧。

神木境内的非神木户籍居民感觉不公平。神木县规定，中央、省、市驻神木各单位、各企业职工继续执行城镇职工医保制度，不享受“全民免费医疗”。这样一来，只有神木户籍的人才能享受“全民免费医疗”待遇，同在神木工作的其他人员则享受不同的医疗待遇，招致这些人心理不平衡。

神木周边县的居民感觉不平衡。财政局刘局长介绍说，由于神木有钱，特别是实施 12 年免费义务教育和“全民免费医疗”后，周边县的居民很是羡慕，一些人想方设法要加入神木籍。目前，神木的小伙子娶了外地的媳妇、神木的姑娘嫁了外地的老公，都要回到县里定居，为的就是要享受神木提供的各种福利待遇。为此，县里不得不采取一些限制措施，外来人口要想取得神木籍户口，必须经过县委常委会审批。榆林市财政局孙局长说，神木周边县对神木的做法也感到不平衡，因为神木有钱并不完全是靠“勤劳致富”，而主要是靠“天赐”的资源。因此，市财政也在考虑如何加大调控力度，使神木的财力更多转移到周边贫困县。如果这样，神木再想加大对“全民免费医疗”的支持力度，恐怕就没现在这么容易了。笔者认为，对于像神木这样依靠资源先富起来的地区，如何通过完善财政体制来促进地区之间的财力均衡，进而逐步实现地区之间的公共服务均等化，值得我们认真研究。

宣传过火招致老百姓误解。神木县推出“全民免费医疗”之初，充分利用广播、电视等途径加强宣传，力求做到家喻户晓。但是，由于过分强调“全民免费”，而没有强调患者自负等内容，导致许多患者认为看病住院完全免费了，到结算时发现还需自负一定的费用后，就感觉是上当受骗了，从而引来不少纠纷，也影响了政府在百姓心目中的形象。笔者也由此联想到，时下全国各地在推进医改工作时，也要准确把握宣传口径，既要让百姓了解医改带来的实惠，又不要把百姓的胃口吊得过高。

沉陷区治理、防沙治沙等方面的支出需求呈大幅增长之势，给县财政带来很大压力。财政局刘局长介绍说，许多煤矿只顾眼前利益忙于采煤，而对矿区缺乏必要的治理措施，目前许多矿区已经出现沉陷区，给当地百姓生活带来很大隐患。部分地区由于地下水干涸，村民被迫到数十里以外去买水。而对沉陷区进行治理，又需要大量投资，目前县财政尚未安排这笔预算。另外，神木地处毛乌素沙漠边缘，土地沙化十分严重，而防沙治沙成本很高，最近几年县财政用于这方面的支出大幅增长，给县财政造成了巨大压力。可以预见，这些方面的支出压力在未来还会持续增长，势必影响财政对“全民免费医疗”等领域的支持。

对于上述隐忧，神木的同志也直言不讳。双县长表示，神木推行“全民免费医疗”毕竟是一种新的探索和尝试，出现这样那样的问题也在情理之中，我们会针对问题研究应对措施，及时调整有关政策。但是，“全民免费医疗”的大方向不会改变。

（2009 年）

兼顾“小病”，创新管理，积极推进新型农村合作医疗制度建设

新型农村合作医疗制度是由政府组织、引导、资助农民自愿参加的中国农村第一个大规模、成体系的社会保障制度，是解决亿万农民因病返贫、因病致贫的重要举措。自 2003 年开始试点以来，已收到“农民得实惠、政府得民心、卫生得发展”的好评，但也有人反映农民对这个制度是“第 1 年不放心，第 2 年不称心，第 3 年不热心”。如何完善现行新型农村合作医疗制度，使其健康持续发展，近期我们先后赴陕西省洛川县和贵州省开阳县进行了调研，重点就洛川县旧县镇开展“农民医疗合作社”和开阳县冯三镇进行“农村互助医疗”试点情况进行了深入了解。现将有关情况及建议报告如下：

一、旧县镇、冯三镇开展试点的有关情况

（一）旧县镇试点：“大病统筹” + “小病统筹”

陕西省洛川县从 2003 年 12 月开始新型农村合作医疗试点，农民每年每人缴费 15 元，其中 10 元划入家庭账户，其余 5 元和财政补助资金 20 元纳入大病统筹基金（群众称为“大统筹”），对农民住院医疗费用采取单病种定额补助和按比例补助相结合的办法进行补偿，目前运行较为平稳。针对农民在“大统筹”中无法解决的小病医疗和公共卫生保健需求，从 2004 年 3 月开始，中国社会科学院社会政策研究中心有关专家，在英国国际发展部和香港爱德基金会的资助下，在洛川县旧县镇同时组织开展了农村基本卫生服务统筹试点（群众称为“小统筹”）。其主要做法是：一是建立“农民医疗合作社”，作为农民自治组织，负责收取农民缴费，监督卫生服务的提供。二是建立社区卫生服务中心（挂靠镇卫生院），并在全镇分区设立 6 个社区卫生服务站，人员实行聘用制。三是组织农民以户为单位自愿缴费建立统筹基金，每年每人 10 元。四是农民医疗合作社与社区卫生服务站签约，向其购买基本卫生服务。社区卫生服务站向农民提供的基本卫生服务包括按较低加成（平均 7%）提供优质药品；免费提供家庭健康

档案、慢性病跟踪和康复随访等服务；免费进行物理检查和X光透视，其他常规检查收成本费；免费的医疗服务；医药咨询和双向转诊服务；免费提供健康教育和咨询、防疫和妇幼保健等服务；24小时值班服务等。2005年旧县镇已有40%的农户缴费参加了“小统筹”试点项目。据介绍，该试点得到了当地农民的欢迎。对旧县镇和其他非试点镇进行的对照抽样调查表明，旧县镇农民对药费合理性、看病方便度、慢性病服务、预防服务以及急诊和上门服务等五方面的满意度要明显高于非试点镇，特别是在药费合理性方面，旧县镇和非试点镇分别为74.8%和36.9%。但目前该试点也面临着问题：一是“小统筹”与新农合“大统筹”之间关系不顺，各有一套管理机构和服务队伍。二是农民在新农合缴费之外再交钱缺乏积极性，政策层面尚不允许将新农合农民缴费进入“小统筹”。三是试点成立的农民医疗合作社以及社区卫生服务站，目前还难以融入现行的政府主导的农村基层卫生服务体系和新农合管理运行体系。

（二）冯三镇试点：既保“小病”，又保“大病”

与旧县镇试点不同，开阳县冯三镇的互助医疗试点是在当地实施新农合试点前，从2003年9月开始由美国哈佛大学专家指导进行的。宗旨是建立农民需要、支付得起和财务具有抗风险能力的互助医疗，并提高医疗服务可及性和公平性，改善医疗提供效率、质量和用药安全，促进农民健康。该项目的主要做法和特点：一是以基本医疗小病为主。农民可选择按每人每年12元、18元、22元不同的标准缴费，加上政府配套资助的22元、24元、26元，相应享受不同的门诊医药费和住院医药费报销待遇（三个福利包）。参保农民按照不同的缴费标准，门诊医疗费用可分别报销30%—50%、最高封顶300—400元，住院费用分别报销30%—45%、最高封顶500元。群众对受益广泛的保小病模式普遍欢迎，但同时也希望能够增加大病统筹。2006年冯三镇所在的开阳市开始进行新农合试点，从财政补助中每人每年提取8元建立大病统筹基金，在享受原有项目报销待遇的基础上，对于农民自己累计承担医疗费用在6000元以上的费用，分段给予30%—50%的报销，年最高封顶20000元。实现了既保小病也保大病的基本医疗保障制度模式。二是基金管理机构与卫生服务机构分离。互助医疗基金由独立于卫生服务机构之外的互助医疗管理系统进行管理，乡镇管理系统包括理事会、执行理事会、互医办，理事会成员来自村民代表，各村成立的互医管理委员会由村干部和村民代表组成，监督村医的不规范行为。该镇政府领导认为这种管理体制有利于代表农民利益管理基金，对控制医疗费用有主导作用，但需要有较专业或受过培训的人才进行管理。三是药品加成统管，村医实行工资制。互助医疗试点中的村卫生室药品由乡镇卫生院统一采购，按规定的20%比例加成，所有药品加成收入进入互助医疗基金。村医须按规定价格出售卫生院统一供应的药品，不得另外加价。村医实行每月120元固定工资加工作量考核奖励制。所需费用由互助基金开支，此举主要为了控制药价。该试点项目经过两年多的运行，多数农民比较满意；农民就诊频率明显提高，“小病拖、大病扛”的现象明显减少；农民受益面较大，大小病均得到了补偿，有近70%农民得到了实惠；药品价格明显降低、农民用药安全得到了保证；增加了乡镇卫生院的收入，促进了基层卫生机构的良性发展。目前，该项目中的基本制度已经与新农合试点并轨。但该项目结束后由独立于卫生系统之外的互助医疗基金管理体制也被开阳县统一规定的由卫生部门管理基金的方式取代。

二、两地制度模式的突出特点

两地的试点工作，在制度设计上都有一些创新之处，值得我们关注：

一是适当保障“小病”，农民受益较多。旧县镇的试点不仅通过“大统筹”中的家庭账户和“小统筹”对“小病”给予了适当保障，而且还引入了基本卫生服务的概念，将小病医疗和预防保健等基本公共卫生服务项目打捆，列入保障范围。通过这样的制度安排，一方面可以较好地解决农民的小病医疗；另一方面也扩大了保障制度的受益面，保证农民参保缴费的积极性。冯三镇的互助医疗制度模式，既保“小病”又保“大病”，有60%以上的参保农民享受到了门诊报销补助（目前以大病统筹为主的新农合试点参保农民受益面全国平均水平为5%左右），且年人均门诊报销费用占年人均门诊费用比例达到40%。

二是建立第三方制约机制，创新管理体制。冯三镇与目前全国普遍实行的乡镇合作医疗管理办公室设在乡镇卫生院的体制不同，建立了独立于乡镇卫生院的互助医疗保险基金管理委员会，专门负责医疗费用的审核报销，形成了医疗服务提供者、购买者以及患者之间的制约机制。旧县镇“小统筹”也是由农民医疗合作社代表农民通过签定合同向社区卫生服务站购买服务，并实行人头总额预付制；按合同全面考核之后全额支付服务费用，充分发挥集体购买者在基金筹集、管理、医疗服务质量监管上的作用，政府有关部门只承担宏观管理职能。两地的管理体制都强化了农民的参与管理、监督的作用，这种有组织的民管机制使得农民对供方的意愿更能充分表达。

三是改革补偿运行机制，控制医药费支出。冯三镇在试点中将原来处于分散状态、自主经营、自负盈亏，主要通过卖药来获得较高收入的乡村医生，通过实施考核、竞争上岗，纳入乡镇一体化管理的范围，完善了供方的内部管理机制。并实行了药品加成收入由卫生院转拨给互医办，纳入互助医疗基金，互医办根据乡村医生的工作考核情况发给基本工资（120元/月）和资金（人均300元/月）。药品统一由乡镇卫生院采购，村医不得再进行加价。这种药品加成收入统管统分，乡村医生报酬统管统发的补偿机制替换了直接的“以药养医”的机制。每年药品平均零售价下降了55%，药品加成率也由试点前的81%降到26%，减轻了农民的药费负担。旧县镇则实行以集体筹资购买公共卫生医疗服务的方式补偿卫生人员的服务成本，“收支两条线”与买药牟利脱钩。这种组织需方集体筹资购买和监管卫生医疗服务的运行机制，将以往由供方主导医疗消费支出，转变为需方直接补偿和监管，提升了需方的利益表达机制，使供需双方的制约机制更加可行了。以此带动了农村卫生服务体系和服务模式更多考虑需方的要求，同时也带动了卫生院药品价格和社会零售药店药价的整体下降。

三、完善新农合制度的几点思考

2006年是新农合试点的第3年，按照中央的要求，从2006年开始将以较快的速度在广大农村推进新农合制度建设。在此关键时期，有必要针对新农合试点中反映出来的问题，借鉴两地的有益做法，进一步完善新农合的制度模式、运行管理机制等。

（一）新农合要逐步过渡到以保大病为主、兼顾小病保障

当前农民最迫切的医疗保障需求是，在患大病时，合作医疗能够帮助其减轻高额的医疗费用负担，防止因病返贫。同时在国家财政和群众负担能力不够充裕的情况下，应最大限度地发挥有限资金的效益。因此，新农合以保大病为主的方针应当坚持。与此同时，我们认为，新农合制度可在保小病方面进行积极的探索，使合作医疗能够兼顾保障水平与受益面。目前，没有建立家庭账户的地区，在只保“大病”的前提下，农民因受益面只有3%左右，因而参保积极性不高。已经建立家庭账户的地区虽然能够保证较高的参保率，但只是简单地将农民个人缴费划入农民家庭账户，由农民自己使用。这种做法既造成了较高的账户管理成本和大量的资金沉淀，也体现不出国务院有关文件要求的互助共济的精神，而且过于分散的家庭账户资金对农民小病补偿能力十分有限。我们考虑，在今后逐步提高筹资标准的同时，应对新农合的制度模式进行微调，即在保大病的同时，对农民的小病诊治（或门诊）给予适当补偿（在已实行家庭账户的地区，可以考虑将新增的个人缴费不再划入农民家庭账户，纳入合作医疗基金统筹使用）。除旧县镇和冯三镇外，焦点访谈报道的浙江省湖州市吴兴区新型农村合作医疗给农民门诊费用报销20%的做法，也受到农民的普遍欢迎。这样既兼顾了受益面，也避免了建立家庭账户的弊端，有利于调动农民参合缴费的积极性。而且，与农民个人购买相比，由政府和经办机构代表农民统一向医疗机构购买病诊治服务，有限的资金可以使农民享受更多更全面的基本医疗服务。

（二）创新组织管理模式，逐步健全三方制约机制

新农合要走出传统合作医疗制度“几起几落”的怪圈，除政府给予必要的资金支持外，更主要的是在组织管理模式和运行机制方面进行制度创新。特别是对农村医疗服务供方行为进行约束和控制的有效性，是能否解决农民看病难和看病贵问题的关键之一，将决定合作医疗到底是一种减轻农民医疗费用负担的有效机制，还是主要成为帮助基层医疗机构脱困的手段。农村卫生服务体系经过今后

几年的大力扶持发展后，服务供给能力将大大增强，如不能建立规范有效的合作医疗基金管理机制将会不堪重负。目前，新农合的日常管理在卫生行政部门，具体到发生大量日常业务的经办机构则是乡镇卫生院，这样卫生部门身兼二职，既是管理者，又是经办者，既代表供方又代表需方管理新农合基金，难以有效地发挥对供方行为的监督和制约作用。同时，在县级合疗管理机构中缺乏相应的费用审核专业人员，难以对医疗机构的治疗和收费行为进行制约。因此，下一步要鼓励试行建立由独立的第三方管理经办新农合基金的机制，建立医疗服务提供者、需求者和购买者相互制衡的机制，近期应强化农民参与管理和监督的作用，并通过培训等措施努力提高新农合经办机构管理服务能力。

有条件的地方还可发挥农民合作组织的作用。新农合作为农民自愿参加的医疗保障制度，农民的民主参与是制度保持生命力的基础。在制度运行初期，通过政府的组织领导、发挥政府的主导作用是必不可少的，但随着制度的发展，有必要进一步发挥农民参与管理的作用。目前，各地试点中，在制度上都要求或鼓励建立新农合管理委员会（或理事会），发挥农民的民主参与管理和监督作用。但从实际效果看，这一安排作用有限，基本流于形式。党的十六届五中全会明确提出要“鼓励和引导农民发展各类专业合作经济组织”。新型农村合作医疗试点中，虽然由农民专业合作组织主导还存在一些困难，但是进一步发挥农民以及农民专业合作组织在监督管理和筹资方面的作用，有利于提高农民对合作医疗制度的信心，降低制度运行成本，旧县镇和冯三镇的试点特色也在于此，可借鉴两地做法，作为改革的方向加以推进。

（三）要进一步深化乡镇卫生院等医疗机构运行机制改革

按哈佛大学的有关标准，中国以往卫生改革的缺陷是没有将外部环境的改善与内部机制的改革同步。因此在为农民健康筹资建立合作医疗制度的同时必须以同样的工作力度抓好以乡镇卫生院为改革中心的农村卫生服务体系改革。旧县镇“小统筹”试点中，社区卫生服务站的服务得到了农民的认可，这是由社区卫生服务站灵活的组织运行机制决定的。与很多公立卫生院不同，社区卫生服务站没有编制，其工作人员也不是“铁饭碗”，工作人员领取的工资实际上体现的是农民医疗合作社向其购买服务所给予的补偿，其服务人员的数量及其工资完全取决于服务的数量和质量。相比之下，公立乡镇卫生院运行机制仍然存在明显弊端，缺乏激励竞争机制，即使是推行全员聘用制的地区也多流于形式，难以发挥实际效果。因此，有必要进一步深化乡镇卫生院运行机制改革内容：一是人事组织管理问题。要聘用素质合格、人数合理的医务人员，乡村可实行一体化聘用组织。二是补偿机制问题。要探索通过集体购买医疗服务实行定额预付制的办法，从合作医疗基金国家安排公共卫生经费中补偿基本医疗卫生服务成本，替代按服务项目收费和以药补医的补偿机制。在落实补偿机制的同时，必须完善制约机制。

（四）继续加大财政投入，逐步提高新农合的保障水平和农村卫生医疗机构的服务能力，健全农村公共卫生服务体系

在逐步扩大新农合覆盖面的同时，同步提高农民缴费和财政补助标准（还要研究建立科学有效的筹资机制，降低筹资管理成本），提高保障水平，提高农民参合的积极性，并在参合率稳定在较高水平之后，将自愿性的新农合转变为强制性制度安排，同时，加大农村医疗救助投入，帮助贫困农民参合，解决其新农合难以报销的医疗费用。加快农村卫生医疗服务能力建设，重点支持房屋修缮、医技人员培训、城市医生下乡工程。结合农村公共卫生需求和财政承受能力，明确农村公共卫生基本服务项目及服务规范，按照补偿成本的原则建立相应的经费保障机制，从根本上减少农民患病。

总之，通过上述各项措施的协同推进，多管齐下，逐步建立起兼顾公平与效率的农村卫生医疗体系，真正形成“农民得实惠、政府得民心、卫生得发展”的良好局面。

（2006 年）

关注“盲区” 规范试点
积极稳妥地探索建立城镇居民医疗保障制度

随着城镇职工基本医疗保险制度的完善和新型农村合作医疗制度的建立，城镇职工和农民的基本医疗有了制度上的安排，而部分困难企业职工、老年人和儿童等城镇居民成了医疗保障“盲区”，社会反响较大。为解决这部分群众的医疗保障问题，2006 年 1 月 1 日，湖南省岳阳市平江县在全省率先启动了城镇居民医疗统筹工作。近两年来，全国还有广东东莞、江苏镇江和盐城、广西柳州、河北迁安等 17 个市（县）开始探索建立覆盖城镇居民的社会医疗保险制度。

一、平江情况和各地做法

平江是全国重点扶贫县，居民收入和财政经济情况都比较困难。平江县之所以能在湖南省率先实行城镇居民医疗保障办法，用县长的话说，“这是老百姓的要求，政府不做不行”；“这是不可回避的矛盾、必须解决的问题”。在城镇职工和农村居民有了基本医疗保险和新型农村合作医疗保障制度以后，城镇居民成了医疗保障制度覆盖的“盲区”，因此，平江县在“顺民意、保民心”的驱动下，

以基本医疗保险制度为操作蓝本，研究出台了城镇居民医疗保障办法。县里先是进行了民意调查。全县无医疗保障的城镇居民9.6万人（占总人数的9.4%），在对3200户居民的问卷调查中，84%有愿望参加医疗统筹，92%对政府建立城镇居民医疗统筹满怀希望，要求尽快启动实施。之后对基金收支进行了测算。按3万人参加、年人均缴费200元计算，每年可筹集医疗统筹基金600万元；按城镇职工基本医疗保险参保人员发病率8%测算，3万人中1年约有2400人次住院，按基本医疗保险年人均住院医疗费用4500元、人均补偿医疗费用2500元（补偿率55%）计算，每年医疗统筹基金需支出600万元，基金可达收支平衡。最后研究制定统筹办法规定，城镇居民自愿参加医疗统筹必须是未参加基本医疗保险和农村新型合作医疗的全体家庭成员；缴费标准为每人每年200元，由个人缴费和财政补贴筹集，财政对2006年7月1日前参加统筹的人员按照每人每年50元予以补助，低保户和领取失业救济金的居民再分别通过民政和劳动保障部门予以每人每年50元的缴费补贴，"五保户"不交费。医疗统筹定位于主要保"大"，适当保"小"。住院医疗费用实行分段补偿，起付线为100元至650元；补偿率为40%—70%；统筹补偿总额全年不超过3万元。门诊医疗费用补偿为恶性肿瘤、慢性肾功能不全、再生障碍性贫血、脑血管意外后遗症和重症肝炎等五种重大疾病，在400元以上2000元以下的部分补偿30%。

除平江之外，湖南省内其他地区也纷纷开始研究或已针对部分群体建立城镇居民医疗保障办法。如泸溪县2005年9月实行了高中部学生住院医疗费用统筹办法；长沙市目前准备在所辖县区内，按照新型农村合作医疗模式解决城镇居民医疗问题；常德市也打算从今年开始试点，初步考虑了两套方案：一是按照"学生——学龄前儿童——无业人员——达到法定退休年龄的无业人员"的顺序，先易后难，递次推进。二是以户为单位，家庭成员捆绑式参保。

从我们了解的情况，湖南省部分地区建立城镇居民医疗保障办法的思路基本上借鉴了广东、江苏、浙江等地的经验。总体分析，目前全国各地探索建立城镇居民医疗保障办法的主要做法可归结为：保障基本医疗需求，重点解决住院和门诊大病费用负担，有的与职工医疗保险管理办法相互衔接，有的与新型农村合作医疗制度类似；低水平缴费，一般都采取参保按人数定额缴费办法，筹资水平人均50—200元，资金来源主要是个人（家庭）缴费，也有的地方由居民家庭中的职工所在单位负担部分费用，如镇江市的学生、儿童大病保险是由家庭和父母单位共同负担，另外，财政通过医疗救助等渠道帮助困难人群缴费参保，补助标准每人每年50—140元不等；大部分由医疗保险经办机构统一管理，也有的由卫生部门或红十字会组织管理或由商业保险公司经办。

二、平江效果和存在问题

建立城镇居民医疗统筹办法的好处，平江县认为体现在"三个有利"——从参加医疗统筹的个人来讲，有利于保障基本医疗需求，避免"小病拖大、大病拖死”的悲剧；从家庭来讲，有利于减轻患者家庭经济负担，摆脱因病致贫的窘境；从社会来讲，有利于合理配置医疗资源，切实维护社会稳定。平江办法运行三个月来，共有10223人参加医疗统筹，其中168人住院治疗，发生医疗费用68.5万元，通过统筹基金补偿35.6万元，人均补偿2083元，补偿率达到51.9%，初步显现了为民办实事的成效。

尽管平江城镇居民医疗统筹工作正在有序推进着，但各方人士对制度的持续性褒贬不一，县政府也表露了“三个担忧”。一是担忧居民缴费能力差。平江城镇居民家庭一般在5人左右，由于“捆绑式”参加统筹，每家每年一次性支付600—900元，令许多居民家庭望而却步，特困家庭更是无能为力，因此导致目前参保率只有10.6%。二是担忧财政保障压力大。根据制度规定，财政要对参加统筹的人员和低保户、失业人员予以缴费补贴，而平江是贫困县，2005年全县财政总收入2.27亿元，人均220元，财政保障压力很大，难以满足医疗统筹缴费补贴需求，县里请求中央财政予以补助。三是担忧基金收支难平衡。截至目前，参加统筹人数较既定目标还有较大差距，自愿参加的多是有患者的家庭，呈现逆选择趋势，这些因素都势必会影响医疗统筹基金的平衡和持续发展。有的人担心，较高的筹资水平将难以为继，搞不好将会“夭折”。

三、我们的思考和建议

（一）不患寡患不均，医疗保障不均衡问题应予关注

平江的例子印证了一句古话：“不患寡而患不均”。在推进社会主义新农村建设、努力平衡城乡差距的同时，城镇内部的差距同样需要关注。截至2005年底，全国城镇职工基本医疗保险参保人数1.37亿，占同期全国城镇人口5.62亿的24.4%，部分解决了从业人员的医疗保障问题；试点中的医疗救助制度在2005年共救助了163.3万人次，使贫困人群看到了缓解医疗困难的星星之火；另有商业医疗保险可供小部分高收入者购买医疗保障之需等。由于种种原因，大量城镇居民尚被城市医疗保障体系拒之门外。据有关部门统计，2005年，44.8%的城镇人口没有医疗保障，主要是无力参保的困难企业职工、老年人、儿童和未就业人员等。这部分人员由于缺乏医疗保障，一旦得了大病，家庭负担重，社会影响力低，特别是在新型农村合作医疗试点逐步扩大、财政补助标准提高的情况下，城镇居民要求得到医疗保障的呼声更为强烈。这也是群众看不起病的重要原因之一。鉴于此，我们建议，国家无论从长远要建立覆盖全民的医疗保障制度着眼，还是从当前缓解群众看病难、看病贵的措施考虑，都应着手研究解决这部分人员的医疗保障制度覆盖问题。当前，有关部门应加强调研，在总结地方做法和经验的基础上，研究制定规范可行的城镇居民医疗保障试点方案。同时，加强政策引导，鼓励有条件的地方探索建立城镇居民医疗保障制度。从全国的资金供需情况看，资金筹集方面，假设2.52亿（5.62亿×44.8%）待保障人口全部参加统筹，按年人均筹资100—200元测算，每年城镇居民医疗保障统筹

收入为252亿—504亿元，其中2200万无医疗保障的低保对象等困难人员由政府按年人均100—150元的标准从医疗救助等资金渠道予以缴费补贴，则每年需政府筹资安排22亿—33亿元；资金支出方面，按参加统筹人员发病率8%测算，每年有2016万人获得统筹补偿，补偿标准以2005年综合医院出院者人均医疗费用4662元的30%—50%，即1399—2331元估算，每年需支出282亿—470亿元。通过严格控制医疗费用或略微降低补偿率可使基金收支平衡。

（二）开弓之箭难回弦，城镇居民医疗保障要立足实际

城镇职工基本医疗保险制度覆盖之外的居民主要是低收入群体，如将其全部纳入医疗救助制度或职工医疗保险制度，政府将不堪重负。因此，无论是湖南平江还是江苏镇江、盐城和淮安，在设计城镇居民医疗保障办法时，采用的都是比职工基本医疗保险水平低、较新型农村合作医疗水平高的医疗保险统筹加医疗救助的模式，通过群众互助缓解了政府压力，实施缴费补贴和"二次报销"等救助措施又照顾了特困群众。同时，在筹集资金、费用补偿和控制医疗费用方面，各地也进行了积极有益的探索，如镇江等地实施了城乡一体的合作医疗和医疗救助办法，淮安采取了建立门诊个人账户的方式，盐城出台了医疗救助资金资助低保户参保办法等。但是，一些地方在出台城镇居民医疗保障政策时也出现不顾实力硬起动、不顾长远高起步的问题，如有的市启动试点当期就缺少资金；有的筹资标准较高，群众缴不起，政府也负担不了。因此，针对各地目前正在研究出台有关政策，国家应加强政策引导，对有关筹资等重大问题及早提出原则性意见，避免盲从照搬，相互攀比，要充分考虑当地医疗保障基础、居民生活水平和财政承受能力，因地制宜，慎重决策，避免平江的"三个担忧"和"开弓之箭难回弦"的尴尬，广覆盖着手，低水平起步，多层次解决，要将财政补助范围严格控制在为特困群众缴费和救助方面，科学合理地制定医疗统筹缴费和补偿机制，促使这一制度可以健康、持续发展。

（三）衔接和整合并举，城镇居民医疗保障应瞻前顾后

建立和完善城镇居民医疗保障制度是一项系统工程，要瞻前顾后，注重与现行各项医疗保障政策的衔接，研究整合现有资金和管理资源，提高制度运行效率。一是加强城镇居民医疗保障办法与城镇职工基本医疗保险制度、城市医疗救助制度和优抚对象等特殊群体医疗保障办法的衔接。通过继续完善基本医疗保险制度、大力推进城市医疗救助试点工作，以扩大保险覆盖面，提高救助能力，从而减轻城镇居民医疗统筹压力。二是整合医疗保障管理资源。目前，劳动保障部门管理城镇职工基本医疗保险基金，卫生部门管理新型农村合作医疗基金，民政部门管理城乡医疗救助基金。这种分散管理，造成管理成本高、运行效率低。因此，在研究解决城乡居民医疗保障问题时，盐城、新乡等一些地方提出了将城市医疗救助交由劳动保障部门医疗保险经办机构管理或委托保

险公司管理，民政部门负责医疗救助对象的资格审查（低保对象无需审查，凭证享受），医疗保险经办机构或保险公司负责报销医疗费。浙江桐庐还实行了“三医合一”的办法，将城乡困难群众医疗救助、新型农村合作医疗报销以及优抚对象医疗补助三项统一到县社会保险办公室一个平台结算报销。这样既有利于共享资源，形成医疗保障统一体系，又大大降低了管理成本，更为重要的是方便了群众。三是整合医疗保障资金。城镇居民医疗统筹资金除个人和政府负担外，还应鼓励社会捐助，多渠道筹集。同时，各级财政安排的医疗统筹补助资金、医疗救助资金、优抚对象医疗补助资金等应统筹考虑，突出重点，合理使用，努力提高资金效益。

（2006 年）

创新思路，完善机制，深化农村公共卫生体系改革

2003 年 SARS 的爆发引起了人们对公共卫生的广泛关注。近几年来，各级政府都在扩大新型农村合作医疗试点的同时，加大了对重大疾病防治、妇幼保健等公共卫生特别是农村公共卫生的投入，加强农村卫生服务体系建设。江苏省宿迁市、陕西省洛川县等许多地方还在农村公共卫生体系改革方面做了一些积极有益的探索。现结合我们最近的调研情况做一些初步的分析和思考。

一、客观分析农村公共卫生服务体系存在的问题

早在计划经济时期，我国就已经建立了集公共卫生服务和基本医疗服务于一身的县、乡、村三级农村卫生服务网络。改革开放以后，由于支撑我国农村卫生网络的经济基础发生了巨大变化，农村卫生服务网络基本都转向以提供有偿的医疗服务为主，无偿的公共卫生服务几乎陷入停顿状态。虽然近年来特别是 2003 年 SARS 疫情过后，各级政府都加大了农村卫生投入力度，但是，由于片面强调硬件投入、忽视体制调整，片面强调应急机制建设、忽视常规职能完善，目前农村公共卫生服务体系仍不能满足广大农民的公共卫生需求，难以应付 SARS 之类的重大疫情，也难以化解农民患病和小病拖成大病的风险。具体来说，还存在以下几个主要问题。

（一）公共卫生的管理模式没有适应经济体制调整而调整

虽然我国已经初步建立了以市场机制为基础的社会主义市场经济体制，但是现行公共卫生管理体制仍有较浓的计划经济色彩，仍以卫生机构（公共卫生服务的生产者）为中心，而不是以直接获得国民健康改善（群众的公共卫生需求）为中心。政府管理公共卫生的主要精力花费在设立机构、确定人员编制、提供房屋设备、支付人员部分工资、任免干部甚至微观人事管理、维持机构日常运转等事务，政府对公共卫生投入所获得的主要产出是增加了国家固定资产，增加了公共卫生机构的从业人员，但是由于缺乏开展公共卫生业务活动的经费，公共卫生人员不得不从事那些可获得经济收入的服务。我国公共卫生机构陷入了“政府投入——机构人员膨胀——因缺乏足够的业务经费不能正常开展无偿服务——政府再投入机构再膨胀”的恶性循环。

（二）公共卫生服务体系本身条块分割

按照行政层级和专业领域设立的各类机构相互独立、职能交叉，如妇幼保健、计划生育、疾病控制、健康教育、地方病防治、结核病防治、血吸虫病防治等等。众多机构需要大量资源维持运转，政府难于将有限的精力和资源转向针对人群的公共卫生服务。

（三）疾病预防与医疗的功能严格按所设机构执行造成部分疾病预防职能“悬空”，难以完全落实到位

2003 年 SARS 疫情就说明这一点。当人们出现发烧等传染病征兆时，首先到医院就诊，但此时医院尚无法从流行病学等公共卫生的角度、从单个病人的症状来判断人群中潜在的严重问题，这既不是其直接责任也不是其专长。而专门负责公共卫生的机构却不能在第一时间接触和发现病人，无从监测到人群中发生重大疫情的早期征兆。

（四）卫生资源的配置和使用，与以预防为主、以农村卫生为重点的战略方针不一致

一方面，大量的卫生资源消耗在城市特别是城市医疗服务上，据《中国卫生总费用研究报告》，2003 年卫生总费用为 6590 亿元，其中 67.7% 消耗在各级医疗机构，公共卫生机构经费只占 7.69%；在各级医疗机构消耗的卫生总费用中，76% 消耗在城市，23% 消耗在县医院和乡镇卫生院；另一方面，有限的政府投入还存在“撒胡椒面”的问题。2003 年政府预算拨款只占防治防疫机构总收入的 47.3%，占妇幼保健机构总收入的 25.9%，占卫生监督机构总收入的 64.7%，致使这些公共卫生机构不得不依靠向个人或其他服务对象收费维持运转。

（五）政府的公共卫生投入机制不合理，也缺乏考核问责机制

一是省以下财税体制尚不完善，县乡特别是经济欠发达的县乡两级政府组织的财政收入难以满足其承担的事权事务所需支出，许多基层政府不得不“撒胡椒面”，难以足额保证公共卫生服务所需经费。二是上级政府安排的公共卫生基建投资项目，多数需要配套投入，但许多县乡政府没有能力或者不愿意配套，致使基层公共卫生机构通过挤占正常业务经费和开展有偿服务收费解决配套资金问题。三是基层财政安排日常业务经费仍与公共卫生服务机构、人员挂钩，而且缺乏科学合理的考核问责机制，致使有限的财政资金用于养人养机构，难以激励这些机构将财政补助用于开展公共卫生服务。大部分公共卫生机构人满为患，缺乏合格的卫生技术人员，加重了财政和服务对象的负担。

二、宿迁和洛川等地的探索试点情况

近几年来，江苏省宿迁市、陕西洛川县、贵州省开阳县、重庆市黔江区、山西省和顺县等地从不同的侧面对农村公共卫生体制改革进行了探索，其中以江苏省宿迁市、陕西洛川县的试点最为典型。

（一）江苏省宿迁市：通过服务模式创新，实行医防分离，建立独立的农村公共卫生服务体系

宿迁市从2000年起在全市推行了以产权制度改革为核心的医疗卫生体制综合改革，其主要做法：医疗机构，管办分开；乡镇卫生，医防分设，医卫分离；公共卫生，重点加强；卫生监督，综合执法。在农村公共卫生体系改革方面的具体做法是：

1. 改变乡镇医防合一体制，建立“一乡两院”新格局。在111个乡镇建立乡镇卫生院和乡镇医院，街道设立社区卫生服务中心。乡镇卫生院由政府举办，主要承担疾病控制、预防保健、健康教育、卫生监管、农村合作医疗管理等公共卫生职能，不从事医疗活动。其人员、业务、经费隶属县级卫生行政部门管理，人员经费列入县级财政预算。乡镇医院实行民营。目前，全市每个建制乡镇都设立了乡镇卫生院，按人口1/10000比例加一名院长编制公开招聘587名工作人员，卫生院人员按每人每年6000元、院长按8000元标准由县财政补助；在全市1418个村每个村公开招聘1名专职防保员，按1200元/年标准由政府补助。全市124个乡镇医院（原卫生院医疗部分）通过公开拍卖、股份制改造等方式实现民营，政府资本全部退出，转投向公共卫生领域。

2. 鼓励民资进入医疗领域，建立社会办医新机制。出台《关于鼓励社会力量兴办医疗卫生事业的意见》，支持民资、外资办医，改变政府单一投入机制。全市医疗单位通过公开拍卖、协议出让等形式进行以产权为核心的改革，改造成股份制、合伙制、混合所有制、个人独资的医疗机构。全市124个乡镇医院和9

个县级以上医院进行产权置换，通过民营化和股份制改造，使大量的民间资本进入医疗领域。市人民医院按照“靠大、靠外、靠强”的思路进行改革，由南京鼓楼医院集团、金陵药业和市政府共同持股，改名为南京鼓楼医院集团宿迁市人民医院，成为一所混合所有制医院，实现资本、市场、技术、管理和品牌的有机结合，成效显著。

3. 进行卫生监督执法体制改革，强化卫生行业依法管理职能。改变过去依靠行政手段管理为依靠法律手段进行行业管理，组建市、县卫生监督所，将卫生系统内原属于医政、防疫、妇幼保健等部门的监督执法职能集中起来，实行综合执法。

4. 集中力量，加大投入，加快公共卫生服务与医疗保障体系建设。医院改制后，政府不减少对卫生事业的投入，整合力量，集中建设公共卫生服务与保障体系。主要是实施“521”工程，即建成市级五大中心（疾病预防控制中心、传染病防治中心、公共医疗卫生救护中心、妇幼保健中心、血液采供中心）和市、县、乡、村配套网络，完善两大监督体系（医疗卫生和药品监督体系）和一个医疗保障体系（城市职工医疗保险和农村新型合作医疗制度）。

宿迁市通过上述措施实现了农村公共卫生服务的模式创新，其加强公共卫生服务的效果比较明显：一是通过“政府办公卫，民资办医疗”建立独立的农村公共卫生服务体系，各级政府集中财力投入公共卫生领域，使卫生资源结构得到优化，全市公共卫生领域的资产占全部卫生机构资产的比例由1999年的8%上升到2004年的34.6%。二是通过公开招考方式、建立专业公共卫生队伍，配备了乡镇卫生院人员和村防保员，充实了公共卫生队伍。三是防保人员的经费补助纳入县财政预算，基本保证了公共卫生机构开展业务工作所需经费。但是，宿迁这一做法也有一些问题需要继续探讨：一是加剧了预防与医疗的分离。二是公共卫生机构的财政补助机制仍立足于养人养机构，没有解决促进公共卫生机构和人员努力提高工作效率的经济激励机制。三是其建立独立的公共卫生服务体系的前提是农村医疗卫生资源的全面调整，政府从医疗领域全面退出转而投入公共卫生领域，在全国普遍实施有较大难度。

（二）陕西省洛川县通过筹资和支付机制创新，实行基本卫生服务统筹，打捆提供农村公共卫生和“小病”治疗服务

在实行新型农村合作医疗试点的同时，从2004年3月开始，在英国国际发展部和香港爱德基金会的资助下，中国社会科学院社会政策研究中心在陕西省洛川县旧县镇启动了基本卫生服务统筹试点项目。基本卫生服务统筹简称“小统筹”，以区别于新型农村合作医疗以大病为主的“大统筹”，其目的一是探索帮助农民解决预防保健和小病医疗问题的有效办法，并与“大统筹”互补。二是试图通过促进农民合作组织的发展和建立更加灵活的农村卫生机构运行机制，对农村基本医疗卫生服务体系的组织结构和治理结构进行重组。具体

做法是：

1. 建立村、片、镇三级农民医疗合作社自治组织，主要任务是开展宣传、动员，监督基本卫生服务的提供，负责收取农民缴费，征集反馈农民意见等。

2. 建立社区卫生服务站和服务中心。在全镇设立了6个社区卫生服务站，共聘请13名医护人员。每个服务站覆盖约5—7个村，并成立了社区卫生服务中心对各站进行统一管理，社区卫生服务中心挂靠旧县镇卫生院，但是实行独立核算。

3. 以乡镇社区为统筹单位，组织农民以户为单位自愿缴费建立统筹基金（每年每人10元）。由农医合与社区卫生服务站签约，向其购买基本卫生服务。基本卫生服务包括以下7项：提供优质低价药品；免费提供家庭健康档案、慢性病跟踪和康复随访等服务；免费进行物理检查和X光透视，其他常规检查收成本费；免费的医疗服务；医药咨询和双向转诊服务；免费提供健康教育和咨询、防疫和妇幼保健等服务；24小时值班服务等。

4. 为吸引农民参加，试点第1年实行“先尝后买”，农民不需缴费，由爱德基金会按全部农民每人10元代为出资136650元。从2005年4月开始，只有实际缴费的农民才可以享受以上7项基本卫生服务。缴费农民在社区卫生服务站享受优惠的社员价，未缴费的则执行非社员价。2005年实际缴费的农户约占40%。

三、进一步深化农村公共卫生体系改革的思考

综合考虑我国近几年来农村公共卫生体系建设和各地的改革试点情况，下一步我国农村公共卫生体系建设应着力解决好两个问题：一是转变管理模式，深化公共卫生服务体系改革，处理好预防与医疗的关系。二是在增加政府投入的同时，完善公共卫生服务补偿机制，提高资金使用效率和服务效率。

（一）转变政府公共卫生管理模式，实现“两个转变”

适应市场经济体制大环境的变化，从以卫生机构为主转向以促进国民健康改善为中心，从供方管理为主转向需方管理为主，以此来推进公共卫生体系的改革与发展。以农民的公共卫生需求为导向，结合我国的财政经济发展水平，合理配置公共卫生资源，切实避免“政府投入——机构人员膨胀——因缺乏足够的业务经费不能正常开展无偿服务——政府再投入机构再膨胀”的恶性循环。

（二）立足于现有的医防合一的农村三级卫生服务网络，健全农村公共卫生服务体系

无论是从充分利用现有卫生资源、减轻政府负担，还是从基层医防本身难以分开以及我国整体改革的渐进性来看，在全国仍应完善和激活现有的农村三级卫生服务网络为主，同时可允许有条件的地方参照宿迁做法进行医防分离的试点，

但要注意医防分设后公共卫生职能与医疗职能的衔接。

如何完善现有的农村公共卫生服务体系呢？一是乡镇卫生院、村卫生室等基层卫生机构，仍实行医防合一（包括计划生育服务、食品药品等监督管理也应合一）。基层卫生机构既可以公办，也可以民办或公办民营，但必须承担公共卫生服务职能。二是县级各类公共卫生服务机构（如疾病控制中心、妇幼保健机构以及计划生育、质检、食品药监等部门下设的公共卫生服务机构）可考虑在不改变主管部门行政职能的前提下进行适当整合，若不能完全整合，至少应以疾病控制中心为主将其他公共卫生服务机构的业务指导职能整合在一起，以避免多头对多、协调困难的问题。三是县级各类医疗服务机构内设传染科、预防保健科，承担发现上报有关疾病信息、治疗等职能，接受县级公共卫生服务机构的业务指导，解决医防职能协调和融合问题。四是明确农村公共卫生基本服务包，对服务包范围内的服务，如传染病、妇幼保健、计划免疫、健康教育等中的某些服务，不允许实行有偿服务，由政府全额保障，以调动各类卫生医疗机构做好公共卫生服务的积极性，实现公共卫生与医疗服务的良性互动。五是要健全农村公共卫生服务机构内部激励机制，如按统一标准要求实行真正意义上的全员聘用制度，实行个人工资收入与服务量等综合考核指标挂钩的机制。

（三）明确公共卫生服务由政府提供，建立农村公共卫生服务的投入保障机制

从公共卫生服务经费筹资模式来看，国内外的实践表明共有三种：一是设立相对独立的公共卫生服务体系，同时让医疗机构承担相应的预防职能，所需经费由政府筹资保障（如美国、德国以及我国的宿迁市）。二是将公共卫生服务与小病治疗打捆，由政府提供经费保障（如泰国，我国洛川县的试点也类似这一模式）。三是将公共卫生与基本医疗服务（含大病、小病）打捆，由政府免费提供（如以英国为首的英联邦国家）。从我国的现实来看，采取第一种筹资模式较为合适，即公共卫生服务由政府提供，而包括小病和大病在内的医疗服务通过完善医疗保障制度来提供，但医疗保障制度的补偿办法要鼓励农民和医疗机构充分开展预防保健等公共卫生活动。其理由：一是公共卫生以促进群体和公众健康为目的，以预防医学技术为特点，从经济学角度来看，它具有非排他性、非竞争性和外部效应，而且总体来看投入少、效益高，是较为典型的公共产品，理应由政府提供，但是由政府提供，并不一定要政府直接组织“生产”，这也是上述基层卫生机构可以民办的原因。二是将公共卫生服务与小病治疗打捆由政府统一提供，一方面，意味着政府负担了部分医疗费用，会相应增加政府开支；另一方面，会影响以保“大病”为主的新型农村合作医疗制度的受益面，大多数农民由于无法享受待遇而没有继续参合的积极性，影响新农合制度的长远发展。三是将公共卫生与基本医疗服务打捆由政府统一提供，显然不符合我国医疗保障制度改革的

整体思路。

如何建立农村公共卫生投入保障机制呢？一是在政府投入内容上，农村公共卫生服务设施的基本建设投资和设备购置由政府统一安排（对民办的机构实行民办公助），分期分批解决；人才培养经费由个人和财政共同负担；房屋修缮由县级财政部门在预算安排经费（对民办的机构实行民办公助）；开展公共卫生基本服务项目所需经费，由各级财政部门在预算中按服务人口人均标准给以足额安排。二是在经费补助机制上，引进购买服务的理念。要建立包括服务项目数量、质量、群众满意度等综合性考核评价指标体系，对各类机构提供的公共卫生服务按其服务的数量、质量及相关成本（包括人工和耗材成本）在全面考核的基础上予以补偿，将其获得的经费与其服务的数量、质量、成本挂钩，调动公共卫生服务机构提高服务效率和资金使用效率的积极性。三是在各级政府责任划分上，本着公共服务均等化的要求，对中央统一规定的基本公共卫生服务项目所需经费中央财政按补助标准的一定比例给予补助。地方负担部分以省级财政承担为主。

此外，鼓励和支持农民建立卫生医疗服务监督组织，建立服务方、筹资方和需求方共同参与的管理机制，调动农民参与农村公共卫生和医疗服务监督管理工作的积极性，也是十分必要的举措。

（2006 年）

调整资源，创新机制，积极发展城市社区卫生服务

作为解决群众看病难、看病贵问题的突破口，大力发展城市社区卫生服务备受各方面的重视和期待。但建设、管理、运行一个新的基层卫生、医疗服务体系，涉及到服务功能、模式以及资源配置和管理运营机制的调整，是一个复杂的系统工程。近期，我们结合《国务院关于发展城市社区卫生服务的指导意见》（以下简称《指导意见》）相关配套文件的起草工作，我们到开展社区卫生服务较早的杭州市、南京市和合肥市（简称“三市”）进行了调研，并对各地反映的情况进行了分析和研究。现将有关情况和建议报告如下。

一、社区卫生工作取得积极进展

三市的社区卫生服务发展取得了积极成效，主要体现在以下几个方面：

一是公共卫生有所加强。除了开展传统的预防接种工作外，各地都加大了健康教育、孕期保健、传染病疫情报告及管理等公共卫生工作的力度，流动人口的孕期保健、计划免疫正在纳入当地公共卫生工作范围。

二是服务模式有所转变。适应群众需求，各地社区卫生服务机构都不同程度地开展了建立家庭健康档案、慢性病管理等服务。杭州、南京积极推广家庭责任医生制度，通过与家庭订立保健服务合同，为居民提供建立健康档案、定期体检、慢性病管理、饮食和行为方式指导等服务，变过去的等病人上门为主动上门服务、提早进行干预。杭州市下城区为86.82%的60岁以上老人建立了健康档案。

三是举办体制有所创新。三市都在改造、调整现有基层医疗机构办社区的同时，采取措施鼓励符合条件的社会力量提供社区卫生服务。杭州市下城区在新建社区拿出两个社区卫生服务站通过招标，吸引社会力量办社区卫生。合肥市瑶海区原有11个社区卫生服务中心和31个社区卫生服务站，其中1个社区卫生服务中心和18个社区卫生服务站由社会团体和个人投资创办，2005年新建的24家服务站有17家是通过公开招标方式建立的。

四是投入方式逐步完善。近几年来，三市的市区两级政府逐步加大了对社区卫生的投入力度。杭州市和南京市2005年分别按照年人均15元和14.5元的标准安排社区公共卫生专项经费。各地在加大投入的同时，都开始探索完善政府补助方式，按照购买服务的思路，通过对社区卫生服务机构的工作数量和质量进行考核，安排预防保健等经费补助。

目前，南京市的社区卫生人口覆盖率达到100%。杭州市社区卫生服务的人口覆盖率达到了93.9%，近3年社区卫生服务机构的门急诊量每年以20%以上的幅度递增。社区卫生服务已成为社区居民尤其是老年人最欢迎的社区综合服务项目之一。

二、值得关注的几个问题

通过调研我们发现，三市的社区卫生发展中存在的以下几个问题，值得引起关注。

一是卫生资源严重过剩。由于同属省会城市，三市的卫生资源基本处于过剩状态。杭州市下城区地处中心城区，总面积31.46平方公里，下辖8个街道，常住人口35.7万人，仅区卫生局下属的就有6个社区卫生服务中心、32个社区卫生服务站（另有23个社区卫生服务室）。除此之外，还有市人民医院、部队医院等综合性医院和机关事业单位门诊部、私人诊所等卫生资源。这6个社区卫生服务中心都是由原有的区人民医院、中医院或街道医院转变而来的，规模较大，人员严重过剩。我们所调查的几家社区卫生服务中心，绝大部分的职工人数都在100人以上，其中有一家社区卫生服务中心的职工人数已经达到了190人（其中还包括50多位临时聘用人员）。

二是人员素质难以满足群众需求。在职工过剩的同时，基层社区卫生机构的医技人员素质相对较低。南京市社区卫生机构现有职工中，拥有本科学历的仅占13%、专科学历的占27%、中专学历的占43%，还有17%的职工属于高中以下文化程度。在杭州市某社区中心，全中心190名职工仅一位拥有大专学历和副高职称。人员素质不高，难以得到群众信任，已经成为社区卫生发展的重要制约因素。如果条件允许，绝大部分群众仍然愿意到大医院看病就医。

三是"六位一体"功能未能落实，社区卫生机构"重医轻防"。社区卫生机构的医院模式仍没有改变，实行原有的医院运行机制。医疗机构更多的精力是放在通过提供医疗服务来增加收入，预防保健等公共卫生工作基本上作为"副业"。因此，社区卫生机构仍有大搞医疗的内在冲动，在接受政府委托从事相应的公共卫生工作的同时，并没有忘记大力搞医疗，房子越盖越大、设备越买越好的问题仍然存在。

四是公共卫生服务经费分配缺少规范性。由于三市社区卫生服务机构提供的公共卫生服务没有统一具体的项目和量化标准，工作弹性较大。尽管各地都加大了社区卫生服务投入，资金基本都按每万社区人口一定数额进行分配，但主要用于设备购置等，与公共卫生服务提供数量和质量全面挂钩的经费保障机制还未建立。

三、几点思考和建议

应该说，三市社区卫生服务发展中反映出来的问题，在全国具有共性。2006年3月全国社区卫生工作会议召开后，各地党委政府高度重视社区卫生工作，在此关键时刻，有必要对一些问题进行深入的思考，在研究相关配套政策时，要着力解决以下问题。

（一）立足于区域卫生规划，狠抓卫生资源结构调整，逐步解决机构人员过剩、素质不高的问题

目前，我国城市卫生资源基本处于整体质量不高、相对数量过剩的状态，在有些城市是严重过剩。如果不解决机构人员过剩、素质不高、设备超越经济发展水平的问题，医疗机构供方诱导需求规律的作用会使群众在社区卫生机构就医不可能得到价格相对合适的服务。为此，有必要严格实施区域卫生规划，在落实卫生的全行业管理的同时，充分发挥社区组织的作用，对现有资源进行重组。首先要解决机构建设问题。改变目前简单通过基层医院翻牌办社区卫生的方式。按照合理布局的原则，选择部分条件较好的基层卫生机构作为社区卫生服务机构，并按照统一的标准规范其服务项目、内容及工作目标等。其次要解决人员素质问题。一是严把准入关，竞争上岗，明确规定社区卫生服务人员的资质。二是要加强对现有人员的培训，经过1—2年左右时间培训，提高现有社区卫生服务人员的业务素质，使其能够达到资质要求，并竞争上岗。对于未能实现上岗的原有公

立机构人员，可通过安排到转型后的老年康复、老年护理机构工作，还可以参照国有企业分流人员的相关政策，做好人员分流安置工作。三是促进优质资源合理流动，允许注册医生多点行医，制定鼓励大医院医生到社区卫生机构工作的优惠政策，提高社区卫生服务质量。

（二）按照增加公共卫生服务项目、合理界定医疗服务项目的思路，落实“六位一体”服务功能

为了进一步落实社区卫生服务的“六位一体”的服务功能，有必要按照增加公共卫生服务项目、合理界定社区医疗服务项目的思路统一，明确社区卫生的服务项目。一是要落实其公共卫生职能。按照合理分工的原则，社区卫生机构应在疾病预防控制、妇幼保健等公共卫生机构的指导和监督下，从事直接面向“个体”的预防接种、健康教育、妇幼保健和社区疫情报告等公共卫生工作。除了传统的疫苗接种、疫情报告、健康教育外，将“为社区居民建立健康档案”、“重点慢性病筛查、日常管理”等主动干预措施作为公共卫生服务项目。并通过计算机网络将工作任务、目标，质量、数量考核等集成一体，切实使公共卫生服务具体化、规范化（或准公共卫生服务项目）。二是合理界定医疗服务项目。将来医疗市场上不同机构的服务功能定位模式，应该是大医院基本不看一般门诊，使其成为真正意义的医院。社区卫生机构只开设一般治疗病房或不设病房，而是主要通过适宜技术和常规手段，解决小病和常见病的诊疗。目前应限制社区卫生服务机构向高、精、尖医疗服务发展，同时要逐步建立大医院主要接受转诊治疗的制度。只有合理引导分流病人才能合理发挥不同层次医疗服务机构的作用和效能。药品经销也应逐步让位于社会零售药店。

（三）按照公共卫生服务由政府购买、基本医疗由保险（救助）制度给付的思路，完善社区卫生服务的补偿机制

对于公共卫生服务，政府应按照目标人群获得社区公共卫生服务的项目成本核定财政补助数额，并明确各级政府的分担责任，建立起合理的经费保障机制。按照《指导意见》要求，中央从2007年开始对中西部地区给予适当补助。中央财政补助可考虑按需求、服务能力、绩效等因素确定对各地社区公共卫生服务的补助数额，由地方统筹安排使用。也可以考虑选择几个重要的直接针对目标人群的公共卫生项目，由中央财政按项目进行补助，其余项目由地方政府安排。地方政府要根据服务人工成本、耗材成本等合理确定社区公共卫生服务项目的补偿标准。地方政府有关部门要在考核的基础上，根据社区卫生服务机构提供的公共卫生服务项目数量、质量核定财政补助。要建立和完善社区公共卫生工作的绩效考评体系，将社区居民满意度、社区居民健康指标的改进等绩效因素纳入补助考核范围。对于基本医疗服务，为了鼓励居民到社区就医，应将符合条件的社区卫生机构纳入医保定点范围，并在医疗保险起付线、报销比例等方面给予一定的优

惠。社区居民在社区就医，由医疗保险给予相应的补偿。为此，需要研究为所有城镇居民建立不同层次的医疗保险，通过医疗保险付费机制的制约作用，规范和控制社区医疗机构的行为，避免“大处方”和“过度医疗”。同时，完善城市医疗救助制度，对低保对象等困难群体在社区卫生服务机构就诊的费用给予补偿。

（四）建立符合社区卫生服务机构功能的运行机制

按照六位一体的服务功能，社区卫生服务机构集无偿服务与有偿服务与一体，收入既有财政补助的公共卫生服务经费，又有提供医疗服务获得的医疗保险付费和居民个人自付费用以及经销药品的加成收入等，在收支运行管理方面有其独特之处。目前上海长宁区在卫生服务系统内部试行总额收支预算统管的办法。但根据我们的调查研究，实行“收支两条线”管理需要具备相应的管理条件和承担相应的支出风险。上海长宁区的做法很难在其他地方执行。我们将继续关注和总结这些地方的试点情况。目前，要研究完善现行的社区卫生机构的财务收支管理办法，规范收入、支出项目、标准，合理控制收支结余，维护社区卫生服务的公益性。

（2006 年）

规范收支，加强监管，医疗机构收支两条线管理改革的思考

加强医疗卫生机构的财务收支管理和监督，对规范其收支经营行为，以及控制医疗卫生不合理支出无疑有着重要作用。上海和安徽等地在完善公立医院和社区卫生服务机构预算和财务收支管理方面进行了一些探索，我们到安徽巢湖就公立医院综合财政预算管理情况进行了调查研究。现将有关情况和我们建议报告如下。

一、巢湖改革的目的和做法

在近些年的财务检查中，巢湖发现市直医疗机构不同程度的存在着财务收支反映不真实、药品收支结余虚假，医院会计基础薄弱、核算不规范，大型医疗设备和基本建设盲目投资，以及少数医院人员工资不能及时足额发放等问题。为解决这些问题，2005 年下半年，巢湖在总结 2002 年和 2004 年分别对市直属机关事业单位和市属学校实行综合预算改革经验基础上，开始研究市直医疗机构实行

综合预算改革办法，想通过发挥财政职能、强化财务收支监管来降低医院运行成本、控制医药费用盲目增长，从而为缓解群众"看病难、看病贵"问题作一些探索。2006年1月，巢湖正式启动了对市直4家医院和1个中心血站进行财务"收支两条线"管理的综合财政预算改革试点。

巢湖改革的主要做法：一是统一收支，编制综合预算。医疗收入和药品收入全部缴入财政专户，财政全口径核定医疗机构收入预算和支出预算。收入预算根据单位申报数，综合考虑上年收入和本年影响收入变化的因素，会同卫生主管部门确定。支出预算按照定员定额标准核定，其中，人员支出按预算基期工资全额确定；一般公用支出按前两年平均消耗确定（2006年的标准为人均2000元）；卫生材料按前两年平均消耗占医疗收入的比例确定（2006年为17%）；考核奖励经费暂按医疗收入和药品收支结余的一定比例实行总量控制（2006年分别为4%和2%）；设备修购和其他支出按项目报批。二是统一支付，明确方式和顺序。取消医疗机构基本结算户，资金支出由财政实行直接支付或授权支付。其中，人员经费支出、设备购置、药品采购、基建工程、一次性超过5万元的商品和劳务费用由财政直接支付；医院日常零星开支、小额购买以及需用现金支付的其他支出，由财政按一定数额核定备用金，授权医疗机构自行支付。同时，本着突出重点、优先保障原则，医疗机构的资金支出按照离退休人员工资→在职人员工资→成本补偿支出→基本建设和设备购置支出→其他支出的顺序依次保障。

另外，据我们了解，上海市长宁区设立了社区卫生服务管理中心，实行财务人员派出制，按照保障社区卫生服务基本运作资金平衡的原则，对各社区卫生服务中心实行收支两条线管理，即所有收入纳入内部预算管理，取消社区卫生服务中心预算外资金结余留用，加强成本核算，支出按照定额标准和实际成本进行补偿。同时，改革收入分配制度和激励考核机制，切断医疗人员的个人收入与医院业务收入的挂钩关系。通过建立新的考核激励分配机制，使医务人员收入分配与技术水平、服务数量、服务质量和群众满意度的综合考核紧密挂钩，并适度向关键岗位、一线服务人员和全科专业技术人员倾斜，基本保持医务人员的收入稳定。

二、巢湖改革的效果和评价

巢湖市直医疗机构综合预算改革试点已实施3个多月。从调研的情况看，医、患和管理各方对初步成效是较为满意的。市卫生局长的评价是"运行平稳，运转良好"，认为这项改革体现了以人为本的公共财政理念，规范了医院的财务管理，提高了医院预算编制的计划性和财务管理的透明度，强化了财政对医院的财务监管，确保了部分医院的人员工资发放，促进了医疗资源的合理配置，提高了财政资金的使用效益。据不完全统计，试点的第一季度，四家医院的收费水平平均下降了15%—20%，住院病人则增加了30%、门诊量上升10%；医院的成本下降 20%，收入较同期增长了 20%。

当然，改革打破了旧模式，新方法还存在许多要研究完善的问题，医疗机构和卫生局提出了一些中肯的意见：一是程序繁琐，资金周转时间长。医疗机构的收入从上缴财政专户、资金申报、资金审核到资金拨付，涉及不同银行之间的跨行结算，须经多个流转和审批环节，导致资金的在途时间较长，对医疗机构的资金周转和使用产生了一定影响。二是备用金有限，急需支出难满足。由于财政按照医疗机构一周的正常支出核定备用金，数额有限，因此，医疗机构发生事故赔偿、急救费用等应急性支出和突发性支出时，由于备用金不足难以满足实际需要。三是医疗机构、卫生部门和财政部门的沟通尚待加强。医疗业务比较复杂，医疗机构预算和财务管理较为特殊，财政部门直接参与就要加强与医院的联系，研究和把握医院的规律，变“管理型”为“管理服务型”。为提高效率，应建立财政、卫生、医院参加的定期联席会议制度，协调需要解决的问题，及时调整相关政策，及时协调和解决问题。

三、启示和思考

（一）改革需要密切关注更要创造条件

财务管理是医院运营的调节阀，既涉及财政卫生经济政策的落实，关系到医疗卫生体制改革的整体推进，也直接影响到医院运行成本的多少和广大人民群众医药费用的高低。因此，研究解决群众“看病难、看病贵”问题，不能绕开医疗机构财务管理问题。巢湖和长宁等市（区）对部分医疗机构实行收支两条线管理无疑都是有益的探索和尝试，有关部门应密切关注，加以认真研究。与此同时，我们也应当清醒地认识到，由于改革会触动既得利益，所以离开了成熟的条件和恰当的时机，改革是不会有好效果的。巢湖改革不是因为“看病难、看病贵”的呼声大应急而动，而是有一个很好的思路和谋划，它的顺利开局至少有三个不可或缺的条件：一是机关事业单位和学校先后实行综合预算管理、财政建立会计核算中心搭建了财务监管统一平台，使改革进程水到渠成。二是部分医疗机构盲目发展导致负债累累，个别医疗机构人员工资发放困难等，使改革有了职工拥护，实施时机恰当。三是巢湖市直医疗机构规模有限，在医、患和政府三方博弈中，医院的绝对优势不明显。而从全国情况看，各地经济社会发展差异大，医疗资源不均衡，卫生医疗改革和财政预算改革步伐不一，因此，探索公立医疗机构综合预算管理改革必须要从实际出发，把改革的力度与各方面的承受度很好地结合起来，目前还只能在部分有条件的地区进行试点。

（二）改革既要规范管理又要规避风险

规范管理是为了促进发展，是应当予以提倡的方向。通过加强财政监管，对医疗机构实行收支两条线管理，可以规范其财务行为，遏制一些不该发生的问题。但是，我们清醒地看到，基于我国现行医疗机构管理体制，特别是医疗支出中的很多不确定因素难以掌控以及运行发展模式有别于义务教育等的特点，国家对公立医院的补助政策应有别于义务教育。因此，对公立医疗机构实行收支两条线管理是有潜在风险的，没有扎实的改革基础工作和部门配合支持，势必会影响医疗机构的积极性，继而影响卫生事业的健康、持续发展，没有对医疗卫生支出的强大掌控能力，还可能造成医疗供需双方的过度利用卫生资源，从而引发政府财政风险。因此，在改革过程中，一方面要积极发挥财政部门财务监管的职能作用，采取切实有效措施，规范公立医疗机构的财务收支行为；另一方面，要充分考虑公立医院目前特殊的生存和发展的环境，按照区域卫生规划合理整合卫生资源配置，调整财政补助政策，综合考虑医院的功能、收支、服务的数量和质量，以及可供财力等因素，按照“保一部分、放一部分”的总体思路，逐步加大投入，支持和促进公立医院的健康运行和平稳发展。

（三）改革既要突出重点又要统筹兼顾

“不谋全局者不足以谋一域”。公立医院的财务监管改革不仅仅是资金收支的问题，还涉及公立医院的功能定位、经营发展以及财政卫生经济政策等方方面面，同时还牵扯到医疗机构、卫生部门、财政部门以及医务人员、患者、医药商品供应者等诸多部门和群体的利益。因此，在改革过程中，单靠财政部门一家孤军作战不行，单就财务改革而改革也不行，必须要坚持全局谋划，协同运作，既要保护好医疗机构和医技人员的积极性，又要充分发挥卫生、发展改革、药品监督、物价等部门的合力，在加强财务监管的同时，全面推进公立医院的经营、管理、人事和福利等多项制度的改革，强化区域卫生规划，最终促进公立医院和卫生事业健康发展，为老百姓提供优质、便捷、价格合理的医疗服务。

（2006 年）

因地制宜，严控范围，冷静看待惠民医院试点

为了缓解困难群众“看病难、看病贵”问题，去年以来，一些地方开始探索举办惠民医院、济困医院或平价医院。新疆是全国最早建立惠民医院的省份，2005 年在全区推广惠民医院的做法，目前已经建立了 42 家惠民医院。河北省 2006 年年初就确定了 12 家惠民医院，基本上各市建立一到两家。南京市首次将三级医院纳入惠民系统范围，现有惠民医院 13 家。杭州市则探索由民营资本举

办平价医院。此外，北京、湖南、江西、湖北、四川等地也纷纷建立了惠民医院，惠民医院“忽如一夜春风来，千树万树梨花开”。尽管对惠民医院的叫法不一，其运行机制也不尽不同，但其基本目标都是通过政府加大投入力度，规范医疗服务行为，理顺医疗服务价格，改变目前公立医院的趋利行为，降低患者医药费用负担，以缓解“看病难、看病贵”问题。现结合我们对北京市海淀区上地医院调查了解的情况，对惠民医院有关情况汇报如下：

一、惠民医院的运作方式及效果

（一）惠民医院的“惠民”措施

惠民医院的“惠民”，一方面通过合理检查、合理治疗、合理收费（减少药品加成，减少不必要的检查费和治疗费）来实现；另一方面通过增加财政补助来解决其经费不足。以上地医院为例，该院的“惠民”措施：一是降低药价。医院进药后不加价或低比例加价（如5%，主要基于药品正常损耗考虑），同品种同规格药品或试剂选择价格最低的、包装最简单的，且把药品分装成小包装。二是降低耗材用量及其价格，如放射科采用价格虽低但不影响质量的国产片，B超、心电图等电子仪器不连接电脑打印，诊断报告手写，这些措施每次可为患者减少支出30元左右。三是在提供基本医疗服务时，主要采取适宜医疗技术，以治疗常见病、多发病、慢性病为主。四是医生收入与医院效益脱钩，避免“大处方”、“滥检查”等过度医疗行为。

在服务对象上，有的惠民医院面向普通群众，但对特殊群体实行费用减免的政策。有的惠民医院仅限于特殊群体。上地医院的服务对象为所有普通患者，但对低保对象、流动人口、三无人员和失业人员实施“八优惠和六减免”的特殊政策。该院开业4个月以来，收治的患者80%以上是流动人口，还有不少是从外地赶来的患者。

（二）惠民医院的管理方式

惠民医院采取新的用人机制和分配机制。上地医院全面实行聘用合同制，与医务人员签订劳动合同，并定期进行绩效考核，以实际工作绩效而非经济绩效来考核医务人员。对医生进行考核的主要指标是服务质量，而不是处方数量。在分配制度上探索以基本工资、岗位工资和绩效工资为主的工资制度，医生个人收入可根据工作绩效灵活调配，向技术高、服务好、贡献大的医护人员及科室倾斜。对于病人反映好、技术水平高的医护人员可以低职高聘，给予较高的工资待遇，或进行相应的奖励。如果发现药商有促销行为，医院将取消其所有经销药品的进院资格，同时解除收取药品回扣的医生的劳动合同。

（三）惠民医院的补助方式

建立惠民医院实际上是对医疗服务的供方进行补助。上地医院成立之初，由海淀医院和海淀妇幼医院投入资金1200万元和价值1000万元的设备，区财政一次性投入850万元作为前期启动资金。由于上地医院成立不久，因此财政对上地医院的补助方式目前仍在协商之中。海淀区财政局表示，今后财政将对上地医院采取补“固定成本”的做法，即对核定编制内（目前为221人）的人员费用及房租进行全额补助，其中人员费用按照全区医务人员平均每人每年4.3万元的标准予以全额补助，房租按照每年298万元的标准补助。财政只对上地医院全部运营成本中相对固定的部分予以补助，其实质还是差额拨款的办法。同时，对上地医院的药品收入实行收支结余纳入财政专户的收支两条线管理办法。

（四）惠民医院的运行效果

从各地反映的情况看，惠民医院降低了患者医药费用负担，在一定程度上缓解了群众“看病贵、看病难”问题。在上地医院，拍一张X光片的费用为30元，而在北京市其他同级医院为150元左右，相差120元；在上地医院做一次黑白B超的费用是38元，而在其他二级以上医院是180元，相差140多元；在上地医院自然分娩的费用在1000元左右，而在同级医院为3000元左右，相差2000元。据统计，上地医院每张门诊处方的平均药费约为18元，每位患者的次均门诊消费约为60元，住院人均费用1400余元，大大低于北京市医疗机构的平均收费水平。

二、值得关注的几个问题

（一）惠民医院的筹资和管理问题

有关部门提出对惠民医院实行“预算式全额管理”的模式，具体内容是收入全额上缴，支出由政府核拨，实行收支两条线管理。在我国目前财力和经济条件下，财政还不可能将全部公立医院“养起来、包下来”。上地医院所在的海淀区、地处的北京市有较强的财政经济实力作后盾，财政也只能对其固定成本部分予以补助。对欠发达地区来说，财政支持的可持续性更是个不容回避的问题。在惠民医院举办过程中，如果没有科学的标准定额测算做基础，不仅会影响到医疗机构和医务人员的积极性，影响提供医疗服务的质量，而且会给财政造成潜在的风险。

对惠民医院实行收支两条线管理，其实质是回到全额预算拨款的体制，这种预算模式对目前业已形成不同经营格局的医疗服务机构体系来说并不普遍适合。经营不好、效率低的公立医院可能欢迎这种做法，但是竞争力强、经营良好的公立医院势必拒绝。北京市财政局曾就转变对公立医院财政补助模式、实行收支两条线管理问题做过一项摸底调查，结果发现卫生部门其实并不欢迎。

（二）惠民医院与城乡医疗救助的关系问题

一些地区将惠民医院定位为主要服务于弱势群体，包括城乡低保对象、下岗失业人员、孤寡老人等，这与目前正在大力推行的城乡医疗救助制度存在一定程度的职能重叠。惠民医院是对供方提供补助，医疗救助是对需方提供补助，如何做好两者的衔接、避免资源重复浪费是一个需要认真研究解决的问题。此外，惠民医院在对特定对象提供优惠政策时，还存在目标群体难以界定的问题。

（三）如何吸引人才的问题

惠民医院遇到的一个普遍存在的问题，是如何吸引人才、留住人才。尽管惠民医院一般规定职工收入不低于同级医院职工收入的平均水平，并给予内部分配调控权，但对于许多医务人员特别是业务水平较高的医务人员来说，待遇水平仍然偏低。新建的惠民医院在人事制度上也存在一些问题，如医务人员的职称晋升问题，如果解决不好，会影响到医院职工特别是技术骨干的稳定。对上地医院来说，这个问题显得更为突出，该院实行全员聘任制，医务人员来自全国各地，目前就存在户口无法解决、职称难以评定的问题，许多医务人员并没有在上地医院长期工作的打算。

同时，惠民医院作为政府补助的非营利性医疗机构，在医生收入与经营收入完全脱钩的情况下，如果没有完善的考核评估机制，可能会带来医务人员积极性下降、服务态度不好的问题，出现“吃大锅饭”的现象。

（四）可能出现区域布局失衡的问题

惠民医院的投入主要由地方政府负责，由于各地区财力差异大，结果可能出现“马太效应”式的结果，即经济欠发达地区对惠民医院的需求较高，却难以满足建设惠民医院的资金需求；而经济发达地区对惠民医院的需求不太强烈，反而有充足的财力支持惠民医院的建设。这与惠民医院“扶贫济困”的初衷是背道而驰的。

四、几点建议

（一）对惠民医院要有一个客观、清醒的认识

客观地讲，在目前城乡医疗救助制度尚不健全的情况下，由财政通过“暗补”的方式建立惠民医院，对解决困难群众的就医问题具有一定的现实意义。但是，对于困难群体而言，惠民医院是“暗补”，而医疗救助制度则是“明补”，显然更有效率。因此，随着城乡医疗救助制度的日趋完善，举办惠民医院这种低效率的“暗补”方式继续存在的必要性就值得商榷。前不久，卫生部有关同志在新闻发布会上表示，惠民医院或平价医院只是个过渡性的产物，并非把它作为解决当前诸多问题的“救命稻草”，而是为改革公立医院运行机制提供重要的参考和借鉴。可见，卫生部门倡导建立惠民医院，其实质在于试图通过建立惠民医院，加大财政对医院的投入，全部实行收支两条线管理，借此维护公立医院的公益性。

对此，我们有以下几点认识：一是如果比照上地医院的做法，在目前全国公立医院占95%以上的前提下，由政府将所有公立医院的固定成本“包”下来，以此来维护公立医院的公益性，财政恐难以承受（按照2004年的数字粗略测算，仅在职职工工资、离退休人员费用和基建支出就达1621亿元，已超过当年全国财政用于卫生的支出）。而且医院如何留住人才、如何保持医务人员的积极性等问题也难以解决。二是无论是惠民（平价）医院还是其他公立医院，都应该是公益性医院，都不应以营利为目的，关键是如何监管，维护其公益性。在公立医院规模没有大幅度压缩的前提下，由政府对公立医院实行收支两条线，虽然能够控制医疗费用，但是这样做既会影响医院、医生的积极性，影响服务质量和效率，又会给财政带来大幅增支的风险。而且从国际范围来看，几乎没有一个国家对公立医院实行收支两条线管理。因此，对公立医院实行收支两条线并不是当前控制医疗费用过快增长的好办法。三是国内外的实践证明，控制医疗费用不合理增长、维护公立医院的公益性有很多有效的机制，至少可以从费用结算、内部收入分配、财务监管等方面着手。在改革费用结算方式方面，近几年，许多地方进行了一些有益的尝试，如将目前普遍实行的按项目付费改为按病种付费、按人头付费、费用总额控制等，对于控制医药费用的上涨、规范医疗机构的行为起到了很好的效果。在内部收入分配制度方面，要杜绝将医务人员个人收入与医疗服务收入挂钩、科室承包等办法，实行岗位工资加工作量的收入分配制度。在财务监督方面，要通过财务监督、审计监督、行政监督、舆论监督等手段，加强对医院财务收支和结余资金的控制和监督，将医院所有的收支都纳入单位预算内，加强预算管理，并通过收支公示等方式接受社会监督。

（二）惠民医院的试点要因地制宜，严格控制范围

如前所述，在目前城乡医疗救助制度不健全、不完善的情况下，可以允许地方进行举办惠民医院的试点，以缓解困难群众的就医问题。但是，一要结合各地实际情况，允许各地探索适合各自特点的惠民医院筹资和运行管理模式。特别是在欠发达地区，财政部门要防止对惠民医院包揽过多而背上沉重的包袱。除了财政对惠民医院提供必要支持外，还应积极拓展新的筹资渠道，如社会捐助等。二要完善惠民医院的财政补助机制，特别注意防止借举办惠民医院之名，走“建机构、养人”的重复建设和资源浪费的老路。

（三）加强对惠民医院的财务监管

当前，许多公立医院存在财务收支反映不真实、药品收支结余虚假、会计基础薄弱、核算不规范等诸多问题。为此，在惠民医院建立之初，财政部门可利用对其提供较大支持的有利条件，加强对惠民医院的财务控制和监管。要充分考虑惠民医院客观补助需要与财政补助能力，进行全成本核算，建立科学的医疗服务成本核算体系。为保证“惠民”政策的落实，还需要建立长期的评估机制，对

政府财政投入的效果以及医院运行情况进行评估，及时发现问题并做出相应调整。同时，要在分配领域引入竞争机制和激励机制，研究解决医务人员的切身问题，以吸引人才、留住人才。

（四）加强对药品流通环节的治理整顿

药品贵的根本原因不在于药品加成机制（虽然药品加成机制客观上诱导了医务人员多开药、开好药，但这个因素并不是最主要的），而关键的症结在于药品流通环节秩序混乱导致的药价虚高。尽管惠民医院实现了医生收入与药品销售脱钩，但是如果流通环节的药价虚高问题得不到有效遏制，医生、科室照样可以通过药品回扣、贿赂等资金体外循环的方式来获取不正当利益，仍然无法缓解“看病难、看病贵”的痼疾。因此，要切实降低群众医药费用负担，除了建设惠民医院之外，还必须采取完善药品定价体系、加强对药品流通环节的监督等综合配套措施，多管齐下，综合施治。

（2006 年）

（三）借 鉴 篇

奥巴马医改新政及启示

上 篇

2009年4月，我国医改方案在经过一个较长时期的论证过程后“新鲜出炉”，引起国内外有关方面的高度关注和热议。与此同时，美国新任总统奥巴马也高调宣称美国的医疗改革已刻不容缓。早在2009年1月奥巴马总统入主白宫之前，他就开始了对美国医疗体系的改革进程。7月31日，美国国会众议院能源和商务委员会表决通过医改方案，标志着医改方案获得众议院三大委员会的通过，但目前在参议院两党之间仍未能达成一致，能否按原定计划顺利实施仍面临许多不确定因素。

一、饱受诟病的美国医疗体制

众所周知，美国现行医疗体制是一个“高成本、低收益”的典型，虽然花费了全球最高额的医疗费用，拥有世界上最先进的医疗技术，但其国民所享有的医疗保障水平却与之相去甚远。

（一）成本高昂

据美国医疗保障与救助中心统计，美国卫生总费用从1997年的1.2万亿美元增长到2007年的2.2万亿美元，占GDP的比例从13.5%上升到16%，人均水平从4102美元上升到7421美元。据估计，在现有体制下，这一开支到2018年将达到GDP的20%，人均水平升至13000美元。巨额的医疗费用加重了政府、企业和个人的负担：一是政府财政难以为继。美国政府卫生支出占财政总支出的比重从1997年至今一直维持在18%—20%，政府卫生支出占卫生总费用的比重2007年达到46.2%。随着人口老龄化高潮的到来，医疗费用还将快速增长。二是危及产业发展。据报道，通用汽车公司平均每辆汽车要负担1500美元的医疗保险成本，比其用钢成本还要高。三是越来越多的人难以负担。据统计，在美国个人破产中有一半左右都与负担了高额医疗费用有关。随着医疗保险费用的持续上升，越来越多的雇主不愿意为员工提供医疗保险。

（二）效益低下

在美国，平均每年有9.8万人因医疗过失致死，高于车祸、乳腺癌、艾滋病致死人数。据世界卫生组织统计，美国5岁以下儿童死亡率是日本、意大利的两倍，人口预期寿命低于日本、加拿大、澳大利亚、新加坡和欧洲一些国家，妇女分娩面临的死亡风险是希腊、西班牙或德国的3倍以上。在美国，约1/3的人至少患有一种慢性病。

（三）未全覆盖

美国是世界上少数几个未实现医疗保险全覆盖的发达国家之一，这也是该国医疗体制经常受到攻击的“软肋”。目前约4600万人没有任何医疗保险，这些人主要包括小公司雇员、大公司中的临时工、半职职工、失业人员以及一些不愿参加任何医疗保险的高收入者，约占总人口的15%。

二、雄心勃勃的奥巴马医改计划

奥巴马医改计划的特点是，立足于现行医疗保障体系，在现有医疗保险机构、医疗服务机构和医疗保险计划的基础上进行改进。奥巴马声称，在此计划下，原参保家庭的保险费每年将下降2500美元，未参保人员将被纳入医疗保险，10年内可为美国居民节省2万亿美元的医疗费用开支。其主要措施如下。

（一）扩大医保覆盖面

第一，扩大Medicaid和SCHIP的覆盖范围，把更多的穷人纳入医疗保障安全网，强制所有儿童必须参加医疗保险。

第二，要求大中型企业必须给职工购买商业医疗保险，或者给职工提供补助，让其自己购买商业医疗保险。对于不愿向雇员提供医疗保险的大中型企业，要求其按照员工工资的一定比例向即将建立的全国医疗保险转换计划缴费。

第三，政府对小企业为职工提供医疗保险给予退税。小企业为其员工缴纳参保费用的一定比例将以退税的形式返还，最高可达50%。预计每年退税规模将达到 60 亿美元。

第四，政府出面建立一个全国医疗保险转换计划（National Health Insurance Exchange），主要面向既不属于 Medicare 和 Medicaid 等政府医疗保障计划覆盖范围，也没有雇主愿意为其购买商业医疗保险的人群。困难家庭可根据其收入情况享受一定的退税。参与此计划的医院和医生按期提供服务质量、信息技术和管理水平等信息。同时，所有商业保险公司提供医疗保险的待遇水平不得低于该计划的保障水平。参保手续要尽量简化，参保人变换工作时其医疗保险可不受影响。

第五，加强对保险业的监管。保险公司要以合理稳定的保费为所有美国居民提供医疗保障，不得因参保人的健康状况或年龄等因素拒绝其参保，不得将保费与年龄以及健康状况挂钩。

（二）降低医保支出费用

第一，推广标准化的电子医疗信息系统，包括电子病历。奥巴马计划在未来 5 年内每年花费 100 亿美元，要求所有医疗机构全部使用该系统。据估计，如果大多数医疗机构都使用了该系统，美国每年将节省 770 亿美元的医疗费用。

第二，加强疾病预防和慢性病控制，提升公共卫生水平。奥巴马计划奖励雇主为雇员提供预防性服务，与学校合作为儿童建立健康环境，为社区预防干预工作提供资金。

第三，促进市场竞争。奥巴马政府认为，一方面，美国家庭支付了高昂的保费；另一方面，医药行业和保险业通过不合理的经营获得了丰厚的收益，这是改革的最大障碍。为此，奥巴马呼吁通过增加保险和医药市场的竞争解决这一问题。

第四，联邦政府为小企业雇主提供再保险，降低大病医疗费用。对于小企业来说，一个雇员的大病医疗费用就可能造成其无力负担其他雇员的保费支出。为此，当小企业的大病医疗费用超过一定数额时，政府将会为其提供一部分补贴，但雇主要保证将这些补贴全部用于保费支出。

第五，开展医疗事故保险改革。为医生提供新的医疗事故处理方案，避免保险公司向医生过度征收医疗事故保险费用，更好地保障医疗安全。同时改善医患关系，减少医患纠纷。

第六，解除药物进口限制以降低医疗费用。奥巴马提出要让国民买得起药，并计划从其他发达国家进口便宜的药物。根据奥巴马的预算报告，通过采取从其他国家进口廉价药物及推广电子化病历等措施，美国全国医疗费用 2010 年减少 180 亿美元，2011 年减少 1620 亿美元，到 2019 年减少 6338 亿美元。

第七，保证居民能买到普通平价药。奥巴马将采取措施防止高价品牌制药商利用其垄断地位抬高药价，并增加 Medicare 和 Medicaid 等政府医疗保障计划使用普通药物的比例。

第八，允许 Medicare 与药商进行谈判。2003 年 Medicare 处方药改良和现代化法案禁止联邦政府就处方药价格与制药商进行谈判，奥巴马计划解除此禁令，这将节省高达300亿美元的药物开支。

第九，促进信息公开透明。要求所有医院和医生公开医疗成本、质量等信息，所有医疗保险机构都要公开保费用于患者报销和管理费用的比例，便于患者和社会监督。

（三）提高医疗服务水平

第一，对高质量的医疗服务予以奖励。目前大多医疗保险机构根据医疗机构提供的服务数量而非质量付费。奥巴马鼓励将医保付费与服务质量挂钩的做法，减少滥用医疗服务；对参与政府医疗保险计划的医疗机构提供的高质量医疗服务予以奖励。奥巴马建议削减 Medicare 向重复住院率（病人出院30天内又重新住院）高的医疗机构支付的费用。如果这种做法得到推广，预计10年内将节省260亿美元。

第二，开展医疗效果比较研究。奥巴马计划成立一个新的机构承担此项研究，使得美国医生和患者掌握更加准确、客观的信息，以促使医疗机构对患者的健康状况作出更准确的判断，确定更合理的治疗方案。

第三，提高医疗安全性。要求所有医疗机构报告可以预防的医疗过失，支持医疗机构研究改进治疗方案，减少医疗过失。

（四）增加医疗投入

奥巴马的医改计划大大强化了政府在医疗保障体系中的责任。据估计，奥巴马的医改计划至少需要1万亿美元以上的支出，勒维医疗集团副主席甚至认为需要1.5万亿至1.7万亿美元的资金。奥巴马2月向国会提出10年内建立6340亿美元的医改准备金，6月份又追加3130亿美元，再加上经济刺激计划中的590亿美元，筹资规模目前已超过1万亿美元。

三、阻力重重的奥巴马医改前景

奥巴马的医改进程并没有想象的顺利。尽管奥巴马希望在10月中旬前完成所有立法程序，今年年底前顺利实施，但目前医改计划的主要内容在参议院的两党之间仍未能达成一致意见，再加上经济危机的影响和相关利益团体的反对，医改计划能否顺利通过并按期实施存在许多变数。其阻力主要来自以下方面。

（一）经济危机

奥巴马医改需要强有力的政府财政支持，但不幸的是，奥巴马还未上台美国经济就遭遇了经济危机的重创，目前美国政府面临着有史以来最为庞大的财政赤字，当前年度的财政赤字预期达到1.75万亿美元，占美国 GDP 的比重超过12%，为二战以来之最，政府财政能否支撑这一改革尚存疑问。

（二）政治势力

奥巴马的医改计划一开始就遭到了共和党的抨击。共和党全国委员会主席斯蒂尔表示，应该实现以患者为中心的医改计划而非以政府为中心。他还说，奥巴马的医改计划是一场“冒险”，会使美国目前已经超过万亿的财政赤字雪上加霜，影响经济复苏。民主党内部对于医改计划也评价不一，一些民主党人认为，奥巴马强行推进医改计划操之过急，医改计划花费过高，但保障全民享受医疗服务的力度还不够大。

（三）利益集团

奥巴马医改计划将削减对医院、制药商及医保机构等的支出，又对其增加了诸多限制，势必遭到这些利益集团的反对。由于很多不必要的医疗开支都浪费在医生所做的额外检查和预防措施上，奥巴马计划实施严格监管，要求医生根据治疗结果收费，而不是根据每一个治疗步骤收费，势必招致医生的极力反对。保险公司担心一旦实施全民医保，政府会加强对保险费用的管制，这样他们有可能在市场上遭到排挤，也不支持改革。

（四）普通民众

许多美国人很习惯于现行医疗体制，因为在这一体系下，他们可以看自己想看的医生。由于涉及自身健康，大家总是相信检查越细越好，医疗手段越先进越好。在此情况下，尽管有些检查并不必要，人们还是心甘情愿地把钱送给医院。如何改变人们的固有观念也是奥巴马政府推进医改的一大难题。民调显示，随着时间的推移，美国民众的耐心在逐渐消退。已经有不少人怀疑，奥巴马推行的医改计划会和前几任总统一样，最后不了了之。

四、几点启示

（一）强化政府作用，强调引入竞争

奥巴马主张政府应帮助困难家庭和弱势群体享有医疗保障，并加强政府对医疗保险机构、医疗服务机构的监管，与之前主要由市场自由选择相比，强调了政府弥补市场机制失灵的作用。同时，奥巴马将医药费用上涨归因于保险和医药市场缺乏有序竞争所致，采取切实措施增加保险和医药市场的竞争，以控制医药费用的上涨。在下一步推进我国医改的过程中，要注意引入市场机制，如鼓励社会资本举办医疗卫生机构；在公共卫生领域推行购买服务的理念；委托商业保险机构经办社会医疗保险业务等。

（二）增加政府投入，突出费用控制

奥巴马医改的增资计划目前已超过 1 万亿美元，预计随着改革方案的推出，

政府投资还会增加。为了确保政府支出达到既定目标，奥巴马计划采取一系列措施控制并降低医疗费用，如推广电子医疗信息系统；加强疾病预防和慢性病控制；解除药物进口限制；推进医院信息公开等。推进我国医改有必要借鉴奥巴马医改的一些做法，既要开源，又要节流，在控制费用方面狠下功夫，真正让患者受益。如推进医疗保障付费机制改革，推广按病种付费、按人头付费、总额预付、公共卫生经费与医疗保障经费“打捆”支付等付费方式；进一步支持实施基本公共卫生服务项目和重大公共卫生服务项目，提高疾病防控水平，降低慢性病、常见病和多发病的发病率；在基层医疗卫生机构实施基本药物制度，确保药品零差率销售；推进公立医院运行机制改革，强化内部管理，加强成本核算，逐步取消药品加成等。

（三）重点支持需方，控制供方补贴

未来几年，奥巴马政府将为医改投入巨资，但是其政府投入并非供方和需方二者兼顾，而是重点向需方倾斜。如资助更多老年人和穷人参加 Medicare 和 Medicaid 计划；对小企业为职工参保缴费进行退税；为小企业雇主支付的大病医疗费用建立再保险；建立全国医疗保险交换计划等。为减少政府开支，奥巴马计划控制直接对供方的补贴，通过减少保费支出和降低收费增幅，未来 10 年内医院从 Medicare 和 Medicaid 获得的补贴以及因医治无医保病人而获得的政府补贴将减少 1550 亿美元。我国医改方案的一大特点是政府投入兼顾供需双方。有人担心这种供需兼顾的投入方式会造成财政的双重负担，不利于提高财政资金的使用效益。因此，建议今后各地在推进医改的过程中要把有限的资金重点用于支持人人享有基本医疗保障和人人享有基本公共卫生服务。尤其在实现全民医保的条件下，政府投入的大部分要用于补助需方。对医疗卫生机构的投入要合理确定，医疗卫生机构主要通过提供优质高效的医疗卫生服务获得补偿，而不宜采取直接养人养机构的低效做法。

（四）发挥医保作用，提高医疗质量

奥巴马医改强调全民医保的理念，这与我国医改如出一辙。但是，奥巴马更加注重发挥医保在控制费用和促进提高医疗服务质量方面的作用，他计划对提供高质量医疗服务的医疗机构给予奖励，对没有提供合适治疗的医疗机构则削减补助。我国在实施医改方案推进全民医保的过程中，也要充分发挥医保的作用。除了发挥其在控费方面的作用外，还要注重发挥其在促进提高医疗服务质量方面的作用，让群众享受到货真价实的服务。如医保机构要加强对医疗机构提供医疗服务质量的考核，对于大处方、滥检查等过度医疗行为，要采取相应的惩罚措施促其纠正等。

下　篇

一、奥巴马医改立法进程

美国重大公共政策的制定一般都需要通过国会立法程序，然后由总统签署法案，由各州政府执行。

（一）参众两院各委员会分别提出并通过方案

2009年民主党在国会中占据优势席位，为了表示对国会议员的尊重从而更快通过医改法案，奥巴马并没有将其已形成的“奥巴马—拜登医疗改革计划”直接交由参众两院表决，而是督促国会自己拿出医改方案，并通过民主党在国会席位中的优势尽量使方案向自己预期的方向靠拢。2009年7月美国众议院筹款委员会、教育和劳动力委员会、能源及商业委员会先后通过各自的医改方案。7月15日，参议院健康教育劳动养老委员会通过《可负担的健康选择法》。10月13日，参议院财政委员会通过《2009年美国健康前景法》。至此，参众两院五大委员会均通过了自己的医改方案。

（二）参众两院分别整合各自方案

根据美国国会立法程序，参众两院需分别整合各自方案，并表决通过。2009年11月7日，众议院以220票对215票微弱多数通过其整合后的方案《为美国人提供可负担的医疗保健法》。12月24日，参议院以60票的最低门槛线通过其整合后的方案《患者保护和可负担的医疗保健法》。有媒体称此次投票为美国医改立法过程中的一个“里程碑”，是送给美国人民的一份“圣诞大礼”。

（三）参众两院共同整合一个方案

尽管两院方案的核心思路基本一致，但在一些具体细节方面，两院方案的分歧较大。众议院方案比较激进，提出人人享有医保，建立国营医保机构，通过对富人加征税收进行筹资等。参议院方案则偏于保守，只规定政府可以选定私营医保机构经营国家的医保计划。在筹资方面，主张对医疗行业加税，尤其是向大额保单征税，并削减支付给医疗服务提供商的医疗补助计划支出。此外，还将从现有的政府医保项目中削减开支、从医疗用品生产商处筹集资金、对没有按照规定购买医保的个人和雇主课以罚款。奥巴马原计划督促国会在2010年1月底前将两院方案整合为一个方案，提交自己签署。然而由于民主党失去在参议院的绝对多数席位，至2月份方案整合仍未有眉目。

（四）奥巴马“背水一战”

如果过去民主党还有希望抛开共和党人，通过民主党内部妥协来达成最终的方案，那么民主党失去参议院的绝对多数地位后这一希望基本破灭。要使医改方案按正常程序在国会通过（要求2/3以上票数），奥巴马必须想方设法争取到共和党人的赞成票。2010年2月22日，白宫公布了新的医改方案，弥合了国会参众两院医改法案的部分分歧，并吸收了共和党人对医改的部分建议。25日，奥巴马召开医改峰会，与共和党共同协商医改问题。会上火药味十足，共和党表示，应“重打锣鼓另开张”，寻求循序渐进式的改革方案。医改峰会“不出意料”地无果而终，奥巴马争取共和党人支持的努力又失败了。

至此境地，奥巴马不得不“背水一战”。2010年3月3日，奥巴马公布了经过修改的最终版本医改方案，并在白宫发表讲话，要求国会在未来数周内就最新的医改方案进行表决。这份新方案据称已综合民主党和共和党的意见，其中包括共和党人在医保峰会上提出的一些建议，如向各州提供资金，帮助他们改革医疗事故处理体系；采取措施防止医疗体系内的浪费、欺诈和渎职行为等。奥巴马甚至暗示，民主党可能动用参议院传统上只适用于联邦预算法案的“和解程序”，谋求以1/2的简单多数强行闯关。共和党对此大为不满。两党争斗至此进入最后的白热化阶段，奥巴马是否能成功“闯关”，我们拭目以待。

二、奥巴马医改缘何举步维艰

（一）来自价值观念的碰撞：医疗是一项权利还是商品

“全民医保”是奥巴马医改的一个主推点，奥巴马主张，要为4000多万没有医保的美国公民提供基本医疗保险。然而，是否所有美国人民都这么期待？

哈佛大学经济系教授马丁·费尔德斯坦（Martin Feldstein）指责奥巴马为了15%的人的利益，牺牲85%的人的利益，认为奥巴马在追求医疗方面的平均主义。参与抗议集会的民众普遍认为，既然美国宪法没有赋予联邦政府确保人人享有医疗保健的权利，联邦政府就不应行使宪法授权范围以外的职能去推动类似的医疗保健计划。这代表了美国典型的白人主流保守价值观，认为个人只有对社会做出贡献才能获得相应回报，那些付不起医疗保险的人，那是他们的问题，政府不应提供帮助。这就涉及到美国长久以来的一个争论：“医疗是一项权利还是商品？”自由派的民主党人大多认为，医疗是人的一项权利，人不能获得免费的医疗，就相当于没有言论自由或投票选举的权利。而保守派的共和党人则相信医疗不是人的权利，而是人从社会获得的商品或恩惠。自由竞争和商品经济在美国人意识形态中根深蒂固，持有与保守派共和党人类似观点的人不在少数，因而由富人做出牺牲而取得“全民医保”的奥巴马医改方案便显得没那么有吸引力了。

（二）来自社会制度的抵触：民众警惕政府触角的扩张

奥巴马医改方案提出，建立一个国营医保机构，主要面向既不属于 Medicare（医疗照顾计划，主要面向老年人）和 Medicaid（医疗救助计划，主要面向贫困人群）等政府医保计划覆盖范围，也没有雇主愿意为其购买商业医疗保险的人群。这是奥巴马医改方案中的核心内容之一。然而，此项内容自提出开始就成为社会各界争论的焦点，也成为医改方案在参众两院表决通过的主要障碍。众议院通过的法案中尚有此项内容，而在参议院通过的法案和奥巴马新方案中已不见踪影。

这是与美国现有社会制度下主流意识形态抵触的结果。与欧洲等福利国家不同，美国民众崇尚“小政府、大市场”，政府任何增加公共开支的行为，都会引起他们的警惕。政府权力过大将产生官僚主义，导致效率低下和腐败，是美国民众普遍的观念。部分美国民众认为奥巴马建立国营医保机构无异于政府接管医疗体系，将导致政府过度干预人民生活，甚至让美国从此走上“高税收、高福利”的路子，使美国降低竞争力。1993 年克林顿上台，计划为当时 3700 万没有任何医疗保险的人提供政府医疗保险时，美国医生协会就大肆鼓吹这是“计划经济”、“社会主义”，导致克林顿计划最终不了了之。

（三）来自资金筹集的压力：开源和节流是“纸上谈兵”吗

参众两院两个版本都主张通过开源和节流两个渠道为医改筹集资金。按照众议院方案，需在未来 10 年内花费 10520 亿美元；参议院方案相对保守，需花费 8710 亿美元。而在奥巴马提出的新方案中，这个数字又修正为 9500 亿美元。尽管在我们看来这些已经是天文数字，然而仍有媒体尖锐地评论，这是“纸上谈兵”，过于理想化，实际需付出的成本还将多得多。

开源主要通过向富人或医疗、医保公司征税。而马丁·费尔德斯坦教授却提出，经验证明，把最高收入人群 35% 的边际税率提高到 45%，只会打击他们工作的积极性，减少他们的收入，反而减少税收，增加财政赤字。同时也有研究指出，高收入人群通常会采取将收入转移到海外等避税措施，一般通过提高税率增加的税收只能达到预期的一半左右。参议院主张的通过提高大额保单税率和医疗、医保企业税收增收也不一定行得通，医疗行业严重的信息不对称以及保险公司的寡头垄断性质，很有可能使得医保公司将新增税负转嫁到投保者身上。

节流主要通过控制降低医疗费用和提高医疗服务质量方面的措施来削减政府在 Medicare 和 Medicaid 等方面的开支。一些学者提出质疑，20 世纪 70 年代尼克松医疗改革的主要目标已经确立为控制和降低医疗费用，而从那时至今美国医疗费用仍然大幅上涨。此次控制和降低医疗费用是否能达到预期效果不容乐观，营利性医疗机构和保险公司的趋利本性，以及医疗服务供需双方信息的不对称性，决定了不能对费用控制的效果抱太大期望。此外，削减政府在 Medicare 中的投入引起了一些老年人的反对。他们担心政府投入的减少将会影响他们既有的保障水平，限制他们选择医院和医生的自由，降低医疗服务的质量。在参议院辩论程序中，该条款遭到了共和党人的一致反对，也遇到了部分民主党人的强烈抵触。

（四）来自私人医保公司的阻挠：发誓将斗争进行到底

奥巴马认为，美国家庭支付飙升保费的同时医药和保险业却收益颇丰，这些公司通过当前不合理的经营得到他们大部分的收益，这是改革的最大障碍。因此提出建立全国医保转换计划并实施一系列促进竞争的措施。

据统计，2007 年美国保险业从业人员有 230 万人，平均年收入超过 6 万美元，高于其他行业从业人员的平均收入。由于缺乏有效的竞争机制和透明度，保险公司可以商业理由不受任何约束地拒保或涨价。奥巴马医改政策势必会使私人医保公司失去联邦政府医保项目这块“肥肉”和更多客户，利润大幅缩水。为维护其既得利益，私人医保公司凭借其雄厚资金，雇佣庞大的游说团体，对政府施政和国会立法施加影响。据统计，2009 年保险业花费在游说方面的金额高达 2800 万美元。紧跟奥巴马医改方案的公布，2009 年 7 月下旬，医保行业就推出了其第一个广告，在全国有线电视上播出，针对奥巴马医改政策展开还击。美国保险公司的两大巨头美国医保计划和蓝十字蓝盾协会联名致函美国国会，明确反对奥巴马医改计划，发誓将斗争进行到底。

（五）来自私立医疗机构的反对：医改是要给我们戴上“紧箍咒”

奥巴马提出要改变医保付费方式，将医保付费与医疗服务的质量而非数量挂钩，削减 Medicare 向重复住院率高的医院的支出，要求所有医院和医生公开医疗成本、质量等信息，便于患者和社会监督。这无疑是给医疗机构和医生们戴上了“紧箍咒”。

美国医疗机构的 70% 是私立医疗机构，是为美国民众提供医疗服务的主要来源，医院与医保公司素来关系密切。长期以来，医疗机构借由医疗服务供需双方信息的严重不对称牟取了暴利，医生大量使用先进仪器，小病大治，重复诊断，滥开贵重药物等。有些医院为争取获得政府更多的支持，有意提高政府医保计划规定的医疗项目价格。奥巴马医改政策正是要遏制这些现象，控制和降低医疗费用，这将会使医疗机构和医生的收入空间大幅压缩。感到自身利益岌岌可危的美国医生协会，游说了一批国会议员，反对医改计划。但与奥巴马医改方案直接损害医保行业利益而产生“不可调和”的矛盾不同，奥巴马与医疗机构的谈判显得“有商有量”。有媒体报道，奥巴马最终通过一系列利益交换取得了医疗机构及医生的支持，代价是政策上的步步退让，医改方案已“面目全非”。

（六）来自药商的观望：“墙头草，两面倒”

奥巴马提出要让国民买得起药，计划解除进口限制，从其他发达国家进口便宜的药物。同时采取措施防止制药商利用其市场地位抬高药价，增加政府医保计划如 Medicare 和 Medicaid 等使用普通药物的比例。此外，还解除了禁止 Medicare 与药商进行谈判的禁令。

奥巴马的计划让制药商又“爱”又“恨”。一方面，奥巴马提出扩大医保覆盖面的主张，将大幅扩大药品市场容量，造福制药商。因而，美国著名的制药商行业协会（DHRMA）带头响应参议院财政委员会的建议，与白宫和该委员会达成协议，承诺将出资 1.5 亿美元支持奥巴马医改方案，还保证在 10 年内帮助政府消化 800 亿美元的医改费用支出。另一方面，对上述医改政策中对药商的种种限制措施又表示强烈不满，不断游说国会温和派，竭力阻止这些政策的出台。

（七）来自共和党的阴谋：奥巴马“成也医改，败也医改”

奥巴马的医改政策是其竞选的重要纲领，也成为其最终竞选成功的重要筹码。从奥巴马当选以来，其民调的支持力度很大程度上依赖于其医改推动进程。

一方面，是由于共和党和民主党在意识形态和医改理念上的不同；另一方面，也是出于其政治立场，共和党借此机会大肆攻击奥巴马政府，称之“阴谋扩大政府权力”，“将破坏美国的价值观和生活方式”，是一场“冒险”等。在华盛顿的万人抗议集会中，国会中的多位共和党资深议员参加了这一大规模的游行，并先后在抗议集会上登台讲话，抨击奥巴马政府的一系列政策。在 2009 年 12 月 24 日的参议院投票表决上，60 票全部来自于民主党和无党派人士，共和党未投一票。2010 年 1 月 19 日共和党赢得麻省补选后，更是大肆曝光民主党为赢得这 60 票而进行的“肮脏交易”。医改立法时限的一次次推后，直至现在也未能出台，与共和党的各种公开和暗箱操作都密不开分，甚至有人公开宣称誓要奥巴马“成也医改，败也医改”。

三、奥巴马医改对财政经济的影响

奥巴马推动医改的出发点之一就是要缓解美国难以为继的财政状况，为此我们就奥巴马医改对未来财政经济的影响做了简要分析。根据美国国会预算办公室发布的评估报告，如果综合各方面的影响，并假设医改法案能够得到认真执行并取得预期效果，在未来 10 年内众院方案将减少财政赤字 1380 亿美元，参院方案将减少财政赤字 1320 亿美元。奥巴马也称其 2010 年 2 月 22 日公布的新方案能在未来 10 年内减少财政赤字 1000 亿美元。鉴于参院方案较为保守，奥巴马新方案倾向于在参院方案的基础上弥合与众院方案以及共和党意见的分歧，我们的分析以参院方案为蓝本。

（一）对财政支出的影响

参院方案主要有两个增支因素：一是建立主要由私营医保机构提供保险的医保交易市场，联邦财政对在医保交易市场中购买医疗保险的中低收入人群给予补贴，以及通过再保险等方式进行风险控制，预计在未来10年需增支4560亿美元。二是扩大联邦Medicaid和CHIP（儿童医保计划）的覆盖面，预计需增支3950亿美元。

同时，该方案提出成立独立的Medicare付费咨询委员会，削减联邦政府在Medicare和Medicaid上的支出：一是严格控制杂项费用支出，降低Medicare用于除直接医疗服务以外的杂项上的年支付增长率，预计在未来10年可节支1860亿美元。二是通过改革付费方式缩减在Medicare中较为奢侈的项目——优先计划（Medicare Advantage，由私营医保机构提供，保障水平高于传统Medicare）上的支出，预计可节支1180亿美元。三是伴随着医保覆盖面的扩大，Medicare和Medicaid对超份额支付医院（Disproportionate Share Hospital，按照美国法律，医院不能拒绝无支付能力的急重病患者就诊，若一个医院接纳了一定数量以上的无支付能力患者就诊，则可成为超份额支付医院）的支付额可相应降低，预计可节支430亿美元。另由于其他因素还可节支1380亿美元。

综合以上增支和节支因素，预计参院方案在未来10年共增支3660亿美元。

（二）对财政收入的影响

参院方案可从六个方面增加财政收入：一是对年缴费水平高于一定额度的大额保单征税，预计可增收1490亿美元。二是建立医保交易市场后，预计更多的人会选择购买政府补贴的医疗保险，雇主因此用于医保的费用减少，这样要么雇主会相应增加雇员其他方面的工资，要么会增加企业利润，都会带来税收增加，预计可增收610亿美元。三是通过医保交易市场中的再保险等风险控制机制可减少损失1210亿美元。四是该法案规定，如果超过50人的企业因未提供商业保险而使其员工通过医保交易市场购买政府补贴的医保，企业将被罚款；符合一定条件的个人（主要根据收入水平衡量）也必须购买医保，拒绝参保个人也将被罚款。预计可增收430亿美元。五是增加对医保公司、品牌药品和医疗器械生产和进口商的收费，预计可增收1010亿美元。六是增加对医院的再保险征税，预计可增收870亿美元。另外，由于其他因素还可增收760亿美元。

该方案还有两个减收因素：一是医保交易市场的保费欠缴，预计在未来10年减收1020亿美元。二是对小企业参加医保减税，预计减收380亿美元。

综合以上增收和减收因素，预计参院方案在未来10年共增收4980亿美元。

（三）综合分析

鉴于法案中涉及联邦政府支出的大部分措施要到2014年才能全面实施，由法案带来的大部分收入和支出都将发生在2014年以后。方案对2010—2014年财政状况的影响是，减支350亿美元，增收760亿美元，收支相抵共将减少赤字1110亿美元。减支主要体现在削减Medicare、Medicaid、CHIP等计划的支出，增收主要体现在增加对医保、医疗行业的收费。由此可以看出，10年共减少赤字1320亿美元的计划，主要将集中于前5年，体现了奥巴马急于摆脱财政赤字危机的意图。后5年，医改对财政收支的总影响大体平衡。

然而共和党提出，当前美国经济恢复基础尚不稳固，主要收入来源尚未回暖，而经济危机带来的失业和低收入人群增加，以及婴儿潮即将进入退休年龄等因素，加大了美政府中长期增加社保、医疗等法定支出的压力。医改法案提出的增收和节支措施实际能否取得预期效果存在很大疑问。

根据世界银行中国执行董事办公室的分析，若美国医改法案在未来能够得到认真落实，从理论上来说可取得以下积极效果：其一，降低医疗费用的增长率将促进美国经济的长期增长。据美国总统经济顾问罗默预测，如果能够把医疗费用增长率降低1.5个百分点，将在未来30年对美国实际GDP增长有10%以上的贡献。其二，扩大医保覆盖面将提高美国劳动力市场效率，推动经济增长。一方面，政府通过医保交易市场为全民提供医保，解除了雇员的后顾之忧；另一方面，小企业在医保谈判中的不利地位得到改善，使得其可以在节省成本的同时吸引更优秀的人才，有利于小企业的发展和劳动力市场的繁荣。然而由于美国乃至世界经济的变化因素太多，医改能取得的实际效果还有待实践验证。

四、奥巴马医改对中国的启示

（一）有效提升执行能力

美国三权分立的政治制度和联邦制决定了联邦政府既难以统驭各大利益集团，也难以统筹联邦与各州之间的关系。各利益集团之间相互掣肘，极大地削弱了政策出台效率和执行力，医改方案出台时限一推再推。在这方面，中国具有很大的优势，党和政府能够动员和凝聚各方力量，集中力量办大事，减少了决策成本，也确保了改革方案基本方向和原则的统一。但这并不意味着中国医改没有阻力。但凡改革，必然会涉及既得利益格局的调整，阻力不可避免。部分地方实施国家基本药物制度、推进公立医院改革试点进展缓慢也部分基于这一原因。这就要求我们在推进改革时，要充分考虑各方利益诉求，最大限度调动各方积极性，形成改革合力，共同推进改革进程。

（二）全面评估收支影响

美国参议院拿出改革方案后，国会预算办公室迅速就方案对未来财政收支影响进行了细致而全面的分析。不仅测算了新增投入数，而且从医改对经济社会影响的各个方面出发全面分析了未来10年内医改对财政收支的影响。这得益于美国长久以来形成的发达的数据信息系统以及高水平的预测能力。为测算中国医改资金需求数，我们也做了大量细致深入的工作，提出2009—2011年新增投入8500亿元支持五项重点改革。然而与美国医改方案已经较为具体明细不同，由于我国地区间差异较大，我国医改方案更侧重于做出原则性规定，给地方留出操作空间，允许地方根据各地实际进一步细化实施方案，因此我们还未能做出更加全面深入的分析预测，如居民医保水平提高后，将有效解除居民后顾之忧从而促进消费，并带来税收的增加；促进基本公共卫生服务逐步均等化，加强疾病预防控制，将使群众少得病，从而减少财政支出；实行国家基本药物制度，一方面，药品流通企业发展受限减少税收；另一方面，基本药物市场扩容增加税收；大力支持基层医疗卫生机构建设，将有效带动建材、建筑等行业发展，对促进就业也有积极作用，从而增加了税收等。因此，从综合以及长远来看，医改对财政收支的影响并非仅仅增支8500亿元。

（三）充分发挥医保作用

尽管受到了这样或那样的质疑与非议，具体实施方式也由建立国营医保机构退让为建立一个主要由私营医保机构提供保险的医保交易市场，奥巴马始终未放弃其全民医保的主张。同时，他还提议成立独立的Medicare付费咨询委员会，改革付费机制，寻求控制医疗费用增长的方式。我国医改方案的一大亮点也是要实现全民医保，提出“将基本医疗卫生制度作为公共产品向全民提供”。但是，我国医保经办机构的角色还较为简单，大多还只承担“结算”一职，未能完全发挥作为参保者利益代表的作用。作为参保者利益代表，应争取在同样缴费水平上使得患者能够享受更好的医疗服务并承担更少的自负费用。从这个角度上来讲，改革医保付费机制、促进医疗机构提高效率，是医保经办机构应有之义务。此外，在基层医疗卫生机构实施基本药物制度，推进体制机制综合改革的过程中，医保基金也应充分发挥其作用，对基层医疗卫生机构取消药品加成减少的收入给予合理补偿，以推动基本药物制度加快实施。

（四）大力加强信息建设

医疗服务市场上的严重信息不对称，是造成医疗费用过度上涨的重要原因之一。因此，奥巴马十分重视政府作为医疗信息提供者的作用，推广标准化的电子医疗信息系统，促进信息公开透明，减少信息不对称。奥巴马要求所有医院和医生公开医疗成本、质量等信息，所有医保机构都要公开保费用于患者报销和管理费用的比例，便于患者和社会监督。我国目前医疗信息网络建设还很不健全，医疗服务提供方为维持自己在信息上的优势地位不愿公开信息，医保网络也支离破碎，医疗服务市场上信息不对称严重。因而，我们应学习借鉴奥巴马在重视政府作为医疗信息提供者方面的经验，加强我国信息网络建设，为控制医疗费用增长提供有力工具。

附：奥巴马医改时间表

2009年1月14日，在奥巴马的推动下，美国国会以289票对139票的绝对优势通过了扩大SCHIP计划的法案，这一举措将使美国400多万没有参保的儿童受益。

2月13日，美国国会通过7870亿元的经济刺激计划，其中590亿美元用于医疗改革。

2月26日，奥巴马公布其3.55万亿美元的2010年财年（2009年10月—2010年9月）预算案建议，同时提出通过向高收入者增税和消减政府未来10年在Medicare和Medicaid上的支出，为医改筹资6340亿美元。

3月5日，奥巴马在白宫主持了由政府官员、专家学者、医疗保险机构、医疗服务机构、医生、平民等各个利益群体参与的医疗改革论坛，商讨医改计划。

4月8日，白宫医疗改革办公室正式成立，主导奥巴马医疗改革，协调各部门运作。

4月29日，美国国会最终通过3.4万亿美元的修改后的2010年预算框架。

5月11日，奥巴马宣布，美国6大医疗卫生专业团体（分别代表美国医生协会、医院协会、保险公司、美国研发型制药企业协会、医疗器械行业和服务雇员国际工会）已经签署并向政府递交了一封承诺信，承诺将尽最大努力抑制日益增长的医疗费用。

6月9日，美国民主党参议员公布了一项医改计划，获得奥巴马支持。次日开始，奥巴马启动类似竞选总统的“拉票”活动，在50个州大张旗鼓地宣传，掀起一场全国性的医改大讨论。

6月15日，奥巴马宣布为推动医改新增投资3130亿美元，资金主要来自于削减现行Medicare和Medicaid的医疗开支。

6月17日，美国国会参、众两院陆续开始讨论医改计划，奥巴马敦促国会在8月底前通过一个医改综合方案。

7月31日，美国国会众议院能源和商务委员会以31票赞成28票反对的表决结果通过医改计划，从而完成了在众议院的表决程序。

8月8日，白宫宣布，美国政府和美国各医院的代表就医改达成重要协议。根据协议，美国各医院将在未来10年内放弃总额为1550亿美元的政府补贴，以充抵即将推行的医改计划的部分开支。

（2010年）

巴西、阿根廷卫生医疗体制考察报告

一、基本情况

（一）巴西

1. 医疗卫生体制。巴西1988年颁布的新宪法规定，健康是所有公民的权利和国家的责任，并决定建立“统一医疗体系”，以改变医疗卫生领域的不平等状况。在该体系下，每一个巴西公民甚至在巴西境内的外国公民，不论种族、地区、宗教信仰和社会经济状况，人人都有权并平等地获得政府举办的公立医疗机构的免费治疗。

巴西医疗卫生服务网络由两大子系统构成：一是“统一医疗体系”政府举办的医疗机构，包括社区卫生机构、小医院、大型医院，以及承担公共卫生的实验室、制药厂、血库、医疗科研机构。这一体系大约覆盖了75%的居民。二是私立医院、诊所等补充卫生保健系统。这两大体系中各个医疗卫生机构各自发挥着不同的作用。

——社区卫生机构是“统一医疗体系”的基础。巴西实行社区医院首诊制，病人必须先到所属地的社区医院初诊，如有必要，可逐级向上转诊。社区卫生服务机构的主要职责和功能包括：一是门诊、急诊和首诊服务，承担常见病、多发病的治疗任务。对老年人慢性疾病进行随访治疗和分发药品。二是转诊服务和临床观察。对于病情较重的病人，及时报告给市转诊中心，由转诊中心安排上级医院就诊。三是公共卫生和预防保健服务，打接种和预防针，对一些重大传染病（如艾滋病、结核病等）进行随访治疗等。四是孕产妇和儿童保健服务。五是开展健康教育、疾病康复等。

——公立医院是“统一医疗体系”的支柱。公立医院主要职责和功能：一是接受社区或下级医院转诊病人，进行急诊急救服务以及进行脏器移植、肿瘤、心脏病、出生缺陷等大手术。二是承担国家医学科研任务。公立大医院拥有大型医疗设备和设施等优势，承担着国家医学研究和临床实验任务。三是承担教学与进修任务。巴西政府规定医学院学生毕业后，先到公立医院实习，做住院医生。

——私立医院、诊所是公立医疗卫生体系的有效补充。巴西居民一般通过购买商业医疗保险获得私立医院、诊所的服务。巴西商业医疗保险制度大约覆盖25%—30%的巴西公民。据私立医疗保险公司协会统计，大约有4500万—5000万人购买了各种形式的私人健康保险。投保人多数是工业和服务业的雇员，由所在公司集体办理商业医疗保险。有些家庭或个人也直接与保险公司签约获得私立医疗服务或同时享有双重保险。保险公司按照投保人的投保额与私立医院签订合同，确定投保人的服务项目和费用。考虑的因素包括：（1）保险公司与医院签订合同的人数越多，单位价格越便宜。（2）不同年龄、性别的投保人价格不一，老年人和妇女的合同价格要高一些。（3）不同治疗手段、方法和服务内容价格不同，比如单项手术和病种费用，都要与保险公司具体协商。

2. 加强妇幼保健方面的措施。巴西十分重视疾病预防和妇幼保健。一是加强妇女儿童的疾病预防控制。为降低发病率、提高人口的健康素质，社区卫生服务站配备专职人员，按照巴西卫生部规定，对0—10岁儿童、11—19岁青少年、20岁以上成年人和60岁以上老年人进行接种和打预防针，预防和控制传染病，对一些重大传染病（如艾滋病、结核病等）进行随访治疗等。二是积极开展孕产妇和儿童保健服务，如孕产妇登记、产前检查、分娩和新生儿护理、产后访视等。三是积极倡导妇幼健康计划。如加大宣传，积极推行母乳计划、母乳银行，倡导自然生育等。上述措施的实施，巴西妇幼健康取得了良好成绩，婴儿（1岁以下）死亡率由1990年的48‰下降到2006年的19‰（我国由1990年的37‰下降到2006年的20‰），5岁以下儿童死亡率由1990年的57‰下降到2006年的20‰（我国由1990年的46‰下降到2006年的24‰），1985—2001年孕产妇死亡率为160/10万人（我国为55/10万人），2005年下降到110/10万人（我国为45/10万人）。

3. 卫生筹资及管理政策。根据联邦宪法，联邦政府一般不直接提供卫生服务，负责制定全国卫生规划，承担初级卫生保健服务等“全国性公共产品”的主要责任，并通过转移支付支持各州卫生事业发展或一些项目的实施。州政府负责举办少量医疗卫生机构，同样要通过转移支付支持市政府提供医疗保健服务。多数公立医疗卫生机构由市政府负责举办。

巴西实行以一般税收为基础的卫生筹资机制，筹资来源包括企业所得税、消费税、营业税以及部分人群交纳的社会保险税等。根据法律，联邦政府要按GDP的1%—2%安排医疗卫生费用，卫生预算增长速度不得低于GDP的增长速度；州和市级政府卫生支出占财政支出的比重分别不低于12%、15%。

联邦政府主要通过三种方式向州和市进行转移支付：一种是按照一定标准，定期通过国家健康基金向州和市健康基金拨款。第二种是直接付款给卫生服务的提供者，包括公立医疗卫生机构和签订特殊合同的私立机构。第三种是就某些特殊项目与州、市属机构或私立医疗机构等订立特别合同，按合同支付款项。

总体来看，巴西联邦政府卫生支出占全国政府卫生支出的一半以上，市级卫生支出比重高于州级卫生支出。但是，因地区间经济发展水平的巨大差异，有很多州、市的政府卫生支出没有达到法定比例。

巴西对公立医疗机构实行国家预算管理体制。各个公立医疗卫生机构并不具备独立法人地位，也不是一个独立核算单位，所有费用由政府安排预算。其医、技、护人员均是政府卫生部门的雇员，工资福利等由政府卫生部门负责，与提供的服务量没有直接关系。公立医疗卫生机构的日常运营维护及药品、耗材等经费，由政府根据医院提供的服务人口、服务量等因素，按照类似于按病种付费的方式核定，并按期拨付。公立医疗卫生机构的药品耗材等由卫生部门组织集中招标采购，根据需要分别配送各公立医疗卫生机构。政府安排的各项卫生支出，要按照严格的预算编制审核、执行监督程序，对社会公开，向议会报告，接受社会公众监督。政府安排的专项卫生支出，在立项初期要进行评估，执行期间和执行期末要进行绩效考评。

（二）阿根廷

1. 医疗卫生体制。阿根廷有23个省和一个联邦直辖市，85%的人口居住在城市，其中超过1/3的人口（1400万人）居住首都布宜诺斯艾利斯地区，医疗机构也相对集中在该地区。阿根廷医疗卫生体制由三个部分组成：

一是公立医疗服务系统。与巴西一样，公立医疗服务体系由各级政府举办，覆盖了阿根廷大部分人口，主要是低收入人群。居民到公立医疗服务系统，可享受就诊、检查、化验等免费服务，个别地区门诊需要收取5比索挂号费，但贫困人群可以不交。阿根廷药品主要采取市场化提供方式，医院负责开处方，患者凭处方自由选择到药店购买，政府原则上不提供药品。但住院治疗过程中，医院可提供一些用于急诊或急救的免费药品和材料。此外，阿根廷还建立了社会救助机制。为了向弱势人群提供医疗援助，政府在全国各地设立了“药品银行”。病人只要出具医疗机构的处方和税务部门的低收入证明，就可以从当地的“药品银行”获得免费药品，从而保证了穷人的基本用药。阿根廷每年用于“药品银行”的支出约为1.1亿美元，全国平均每年有3.5万人从中受益。

二是工会医疗服务系统。1970年阿根廷议会通过的法律规定，所有参加工作的人必须向本行业的社会保险组织缴纳工资税，企业和行政机构也要为每个人缴纳相应的工资税。由于历史的原因，行业工会有相当大的权力，为了维护职工的利益，行业工会通常举办医院，为会员提供医疗服务，工会系统医院约占30%、覆盖了1200万人口。在职职工将收入的17%左右，向行业工会缴纳失业、养老和医疗保险，工会系统医院向在职职工及其家属提供医疗服务。到工会医院看病，门诊药费自己出一半，住院时医药费全免。该社会保险组织具有强制性，按照行业和部门设置并实行单独管理，仅为其参保人员及其家庭成员提供医疗保健服务。

三是私立医疗服务系统。私立医院目标客户是高收入群体，覆盖了阿根廷15%的人口，约540万人。阿根廷私人医疗系统主要是通过私人保险公司和私立医院之间的合同实现。由于私立医疗机构就医环境、医疗服务都比较好，一般收入水平较高的人都会选择私立医疗机构。

阿根廷公立医疗系统、工会医疗系统和私人医疗系统相互独立。在急诊或急救情况下，一般首先往公立医疗系统送，然后再根据实际情况转到其他医院。

2. 加强妇幼保健的政策措施。阿根廷政府十分重视妇幼保健工作，不断加大妇幼保健的投入力度，支持国家母婴计划、牛奶、特殊药品供给计划和生育健康指导计划等一系列保障儿童健康的政策措施的实施，不断提高妇幼保健水平。一是实施妇幼保健项目。阿根廷卫生部 2008 年安排妇幼保健的支出从 2006 年的 1.64 亿比索增加到 3.51 亿比索，增长了 1 倍多。2008 年，通过妇幼保健项目的实施，免费向妇女儿童提供牛奶 10670 吨，提供会诊及药品 169 万次，先天性疾病预防 148 万人次，完成先天性心脏病就诊经济援助 696 人，母婴基本保险的经济援助使 93 万人受益。据经济部预算局介绍，2009 年在妇幼保健的投入将增加到 5.03 亿比索，约占卫生部 2009 年预算的 17.13%。二是重视艾滋病和其他性病的防治。阿根廷卫生部 2008 年安排艾滋病和其他性别防治项目的支出从 2006 年的 1.23 亿比索增加到 1.55 亿比索，增长了 26%。通过该项目，共有 2.7 万医疗人员参与过医疗救助，完成病毒研究化验 5 万次，完成血清鉴定 336 万次，发放避孕套 2618 万个，发放艾滋病宣传材料 450 万份。据阿根廷经济部预算局介绍，2009 年在艾滋病和其他性病的防治投入将进一步加大，达到 2.45 亿比索，约占卫生部 2009 年预算的 8.33%。

上述政策的实施，使阿根廷在妇幼保健方面取得了巨大成就。据统计，婴儿（1 岁以下）死亡率由 1990 年的 24‰下降到 2006 年的 14‰，5 岁以下儿童死亡率由 1990 年的 28‰下降到 2006 年的 17‰。但是，阿根廷孕产妇死亡率有所上升，1985—2001 年孕产妇死亡率为 41/10 万人，2005 年上升到 77/10 万人。

3. 卫生筹资及管理政策。从卫生总费用分析看，2004 年，阿根廷卫生总费用占 GDP 的 9.6%，人均卫生总费用 1274 美元。政府医疗卫生支出占卫生总费用的比例为 45.3%、社会保险和私人医疗卫生费用占卫生总费用的比例为 54.7%。

从政府卫生支出占 GDP 的比重看，阿根廷政府卫生支出占 GDP 的比重近年来变化不大，基本上在 4.5% 上下波动，2000—2006 年政府卫生支出占 GDP 的比重分别为 4.96%、5.11%、4.47%、4.34%、4.5%、4.58%。

阿根廷的财政体制分为中央政府、省政府和市政府三级财政。各级财政相对独立，都有各自的财政收入来源和支出项目。中央、省和市级政府均举办卫生医疗机构。中央和省级政府除了为自身举办的公立医疗卫生机构提供经费保障外，还通过转移支付制度支持市级医疗卫生机构。2006 年，阿根廷中央财政卫生支出约占整个政府卫生支出的 50%，布宜诺斯艾利斯自治市和省政府的卫生支出约占整个政府卫生支出的 45%，其他市政府约占 5%。卫生支出责任主要集中在中央和省级政府。

与巴西一样，阿根廷公立医疗卫生机构一般不具备独立法人地位，是卫生行政体系的组成部门。公立医疗机构的人员经费及运行维护经费等均由政府拨付，与所提供的服务没有直接关系。

二、两国医疗卫生体制及筹资政策的特点

（一）确保人人享有最基本医疗，政府在卫生投入上发挥了主导作用

“免费、平等、普遍享有”是巴西、阿根廷医疗卫生体制的一大特点。两国均从法律层面规定了公民享有医疗服务的基本权利，任何人（包括在本国居住的外国人），无论贫富与否，都可在公立医疗机构获得免费的医疗和保健服务。为实现以上目标，巴西、阿根廷两国政府在筹资、规划、监管等方面均发挥了积极的作用。特别是在筹资方面，两国政府卫生投入都超过财政支出的10%以上，政府卫生投入发挥了不可替代的主导作用。而政府举办的公立医疗机构社会公益性目标明确，为所有病人提供了就医看病渠道，保证了所有人特别是社会弱势群体能够平等地享受到最基本的医疗保健服务。

（二）各级各类卫生医疗机构有效分工协作，疾病预防和医疗救治有效结合

巴西、阿根廷的公立医疗卫生服务体系实行社区医疗卫生机构首诊制及社区机构与大医院的双向转诊制。三级卫生服务机构功能分工明确，社区医疗机构主要承担小病、慢性病的门诊治疗和初级卫生保健服务。专科和普通综合医院则是医疗服务体系的枢纽，主要解决大多数患者的常见病、多发病的住院诊治问题。大型综合医院主要从事疑难杂症诊治、医学科研和教学。在各级医疗卫生机构，特别是基层卫生机构，疾病预防控制、医疗救治较好地实现了结合和统一。近年来，巴西和阿根廷政府高度重视妇幼保健工作，充分利用各类卫生医疗机构及其他社会力量，广泛开展母乳喂养、儿童成长监控、艾滋病防治等专项妇幼保健项目，妇幼健康指标取得了较大的进步。据了解，两国均在今后几年的卫生发展规划中单独就妇幼保健制定了详细的工作规划，提出了相应的工作目标和实现途径。

（三）卫生筹资多元化，积极发展私人医疗服务和医疗保险

巴西除了政府举办的公立医疗机构外，私人医疗服务和商业医疗保险近年来发展迅速。目前，巴西有1325家商业保险公司，商业保险覆盖25%—30%的人口。2004年，商业医疗保险费用占卫生总费用的比例为45.9%，占了半壁江山。阿根廷卫生经费筹资以政府投入为主、社会医疗保险和商业医疗保险为补充。2004年，阿根廷政府卫生支出、社会医疗保险和私人医疗卫生支出占卫生总费用的比重分别为45.3%和54.7%。社会医疗保险覆盖了45%的人口，商业医疗保险覆盖了7%的人口。近年来，随着富裕阶层的扩大，商业医疗保险投保人数逐年增加。

（四）政府积极发挥调控作用，改善卫生资源区域分布的均衡性

1994年开始，巴西在广大农村实施了“家庭健康计划”，向每千户家庭人口

派遣由 1 名医师、1 名护士、1 至 2 名护士助理和 6 名社区管理员组成的医疗队。所需经费联邦政府负担 80%，市政府负担 15%，州政府负担不足 5%。该计划由联邦和州政府统一实施与监管，目前已覆盖 4500 万人口。对改善农村偏远地区卫生资源短缺状况发挥了一定的作用。政府近年来还设立专项经费，为农村卫生保健服务者提供相应的启动资金及生活补助和奖励，鼓励医务人员在农村等偏远地区提供医疗卫生服务。20 世纪 80—90 年代，受金融危机冲击，阿根廷开始在经济和社会领域实施了一系列改革，推动社会领域包括卫生医疗事业的“分散化”是改革的一项重要内容。改革的指导思想就是将过去由中央政府承当的部分卫生医疗事业的发展、筹资、举办和管理责任下放给地方政府。这一改革措施对于推动地方政府更多承担卫生发展责任，更好地适应和满足群众的健康需求发挥了一定的作用。

（五）注重政府卫生投入的监管，提高预算编制、执行的科学性

阿根廷经济部预算局通过完善的信息网络系统，在网络上完成预算编制执行的所有工作，同时对每一笔政府卫生支出进行跟踪监控，一旦发现实际执行数与预算数产生差异则要求有关部门详细分析形成差异的原因，及时调查了解事实真相，并向议会等部门报告，确保预算执行准确无误。阿根廷高度重视预算透明度，每个预算执行单位都要按季度提供预算执行报告，预算局网站每 3 个月发表预算执行评估报告，向国会报告，并向社会公布，接受社会监督。巴西政府对“家庭健康计划”的工作质量规定了严格的监督办法，除内部管理规范的监督执行外，还通过外部监督，如由当地社区代表组成的监督委员会、投诉委员会对计划的事实进行监督，以保障实施目标的实现。此外，阿根廷和巴西均高度重视卫生投入的绩效评价。政府卫生投入绩效评价，具有专门的程序和办法。绩效评价不仅是日常预算监督的重要内容，绩效评价结果也作为次年预算安排的重要依据。

三、存在的主要问题

（一）全民免费医疗制度面临着不少压力，可持续性面临挑战

巴西的全民医疗保障制度始建于 20 世纪 50 年代。60、70 年代，巴西经济平均增长率达 10.1%，曾被誉为“巴西奇迹”。良好的宏观外部经济环境，使得全民医疗保障制度运行良好。但是，80 年代中期，巴西经济陷入严重衰退，国内生产总值下降，经济发展状况难以支撑全民免费医疗服务体系，全民免费医疗制度面临严重的挑战。由于资金压力，巴西对医疗服务提供方的补偿水平较低，不少医院难以为继。因政府预算资金不足，部分公立医院不得不把部分床位和设施出租给私人，甚至关门停止服务。同样，实行免费医疗制度的阿根廷，受经济危机的影响，政府卫生支出在 2000—2003 年呈现负增长，由 2000 年的 140 亿比索下降到 2002 年的 139 亿比索。2003 年以后，随着经济好转，卫生支出才走出

负增长的阴影，从2003年的163亿比索增长到2006年的299亿比索。但根据对首都布宜诺斯艾利斯市一家大型公立医院的考察，因政府投入不足，该医院房屋陈旧、设施老化，一直处于服务利用不足的状态。

（二）公立医疗卫生机构服务质量不高，效率有待提高

在实行免费医疗制度的巴西、阿根廷“看病难”的问题比较突出。公立医院普遍存在门诊看病、取药排长队，住院需要长时间等待问题。到公立医院看病通常要排长队，做B超、CT等检查或预约手术的，有时要等几个星期，做一个大手术甚至要等1年以上。因此，经济条件较好的人通常会选择自掏腰包，购买私人医疗保险，到私立医院或工会医院看病。制度设计理念的公平性并不能直接带来医疗效果的公平，在2000年世界卫生组织的评估中，巴西购买力评价测算的人均卫生总费用排名54名（中国139位），但是卫生系统的总体绩效排在125位（我国144位），健康结果排名112位（低于我国的82位），反应性120位（低于我国的88位），卫生服务筹资公平性为189位，全球倒数第三（我国为188位）。

（三）卫生资源分布不平衡，均衡性需进一步提高

巴西人口主要集中于南部发达地区，地区经济发展水平以及由此带来的地方财力的差异，直接带来不同地区卫生服务水平的差异。不同人群之间巨大的收入分配差距，也直接导致不同人群享受卫生服务的水平存在极大差异。虽然巴西的统一医疗服务体系从制度设计上是覆盖全体国民的，而且也采取了如“家庭健康计划”等均衡卫生服务的措施，但受资金不足的影响，实际上医疗机构主要集中在城市，统一医疗服务体系覆盖范围有限、存在不公平和低质量等问题。一些农村和远离城市的偏远地区没有医疗机构，也缺少医生，医疗服务的可及性较差，偏远地区的平民很难正常享受免费医疗制度的作用。

（四）固化财政卫生支出比重，弱化了财政宏观调控能力

巴西国家《预算指导法》规定：联邦、各州和各市政府财政预算中，卫生经费分别不少于15%、12%、15%，财政支出比例的固化虽然一定程度上保证了卫生的投入，但这严重削弱了财政的宏观调控能力，减少了政府应对社会经济发展变化的政策操作空间，一旦遇到经济缓慢增长或其他突发社会经济问题，政府往往无能为力，面临着法律冲突和现实需求的双重压力。

四、借鉴与启示

借鉴巴西、阿根廷两国医疗卫生体制及财政管理的相关经验，对我国卫生体制的改革和发展，我们有如下建议。

（一）寻求公平和效率的均衡点，发挥政府和市场两个方面的作用

各国的经验表明，政府大包大揽往往伴生卫生服务供给不足和公立医疗机构效率低下，带来“看病难”的问题。而如果完全依赖市场机制，往往会导致医疗费用上涨，带来“看病贵”问题。应该说，巴西、阿根廷的公立医疗机构的效率低下、供给不足，缺乏可持续性，已经成为影响公立卫生保健体系健康发展的重要问题。近年来，两国在扩大卫生服务资源，改善服务提供效率方面采取了一些积极的措施。如两国均通过税费及投资等优惠政策，更多地鼓励私人保险和私人医疗机构的发展。巴西政府还通过购买服务的方式允许私立医疗机构参与提供基本医疗服务，并采取措施更多地允许公立医院从业人员兼职、开设私人诊所，补充公立卫生医疗资源的不足。阿根廷则允许参保人选择不同的医疗保险机构，推动不同机构之间开展适度竞争。

总结世界各国卫生改革的经验教训，我们认为，在卫生保健体系的各个方面，需要政府和市场两方面力量发挥作用。但在卫生保健体系的各个子系统，政府和市场发挥作用的着力点和作用方式应有所区别、有所侧重。在资源配置、卫生筹资、发展规划和服务监管等方面，仅依靠市场力量难免会加剧资源分布不均衡、服务质量难以保证等问题，政府应发挥主导作用，政府应强化对妇幼保健等公共卫生领域及落后地区的资金投入倾斜力度。政府应通过建立社会保险和医疗救助等医疗保障制度，化解群众看病就医的经济风险，缓解“看病贵”问题。而在卫生服务提供方面，则应主要发挥市场机制的作用。一方面，要鼓励现有的公立医疗卫生机构成为独立的主体，通过提供优质高效的服务获得相应的补偿；另一方面，要进一步放宽医疗卫生领域的市场准入，积极鼓励、支持和引导私立医院发展，促进各类医疗机构平等有序竞争。

（二）构建分工协作、有序运作的卫生服务提供体系，大力发展基层社区卫生和农村卫生

两国由于实行免费医疗体系的独特体系，各级各类政府卫生机构均属于政府可以统一调配的资源，各类资源之间阻隔较少，而且政府还采取了津贴等措施，鼓励合格医务人员到艰苦偏远地区服务。因此，基层卫生发展状况良好，双向转诊比较容易实施，这样既方便了群众，又有效利用了各类资源，缓解大医院的压力。当前我国也在大力发展社区卫生和农村卫生，但几年来进展相对较慢。除了政府投入政策、医疗保险报销政策尚不到位、群众转变就医习惯尚需要一个过程外，制约社区卫生和农村卫生发展最大的问题，就是缺乏合格的卫生人才，群众在基层社区和乡镇卫生院看病不放心。从国际经验看，各国对医疗从业人员（特别是医生）均规定了严格的资质要求，如必须接受过一定年限的医学高等教育、在相应级别医疗机构见习一定年限等等。目前，我国每年毕业数十万医学大学生，但只有不到20%毕业后从事医务工作。与此同时，基层和农村缺乏大量

合格医生。借鉴巴西等国经验，在加大对基层社区和农村硬件投入的同时，要进一步提升基层社区和农村机构的“软”实力。要在工资福利等方面，采取相应政策，鼓励广大高等医学院校毕业生到基层社区和广大农村服务。同时，要放开基层社区和农村卫生服务市场，允许合格医务人员到基层和农村开业，扩大合格卫生资源的供给。

（三）建立多元化多层次的卫生筹资体制，实现医保的全面覆盖，同时鼓励社会办医、发展商业保险

两国通过免费医疗实现基本保障、通过商业保险提供补充保障的筹资模式，既保障了所有群众都能享受到最基本的医疗保健服务，又有效保证了有经济承受能力的人享受到更高水平服务。为实现人人享有免费医疗的目标，巴西各级政府不仅对公立医疗机构投入了大量资金，还对承担免费医疗的私立医疗机构实施免税等优惠政策，帮助社会慈善组织或教会举办医疗机维修房屋、装备设备，使其有能力承担免费医疗服务。而阿根廷政府不仅为公立机构提供资金，还安排专项资金对离退休人员社会保险基金给予补助，对参加社会保险的企业和个人也给予一定的税收优惠政策。借鉴两国的经验，我国应积极推进建立由政府投入、社会保险、私人投入等构成的多元化的卫生筹资机制。一方面，要尽快建立覆盖城乡所有居民的基本医保障体系，实现全民医保；另一方面，要大力发展商业医疗保险，鼓励社会力量办医。在确保人人享有最基本医疗保障的同时，满足部分群众更高层次的医疗服务需求。

（四）构建统一高效的卫生医疗管理体系，加强信息化建设，提升管理能力

巴西坚持“综合、统一、高效”的原则，建立了集“医疗、医保和医药三医合一”的大卫生部制的卫生行政管理体制。巴西的统一医疗服务体系，明确了横向集中统一管理和纵向分权管理的体制，将医疗保障制度的建立、医疗服务体系的完善和医药生产提供体系作为一个整体推进，形成改革的合力，确保了卫生改革的顺利进行和改革目标的实现。阿根廷的医疗保险也是统一由卫生部负责管理。我们也可以结合我国国情，积极探索职责统一的卫生管理体系。在2008年的机构改革中，将国家食品药品监督局变成卫生部领导的直属局，朝着大部制的方向迈进了一步。我们建议，下一步可选择在医疗保障领域进行整合，推进城镇职工医疗保险、城镇居民基本医疗保险、新型农村合作医疗、城乡医疗救助等的统一管理，提高政策的连续性和统一性，减少政策协调成本，促进改革效益和目标的实现。同时，建议适当下放中央和省级部分直属医疗机构，一方面，加大地方政府在卫生事业方面的责任，使地方政府根据本地实际情况配置卫生资源；另一方面，可以使中央政府在制定卫生政策、卫生事业发展规划等方面发挥更大的作用。

为提升管理水平，巴西卫生部1999年开始引进信息技术，建立市、州和联

邦三级计算机网络。把患者原来的纸质医疗卡改换成为“全国医疗卡”的磁卡。通过这套系统，卫生主管部门可以准确了解各地和各医院接诊的病人数量，药品的使用和需求，每个医生的业务水平和工作量，以便更合理地分配资金、采购药品和培训医务人员。该系统还便于对各地的资金使用进行审计，及时打击贪污舞弊行为，还可以监控流行病，实现流行病通报自动化，便于确定流行病的发源地，及时采取控制措施。借鉴巴西的经验，应积极支持我国医疗卫生事业信息化建设，提升管理能力，加强内部控制和监督。

（五）建立完善的政府卫生投入机制，中央和省级政府承担更多的卫生投入责任，强化卫生投入资金管理

巴西、阿根廷联邦和州（省）级政府对基层（市）卫生事业的转移支付，是改善地区和城乡卫生资源均衡性的重要保障。我国地域广阔，经济发展水平区域差异大，卫生资源在区域和城乡之间的分布极不均衡。在现行财政体制下，地方政府特别是基层政府，承担了较多的卫生支出责任，但缺乏相应的财力保障。特别是基层和中西部地区的卫生投入水平与东部地区存在较大的差异，进一步加剧了不同地区群众享受卫生服务水平的差异。今后，要逐步建立各级政府事权和财权更加匹配的财政体制，确保地方政府有相应的财力支持卫生事业发展。为推动中西部地区和基层卫生事业均衡发展，保证群众能够享受基本均等的医疗卫生服务，中央财政和省级财政应当承担更多的卫生投入责任，加大对中西部地区和基层的卫生投入。

增强预算透明度是加强预算管理的重要内容，建议学习借鉴阿根廷有关预算执行情况及其评估定期公开等措施，进一步提高预算编制、执行、评估、监督等各环节的透明度，推动“阳光财政”建设。同时，借鉴巴西、阿根廷两国在预算监督和绩效考评方面的成功经验，今后，在不断加大卫生投入的同时，我们要按照科学化、精细化管理的要求，建立科学的预算监督和绩效考评体系，建立绩效考评与预算安排挂钩机制，尽快形成预算编制、执行和监督有机衔接的财政运行体系，提高政府卫生投入效率。

（2009 年）

完善卫生筹资机制与健全医疗保障制度

——发展中国家的经验及对我国的启示

一、发展中国家卫生筹资结构普遍存在政府支出比重偏低而个人支出比重偏高的问题

政府卫生支出包括一般预算安排的支出及社会医疗保障制度的支出。在大多数发展中国家，由于政府财力相对薄弱，加之非正规就业为主的就业结构加大了社会医疗保险制度的组织难度，因此，政府卫生支出在卫生总费用中所占比重普遍较低，个人卫生支出比重较高且个人支出绝大部分是个人自掏腰包支出，商业医疗保险很不发达。比如，越南 2006 年政府卫生支出占卫生总费用的 29%，而个人自掏腰包（out - of - pocket，OOP）的比重为 61%，老挝 2005 年的这两个比重分别是 28% 和 67%，巴基斯坦 2004 年分别为 20% 和 78%。相比之下，主要发达国家（除美国外）政府卫生支出在卫生总费用中的比重一般在 70% 以上甚至达到 90% 左右。个人 OOP 支出占比过高，反映了医疗保障制度无论在广度还是深度方面都还很不够。据介绍，除公务员、军人、警察等群体外，老挝只有 9% 的人口被医疗保障制度覆盖。越南全国还有 50% 的人口没有参加任何医疗保障制度。也有少数发展中国家属于例外，比如泰国个人 OOP 支出占卫生总费用的比例就较低，2005 年为 27.6%，这与下面介绍的泰国近年来推行 30 泰铢计划、实现医疗保障全民覆盖等措施有密切关系。

二、发展中国家在完善卫生筹资机制和健全医疗保障制度方面进行了积极探索，取得了一些成绩

越南 1992 年开始建立医疗保险制度，制度覆盖面不断扩大，1998 年为 12.7%，2004 年达到 27.7%，2007 年进一步提高到 43%。越南还从 2003 年建立了医疗救助制度，帮助困难群体缴费参加医疗保险。医疗救助开始可以采取两种方式：或者是困难群体在公立医院就诊后由医疗救助制度直接对医院给予补偿，或者是资助其参加医疗保险，后来统一为后一种做法。2005 年开始，越南又将 6 岁以下的儿童全部纳入免费医疗的范围。据介绍，越南计划到 2010 年将卫生支出占财政支出的比重提高到 10%。

哥伦比亚从 1993 年开始，通过多渠道筹资建立了单独针对困难群体的医疗保险计划（SR 计划），将缺乏缴费能力的低收入群体纳入医疗保障制度覆盖范围。

对符合条件的社会成员，个人不用缴费，所需资金主要来源于中央政府的补助、地方政府征收的“罪恶税”① 中专项用于卫生的部分、职工医疗保险基金的转移支付及家庭福利基金②的转移支付。2005 年，以上 4 个渠道筹资比例分别为 56%、9%、34% 和 1%。政府卫生支出占 GDP 的比重从 1993 年的 1.4% 提高到 2003 年的 3.1%。卫生支出占财政支出的比重 2003 年达到 21%。到 2006 年，哥伦比亚的 SR 医疗保险计划已经覆盖了 1830 万低收入群体，占全国人口的 40% 左右，被职工医疗保险计划和 SR 医疗保险计划覆盖的总人数已经达到全国人口的近 80%。

韩国则通过建立医疗保险制度、对农民和个体从业人员参保给予补贴以及对难以参保的困难群体实施医疗救助等方式，在 1989 年建立了覆盖全民的医疗保障制度，个体从业人员的缴费水平不仅取决于其收入水平（占总缴费的 63%），还取决于其财产状况（占总缴费的 37%）。2003 年，韩国将以前的 350 多个地区和行业性的医疗保险协会合并为全国统一的 1 个医疗保险管理机构，大大降低了管理成本。

泰国 2001 年 10 月开始实行 30 泰铢计划，每个泰国居民在看病时只需缴纳 30 泰铢，就可以得到规定目录以内的医疗服务，费用主要由政府财政负担。通过实行 30 泰铢计划，泰国在不到 1 年的时间内将原来没有医疗保障的 1850 万人全部纳入医疗保障制度覆盖范围，实现了“全民医保”，政府通过按人头付费、诊断相关组（DRG）、绩效考核等方式分配计划所需资金。2006 年新的政府上台后，又取消了个人自付的 30 泰铢，实行完全免费③。同时，逐步扩大医疗保障项目，比如 2003 年和 2008 年分别将艾滋病的抗逆转录酶病毒疗法（ARV）和肾移植纳入保障项目。在医疗保障制度不断健全的同时，政府卫生投入力度不断加大，泰国政府卫生支出占卫生总费用的比重从 1994 年的 45% 增加到 2001 年的 56% 和 2005 年的 65%。

斯里兰卡一直实行的是通过一般预算收入为医疗保障制度筹资的做法，没有建立社会医疗保险制度。在政府财力有限，卫生投入难以充分满足社会成员医疗保障需求的情况下，斯里兰卡注意突出卫生投入的重点领域，2005 年，住院等大病支出的 76% 是由政府财政负担的，而门诊和其他非住院支出政府只负担了 23%，大头是由患者承担。此外，通过在乡村和边远地区健全卫生服务体系等措施确保基本医疗卫生服务的可及性和卫生投入的公平性，2004 年，最贫困的 1/5 家庭得到了政府门诊卫生投入的 27% 和住院卫生投入的 18%，而最富有的 1/5 家庭得到了政府门诊卫生投入的 11% 和住院卫生投入的 16%。据统计，斯里兰卡因病致贫的人口只占全国人口的 0.3%。

---

① 主要是对烟草、酒精消费等征收的税收。

② 家庭福利基金是雇主向雇员提供的休养计划。

③ 这一措施的出台，应该是出于当时军事政变后上台的政府获得更多政权合法性的政治需要，不利于医疗保障制度的长期健康发展，会进一步恶化医疗服务资源紧缺的状况，加剧医疗机构和医生的不满。

当然，各国在健全医疗保障制度的过程中，也还存在着一些有待进一步研究解决的问题。比如在泰国，由于实行 30 泰铢计划后医疗服务需求猛增而相应投入不足，一定程度上影响了医疗机构和医务人员的积极性，农村地区公立医院医务人员辞职人数 2003 年是 2001 年的 3 倍。在哥伦比亚，那些既不属于正规就业又不符合政府补助条件的居民中仍然有很多难以被医疗保障制度有效覆盖，这类“两不靠”的人群大约占全国人口的 17%。在没有社会医疗保险制度、医疗保障主要依靠一般预算资金支持的斯里兰卡和马来西亚，政府卫生支出占卫生总费用的比重出现了比较明显的下降，如斯里兰卡从 1980 年的 57% 下降到 2000 年的 50% 和 2005 年的 46%，马来西亚从 2001 年的 56% 下降到 2006 年的 45% 等等。

三、在建立和完善医疗保障制度时，保险筹资模式和税收筹资模式各有利弊，应结合国情进行抉择

有些国家，如韩国、蒙古、越南、菲律宾等，是通过建立医疗保险制度并不断扩大其覆盖面来使更多的社会成员享有基本卫生保健服务的，医疗保障所需资金主要来源于个人和单位为参保而缴纳的专项医疗保险费（税），当然政府也会对困难群体给予缴费补贴，这种以参保缴费为前提享受医疗保障待遇的模式通常称为保险筹资模式。有些国家，如斯里兰卡、马来西亚、泰国以及巴西等，则主要是通过一般财政收入来为医疗保障制度筹资，本国居民都可以享受医疗保障制度规定的待遇，无需以缴纳专项费（税）为前提，这种模式通常称为税收筹资模式。它们分别遵循的是德国传统和英国传统（尽管在具体制度设计和保障水平上仍然存在明显差别）。应该说，两种模式各有利弊，很难笼统地说孰优孰劣，具体的抉择取决于本国国情。

（一）与保险筹资模式相比，税收筹资模式在扩大医疗保障制度覆盖面、实现全民享有基本医疗卫生服务方面有一定优势

泰国在 2001 年开始引入 30 泰铢计划后，很快实现了全民医保。斯里兰卡作为收入水平较低的发展中国家能够实现医疗保障制度的全民覆盖，也是因为采取了税收筹资模式[①]。相比之下，保险筹资模式的组织管理成本和资金筹集成本较高，通过保险筹资实现医疗保障全民覆盖难度更大，特别是发展中国家，由于非正规就业人口比重高、人均收入比较低，这方面问题更加突出。如哥伦比亚经过 13 年的努力仍然有 17% 的社会成员没有被纳入医疗保障制度，蒙古医疗保险制度覆盖面 1998 年为 93%，2006 年却下降为 73%。从这个角度，我们也许能够更好地理解 20 世纪 60 年代以来有挪威、爱尔兰、瑞典、芬兰、丹麦、意大利、葡萄牙、西班牙等一批西欧国家从医疗保险转向税收筹资模式。

① 斯里兰卡曾在 1948 年就采取税收筹资模式还是保险筹资模式问题进行过讨论，最终采用了税收筹资模式。

（二）对发展中国家特别是原本医疗保障覆盖面较低的国家而言，实行税收筹资模式会在短期内对政府财政产生很大的压力，且保障水平不好衔接

政府既然通过一般预算收入来为医疗保障制度筹资，就没有理由厚此薄彼，不可能像医疗保险制度那样仅将一部分社会成员纳入保障范围。医疗保障制度短期内迅速扩面以及随之而来的潜在医疗需求的释放，会对政府财政支出产生巨大压力，对医疗保障覆盖面原本较低的发展中国家而言是难以承受的。而且，在保险筹资模式向税收筹资模式转型时，还需解决与过去的医疗保障制度如何衔接的问题，特别是已经针对不同人群建立了保障水平不同的医疗保障制度的情况下，要转型为税收筹资的医疗保障制度，那么向不同群体提供的保障水平就应该拉齐。但是如果向高端拉齐的话，显然财力上难以承受，如果向低端拉齐的话，则在政治上很难行得通。

（三）与税收筹资相比，医疗保险筹资模式更加稳健

这是因为，医疗保险制度有相对独立的资金来源，医疗保险基金一般独立运作，不容易像税收筹资那样在经济困难时期因预算紧缩而被大幅度削减（虽然也可能因为工资水平下降和失业人数增多而有所减少），也不用与其他政府支出项目在总的预算盘子里进行竞争，因而相对更加稳健。

（四）在经济和财力发展到一定阶段，确有实力向全民提供较高水平的医疗保障后，到底是采用税收筹资还是保险筹资并不一定是卫生体制绩效的决定因素

尽管有的实行税收筹资模式的国家采取了直接补贴“供方”的一体化管理方式，但实际上，无论税收筹资模式还是保险筹资模式，都可以实现购买者和提供者的分离、推行购买服务的模式，都可以设计出各种支付机制和绩效考核办法对医疗机构的行为进行制约，税收筹资模式并不必然等于“养人办事”。瑞典、希腊、意大利等实行税收筹资模式的一些国家近年来都在积极推进购买服务模式。因此，筹资模式的选择，更多的是考虑如何能更有效的筹措到资金，以及不同模式对宏观经济及劳动力市场运行的影响。法国从 1998 年开始扩大医疗保险筹资渠道，将对所有的劳动收入、资本收入、博彩收入按 5.25% 征税，对退休金和其他社会福利津贴按 3.95% 征税的收入纳入医疗保险基金，原因之一就是为了避免因社会保险费（税）率过高产生严重的楔子效应，影响劳动力市场运行和扩大就业。

（五）从国际经验看，两种筹资模式相互转换的例子都是存在的，但从保险筹资模式向税收筹资模式更容易为普通民众接受

比如，上面提到的西欧一些发达国家从保险筹资模式转向了税收筹资模式，而前苏联及东欧一些国家则自 20 世纪 90 年代以来从税收筹资模式转向保险筹资

模式。总的来讲，从保险筹资转向税收筹资，政治上更容易接受。从原来要为医疗保障制度缴纳专门税费到不用缴纳专门税费的做法，显然更受选民的欢迎，反之则难度大多了，尽管最终羊毛都是出在羊身上。像一些前苏联东欧国家从税收筹资模式转向保险筹资的情况，通常都是在政治制度和经济体制剧变的特定历史背景下发生的。

此外，很多国家仍然坚持了医疗保险制度，原因也是多方面的。比如，医疗保险制度运行比较平稳，没有必要进行大的改动；保险筹资模式因为有单独资金渠道而更加稳健；实行税收筹资会对既得利益格局造成冲击，各类医疗保险基金的筹集、经办和管理机构会强烈反对；有的国家如德国、捷克、比利时，鼓励疾病基金之间通过竞争来提高运行效率和服务水平，在税收筹资模式下显然不易做到等等。

四、几点启示

（一）应增加政府投入，进一步优化我国的卫生筹资结构

自改革开放以来，由于国民收入分配格局向个人倾斜以及对公立医疗机构管制的放松等原因，我国个人支出占卫生总费用的比重一直呈上升趋势，从1980年的21%提高到2002年的58%。近年来，由于财政投入的加大及新农合、城乡医疗救助制度的推开，这一趋势得以逆转，个人支出占卫生总费用的比重出现了比较明显的下降，2006年降低到48%。但是，无论与发达国家相比，还是与部分医疗保障制度建设力度较大的发展中国家相比，这一比重仍然有些偏高（哥伦比亚为7%，智利24%，爱沙尼亚21%，泰国27%）。同时，我国卫生支出占政府支出的比重比较低，2007年为4.2%，考虑到社会医疗保险因素后也只有6%多一些，与哥伦比亚20.9%、哥斯达黎加21.3%、泰国11.2%、斯里兰卡8.4%相比存在一定差距。下一步，为促进医疗卫生领域的公平性，实现基本医疗卫生服务的均等化，有必要进一步增加政府卫生投入规模和比重，并加大医疗保障制度建设力度，使个人现金支出在卫生总费用中的比重能够进一步明显降低。

（二）在增加政府卫生投入的同时，也要加强对卫生筹资最优结构的研究

虽然随着经济发展和财力增强，政府卫生支出占卫生总费用的比例、卫生支出占财政支出的比例以及卫生总费用占GDP的比例都应该会继续有所提高，但也不是越高越好，而是应当有一个合理的比例或比例区间，也就是所谓的卫生筹资最优结构。卫生筹资最优结构的确定与经济社会发展水平、各国具体国情、卫生体制的具体设计、乃至社会主流意识形态等很多因素都有密切关系，是一个很复杂的问题。不过，从制定更加科学的卫生发展改革战略和卫生筹资机制出发，我们还是应该对此做更多的深入研究，争取提出未来5—10年调整卫生筹资结构的基本目标。

(三) 至少在近期内，我国应坚持目前保险筹资主导的医疗保障制度模式，不宜进行根本性的调整

近年来，通过不断推进城镇职工基本医疗保险制度、城镇居民基本医疗保险制度、新型农村合作医疗制度和城乡医疗救助制度等的建设，我国已经初步形成了覆盖全民的医疗保障制度框架。下一步，应当继续加大对困难人群参加医疗保险制度的扶持力度，但是至少在各项医疗保障制度提供的保障水平基本拉齐之前，应继续坚持这一保险筹资为主导的制度模式，不宜贸然转向税收筹资模式。而且，即使将来有条件转型为税收筹资模式，也要注意合理设计支付机制，体现购买服务的原则，促进医疗服务市场的有序竞争，不宜简单采取“养人办事”的做法。

此外，在近期讨论我国医疗卫生改革时，有一种主张是建立小病主要由政府财政买单（基本卫生保健制度）、大病通过医疗保险解决的双层保障体系，也就是税收筹资和保险筹资并行的双轨制模式。这种意见一方面是在具体操作中会面临两个制度如何衔接的问题；另一方面，政府优先保“小病”的做法，对政府责任和个人责任的界定是不合理的，不利于政府卫生投入产生更好的社会效果。

(四) 无论采取哪种筹资和保障模式，都有一个如何平衡个人责任和政府责任的问题，应注意赋予个人适当的保障责任

个人承担责任的大小与采用哪种筹资模式没有必然联系，这主要取决于筹资水平和保障能力。保险筹资模式下，个人并不一定比税收筹资模式下承担更多的责任。一些实行保险筹资模式的国家，从微观上看，保障项目和报销比例比一些实行税收筹资的国家可能更高（比如在捷克，甚至水疗都属于医疗保险报销范围）；从宏观上看，卫生总费用中个人支出比重也并不比实行税收筹资模式的国家高（个人支出在卫生总费用中的比例，实行税收筹资的意大利和丹麦分别为23%和15.9%，而实行保险筹资的捷克和德国则分别为8.6%和10.5%）。在医疗保障制度建设中，无论采取哪种筹资模式，都要注意赋予个人适当的保障责任，避免个人和家庭保障职能过渡社会化带来的负面效应。

（2008 年）

墨西哥、巴西卫生医疗体制考察报告

一、墨西哥的医疗保障制度

墨西哥的医疗保障制度包括三部分内容：社会医疗保险、公务员医疗保险和大众医疗保险。社会医疗保险于 1943 年建立，其覆盖范围是在私人部门正式就业的职工及其家属，资金来源于雇主和雇员的工薪税以及政府财政补助，分别占 1/3。公务员医疗保险 1959 年建立，覆盖政府雇员及其家庭，资金来源于雇员的工薪税和政府财政补助，分别占 1/3 和2/3。大众医疗保险是墨西哥医疗保险体系的重要组成部分，也是墨西哥医疗保险体系中最具特色的内容。2003 年 4 月，墨西哥修改了卫生基本法，提出到 2010 年建立覆盖全民的医疗保障制度的目标，其中最重要的内容是通过建立大众医疗保险制度，向未被正规社会保障制度覆盖的人群，特别是为那些最穷的人提供医疗保障。自 2004 年 1 月 1 日以来，大众医疗保险制度在全国范围内正式实施，进展顺利，卫生不公平的状况明显改善。大众医疗保险制度的主要内容如下。

（一）覆盖人群及资金来源

大众医疗保险覆盖的对象是未被社会医疗保险和公务员医疗保险覆盖的人群。参保的基本单位是家庭。据统计，平均每个参保家庭约有 3.2 人左右。

大众医疗保险的筹资有三个来源：一是联邦社会资助资金，这部分资金相当于联邦政府对参保家庭的补助，目的是均衡政府对正规就业人员和其他人员的资助。二是类似于雇主缴费，这部分资金由联邦政府和州政府联合承担（由于雇主缺位）。联邦政府投入的部分称为联邦团结资金，平均相当于联邦社会资助资金的 1.5 倍。州政府投入的部分资金称为州团结资金，相当于联邦社会资助资金的 50%。三是家庭缴费。根据规定，参加保险计划的家庭根据其收入水平分为十个等级，收入最低的两个等级家庭可以豁免缴费，收入第三低的家庭中如果至少有 1 名低于 5 岁的儿童，也可以豁免缴费；其他 7 个收入等级的家庭按照收入从低到高分别缴纳从 57 美元到 910 美元的年费（家庭成员只有一个的，可以得到 50% 的折扣）。从实际执行情况看，目前参保家庭大都属于收入最低的两个等级，因此真正缴费的家庭仅占参保家庭的 2%。

在资金分配方面，主要划分为三个基金：第一个是基本卫生服务基金，包括第一和第二方面资金来源的 89% 以及第三方面资金的全部，由各州卫生厅使用，用以提供基本卫生服务。第二个是大病基金，包括第一和第二方面资金来源的8%，由联邦卫生部使用，用于提供选定的大病专科医疗服务。第三个是预见性基金，包括第一和第二方面资金来源的3%，这部分资金用于调节各州的支出以及支持基本卫生服务提供能力不足地区的基础设施建设。

（二）服务内容和服务的提供

参保家庭均可享受以下两部分内容的服务：第一部分内容是高概率、低成本的基本卫生服务包，基本涵盖了基层健康中心100%的服务内容和95%的综合医院服务内容。基本服务包和基本药物目录每年调整一次，基本服务包主要根据疾病负担和筹资水平决定，而基本药物则根据基本服务包和筹资水平决定。第二部分内容是精心选择的高成本、低概率大病的三级专科医疗服务，大病目录也是每年根据筹资的情况调整范围。

墨西哥医疗保障制度一个显著特征是，不同的医疗保险制度分别建立了直接隶属于本系统的医疗服务机构，社会医疗保险、公务员医疗保险的参保者只能到本系统所属的医疗服务机构就医。理论上讲，大众医疗保险的参保者既可以到卫生部系统的医疗机构就医，也可以到社会医疗保险和公务员医疗保险系统的医疗机构就医。但在现阶段，参与提供服务的仅限于联邦和州卫生部系统的医疗机构。

目前，大众医疗保险对卫生部系统医疗机构的费用支付方式根据提供的服务有所不同。对于基本卫生服务包，按照人头付费；对于大病按照病例付费。但是，两者都仅包括服务项目的变动成本部分，固定成本部分继续按照传统预算的方式拨款，计划2010年以后合并两种支付渠道。

（三）药品的采购、使用与管理

建立大众医疗保险前，墨西哥卫生部所属医疗机构免费向居民提供服务，但是不提供免费药品，即使贫困人口看病也必须自费购药。大众医疗保险特别增加了提供基本药品的内容。为了保证向大众提供安全、有效、经济的基本药品和控制医药费用，卫生管理部门一方面采取措施保证基本药品的提供；另一方面对医院提供药品的行为进行严格管理，不允许医院超出基本药品范围向患者卖药赚钱，防止提供基本药物的政策目标被扭曲。

（四）运行效果

自2002年开始试点以来，特别是2004年在全国正式实施以来，大众医疗保险制度扩面进展顺利，公共卫生投入明显增加，资金分配的公平性明显提高，贫困人群的卫生保障水平得到迅速提高。2001年开始试点时，只有5个州参与，当年有89960个家庭加入。2005年，31个州和联邦区全部加入，其中有5个州实现了全民覆盖，共有355.6万个家庭参与，约占全部没有社会保障家庭的

29.9%，占没有社会保障人口的19.8%。参保家庭主要集中在收入最低两个等级的家庭，从2000—2005年，收入最低两个等级家庭中有医疗保障的比例分别从7.0%和28.2%增加到39.4%和48.7%，因病致贫的比例显著降低。

改革以来，墨西哥卫生总费用占GDP的比重从2000年的5.7%增加到2003年的6.1%，2005年则进一步增加到6.6%，而且主要是公共支出的增加，初步解决了筹资水平低和公共财政投入低的问题。同时，公共资金投入的公平性也有明显改善。政府对有保障人群的投入与无保障人群投入的比重，从原来的2.3：1下降到1.1：1。

随着新资金的注入，卫生部系统的卫生服务能力和水平有所提高。从2000—2005年，卫生部系统的健康中心从10088个增加到11762个，医院从405家增加到459家，医生数从50309名增加到58513名，床位从31252张增加到32207张。同时，由于把质量认证制度作为医疗机构参与大众医疗保险的条件，引入需方补贴的激励机制，服务设施设备、药品供应等随着投入增加有所改善，医疗质量和反应性也有了一定的改进。

（五）面临的挑战

首先，近年来墨西哥宏观经济的增长缓慢，公共财政能力有限，政府财政对大众医疗保险的支持也存在难以持续的问题。其次，目前参保者中98%以上是收入最低的20%人口，如何吸引收入较高的富裕人群加入大众医疗保险是一个较大的挑战。最后，最重要的潜在问题是墨西哥仅仅提出了整合目前条块分割的服务体系的理念，至于如何将大众医疗保险制度与针对正规就业群体的社会医疗保险和公务员医疗保险制度进行整合，还没有找到有效的政策和措施。解决两种体制的并轨问题，需要强有力的政治推动和制度性改革，否则，可能会进一步加剧体制的割裂。

二、巴西的“统一医疗体系”

（一）“统一医疗体系”的基本理念和原则

1988年，巴西政府为改变医疗卫生领域的不公平状况，把保障所有公民的健康权作为各级政府的责任，要求建立“统一医疗体系”，并将其写入了新宪法。新宪法对“统一医疗体系”的基本理念和原则明确如下：一是人人享有卫生服务，每一个巴西公民，不论种族、地区、宗教信仰和社会经济状况，都有权得到政府举办的各级医疗机构的免费治疗。二是在“统一医疗体系”面前人人平等，按需要进行治疗，同时要满足不同地区、不同人群的特殊医疗服务需要（妇女、土著人、老年人）。三是“统一医疗体系”强调医疗卫生服务的全面性和系统性，强调防治结合，医疗、预防和健康教育三位一体。四是“统一医疗体系”强调“分级管理”、“权利下放”和“社会参与”的组织原则，联邦、州、市三级政府职责清晰、责任明确，区域内居民参与本地区“统一医疗体系”

管理委员会的管理。

（二）卫生服务体系

巴西卫生服务网络由两大子系统构成：一是政府举办的医疗机构。二是私立医院、诊所等补充医疗系统。政府举办的医疗卫生机构包括社区卫生服务机构、公立医院、大学附属医院，以及承担公共卫生任务的实验室、制药厂、血库、医疗科研机构等。截至 2005 年，巴西有 5864 所公立医院（或大学附属医院），44 万张医院病床；63662 所社区卫生服务机构。

在巴西，居民看病必须先到所在社区的社区卫生服务站，社区卫生服务站看不了的病，才能转到设备和医疗水平较好的上一级医院。社区卫生服务站的主要职责和功能包括：一是门诊、急诊和首诊服务，承担常见病、多发病治疗任务。对老年人慢性疾病进行随访治疗和分发药品。二是转诊服务和临床观察。对于病情较为严重的病人，及时报告给市转诊中心，由转诊中心安排上级医院就诊。对临时转不走的病人，留在社区卫生服务站进行临床观察治疗。三是公共卫生服务。社区卫生服务站配备专职人员，按照巴西卫生部规定对 0—10 岁儿童、11—19 岁青少年、20 岁以上成年人和 60 岁以上老年人接种疫苗，预防和控制传染病，对一些重大传染病（如艾滋病、结核病等）进行随访治疗等。四是孕产妇和儿童系统保健服务。主要包括孕产妇登记和产前检查、分娩和新生儿护理、产后访视等。五是开展健康教育、疾病康复等。巴西的社区卫生服务机构一般覆盖几万人口，每天接诊上百人，承担了大量的医疗任务。

病人就医有一套严格的流程规定，其特点是根据病情实行双向转诊。巴西的每个城市均设有专门的转诊办公室，主要工作是掌握每所医院每天病床等资源使用情况，并据此负责指挥全市每所医疗机构、每个病人的就医流程。患者首诊必须到社区卫生服务机构看病，社区卫生服务机构根据病情程度确定去留，需要转院治疗时由社区卫生服务机构直接与转诊办公室联系，由转诊办公室联系并安排适当的医院就诊。病人转院后，如果大医院认为该病人不符合重症的要求，能够在小医院或社区卫生服务机构治疗，大医院可以把病人退回到小医院或社区。巴西政府为转诊系统提供了很好的条件，还在社区配备了救护车。为了减少大医院的压力，把病人留在社区，许多医院都派医生到社区管理病人，减少在医院住院时间。严格的就医流程和转诊制度使巴西的卫生资源得到了充分合理利用。

（三）全民免费医疗制度

目前，巴西的全民免费医疗制度已覆盖了 75% 的居民。公立医疗机构对病人实行免费治疗，不收取病人任何费用，住院患者还免费享受一日三餐。医院所有费用由政府支出，政府根据医院的工作量，采取类似诊断相关组的管理方式，按病种成本核定医疗机构的费用。国家通过税收为卫生费用筹集资金。2000 年的《预算指导法》规定：联邦政府卫生支出以上年为基数，按上年 GDP 增长率进行增长；州政府和市政府卫生支出占全部财政支出的比例分别不少于12%和15%。2002年，巴西卫生总费用占GDP的8%，政府医疗卫生支出占卫生总费用的比例为46%，私人医疗保险费用占卫生总费用的比例为54%，政府医疗卫生支出占政府财政总支出的10.1%。

（四）存在的问题

首先，全民免费医疗制度对巴西经济形成挑战，使政府财政不堪重负。在20世纪80年代中期，巴西经济陷入严重衰退，全民免费医疗制度面临严重挑战，如医院药品缺乏、资金不足等。自90年代初开始，巴西进行了一系列改革，经济状况有所好转，但全民免费医疗制度的资金不足问题并没有从根本上解决。在过去10年间，全国财政卫生支出增加了1倍，而同期GDP却没有同步增长。由于资金不足，目前全国大多数医院都比较简陋，仪器和设备大都已过时，很难或根本就不能发挥作用。在8000多家医院中，94%只是初级或二级医院。从巴西的经济状况看，政府很难将全民免费医疗有效地维持下去，但对宪法所做出的规定政府又不能随意更改，很可能就是这样不死不活地勉强拖下去。

其次，全民免费医疗制度的微观效率较低。虽然人人都可以到公立医院免费看病、拿药，但是由于到公立医院看病要排长队，经济条件好的人都自掏腰包买私人医疗保险，到私立医院看病。而且，公立医院的医疗资源利用不合理问题比较严重。相对来说，私立医疗机构由于竞争激烈，医院就诊环境、医疗设备、工作效率、技术水平、服务质量明显好于公立医院，管理也比较规范。近年来，部分由于对公立医院的失望，私立医疗机构得到了较快的发展。

最后，全民免费医疗制度之所以被广泛批评，还因为它过于照顾生活在大城市的居民，而忽略了生活在偏远地区的人，有悖于公平的原则。数据显示，目前大约有1/3的巴西人未能正常享受政府承诺的医疗服务，高达20%的人口甚至从来没有看过牙医，在边远地区，这个数字更是达到32%。

三、墨西哥、巴西卫生医疗体制给我们的启示

（一）卫生医疗问题是一个国际性难题，卫生改革必须经历一个渐进的过程

由于卫生改革错综复杂，卫生改革在世界各国都是一个难以解决的问题。正因为如此，墨西哥、巴西的卫生改革都经历了一个渐进的过程。在墨西哥，大众医疗保险制度从2002年开始试点，2003年逐步推开，按照计划到2010年才能覆盖所有公民。为了稳妥地推进改革，墨西哥政府规定，参加大众医疗保险的每年新增家庭数不得高于所剩家庭的14.3%。2006年，参加大众医疗保险的家庭为510万个，仅占全部计划覆盖家庭1200万个的42%。在巴西，20世纪70年代就有许多医生提出要搞全民免费医疗，经过十几年的争论，一直到1985年才得以实施。

在我国，卫生改革涉及医疗机构、医生、药品生产流通企业、医疗保险机构

等方方面面的利益，特别是与患者的切身利益密切相关，可谓“牵一发而动全身”。因此，我国的卫生改革也要本着积极稳妥的原则，统筹规划，循序渐进，不能指望“毕其功于一役”。

（二）卫生改革要与本国经济发展水平和财力状况相适应，坚持低水平起步

经济发展水平从根本上制约卫生事业的发展，卫生事业的发展归根结底还是取决于经济发展水平，特别是财政承受能力。巴西实行的全民免费医疗制度和墨西哥实行的大众医疗保险制度，由于政府包揽过多，给财政造成了巨大压力。2002 年，巴西政府卫生支出占卫生总费用的比例为 46%，政府卫生支出占政府财政总支出的 10.1%，财政支出的可持续性成为不可回避的问题。从人均 GDP 水平来看，墨西哥的经济状况比巴西要好很多，但是墨西哥并没有实行像巴西那样的免费医疗制度，而是采取保险的方式通过多方付费来筹集资金，政府对参保者缴费予以补助。尽管如此，由于财政对大众医疗保险承担了过多的责任，也给该国财政造成了巨大的压力。2003 年，墨西哥政府卫生支出占卫生总费用的 46.4%，财政卫生支出占财政总支出的 11.7%。我们从墨西哥财政部了解到，为了缓解大众医疗保险给本国财政造成的压力，目前该国正在采取开源节流等措施，通过加强税收征管、吸引有支付能力的家庭参保、开辟新的资金来源渠道等，来增加保险基金收入，努力维持基金收支平衡。但是，上述措施收效不大，难以从根本上解决资金来源问题。

我国是发展中国家，经济发展水平与墨西哥、巴西还有一定差距，从人均 GDP 水平来看，我国大致只相当于墨西哥的 1/4，巴西的 1/2。因此，在推进我国卫生改革过程中，一定要坚持与我国经济发展水平和财政承受能力相适当，坚持低水平起步，随着经济发展水平的提高逐步提高待遇水平，以免水平过高而给经济造成拖累。

（三）卫生改革要沿着既定路径稳步推进，不可推倒重来

墨西哥于 20 世纪 40 年代初就确立了通过保险方式多方筹资的卫生筹资模式，此后的医疗保险改革也基本按照这一模式开展，时隔半个多世纪从未动摇。1943 年开始建立的针对私人部门的社会医疗保险，其资金来源于雇主、雇员缴纳的工薪税和政府财政补助。50 年代末建立的公务员医疗保险，其资金也来源于雇主的缴费（在这里，政府行使雇主的缴费义务）和雇员的工薪税。近几年开始推行的大众医疗保险也是来源于三方付费：一是家庭缴费。二是联邦政府和州政府提供的团结资金，这部分资金相当于雇主缴费。三是联邦政府提供的社会资助资金，这部分资金相当于联邦政府对参保家庭的补助，目的是均衡政府对正规就业人员和其他人员的资助。在巴西，20 世纪 70 年代以前，该国就在传染病救治、孕产妇和新生儿保健方面实行免费政策。从 80 年代中期开始，该国又将免费医疗的范围扩大到全体国民的几乎所有的门诊和住院的支出。可见，在实行

全民免费医疗的巴西，其免费医疗的政策也是一脉相承的。

长期以来，我国在卫生医疗领域一直实行供方和需方分离的模式。在新中国成立以后的较长时期里，我国在城市实行公费医疗和劳保医疗制度，医疗服务的提供方和筹资方是分离的。与社会主义市场经济体制的大背景相适应，我国从20世纪90年代开始在城镇建立了城镇职工基本医疗保险制度，通过单位和个人共同付费来筹集资金，从而取代了原来的公费医疗和劳保医疗制度。在此后开展的新型农村合作医疗、城镇居民基本医疗保险以及城乡医疗救助制度，均是按照保险的模式进行制度设计，且上述制度均是在以大病统筹为主的同时，兼顾小病。从制度运行效果看，上述制度不仅符合市场经济发展的需要，也为广大人民群众所接受。因此，下一步的卫生改革一定要坚持这一既定改革路径努力推进，制度运行中所出现的问题，可以通过完善制度、加强管理解决，而不能简单否定现行制度，采取推倒重来、改弦更张、重建制度的方式，以避免制度转轨带来的高额成本和可能带来的负面的社会影响。

（四）要增加政府对卫生的投入，但不宜固化支出比例

为了推进卫生事业的发展，必须确保一定的政府卫生投入，但不宜设定法定支出比例。在巴西，《预算指导法》规定了联邦、州和市政府财政预算中卫生支出的比例：联邦政府卫生支出以上年为基数，按上年GDP增长率进行增长；州政府和市政府卫生支出占全部财政支出的比例分别不少于12%和15%。据我们了解，除卫生外，教育、住房、社会保障等支出也被相关的法律固化下来，导致巴西财政支出的80%被固化，这一做法严重影响了财政的宏观调控能力，政府难以根据现实社会经济状况相机调整财政支出结构。在圣保罗，我们随处可以看到年久失修、坑坑洼洼的路面，当地有关人士反映，圣保罗的主要道路已经有20多年没有大修过了，主要原因就是由于财政支出大部分被固化，政府“难为无米之炊”。

在我国，由于长期实行以经济建设为中心的发展战略，包括卫生在内的社会事业并没有作为财政投入的重点领域，同时也由于许多卫生改革政策并未到位，因此财政投入在卫生总费用中的比重一直处于较低的水平。2003年“非典”以后，各级财政部门努力调整支出结构，不断加大卫生投入，2006年全国财政用于医疗卫生的支出为1320亿元（包括卫生、中医、药监事业费和行政事业单位医疗经费，不含基建支出），与2002年相比年均增长20%，高于同期财政支出的增长速度。在下一步的卫生改革中，各级政府将进一步增加对卫生的投入，积极支持各项卫生事业加快发展。但从全局考虑，不宜人为设定法定的支出比例，以避免造成像巴西那样的被动局面。

（五）卫生改革要坚持以人为本，财政补助要重点向需方倾斜

墨西哥和巴西在卫生中突出“以人为中心”的理念。墨西哥在卫生改革中

坚持“钱跟人走”（Money Follows People）的原则，即财政投入重点帮助社会成员参加大众医疗保险，重点向需方倾斜。巴西原来的卫生医疗体系强调以医院为中心，财政投入侧重于建房屋、买设备、发工资，而目前则更多强调以满足人的健康需求为中心。为了提高财政资金的使用效益，保证卫生医疗机构向居民提供安全、有效、便捷的卫生医疗服务，巴西财政部门每年都要向社会发布《医疗卫生开支报告》，将财政支出的具体用途向社会公布，接受社会监督。

我国下一步在增加财政卫生投入的同时，也要牢固树立以人为本的科学发展观，努力调整支出结构，重点对直接面向群体的公共卫生、资助困难人群参加医疗保险等方面倾斜。一是财政投入要向针对群体的公共卫生倾斜，研究制定重大传染病免费防治政策，为城乡居民免费提供计划免疫，重大传染病免费救治，孕产妇、新生儿和老年人保健，健康教育，计划生育技术服务等公共卫生服务。二是财政投入要向资助城乡群众参加基本医疗保险倾斜，逐步使城乡居民人人享有基本医疗保障。各级财政要加大对新型农村合作医疗和城乡医疗救助的投入，并积极推进城镇居民基本医疗保险试点，财政对城乡居民参保予以资助，以切实减轻其疾病负担，促进社会更加和谐。三是加强财政资金的管理和监督。不仅要关注财政卫生投入的规模和方向，更要关注财政投入的效果。要通过审计监督、舆论监督、社会监督等手段加强对资金使用环节的监督，真正使财政资金能够起到提高人民健康水平、减轻群众医药负担的效果。

（六）卫生改革要兼顾公平与效率

巴西建立“统一医疗体系”在实际执行过程中，只是基本解决了城镇人口的医疗服务的可及性问题，在偏远地区则没有很好解决，公平性较差。与公平性较差同时存在的，是医疗服务的效率低下。据圣保罗州卫生厅副厅长介绍，在巴西做一个普通的关节手术，病人往往要等上4个月的时间。因此，许多经济专家甚至提出，为了提高效率，建议取消全民免费医疗的制度。在墨西哥大众医疗保险计划中，政府将参加保险计划的家庭根据其收入分为10个等级，收入最低的两个等级的家庭可以豁免缴费，其他等级的家庭按照收入从低到高分别缴纳数额不等的年费，并且规定，收入最低的两个等级的家庭享有优先参保的权利，其目的就是想使贫困家庭有资格参保，能够与富人一样公平享有基本医疗保障。墨西哥大众医疗保险制度的实施，使该国公民在卫生医疗领域的公平性显著改善。

我国下一步在卫生改革中，也要坚持兼顾公平与效率的原则。一方面要促进不同群体之间、不同地区之间以及城乡之间在享有基本卫生医疗服务方面的公平性，财政投入要重点向困难人群倾斜、向中西部地区倾斜、向农村地区倾斜。二是进一步改革体制、创新机制，提高卫生医疗服务的效率。在医疗服务的提供方面，要通过人事制度和分配制度改革，建立合理的医务人员激励机制，以调动医务人员提供优质医疗服务的积极性。在公共卫生服务方面，要变“养人办事”为“办事养人”，由过去根据机构数量和人员编制核定财政补助，改为通过购买服务的方式，根据公共卫生机构提供服务的数量和质量核定补助。

（七）在积极推进各项社会医疗保险制度改革的同时，要大力发展商业医疗保险

巴西在实行全民免费医疗制度的同时，有发达的私人医疗保险。由于全民免费医疗制度存在效率低、排长队看病等问题，许多收入较高者都转而选择私人医疗保险。在巴西，私人医疗保险大约覆盖了25%—30%的公民，有4000万—5000万人购买了各种形式的私人医疗保险。在圣保罗州，有37.74%的人购买了私人医疗保险。尽管巴西实行全民免费医疗制度，但在卫生总费用中，政府卫生支出仅占46%，而私人医疗保险费用则占54%。因此，在某种意义上可以说，私人医疗保险是巴西推行全民免费医疗制度的重要前提。在墨西哥，已经有越来越多的高收入者自掏腰包购买商业医疗保险，到私立医院看病。

在我国，由于商业医疗保险起步较晚、基础薄弱，目前仍处于发展的初级阶段，功能和作用发挥还不充分，不能满足人民群众日益增长的保险需求。根据中国保监会提供的数字，2005年全国商业医疗保险支出仅300亿元，占全国卫生总费用的不到4%。因此，下一步在积极推进各项社会医疗保险制度建设的同时，要积极支持商业医疗保险的发展，努力建立多层次的医疗保障体系。同时，还要充分发挥市场机制作用，优化卫生资源配置，鼓励民营资本进入卫生医疗领域。

（2007年）

美国、捷克和德国卫生医疗体制考察报告

一、美国卫生医疗制度概况

（一）美国医疗保险制度的构成

1. 政府举办的医疗保险计划。包括医疗照顾计划、医疗救助计划、儿童健康保险计划和特殊人群的医疗福利保障计划等。目前，由政府举办的医疗保险计划的受益人约1亿人。

（1）医疗照顾计划。该计划是由联邦政府举办的全国统一的医疗保险计划，参加该计划者必须是年满65岁以上老年人、65岁以下的残疾人或晚期肾脏病患者，且必须是美国公民或持有绿卡超过5年。医疗照顾计划分为住院保险和门诊

保险两部分。住院保险属于强制性保险，主要用于住院护理、临终护理、部分家居健康护理以及输血等。门诊保险属于非强制性的保险，由符合此范围的人自己决定是否参加，参加者每月缴纳一定额度的保险费。享受的项目主要是医生服务、医院门诊护理、物理和职业理疗、救护车服务以及 X 光、CT 检查等。从 2006 年 1 月 1 日开始，医疗照顾计划又推出了一种新的保险——处方药品保险。参加该项计划者必须每月缴纳 24 美元的保险费，发生费用时首先自付 265 美元；266—2400 美元之间的费用由保险计划负担 75%，个人自负 25%；2400—3850 美元之间的费用全部由个人自负；超过 3850 美元的部分再由医疗照顾计划负担 95%。目前，参加医疗照顾计划者约有 4500 万人。联邦政府每年为每个参加者提供 9000—10000 美元的补助，约占人均支出的 80%，其余 20% 由参加者个人出资。

（2）医疗救助计划。该计划是联邦政府和州政府共同举办的针对穷人的医疗保障计划。65 岁以上老人、残疾人、盲人、21 岁以下的未成年人、照顾小孩的人以及 21 岁以下未婚孩子的父母、生活困难的怀孕妇女等都是该计划的受益人。由联邦政府提供一部分资金支持，州政府负责确定医疗救助计划的覆盖范围和享受条件，根据本州居民的收入水平来确定受益人的资格和标准。目前，约有 4500 万人参加该计划。联邦政府和州政府每年为每个参加者提供 4000—5000 美元的补助，约占人均支出的 95%，其余 5% 由参加者个人出资。

（3）儿童健康保险计划。该计划于 1997 年由国会支持建立。各州实施办法不同。有的州建立了单独的儿童保健计划，有的州将儿童纳入医疗救助计划，有的州则将上述两个办法结合起来实施。儿童健康保险计划由联邦政府和州政府共同出资。联邦政府根据各州经济发展情况确定补助比例，一般的州补助 50%，对于经济困难的州相应提高补助比例，如对密西西比州的补助达到 76%。

（4）医疗福利保障计划。对联邦政府雇员、现役军人、退伍军人及家属、军队伤残人员、土著人提供免费医疗。所需资金全部由联邦政府提供。

2. 商业医疗保险制度。世界上几乎所有国家都建立了商业医疗保险制度，但绝大多数国家的商业医疗保险只作为社会医疗保险制度或国民卫生服务体制的补充，只有美国将商业医疗保险作为医疗保险的主体。美国多数国民都通过购买各种商业医疗保险得到医疗保障，而且大部分由企业为职工购买，是美国企业福利的主要组成部分，个体经营者和农民则自我负担加入商业医疗保险。商业医疗保险主要有三种类型：一是非营利性的医疗保险公司，如蓝盾和蓝十字医疗保险公司，因其非营利性，在税收方面享受国家优惠。二是营利性的商业医疗保险公司，为个体和团体提供医疗保险。三是健康维护组织（HMO）和医疗推荐组织（PPO）等保险和医疗服务为一体的管理型医疗保健。目前，参加商业医疗保险者约 1.6 亿人。

目前，在美国还有约 4000 万人没有任何医疗保险，约占总人口的 14%。这些人主要包括 50 人以下的小公司雇员、大公司中的临时工、半职职工、失业人员以及一些不愿参加任何医疗保险的高收入者。

（二）美国的卫生服务体系

美国的卫生服务体系高度分散，主要由私人医生和医院服务两部分组成。美国的绝大多数医生是私人开业，独立于医院之外，向患者提供初级保健或专科服务，其中有1/3是初级保健医生，2/3为专科医生。病人需要大型设备诊断或住院治疗，由开业医生将病人推荐给医院。医院是美国卫生服务体系的核心，以私立非营利性医院为主体，政府所属医院次之，私立营利性医院也有相当规模。

美国卫生与人类服务部负责国民健康和提供公共卫生服务，其主要职能包括卫生和医学科学研究、疾病预防、食品和药品安全、老人和残疾人医疗照顾、贫民医疗救助、低收入家庭经济补助和服务、妇幼健康、卫生应急准备等。美国的疾病控制工作由卫生与人类服务部所属的疾病控制中心（CDC）负责，通过其总部和遍布全国的分支机构对疾病预防控制实行统一垂直领导和管理，全国共计8000人，所需经费来自联邦预算。美国食品和药品管理由卫生与人类服务部所属的食品药品监督管理局（FDA）负责，全国设立若干大区和分支机构，实行中央垂直管理。

20世纪70年代以前，美国传统的医疗保险普遍采用按服务项目付费制度，在很大程度上导致医疗费用迅速膨胀。从1960—1990年间，美国卫生总费用的年均增长速度始终保持在两位数。为了控制费用，美国各类医疗保险组织自20世纪70年代以来逐步采用了管理型医疗保健模式。管理型医疗保健是一种通过保险人直接参与医疗服务体系的管理，以控制医疗费用为主要目的，集医疗服务提供和经费管理为一体的医疗保险模式。这种制度在较大范围内普及后，美国的卫生总费用年均增长速度在1990年后下降到10%以内。不过，大量报告显示，消费者对管理型医疗保健的满意程度不及付费医疗服务计划，主要是管理型医疗保健限制了消费者的选择自由，并在一定程度上降低了服务的质量。医疗服务提供方也对管理型医疗保健不满意，因为它妨碍了医生根据病人的病情做出诊断和治疗的自由。

总体上看，美国实行的以市场为主导的卫生保健体制，从技术角度讲效率很高，有钱人能够得到最好的医疗保健。但存在的矛盾相当突出：一是健康和卫生服务不公平现象比较严重，卫生医疗资源在地理上的分布很不均衡。美国的穷人、土著居民、低收入人口和部分外国移民难以享受到良好的卫生医疗服务。更加严重的问题是，还有占总人口约14%的人没有任何医疗保险。二是医疗费用支出巨大，2005年美国卫生医疗总支出接近2万亿美元，约相当于全球卫生总费用的40%。三是健康绩效较差，国民主要健康指标在发达国家中处于较低水平。在30个OECD国家中，美国的人均期望寿命和婴儿死亡率均排在前15位之外。2000年世界卫生组织进行全球卫生体系绩效评估，美国排在第37位，与其全球第一的经济实力很不相称。四是政府和居民负担都很沉重，影响到美国企业的国际竞争力，阻碍经济可持续发展。

二、捷克卫生医疗制度概况

（一）捷克的医疗保险制度

1991年以前，捷克实行福利模式的全民医疗保健制度。这种体制耗费国家大量预算资金，在转型后建立的市场经济体制下难以继续维持。在世界银行等国际机构的参与下，捷克开始构建新的医疗保障体系。由于先前已经实现了全民免费医疗，因此，医疗保障制度改革成为涉及面最广、难度最大的改革。

1991年，捷克通过《医疗保险法》。从1993年1月1日起，正式实行全民医疗保险制度，将原由国家全额拨付医疗经费改为由个人、单位和国家三方面共同承担。全民医疗保险分为强制保险和自愿保险两种。每个公民必须参加强制性医疗保险，筹资比例为工资收入的13.5%。其中，雇主缴费为9%，雇员为4.5%。领取养老金者、未成年子女、大中小学生、军人、失业者等个人不缴费，由国家出资每年补助固定数额，具体数额根据政府负担能力确定，每年都有变动。在医疗保险基金中，政府补助占30%。

与此同时，为了保障参保人员的权益，2004年捷克政府规定每个公民每年需缴纳2000克朗（约87美元）作为医疗福利基金，在生病时可以享受有关药品费、处方费、门诊费及住院费等各项医疗开支的补贴。18岁以下的未成年人和社会救济人员可以申请该基金的返还。

在捷克，医疗保险业务由非营利的社会医疗保险公司承办。1992年，捷克只有1家医疗保险公司即大众医疗保险公司，后来又陆续成立了30多家。其后根据市场经营状况，有的医疗保险公司被合并，有的破产，目前只有9家，其中最先成立的大众医疗保险公司规模最大，承保了全国63%的业务。保险公司与专科医院、社区医院和私人诊所签订协议，按有关规定支付医疗费用。支付标准由政府、保险公司、医疗机构、参保人员等各方代表共同商定。保险公司管理费从医疗保险基金中提取，提取比例为保费收入的3.5%。为了避免保险公司只选择有工作的人，捷克规定，每个保险公司吸收的参保人员中有工作的人不得超过总数的45%。

（二）捷克对医疗费用的控制

捷克的医疗制度比较宽松，就医便利，个人负担较轻。实行家庭医生制度，居民可自由选择家庭医生。在捷克，大医院为国家所有，小医院和诊所均私有化了，其家庭医生均是私人的。药品价格由各方代表谈判确定，药品按分类总有一种属于免费，其他加收一定费用。参保人员就医除药品、牙科、特殊手术等个人需自付一定费用外，个人几乎不用再付钱。因此，滥用现象比较严重。国民年人均就医14次，有的地区高达20次，是欧盟国家平均次数的两倍。医保基金每年支出50亿美元，其中药品费用占1/4，据估计每年约有2.5亿美元的药品被白白浪费。

为了解决这些问题，捷克政府采取了一系列措施，如强化个人在医疗保障体系中的责任，增加个人付费，提高挂号费，在药房取药收1欧元，住院每天收2欧元，但1年不得超过180欧元，对非处方药品及牙科费用等不予报销。控制医疗机构的总量及床位总数，减少公立医院的医务人员数量，以降低服务成本。降低政府对医疗机构的补贴，逐步实现不再给保险公司、医疗机构资助等。为了控制医院收入过快增长，捷克对医院收入设上限，以上年收入为基数，每年核定一个增长比例（如3%—5%）。医生的个人收入也不与医院经营收入挂钩，而是根据工作的数量和质量来核定。为了保证医生不开大处方、高价药，每个医院都有一个开方清单，医生开药必须在清单中选择费用最低的。

据介绍，捷克也有药品加成的规定，原来药品加成的比例为36%，目前降至28%。捷克卫生部副部长认为，药品加成会在一定程度上诱导医院医生开大处方、高价药，但是由于该国采取了上述一系列的管理措施，这一问题并不明显。

捷克卫生部副部长介绍说目前的医疗体系仍然缺少竞争，创新不够。下一步要在卫生医疗体制中更加充分地引入竞争机制，提高医疗服务的效率和质量。捷克财政部副部长认为，该国卫生改革的方向是，建立国家能够调控、保险公司之间能够竞争、个人必须承担一定责任的体制。他还说，中国是个大国，要尽量使用本国药物，对于外国药物，要购买专利自己生产，而不是直接购买成药。

三、德国卫生医疗制度概况

（一）德国的医疗保险制度

社会医疗保险制度是德国卫生医疗体制的主体，商业医疗保险只起到一定的辅助作用。在德国，凡是月工资收入低于一定标准（各州标准不同，如黑森州2007年为每月3975欧元）的雇员都必须参加社会医疗保险，超过这一标准的居民不能参加社会医疗保险，但可以参加私人医疗保险。目前，德国社会医疗保险的缴费率约为工资收入的14.2%，由雇主和雇员各承担一半。除工薪劳动者外，退休人员、失业人员、无收入者等也必须参加保险。其中，退休人员的保费由个人和养老保险公司分担；能够领取失业保险金的失业人员保费由个人（在失业保险金中按固定数额提前扣除）和政府分担；军人、从事社会公益活动的义工以及无收入者参保，个人不承担保费，全部由政府承担。只要参加保险，家属自动享受保险待遇。公务员及家属发生医疗费用后，政府承担50%，另外的50%可以通过参加私人保险等方式解决。在德国，约90%的人口参加社会医疗保险，约10%参加私人医疗保险。社会医疗保险支付的范围包括预防接种、预防性体检、精神心理治疗和各类疾病救治等。

(二) 德国的卫生医疗制度

德国医疗服务资金筹集是一个多元化体制。其中，医疗服务体系建设资金筹集和医疗费用资金筹集分别采取不同方式，医疗费用筹资采取的是以上述强制性医疗保险为主的筹资体制。在医疗服务体系建设资金筹集方面，开业医生所拥有的各种诊所（全科诊所、牙科诊所以及其他专科诊所）都是由开业者自己投资，包括房产及相关设备。医院、康复机构、护理机构的基本建设、设备等则都是由政府投入，包括其中的私营机构。作为联邦制国家，有关投入责任主要由州政府负责。

德国卫生服务中的门诊服务主要由家庭医生、牙医、精神病医生和药剂师等提供。参加社会医疗保险的患者可以自由选择门诊医生。住院服务的提供者可以是公立医院，也可以是私立非营利性或私立营利性医院。上述三类不同性质医院的床位所占比例分别为54%、38%和8%。德国虽然是世界药品生产大国，但执行比较严格的药品费用控制措施，如限制药品价格、控制药品使用量和药品总费用等。医药广告也受到严格控制，以保护消费者权益。疾病预防控制等公共卫生事务属于政府职责，传染病监测由医生和实验室负责向各州的公共卫生机构和国家公共卫生机构报告，实行中央垂直管理，各州和市县不专门设立传染病防治机构。

德国卫生医疗体制的一个基本特点是第三方付费。对于每一个参加保险的人，只要发生疾病，就可以到有关诊所、医院以及康复机构等进行就诊、治疗。但一般要遵循一定的转诊程序，病人须先看个体诊所中的全科医生，如果病情严重的，则被推荐到个体诊所中的专科医生。如需住院，则由个体诊所的医生开具转院单到医院住院。病人也可以直接到大医院就诊，但须交10欧元的费用。病人门诊或住院期间所发生的费用由所投保的法定保险机构或私人保险机构支付。法定保险机构对开业医生、医院和康复、护理机构的费用结算方式明显不同。对开业医生采取的是总额预付制。对医院的费用给付，过去采取的是按日付费方式，目前已经全面改为按病种付费方式。对康复及护理机构的费用给付是按病员的住院天数及所确定的日服务价格计算的。为了避免患者可能出现的过度需求问题，减轻医疗保险基金的负担，最近几年德国采取了一些措施，引入个人少量付费的机制以增加个人责任，如规定取药时每次要交3欧元，在门诊看病时每3个月交10欧元，在医院住院每天自付10欧元。某些高价的药品或服务也要自付一部分，如配眼镜时的镜片原为免费，现已改为自费。

四、三国卫生医疗制度比较分析

美国、捷克和德国的卫生医疗体制呈现出不同的特点，但又具有一些普遍的规律。

（一）卫生医疗制度是特定国情的产物，受本国社会制度、政治意愿、经济发展水平和社会价值取向的影响

美国、捷克和德国的医疗保障制度模式有很大不同。美国实行的是以商业医疗保险为主体的保障模式，而德国和捷克则采取社会医疗保险模式。同样是社会医疗保险模式，德国和捷克又有区别，德国的社会医疗保险未实现全民覆盖，高收入者不能参加社会医疗保险，而捷克的社会医疗保险则基本实现了全民覆盖。

我们分析，三国医疗保障制度模式之所以不同，主要源于三国不同的社会价值观念。美国社会强调个体自主性的价值观，这种价值观和较为发达的经济基础相结合，形成了其独特的商业医疗保险模式。与美国不同，德国社会较为强调团结互助、社会共济，比较适合社会医疗保险制度的建立发展，但由于社会医疗保险筹资水平和保障标准有限，因此鼓励高收入者参加私人医疗保险。捷克在经济转型后，为了使国民的福利水平不受到太大影响，采取了既保证每个国民都能享受基本医疗保障，又体现社会共济特点的全民医疗保险模式。

（二）政府在卫生医疗制度中的责任有所不同，但都首先保障困难群众的基本卫生医疗需求

美国医疗保障制度的一个重要的特点是政府的介入相当有限。在美国医疗保障制度中，联邦政府给予雇主在提供医疗保险方面以较大的自主权，政府的作用一直次于市场，即所谓的“最佳配角”。在美国的卫生总费用中，公共筹资占卫生总费用的45.4%，私人筹资占卫生总费用的54.6%，由此可以看出，私人部分承担了主要的医疗保障责任。在德国，政府在卫生医疗事业发展的各个方面都发挥了主导作用，比如社会保险筹资由政府强制实施，特殊人群的医疗费用由政府承担。在德国的卫生总费用中，公共筹资（政府预算卫生筹资和社会保险筹资之和）所占的比重高达78.2%，远远高于美国的水平。经济转轨以来，捷克实施了强制性的全民医疗保险，更是相对强化了政府在医疗保障领域的责任。此外，三国都非常重视保障困难群体的基本卫生医疗需求，并采取特殊措施解决这个问题。

（三）严格控制医疗费用增长是各国面临的共同难题，都采取措施努力解决

为了有效控制费用支出，各国都十分重视发挥保险组织的第三方付费的作用。如在美国，我们深切地感受到该国保险公司在控制费用支出方面的巨大威力，从控制医疗机构的发展到对医生开具处方的限制，从对参保人资格的限定和对患者费用报销时的严格审核，保险公司几乎“无所不能”、“无孔不入”。为了解决费用不断上涨的问题，捷克政府不断强化个人在医疗保障体系中的责任，提高了挂号费和个人门诊医药费的负担比例，并规定某些特殊诊疗费用不予报销。德国则从控制药品费用入手，限制药品价格、控制药品使用量和药品总费用，执

行比较严格的药品费用控制措施，并引入个人适当付费机制。同时，全面推行总额预付制、按病种付费等费用支付方式，以达到控制医药费用的目的。美国卫生部副部长也感慨："如果时光可以倒流，我们可以不再重犯的错误就是按服务项目收费。"另外，各国还十分重视利用现代科技尤其是信息化建设在控制费用支出方面的作用。如美国建立了全国统一的编码系统，对全国所有的医疗机构、医务人员以及几乎所有的病种、药物、处方、患者档案等要素全部统一编号，并在全国所有医疗机构和保险机构间进行联网，以加强费用控制。

（四）通过充分发挥市场竞争机制来提高医疗系统的微观效率

近些年来，在美国兴起的健康维护组织通过如下三种方式来提高医疗机构的微观运行效率和控制费用：一是建立激励机制，刺激医疗机构重组。二是在传统的卫生保健系统中引入竞争机制，鼓励医疗机构之间竞争。三是通过市场机制，在不同的健康维护组织之间选取最优价格。德国在扩大市场竞争方面：一是开放绝大多数疾病基金组织，允许参保人根据自己的意愿自由选择。二是通过基金组织的重组加强买方的力量，鼓励规模较小的地方性疾病基金组织合并，以发挥规模优势。三是支持以保费的高低作为竞争的主要手段，并以此来评估基金经营的优劣。捷克则在保险经办机构方面引入竞争机制，目前有9家保险公司经办医疗保险业务。针对目前医疗体系仍然竞争不足、创新不够的实际情况，捷克政府决定下一步要在卫生医疗体制中更加充分地引入竞争机制，提高医疗服务的效率和质量。

（五）对医疗机构的投资建设进行严格的宏观调控

美国联邦政府推出了需求证明计划，即要求医院在证明有"社会需求"并获得费用额度的批准后，才能扩建医疗设施、增加医疗设备、扩展医疗服务，以减少不必要的医疗投资。同时，该计划还规定了严格的市场准入制度，在确实有新的需求时才允许新的行医者进入。为了控制医院盲目建设、引进先进设备，捷克规定，医院新建房屋、购买大型设备必须经过卫生部门批准。在德国，卫生医疗服务体系布局由政府规划并且大部分基本建设由政府直接投入。通过这种方式，可以使卫生服务的地区差距较小。

（六）将公共卫生与医疗服务有机结合

美国的疾病预防控制等公共卫生工作由卫生与人类服务部所属的疾病控制中心（CDC）负责，具体的公共卫生工作则主要由各类医疗机构完成，医疗保险基金支付的范围包括预防接种、预防性体检、精神心理治疗和各类疾病救治等。德国的公共卫生系统和医疗系统是有分有合且能够充分协作的关系。部分公共卫生职能如传染病控制等有专门体系，但在传染病病例或疑似病例发现、报告等方面，则是充分发挥医疗机构的力量且形成了严格、明确的制度；部分公共卫生事业特别是妇幼保健、健康教育等职能是直接让医疗服务机构尤其是承担初级卫生服务的开业医生承担，集教育、预防、诊疗为一体。社会医疗保险支付的范围既包括医疗服务支出，也包括疾病预防等公共卫生支出。捷克的医疗保险制度将公共卫生与医疗服务有机结合，促使医疗机构不仅仅关注治病，更加注重预防。

六、三国卫生医疗制度对我国的启示

（一）医疗保障制度的调整完善必须充分考虑我国国情

从三国的实践来看，各国卫生医疗事业特别是医疗保障制度的建立和发展都是与该国特定的国情相适应的。今后，我国在建立健全医疗保障制度时，也必须充分结合我国的客观实际。一是要坚持统筹规划，总体设计。对我国医疗保障制度建设的近期、中期、远期目标要通盘考虑，以避免美国等国家出现的“支离破碎”、“打补丁”式的医疗保障制度。二是我国近期宜采取“保险与保障”相结合的医疗保障制度模式。完善城镇职工基本医疗保险制度，将有工作岗位的就业人群全部纳入保险范围。目前要重点推动灵活就业人员、进城务工农民参保，并通过破产企业资产变现、企业主管部门帮助和政府投入等多渠道筹资帮助关闭破产国有企业退休人员解决参保资金问题。通过个人或家庭缴费、政府资助等方式，建立覆盖全部非就业人群的医疗保障制度。目前在农村要全面推行新型农村合作医疗制度，在城镇要建立城镇居民基本医疗保险制度。同时，通过城乡医疗救助制度，帮助困难人员参保缴费，并对其个人自负较重部分予以救助。三是坚持低水平起步。随着财力水平和城乡居民收入水平的提高，再适时适当提高筹资水平和待遇水平。

（二）明确政府在卫生医疗领域的作用，确保卫生服务的公平、可及

一是实施区域卫生规划，合理配置资源，制定卫生医疗方面的法律法规，为全体居民提供医疗保障等制度安排，对卫生医疗实行全行业管理。二是组织和提供公共卫生产品，通过疾病预防控制、妇幼保健等公共卫生机构和基层医疗机构，向社会提供均等化的公共卫生服务。三是组织提供基本医疗保障，帮助困难人群参保，分散疾病经济风险，提高基本医疗服务的可及性和公平性。四是对医疗服务市场进行监管，干预医疗服务中的市场失灵和缺陷，规范医疗服务市场和医疗行为，实现医疗服务市场的公平、有序竞争。五是通过政策引导、税收优惠等方式，积极引导社会资源参与医疗服务市场，鼓励有利于促进健康和人力资本形成的医疗产品的供给。

（三）控制医疗费用增长是卫生医疗制度构建的内在要求

医疗费用过高已经成为美国社会的一大难题。德国也已对高昂的医疗费用感到难以承受，在捷克，高昂的医疗费用也使其不堪重负。因此，目前乃至今后较长一段时期，必须多管齐下、多方并举，全面控制费用增长。一是引导卫生资源

下移。目前，由于基层设备落后、技术水平不高等原因，患者看病就医存在突出的“趋高”现象，造成大城市大医院“人满为患”。要引导卫生资源向城市社区和农村的镇、村转移，努力做到小病在社区、不出村。探索建立社区医生“守门人”制度，建立规范的转诊制度。二是要充分发挥保险经办机构对医疗机构和参保者的控费作用。一方面要代表参保者通过与医疗机构谈判，通过单病种付费、按人头预付、总额预付等结算方式，加强对医疗机构的监督和控制。同时，通过制定差别报销比例等方式，引导和教育患者尽量在基层就医。三是建立全国统一的基本药物制度。基本药物必须是国产药或国外过了专利期的仿制药，医生开药必须优先使用基本药物，非基本药物不得在医疗保险基金中报销。四是卫生行政部门要加强对医疗机构收入的监控。控制医疗机构年度总收入的增长比例和药品收入占总收入比例。

（四）严格控制医疗机构建设规模，限制其盲目发展建设

可借鉴三国控制医院发展建设的经验，采取措施，加强政府在医疗机构发展建设方面的宏观调控：一是严格医疗机构发展建设项目审批。通过同行评议等方法，严格确定医疗机构固定资产投资项目，固定资产投资既要符合政府制定的区域卫生规划，又要合理确定医疗机构建设规模和设备配置标准。二是国家支持公立医疗机构的基本建设、大型设备购置等发展建设支出。三是严格控制医疗机构的贷款行为。原则上不允许公立医疗机构采取贷款方式进行发展建设，对确需用贷款增加的重大项目，要进行严格的项目论证，并对贷款总规模进行严格控制。四是控制医疗机构对外投资行为。不允许公立医疗机构用资产进行对外投资。

（五）完善医疗机构补偿机制，加强对医疗机构内部运行机制的监管

尽管药品加成政策不是中国的“专利”，但是考虑到该项政策已被扭曲成为医药费用失控的重要因素，因此，可以研究逐步取消药品加成政策。推进公立医疗机构内部分配制度改革，加强对人员费用支出的管理。建立医疗机构绩效考评制度，并依据考评结果核定绩效工资总额。实行岗位绩效工资制度，医务人员工资主要根据其工作的数量和质量确定，而不是与服务收入挂钩。加强对医疗机构运行情况的监控。研究建立各级各类医疗机构信息网络系统，定期汇总公立医疗机构收入、支出、结余情况和资产负债状况以及相关的业务信息，加强对医疗机构运行情况的财务分析。有关信息要及时向社会披露，促使医疗机构不断提高财务管理水平和医疗服务水平。加强对医疗机构的审计监督。建立医疗机构年度审计制度，明确通过会计师事务所对医疗机构会计报表等进行规范的审计。

（六）推进防治结合，探索整合公共卫生资金与基本医疗保障资金

目前，我国疾病预防控制机制、妇幼保健机构在职人员达 37 万多人，再加上计划生育技术服务机构人数会更多，这与美国疾病控制机构的 8000 人形成了

鲜明的对比。因此，下一步要研究整合公共卫生机构，精简人员，明确界定其职能，可首先实行省以下垂直管理，条件成熟时过渡为全国垂直管理。为了推动“预防为主、防治结合”，鼓励医疗机构更加重视预防工作，可以借鉴三国的做法，探索将公共卫生资金交由医疗保险经办机构统一使用，医疗保险经办机构将公共卫生资金与医疗保障基金“打捆”，按照单病种付费、按人头预付、总额预付等方式向医疗服务机构支付。在近期，可选择部分地区在城市社区卫生服务机构和农村乡镇卫生院开展试点。

（2007 年）

高效的澳大利亚医疗卫生体制

澳大利亚医疗卫生体制是其“高福利制度”的重要组成部分，虽然面临着人口老龄化、医疗费用快速上涨、公立医院人满为患、两级政府互相推诿等种种问题和挑战，但是全民享有基本医疗保障，能够方便地买到政府补贴的廉价药品，在公立医院免费就医，为其政府所津津乐道。平稳发展中求突破，澳大利亚的医疗卫生体制带给我们很多启示。

一、“全民医保”的医疗保障制度

澳大利亚医疗保障制度由“一个核心，两个补充”组成。“一个核心”是由联邦政府支持的全民医疗保障制度——“医疗照顾”（Medicare）。“两个补充”是商业医疗保险激励计划和终身医疗保险计划，满足不同人群对个性化医疗服务的需求。

（一）医疗保障制度的核心——Medicare

澳大利亚自 1984 年开始在全国实行全民医疗保障制度 Medicare，澳大利亚所有公民、永久居留者以及一些与澳大利亚签订了协议的国家公民，都可以享受 Medicare 提供的医疗保障。2008 年，在 Medicare 注册的居民达 2170 万人，几乎覆盖了澳大利亚全部人口。

1. 保障方式和水平。

（1）医保服务项目目录。类似于中国的医疗保险报销目录，Medicare 也制订了相应的医保服务项目目录（Medicare Benefits Schedule，以下简称“目录”），规定了纳入 Medicare 报销范围的医疗服务项目。目录对服务项目有详细的说明，并规定了具体的收费标准。目前目录涵盖 6143 项医疗服务项目。但与中国医疗保险报销目录不同的是，此目录不包含药品，实行严格的“医药分开”。卫生与老年事务部成立了两个专门委员会负责目录的更新与修订。

（2）一般报销政策。关于住院费用的报销。公立患者（Public Patient）在公立医院发生的住院费用全部免费，包括医药费用，相对应的是患者不可以自由选择医生，而由医院指定。而对于私立患者（Private Patient）在公立医院或私立医院发生的住院费用，Medicare 仅报销目录规定的收费标准的 75%。其余部分、如床位费、药品费等则由私人保险或患者个人负担。私立患者可以自由选择医生，医生也可以收取比目录规定的收费标准更高的费用。

关于全科医疗服务费用的报销。Medicare 对全科医生提供的全科医疗服务按照目录规定的收费标准予以全额报销。医生对患者的收费存在两种方式，一是按照目录规定的收费标准收费，个人凭医保卡免付医疗费用（称为 Bulk Billing），每月全科医生向医疗保险局递交账单进行报销。医生采用此种收费方式的好处是可凭低价吸引患者就医；Medicare 也可借此控制医疗费用的上涨。2008—2009 年度，73.9% 的医疗服务是采用此种收费方式的。二是收取高于目录规定的费用，由于澳大利亚社会老龄化问题趋于严重，医疗服务需求增加，排队时间越来越长，目前越来越多的医生倾向于收取更高的费用。

关于专科门诊服务费用的报销。与全科医疗服务不同的是，无论专科医生收取的费用是多少，Medicare 只报销目录规定收费标准的 85%，其余部分由患者或私人保险支付。

（3）医疗照顾安全网（Medicare Safety Net）。Medicare 除按照目录规定进行正常报销之外，还对个人自付部分设置了兜底机制，即考虑到因大病或慢性病需要长期治疗等原因还是会导致个人自负部分过高，因此建立了医疗照顾安全网，所有个人、家庭全年自负医疗费用（分两种差额类型）累计达到一定限额，就可享受额外的医疗费用报销。具体情况如表 1 所示。

表 1　　Medicare 安全网

个人自负的差额类型	居民身份	年累计限额	超过年累计限额后的额外报销政策
目录规定的收费标准与报销标准之间的差额	所有居民	358.9 澳元	按照目录规定的收费标准 100% 报销
医生收取的费用与 Medicare 实际报销额之间的差额	一般居民	1111.6 澳元	报销该差额的 80%
	社会福利卡持有者	555.7 澳元	报销该差额的 80%

2. 医疗费用支出情况。从历史数据来看，Medicare 支出规模自 Medicare 建

立以来就一直成上升趋势，总支出从1984—1985年度的22.8亿澳增长到现在的143亿澳元，年均增长7.95%，高于GDP的增长速度。人均年报销费用从1984—1985年度的144.5澳元增长到现在的658.9澳元，年均增长6.52%。且人均年报销费用自2004年以来增长速度比以前年度有明显加快的趋势。对Medicare的费用支出越来越成为联邦政府财政的主要负担之一。

3. 管理和运作。澳大利亚卫生与老年事务部是Medicare的主管部门，负责有关政策的制定。按照澳大利亚政府政策制定与执行分离的理念，具体经办由澳大利亚医疗保险局负责，它隶属于——澳大利亚国民服务部（与卫生与老年事务部是平行的部门）。医疗保险局和卫生与老年事务部以备忘录的形式就所需提供的服务达成协议。2009年6月，澳大利亚医保局共有5887名员工，比2008年减少了27人，平均每万人口配备2.71名员工。其中大约21%的员工为兼职。2008—2009年，医保局预算总额（不含医疗费用报销支出）为7.139亿澳元，按全年报销143亿澳元医疗费用计算，每报销1澳元医疗费用的成本是0.0499澳元，较低的行政成本费用仰赖于完善的信息网络系统。Medicare的信息网络系统基本延伸到了所有的医疗服务提供者。

4. 公众对Medicare的满意程度。2008—2009年度，医保局一共处理了2.94亿次医疗费用报销，人均年报销13.55次，比上年13.02次上涨了4%。从医保局接到账单到处理账单的时间平均为2.8天，比上年度缩短了0.8天。Medicare年报公布的患者对Medicare的满意度达93%，医生对Medicare的满意度达74%。此外，考察组还对普通居民进行了随机访问，大部分受访居民表示满意Medicare提供的医疗保障，尤其是凭医保卡免付医疗费用的付费方式（Bulk Billing）大大方便了居民就医。

（二）“两个补充”——商业医疗保险激励计划和终身医疗保险制度

Medicare的报销政策建立了这样一种激励机制，即为缓解公立医院人满为患的压力，引导更多的人使用私立医疗服务，澳大利亚政府先后推行了商业医疗保险激励计划和终身医疗保险制度，鼓励人们购买商业医疗保险。

1. 商业医疗保险激励计划。澳大利亚政府自1997年7月开始实施该计划，无论其个人或家庭收入的高低，对所有购买商业医疗保险的个人或家庭给予所缴保费的30%的补贴，对老年人的补贴甚至更多（35%或40%）。2008—2009年度，共有550万人享受了此项补贴，补贴总额度达40亿澳元。

2. 终身医疗保险制度。为鼓励年轻人尽早购买商业保险，2000年，澳大利亚又实施了终身医疗保险制度，旨在通过保费上的优惠鼓励人民在年轻时尽早购买、并终身保持商业医疗保险。即越早购买商业医疗保险者，所需支付的保费就越低；反之，越晚就越高。具体规定是，凡是在30岁以后才购买商业保险的人，其保费每年递增2%。此制度实施后，2000年3月到9月之间，实际购买商业保险人数大幅上升，增幅达40%左右，全国约有45%的人购买了商业医疗保险。

但从2003年开始，参保人数又有一定的下降。

此外，联邦政府要求所有高收入人群（年薪超过5万澳元）应该购买住院商业保险，如未购买，则需缴纳额外的医疗保险附加税（税率为个人收入的1%）。

二、“医药分开”的药物制度

澳大利亚实行严格的医药分开制度，所有医疗服务提供机构，包括公立医院、私立医院、私人诊所等都不允许出售药品。与Medicare制度相配套，联邦政府建立了药品补贴计划（Pharmaceutical Benefit Scheme，PBS）。该计划始于1948年，规定政府对药价进行补贴，以使人们能够方便地买到廉价的药品。

（一）覆盖人群及涵盖药品——范围广

药品补贴计划覆盖澳大利亚所有公民、永久居留者以及一些与澳大利亚签订了协议的国家公民。目前，药品补贴计划涵盖600多种处方药，2600多种品牌，基本保证了患者用药需求。一般非处方药，如保健药品、维他命等，不包含在补贴计划内。

（二）管理和运作——严格的审核

药品补贴计划由澳大利亚卫生与老年事务部主管，负责政策制定。具体经办则由澳大利亚医疗保险局负责。由于药品补贴计划每列入一种新药，政府支出就将增加1000多万澳元，因而澳大利亚对列入药品补贴计划的药品审核和管理十分严格。在药商提出申请后，必须先后经过“国家治疗物品管理局”和独立的“药品补贴顾问委员会”的审核，才能进入补贴计划。之后还要进一步受到“药品补贴定价局”的审核。这是一个完全独立于政府的专门机构，负责对被列入药品计划的药品提出定价建议。成本最小化是药品补贴定价局坚持的基本原则，新列入药品的价格不能高于药品补贴计划目录上已有同一种类药品的价格，同时还必须保证该药同样的疗效。因此在非专利药品没有不可替代的优势的情况下，定价局倾向于选择非专利通用名药品。按规定，纳入补贴计划的通用药品的价格比同类品牌药价至少低12.5%以上。

（三）普通居民享受的福利——“廉价”的药品

药品补贴计划采取共付制，即政府和个人共同负担药品费用，但以政府承担为主，药品对于居民来说可以说是十分“廉价”。具体规定是，对药品价格中个人支付部分封顶，2009年1月1日起，一般居民单位药品价格支付的封顶线是32澳元，即无论药品成本是多少，个人凭医保卡对单位药品最多支付32澳元，社会福利卡持有者的封顶线只有5.3澳元。药品的其余成本都由联邦政府承担。

此外，为进一步减轻居民的用药负担，澳大利亚政府还建立了个人药费负担兜底机制——“药品补贴计划安全网”，规定了个人或家庭年累计自付药费的限额，一旦超过了限额，药品价格中个人自付部分封顶线将大幅降低，一般居民对单位药品最多支付5.3澳元，社会福利卡持有者将不再支付任何费用。具体情况如表2所示。

表2 药品补贴计划安全网

居民身份	年累计自付药费限额	超过限额后单位药品个人自付部分封顶线
一般居民	1264.9澳元	5.3澳元
社会福利卡持有者	318澳元	0澳元

每年澳大利亚政府都根据物价等因素对以上封顶线和限额进行调整。

（四）政府对药商的补贴——艰难的磋商

澳大利亚市场上供应的药品主要来源于跨国制药公司，50%以上的药品都来自于进口，本土民族制药产业通常很少生产药品活性成分，而是主要从事成型和包装加工。因而，在澳大利亚药品产业链中，药品经销商占据主导地位。从1990年开始，每五年澳大利亚政府都要与药商协会就药品定价机制进行谈判。由于药品价格中个人自付部分封顶，药品定价的高低直接决定了政府补贴的多少，因此谈判过程非常艰难。根据2005年双方签订的第四次协议（2005年12月—2010年6月），一般零售药品价格包含四部分：药品出厂价、药品批发差价、药品零售差价和药剂师咨询服务费。

1. 药品出厂价。由政府与药商协商确定。政府按照药品通用名确定补贴额度。无论列入补贴计划的药品的品牌，政府对同一种类（同化学名）的补贴额度都是按照其中成本最低的一个药品来确定的。如果患者选择了高价的品牌药品，患者需自负超出政府补贴价格以上的那部分差额。

2. 药品批发差价。指批发价和出厂价之间的差额。从2006年7月起，药品批发利润率从11.1%下调至7.52%，并设置了批发利润的封顶线，即若药品生产价格高于930.06澳元，批发利润统一封顶为69.94澳元。

3. 药品零售差价。指零售价和批发价之间的差额。零售差价根据出厂价处于不同价格区间适用不同的差价政策，具体如表3所示。

表3 药品零售差价规定

出厂价	零售差价
180澳元以下	出厂价的10%
180澳元和450澳元之间	统一定为18澳元
450澳元和1000澳元之间	出厂价的4%
1000澳元以上	封顶为40澳元

4. 药剂师咨询服务费。指药剂师配发药品的劳务补偿。配发成品药的服务

费定为5.19澳元，危险药品为2.71澳元，现配药品为7.19澳元。此外，对于出厂价在32澳元以下的药品，药剂师还可收取少量的其他费用。

虽然政府对药品补贴计划所涵盖的药品数量进行了有效的控制，但政府为药品补贴计划支付的费用仍逐年增长，尤以近几年的增长速度最为显著。2008—2009年度，政府为药品补贴计划支出72亿澳元，比上年度66亿澳元上涨了9%。共补贴了1.82亿项药品，人均补贴8.39项。

（五）公众对药物制度的满意程度——满意但知之不深

考察组随机访谈发现，居民普遍认为药品价格比较便宜，在可承受范围之内，但对政府实施的药品补贴计划认知度不高，不了解其能够享受“廉价”的药品是因为政府对药价进行了补贴所致。此外，卫生与事务部的一位官员谈到，一种药物是否能纳入药品补贴计划对药商的影响很大，因而各利益集团的干预已使药物补贴计划逐渐上升成为一个政治问题，而不单局限在医疗卫生领域。

三、“层次分明”的三级医疗卫生服务体系

（一）初级医疗卫生服务——全科医生健康“守门人”制度

Medicare规定，患者如果需要接受政府补贴的医疗服务，须先到全科医生诊所就诊。全科医生能够处理绝大多数就诊患者的问题，只有11.5%的患者被转诊。绝大多数全科医生（78%左右）以私人行医的方式开业。澳大利亚强调建立以初级卫生保健为主导的卫生体制，2005年，澳大利亚全科医生共有36300人，平均每千人口1.78人，多于绝大多数发达国家。

（二）二级医疗服务——专科医疗服务

专科医疗服务指由私人专科医生或者医院门诊部所提供的专家服务。按照医疗保险的报销规定，接受专科医疗服务需要出示全科医生的转诊单。2005年，澳大利亚专科医生有23600人，平均每千人口1.16人，少于大部分发达国家专科医生数。

（三）三级医疗服务——住院服务

澳大利亚医院主要提供住院和急诊服务。医院以公立为主，近70%的床位由公立医院提供。2006年，澳大利亚共有1291家医院，其中755家是公立医院。每千人平均拥有床位数4张，其中公立医院2.67张，低于工业化国家的平均拥有量。私立医院536家，规模通常较小，主要提供择期手术等专科服务。

1.“人满为患”的公立医院。澳大利亚政府清醒地认识到，在公立医院就诊完全免费的情况下，人们的医疗服务需求是永远无法满足的。因此，一方面，政府对公立医院的建设规模实行严格的审核和管理；另一方面，采取严格的分诊排队制度，保证危重患者的医疗需求。同时，采取按疾病诊断相关组（DRG）

付费方式，促使公立医院提高服务效率。

（1）“供方控制计划”。公立卫生机构的固定资产主要由州和特区政府投入，因而控制固定资产投入成为政府有效控制医疗服务需求，遏制医疗费用上涨的重要策略之一。公立医疗机构新增固定资产需经过严格的多级评审。医疗机构先提出服务计划，经州和特区卫生部门审核后，还要接受内核财长的审批。近10年，澳大利亚固定资产呈总体上升，但周期性波动的趋势。

（2）“需方诱导计划”。严格控制公立医院资源，与消费者需求的迅速增长形成矛盾。为此，澳大利亚采取了严格的标准化候诊排队制度，急诊和住院服务依病情的需要排先后，保证危重患者的医疗需求。这样也促使部分排号靠后的高收入患者选择到私立医疗机构就医，从而缓解了公立医院的压力。澳洲政府制定了全国统一的服务时限标准，但患者平均候医的天数却仍逐年延长，从2001年的27天上升到了2006年的32天。

（3）按疾病诊断相关组（DRG）付费方式。为促使公立医院提高服务效率，澳大利亚在20世纪90年代引进了按疾病诊断相关组（DRG）向公立医院的付费方式。不同于单病种付费，它考虑了医院的整体运行管理，而不仅仅是个别病种的成本管理。在采用该付费方式后，政府对公立医院的管理方式也发生了变化，很少再干预医院的管理，而转向购买服务的方式。同时，公立医院也可以向私立医院转包全部或者部分服务，政府甚至也可以直接向私立医院购买服务。

（4）两级政府投资方式。澳大利亚公立医院属各州和特区政府管辖，但是经费则来自于联邦和州/特区来自于两级政府。1984年开始，每5年两级政府共同协商形成协议，约定联邦政府对公立医院的补助额度，以及州和特区政府管理的公立医院需要提供的服务和达到的绩效指标。公立医院总筹资呈逐年增长趋势，从1997—1998年的139亿澳元增长到2007—2008年的307亿澳元，年均增长8.3%。其中，联邦政府投入120亿澳元，占39.2%，州和特区政府投入162亿澳元，占52.8%。

（5）公众对公立医院的满意程度。根据考察组的随机访谈结果，公众对公立医院的服务质量一般表示满意，但普遍反映候医时间太长，病情不能及时得到救治。

2. 竞争中求发展的私立医院。Medicare的引入，曾一度对私立医院产生了严重的冲击，为扶持其发展，缓解公立医院压力，同时与公立医院形成良性竞争，政府之后推出了商业医疗保险激励计划和终身医疗保险计划。但是，为避免医疗资源的过度和不均衡提供，澳大利亚也对私立医院采取限制性规划措施，采用了按人口数量计划医院总床位的做法，私立医院床位执照的获得必须在总的卫生资源规划内。

四、“以社区为中心”的公共卫生服务体系

澳大利亚公共卫生服务主要由政府保障，由社区卫生服务中心提供服务。少

部分私立医疗机构如全科医生也可提供计划免疫服务。社区卫生服务中心包括综合性的社区卫生服务中心、妇女卫生服务中心、妇幼保健站和社区护理服务中心等。社区卫生服务中心主要提供公共卫生、医疗辅助、护理、牙科等服务，部分社区卫生服务中心也提供全科医疗服务。大多数是政府主办的公立医疗机构（约500多家），但政府也从私立医疗机构（主要为非营利组织）购买服务。

澳大利亚公共卫生经费呈逐年上升趋势，从2001—2002年的13.6亿澳元上升到2007—2008年的21.6亿澳元，年均增长8%。公共卫生经费主要用于计划免疫（17.1%），专项健康促进（17%）、两癌筛查（13.4%）、传染病防治（11.9%）和危险药品的预防控制（11.8%）。

五、"快速上涨"的医疗费用

澳大利亚卫生体系是一个在政府高度调控下公私立共存的混合体。政府卫生投入在卫生总费用中占很大比重，政府财政总支出中，卫生支出也占主要部分，因此，国家医疗卫生资金的筹集、分配和流向，以及对卫生费用的调控和管理，一直以来都是澳大利亚政府极为关注和重视的问题。

（一）资金来源

2007—2008年度，澳大利亚卫生总费用为1035.6亿澳元，比1997—1998年的448亿澳元上涨了131%，年均增长8.74%，占当年GDP的9.1%，高于国际经合组织国家的平均水平。其中，政府投入711亿澳元，占68.7%，个人支出占16.8%，商业保险占7.6%。自1997—1998年以来，这个比例相对保持稳定，略有波动。人均费用4874澳元，比1997—1998年的2407澳元上涨了102%，年均增长7.3%，也高于国际经合组织国家的平均水平。

1. 各级政府间责任划分。联邦政府是卫生服务的最大投入者，但是受宪法条文的限制，联邦政府的大部分卫生支出，需要拨付给州和特区政府进行管理和使用。为保证州和政府执行联邦政府的卫生政策，澳大利亚特意设立了跨政府委员会，协调两级政府间卫生事务。委员会由联邦卫生和老年事务部部长和各州/特区卫生部长组成。州和特区政府的财力远远不足以应付宪法规定的提供医疗服务的职责，因而必须依赖于联邦政府的补贴。但由于种种原因，联邦和州/特区政府在补贴额度，即投入方面的责任划分上并不明确，经常会发生扯皮推诿现象。澳大利亚的第三级政府——地方（市、镇）政府，只负责一些确定的社区卫生服务和社会服务，并从上级政府获得相应资金，不负责任何与临床相关的医疗服务。

2. 联邦政府的投入。联邦政府卫生筹资主要来源于税收，包括个人所得税和医疗保健税（Medical Levy，税率为个人收入的1.5%）。高收入但未购买住院商业保险的人还要缴纳医疗保险附加税（税率为个人收入的1%）。医疗保险税和医疗保险附加税远不能满足政府卫生投入的需要，近几年，这两项税只占联邦政府卫生投入的18%。大部分资金还是来源于个人所得税。此外，联邦政府还负责征收商品和服务税，但全部税款都按一定因素分配返还给州和特区政府，用于包括医疗卫生服务在内的各项开支。2007—2008 年度，联邦政府财政支出中医疗卫生投入约占 15.8%，返还给州和特区政府的商品和服务税约占 16%。

3. 州和特区政府的投入。州和特区政府的筹资来源也是税收，包括联邦政府返还的商品和服务税、印花税、工薪税等。通常州和特区政府用于医疗卫生方面的开支占其预算的 40% 左右。

（二）资金流向

1. 联邦政府卫生支出构成。2007—2008 年，联邦政府卫生支出 448 亿澳元，主要包括直接卫生投入（包括 Medicare，药品补贴计划、护理院补贴等）260 亿澳元，占 58%；对州和特区的医疗卫生专项拨款（包括对公立医院的补贴和推动系统改革奖励资金等）113 亿澳元，占 25%；对商业医疗保险的补贴 36 亿澳元，占 8%；为退伍老兵及其家属支付的专项医疗补贴 34 亿澳元，占 7.6%（见图 1）。

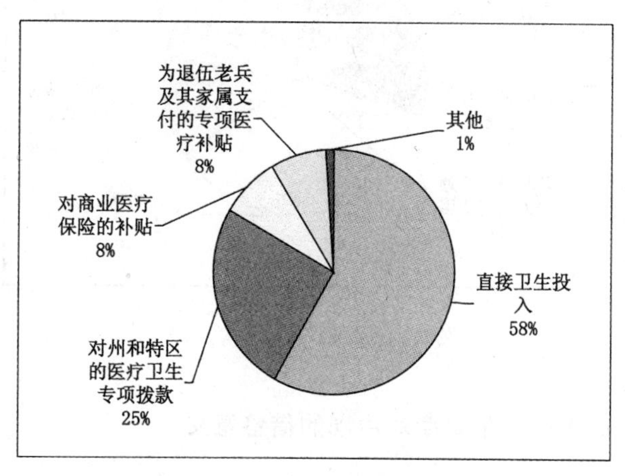

图 1　联邦政府卫生支出构成图

2. 州和特区政府卫生支出构成。2007—2008 年，州和特区政府卫生支出 264 亿澳元，其中约 67.9% 都投入到了公立医院，约 19% 投入到了社区卫生（见图 2）。

3. 个人现金支出构成。2007—2008 年，个人现金支出 178 亿澳元其中牙科服务费用占 22.2%（牙科服务费用不能报销），医疗服务费用占 12.2%，药品补贴计划个人共付费部分占 7.4%，其他药物支出（主要为药品补贴计划范围外的药品，如各种保健药品等）占 29.1%（见图 3）。

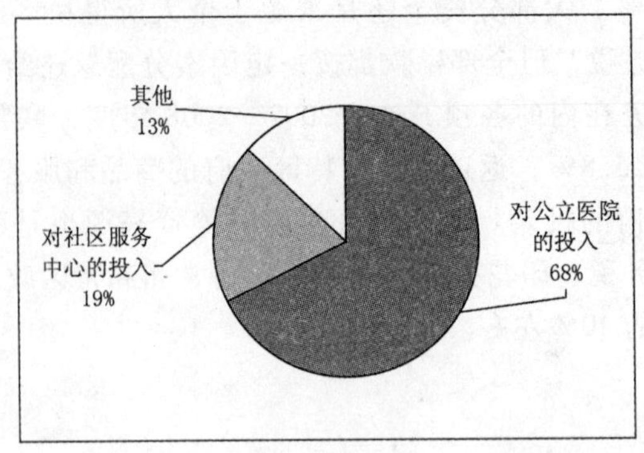

图 2　州和特区政府卫生支出构成图

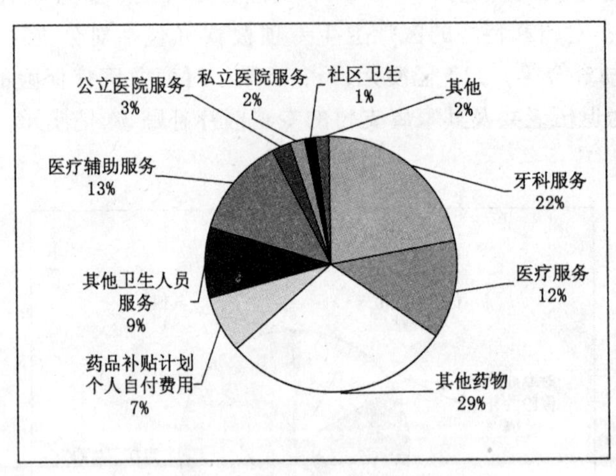

图 3　个人现金支出构成图

六、澳大利亚医疗卫生制度对中国的借鉴意义

澳大利亚基本国情与我国相差较大。其国土面积相当于整个西欧或美国，但人口只有 2200 万左右，地大人稀，经济发展较好，人均 GDP 在经合组织国家中排名第 8 位。但就某些具体方面而言，澳大利亚也面临着与我国相似的问题，如政府投入占主导地位、医疗费用飞速上涨、公立医院供需紧张等，因而其医疗卫生体制对我国有一定的借鉴意义。

（一）充分发挥“资金杠杆”的作用

澳大利亚医疗卫生领域的筹资主要来源于政府，这就为政府对资源的计划调控提供了有力的武器。政府充分发挥手中“钱袋子”的作用，通过资金杠杆控制卫生服务的政策走向。如联邦政府作为 Medicare 的主要出资者，要求医疗服务提供方必须共享医疗服务信息；作为药品市场上的唯一买方，与药商进行谈判协商药品定价机制；作为向州和特区政府管理的公立医院提供补贴的条件，要求公立医院必须达到一定的绩效考核目标等。我国目前正在进行深化医药卫生体制改革，并承诺在未来3年内增加8500亿元支持五项重点改革，应借鉴澳大利亚的经验，在拿出“钱袋子”的同时，充分发挥资金杠杆的作用，控制政策向我们预期的方向靠拢。

（二）计划过程中运用市场的手段

虽然澳大利亚政府掌握了大部分的卫生资金，但无论是公立服务机构还是私立服务机构，都拥有独立自主的管理权，且政府对卫生服务的管理权被各级政府、部门以及利益集团瓜分，任何一家权力机构对卫生服务的计划调控能力都是非常有限的。因而，澳大利亚各部门在计划调控过程中，十分重视并运用市场的原理和手段，制度设计中通过建立有效的激励机制以达到预期的政策目标。如为引导患者首先到全科医生处就医，将 Medicare 对全科医疗服务的报销率提高到100%；为鼓励人们更多的使用非专利通用药，将非专利通用药作为纳入药品补贴计划的优先选择；并通过商业医疗保险激励计划和终身医疗保险计划，鼓励人们购买商业医疗保险。我国目前正在进行的公立医院改革试点是医改中的难点之一，也是因为公立医院的自主管理能力已大为增强，单靠行政命令强推改革已无法行得通；并且对医疗卫生领域的管理权限也分散在不同部门，同澳大利亚一样，单个部门的管理权限也十分有限。因而，在计划调控的过程中充分运用市场的手段，在制度设计中建立良好的激励机制，医疗卫生市场中的各个独立决策者才会在激励机制的作用下趋向于既定的政策效果。

（三）大量使用政府“购买服务”

澳大利亚政府坚持政策制定、执行和监管“三权分立”的原则，政府活动的各个层面都大量使用了“购买服务”的方式。政府间是如此，卫生和老年事务部向医疗保险局购买服务，联邦政府向州和特区政府购买服务，政府和公立医疗机构间也是如此，多数州和特区政府对公立医院都引入了按疾病诊断相关组（DRG）付费机制，减少了对公立医院的干预，向公立医院购买服务；在公立医疗机构无法满足需求时，也向私立医疗机构购买服务。采取购买服务方式，将政策制定和执行相分离，便于对服务提供的效率进行评估，从而促使服务提供方不断改进服务质量，同时也把政策制定者从琐碎的经办事务中解放出来，能够花更多的精力改进和优化政策。因而在我国医改中大力推行购买服务，将政府的角色从“办服务”转换到“管服务”，有利于提高医疗卫生服务效率和卫生资金使用效率。

（四）医疗服务和药物界限分明

澳大利亚实行严格的“医药分开”制度，所有的医疗服务者都不允许出售药品，患者只能够到符合一定资质条件的药店里购买药品。澳大利亚重视发挥药剂师的作用，Medicare 规定医生的处方单上必须注明所开药品的通用名，除非医生有特殊说明，否则药剂师可建议患者将专利药更换为价格更为低廉的非专利通用药。严格的医药分开，从根本上消除了“以药养医”的制度根源，医生没有了显著的利益驱动开大处方、开贵药，辅之以政府以唯一的买家身份与药商协会确定药品定价机制，保证了药品费用支出的增长在可控范围内。我国“以药养医”已经造成了种种社会问题，医生掌握了“绝对的”的处方权，药剂师的作用十分局限。可借鉴澳大利亚严格的医药分开和“强制在处方单上注明通用名”的作法，加强药剂师对医生处方权的监督，控制药品费用合理增长。

（五）注重初级医疗卫生服务

澳大利亚强调建立以初级卫生保健为主导的卫生体制。患者首先在全科医生诊所就医，转诊率也只有 11.5%，一定程度上避免了患者的过度医疗行为。而且相对于公立医院昂贵的运行费用，社区全科医生诊所的费用相对低廉许多。再者，大部分诊所为私人诊所，由 Medicare 向其购买服务，其服务的提供效率一般高于公立医疗机构。健全基层医疗卫生服务体系是我国医改五项重点改革之一，提高基层医疗卫生机构服务质量，吸引患者到基层医疗卫生机构就医，有助于缓解我国医院“一号难求”的现状，也有利于控制我国快速上涨的医疗费用。此外，在健全基层医疗卫生机构的同时，可借鉴澳大利亚的经验，采取政府购买服务的方式，进一步发挥私人门诊的作用，与公立医疗卫生机构形成良性竞争。

（六）实行严格的区域卫生规划

澳大利亚不但对公立医院的固定资产投资实行严格的多级审核制度，对私立医院的执照也要根据确定的区域卫生规划发放，甚至对药店的地理位置也有具体的要求，以保证医药服务可及性的同时避免资源浪费。而我国对公立医院的规模实际为软约束机制，部分地区缺乏科学的卫生区域规划，加上对公立医院监管松散，导致部分公立医院规模的盲目扩张和高负债率。地区间卫生资源分布不平衡，部分医院人满为患，部分医院门可罗雀。因此，加强区域卫生规划，合理控制公立医院规模，同时为私立医院留下发展空间，是我国政府职责中急需弥补的缺位。

（2010 年）

五、社会救助部分

关于建立农村老年津贴制度的思考

一、问题的提出

由于我国农村人口众多，农村经济基础薄弱，政府的财力有限，农村缺乏普遍实行社会养老保险的经济基础，必须因地制宜、循序渐进，分阶段、分步骤地推进农村养老保险事业。

在目前难以普遍建立农村养老保险制度的情况下，有一种观点认为，应在整合农村五保供养、计划生育奖励扶助等制度基础上，建立老年津贴制度，对70岁以上的老年人按月给予生活补助，以弥补农村养老保障的缺失，保障农村老年人基本生活。

在农村建立老年津贴制度，对70岁以上老年人给予生活补助，对老年人实行优待，实质上是一种福利制度。这种做法，是养老敬老的一种具体体现，我国自古有之，国外也有类似的做法。

二、中国古代有关养老敬老概述

中国的传统文化是一种尊老文化，养老敬老是中华民族的优良传统，几千年来代代相承不息。

中国的尊老文化可以上溯到殷商时期，甲骨文中就发现了“孝”字的存在，同时，殷商时期还普遍存在着祭祀考妣的制度，这说明中国自殷代起就有了“孝”的观念。《礼记·祭义》强调“孝有三。大孝尊亲，其次弗辱，其下能养。”儒家将子女对父母的态度从“能养”，提升到了“尊”与“敬”的高度。儒家还把《孝经》列为十三经之一，使之在中国传统文化体系中享有了重要位置。西汉“罢黜百家，独尊儒术”之后，更进一步确立了《孝经》的经学地位，这在我国的思想史、文化史和社会史上都具有重要的意义，它标志着维系家族血缘关系的“孝”的思想，已经成为国家思想的一部分。

中国历代封建政府皆以尊老养老作为治国的根本，强化了家庭家族观念。在中国古代孝不仅仅是社会伦理道德的规范，而且在政治理论与政治实践方面上升到了基本国策的地位。这种情况始于汉代，刘汉王朝一经建立就开始推行“以孝治天下”的治国方略。在汉王朝的大力提倡下，孝亲尊老的风尚，逐成为中华民族的传统美德。以后的历代王朝，都实施了孝亲尊老的政策。中国特殊的文化传统认为家国同构，即国是由家组成的，家是国的缩小，国是家的放大。家以父为中心，国以君为中心，在家孝顺父母尊长，在外则奉国尽忠。这样就以治国为目的，在全社会范围内建立起了以血缘为基础的明确区分长幼、尊卑、上下等级的家庭宗法制度和社会秩序。

（一）中国古代有关养老敬老的政策

1. 实施优抚养老政策。历代的统治者了为维护社会稳定，显示其仁政，在养老敬老中起着积极倡导作用。优抚政策主要表现在：（1）赐物。统治者定期或不定期地赐给老者一定的衣物、器具、食品等，以示关怀，这是古代最常见的敬老措施。唐朝对高龄老人封以朝大夫的官职，赐予粟、帛、被褥、几杖等物品。明代将对贫穷老年者的照顾列入规章。明太祖朱元璋在洪武十九年（1386年）下令“八十以上无产者，按月给米五斗，肉五斤，酒三斗，九十以上每年加赐帛二匹，絮一斤”。明天顺八年（1464年）令“凡民年七十以上者，免一丁差役，每年给酒十瓶，肉十斤。八十以上者，加赐绵二斤，布二匹。九十以上者，给予冠带，每年设宴招待一次。百岁以上者，给予棺具”。清朝顺治元年规定，“军民年八十以上者，赏绢一匹，棉花十斤，米一石，肉十斤；九十以上，加倍给予”。清雍正四年，又遍赏全国70岁以上老人钱物。每逢朝廷庆典时，请政府通常也会对老人有所赏赐，如康熙60大寿时，即“凡兵民男妇自六十五岁以上者，赐缎匹衣服及银两有差”。（2）提倡敬老。为提高老人地位，提倡敬老风气，历代朝廷都举行“千叟宴”，请全国各地老人来京都。朱元璋在位时曾特别规定“诏天下民五十以上者来朝京师，访民疾苦”月。清朝康熙、乾隆年间曾多次在京城举行“千叟宴”，皇帝亲自下诏书，请年龄在60岁以上有一定名望者来京欢宴。（3）给侍。给侍是唐代敬老的创举，就是派专人去服侍老人。唐太宗曾下诏赐给90岁老人粟三解，百岁外加绢一匹，并派人专门服侍。（4）授衔。北魏太和十七年，孝文帝令“百年以上假县令，九十以上赐爵三级，八十以上赐爵一级”。这些措施的实行，对宣扬敬老风气、提高老人地位大有裨益，也在一定程度上起到了保障老人生活的作用。

2. 为养老敬老创造条件。历代皇朝为了减轻老人辛苦，纷纷创造养老条件，减轻租调，免除征役，保证养老能力，以利老有所养。唐代规定，老男用二十亩可以免除老人捐税。明代规定，男子16岁以上为成丁，必须为官府服徭役，满

60 岁方可免徭役。在汉代，不仅是免除老人自身徭役，对拥有高龄老人的家庭，为了保证子女有能力、有时间供养老人，国家也给予一定的优待。如汉景帝时规定，“高年九十者一子不事，八十者二算不事。”这是以优待孝子的形式鼓励孝养双亲。

3. 给老人以特权。(1) 赐杖。在中国古代，手杖不仅是帮助老人行走的器具，而且是尊老敬老的礼节。《礼记·王制》篇载：“五十杖于家，六十杖于乡，七十杖于国，八十杖于朝。”赐杖是当时朝廷给老人特权的证明。汉代《王杖诏书令》记载：“年七十始，授之以王杖。”持这种特别手杖的人，“入宫廷不趋”，“吏民有敢殴辱”者，处以“大逆不道”罪孽。(2) 科举优待。一方面对科举不设年限；另一方面嘉奖年高考生，对年高考生，由郡县礼送京师，年高中考者，“若年六十以上，七十以下者，当置翰林，以备顾问。”(3) 倡导社会养老敬老。汉武帝元年，就命令各地“举孝廉”作为官员的人选。国家对无子女供养其生活的老年人，实行社会部分的公养公助制度。中国从汉代开始，对不在家庭养老之内的老人和贫穷有病的老人实行公养公助。这项支出来自乡里和家族筹划的公产、祠产、义田、义仓和庙产，由乡老和族长来管理。

4. 用法律来保障。历代的法律对老人都特别宽容，对辱老者则克以重刑。(1) 对老人的宽容。古代就有“八十九十耄耋虽有罪，不加刑焉”的做法。历代对老人犯罪都从轻处罚。(2) 对辱老者则克以重刑。

（二）古代养老敬老的民间做法

1. 尽孝。“养老敬老”中，“敬老”一般是指满足老年人的精神需要，通过年轻人学习老年人的经验知识，肯定老人为社会所作贡献而达到；“养老”则更多地是指满足老人的物质供给和生活照料的需要，使老年人在为社会耗尽毕生精力后能终养天年。

与养老敬老密切相关的是“孝”字。何谓“孝”？《尔雅》曰：“善父母者为孝。”《说文解字》中解释为：“孝，善事父母者，从老省，从子，子承老也。”“孝”字是由“子”和“老”字组成的象形文字，如同是子用头承老人、服侍老人行走之貌。古代将“孝”看作是养老敬老的同义词，“孝”的基本涵义等同于养老敬老。

怎么行“孝”？民间最通常的做法就是厚待老人。老人饮食要优于壮年，“六十宿肉，八十常珍。”从衣着方面也对老人尊崇，庶人衣褐，老人衣帛。

2. 重视敬老的各种礼仪。古代的养老敬老之礼，其要旨在于使尊重老人成为社会道德的首要标准，养老敬老的思想由此得到了具体实施。在重大节日要先行敬老之礼，是民间不成文的规矩。最典型的是辞旧迎新的春节，不管晚辈在外做什么，也不管路途有多远，新年之前都要赶回家中给父母行叩头礼拜年，体现了中国人尊敬父母、尊敬长辈的风俗。其次是清明节。从唐玄宗开元二十年(732 年）下诏规定清明节前一日为寒食节—扫墓之日以来，每逢清明节，子女都要去父母、祖父母坟上上供，这具有明显的尊老敬老意义。还有重阳节，阳与寿相同，重阳具有敬老祝寿之意。

（三）中国古代养老敬老的思想渊源

儒家倡导的“孝”文化是中国养老敬老的思想渊源。儒家提出，“孝者，德之本也”，“夫孝。天之经也，地之义也，民之行也”，“人之行莫大于孝”等，其实质是宣传以养老敬老为核心的孝悌之道。

儒家又根据“己欲达而达于人”的原则，提出“老吾老以及人之老”，将孝道从家庭推广到社会。儒家对“孝”伦理思想的积极阐发，使原本具有外在强制性特征的“孝”转化为人们自觉的道德行为。这种承认、崇尚养老敬老道德的儒家思想，在中国文化史上占有重要的地位。

三、国外对农村老年人养老优待的有关情况

随着社会经济发展和社会保障制度的推进，一些国家为农民提供了基本社会养老保障。具体来讲，有的采取非缴费性的农民养老福利制度，有的不加区别地将农民纳入国民养老保障体系，也有的则专门建立了针对农民的养老保险制度。

（一）纳入非缴费性的国民养老保障制度

建立非缴费性养老保障制度的主要是英国及英联邦国家、北欧以及非洲等一些发展中国家。此类国家奉行福利国家理念，建立全民普享的公共养老保障制度，农民也同样享受公共养老金待遇。这种模式的特点是，待遇全国普享，一般实行等额养老金，替代率比较低，养老金水平与个人收入无关，资金来源于国家公共税收，个人无需缴纳任何费用。加拿大、瑞典、丹麦、澳大利亚、新西兰等属于这种情况。

（二）建立社会救助养老保险计划

南美的阿根廷、巴西、智利、玻利维亚，非洲的南非、纳米比亚、毛里求斯等国家，由于农民等低收入群体普遍比较贫困，缴费能力弱，国家建立社会救助养老保险计划，实行非缴费性的养老保障制度，通过政府筹资为主体的多方筹资渠道，为农村老年人提供一定水平的社会救助性养老金。但这些国家没有普遍实行农村最低生活保障制度。

（三）政府给予一定的补助金

在美国，对于收入不足维持最低生活标准的老人，政府给予随生活指数调整的补助金。

（四）亚洲一些发展中国家的做法

印度有20%—30%的人口生活在贫困线下，为避免出现“因老返贫”现象，作为扶贫政策，政府向低收入和没有供养人的65岁以上老人提供每月5美元补贴。由于无法进行资产核查，只能将5美元按月发给65岁以上老人（不分城乡居民）。养老金的数额很少，只能勉强维持生存。经济相对落后的越南也以实行“米保障”这种特殊方式建立了农村养老保障制度。

（五）受中国儒家文化影响的东亚国家积极倡导家庭养老

在发展农村养老保险的同时，注重家庭养老作用的发挥。新加坡、日本、中国台湾地区的经济发展水平都很高，老年人与子女同住的比例都在70%以上，其中新加坡高达85%。在新加坡，政府将家庭养老看作是东方一种优秀的传统，并十分推崇三代同堂这种传统的家庭模式，并指出奉养父母是子女应尽的责任。在20世纪80年代的新加坡，大家庭在申请“政府组屋”时，就比小家庭有利得多。在日本，战后颁布的新宪法和新民法，明确规定了直系血统、兄弟姐妹、夫妻之间有相互扶养的义务，并且在注重发挥家庭功能的基础上制定有关社会保障政策和制度，发挥家庭的同居赡养功能。从20世纪80年代末开始，又进一步修正了以前偏重老人福利设施的倾向，把老人福利的重心转移到居家福利模式上。

四、目前我国各地对农村老年人养老和优待的具体做法

1. 2000年开始，广东省东莞市在全国第一个建立起城乡统筹、社会统筹与个人账户相结合的农民基本养老保险制度，实现养老保障制度由城镇向覆盖城乡的转变；随后，江苏省昆山市也在全市范围内建立起城乡统筹的农民基本养老保险制度。农村老年人享有与城镇职工同样的基本养老保障待遇。

2. 2004年，上海开始对65周岁以上的老年农民实行了养老金托底政策，目前标准为85元/月，无需缴费即可享受。

3. 四川省成都市对达到法定退休年龄的被征地农转非人员，由征地部门一次性为其缴纳10年的基本养老保险费和住院医疗保险费，并从次月开始按月领取养老金，享受国家规定的基本养老金调整待遇，享受城镇职工住院医疗保险待遇。

4. 山东、江苏、浙江、广东等经济发达省市的局部地区，对农村老年农民实行退休政策，由农村集体组织负担全部经费，农民年满60岁或65岁即可享受退休政策，领取一定数额的退休金。

5. 2002年北京市建立了城乡低保制度，农村居民最低生活保障标准为每年1000元。对60岁以上老年人等特殊困难人员，救助标准在低保标准的基础上提高了5%—10%的救助系数，同时还每人补助40元的粮油帮困卡。

6. 不分城市和农村，对百岁和高龄老年人实行优待政策。从1998年起，吉林省、云南省等20多个省份对百岁以上老年人，由政府给予特殊生活补贴（各地名称不一，如长寿补贴、营养补贴费、长寿保健补助费、健康补贴等等）。数额最高的深圳，每人每月300元；最低的是辽宁省，城市不低于每月50元，农村30元；还有的由市、县人民政府自定标准。对百岁以上老年人，各地普遍实行每年至少一次或定期为其免费体检。

此外，西藏自治区规定，对90—99岁的老人，每人每年发放不低于500元的健康补贴；对80—89岁的老年人，每人每年发放不低于300元的健康补贴。湖北省规定，各地可根据当地财力情况适当放宽发放年龄和增加发放金额。陕西省规定，各市、县政府对90—99岁的高龄老人，每人每月发给不低于50元的生活保健补贴，所需资金由市、县财政共同负担，各地应根据当地经济发展状况，逐步提高高龄老人的生活保健补贴标准。甘肃省按照属地管理、分级负责的原则，对95—99岁的老年人，每人每年发放不低于500元的生活补贴，对90—94岁老年人，不低于300元。江西省除对百岁老年给予保健补助外，提倡对本地高龄老人每月发放一定数额的生活补贴。广东省规定，有条件的地方，可对高龄老年人、长寿老年人发放生活补贴和长寿补贴，并应根据社会经济发展情况逐步调整补贴标准。

各地还普遍建立和完善了医疗救助制度，把城市无劳动能力、无生活来源、无法定赡养人的“三无”老人，农村“五保”老人和符合低保条件的城乡贫困家庭老年人按规定纳入医疗救助范围。农村“五保”老人和贫困老年人参加新型农村合作医疗制度，符合救助条件的，可按规定帮助其交纳个人应负担的全部资金。鼓励各地在开展新型农村合作医疗工作中，结合本地实际，对农村70岁及以上老年人给予适当的政策优惠。村集体经济组织对参加农村合作医疗的老年人给予照顾。医疗机构为老年人医疗保健提供方便和优先优惠服务。大部分地方医疗机构免收老年人普通门诊挂号费，减免贫困老年人家庭病床出诊费。卫生部门根据各地的实际情况，组织医护人员为本地老年人开展巡诊、送医、送药上门服务，并为高龄老年人每年提供一次免费体检。

全国各地还普遍对老年人实行优待政策。例如，对70岁以上老年人持敬老优待证进入公园和旅游风景区，参观展览馆、纪念馆、博物馆，城区内乘坐公交车等实行免费，对60岁以上、70岁以下老年人实行半费。对老年人到医院看病就诊，进入电影院、文化宫、体育馆等文化娱乐场所，乘汽车、火车、客轮等给予优惠照顾。对老年人实行法律援助，缓交或减免诉讼费，农村60岁以上老年人不承担地方义务工、积累工。

五、对我国建立农村老年津贴制度的不同观点

对建立农村老年津贴制度，主要存在赞成和反对两派不同观点。

（一）赞同的观点

1.“家家都有老，人人都会老”。建立农村老年津贴，以保障老年人基本生活需要为目的，提供最基本的经济来源，使农村老年人老有所养，有利于农村老年人安度晚年。

2. 在面向农村高龄老年人基本养老保障中，要强调政府的责任。在农村养老保险制度尚未全面建立的情况下，政府出资为老年人提供基本保障，体现了政府的基本责任和义务。

3. 弥补农村养老保险制度的缺失。建立农村老年津贴制度，明确政府的有限责任，实施扶助养老，借助财政扶持，使老年农民真正脱离贫困。

4. 从文化背景看，支持农村老年人口的经济保障对中国比对任何一个发达国家都具有积极的意义。与西方不同，在我国受传统文化的影响，老年人口享有崇高的社会地位。老年人口不仅应在经济上“老有所养”，政府还应把尊老养老上升到了政治的高度。

（二）反对的观点

1. 区别于西方的个人主义，我国农村居民的一切社会活动均以家庭为最小单位的基本单位展开。具体到养老制度来看，由于家庭在文化以及社会生活中的核心地位，农村养老主要是在家庭中进行的，中国农村在相当长的时期内还需要家庭养老。

2. 我国农村老年人在最基本生活需要方面已有一定的制度保障。在发展中国家，实行农村老年人救助养老制度，是在没有完善的救济救助制度和最低生活保障前提下的制度安排，而在我国农村，在已有救济救助政策的基础上，又普遍建立了农村最低生活保障制度，已形成一道防止因老致贫、因老返贫的最后屏障。

3. 建立农村老年津贴，实质上是给予老年人的一种福利。在社会保障体系建立过程中，按发展次序，应优先建立低保等救济救助制度，防止农村老年人因老返贫；其次是建立基本养老制度；再次才是完善福利制度。从保障水平看，低保是保障最低水平生活所必需，保障水平最低；基本养老保障是保障其晚年基本生活，保障水平高于低保线；福利是在前两者基础上提供的自主选择性政策安排。在基本养老保障还未建立的情况下，就全面建立农村老年津贴，是发展次序上的颠倒，应先建立基本养老保障制度，再建立具有选择性和差异性的福利制度。

4. 在农村地区经济发展水平差异较大情况下，也难以建立全国统一的农村老年津贴制度。据有关统计资料，2004 年，全国农村居民人均生活费支出前 5 位地区为：上海 6329 元、浙江 4659 元、北京 4617 元、广东 3241 元、福建 3016 元；后 5 位地区为：贵州 1296 元、甘肃 1464 元、西藏 1471 元、云南 1571 元、陕西1618元。最高的上海与最低的贵州相差近5倍。全国农村恩格尔系数前5位地区为：西藏0.64、海南0.59、贵州0.58、四川0.56、重庆0.56；后5位地区为北京0.32、上海0.35、天津0.39、浙江0.39、陕西0.42。最高的西藏与最低的北京差1倍。如果出台全国统一政策、统一标准的老年津贴，难以体现对农村老年的公正和公平待遇，而且在部分经济发达地区会出现与已有政策的抵触，弱化现有政策的作用力度。

六、对建立农村老年津贴制度的意见

1. 在相当长的时间内，对农村老年人要注重发挥传统的家庭养老功能。我国是一个有着优秀传统文化的国度，尊老敬老是我国优良的传统美德。在《老年人权益保障法》中，明确指出了我国老年人养老主要依靠家庭，从而使家庭养老模式法律化，加强了家庭养老模式的生命力。在探索我国农村社会养老保险的过程中，亟需弘扬孝道传统，以家庭养老作为农村社会养老保障的一大重要支柱，政府要强调与保护老年人受赡养的权益，增强养老法制观念，特别是要宣传《老年人权益保障法》，宣传“老年人养老主要依靠家庭”的方针，宣传赡养老人应履行“对老年人经济上供养、生活上照料和精神上慰藉”的义务，切实维护法律的尊严。

2. 借鉴新加坡及其他国家的作法，对于农村家有老人的三代同堂贫困家庭，定期不定期给予经济补助，在老人医疗保健方面给予照顾和优惠，从制度设计上提高农村群众赡养老人的家庭责任。

3. 在整合农村五保供养、计划生育奖励扶助等制度基础上，建立对农村高龄老年人的非缴费性养老保障制度。五保供养，主要是针对农村失去劳动能力和没有生活来源的部分老年人晚年生活的一种保障，资金也主要依靠政府提供，实际上具有养老保障的性质和作用。计划生育奖励政策，既是对计划生育的一种直接和间接的经济补偿，也是对农村独生子女和双女户家庭老年人的生活保障，而且年满60岁以后才能领取，具有养老保障的功能和作用。在整合政策的基础上，建立针对部分农村老年人的非缴费性养老保障制度，既可提供一个更大的政策平台，又可获得一定的资金来源，减少制度的筹资压力。当然，这种保障只能是低水平的保障，政府应该负的责任是保障他们的基本生活需要。

4. 如果目前建立农村老年津贴制度，建议由各省（区、市）根据本地实际情况制定具体政策，资金来源于地方各级政府，允许政策和标准上存在合理的差异。国家不出台全国统一的政策和标准，可在宏观层面给予指导，待条件成熟后再予以统一规范。

（2007年）

建立与物价变动相适应的城乡最低生活保障标准调整机制研究

一、低保标准制定及调整的现状

目前，我国对低保标准的计算方法及调整机制只做了原则性规定，即按照当地维持城乡居民基本生活所必需的衣、食、住、用水、用电、用燃煤（燃气）等费用确定，并随着当地生活必需品价格变化和人民生活水平提高适时进行调整。但未明确规定具体的计算方法和调整措施。由于低保标准的制定权限在县及县级以上人民政府，低保的具体管理工作主要在基层政府，在实施低保制度的过程中，各地结合本地实际，探索了不同的低保标准计算方法，如“市场菜篮子法”①、“恩格尔系数法”②、“比例法”③ 等，各地低保标准的调整机制也不尽统一。

从已经建立调整机制的地区看，在与物价变动相关联方面，主要有以下调整措施：一是低保标准与居民消费价格指数（以下简称 CPI）挂钩。即低保标准根据 CPI 的变化而进行相应调整。安徽、海南等省份采取了这种方法。二是低保标准与低收入群体居民消费价格指数挂钩。即低保标准随低收入群体居民消费价格指数的变化而进行相应调整。浙江、江苏等省份采取了这种做法。三是低保标准与生活必需品价格指数挂钩。即低保标准随生活必需品价格的变化而进行相应调整。北京、天津等省份采取了这种做法。四是低保标准与食品价格指数挂钩。即低保标准随食品价格指数的变化而进行相应调整。济南等城市采取了这种做法。

在与居民收入相关联方面，主要有以下调整措施：一是设立调整参数。即通

---

① “市场菜篮子法”又称“预算标准法”，是贫困线计算方法中发展最早、应用最广泛的一种方法。早在 19 世纪末，英国人布思和朗特利在研究伦敦的贫困问题时开始采用这种方法。该方法首先要求确定一个生活必需品清单，包括维持社会认定的最起码生活水平的必需品的种类和数量，然后根据市场价格来计算拥有这些生活必需品所需现金。

② “恩格尔系数法”是德国统计学家恩斯特·恩格尔在 19 世纪提出的。根据满足生活需求最低营养摄取标准确定食品消费项目和数量计算出食物消费支出，再看食物消费支出占总支出的比重大小，用来衡量人们实际生活水平的高低，进而间接反映地区民众的生活水平。

③ “比例法”包括两种，一是平均收入比例法，将一个国家或地区居民收入平均水平的一定比例作为该国家或地区的贫困线；二是收入等份比例法，将居民按收入分成 5 或 10 个等份，确定总人口中收入最低等份的人口所占比重，得到最低收入人口家庭贫困线。

过综合考虑居民消费价格指数、社会保障相关标准、居民人均可支配收入、社会平均工资、财政承受能力等参数，调整低保标准。北京市采取了这种做法。二是与居民收入挂钩。即按居民人均可支配收入的一定比例相应提高低保标准。江苏省采取了这种做法，规定低保标准分别按照当地上年度城镇居民人均可支配收入和农村居民家庭人均纯收入的20%—25%比例，综合确定当年城乡低保标准。三是与最低工资挂钩。即按当地最低工资标准的一定比例相应增加低保标准。浙江省采取了这种做法，规定城市低保标准一般按当地最低工资标准的40%确定；农村低保标准原则上按城市低保标准的60%确定。

二、低保标准调整存在的问题

影响低保标准的关键因素主要有两个：一是物价变动。自建立低保制度以来，我国物价总体上呈现平稳发展趋势，甚至在1998—2001年间，CPI连续21个月呈负增长。自2003年1月份开始，CPI扭转了负增长态势，到2006年年底，CPI一直维持在比较稳定的态势。这一时期，尽管物价有所上涨，但是变化比较平稳，对低保标准也没有构成太大压力。然而，自2007年2月份以来，这种情况发生了较大改变。随着市场上猪肉价格的大幅上涨，带动了其他副食品和商品价格普遍上涨，造成CPI持续走高。2008年2月份的CPI达到8.7%，创下12年来的新高。在此过程中，食品价格上涨幅度远超过CPI。二是居民收入。改革开放以来，我国经济高速增长，国内生产总值年均增长率约为10%，居民收入快速增长。尤其在1993—1995年间更是以超过20%的幅度增长。但这一时期，我国低保制度还处于试点阶段，并未在全国推广，因而居民收入增长对低保标准的调整未构成压力。1997年后，受国际经济形势的影响，我国居民收入进入缓慢增长阶段，对低保标准的调整仍未构成压力。进入21世纪后，我国居民收入进入快速增长期。“十五”期间，全国城镇居民家庭可支配收入年平均增长9.6%。2005年，全国城镇居民年家庭可支配收入首次突破万元大关，扣除物价因素影响，与2000年相比增长58.3%。

不难看出，低保标准的制定和调整要保证科学、合理、权威，必须充分考虑上述两个基本因素。但受传统社会救济标准制定方式的影响，我国在实施低保制度之初，仍然沿用了传统的定期定量救济标准的计算模式，以定量（即适当考虑维持当地居民衣食住行等基本生活必需品支出水平，按每人每月固定标准救助）和定性（即将贫困人群按残疾、老年、失业等划分为不同类型分别给予救助）相结合的方式确定低保标准，缺乏科学依据，导致低保标准调整方法各异，畸高畸低，不够规范、严谨，救助效果受到影响，低保家庭的保障程度不尽如人意。

目前各地低保标准制定及调整存在以下几方面的问题：

1. 计算方法欠规范。大多数地区（尤其是在县一级）制定低保标准时，并非严格执行如“市场菜篮子法”等低保标准的计算方法，而是根据当地的生活水平、财政承受能力来确定低保标准。特别是受地方财政负担能力的约束，使低保标准制定方法不够规范，导致各地低保标准相对偏低或与经济发展水平差距增大。

2. 物价变动调整机制不完善。主要体现在以下方面：（1）物价变动时往往“跟着感觉走”，缺乏调整的科学依据。（2）调整周期长短不一。有的地方调整比较频繁，基本上能“跑赢”物价；有的地方则因调整周期过长，往往落后物价的增长。（3）多采取单一的应急性调整措施，通过发放临时价格补贴方式提高低保补助水平。（4）低保标准的调整参照依据主要是CPI、低收入居民消费价格指数、生活必需品价格指数和食品价格指数。这些调整参数的选择难以充分满足现行低保标准的调整需要。

3. 居民收入调整机制不科学。主要是调整的参考依据设置不科学，尤其是与最低工资挂钩。由于最低工资本身缺乏动态调整机制，致使低保标准的调整跟不上居民收入水平的变化。

因此，建立统一、规范的最低生活保障标准制定和调整机制，已成为一个急需解决的现实问题。

三、改革低保标准制定和调整机制的建议

（一）建立统一、规范的低保标准制定的计算方法（即确定标准）

尽管目前《条例》和《通知》都对低保标准制定和调整作出了规定，但规定过于原则。建议在中央层面统一出台《关于进一步规范城乡居民最低生活保障标准测算方法有关工作的指导意见》，指导各地建立统一的低保标准制定的计算方法。统一标准制定的计算方法，有利于确定符合当地实际的科学、合理、权威的低保标准；有利于提高救助对象的瞄准率；有利于低保制度“保障基本生活”目标的实现；有利于缩小地区、城乡之间低保标准的差距；有利于规范低保管理，减少“看米下锅”和盲目攀比等现象的发生。低保标准制定的统一计算方法建议采用“马丁法”①，即由“基本食品标准加最低非食品标准构成的低保标准（公式：低保标准 = 基本食品标准 + 最低非食品标准）。“马丁法”将绝对贫困线和相对贫困线有机地结合起来，形象直观，方法便捷，因而被发展中国家应用于社会救助制度。通过与“市场菜篮子法”、“恩格尔系数法”、“比例法”等上述常用贫困线的比较研究发现，“马丁法”在可操作性、数据的可获得性、理论的完备性等方面具有优势，而且与低保制度维持基本生活的目标相一致，因此应成为低保标准的计算方法。

① “马丁法由世界银行专家马丁·瑞沃林（Martin Ravallion）等人提出。该方法要求在确定基本食品支出的基础上，通过有关统计资料建立家庭总支出与食品支出之间关系的数学模型，进而计算出贫困线。其主要构成包括家庭基本食品支出和最基本的非食品必需品支出。

（二）建立与物价变动和居民收入挂钩的低保标准调整机制（即调整标准）

调整机制主要包括三方面内容：（1）建立物价变动与基本食品标准之间的联动机制，根据食品价格指数的变化，每年对低保标准中的基本食品标准进行调整。同时考虑到低保标准的刚性，只能升不能降，因此，凡出现食品价格指数下降的情况，将不调整基本食品标准。基本食品标准调整的计算公式为：上年度基本食品标准×上年度食品价格指数。（2）建立居民收入与最低非食品标准之间的联动机制，根据居民收入水平的变化，每年对低保标准中的最低非食品标准进行调整。居民收入水平可采用城镇居民家庭可支配收入、农村居民家庭纯收入等指标。最低非食品标准调整的计算公式为：上年度最低非食品标准×上年度城镇居民家庭可支配收入的增长指数（1+增长率）或农村居民家庭纯收入的增长指数（1+增长率）。（3）除上述对基本食品标准和最低非食品标准的年度调整之外，还应建立临时物价补贴和五年评估两种调整措施。一是启动临时物价补贴措施。必须具备的条件是：连续3个月CPI累计上涨达到或超过3%。二是建立5年一评估措施。评估的主要内容包括最低热量支出状况、热量的食物分配情况、低收入居民“恩格尔系数”变化情况等。

（三）提高低保标准的管理层次

建议低保标准管理权上移，中央和地方各级政府的管理责任为：（1）中央确定低保标准的热量支出标准和计算方法等基本原则。（2）省级民政、财政、统计、物价等相关部门在综合考虑本地区城乡居民生活习惯和生活方式，经济发展水平、居民收入和物价变动等因素，按照中央制定的基本原则，确定本地区低保标准的具体计算方法。（3）省级以下政府依据本省确定的低保标准具体计算方法，将相关数据套用到计算公式中，即可得到本地区的低保标准，并定期调整和发布，据此认定低保对象并发放低保金。低保标准管理权限上移后，低保制度的管理体制也应做相应调整。包括根据调整后的事权，如何按照财权与事权相匹配的原则，适当减轻县级财政的负担，增加省级和中央财政责任。

（四）建立城乡基本一致的低保标准计算方法

由于我国农村的特殊性，如缺少农村食品平均零售价格的国家统计数据；农村的大量自产生活必需品的数量和价格难以确定等，以“马丁法”为计算方法，客观上不能完全适用于我国农村低保标准的制定，因此，现阶段可考虑按照“马丁法”计算出本地区低保标准后，对该标准作适当的修正来确定农村低保标准。具体有两种选择：一是按有食品自产能力和无食品自产能力将人群划分为两大类。对有自产能力的家庭应扣除按市场价格计算其自产食品的价值，来确定基本食品标准。对无自产能力的家庭（如失地农民、残疾人、老人和儿童）则不予扣除，全额适用“马丁法”计算出的基本食品标准。二是直接参考城镇食品零售价格指数的一定比例作为农村低保标准中基本食品标准的计算依据。

（2010 年）

关于农村特困群众生活救助情况的调研报告

一、有关情况

目前，全国大多数省（自治区、直辖市）已建立和实施了自然灾害救助、农村五保供养、农村特困户生活救助、农村医疗救助，以及教育、住房和司法救助等政策措施，农村特殊困难群众社会救助制度体系已初步形成。从调研的 7 省区情况看（详见表 1），青海、陕西、甘肃、宁夏和新疆地处西北，经济欠发达，群众生产生活条件较艰苦，农村贫困面广，但社会救助面较窄；江苏为东部经济发达省份，贫困面小，社会救助范围较宽；江西作为中部省份，具有中等经济社会发展水平，农村社会救助情况也居于东西部地区之间。

表 1　2005 年青海、陕西、新疆、甘肃、宁夏、江西、江苏基本省情和农村社会救助情况

	总人口（万人）	农村居民人均纯收入（元）	绝对贫困人口（万人）	贫困发生率（%）	救助对象人数（万人）	其中：五保对象（万人）
全国	130756	3255	2365	3.5	2241	380
青海	543.2	2165	40.7	11.5	24.4	1.5
陕西	3720	2052	201.6	7.2	97.6	8.5
新疆	2010.35	2482	49.5	5.1	16.1	4.6
甘肃	2594.36	1980	166.2	8.1	18.7	3.8
宁夏	596.2	2509	12.4	3.0	20.5	1.4
江西	4311.2	3266	114.9	3.5	146	21.5
江苏	7474.5	5276	12	0.2	116.7	12.3

说明：①总人口数为全国和各省（区）2005 年底人口数，数字来源于国家和各省（区）统计公报；②贫困人口与贫困发生率数字来源于国务院扶贫开发领导小组办公室；③救助对象数字来源于民政部财务司统计，包括各省特困户生活救助、低保和五保供养之和。

从7省区农村特困群众生活救助资金投入情况看（详见表2），各地认真贯彻落实中央要求，立足当地实际，积极调整支出结构，多渠道筹集救助资金，加强规范使用管理，推进社会救助工作的开展。

表2　2005年青海、陕西、新疆、甘肃、宁夏、江西、江苏农村救助资金投入情况

	财政收入（亿元）	财政支出（亿元）	救助资金投入（万元）
全国	31628	33708	585880
青海	63.33	169.76	3055
陕西	274.98	641.1	11879
新疆	180	516	1373
甘肃	123.38	428.04	3028
宁夏	47.7	158.7	2859
江西	252.9	562.8	26227
江苏	1322.68	1652.83	60894

说明：①各省（区）财政收入和财政支出为地方一般预算收入和预算支出，数字来源于各省（区）统计公报；②救助资金投入，数字来源于民政部财务司统计。

从农村特困群众生活救助制度设计看，青海、陕西和江苏的做法分别代表了目前我国农村特殊困难群众生活救助制度的三种模式，即特困户定期定量救助、独立的农村最低生活保障和城乡一体的农村最低生活保障制度。尽管三种制度模式在救助对象、救助标准、核算方式、发放方式、资金筹集等方面有所不同（详见表3），但都采取给予困难群众定期生活补助的方式，有效地避免了以往临时生活救济的随意性与不确定性，为妥善解决困难群众生活问题提供了制度保障。从全国总体情况看，目前，北京、天津、河北、山西、内蒙古、辽宁、吉林、黑龙江、上海、江苏、浙江、福建、河南、广东、海南、四川、陕西、江西等18个省（市、区）以及其他省份的一些县市共计2000多个县已经探索建立了农村居民最低生活保障制度；在尚不具备建立农村居民最低生活保障制度条件的地区，继续坚持“政府救济、社会互助、子女赡养、稳定土地政策”的原则，实行农村特困户生活救助制度。截至2005年底，全国共有825万人享受了农村居民最低生活保障，1067万人享受了农村特困户定期定量生活救济，380万人享受农村五保供养。

表 3　2005 年青海、陕西和江苏省农村特困群众生活救助制度比较

	青海	陕西	江苏
对象范围	人均纯收入低于贫困线的部分特困家庭（主要是因缺乏劳动能力的常年困难户）	人均纯收入低于当地最低生活保障标准的部分特困户（主要是因缺乏劳动能力的常年困难户和五保户）	人均纯收入低于当地最低生活保障标准的全部困难户
救助标准	不设最低生活保障标准，但依据贫困线选择救助对象	设最低生活保障标准，但低于国家绝对贫困线	设最低生活保障标准，高于国家绝对贫困线
救助水平	省政府统一确定，各地遵照执行，不考虑救助对象困难程度的差别	不严格核算对象的家庭收入和低保补差额，而是根据救助对象的困难程度进行分类，由省政府确定各类对象的救助水平，各地参照执行	严格核算家庭收入，按照人均纯收入与当地最低生活保障标准的差额进行补差
救助形式	实物救助为主，货币救助为辅	货币救助为主，实物救助为辅	全部为货币救助
发放方式	每半年发放一次，由乡镇政府发放	每半年或每季度发放一次，部分地区由乡镇政府发放，部分地区为社会化发放	每月发放一次，由金融机构实行社会化发放
资金筹集	省和市县财政按 8：2 比例分担	分级负担并注意适当减轻县乡财政负担	由市县财政安排，省财政设立专项，按市县财政困难程度和工作努力程度予以补助
资金管理	实行救助资金“专户管理、专款专用”	专户管理，封闭运行，专款专用，严禁挤占挪用	纳入社会保障财政专户管理，分账核算，专款专用

二、存在问题

目前，各地农村特困群众生活救助工作已取得了一些成绩，但仍存在一些问题。

（一）认识存在偏差，制度推进急于求成

2004 年，中共中央、国务院在《关于促进农民增加收入若干政策的意见》（中发［2004］1 号）中提出：“对丧失劳动能力的特困人口，要实行社会救济，适当提高救济标准”，“有条件的地方要探索建立农民最低生活保障制度”；2006 年，《中共中央国务院关于推进社会主义新农村建设的若干意见》（中发［2006］

1号）进一步提出："有条件的地方，要积极探索建立农村最低生活保障制度"。我们理解，这主要是从我国实际出发，考虑我国地区发展不平衡、农村人口多、财政负担能力等情况提出的，要求各地在先保障五保户、特困户等缺乏劳动能力的贫困群众基本生活基础上，然后再扩大覆盖面，逐步建立农村低保制度。在调研中我们感到，地方政府在建立农村低保制度问题上存在认识上的偏差，简单地将建立农村居民最低生活保障制度与党中央关于建设社会主义新农村和构建和谐社会的要求挂钩，在制度建设和救助标准上急于求成，未全面理解中央政策精神和充分考虑当地的实际。比如，有的地区虽建立了五保户供养、特困户救助制度，但标准低，缺口大，达不到救助效果；有的地区在现有制度尚未落实的情况下，就仓促建立农村低保制度；还有的地方虽然建立了农村低保制度，但财力和管理水平不能保障制度的正常运行，使制度成了"花架子"，资金撒了胡椒面。这些急于求成的做法，容易造成政府失信于民，不利于和谐社会的建立。

（二）救助政策多，缺乏合理衔接

由于历史原因，我国农村困难群众的生活救助政策较多，包括农村五保供养、灾民口粮救济，以及20世纪60年代精简退职职工救济等针对特殊对象的生活救助政策。从调研发现，这些救助政策执行不同的补助标准，管理较混乱，救助效果不尽如人意。一是救助对象重叠。突出表现在冬令春荒救济对象与五保户、特困户定期定量救助和农村最低生活保障对象的重叠。如青海、陕西两省，农村五保户、特困户或最低生活保障对象还同时享受冬令春荒救济补助。二是救助资金渠道分散。如陕西省商洛市商州区闫村乡花园村，调研组发现9岁孤儿李欢欢，一人持有农村五保供养证、最低生活保障证和灾民救助卡三项救助证明，分别从不同渠道享受五保供养、低保和灾民救助，以达到省里规定的720元标准。李欢欢的监护人对"两证一卡"感到不解，还向调研组的同志咨询救助标准。三是救助水平不衔接。如青海省农村五保供养标准为年人均1300多元，但一些困难程度与五保户相差无几的特困户，救助水平仅为年人均100元，差距很大；又如部分省份的20世纪60年代精简退职职工救济标准多年未做调整，甚至低于当地农村最低生活保障水平，引发了这部分群体的不满。

（三）财政压力大，救助政策不落实

从调研情况看，由于中西部地区财政困难，农村特困群众生活救助资金投入还难以满足实际需要。如陕西省，在设计农村最低生活保障制度时，将年人均纯收入低于国定贫困线（625元）以下的农村五保户和特困户纳入农村低保对象范围，预计保障45.8万人，年人均救助标准300元（五保户为720元），但由于特困群众数量大，制度实际运行半年后，全省低保对象增至97.6万人，年人均实际救助水平则降为180元。又如一些省反映，由于农村税费改革转移支付不足，一般优先用于村干部报酬和村办公费，五保供养资金难以保障。为了筹集资金，

西部一些地区将中央财政安排的特大自然灾害春夏荒和冬令期间口粮救济补助资金作为农村低保制度、特困户救助、农村五保供养的资金来源。

（四）地区间发展不平衡，呈明显的逆向发展趋势

从全国范围看，农村特困群众生活救助工作地区间发展很不平衡，呈现明显的逆向发展趋势。江苏等东部经济发达省份，保障范围宽，救助水平高；而青海、陕西等西部经济欠发达省份，国定贫困线下的贫困人口数量多，但救助面窄，救助标准低，部分特困群众生活还很困难（详见表4）。如陕西省咸阳市杨陵区农村最低生活保障标准为年人均1000元，并基本实行应保尽保；而经济条件差的商洛市农村低保标准为年人均625元，且难以做到应保尽保，目前主要保障了年人均纯收入低于325元的特困户。

表4　　2005年青海、陕西及江苏省农村特困群众生活救助工作情况

	救助对象占农业人口的比例	救助对象与绝对贫困人口数之比	低保与特困年人均救助水平（元）	年人均农村五保供养水平（元）
全国	2.1%	1：1.3	310	1196.15
青海	7.3%	1：1.8	103	1315.99
陕西	3.5%	1：2.1	180	591.06
江苏	5%	1：0.1	480	1716.88

说明：①为统一各省统计口径，救助对象数量为当地农村最低生活保障对象、特困户救助对象和农村五保供养对象数量之和；②陕西年人均低保水平由去年下半年情况推算得出。

（五）管理工作薄弱，制度执行随意性较大

社会救助制度是建立在收入核定基础上的，从调研情况看，除江苏省外，其他省、自治区没有根据本地区农村居民实际生活水平，制定规范的救助对象家庭收入核定办法，而是简单地套用国家贫困线，或采取目测加村民评议的办法确定救助对象。其结果：一是由于国家颁布的贫困线是全国平均水平，在一些地区国定贫困线高于当地村民的年人均收入水平，造成救助范围过大，只能在执行中调整救助标准。二是目测家庭收入，使核定救助对象带有很大的随意性。

三、几点建议

针对调研中发现的问题，提出以下建议。

（一）准确理解中央政策，建立与当地农村社会经济发展水平相适应的农村特困群众生活救助制度

保障农村困难群众基本生活，是落实科学发展观、统筹城乡和谐发展的必然要求，也是建设社会主义新农村、全面建设小康社会的重要内容。目前，各地在

全面建设城乡社会救助体系过程中，要避免搞“形象工程”、“政绩工程”，要充分考虑当地农村经济社会发展情况、管理水平，积极稳妥地推进农村社会救助体系，特别是农村低保制度的建设。在制度建设上，要先落实好已出台的各项社会救助政策，逐步提高救助水平，保障特困群众的基本生活。在救助层次上，要分清轻重缓急，采取分类救助方法，首先保障丧失劳动能力的特困人口。在此基础上，有条件的地方再探索建立农村居民最低生活保障制度。

（二）规范救助对象家庭收入核定，合理确定救助标准，注重提高制度的效率和效果

社会救助制度的核心环节：一是贫困线，反映一定收入以下的贫困人群，用于确定救助范围。二是收入核定，反映贫困家庭的实际收入，用于确定救助标准。因此，建立完善的农村社会救助体系，必须要制定规范的收入核定办法，并在此基础上合理确定救助标准。目前，各地采取简单地套用国定贫困线和低收入线的办法，是导致救助范围过宽或过窄、救助标准偏高或偏低的主要原因。由于我国地区间经济社会发展极不平衡，各地在确定救助标准时，要根据当地农村年人均纯收入、人均消费水平、人均生活水平等指标综合考虑，合理确定，而不宜简单套用国定贫困线、低收入线作为当地救助标准。否则，既会形成养懒人的负面效果，又将难以达到救助的效果。同时，还应考虑农民在享受国家扶贫、减免农业税、义务教育、粮食直补等各项惠农政策后减支增收情况，结合土地保障的实际，合理制定救助标准。无论是实行农村特困户定期定量救助制度，还是农村低保制度的地区，都应按照收入核定、动态管理的原则规范管理，提高制度的效率和效果。

（三）整合救助政策，加大资金投入，逐步完善农村社会救助体系

针对目前我国农村社会救助制度政策不衔接、多头管理、效率不高、救助效果不佳等问题，今后完善农村社会救助制度要重点解决以下问题：一是各项救助政策的衔接。要正确处理生活救助和扶贫开发的关系，定期救助与临时救济的关系，特困生活救助与精简退职老职工等特殊群体补助的关系，以及社会救助与社会福利的关系等，整合现行政策，厘清救助范围，促进部门职能转变，提高政策的公平性和有效性。二是整合资金渠道。目前，中央财政对地方开展的农村五保供养、医疗救助、救灾救济工作均给予了支持，但由于项目分散、资金渠道多和五保供养等资金分配不透明，导致地方难以统筹安排，资金落实不到位，救助效果不明显。鉴于此，为贯彻落实建设社会主义新农村要求，帮助困难地区做好农村社会救助工作，充分发挥中央财政补助资金效益，建议逐步整合中央补助资金渠道。从近期看，一是将中央财政安排的农村五保供养资金从税费改革专项转移支出中划出来，通过农村社会救济专项补助资金下达。二是将部分扶贫和退耕还林补助资金以及特大自然灾害春夏荒和冬令期间的口粮救济补助资金调整为农村

社会救济资金，用于解决包括灾民、库区移民等在内的农村特困群众的基本生活保障问题。从长远看，可考虑将中央五保供养资金、灾民口粮救济资金以及农村医疗救助补助资金等归并为农村社会救济补助资金，打捆拨付地方，由地方结合自己的财力，统筹安排用于五保对象供养和特困户最低生活保障和医疗救助。这样，既帮助地方履行其责任，也解决了中央财政补助资金渠道过于分散、效果不佳的问题。

（四）规范救助管理程序，建立救助对象信息档案，完善农村特困群众生活救助工作机制

在推进农村特困群众生活救助工作过程中，应进一步规范救助管理程序。一是坚持“公开、公平、公正”的原则，规范审核管理制度，明确个人申请——村民委员会评议——乡镇政府审核——县级民政部门审批的管理程序，实施民主评议，将救助对象和救助标准通过张榜公示接受群众监督。二是对救助对象实行动态管理和年审制度，将生活确已好转，收入稳定增加的人员，及时停止救助措施。三是规范申请、审批、资金发放等表格，完善救助对象基本信息档案管理，为下一步推进信息化管理奠定基础。另外，农村特困群众生活救助涉及面广、工作量大，需要加强部门协调配合，建立政府领导、部门配合、乡村落实的工作管理机制，加大政策贯彻落实的力度。

（五）尽快研究起草规范农村特困群众基本生活保障制度的指导意见

根据《国务院办公厅关于落实中共中央国务院关于推进社会主义新农村建设的若干意见有关政策措施的通知》（国办函［2006］13 号）要求，为贯彻落实中发［2006］1 号文件精神，加强调查研究，广泛研讨论证，在总结各地经验教训的基础上，起草关于逐步建立农村特殊困难群众最低生活保障制度的指导意见，就救助对象、救助标准、申请审批程序、管理体制、资金筹集与管理等问题，提出要求和指导性意见，以规范和指导全国农村特殊困难群众最低生活保障工作的开展。

（2006 年）

关于消费券发放情况分析及政策建议

在全球性金融危机的背景下，消费券陡然走红。从欧元之父蒙代尔到全国政

协委员何星亮，不少人都将消费券视为应对危机提振经济的一剂良药；从香港财政司司长曾俊华到新闻观察员白岩松，也有不少人认为应警惕消费券的副作用。那么，究竟何为消费券？何时发放消费券？如何发放消费券？消费券的功效又如何？我们试就此做一分析。

一、关于消费券的概念与发放情况

根据维基百科[①]上的解释，“消费券是专用券的一种，为实现经济政策的工具之一。当经济不景气导致民间消费能力大幅衰退时，政府发放给人民消费券，作为人民未来消费时的支付凭证，期待借由增加民众的购买力与消费欲望的方式以振兴消费活动，甚而进一步带动生产与投资等活动的成长，加速景气的复苏。虽然消费券是以促进消费为目的，但也可以作为社会救济工具之用。也有两者相混，既以振兴消费为目标，实施方式又如同社会救济。混合型的政策形成背景可能比较复杂，而非仅有经济考量。”

从国际经验看，德国、美国和日本曾在不同的时期发放过消费券。在德国，1933 年希特勒推出消费券计划，每周给民众发放小面额消费券以购买衣食等日常用品，甚至强制企业用消费券代替部分工资，德国的消费市场随之出现复苏。在美国，自 20 世纪经济大萧条以后，经济刺激方案大多以退税和放宽粮食券的发放为主。这次金融风暴中，美国粮食券发放金额比 2007 年增加了近 4 成，如纽约符合领取粮食券的人员每人每月可获得约 100 美元的粮食券，主要用于购买食品，不能用于购买烟酒等奢侈品。在日本，1999 年，为刺激内需，政府向 15 岁以下，65 岁以上的人员以及弱势群体发放每人 2 万日元，共计 6000 多亿日元的消费券。2008 年 11 月，日本政府再次宣布发放消费券，定额补助平均每人 1.2 万日元，在此基础上再向 65 岁以上和 18 岁以下的人员多发放 8000 日元，但这个计划却一拖再拖至今没能实施。

从国内情况看，2008 年以来，消费券如同雨后春笋般在神州大地上涌现。中央在春节前拿出专项资金 90.67 亿元，为全国 7570 万城乡低保对象、农村五保供养对象和优抚对象等人员以现金形式发放了一次性生活补贴。与此同时，很多城市也因地制宜，发放消费券。如成都购买超市现有的购物券，向约 38 万困难群众每人发放百元消费券，共计 3800 万元用于在规定时间内到指定商业网点购买粮油和日用品；杭州由市、区财政共出资 1 亿元向 67 万特殊群体发放消费券，其中中小学生每人 100 元，企业退休人员、享受城乡居民养老保险待遇人员、特困家庭成员、残疾人每人 200 元，之后又推出了专项用于困难企业职工、失业人员和应届大学毕业生教育培训的消费券，据不完全统计，发放两期消费券的成本约 300 万元，与消费券纪念册销售收入 1100 万元收支相抵尚有盈余；澳门向全区 52 万永久性居民发放了每人 5000 澳元的“红包”；台湾向当地居民每

① 维基百科（Wikipedia）是最有影响力的开放式网络百科全书（WIKI）之一。

人发放3600元新台币的消费券。一些企业也纷纷效仿，东方航空集团公司目前已发放了3000万元航空旅游消费券，旅客可用其在1年内抵扣东航指定的国内旅游线路的飞机票额；还有部分商家发放电器“消费券”、购房“消费券”。此后，重庆、南京、宁波、苏州、山东、上海、湖南、广东等地也纷纷推出消费券，发放形式越来越五花八门，旅游券、教育券、购房券、药品券等等层出不穷，发放“消费券”成为当下“时髦”之举。

二、关于消费券的发放效果分析

消费券是非常时期的非常措施，在应对金融危机，提升消费者信心、引导消费行为、激活消费市场，以及改善民生、促进就业等方面有一定的积极作用。主要表现在：

一是政府关爱，提振信心。国家在春节前为困难群众发放一次性现金补助，社会普遍认为，政府在经济形势严峻的非常时期，为困难群众派发春节“红包”，体现了与困难群众共克时艰的决心，为“寒冬”增加了暖意，给了大家“比黄金还金贵的信心”。同时，中央补助政策还引导地方自筹资金，对其他困难群众给予一次性补助，并继续开展节日走访慰问、临时救助等活动，保证城乡困难群众节日期间的基本生活。台湾地区发放消费券也提振了居民信心。马英九在领取自己和家人的消费券时对媒体说，台湾是金融危机后第一个发放消费券的地区，“感觉很好，觉得很光荣。”

二是刺激消费，拉动内需。成都是内地第一家发放消费券的城市，经了解，基本实现了预期目标，消费券实现全部真实消费。根据成都市财政结算数据统计，2008年年终发放的消费券，转化为真实消费的比率接近100%。这主要得益于消费券发放对象为消费需求较高的特殊群体，发放时机选择在春节前夕，人们采购年货的需求较大，消费主要集中在生活必需品方面，困难群众的消费需求有效释放，市场消费信心随之有所增强。同时，消费券扩大消费作用显现。如杭州市，已经回收的消费券中93%用于在连锁超市购买生活必需品，在“财政补一点，企业让一点”的双重刺激下，持券市民的消费热情逐步释放，在用完消费券后，自掏腰包购买所需商品，商品销售收入成倍增长。据统计，使用消费券的平均拉动作用为2.02倍，即花费100元消费券时，实际消费达到202元。

三是激活企业，促进就业。通过消费券的作用，实现消费增加带动生产增加、生产增加带动收入增加、收入增加又带动消费增加的良性循环，消费券拉动消费、扩大生产、促进就业的乘数效应初步显现。在杭州，由于使用消费券购买杭州产家用电器可以享受18%的优惠，有的品牌出现断货现象，不得不在节日期间加班生产。如数源科技公司在2009年春节期间增加了70名一线员工加班，初步估计杭州地区电视机生产计划将增加20%左右。华日公司原本计划2009年6月份才投入使用的生产线也提前启用。生产规模的扩大，直接加大了对上游产品或原材料的需求，如钢铁、塑料、能源、机床等，在一定程度上显现了消费券的乘数效应。

当然，消费券远非完美，不仅“药效”有限，还可能会导致一些副作用。具体而言：

一方面，消费券发放难以达到预期目标，发挥作用有限。日本1999年发放消费券效果不佳，仅有3成消费券被用于消费，而6成以上被转化成“储蓄”，当年日本境内因消费券带动的新增消费总额为2025亿日元，仅占名义GDP的0.04%。一些分析认为，日本消费券使用率低，一是由于一些有购物能力的消费券发放对象用消费券替代原有的购物计划，产生“替代效应”。二是由于消费券设计精美，一些人将其留作收藏，而不用于直接消费。此次发放消费券的成都和杭州等城市也反映，由于消费券发放资金规模较小，对刺激消费、拉动内需的作用有限。同时，临时发放消费券虽然可以通过刺激消费的方式缓和经济下滑带来的冲击，但是一次性的消费刺激，难以持续拉动消费有效增长。另外，北京等城市认为，低保等措施已经为低收入家庭提供了较为充分的保障，没有必要另设名目发放消费券以救助低收入人群。某种程度上，消费券与国家社会保障体系中的社会保险、社会救助等措施指向重合。

另一方面，消费券发放可能会产生负面影响。台湾举债发放消费券837亿元，印制、宣传、发放等成本花费超过19亿元，“发放消费券将导致赤字不断增长，台湾公共财务近年来的改善状况将会出现逆转”，这是路透社的评论，并称国际三大评级机构之一的惠誉评级已将台湾货币的评级从稳定调整为负面。国内发放消费券的一些城市认为，受资金规模限制，发放范围和标准有限，难以满足群众较高的心理预期，未纳入发放范围的其他困难群众特别是边缘群体存在抱怨情绪，容易引发攀比矛盾。另外，许多持券消费人员反映，个别地区（如杭州）使用“旅游券”存在指定消费、搭配现金等现象，也带来结账麻烦等诸多不便。

总体而言，从消费券发放情况的利弊分析看，适时适度地发放消费券会在一定程度上刺激消费、扩大内需、改善民生；但作为特定时期的临时政策，发放消费券，除了会产生“替代效应”、增加管理成本等问题之外，还难以从根本上提高居民收入，改变消费者的预期消费需求。从长远看，扩大内需、改善民生还有赖于健全的社会保障制度以及可持续发展的国民经济做保障。

三、关于完善消费券发放的政策建议

为进一步完善消费券发放行为，真正实现刺激消费、拉动内需的目的，我们认为，应做到“五个合理”。

（一）合理选择发放对象

消费券的发放对象，既有针对特殊群体的，也有面向全体居民的。从成本角度看，若不设限制地对全体民众发放消费券，可以节约甄别不同人群的成本，也能够减少因此而发生的贪污腐败和弄虚作假。但从实施效果来看，由于低收入者消费的饱和度较低，针对他们发放消费券，实现直接消费的可能性更大，消费行为更加及时，刺激消费、拉动内需的政策引导效果更为明显。鉴于此，为减少行政管理成本，避免替代效应，充分发挥资金使用效益，实现拉动居民消费目的并作为社会救济工具，可以选择城乡低保对象、五保供养对象等既有困难保障群体，或者依据年龄等易辨识指标确定的人群作为消费券发放对象，实现节约成本和提高消费券效益的双重目标。

（二）合理设定消费限制

消费券实际使用中，有的城市选择发放一般消费券，有的城市选择发放旅游券、教育券、培训券等特殊消费券，且设置一定的使用比例。从发放效果看，一般消费券没有消费限制，使用消费券时可以自由选择所需商品或服务，不会对产业结构产生过多影响，也会避免商家采取不正当手段获取政府特殊的关照，滋生管理部门的寻租机会。但是特殊消费券更具针对性，政策引导效果更为显著，容易实现政府发放消费券的一些特殊目的，有利于在一定时期和范围内推动特定行业的发展。鉴于此，建议在消费券的选择上，根据发放目标和对象设定不同的消费限制，若对困难群众等特殊群体，政策目标为拉动消费和解困救助双指向，应选择发放一般消费券，并且在消费时间的限制上适当放宽；若对全体居民，则适宜选择特殊消费券，以适应推动特定行业发展的需求，以及实现刺激消费的目标。

（三）合理确定发放形式

针对发放消费券还是发放现金的利弊问题，一些学者和媒体认为，发消费券需要完善的管理，消费券本身也有制作印刷成本，需要支出大量行政管理成本。在发放消费券和发放现金本身效果相当的情况下，相对而言发放现金效率更高。对此，我们建议，在发放形式的选择上也应区别对待，若对特殊群体发放一般消费券，可以选择发放现金，这样可以节省行政管理成本，并且二者效果相当；若对全体居民发放旅游券、培训券等特殊消费券，则更宜选择发放消费券的形式，既可以引导消费者将消费券全部用于既定领域，实现发放消费券目标，同时也可以通过设置消费券的使用比例，撬动消费者的现金储蓄，达到扩大消费的乘数效应。

（四）合理拓展消费范围

从各地发放消费券的实例来看，消费券的使用方向在不断扩展，目前已经实施的就有旅游券、教育券、培训券、电器券、购房券等等，可谓五花八门。为此，建议各地在研究发放消费券政策时，应立足当地实际需要，“把脉问症”，“对症下药”，有针对性、有重点地推出适宜的消费券，切勿一哄而上“赶时髦”。同时，应针对国际金融危机对我国各方面特别是就业的影响，适当拓展消费范围。如可考虑适当派发培训券，帮助农民工、大学生、下岗失业人员等获得就业培训，提升劳动技能。同时，带动社会投入，提升培训质量和水平，并进一步缓解当前就业压力，为促进就业、再就业工作提供软实力支撑。

（五）合理引导消费理念

中国百姓素来就有储蓄消费的习惯，即“在储蓄保障下消费”。这种消费习惯成为当前各级政府刺激消费、扩大内需的一个阻碍，也是抑制消费券发放效果的瓶颈问题。因此，在发放消费券的制度设计上，应着重克服这种固有消费理念的束缚，对于消费券可购买的商品或服务，可设置“限时、限量购买”等条件，让消费者产生“现在大量购买更有利将来储蓄增加”或“增加消费量不会减少储蓄”的消费预期，从而带动消费大量增加。

（2009 年）

发展慈善事业　构建和谐社会

党的十六届四中全会通过的《关于加强党的执政能力的决定》指出：“健全社会保险、社会救助、社会福利和慈善事业相衔接的社会保障体系”，为我国慈善和公益事业的发展指明了方向。温家宝总理在十届人大四次会议作的《政府工作报告》又明确提出“支持发展慈善事业”。当前，我国已进入一个新的历史时期，推进慈善事业的健康、持续发展是经济社会协调发展和建立完善社会保障体系的重要内容，也是贯彻落实十六届四中全会提出的“坚持最广泛最充分地调动一切积极因素，不断提高构建社会主义和谐社会的能力”的重要行动。

一、发展慈善事业是构建社会主义和谐社会的重要内容

在现代市场经济社会中，慈善事业是依托于各类慈善组织（理论界称之为“第三部门”）进行社会再分配的重要方式，是化解诸多社会问题、促进社会经济协调发展的一条重要而有效的途径。我国在推进社会主义市场经济体系建设与和谐社会全面发展的过程中，应积极发展社会慈善事业，引导社会力量和广大公众在自愿基础上对社会弱势群体进行无偿的救助活动，使之成为社会保障体系的一个重要组成部分。

（一）发展慈善事业是提高社会凝聚力，维护社会团结的重要方式

中国自古以来就有济贫帮困的优良传统，从村落家族的义庄、义田、义塾到宗教寺院的救济贫病，从政府的开仓赈灾到社会的慈幼济贫，中华民族的慈善事业源远流长。目前，中国已经进入人均 GDP1000—3000 美元的转型关键时期。从国际发展经验来看，这个时期往往是产业结构快速转型、社会利益格局剧烈变化、政治体制不断应对新挑战的时期，是既充满新的机遇、又面临着各种社会风险的时期。慈善事业是以道德、爱心为基础积德行善的事业，充分体现了互帮互助的社会风尚，有利于修正市场经济条件下的个人利益观念，缓解社会矛盾，形成社会凝聚力，增进社会团结，提高全社会的道德水准。如 2003 年抗击非典期间，我国社会各界和国外捐赠款物 40 多亿元；2004 年底东南亚海啸灾害后，中国政府和民众捐赠各类款物价值超过 12 亿元，充分体现了中国人民“一方有难、八方支援”的传统美德，产生了良好的社会反响。为此，我们有必要适应经济社会发展的需要，鼓励和支持慈善事业的发展。

（二）发展慈善事业是社会主义市场经济条件下社会保障体系的重要组成部分

慈善事业是以社会捐助为基础的，其目的之一就是扶持社会弱势群体，与政府举办的救灾救济等社会保障事业紧密关联。由于在社会出现新的社会利益分化的情况下，政府通过税收和社会保障转移支付等收入再分配形式虽然可以解决大多数人的公平问题，但不能解决所有人的公平问题，慈善事业是政府再分配的有效补充①。改革开放以来，我国由计划经济向市场经济转变，原有的单位福利制度逐步被社会保障制度取代，社会福利制度也必然从一元化走向多元化，社会福利事业发展既需要发挥原有公办福利事业单位、团体的作用，也需要非政府组织和民间团体的参与。尤其是在当前我国经济快速发展的情况下，收入差距不断扩大，社会弱势群体大量存在。根据中国社科院的测算，我国的基尼系数从 1990 年的 0.34 上升到 2002 年的 0.456，城乡收入差系数从 1990 年的 2.57 扩大到 2003 年的 3.23。目前全国城镇享受低保的生活困难人口达到 2264 万，全国农村按照联合国的国际贫困标准（每人每天收入或消费低于 1 个购买力平价美元，约 2.5 元人民币）测算的贫困人口还有 1 亿多人。我国还有约 6000 万残疾人口，有近 200 万流动儿童失辍学。为此，应将慈善事业作为我国多层次社会保障体系的重要组成部分大力发展，使之成为政府各

① 有许多专家称之为“第三次分配”，从目前慈善事业所处的补充地位来说，这一说法是成立的，但是从慈善事业发展的历史来讲，它最早产生于基督教会，先于政府二次分配形成，在政府二次分配产生后才退居次要地位，它实质上是社会自觉自愿、自发的再分配行为，而且现代慈善事业基本是依靠政府税收政策发展起来的，其一部分资金来源于政府减免的税款，有的还接受政府的资助。

项社会保障制度的有效补充，充分发挥政府、企业和社会各自的优势，共同做好扶贫济困工作。

（三）发展慈善事业是部分“先富起来”的人反哺社会，实现社会价值的重要途径

慈善事业不仅是一个国家道德、价值体系建设的需要，同样也是经济发展到一定阶段保持社会稳定和持续发展的需要，是社会富裕阶层反哺社会、实现社会价值的重要途径。从国际经验来看，参与慈善事业的群体既有各类企业，也有富裕阶层和普通公众，企业可以提高知名度，富裕阶层可以实现承担社会责任、回报社会的愿望，广大普通民众可以提高社会参与意识。近 20 多年来，我国经济高速发展，人民生活水平不断提高，2004 年国民生产总值达到 13.7 万亿元，城镇居民人均可支配收入达到 9822 元。与此同时，在党的“允许一部分人先富起来”的政策鼓舞下，我国民营经济发展壮大，富裕阶层人数大量增加。据统计，截至 2004 年 6 月底，我国登记的私营企业已达 334 万户，注册资本总额 42146 亿元。另根据麦肯锡的调查分析，目前我国有 3000 万城市家庭年收入在中等以上（户均年收入在 4300 美元以上），其中 120 万户家庭拥有超过 10 万美元以上的存款。随着收入水平的提高和财富的积累，中国的民营企业和富裕阶层以及广大普通民众参与慈善事业的能力和意愿越来越强。据民政部统计，开展社会捐赠工作 8 年以来，各级民政部门共收到来自社会各界的捐赠 236 亿元。据欧洲货币（中国）与中国社会工作协会企业公民工作委员会共同公布的《2004 中国大陆慈善家排行榜》统计，50 位入榜慈善家在 2003 年共捐赠 10.2 亿元的现金和物资。

二、国外发展慈善事业的主要做法

纵观世界各国慈善事业，其发展水平与各国经济社会发展水平密切相关。西方传统的慈善事业起源于基督教教会。由于基督教教义中的“普世”思想，教会一直都将救助贫苦作为宗教义务之一，教会的一些慈善方式如慈善聚会、现场捐款等方式深深地影响着现代慈善事业。进入 20 世纪，由于资本主义经济高速发展，形成巨额财富积累，同时受思想传统和价值观念的影响，现代慈善事业在美国得到蓬勃发展，成为一种完备的制度，数量和规模巨大，影响深远。与美国相比，由于政府通过高税收建立的福利制度，使 20 世纪欧洲的慈善事业远远没有美国那么发达，慈善还主要是通过宗教的方式进行。而许多发展中国家由于经济发展参差不齐，慈善事业虽不发达，但由于社会保障水平较低，也处于相对重要的地位（我国香港虽然经济发展水平较高，但也属于此类）。前苏联和东欧等转轨国家同中国的情况相似，主要是在经济体制转轨过程中放宽对慈善公益机构的限制，逐步推动社会福利社会化，鼓励和吸引社会力量更多地参与慈善事业。下面以美国为例，介绍一下国外慈善事业的组织管理和运作方式。

（一）慈善组织的构成及其运作机制

在美国，对慈善组织等非营利机构的管理主要通过税法来规范，税法501（C）第3款分别规定了免税机构所必须满足的条件，即为宗教、慈善、科学、公众安全实验、文学、教育、促进国家或者国际间业余体育竞赛以及预防虐待儿童或动物而建立和运营的法人团体、社区组织、基金会，其收入不是为保证私人股东或个人受益，其实质性活动不是为进行大规模宣传或影响立法，不以公共职位候选人（或反对者）名义参加或干预任何政治选举。根据美国全国慈善统计中心统计，2004年，美国符合税法501（C）第3条款条件的免税非营利组织共1397263个，其中公共慈善组织822817个，私人基金会102881个，其他非盈利组织471565个。上述免税非营利组织控制了近40000亿美元资产，占GDP的30%多，其中公共慈善组织24700多亿美元，私人基金会近4000亿美元，其他非盈利组织11200多亿美元。上述统计中尚不包括一些小型社区组织和合伙性质的社团组织。

1. 慈善组织的构成。美国享有税收豁免的慈善公益机构分为社区邻里机构、宗教团体、基金会、联合集资与募款组织等。

（1）社区是美国基本的社会组织形式。每个社区都有自己的邻里和地区性慈善组织，致力于本社区公民教育、健康与卫生、环境保护、公众安全和犯罪控制等工作。社区活动基本上都建立在自愿的基础上，多数成年人都志愿参加。

（2）宗教团体在聚集与分配社会财富，支持社会福利以及参与其他社会活动方面发挥极为重要的作用。宗教团体建立了众多的老人院、孤儿院、医院和康复机构，并开展家庭咨询、青少年教育、文化娱乐活动以及其他服务。

（3）基金会是美国慈善事业的主要运作方式。主要有4大类基金会：一是独立基金会。资金大多数来源于个人或家庭捐赠，用于给各种慈善执行机构的项目捐款。此类基金会占绝大多数。二是公司基金会，资金来源于营利企业的捐赠，并通过募集的资金开展各种慈善公益活动。公司基金会的业务支出与公司从其本身的资金中开支的直接捐赠在法律上是严格区分的。三是社区基金会。其资金来源是多渠道的，既有个人和营利企业的捐赠，也有地方政府的资助。在税法中，社区基金会作为公共慈善组织，其适用的管理条例与私人基金会不同。按照美国税法规定，私人基金会比公共慈善组织受到更多的法律制约，对私人基金会与其捐赠者、董事会成员、其他内部人员之间的交易限制非常严格而具体，而公共慈善组织的类似交易则视具体情况来确定。四是运作型基金会。资金来源多为单一的个人或家庭，捐赠人按照既定宗旨直接举办一些非营利事业，而不捐款给他人，类似于非营利机构。此类基金会数量最少。另外，美国不少大的基金会都具有世界性，国际性资助工作也是一个重要方面。根据美国基金会中心统计，2003年，全美上述四类从事慈善公益事业的基金会共66398家，总资产4767亿美元，当年捐赠收入249亿美元，当年慈善公益支出303亿美元。

（4）联合集资与募款起源于1949年美国底特律地区的联合基金会，主要工作是募捐，并将募集的资金分配给其他慈善组织。目前，美国联合集资最多和最权威的机构是联合劝募会（United Way），其绝大部分收入来自个人，尤其是公司与小企业雇员以及政府雇员的捐款，少部分来自企业或非公司性基金会。

2. 慈善组织的运作机制。美国的慈善组织目前主要通过以下两种方式运作慈善事业：

（1）慈善筹资机构与执行机构相分离，即筹资机构（如独立基金会）专门负责募集资金或对捐赠的资金进行投资运作，然后将募集的资金或投资收益按国家有关规定和既定宗旨逐步分配给慈善执行机构（如老人院）开展相关慈善公益活动。也有一部分慈善组织专门提供慈善信托服务，受捐赠人委托运作慈善信托资产，并将投资收益分配给捐赠人指定的慈善执行机构。

（2）慈善筹资机构在负责筹集和管理资金的同时，代行慈善执行机构职能，直接开展具体的公益活动项目。资金的来源既可以是个人和企业的直接捐赠，也可以从其他基金会等慈善执行机构或政府获得资金支持。该类机构一般分为两个部分：一部分负责筹资及资金的投资运作；一部分负责开展公益活动。大部分慈善组织属于这类机构。税法规定，私人基金会性质的慈善基金每年必须分配至少相当于其资产净市值5%的资金用于慈善公益活动，超出部分可用于积累。另外，还有一种运作形式就是专门负责开展某项公益活动的慈善执行机构直接从捐款人获得捐赠。

另外，慈善组织在公益活动运作上，与捐赠人在经济上是完全独立的，其资产不会因为捐赠人的经济状况有所改变，但以捐赠人捐赠的企业股票为主要本金的基金会会受该公司股票价值升降的影响。但有一些基金会，特别是社区基金会可以接受“捐赠者指定用途”的赠款，基金会作为代理人运作。不论是捐赠人指定项目，还是非指定项目，前提是慈善组织的支出要符合税法规定的公益事业范围。

（二）慈善组织的管理

1. 内部治理结构。美国慈善组织可以以非营利机构、慈善信托机构以及没有法人地位的非营利协会等形式存在。机构和协会一般由理事会管理，慈善信托机构则由受托人管理。无论慈善组织是非营利机构还是信托机构，或是没有法人地位的协会，理事会成员依法对捐赠人捐献的资产负责，并对该慈善组织负有托管责任。慈善组织的管理方式一般由内部章程确定，如理事会成员的选举方式、内部职位的设置以及各职位的职权等。理事会成员一般有三种选举方式：有选举权的会员（捐赠人）投票决定；授权理事通过多数票表决来选拔接班人；或者授权某些个人或组织来任命理事会成员。一般规定理事不少于3人，任期3年，只能连任两届。一般在慈善组织成立初期，捐赠人或其家人在理事会中掌握实权较多，过了几代后，对捐赠资金的支配权日益削减。另外，慈善组织还设有首席执行官、财务总监、监事、秘书等职位，分别负责慈善组织的行政事务、财务管理、内部监督以及开展慈善活动等。

2. 行业自律。出于行业自我保护的需要，美国慈善组织自发地联合组成全国性机构，如美国基金会联合会、美国慈善信息局等，主要功能是交流信息、研究公共政策、增进组织的公开性和透明度。

3. 政府监管。在美国，慈善组织在联邦国会或州议会或地方政府根据非营利机构法律注册。任何申请成立免税性质的慈善组织，都必须经过政府严格的审查，符合税法所规定的条件。美国国家税务局有专门的办公室对此类基金会等组织的运作依照税法有关规定进行审查和监督，若发现慈善组织资金被挪用于营利性或其他税法规定范围之外的活动，就会提出警告或不同程度地处罚直至取消其免税资格。如果慈善组织违反了其他方面法律，由有关部门提起公诉，或先由国会进行调查。在美国国会中，议员可随时对慈善组织的某个方面提出质疑，要求举行听证会或修改有关法律。在大多数州，首席检察官有权监督和管理慈善组织，对其活动进行规范，并依法对其违规行为进行处罚，而慈善组织必须经常性向其报告业务活动和财务状况。

4. 社会监督。美国十分重视社会公众及新闻媒体对慈善组织的监督。法律要求享受免税待遇的慈善组织必须具备较高的透明度，慈善组织每年必须向社会公开其有关财务状况，任何人都有权查询一笔捐款的使用情况，并对其认为行为不当的慈善组织提出检举控诉。

（三）政府的扶持和引导政策

美国对慈善组织等非营利组织的扶持主要是通过税收政策来进行，并通过税收政策引导富有阶层参与慈善事业。

1. 对慈善组织的税收优惠。（1）捐赠收入税收优惠。除了对私人基金会净收入征收营业税（excise tax）和对与慈善活动无关的经营收入征税之外，依靠捐赠筹集资金而运作的慈善组织的收入免缴联邦和州所得税。（2）投资收益税收优惠。各种慈善基金会可以从事资本市场运作，投资收益免缴所得税，但必须用于税法规定的慈善事业，而且每年的慈善支出不得少于净资产市值的 5%。（3）其他税收优惠。根据各州法律规定，它们还可以有资格享受一些州的财产、销售和使用方面的税收减免以及邮资优惠等。

2. 对捐赠者的税收激励。（1）个人捐赠税收优惠。个人捐赠者在捐赠当年，最高能要求对其经过调整后总收入（包括工资收入、净投资收入和净商业收入）的 50% 免征个人所得税。在某些情况下，最高限额也可能被降至调整后总收入的 30% 或 20%。如果捐赠额超过当年最高限额，对捐赠额的税前抵扣最长可在 5 年内完成。另外，美国的遗产税、赠予税采取超额累进的办法，遗产 300 万美元以上时税率高达 55%，而税法对不动产捐赠的免税没有比例限制，遗赠的财产可以全额免征遗产税。（2）公司捐赠税收优惠。捐赠公司可以要求对其任意 1

年不超过10%的应税所得额的捐赠额免征所得税，超过最高减税捐赠额的部分可顺延，最长可延到5年。

3. 政府资助。在美国，很多福利拨款是通过慈善组织发放和运作的，即慈善组织参与政府的福利项目。1960年以前，这类合作主要是在慈善组织和地方政府之间进行，1960年以后，联邦政府开始大规模与慈善组织合作。以1980年为例，宗教组织以外的非营利机构共接受政府拨款896亿美元，其中联邦政府出资404亿美元，州及州以下政府出资492亿美元。

三、进一步促进我国慈善事业发展的有关政策建议

由于体制的原因，我国原来的救灾、扶贫等一些社会福利性工作，基本上是由民政部门具体实施，社会慈善事业在一段时间内基本上属于空白。20世纪90年代以后，随着改革开放的进一步深入，为了与国际接轨，国内相继成立了一些非营利性的慈善组织。自1993年和1994年吉林省慈善总会、中华慈善总会相继成立后，到目前为止全国已有各类慈善组织100多家，年捐赠收入约为50亿元。截至2004年底，在各级民政部门登记的基金会1200多家，其中全国性基金会80家，基金会用于社会公益的支出约40亿元。但是，总体来看，由于传统体制、观念约束和国内慈善事业运作机制的不健全，目前我国的慈善事业发展仍然十分落后。具体表现在：一是慈善组织数量少，动员社会资源的能力相对较弱，多数尚没有足够的社会公信力。而且，现有慈善组织大多是政府举办的，个人或企业创办的慈善组织相对较少，没有充分发挥市场机制和社会力量的作用。二是慈善组织管理有待于进一步完善，缺少必要的行业自律和监督管理，有些慈善组织在管理上存在漏洞，善款使用上随意性大，缺乏透明度，增加了社会公众的不信任感。同时，由于部分地方在开展慈善募捐活动时存在摊派现象，引起社会公众的反感。三是相对于美国等发达国家，我国对慈善事业的财税扶持力度不够。对企业捐赠的税收优惠偏小，享受接受捐赠税收优惠的慈善组织范围较小，各级财政对社会力量兴办的慈善事业基本没有财政补贴，尚未形成民办公助的激励机制。四是现有的《公益捐赠法》、《社团登记条例》、《基金会管理条例》等有关法律法规规定的限制条件过多，门槛过高，如成立社团组织、基金会要求挂靠单位、需较多的注册资金等，尚不能形成保护和鼓励慈善事业发展的有效机制。

今后，我们要按照构建社会主义和谐社会的总体要求，规范慈善组织管理体制和运作机制，完善财税优惠政策和相关法律法规，鼓励社会力量多方式举办慈善事业，倡导慈善理念和慈善文化，推动开展生动活泼、形式多样的慈善活动。

1. 正确处理政府与慈善事业的关系。慈善事业从本质上是社会成员之间的爱心奉献与互助，以通过民间公益组织具体运作为特征的一项社会救助事业，为此，政府必须改变“大包大揽”的传统观念，逐步从慈善事业主办者

转变为监管者，让民间公益组织成为慈善事业的举办主体。政府的主要职责是制定有关法律法规和扶持政策，完善慈善组织的审批、注册、监督管理等制度，扶持社会力量多方式兴办慈善事业，引导社会组织和个人自愿地把一部分财富和收入捐赠出来，用于教育、科学、文化、环境保护、扶贫济困等社会公益事业。

2. 完善政府对慈善事业的监管方式。修订完善《基金会条例》、《社团登记条例》以及其他慈善组织管理的法律法规，放宽对慈善组织成立的限制条件，如取消挂靠主管部门的规定，统一归民政部门监管，降低注册资金要求，允许慈善组织开展多元化投资运作等。健全慈善公益机构资产和财务管理制度，强化登记管理机关、税务部门对慈善组织的监督管理，定期了解慈善组织的财务状况、公益活动开展情况、遵守财税法规情况和内部制度建设情况。

3. 以公有慈善组织为主体，多方式举办慈善事业。考虑到我国尚处于社会转型阶段，受传统的以单位为主的社会管理体制制约，现阶段慈善事业仍应公有慈善组织为主体，由其统一负责慈善募捐，并资助民间慈善执行机构开展慈善活动，但要加强内部监管和行业自律，提高公信力。同时，大力倡导和鼓励企业或个人直接兴办各类慈善公益事业、成立慈善基金会、发展社区慈善公益机构等，逐步向以社会力量多方式举办慈善事业为主的慈善事业发展格局转变。待社会转型完成之后，可考虑逐步将公有慈善组织转化为民营组织。

4. 完善慈善组织内部治理结构，加强行业自律和社会监督。健全慈善组织内部治理结构，建立以章程为核心的各项自律制度，设立理事会、监事和秘书长等组织机构，分别行使决策、执行和监督等职权。加强行业协会建设，逐步形成全国性和地区性的各类慈善组织协会，通过行业自律提高慈善组织公信力。此外，还要探索建立完善慈善组织的社会监督机制，建立相关制度，督促慈善组织定期向社会公布资金筹集、投资收益、捐赠支出以及捐赠项目实施等信息和数据，主动接受社会公众的监督。

5. 完善慈善事业税收优惠政策，建立民办公助的激励机制。一是提高企业及个人向慈善组织捐赠的税收优惠比例，将企业捐赠支出从所得税应税所得额扣除比例从3%提高到10%左右，个人捐赠支出从个人所得税应税所得额中全额扣除，并且将享受捐赠税收优惠范围扩大到所有在民政和税务部门注册登记从事非营利活动的慈善组织。二是对慈善组织从事非营利性公益活动免征各类税费。三是在确保慈善组织资产及投资收益用于慈善公益活动的前提下，对慈善组织资产投资运营收益给予税收减免，使慈善组织获得较高的投资收益。四是在条件成熟后开征遗产税、赠予税及特别消费税等，引导富裕阶层承担更多的社会责任。五是对符合条件的民间慈善组织给予必要的财政补贴，或实行重点项目民办公助的办法，推动民间慈善组织的发展壮大。

6. 在全社会广泛、深入宣传慈善意识、传播慈善文化，提高社会公众对慈善事业的认知程度。积极开展生动活泼、形式多样的慈善活动，多渠道地宣传慈善事业、慈善活动、慈善政策，特别是宣传热衷于慈善事业的企业和个人的善事善举、助难意识、慈善理念、慈善业绩，鼓励广大人民群众积极参与慈善活动。

（2005 年）

俄罗斯、克罗地亚社会救助制度考察报告

一、俄罗斯社会救助制度情况

依据俄罗斯联邦政府《国家社会救助法》规定，联邦政府主要负责制定实施联邦层面的社会救助措施，规定全国普遍实行的基本救助项目。各联邦主体负责制定各项社会救助政策的具体内容、标准、享受条件以及程序等。对于特殊人群（比如老战士）的专项救助由俄联邦政府负责，其他专项救助则由各联邦主体在联邦政府安排的资金基础上，根据财力情况设立救助项目和安排救助资金。主要社会救助项目有以下几种。

（一）最低生活保障

最低生活保障项目是在俄联邦普遍实行的救助项目。《国家社会救助法》规定："对因自身之外的原因导致收入低于当地最低生活保障标准的家庭或者个人，政府应当按月发放救助金或者实物"，"最低生活标准由各联邦主体政府根据当地居民的最低生活水平予以确定"。以莫斯科市为例，市政府参考本市居民每月在饮食、衣物、日常生活用品以及必要的文化娱乐等方面的最低消费确定最低生活保障标准，对收入低于最低生活保障标准的贫困家庭或个人，市政府向其发放不超过最低生活保障标准数额的救助金或者实物。目前莫斯科市低保标准为每月 5200 卢布（约合人民币 1300 元），低保标准定期调整。

（二）孤残老人供养

俄罗斯通过资助分散供养的孤残老人和支持集中供养孤残老人的养老院两种方式，实施对孤残老人的救助。对分散供养的孤残老人，政府在发放低保补助时，根据其家庭困难程度、需供养人数以及当地财力确定发放补助金额，一般高于最低生活保障标准。对集中供养的孤残老人，在其与社会保障机构签订合同后，享受免费食宿、医疗和生活照料服务，每月还可获得一定数额的零花钱，零花钱根据其年龄、残疾等级以及入住养老院前向当地政府抵押的住房质量确定。

（三）儿童救助

在俄罗斯，儿童福利待遇一般都由各联邦主体自行决定。俄罗斯对儿童救助金种类较多，如子女家庭社会救助款项、二胎等多子女家庭一次性补助、儿童月津贴、多子女家庭年度校服补贴、照顾3岁以下残障儿童而不能外出工作的父母补贴、孤儿补贴。首都莫斯科在保障儿童健康方面走在了其他地区的前面，莫斯科市从2007年起为每个小市民办理健康证，以保障儿童身心的健康发展。健康证中不仅记载儿童的健康医学指数，而且还记载孩子的心理因素、家庭状况和个人才能。由于俄罗斯连续多年人口下降，政府把为生活在莫斯科的所有儿童提供百分之百的疾病义务防治制度视为莫斯科市政府的卫生保健任务之一。除此之外政府还为多子女家庭提供帮助，给这些多子女家庭的父母们发放莫斯科人专有的社会卡，以便他们购买公交车票和药品时享受一些优惠。多子女家庭在交付住宅公用事业费用上享受50%的优惠。莫斯科市政府对有亲属照料的孤儿，给其监护人每月12000卢布的补贴。在孤儿院供养的孤儿，政府一直供养到17岁，之后给予每月500—600卢布的初始生活基金，并为每个孤儿指定一个监护人，为期5年。2007—2010年，俄罗斯卫生和社会发展部实施“俄罗斯儿童”的联邦专项计划，包括保障妇女分娩安全和生育健康婴孩，保护青少年健康，预防和降低青少年患病率，保障残疾儿童正常生活等，为儿童的全面发展和生活创造良好的条件。

（四）住房救助

俄罗斯联邦成立以前，所有住房都属于国家，由国家进行分配；联邦成立以后，形成了国家分配和市场双重供给的住房保障制度。《俄罗斯联邦宪法》规定：“应当向贫困公民或法律规定的其他需要住房的公民无偿提供住房，或者是由国家、市政和其他住房基金为其廉价支付”。目前，俄罗斯政府健全了廉租房制度，为低收入家庭发放住房补贴，帮助其支付购买房屋和支付相关费用。圣彼得堡市规定，在本市居住满10年，收入达不到最低生活保障标准的家庭，可以到市政府房屋管理部门申请住房补贴。政府根据其收入情况和等待排队的年限，发放部分或者全部的购房费用。莫斯科市对排队等房的低收入家庭，按月发放一定的租金补贴，帮助其在市场上承租普通商品住房。同时，政府开始建设一批廉租房，供无力购买房屋的贫困家庭廉价居住。2008年，莫斯科市廉租房的两居室租金为每月5000卢布（约1250人民币）。

（五）特殊人群专项救助

俄罗斯联邦残疾军人、参加过卫国战争的人员、列入过作战部队编制的老战士、曾获得有关勋章奖章的人员、二战期间在后方工作的人等特殊人群，共约20万人，有权申请专项救助。专项救助包括医疗救助和交通救助等所需资金大部分由联邦财政负担。在俄罗斯全民公费医疗的基础上，对特定人群实行全免费医疗，提供必要的疗养医疗服务；可以免费乘坐市郊铁路交通工具，享受前往治疗地的城市间公共交通补贴；可以获得住房补贴。受到核辐射危害的人员，也享受国家专项救助。

（六）残疾人救助

俄罗斯残疾人救助包括残疾老人上门护理服务、残疾人康复服务、孤儿照料、残疾人无障碍设施改造等内容。如在列宁格勒州，共有15个社会福利中心，残疾老年人和儿童等都可以申请进入社会福利中心，接受专业护工的照料。2009年列宁格勒州用到这方面的社会福利预算支出为70亿卢布，约占总预算支出的18%，其中用于发放各类补贴约55亿、社会服务支出约13亿，其他2亿。

虽然俄罗斯的社会救助与社会福利制度较为完善，但由于政治体制、经济发展以及其他方面的原因，还存在一些突出问题：一是社会福利刚性支出给财政带来压力。社会救助与社会福利支出的持续增加，需要不断增长的财政收入作为保障，而不景气的经济发展以及金融危机使社会福利可持续性发展成为俄罗斯面临的一个难题。二是由于战争、社会文化等原因造成大量老人面临养老难问题，而俄罗斯法律没有规定赡养老人是子女的义务，加之人员结构失调，家庭养老功能缺失，大部分俄罗斯家庭不愿意多生孩子，俄罗斯人口老龄化严重，现有的机构养老以及养老补贴制度并不能从根本上解决老龄化带来的一系列问题。三是国家处于转型时期，市场经济发展要求与传统的计划经济不相适应，由此不仅在经济方面而且在社会建设方面带来了一些效率低下、资源浪费等问题。

二、克罗地亚社会救助制度情况

克罗地亚的社会救助事务主要由国家卫生和社会福利部负责，直属118个社会保障中心具体承担儿童救助、残疾人救助、孕产妇家庭救助等工作。此外，新成立的克罗地亚的家庭和卫国者事务部也负责一部分社会救助事务，主要研究人口政策，制定老战士补贴标准，以及组织招标，购买社会组织提供的养老、残疾人服务、青少年发展等项目。

（一）儿童福利津贴

享受儿童津贴的克罗地亚家庭需满足以下条件：一是必须是在克罗地亚常住的本国公民，至少在提出申请前3年内常住，并在同一家庭居住、抚养孩子。二是孩子不满15岁，或超过15岁但在正规高等院校就读，或孩子身体残障。三是家庭收入在贫困线以下。获得儿童津贴资格实行动态管理，符合条件的孩子在18岁前获得补贴，但若当该家庭的收入达到当地特定标准以上时，即不再享受儿童津贴。如果接受教育的儿童，补贴年龄可放宽到19岁，若患疾病可延长至

21 岁，严重残疾的可延长至 27 岁。儿童津贴由国家财政和地方财政共同负担。儿童津贴的标准取决于家庭中孩子的数量以及家庭困难程度，如第一级补贴标准为每月 199 库那（约合人民币 290 元），第二级为每月 240 库那，第三级为每月 299 库那。如果家里有 2 个孩子，享受等级为第三级，那么该家庭每月可从政府获得的儿童津贴 498 库那。目前，享受各种补贴的儿童约占克罗地亚儿童总数的 50%。如果家里有残疾儿童的，或者家庭困难的，还可以领取额外的津贴。儿童津贴项目预算根据国家财政收入情况确定，没有具体的预算比例。

（二）孕产妇补助

为推进人口发展政策，克罗地亚为孕产妇提供现金生育补助、附加产假、产妇失业补助等。如果孕产妇有工作的，孩子前 6 个月时，产妇每月可获得其生育前工资的 100%；此后直到孩子满 1 周岁，每个月 2500 库那；孩子 1—3 岁，每个月获得 1600 库那。如果没有工作的产妇，每个月获得 1600 库那，直到孩子 3 岁。此外，还可以获得一次性新生儿补助 1360 库那。

（三）老战士津贴

用于参战老战士的退休金、更换辅助器具、遗属抚恤金、子女教育金等等。老战士津贴的平均金额为每月 5500 库那，超过当地平均收入 5000 库那的水平。2009 年，克罗地亚老战士津贴约 40 亿库那（约合人民币 57 亿元），有 4. 2 万人领取老战士津贴，还有部分老战士通过原工作单位领取养老金补助。

（四）残疾人补贴

克罗地亚将残疾等级分为职业部分残疾和完全残疾两种。职业部分残疾指由于不可治愈的健康恶化，造成与同等学历同等能力身心健全的人相比，劳动能力永久性衰退一半以上的情况，可以获得部分残疾养老金。完全残疾指由于不可治愈的健康恶化，造成劳动能力永久性丧失的情况，可以获得全额残疾养老金。如果残疾者处于无业状态，则获得残疾养老金更多一些。此外，克罗地亚政府还加强残疾人无障碍设施改造，为企业雇用残疾人采取税收优惠政策，并为重度残疾人安排专业陪护人员等等。

（五）遗属抚恤金

克罗地亚规定享受遗属抚恤金的人员必须投保 5 年以上；或若符合领取残疾养老金条件的人员死亡，其遗属也可以享受遗属抚恤金。抚恤金按月发放，追溯到死亡月份（若死亡是由工伤或职业疾病所引起的，则无最短资格期限制）。与职业残疾养老金和身体损伤补助金不同，抚恤金在受益人就业或自主经营期间不予发放。根据互惠条款或国际社会保障协定，所有抚恤金都可在国外发放，且不存在任何支付和津贴水平的限制。

克罗地亚的社会救助和社会福利制度比较健全，救助和福利水平也比较高，但是也存在着如下问题：

一是社会救助水平较高给财政带来较大的压力。克罗地亚儿童福利津贴等福利制度的标准调整依据当年财政收入形势，如果经济发展平稳，财政收入相对比较稳定，反之如遇到金融危机等国际经济的恶劣环境，直接影响到社会救助对象的待遇标准，维持社会救助在较高的水平需要较好的财力支持。如，为应对金融危机，今年6月克罗地亚政府增加了危机税，将个人消费税提高了1个百分点，同时社会保险税也高达37.2%。这些税负不仅加重了企业的负担，也削弱了百姓的消费能力，克罗地亚工会组织反映了对政府过高税赋的不满。

二是较高的社会福利保障水平导致“养懒汉”现象发生。由于克罗地亚的最低生活保障、失业补贴、生活救助、医疗保障等社会救助措施较完备，本国只有450万人口，因此社会救助等保障水平较高，一部分没有工作的人员即使不去工作也能获得不错的政府补贴收入，也不用担心没房住、看不起病等问题，一定程度上滋生了“养懒汉”现象。

三是社会救助事权过于集中在中央政府。克罗地亚中央政府直属的118个社会保障中心共有工作人员2千多人，负责受理社会救助对象的申请与审批。而社会救助对象都生活在各个城市和社区，地方政府对其基本情况以及救助需要更为熟悉，目前的机构设置和审批程序不仅会影响社会救助对象审核的准确性，还大大影响了地方政府的积极性。目前，克罗地亚政府有关部门在研究社会救助改革中，将考虑逐步把社会救助事权下沉到地方政府。

四是部分政府部门职责交叉，导致一些社会保障政策的制定和实施脱节。如老年人的社会福利政策，由克罗地亚卫生和社会福利部与家庭和卫国者事务部负责研究制定，难免产生协调不顺、推诿、扯皮、效率不高、管理不明的现象。与两部门的有关人员座谈中，他们提出，克罗地亚政府也注意到了这个问题，可能会在将来的改革中统筹考虑机构与资源配置问题。

三、几点启示

从俄罗斯、克罗地亚社会救助制度情况来看，两个国家由于社会经济发展阶段不同，基本国情不同，受社会体制、经济体制以及经济社会发展路径制约，在社会救助政策的制定以及社会救助水平的确定上不尽一致。结合我国社会主义初级阶段的国情，借鉴两国经验，有以下几点启示。

（一）整合现行社会救助资源，建立运转高效、可持续发展的社会救助体系

我国目前已初步建立了城乡低保、医疗救助、自然灾害生活救助、住房救助、教育救助、司法救助等社会救助制度，在帮困解困方面发挥了积极作用，但由于这些救助制度由不同部门管理，政策目标和补助范围、审批程序等都不同，救助信息也很难做到“每个家庭一本账”，导致救助效率不高，国家补助资金难

以发挥“1加1大于2”的效用。因此，借鉴两国管理经验，建议国家在研究出台各项社会救助政策时，整合资源，搭建统一平台。即使在中央层面难以打破部门界限、整合社会救助管理机制，但在基层，尤其是县、乡政府，应统筹考虑城乡困难群众的基本生活、医疗、住房和教育等救助工作，研究整合救助政策资源和信息管理资源，搭建高效、统一、便民的救助管理平台。要做到每个家庭的社会救助情况一本账，由专门的人员划片负责该管辖区域内所有家庭的各项社会保障政策的基础信息获取、政策指导以及信息反馈，将“条条”管理转为“块块”管理，实现工作人员的“一专多能”。同时，大力培育社会工作者队伍，发挥其立足基层、专业扶助的作用。不仅有利于整合社保政策，促进各项救助工作的衔接配合，提高救助制度的实施效果，也有利于全面掌握家庭信息，发现执行中的问题，夯实社保体系网络。

（二）社会救助水平既要尽力而为，又要量力而行

俄罗斯和克罗地亚的社会救助政策带有相当程度的福利色彩，虽然给老百姓提供了较高的社会救助水平，但也给国家带来沉重的财政负担。我们认为，社会保障水平必须与本国经济社会发展水平基本保持一致，过高或过低的社会保障水平都不利于经济的长期稳定增长和社会的良性运行。从社会救助制度内涵看，作为选择性的社会保障制度，主要是解决贫困问题，适时适度地出台和完善社会救助政策，既要立足实际，统筹考虑，适应经济社会发展的阶段性要求，也要尊重客观，遵循规律，适应社会救助制度内在的规律性要求。另外，如果没有社会保险制度的广覆盖为依托，社会救助制度也很难单兵突进。过宽过高的社会救助制度将会扭曲社会成员的激励机制，也大大加重财政负担。如何加强社会保险制度建设，将尽可能多的社会成员纳入社会保险制度覆盖范围之内，不仅是社会保障工作的一项重点，也是影响社会救助支出水平变化的决定性因素。

（三）针对特殊人群的社会福利制度应与社会救助制度协调发展

在构建社会救助体系的同时，我国目前已逐步建立了老年人社会福利制度以及残疾人社会保障和服务体系。近些年，农村五保供养机构、社会福利院及老年公寓的建设，为广大的农村老年人提供了安享晚年的场所；残疾人康复、教育、就业、文化体育和无障碍建设等多项事业得到了长足发展；相对而言，儿童的社会救助、社会福利资源和政策还需要进一步统筹，借鉴俄罗斯、克罗地亚两国的儿童福利发展项目，我们应进一步加强儿童福利政策研究，制定社会福利事业发展中长期规划。通过财税支持措施，逐步建立以家庭为主、社会参与、政府引导的符合我国实际的儿童社会福利体系。特别是借鉴克罗地亚经验，应探索推进政府购买服务方式，充分调动社会资源，共同促进社会福利事业发展。总之，在国家社会救助制度不断完善的基础上，通过合理制定社会福利政策，形成多层次、

多元化的社会保障制度。突出残疾人、老年、儿童等特殊群体，使他们在普惠的基础上获得更急需的特殊保障。

（四）创新工作机制，充分发挥中央和地方的合力优势

从克罗地亚的社会救助模式看，中央承担了大部分的社会救助事权，这对于促进贫困人群合理流动，防止贫困人群流向富裕地区有着积极作用，但同时造成了地方政府参与社会救助积极性不高，中央社会救助机构庞大，冗员突出。在我国，分税制改革以来，中央与地方的财权事权匹配问题始终是关注和研究的焦点。就建立和完善社会救助制度而言，各地经济发展水平参差不齐，基本生活需求也不尽相同，基层工作机构对救助对象基本情况的掌握相对准确。因此，无论从制度建立的合理性，还是从社会救助实际效果、统筹地区发展的要求出发，社会救助制度都应以地方为主，中央政府主要通过政策扶持和专项转移支付资金的引导，帮助平衡各地社会救助标准，防止救助水平区域差距过大，努力实现基本公共服务均等化。同时，为强化地方政府责任，应完善中央财政补助方式，加大以奖代补力度。

（五）加快信息化建设，提高社会救助服务能力

俄罗斯和克罗斯亚的信息化建设比较发达，不仅简化了社会救助工作程序，提高了工作效率，而且减少了政府管理成本，弱化了部门利益，值得我们学习。借鉴他们的经验，建议研究整合有关部门的信息化建设工程，对于涉及劳动就业、社会保障、民政等信息，统筹共建，共同分享。具体想法：一是垂直贯通。根据“金保工程”等的建设目标，将建立市、省、中央三层数据管理体系，具备业务经办、公共服务、基金监管、决策支持四大功能，实现社会保障业务的全程信息化管理，通过网络系统从中央到省、市可以垂直沟通信息，实施动态监控，为政策制定提供可靠的依据。二是建立信息平台。信息系统可以和财政、税务、民政、银行以及定点医院、定点药店实现横向信息交换。三是简化资金发放程序。有了及时更新、数据准确的信息系统，结合正在推进的国库集中支付，将各项社保资金全部通过银行发放，实现资金流、信息流的双重反馈，减少操作成本，提高资金使用效益，使惠民补贴资金更为准确、便捷地落实到百姓手中。

（2010年）

挪威、西班牙的社会救助制度考察报告

一、挪威社会救助制度的主要内容

20 世纪 30 年代，挪威开始制定社会福利法案，1948 年建立了全民社会保障体系，1967 年通过《全民社会保障法》，这个法案对于缩小贫富差距、地区差别起到了重要作用。经过几十年的不断发展和完善，挪威逐步形成了内容丰富、覆盖面较广、福利水平较高的社会保障制度，在北欧国家中具有一定的代表性。1991 年，挪威通过了《社会保障服务法》，使社会保障制度进入了一个新的时期，改变了人们消极享受政府补贴的观念，促使更多的人积极主动寻找工作。

从社会保障制度内容划分方面来看，挪威社会福利制度的内容多，项目全，覆盖的人群多，是典型的高福利国家。因此，挪威社会保障制度中针对低收入人群的社会救助制度内容相对较少，所占比重较轻，涉及的人群也不多。

（一）主要制度

挪威社会保障项目中，属于社会救助范畴的内容主要有以下两个方面：

1. 低收入补贴。《社会保障服务法》规定，当人们收入损失及陷入其他困难而已有各种收入来源无法完全解决问题时，由社会救助提供进一步支持。由此可见，社会救助制度是社会安全网的最后一道防线。法律规定，申请低收入补贴的人必须首先利用各种收入来源保障自己的生活，如工薪所得、公共和私人养老金、家庭津贴、现金津贴，政府住房津贴和其他渠道获得的收入等，只有这些收入无法满足正常的生活时，才有权利享受低收入补贴。中央政府制定了享受低收入补贴的指导性标准，包括维持正常生活所必需的日常支出标准。地方政府以中央政府制定的指导性标准为基础制定本地具体标准和实施办法。审核确定低收入补贴时，主要考虑两个方面：一是基本生活消费支出，每个地区根据本地区居民消费品种、数量、价格等，制定不同的基本生活消费标准，这个标准也是确定享受低收入补贴的基本标准。二是固定资产消费支出，主要是申请者用于住房、车辆等固定资产的消费支出，需要申请者提供详细的账单，由政府部门进行审查。由于低收入补贴需要考虑基本生活消费支出和固定资产消费支出两个方面，因此，申请者得到的补贴数额是不一样的，也没有上限规定。如奥斯陆市政府规定，基本生活消费标准为每月 4350 克郎（约相当于54000元人民币），凡是收入低于这个标准的，就可以申请低收入补贴。如果一个人月收入2000克郎，经审核后确认月支出5000克郎（有详细账单，包括基本生活消费和住房、车等固定资产消费），那么他可获得7350克郎（4350+3000）的低收入补贴。

2. 特殊人群救助。挪威政府社会救助制度的另一个主要内容是针对难民、酗酒者及吸毒者等边缘人群提供的救助措施。《社会保障服务法》规定，对难民救助的主要措施是帮助他们学习语言，并提供各种政策咨询，以便他们能够了解政府有关政策，增强他们的就业能力，救助时间一般为5年。救助所需资金，包括难民生活、购买学习用具等，全部由中央政府承担。难民通过救助后，10%—20%的人找到了工作，不再享受难民救助。对酗酒及吸毒者，政府采取由公共机构与私人机构签定协议的办法，由私营机构负责提供服务，所需资金由政府承担。法律规定，酗酒及吸毒者必须到相关机构接受最多3个月的检查和治疗计划，吸毒的孕妇在整个怀孕期间也必须在相关机构接受治疗。

（二）事权划分

挪威社会救助事权划分十分明确，主要涉及三个层次，即中央政府、地区政府和社区。按照《社会保障服务法》规定，中央政府负责提出社会救助的目标要求，指导各地在国家法律框架下制定符合实际的具体救助项目，并给予地区政府适当帮助。地区政府负责实施各项社会救助制度，包括制定社会救助实施办法、确定具体救助标准等，挪威共有19个州435个自治市，社会救助工作主要由自治市组织实施。社区的责任是根据规定为寻求帮助的人提供政策咨询，尽可能地帮助他们利用各项政策和自己的所有条件找到工作，在此前提下，对符合社会救助的人进行收入审核，并确定需要享受的救助项目和标准。

（三）资金来源

挪威政府实施各个社会救助项目所需资金，主要由政府预算安排。按照法律规定，地区政府必须无条件地在预算中安排资金，以满足开展各项社会救助工作的需要。中央政府对地区政府安排专项补助资金，在分配时主要考虑地区差异和救助对象的人数。2001年挪威用于社会救助的资金达90亿克郎，占GDP的0.6%，在北欧各国中也是最高的。奥斯陆市全年救济资金约1.5亿克郎，全部用于贫困人口，其中0.45亿克郎由上级政府拨给，其他全部由奥斯陆市政府安排。

（四）社会救助对象的审核和管理

挪威对申请社会救助的人实行较为严格的审核制度。一是社会救助机构要与申请者谈话，百分之百地听取对方的要求，根据申请者的情况为申请者提出改善生活条件的建议，如要求其降低生活水平，有房子要考虑换小一点的或部分出租取得收入，有车要换档次低的以减少支出，总之，凡是可以降低生活水平的要先降低生活水平。同时，要告诉申请者相关政策和自己可以利用的所有条件，尽可能找到工作以改善目前的生活状况。二是通过网络系统对申请者家庭及收入情况进行审核，要求申请者以诚信为基础，带全所有资料，社会救助机构通过人口信息系统（家庭人口情况）、税务系统（成年后工作经历）、银行系统（消费存款汇兑情况）进行严格审查。三是审核结果必须书面通知申请人，申请者两个星期内可以上诉，再由上一级社会救助机构进行审核。2004年3—10月，奥斯陆市老区有7000个申请帮助的人，真正享受救济的只有127人。从表1也可以看出，挪威享受社会救助的人数数量不多，且近几年有所减少。

表1　　1990—2001年享受社会救助人数统计

	1990年	1995年	2000年	2001年
享受社会救助的人数（万人）	17.82	18.8	15.09	14.36
占18岁以上人口的比重（%）	5.5	5.6	4.4	4.2

二、西班牙的社会救助制度

从20世纪开始，西班牙以社会保险为重点，开始建立社会保障体系。到20世纪80年代，西班牙重视并加强了社会福利制度的建设，进一步健全了社会保障体系。1994年颁布了《社会保障基本法》，标志着西班牙社会保障体系更趋完善，实现了社会保险与社会福利、社会救助并重的全民社会保障。

（一）主要制度

西班牙社会救助制度分为三类：一般非缴费性最低保障、特殊的非缴费性最低保障和缴费性最低标准。

1. 一般非缴费性最低保障。这项制度以个人或家庭收入为依据，通过提供基本生活保障的现金补贴以满足申请者的基本生活需要。法律规定，家庭成员各项收入达不到当地最低工资的70%，都可以申请此项补贴。同时规定，救助对象年龄一般在25—65岁之间，25岁以下应是指定的补助津贴享受人和残疾人。由于西班牙对贫困家庭救助以提供服务为主要形式，因此，对享受该项目的时间有一定限制，即领取现金补贴的时间一般不超过1年，只有特殊情况可以延长领取现金补贴的时间。《社会保障基本法》规定，中央政府负责提出现金补贴的指导性标准，即最低工资的70%，各省负责制定具体标准。以2003年全国最低工资标准测算，2004年全国平均补助标准应为510欧元（相当于5300元人民币），而实际享受的补助标准只有305欧元，约25万人领取了现金补贴。

2. 特殊的非缴费性最低保障。这项制度覆盖的对象：一是由于没有缴纳养老费而没有参加养老金计划、年龄超过 65 岁的老年人。二是年龄在 18 岁至 65 岁的永久性残疾人。三是按照法律规定享受完失业保险补贴后没有就业的人。四是 18 岁以下的儿童。根据每个对象具体情况给予不同数额的补贴，如老年人要看是单身还是两人，残疾人要区分残疾程度和年龄段以及有无抚（扶）养人，失业人员要看失业长短和年龄大小等。实施这个项目所需资金，全部由政府解决，由财政列入预算。

3. 缴费性最低标准。主要是针对领取养老金的老年人、领取抚恤金的遗属和残疾人，当他们领取的养老金、抚恤金达不到法律规定的最低标准时，由政府补充到最低标准。最低标准由国家统一确定，并根据全国消费水平变化适时调整，每个人领取的具体补助数额需要根据个人及家庭情况确定。

（二）事权划分和资金安排

西班牙社会救助事权划分和资金安排与挪威基本相同，社会救助也是由地方政府负责，中央政府给予指导和帮助。每个社区都成立有社会福利中心，该中心聘有专门的服务人员，负责为救助对象提供各种服务。在资金安排方面，每年财政预算约 60 亿欧元，其中中央财政安排 9 亿欧元，用于网络建设，监督网络系统运行，调节各省之间的差异。60 亿欧元中，60% 用于社区工作人员，由他们为贫困人员、残疾人、老年人等提供服务，帮助他们解决实际困难，而不是直接付给受助人员，35% 作为特别补助，给家庭或者老人院，另外 5% 用于社会救助机构的维修。

三、两国社会救助制度的主要特点

综合比较两国社会救助制度，主要有以下特点：

1. 针对性强，便于操作。挪威通过区分基本生活消费支出和固定资产消费支出，细化了家庭的消费需求，明确了家庭收入审查的要求（如提供账单），使执行部门易于掌握，监督部门容易审核，增强了操作性。西班牙按照非缴费和缴费划分社会救助的内容，而且每个救助项目都详细规定了享受条件，不论是受助人，还是有关经办机构，在执行中均不易引起歧义，从而在制度上堵塞了“该保不保”、“不该保的保了”的漏洞。

2. 充分利用各种手段，健全收入审核制度。挪威、西班牙两国都是在强调个人诚信的基础上，充分利用各种手段，特别是将科学的现代信息手段应用到收入管理中，在个人自觉申报财产和消费情况的基础上，通过人口、税务、银行三大信息系统对个人和家庭收入情况进行核查，确保个人和家庭收入信息的真实性，对防止虚报冒领起到了重要作用。

3. 以促进就业为目的，对领取补助资金进行适当限制。两国政府认识到，为困难人群提供一个适当的工作，比单纯救助更重要。挪威政府规定，对于申请社会救助的人，首先要告诉他们有关社会救助政策，明确享受社会救助待遇必须符合一定的条件，如果受助者自己的生活条件相对较好，就应适当降低生活水平而不能享受有关待遇。然后，社会救助机构要帮助受助者分析自己的条件，充分利用自己的特长，并帮助受助者尽可能找一份工作来改善自己的生活条件，而不要长期领取救助金。西班牙政府对于领取现金补贴时间也作了明确规定，并将政府资金大部分用于为受助人提供就业服务方面，而不是直接发放现金，目的就在于促使救助对象努力挖掘自己的潜力，尽快找到工作，从根本上解决生活困难问题。

4. 事权划分清晰，各级政府责任明确。两国社会救助制度事权划分十分清晰，中央政府负责制定社会救助法案，指导地方开展救助工作，不负责救助工作的具体实施。地方政府承担救助责任，负责制定救助项目、标准和具体实施办法，解决所需资金。同时，为避免地区之间的差异，特别是因为流动人口造成地区之间支出压力的不平衡，在资金负担方式上，明确中央政府安排一定的专项资金，直接用于社会救助对象，或用于地方开展与社会救助工作有关的具体项目，如网络建设和维护等。

5. 社会救助制度是社会福利和社会保险制度的补充。西班牙政府对未参加社会保险或享受社会保险待遇后达不到一定标准的人群，均给予最低保障，较好地发挥了社会救助制度对社会保险制度的补充作用。挪威属高福利国家，社会福利项目多，社会救助制度作为最后一道安全网，为实行全民社会福利后仍存在困难的人群提供了补充保障，从而弥补了普遍福利制度的缺陷。

四、几点启示

欧洲国家社会保障水平较高，特别是高福利的社会制度，较好地保障了国民生活，维护了社会稳定，尽管目前高福利制度已引发了一些问题，但从总体上看，由于欧洲经济的不断发展壮大，社会保障制度仍会在资本主义经济发展中发挥较好的作用。虽然我国在社会保障水平方面不能比照欧洲国家，但在社会保障制度设计、管理方法等方面，可以借鉴。

1. 建立困难人群分类救助制度。目前，我国社会福利事业还很不发达，困难人群相对较多，我国对困难人群实施救助时，是按照城乡划分的，分别实行不同的救助办法，在城市建立了城市居民最低生活保障制度，在农村主要以农村“五保”救济、特困救济为主，而且都是以家庭收入确定救济对象的救济标准。这种制度在设计上范围比较宽泛，不能针对不同对象采取相应的救助办法，很难真正解决他们的困难问题，缺乏针对性和可操作性，造成一些纳入制度的人员生活仍然十分困难。针对这种情况，借鉴两国社会救助针对性和操作性强的特点，建议我国整合现行的社会救助制度，实施按照不同对象、不同致贫因素的分类救助，即从社会救助对象角度，分为儿童、老年人、妇女、残疾人等；从致贫因素角度，分灾害、疾病、伤残、教育等，对每类人群不同的致贫因素导致的贫困，采取不同的救助措施。在实施分类救助的同时，再实施以家庭收入为标准的严格的最低生活保障制度。

2. 建立完善的信息化管理系统，实行严格的收入审核制度。建立完善的社会救助制度，必须能够及时掌握和审核个人和家庭收入情况。由于我国个人收入管理薄弱，特别是信息管理手段落后，很难对个人或家庭收入情况据实审核，从而影响了社会保障制度的进一步完善。借鉴两国的经验，建议加快我国信息管理系统的统一规划、开发和利用，防止多部门、多系统各自为政地建立信息管理系统，而是要统筹兼顾、互相兼容和利用，当前重点建立我国人口信息管理系统、个人收入信息管理系统（税务系统）、银行信息系统，为审核个人收入和家庭财产提供科学手段。

3. 合理划分中央政府和地方政府的事权。目前，我国社会救助工作中存在事权划分不清，中央和地方互相错位现象，地方政府不能承担相应的责任，而一味依赖中央政府，不仅在资金上依赖，而且在政策上也依赖，没有中央的文件和要求，一些地方政府甚至对群众生活困难视而不见。借鉴两国的经验，加快社会救助方面的立法，从法律上明确，社会救助责任主体在地方政府，中央政府进行宏观指导并对困难地区给予帮助，彻底改变中央在社会救助方面包揽过多的问题。

4. 在强调地方政府加大社会救助投入的同时，中央政府应给予专项补助。尽管两国将社会救助事权明确为地方政府的事权，但两国的中央政府从加快制度建设、确保地区之间相对平衡的角度出发，仍然承担起宏观指导的作用，通过从宏观上把握政策和安排专项补助资金，来调节和引导地方政府建立一个合理有效的社会救助制度。因此，建议我国在各地建立分类社会救助制度的基础上，将现行中央财政安排的最低生活保障补助资金、部分扶贫资金、特大自然灾害救济补助资金中的常年荒灾补助资金、税费转移支付中的五保供养补助资金等清理整合，作为中央财政社会救助专项补助资金，用于对地方社会救助的补助，由地方政府根据本地区情况结合本地财力统筹使用，真正体现地方事权的特点。

5. 合理确定社会救助的标准，避免出现“养懒人”现象。以高福利为特征的欧洲社会保障制度，经历了几十年的发展，其消极作用逐步出现，最为突出的是“养懒人”现象。挪威、西班牙两国充分认识到了高福利制度的消极作用，提出通过严格收入审查、缩短领取补贴的时间等办法，促使人们积极就业。我国要借鉴两国的经验，在确定低保标准、救济标准时，要以促进就业为目的，避免出现“养懒人”现象。同时，要做好各项社会保障政策的衔接，确保各项政策都有一个合理的保障水平，并能够相互补充。

（2005 年）

后　记

《财政视角下的社会保障改革与发展》是在财政部社会保障司孙志筠司长的主持下编辑完成的。各处同志对入选的文章进行了初审，魏高明、詹树、丁冬对书稿进行了统稿、总纂，徐刚、徐飞、桂雄参加了书稿的讨论。

由于组稿和编辑的时间较为仓促，加之我们水平所限，呈现给读者的这本书，肯定会有不足乃至欠缺之处，恳请读者不吝指正，以便我们今后加以弥补和改进。

编委

2010

会

11 月

497